T5-AGL-670

Thomas Krüger
Geschichtskonzepte im Ezechielbuch

Thomas Krüger

Geschichtskonzepte
im Ezechielbuch

Walter de Gruyter · Berlin · New York
1989

Beiheft zur Zeitschrift für die alttestamentliche Wissenschaft

Herausgegeben von Otto Kaiser

180

BS
1545.2
. K7
1989

Gedruckt auf säurefreiem Papier
(alterungsbeständig — pH 7, neutral)

CIP-Titelaufnahme der Deutschen Bibliothek

Krüger, Thomas:
Geschichtskonzepte im Ezechielbuch / Thomas Krüger. — Berlin ;
New York : de Gruyter, 1989
    (Beiheft zur Zeitschrift für die alttestamentliche Wissenschaft ;
    180)
    Zugl.: München, Univ., Diss., 1986
    ISBN 3-11-011473-9
NE: Zeitschrift für die alttestamentliche Wissenschaft / Beiheft

ISSN 0934-2575

© Copyright 1988 by Walter de Gruyter & Co., Berlin 30.
Printed in Germany — Alle Rechte des Nachdrucks, einschließlich des
Rechts der Herstellung von Photokopien — auch auszugsweise —
vorbehalten.
Druck: Werner Hildebrand, Berlin 65
Bindearbeiten: Lüderitz & Bauer, Berlin 61

VORWORT

Die vorliegende Untersuchung wurde im Sommersemester 1986
von der Evangelisch-Theologischen Fakultät der Universität
München als Dissertation angenommen. Für den Druck wurde sie
nur geringfügig überarbeitet.

Viele haben dazu beigetragen, daß diese Arbeit zustandekommen konnte. Danken möchte ich an dieser Stelle zuerst
meinem Lehrer, Prof.Dr. Klaus Baltzer. Er hat die Fragestellung dieser Studien angeregt und ihr Entstehen mit seinem
Interesse und seiner unermüdlichen Gesprächsbereitschaft
begleitet und gefördert. Dankbar bin ich auch für mancherlei
Kritik und Ermutigung durch andere Gesprächspartner am Alttestamentlichen Institut in München, für die ich hier stell-
vertretend Prof.Dr. Jörg Jeremias, der freundlicherweise
auch das Korreferat übernommen hat, Priv.Doz.Dr. Rüdiger
Bartelmus und Dr. Helmut Utzschneider nennen möchte. Wichtige Anregungen für die "hermeneutische" Reflexion verdanke
ich Prof.Dr. Eilert Herms. Prof. Dr. Otto Kaiser danke ich
für seine freundliche Bereitschaft, die Arbeit in die Reihe
der Beihefte zur ZAW aufzunehmen.

Die Beschäftigung mit dem Ezechielbuch und seinen Geschichtskonzepten wurde mir ermöglicht durch ein Stipendium
zur Förderung des wissenschaftlichen Nachwuchses an den
Hochschulen in Bayern. Zur Drucklegung dieser Arbeit haben
die Evang.-Luth. Kirche in Bayern und meine Eltern durch
Zuschüsse beigetragen. Das Manuskript hat Frau Christa Köpl
für den Druck ins Reine geschrieben.

Danken möchte ich schließlich - last, but not least -
meiner Frau, ohne deren geduldige Begleitung diese Untersuchung sicher nicht zustandegekommen wäre.

Ingolstadt, im Juni 1988   Thomas Krüger

INHALTSVERZEICHNIS

Inhaltsverzeichnis

EINLEITUNG

Die Bedeutung des Themas "Geschichte" für die atl. Theologie läßt sich illustrieren an einigen programmatischen Äußerungen Gerhard von Rads. 1952/3 stellt er in seinem Aufsatz über "Typologische Auslegung des Alten Testaments" fest: "Das A.T. ist ein Geschichtsbuch."[1]
In diesem Sinne geht er in seiner "Theologie des Alten Testaments" davon aus,

> "daß der Glaube Israels grundsätzlich geschichtstheologisch fundiert ist. Er weiß sich gegründet auf Geschichtstatsachen und weiß sich gestaltet und umgestaltet von Fakten, in denen er die Hand Jahwes wirksam sah. ... Auch da, wo dieser Bezug auf göttliche Geschichtsfakten nicht unmittelbar sichtbar ist, wie z. B. in einigen Psalmen, ist er implicit doch vorhanden; und da, wo er wirklich fehlt, wie etwa im Buch Hiob oder im Prediger Salomo, steht gerade dieses Fehlen in engem Zusammenhang mit den schweren Anfechtungen, von denen beide Werke reden."[2]

Diese geschichtstheologische Fundierung des Glaubens Israels ist für von Rad nicht nur Gegenstand historischer Deskription und Kriterium wertender Interpretation, sie ist zugleich Norm theologischer Rezeption des AT in der Gegenwart:

> "Die legitimste Form theologischen Redens vom Alten Testament ist deshalb immer noch die Nacherzählung."[3]

An diesem Ansatz hält von Rad auch 1964 in seiner Arbeit über "Aspekte alttestamentlichen Weltverständnisses" grundsätzlich fest:

> "Der Glaube Israels bezog sich immer auf ein Geschehen, einen göttlichen Selbsterweis in der Geschichte."[4]

Der Bereich der Psalmen- und Weisheitsliteratur mit seinen

---

1 V. Rad, Auslegung, 278.
2 Ders., Theologie I, 118.
3 A.a.O., 134f.
4 Ders., Aspekte, 311.

z.T. weit stärker auf "Natur" als auf "Geschichte" bezogenen
Aussagen wird von ihm nun aber nicht mehr wie in der "Theologie" als "implicit" geschichtstheologisch in diesen Ansatz
vereinnahmt, sondern kommt stärker in seinem Eigengewicht
zur Geltung. Dann ist aber

> "mit dem Hinweis auf die Geschichtsbezogenheit ... das Weltverständ-
> nis des alttestamentlichen Israel noch lange nicht erschöpfend be-
> stimmt. Der große Sektor all jener Aussagen über den Bereich, den wir
> 'Natur' nennen, ist damit noch nicht zur Sprache gekommen. Sehe ich
> recht, so sind wir heute in der Gefahr, die theologischen Probleme
> des Alten Testaments zu einseitig im Bereich des Geschichtstheologi-
> schen zu sehen."[5]

Damit ist im Grunde die Frage nach dem Stellenwert von
"Geschichte" im Rahmen atl. Theologie neu gestellt - und zugleich (in einer nicht unproblematischen Engführung) auf das
Problem des Verhältnisses von "Geschichtstheologie" und
"Schöpfungstheologie" im "Gesamthorizont biblischer Theologie"[6] zugespitzt: Bleibt "Geschichtstheologie" auch als "Sektor" des "alttestamentlichen Weltverständnisses" fundierend
für den Glauben Israels? Und wie verhält sich dieses Problem
in seiner historisch-deskriptiven Dimension zur Frage nach
der Bedeutung von "Geschichte" im Rahmen gegenwärtiger theologischer Rezeption des AT?

Die neuere Diskussion dieses Fragenbereichs muß hier nicht
erneut referiert werden[7]; es genügt, drei zentrale Problem-
kreise zu skizzieren, die sich in dieser Diskussion heraus-
kristallisiert haben:

(1) Hier ist zunächst die von Gerhard von Rad bereits angesprochene Frage nach dem Verhältnis von tendenziell stärker "geschichtsorientierter" und tendenziell stärker "na-
tur-" bzw. "schöpfungsorientierter" Literatur im AT zu nennen, die das Pauschalurteil "Das A.T. ist ein Geschichtsbuch"

---

5 Ebd.
6 Vgl. den programmatischen Untertitel von Schmid, Schöpfung: "'Schöpfungstheologie' als Gesamthorizont biblischer Theologie."
7 Vgl. z. B. Reventlow, Hauptprobleme, 65ff; Hayes/Prussner, Theology,
  239ff., 260ff; Hasel, Issues, 34ff; Lemke, Revelation.

problematisch erscheinen läßt. Sie stellt sich auf der Ebene
des Kanons als Frage nach dem Verhältnis der atl."Geschichtswerke" und Prophetenbücher zur Weisheitsliteratur und einem
Teil der Psalmen - kurz: "Where Is Wisdom to Be Placed?"[8]
Dabei ist grundsätzlich zwischen der historisch-religionsge-
schichtlichen Dimension dieses Problems und seiner Bedeutung
für die gegenwärtige theologische Rezeption des AT zu unterscheiden.[9] Dies gilt auch, wenn mit der Frage nach dem Verhältnis von "Geschichte" und "Weisheit" hinter die Ebene des
Kanons zurückgegangen wird, was unumgänglich erscheint aufgrund der Einsicht, daß sowohl einerseits die "Geschichtswerke"[10] und Prophetenbücher[11] des AT ausgeprägte "weisheit-
liche" Elemente enthalten, als auch andererseits "Geschichte" durchaus ein mögliches Thema der Weisheitsliteratur darstellt.[12] Dabei zeigt sich dann auch, daß "Geschichte" und
"Natur" nur zwei "Aspekte alttestamentlichen Weltverständnisses" sind, denen etwa die Bereiche des Kults und der Mythologie, des Rechts und der Politik als weitere "Aspekte", die
durchaus eigenes Gewicht haben, zur Seite zu stellen wären.[13] Und selbst innerhalb von Texten, die "Geschichte" zum
Thema haben, ist nicht nur von "Geschichtstatsachen" die
Rede, "in denen ... die Hand Jahwes wirksam" ist (von Rad),
sondern steht neben dem "Handeln" Gottes in der Geschichte
sein Geschichte deutendes "Reden" als konstitutives Moment
einer "Revelation Through History."[14] Diese Hinweise, die
unschwer ergänzt und differenziert werden könnten, zeigen,
daß "Geschichtserfahrung"nur ein Teil bzw. Moment der Wirklichkeitserfahrung "des" alten Israel darstellt, nach dessen
Bedeutung für den "Glauben Israels" wie für die gegenwärtige

---

8 Priest, Wisdom.
9 Als exemplarische theologische Stellungnahmen zur Bedeutung "der"
  atl. Weisheitsliteratur vgl. Preuss, Erwägungen (negativ) und
  Brueggemann, Man (positiv).
10 Vgl. z. B. Rendtorff, Einführung, 116f.133.
11 Vgl. nur exemplarisch Wolff, Amos' geistige Heimat.
12 Vgl. nur aus dem "apokryphen" Bereich Sir 44ff; Weish 10ff.
13 Vgl. z. B. Rendtorff, Einführung, 80 ff; Oeming, Theologien, 155.
14 Vgl. Barr, Revelation; zur Vielfalt der Konzeptionen von"Offenbarung"
   im AT s. Knierim, Offenbarung.

theologische Rezeption des AT zu fragen ist.

(2) Aufgrund der unübersehbaren "tension between the history of Israel as reported in the Old Testament and the history of Israel as reconstructed through historical-critical
scholarship"[15] muß das Verhältnis von ("faktischer") "Geschichte" und ("interpretierender") "Überlieferung", "Ereignis" und "Deutung", "story" und "history" zu einem zentralen
Problem religionsgeschichtlicher wie insbesondere theologischer Interpretation des AT werden. Soll diese ihren Aus-
gangspunkt bei der historisch-kritisch rekonstruierten "tatsächlichen" Geschichte Israels nehmen[16]? Oder soll sie den
"geschichtliche(n) Charakter der Offenbarung" primär "als
(!) Prozeß der Traditionsbildung greifbar" machen[17] - der
dann freilich seinerseits "is historical and therefore very
much open to the historical-critical disciplines"[18]? M.a.W.:
Liegt einer gegenwärtig zu verantwortenden theologischen
Rezeption des AT dieses als "a history book" oder als "a
story book" zugrunde[19]? Auch und gerade wenn man aber mit
von Rad daran festhalten will, daß "(a)uch das 'kerygmati-
sche' Bild" der Geschichte Israels "(und zwar auch da, wo es
weit von unserem historisch-kritischen Bild abweicht!) (...)
in der realen Geschichte (gründet) und (...) nicht aus den
Fingern gesogen (ist)"[20], wird neben dem Gegenüber von "tat-
sächlicher" Geschichte Israels und Geschichte der atl. Traditionsbildung der geschichtliche Prozeß der Konstitution des
Überlieferungsprozesses im Prozeß der "realen" Geschichte
zu einem weiteren Problem theologischer wie historischer Interpretation des AT, das nicht einfach mit dem Hinweis erledigt werden kann, "daß Israel mit seinen Aussagen aus einer
Tiefenschicht geschichtlichen Erlebens kommt, die für die hi-
storisch-kritsche Betrachtungsweise unerreichbar ist."[21]

---

15 Hayes/Prussner, Theology, 243.
16 So v.a. Hesse, Erforschung; Kerygma; vgl. Oeming, Theologien, 155ff.
17 Gese, Tradition, 91; vgl. Oeming, Theologien, 104ff.
18 Thompson, Historicity, 329.
19 Vgl. Barr, Story.
20 V. Rad, Theologie I, 120.
21 Ebd.

(3) Sowohl eine historische Rekonstruktion des Sachgehalts atl. Texte als auch der Versuch, ihre Geltungs- und Wahrheitsansprüche - in der historischen Situation ihrer Entstehung wie auch in ihrer bis in die Gegenwart reichenden Rezeptionsgeschichte - kritisch zu prüfen, stehen aufgrund der "vast difference between ourselves and the Bible concerning cosmology and so concerning the concrete character of the divine activity in history"[22] vor dem elementaren Problem, daß "(w)hen we say 'God acts', we mean something different cosmologically than the wirters of JED and P, or even than Calvin, did."[23] Daraus erwächst die Forderung nach "a theological ontology that will put intelligible and credible meanings into our analogical categories of divine deeds and of divine self-manifestations through events. ... without such an ontological basis the language of biblical theology is neither univocal nor analogical but equivocal, and so it remains empty, abstract, and self-contradictory."[24] Nicht erst "a contemporary understanding of ancient scriptures", schon der Versuch einer historischen Rekonstruktion ihres Gehalts "depends ... on a careful analysis of our present presuppositions."[25] Nur so können die "kosmologischen" bzw. "ontologischen" - allgemein: "metaphysischen" oder "metahistorischen"[26] - Rahmenkonzepte, die atl. Aussagen über "Geschichte" überhaupt erst verständlich machen, in ihren Gemeinsamkeiten mit und Unterschieden zu entsprechenden Konzepten des Exegeten erfaßt werden.

---

22 Gilkey, Cosmology, 196; vgl. auch King, Ambiguities; Blaikie, Christianity.
23 Gilkey, a.a.O., 204.
24 A.a.O., 203.
25 A.a.O., 205.
26 Zum hier vorausgesetzten "Metaphysik"-Begriff s. z.B. Härle/Herms, Rechtfertigung, 41ff; zur Kritik einer gewissen "anti-metafysische tendens in de huidige theologische ontwikkeling" vgl. etwa Kuitert, Realiteit. Koch, Profeten I, 84 (u.ö.) bevorzugt zur Bezeichnung der von atl., insonderheit prophetischen Aussagen über "Geschichte" vorausgesetzten "ontologische(n) Struktur" den Ausdruck **Metahistorie**, der die konstitutive Bezogenheit der entsprechenden Rahmenkonzepte auf die mit ihrer Hilfe erfaßte "Geschichte" unterstreichen soll: "Gemeint ist keine zeitlose Geschichtsjenseitigkeit, sondern eine Theorie über den Zusammenhang alles Wirklichen als eines

Die Einsicht, daß die Differenzen zwischen Erfahrung und
Interpretation geschichtlicher Prozesse, wie sie einerseits
in atl. Texten, andererseits in nach den Maßstäben historisch-kritischer Wissenschaft verfahrenden gegenwärtigen Rekonstruktionen der Geschichte Israels und seiner Traditionen
zum Ausdruck kommen (2), auf unterschiedliche "metaphysische" bzw. "metahistorische" Rahmenkonzepte der Geschichtserfahrung zurückgehen (3), scheint auf den ersten Blick die
These zu bestätigen, daß die im Rahmen des AT v.a. im Bereich der "Weisheit" entwickelte "'Schöpfungstheologie' als
Gesamthorizont biblischer Theologie" zu fungieren habe.
(H.H. Schmid)[27] (1). Eine in diesem Horizont konzipierte
Theologie des AT müßte jedoch **entweder** den Unterschied zwischen Formen und Rahmenkonzeptionen atl. und gegenwärtiger
Geschichtserfahrung (und Wiklichkeitserfahrung überhaupt)
zugunsten atl. Texte oder einer gegenwärtig vertretbar erscheinenden Wirklichkeitsauffassung vernachlässigen, **oder**
sie müßte selbst eine so abstrakte "metaphysische" Rahmenkonzeption entwickeln, daß die Differenzen zwischen atl. und
gegenwärtigem Wirklichkeitsbewußtsein als akzidenzielle Unterschiede zwischen in ihrer Substanz übereinstimmenden Konzepten begriffen werden können.[28] Die erstgenannte Möglichkeit führt dazu, daß **entweder** die gegenwärtige Vertretbarkeit
oder die historische Adäquanz der Interpretation und Rezeption atl. Texte verlorengeht, während die zweite Möglichkeit
Gefahr läuft, **sowohl** diese **als auch** jene zu verfehlen.[29]
   Diesen Gefahren kann eine atl. Theologie nur entgehen,
wenn sie die Rahmenkonzepte atl. wie gegenwärtiger Wirklichkeitserfahrung als in ihrer spezifischen Ausprägung durch

---

umfassenden, aber komplexen Prozesses ..." (ebd.). In diesem Sinne
ist hier und im folgenden auch der Begriff "Metaphysik" zu
verstehen.
27 Vgl. zu dieser Konzeption Oeming, Theologien, 95ff.
28 Als derartige Rahmenkonzeption fungiert im "Betheler Modell" von H.
   H. Schmid, U. Luck und D. Lührmann das "Weltordnungsdenken" als
   "anthropologisches Apriori" (Oeming, a.a.O., 95).
29 Hier liegt die Schwäche des "Betheler Modells"; vgl. die Kritik von
   Crüsemann, Gerechtigkeit; Halbe, Weltordnungsdenken und Oeming,
   Theologien, 100f.

bestimmte geschichtliche Umstände (zumindest: mit-) bedingt
begreiflich machen kann. Das bedeutet aber, daß ihre eigene
Rahmenkonzeption keine rein "metaphysische" oder "schöpfungs-
theologische" sein kann, sondern konkrete geschichtliche
Erfahrungen (nämlich insbesondere: die Erfahrung des Prozesses der Veränderung "metaphysischer" Rahmenkonzeptionen der
Wirklichkeitserfahrung) enthalten muß. D.h. "Geschichte"
kann nicht als theologisches Spezialproblem einer "'Schöpfungstheologie' als Gesamthorizont biblischer Theologie"
ein- und untergeordnet werden, sondern stellt als Korrelat
von "Metaphysik" und zusammen mit dieser selbst diesen "Gesamthorizont" dar.

Sofern eine so konzipierte atl. (oder biblische) Theologie
kategoriale Aussagen bzw. Aussagensysteme ("metaphysische"/
"metahistorische" Rahmenkonzepte der Wirklichkeitserfahrung)
und empirische Aussagen (über die Erfahrung geschichtlicher
Umstände und Prozesse ihrer Veränderung) aufeinander bezieh-
t, hat sie selbst den Status einer Theorie[30]. Will sie ihrem
Gegenstand gerecht werden, muß diese Theorie mindestens folgendes leisten:

(1) Sie muß die Wechselwirkung zwischen konkreten Erfahrungen und ihren
Rahmenkonzepten im Rahmen der "Frage, wie die Vermittlung von Subjekt
und Objekten sich konstituiere, und wie die je historisch konkrete Weise
dieser Vermittlung zugleich die Möglichkeit intersubjektiver Verständigung und Wechselwirkung begründe"[31] rekonstruieren; d.h. sie muß eine
Theorie der Erfahrung beinhalten.[32]

(2) Sofern ihr Gegenstand die Veränderung von Erfahrungsweisen - nämlich
die Veränderung konkreter Erfahrungen, ihrer Rahmenkonzepte und deren
Wechselwirkung - in einem geschichtlichen Prozeß ist, muß sie eine Theorie der Geschichte beinhalten.

(3) Da in den Rahmenkonzepten zahlreicher atl. Texte wie auch in den von
diesen Texten berichteten Erfahrungen Gott eine zentrale und konstitutive Rolle spielt, muß sie schließlich auch die Dimension einer theologischen Theorie aufweisen.

---

30 Vgl. Härle/Herms, Rechtfertigung, 42f.
31 Schaeffler, Geschichtsphilosophie, 239.
32 Vgl. a.a.O., 214ff.

Zu dieser komplexen Theorie soll die vorliegende Arbeit einen kleinen Baustein beisteuern: eine Untersuchung der Veränderung von Geschichtserfahrungen und ihren Rahmenkonzepten, wie sie sich in Texten des Ezechielbuches (=EB) niedergeschlagen hat.

Die Wahl des EB als Textbasis der Untersuchung ist v.a. dadurch motiviert, daß dieses Buch mehrere "Geschichtsentwürfe" ("einschlägig" sind die Kap. 16; 20 und 23) enthält, die auf der einen Seite breit genug ausgeführt sind, um Phänomene wie Auswahl, Gewichtung, Periodisierung des erfaßten Geschehens und dgl. erkennen zu lassen, auf der anderen Seite aber auch in ihrem Umfang begrenzt genug sind, um für die exegetische Analyse überschaubar zu bleiben. Hinzu kommt, daß - wie ein Blick auf Kap. 20 im Vergleich zu Kap. 16 unschwer erkennen läßt - diese "Geschichtsentwürfe" sich nicht nur im Hinblick auf die in ihnen verarbeiteten Erfahrungen, sondern auch hinsichtlich ihres konzeptionellen Rahmens z.T. erheblich unterscheiden, so daß die Annahme einer konzeptionellen Entwicklung naheliegt.

Auch von seiner Entstehungszeit her bietet sich das EB für eine exemplarische Untersuchung des skizzierten Themas an, gehört doch die Zeit des babylonischen Exils zu den vergleichsweise gut rekonstruierbaren Epochen der Geschichte Israels, was gerade auch eine kritische Infragestellung des vom vorliegenden EB mit seinen Datierungen in Anspruch genommenen zeitlichen Rahmens erleichtert.

Überdies spielt in der zu einer "Spätdatierung" neigenden Richtung gegenwärtiger atl. Exegese[33] die "Epoche der ausgehenden Königszeit und

---

33 Die mit dieser historischen Rekonstruktion verbundenen systematisch-theologischen Interessen werden besonders bei H.H. Schmid deutlich: Mit dem Nachweis, "daß das geschichtstheologische Denken des Alten Testaments überhaupt als relativer Spätling in der Religions- und Theologiegeschichte Israels anzusehen ist" (Schmid, Jahwist, 175), soll zugleich gezeigt werden, daß "(d)er biblische Glaube" "seinen Ort und seinen Gegenstand in der dem Menschen als Menschen eigenen Welterfahrung und den mit ihr verknüpften, allgemein-menschlichen (im Falle Israels als 'nationalreligiös' zu beschreibenden) Vor-Formen von 'Glauben' hat, und "'Offenbarung'" "sich da (ereignet), wo sich angesichts der Erfahrung der Brüchigkeit solcher zu enger Vermengung von Gott und Welt Glaubens- und Verstehensformen eröffnen, welche die Erfahrung weder verleugnen noch zum alleinigen Kriterium der Wirklichkeit machen ..." (a.a.O., 182f). "Darin liegt die theologisch fundamentale Bedeutsamkeit der Spätdatierung des sogenannten Jahwisten" (zum Problem vgl. etwa Köckert, Suche) zur Begründung

des beginnenden Exils"[34] eine besondere Rolle, sofern sie als Zeit einer "religiöse(n) Katastrophe"[35] und "Krise der Geschichte"[36] für Israel "Anlaß" gegeben habe, "Geschichte als solche und in ihrer theologischen Relevanz zu erkennen"[37], u. d.h. letztlich den Boden darstellen soll, auf dem die großen "Geschichtswerke" der atl. Literatur gewachsen sind. Damit dürfte nicht nur ein traditions- und konzeptionsgeschichtlicher Vergleich der Texte des EB mit diesen "Geschichtswerken" als historisch legitim einigermaßen konsensfähig sein; ebenso ergibt sich auch umgekehrt die Möglichkeit, die These, es sei gerade die Erfahrung gewesen, "daß sich Jahwes Heilswille an der gegenwärtigen Geschichte nicht (mehr) ausweisen ließ"[38], die zu einem verstärkten Rekurs auf "Geschichte" genötigt habe, am EB zu überprüfen.

Schließlich - und nicht zuletzt - hat eine Untersuchung des EB den Vorteil, auf breite exegetische Vorarbeiten zurückgreifen zu können, unter denen der imposante Kommentar Walther Zimmerlis eine herausragende Stellung einnimmt.

Die Problemstellung dieser Arbeit legt es nahe, mit der exegetischen Analyse einzelner "Geschichtsentwürfe" im EB einzusetzen (II.-IV). Erst wenn ihre konzeptionellen Eigenarten - auch im Horizont der großen "Traditionsströmungen" des AT[39] - herausgearbeitet sind, kann der Versuch einer historischen Rekonstruktion des Entstehungs- (und Wirkungs-!) Prozesses der Geschichtskonzepte im EB unternommen werden (V.). Auch wenn das Schwergewicht der folgenden Untersuchungen demnach auf historisch-exegetischem Gebiet liegt, kann doch nicht darauf verzichtet werden, den Gesamthorizont der Theorie, zu der sie einen Beitrag liefern sollen, im Vorgriff

---

dieser systematisch-theologischen Thesen Schmids - unbeschadet ihrer möglichen Wahrheit - kaum etwas auszutragen vermag, sollte nach den in dieser Arbeit skizzierten Überlegungen deutlich werden: Mit der Frage nach der Datierung des "Jahwisten" steht nämlich nicht zur Debatte, **ob** "Glaube" und "Offenbarung" etwas mit "Welterfahrung" zu tun haben, sondern **mit welchen** konkreten Erfahrungen sie es im Falle des "Jahwisten" zu tun haben (vgl. Köckert, Suche, 54ff).
34 Schmid, Jahwist, 177.
35 Ebd.
36 A.a.O., 182.
37 Ebd.
38 Ebd.
39 Vgl. Steck, Strömungen.

wenigstens ansatzweise als Frage-Horizont zu explizieren
(I.). Dies kann nicht nur zu einer stärkeren Kritisierbarkeit
und Falsifizierbarkeit der exegetischen Analysen beitragen;
es macht es auch - "da Fragen in gewisser Weise die Antwor-
ten bestimmen"[40] - im Grunde erst möglich, abschließend den
Ertrag der Untersuchung und möglicherweise durch sie eröffnete Perspektiven zu formulieren.

---

40 R. Bultmann in einem von W. Schmithals (Brief) veröffentlichten
   Brief an E. Foerster (hier: 71).

I. ZUR PRÄZISIERUNG DER FRAGESTELLUNG

1. Die Notwendigkeit einer Klärung des Fragehorizonts der Interpretation

Die einleitenden Bemerkungen zur Bedeutung des Themas "Geschichte" für die atl. Theologie konnten zunächst den Eindruck erwecken, es sei selbstverständlich klar, was hier mit
"Geschichte" gemeint sei. Der im Anschluß an L.Gilkey skizzierte Hinweis auf die unterschiedlichen "metaphysischen"
bzw. "metahistorischen" Rahmenkonzepte atl. und gegenwärtiger
Aussagen über "Geschichte" machte jedoch deutlich, daß dies
nicht der Fall ist, weshalb die Frage nach der Eigenart atl.
Geschichtskonzepte "a careful analysis of our present presuppositions"[1] voraussetzt.

Die Notwendigkeit einer solchen Klärung der "Vorgaben"[2]
der Interpretation, die schon ihre Fragestellung bestimmen,
wird noch unterstrichen, wenn man sich bewußt macht, daß der
neuzeitliche Geschichtsbegriff, in dem "Geschichte" als "Kollektivsingular" zu einer "Art transzendentaler Kategorie"

---

1 Gilkey, Cosmology, 205.
2 Der Hinweis auf "Vorgaben" der Interpretation ist nicht in dem Sinne
  mißzuverstehen, als solle durch ein "Vorverständnis"="Vorentschei-
  dung"="Vorurteil" im vorhinein über den Gehalt der Texte entschieden
  werden (vgl. die Polemik von Nygren, Sinn, 233ff). Vielmehr geht es
  um eine Klärung dessen, was Nygren, a.a.O., 395ff die "Grundvoraus-
  setzungen" des Historikers nennt: "Er selbst lebt in einer bestimmten Zeit und ist von ihren selbstverständlichen Voraussetzungen beherrscht ... Der Gegenstand seiner Untersuchung gehört aber einer
  anderen Zeit an und ist von anderen selbstverständlichen Voraussetzungen beherrscht" (a.a.O., 397). Auf eben diesen Sachverhalt weist
  aber Gadamer (Wahrheit) zunächst mit den Sichworten "Vorstruktur",
  "Vormeinung", "Vorurteil" usw. hin (vgl. Turk, Wahrheit, 134ff). -
  Zu den "hermeneutisch" zu reflektierenden Vorgaben der Interpretation gehört natürlich prinzipiell der gesamte "Lebenszusammenhang des
  Exegeten" (Diebner, Offenbarungs-Archäologie, 46; vgl. Gollwitzer,
  Befreiung, 38 ff), der hier jedoch aus Raumgründen nicht verhandelt
  werden kann.

wird und als "Weltgeschichte" unter "Verzicht auf eine außer-
geschichtliche Instanz" vom Menschen erkennend und handelnd
erst hervorzubringen ist[3], Resultat eines Umbruchs in der
Begriffsgeschichte von "Geschichte" im 18. Jh. ist. Deshalb
kann eine Untersuchung von Geschichtskonzepten, die "auch
vorneuzeitliche Begriffe von Geschichte erfassen will, ...
nicht den neuzeitlichen Geschichtsbegriff unbefragt zugrunde
legen."[4]

Eine solche Untersuchung kann aber im Falle des EB - wie
des AT insgesamt - auch nicht begriffsgeschichtlich verfahren, denn "(f)ür den deutschen Begriff Geschichte bieten die
Sprachen des Altertums keine Entsprechung; die einschlägigen
Konzeptionen werden durch Ausdrücke wiedergegeben, die gemeinhin mit Zeit, Schicksal, Weg, Wort u.ä. übersetzt werden."[5]
Diese Feststellung K. Kochs besagt freilich auch schon, daß
trotz des Fehlens eines Äquivalents für "Geschichte" im AO
"einschlägige(.) Konzeptionen" von Geschichte vorliegen, daß
also "(n)ichtsdestoweniger (...) Menschen in diesen Hochkul-
turen relativ früh (beginnen), sich geschichtlich zu verstehen"[6]. Dies ist in der Tat Voraussetzung dafür, daß die Frage nach Geschichtskonzepten im EB überhaupt sinnvoll ist. Es
setzt jedoch seinerseits voraus, daß es möglich ist, den mit
"Geschichte" bezeichneten Sachverhalt soweit zu klären und
zu explizieren, daß "die einschlägigen Konzeptionen" in den
Texten a l s Konzeptionen von "Geschichte" identifiziert
werden können[7].

Probleme einer zu wenig reflektierten Eintragung spezifisch neuzeitlicher Fragestellungen in die Interpretation atl. Texte zeigen sich z.B.
in G. Savocas Untersuchung der "teologia della storia" Ezechiels: Savoca

---

3 Koselleck, Verfügbarkeit, 318f; vgl. Ders., Art. Geschichte.
4 Piepmeier, Geschichte, 10.
5 Koch, Art. Geschichte, 570; vgl. die semantischen Analysen bei
  Kegler, Geschehen, 1ff.
6 Koch, ebd.
7 Eine solche Klärung des Sachgehalts von "Geschichte" skizziert
  Koch, ebd. in dem Nebensatz: "Begreift man unter Geschichte einen
  unumkehrbaren Prozeß, welcher, nach typischen Regeln verlaufend, für
  menschliches Leben bedeutsam erscheint ..."

geht aus von den "problemi attuali della visione biblica della storia"[8].
Hier steht neben Fragen wie der nach dem Ursprung "des" biblischen Geschichtsverständnisses ("problema dell' origine della concezione biblica
della storia") oder der nach dem Verständnis von "Geschichte" und "Offenbarung" ("problema della relazione tra evento, parola, rivelazione personale") etwa auch das Problem des Verhältnisses von "Heils-" und "Profangeschichte" ("problema del rapporto fra storia sacra e storia profana"),
das die seit dem Ende des 16. Jh. vollzogene "Ablösung der menschlichen
Geschichte als Profangeschichte von der theologischen Geschichtsinterpre-
tation" voraussetzt, durch die erst in dieser Weise "das Thema Geschichte für die Theologie zum Problem" wurde[9]. Die Gefahren einer solchen,
unkritischen Eintragung neuzeitlicher Problemstellungen in die Interpretation atl. Texte zeigen sich dann bei Savoca, wenn er unter der Über-
schrift "Rapporto tra storia sacra e storia profana universale" Geschichte Israels und Geschichte der Völker bzw. "moralità interna" und "pro-
sperità esterna" einander gegenübergestellt[10] - Distinktionen, die - ihre
(mindestens im zweiten Fall m.E. fragwürdige) exegetische Sachgemäßheit
einmal dahingestellt - der zwischen "Heils-" und "Profangeschichte" kaum
einfach entsprechen.

R. Schmitt ist sich dagegen der Differenzen zwischen "biblischem" und
neuzeitlichem (hier insbesondere: "positivistischem") Geschichtsverständnis stärker bewußt. Er lehnt es deshalb ab, den Begriff "Geschichte"
(bzw. "Heilsgeschichte") in der biblischen Exegese "vom alltäglichen
Sprachgebrauch und/oder einem geschichtswissenschaftlich gebräuchlichen
Begriff"[11] her definiert zu verwenden. Auch wenn "es sich bei dem Terminus Heilsgeschichte" um "eine **Deutekategorie**" handelt, also "nicht um
einen bilblischen, sondern um einen wissenschaftlich-theologischen ...
Begriff"[12], soll er doch "seine Prägung durch diese (sc. die biblischen)
Zeugnisse" selbst erhalten, die "nur mit Hilfe solcher an ihnen gewonne-
nen Kategorien angemessen interpretiert werden" können[13]. Auch eine sol-

---

8 Savoca, Profeta, 15f; der hier entwickelte Problemhorizont ist dann
   auch bestimmend für die abschließenden "(s)intesi delle idee di
   Ezechiele" (a.a.O., 167ff).
9 Pannenberg, Art. Geschichte, 658.
10 Savoca, a.a.O., 189ff.
11 Schmitt, Abschied, 13.
12 A.a.O., 16.
13 A.a.O., 14

che "Prägung" des Interpretationsrahmens atl. Texte durch diese selbst
ist freilich eine **Interpretations**leistung. Sie erfordert eine Auswahl
bestimmter Züge "des jeweiligen Gottes-, Menschen- und Weltverständnisses" der Texte "unter dem Aspekt ihres Geschichtsverständnisses"[14]. "Denn
nicht in allen biblischen Zeugnissen spielt Heilsgeschichte eine Rolle,
auch ist nicht jedes Reden von Geschichte heilsgeschichtlich ..."[15].
Diese Auswahl ist aber jedenfalls **nicht nur** von den "biblischen Zeugnissen" selbst bestimmt, sondern **mindestens auch** von einem Vorverständnis
des Exegeten, das natürlich seinerseits durchaus schon von einer Kenntnis
der Texte geprägt ist. Schmitt expliziert dieses Vorverständnis in Auseinandersetzung mit dem "positivistischen Geschichtsbegriff"[16] F. Hes-
ses[17]. Das Ergebnis dieser Auseinandersetzung - "daß unter den konstitutiven theologischen Voraussetzungen der biblischen Zeugnisse von Geschichte anders gesprochen wird - gesprochen werden muß, als das unter
den Bedingungen historischer Methode möglich ist"[18] - bleibt aber insofern unbefriedigend, als es eine Vergleichbarkeit verschiedener Geschichtsverständnisse ("unter den konstitutiven Voraussetzungen der biblischen Zeugnisse" - "unter den Bedingungen historischer Methode") unterstellt, ohne die Möglichkeiten und Grenzen eines solchen Vergleichs
zu reflektieren.

Ein Vergleich verschiedener "Geschichtsverständnisse", der ein Bewußtsein für die Variationsbreite und den Spielraum "geschichtlichen Denkens" vermitteln kann, ist aber immer schon von Voraussetzungen geleitet,
die einer kritischen Reflexion bedürfen[19]. So ist etwa der "Sitz im Leben" der Texte und der von ihnen repräsentierten Konzepte, die miteinander verglichen werden sollen, zu berücksichtigen: Ein Vergleich der "Ge-
schichtsbild(er) der Religionen"[20] wird anders ausfallen als eine Gegenüberstellung von "Typen der Geschichtsphilosophie"[21] oder theologischen

---

14 A.a.O., 15.
15 A.a.O., 14.
16 A.a.O., 18ff.
17 Hesse, Abschied.
18 Schmitt, Abschied, 46.
19 Vgl. allgemein zum Problem vergleichender Untersuchungen im Bereich
   von AO und AT z.B. Talmon, Method.
20 Vgl. Lanczkowski, Art. Geschichte, 565ff; Ders.,Religionsgeschichte,
   100ff; Ders., Religionsphänomenologie, 118ff.
21 Vgl. Landmann, Art. Geschichte, 686ff.

Geschichtskonzeptionen[22]. Von ebenso großer Bedeutung ist der Abstraktionsgrad einer vergleichenden Betrachtung: Was etwa in der Gegenüberstellung von "antikem" und "neuzeitlichem" Geschichtsverständnis als
Einheit erscheint, zerfällt in differenzierte Elemente, sobald z.B. dort
zwischen "aol.", "atl." und "griechisch-hellenistischem", hier zwischen
"alltäglichem" und "wissenschaftlichem" Geschichtsbild unterschieden
wird usw.[23] Ein weiteres Problem stellt die Zuordnung von Elementen und
Strukturen der zu vergleichenden Konzeptionen zueinander dar: Wenn z.B.
im "mythischen" Welt- und Geschichtsverständnis Archái eine strukturell
den Regeln und Gesetzen im "neuzeitlich-wissenschaftlichen" entsprechende Rolle spielen[24], besteht doch ein wichtiger Unterschied darin, "daß
Gegenstände wissenschaftlich durch Begriffe Gesetzen und Regeln zugeordnet werden", "mythisch aber ... durch numinose Eigennamen mit den entsprechenden Archái in Verbindung" stehen[25].

Entscheidend ist aber m.E. ein weiteres Problem jeder vergleichenden
Gegenüberstellung verschiedener Geschichtskonzepte: Sie muß immer schon
unterstellen, daß es sich bei den zu vergleichenden Konzeptionen um Konzeptionen eines - wenigstens in seinen Grundzügen - identischen Sachverhalts ("Geschichte") handelt[26]. Diese Unterstellung ist aber keineswegs
selbstverständlich und wird zusätzlich problematisch, wenn die vergleichende Analyse schließlich zu der Einsicht führt, daß die untersuchten
Verständnisse von Welt und Geschichte letztlich selbst "geschichtlich"
bedingt sind[27]: In welchem Verständnis ist in dieser Aussage von "Geschichte" die Rede[28]?

---

22 Vgl. Pannenberg, Art. Geschichte, 660ff.
23 Hinweise auf die einschlägige Literatur finden sich in den genannten
   TRE-Artikeln über "Geschichte"; vgl. auch Hübner, Wahrheit, 129ff.
   142ff u.ö. sowie Ders., Zeitbegriffe.
24 Vgl. Hübner, Wahrheit, 260ff.
25 A.a.O., 140; vgl. z.B. auch die von Meier, Alltag, 52ff skizzierten
   Probleme eines Vergleichs antiker und neuzeitlicher Fortschritts-
   konzepte.
26 Daß diese Unterstellung heute gewöhnlich nicht bewußt wird, dürfte
   gerade auf die "neuzeitliche" Ausweitung von "Geschichte" zu einer
   allumfassenden, "transzöendentalen Kategorie" (Koselleck) zurückzuführen sein.
27 Vgl. Hübner, Wahrheit, 239ff; Schaeffler, Geschichtsphilosophie,
   89ff.
28 Vgl. in diesem Zusammenhang Hübners (a.a.O., 366ff) Überlegungen zu
   den Möglichkeiten und Grenzen "mythischer" oder "wissenschaftlicher"
   Erklärungen der Geschichte der Verdrängung des Mythos.

Die skizzierten Hinweise sollen die Notwendigkeit einer
Klärung des mit "Geschichte" bezeichneten Sachverhalts in
Gestalt der **Frage nach der Konstitution der Erfahrung von
Geschichte** zur Bereitstellung eines sachgemäßen Interpreta-
tionsrahmens für die Frage nach Geschichtskonzepten im EB
einsichtig machen.

Die Wendung zum Thema "Erfahrung" von Geschichte wird unumgänglich
angesichts der Tatsache, daß ein Vergleich verschiedener Geschichtskonzepte (dessen grundsätzliche Möglichkeit hier vorausgesetzt wird) immer
schon unterstellen muß, "daß auch identische Gegebenheiten verschieden
aufgefaßt und durch unterschiedliche Weisen des Verhaltens praktisch
beantwortet werden"[29]. Darüber hinaus kann aber auch nicht von vorneh-
rein die Möglichkeit ausgeschlossen werden, "daß die Auffassungsformen
des Subjekts **und** die Gegebenheitsweisen der Objekte sich aneinander entwickeln"[30]. Sowohl die Verschiedenheit vorliegender Geschichtskonzeptionen als auch die Einsicht in ihre geschichtliche Bedingtheit nötigen
also zu der "Frage ..., von welchen Bedingungen es abhänge, ob und wie
das Bewußtsein für die Erfassung von Wirklichkeit offen, ob und wie Wirk-
liches für ein Bewußtsein zugänglich ist"[31] - wobei es hier insbesondere
um "geschichtliche" Wirklichkeit geht.

Somit soll also hier die "transzendental-philosophische"[32] Fragestellung Kants - in modifizierter Gestalt - aufgenommen werden: Bei der Frage nach der Konstitution von Geschichtserfahrung geht es immer auch um
deren Möglichkeitsbedingungen, ohne daß freilich - dem Kant eigenen universalen Anspruch entsprechend - bereits "die **apriorischen** Bedingungen
festzulegen" wären, "denen die historisch-geschichtliche Konstruktion
als notwendigen Bedingungen ihrer Möglichkeit **a priori** unterworfen ist
und daher in **jedem** konkreten Falle genügen muß"[33]. Denn die Beobachtung
eines "Wandel(s) der Bewußtseinsformen und der Strukturen der Objektver-
mittlung" macht es wahrscheinlich, "daß nicht die historisch sich ablösenden Bewußtseinformen und Wahrheitshorizonte ihren festen Platz in
einem übergreifenden ewigen System finden, sondern daß umgekehrt jene

---

29 Schaeffler, Geschichtsphilosophie, 220.
30 A.a.O., 221 (Hervorh. T.K.).
31 A.a.O., 215.
32 Zur Begriffsklärung vgl. ebd.
33 Baumgartner, Thesen, 277 (Hervorh. T.K.).

leitenden Perspektiven, die jeweils eine Systembildung ermöglichen, sich
nur innerhalb je einer bestimmten historischen Weise der Subjekt-Objekt-
Vermittlung ergeben"[34]. Gleichwohl kann auf solche "leitenden Perspektiven" und "Systembildungen" - die angesichts ihrer geschichtlichen Wandel-
barkeit nur den hypothetischen Status einer Theorie für sich beanspruchen können - nicht verzichtet werden, wenn der Wandel von in Erfahrung
gründenden Konzepten geschichtlicher Wirklichkeit überhaupt erfaßt werden soll.

Ihrer Funktion, eine Verständigung zwischen verschiedenen Weisen der
Geschichtserfahrung zu ermöglichen[35], entsprechend, soll die transzendental-philosophische Fragestellung hier im Sinne der Phänomenologie Husserls[36] als Rückfrage nach der "Konstitution" von Geschichtserfahrung
aufgenommen werden. Gefragt wird also nicht "nach Gründen **für** die Erfahrung", sondern "nach Grundlagen unseres Erkennens und Handelns **in** der
Erfahrung selber"[37]. Vorausgesetzt ist dabei, daß die verschiedenen Weisen der Geschichtserfahrung, wie sie in unterschiedlichen Geschichtskonzepten zum Ausdruck kommen, in sich so strukturiert sind, daß in ihnen
mehr oder weniger "fundamentale" "Schichten" unterschieden werden können.
Der Rückgang auf konstituierende Schichten der Geschichtserfahrung erlaubt es zugleich, i n dieser Allgemeines und Besonderes zu unterscheiden und damit nicht nur die Verschiedenheit, sondern auch den Wandel
konkreter Geschichtskonzepte verständlich zu machen: "Wir könnten" ein
"bestimmte(s) historische(s) Entspringen von Sinnesleistungen ... nicht
verstehen, wenn wir diese Leistungen nicht ... nachvollziehen ..., also
nicht ... diesen Rückgang ... vollziehen könnten"[38]. Als Rückfrage hinter konkrete Gestalten faktischer Geschichtserfahrung bleibt dieser "Rück-

---

34 Schaeffler, Geschichtsphilosophie, 217f.
35 Zur Bedeutung der "Konfrontation mit fremden Welten" als Anlaß der
   Frage nach gemeinsamem Allgemeinem vgl. die Hinweise bei Waldenfels,
   Abgründigkeit, 31.
36 V.a. in ihrer durch die (nicht unbedingt präzisen) "Schlagworte von
   der Zuwendung zur Geschichte und zur vorwissenschaftlichen Lebenswelt" angedeuteten "Endgestalt" (s. Janssen, Husserl, 125ff), wie
   sie v.a. in Husserl, Krisis und Ders., Erfahrung zum Ausdruck kommt.
   Einen Überblick über neuere Weiterentwicklungen der Phänomenologie
   Husserls gibt Aguirre, Phänomenologie. Zu ihrer Relevanz für das
   Problem "Geschichte" s. z.B. Landgrebe, Problem. Grundbegriffe und
   Modelle "phänomenologischer Exegese" referiert Detweiler, Story.
37 Waldenfels, Abgründigkeit, 15.
38 Husserl, Erfahrung, 48.

gang" aber zugleich an diese als seinen Ausgangpunkt zurückgebunden, verleugnet also nicht seine eigene geschichtliche Bedingtheit[39].

---

39 In der Konsequenz dieser Gedanken liegt das Programm einer "Philosophie der Endlichkeit", als die R. Boehm in seiner "Vorrede" die "Phänomenologie der Wahrnehmung" Merleau-Pontys interpretiert, und wie
sie sich aus Husserls Einsicht in die "Horizont"-Struktur von Erfahrung ergibt: "Ein jeder Gesichtspunkt schränkt die Sicht ein. Wenn
aber ein Gesichtspunkt transzendentale Bedingung der Möglichkeit der
Sicht ist, dann ist die Beschränkung, die Einschränkung der Sicht
selbst transzendentale Bedingung ihrer Möglichkeit. Dann aber bedeutet die Einschränkung aller Sicht durch ihre notwendige Bindung an
einen Gesichtspunkt, daß nicht etwa in Abwesenheit einer solchen
Schranke - an sich und **idealiter** - eine schrankenlose Sicht vorzu-
stellen wäre, sondern daß ohne dergleichen Einschränkung im Gegenteil
die Sicht erblindete und alles Sehen aufhören würde" (a.a.O., VI).
"Dies gilt für die sinnliche Wahrnehmung" ebenso wie für "die Sicht
des Geistes" mit "ihrem - geschichtlich gegründeten - Gesichtspunkt"
(a.a.O., V). Deshalb ist - mit Husserl, gegen Kant - daran festzuhalten, "daß es nicht damit getan sein kann, nach den Möglichkeitsbedingungen unserer Erfahrungswelt zu fragen, ohne zu zeigen, wie diese
selbst in unseren Erfahrungen entsteht ... Dies besagt aber auch,
daß die konkrete Vereinheitlichung der Erfahrung nur auf der mittleren Ebene geschehen kann, wo **bestimmte** spezifische Ordnungen entstehen". "Einigung" ist dann "nicht mehr in einer universalen Synthese
zu suchen, sondern in Prozessen der **Transformation** und der "**Übersetzung**" (Waldenfels, Abgründigkeit, 27). Wenn damit "die Einheit der
Subjektivität ihre Selbstverständlichkeit (verliert)", "die **eine**
Lebenswelt sich in **ein Netz und eine Kette von Sonderwelten** verwan-
delt", und "(d)ie Vernunft als **Totalität** (...) auseinander(tritt) in
Sinnfelder, in Rationalitäten" (ebd.), schließt dies freilich die
Möglichkeit des Gelingens universaler "Einigung" **durch** konkrete Prozesse der "Transformation" und Übersetzung" ebensowenig a priori aus
wie die ihrer Antizipation in der Horizontstruktur der Erfahrung
(vgl. u. 4.2.). - Vgl. zum Problem von ("synchroner") Konstitution
und ("diachroner") Entwicklung von Erfahrung und Rationalität auch
Markis, Protophilosophie, v.a. 34ff. Zuletzt scheint hier freilich
im Sinne Hegels doch wieder das "System" über die "Geschichte" in
einer Weise die Oberhand zu behaupten (vgl. a.a.O., 277: "Der Wandel
findet ... innerhalb des einen, sich selbst entwickelnden Systems
statt und nicht zwischen den Systemen."), daß eine geschichtliche
Ablösung dieses umgreifenden Systems selber nichteinmal mehr als
offen-unbestimmter Erwartungshorizont in den Blick kommt.

2. Zeit

Es bedarf wohl keiner Begründung für die Behauptung, daß
Zeit konstitutiv für Geschichte ist. So legt es sich nahe,
zur Klärung der Konstitution von Geschichtserfahrung bei der
Zeitstruktur von Erfahrung überhaupt anzusetzen. In lockerer
Anlehnung an die Vorgehensweise Husserls soll dabei vom Zeitverständnis der "natürlichen Einstellung"[40] ausgehend nach
seiner Konstitution zurückgefragt werden.

2.1. Das Zeitverständnis der "natürlichen Einstellung"

Das Zeitverständnis der "natürlichen Einstellung" kann
hier im Anschluß an linguistische und sprachanalytische Untersuchungen skizziert werden. Der Ansatz bei "der" Sprache[41]
legt sich deshalb nahe, weil das "natürliche" Zeitverständnis zum einen in der Grammatik gleichsam "geronnen" vorliegt,
zum anderen in linguistische und sprachanalytische Untersuchungen meist als selbstverständliche Voraussetzung eingeht.
    Eine Grundfunktion von Sprache ist die Darstellung der
Zeitbezüge von Sachverhalten[42]. Dabei hat sie es grundsätzlich mit zeitlich begrenzten (individuellen oder generellen)
oder unbegrenzten (allgemeingültigen) Sachverhalten zu tun.
Die Zeitbezüge solcher Sachverhalte kann sie durch Zeitmaßangaben, Zeitpositionsangaben und Zeitrelationsangaben herstellen. Zeitmaßangaben und Zeitpositionsangaben erfordern eine
"metrische" Strukturierung der Zeit, derentsprechend, "etwa
durch Einteilung des Zeitverlaufes in Jahre, Monate, Tage,

---

40 Vgl. zur Bedeutung und Funktion dieses Begriffs Janssen, Husserl,
   63ff.75f.147ff; zu Husserls Analyse der Zeiterfahrung: Husserl, Vorlesungen; Landgrebe, Zeitanalyse.
41 Dem beschränkten Anspruch der hier zu entwickelnden Analysen entsprechend wird im Folgenden auf Theorien zurückgegriffen, die mindestens
   auf die deutsche und die bilbisch-hebräische Sprache anwendbar sind.
42 Vgl. hierzu und zum Folgenden v.a. Denz, Verbalsyntax, 7ff und Bartelmus, HYH, 35ff.

Stunden, Minuten und Sekunden, **jeder** Zeitabschnitt eine bestimmte Dauer hat und für jedes Ereignis feststeht, was unter
Gleichzeitigkeit anderer, nämlich entfernterer Ereignisse zu
verstehen ist"[43], während Zeitrelationsangaben lediglich
die - sogleich zu skizzierenden - "topologischen" Eigenschaf-
ten der Zeit voraussetzen[44]. Letztere sind auch deshalb als
die fundamentale Weise des Zeitbezugs von Sachverhalten anzusehen, weil die metrischen "raumzeitlichen Angaben ... für
uns nichtssagend" blieben, "wenn wir nicht wüßten, in welcher
raumzeitlichen Relation unser Hier und Jetzt sich zu den
objektiven Bezugspunkten dieser raumzeitlichen Angaben (wie
Greenwich, Christi Geburt) befindet"[45].
   Die Zeitrelationsangabe in der biblisch-hebräischen Sprache[46] läßt sich näherhin beschreiben mit den grammatischen
Kategorien Zeitlageverhältnis (Aspekt: perfektiv - imperfek-
tiv), Richtungskoeffizient (retrospektiv - ∅ - prospektiv)
und Ablaufsart (punktuell - durativ). Dieser Beschreibung
liegt ein **Verständnis von Zeit als einem eindimensionalen,
in eine Richtung verlaufenden und irreversiblen "Fluß"** zugrunde[47]. Der eindeutigen Gerichtetheit und Irreversibilität
des Zeit-"Flusses" tut dabei keinen Abbruch, daß "man im
Prinzip zwei 'Zeitrichtungsbezüge' feststellen" kann, "(j)e
nachdem welchen Zeitstellenwert man als festen Bezugspunkt
nimmt": "Ist der Gegenwartspunkt der fixe Zeitstellenwert,
so wandern die Zeitstellenwerte der Sachverhalte gleichsam
aus der Zukunft auf (den) G(egenwartspunkt) zu, huschen daran vorbei und bleiben in der Vergangenheit stehen(?); ist
dagegen der Zeitstellenwert eines S(ach-)V(erhalts) der Fix-
punkt des Betrachters, rückt das Ich aus der Vergangenheit
auf den Zeitstellenwert zu, an ihm vorbei und von ihm immer

---

43 Hübner, Wahrheit, 156f.
44 Dementsprechend kann Denz (Verbalsyntax, 1Off) in seinen graphischen
   Darstellungen der Zeitrelationsangaben auf eine Metrik der "Zeitgera-
   den" verzichten.
45 Tugendhat, Selbstbewußtsein, 77.
46 Vgl. Denz, Verbalsyntax, 1Off und die Ergänzungen für das biblisch-
   hebräische Tempussystem durch Bartelmus, HYH, 40ff.
47 Vgl. die Punkte (3), (4) und (6) der Charakterisierung des "heutigen" Zeitverständnisses durch Hübner, Wahrheit, 156.

weiter fort in die Zukunft"[48]. Hier wird deutlich, daß der
der Beschreibung der Zeitrelationsangaben zugrundeliegende
Zeit-"Fluß" als relative "Bewegung" zwischen einem Gegenwartspunkt und einem in sich "starren" Kontinuum von Zeitstellen (das nicht notwendig metrisch gegliedert sein muß)
verstanden ist[49].

Zeitrelationsangaben setzen also Zeitstellenangaben[50] voraus. Zur Bezeichnung von Zeitstellenangaben dienen die sprachlichen Ausdrücke "jetzt", "dann", "damals" usw., die wie
"ich", "du" usw., "hier", "dort" usw. und "dies", "jenes"
usw. zur Klasse der Indexworte bzw. deiktischen Ausdrücke[51]
gehören, die ihrerseits eine Unterklasse der Klasse der singulären Termini (wie z.B. noch Eigennamen, Kennzeichnungen)[52]
darstellt. Charakteristisch für solche Indexworte ist, daß
sie einen unmittelbaren Bezug auf die Kommunikationssituation herstellen und Felder bilden, d.h. "zusammenhängende Gruppen: hier-dort, jetzt-dann-damals, ich-du-er", wobei "die
Verwendung eines Ausdrucks einer Gruppe (...) in systemati-
scher Weise mit der Verwendung der anderen Ausdrücke derselben Gruppe zusammen(hängt)"[53]. Raum- und Zeitfeld ermöglichen die "Bezugnahme auf einen Gegenstand" bzw. Sachverhalt,
die mithin "immer schon in einem Mannigfaltigkeitsfeld"
steht[54]. Mit Hilfe von Raum- und Zeit- Stellen- und Relati-
onsangaben kann "ein Sprecher ... angeben ..., welcher von
allen Gegenständen es ist, den er meint"[55]. Sofern aber "Existenz" "Bezeichenbarkeit" und mithin "Identifizierbarkeit"
in dem soeben skizzierten Sinne impliziert[56], ermöglichen

---

48 Bartelmus, HYH, 39f; es handelt sich hier nur um "verschiedene(.)
   Aspekte" **einer** "Zeitbewegung" (Conrad-Martius, Zeit, 35).
49 Es ist also "ein Jetzt als Gegenwart vor anderen Zeitabschnitten
   ausgezeichnet und hervorgehoben" (Hübner, Wahrheit, 156).
50 Zeitstellenangaben sind nicht mit Zeitpositionsangaben zu verwech-
   seln, da sie nicht wie diese eine Metrik der Zeit voraussetzen!
51 Vgl. dazu Castaneda, Indicators; Tugendhat, Vorlesungen, 426ff.
52 Vgl. Tugendhat/Wolf, Propädeutik, 146ff.
53 Tugenhat, Selbstbewußtsein, 73.
54 A.a.O., 74; zur "Feld"-Struktur der Erfahrung vgl. auch Husserl,
   Erfahrung, 74 ff.
55 Tugendhat, a.a.O., 76.
56 Vgl. Härle/Herms, Rechtfertigung, 60.

Raum- und Zeitfeld auch die Behauptung der Existenz von Gegenständen bzw. Sachverhalten: "For an extended thing **to be**
... means to be present somewhere in space during a **certain
time**"[57]. Existenz ist dabei - "although time and space are
equally essential for the identification of the thing" -
insofern "essentially temporal"[58], als "(a) full identification of the the thing throughout its existence would mean
tracing it through all the locations it occupies in its life-
time[59]. Diese Beschreibung der Zeitstellenangabe und ihrer
Funktion für sprachliche Verständigung setzt ein **Verständnis
von Zeit als einem kontinuierlichen und umfassenden Medium
der Erfahrung von Gegenständen bzw. Sachverhalten** voraus[60].

2.2. Probleme des Zeitverständnisses der "natürlichen Ein-
     stellung"

(1) Als kontinuierliches und umfassendes Medium der Erfahrung ist Zeit die Bedingung der Möglichkeit, auf Gegenstände
bzw. Sachverhalte Bezug zu nehmen, sie zu identifizieren und
ihre Existenz zu behaupten. Andererseits sind aber "Raumzeit-
stellen für sich nicht wahrnehmbar ... Um Raum- und Zeitstellen unterscheiden und identifizieren zu können, bedarf es
wahrnehmbarer Gegenstände, die die Stellen markieren"[61]. Es
zeigt sich also, "that the identification of particulars
depends on t w o essential factors: first there must be some
thing like a field for a plurality of particulars, and second
there must be a factor of distinctness which allows to delim-
it particular items in this field. The factor of distinctness
is made possible by things and events, whereas the underlying
field is furnished by space and time"[62]. **Das kontinuierliche**

---

57 Tugendhat, Existence, 28.
58 Ebd.
59 A.a.O., 25; vgl. Ders., Vorlesungen,454.
60 Vgl. die Punkte (1) und (2) der Charakterisierung der "heutigen"
   Zeitauffassung durch Hübner, Wahrheit, 156.
61 Tugendhat, Vorlesungen, 443ff.473ff; Ders., Erfahrung, 188ff.
62 Tugendhat, Existence, 27 (Hervorh.T.K.).

**Zeitfeld und das Feld diskreter Gegenstände bzw. Sachverhal-
te** können also nur **als in der Zeitstruktur einer "ursprünglichen" Erfahrung zusammen konstituierte Größen** begriffen werden[63].

Zur Markierung diskreter Zeitstellen im kontinuierlichen Zeitfeld
sind offenkundig nur solche Gegenstände bzw. Sachverhalte geeignet, die
bestimmt abgegrenzt sind und nicht geteilt werden können, ohne ihre Identität zu verlieren, d.h. Gegenstände bzw. Sachverhalte, die durch sog.
sortale Prädikate[64] zu bezeichnen sind. Zur Markierung von Z e i t stellen sind näherhin spezifisch zeitliche Gegenstände bzw. Sachverhalte,
d.h. Ereignisse erforderlich. Unter "Ereignissen" sind dabei im engeren
Sinne Veränderungen zu verstehen, die "durch den Übergang von einem Zustand zu einem anderen definiert" sind[65]. Für jedes Ereignis gilt dann:
Es "besteht ... aus zeitlichen Teilen, mindestens aus den beiden Zuständen, aus dem und in den die Veränderung stattfindet, und normalerweise
(immer dann, wenn es solche gibt) aus den Zwischenphasen, und auf keine
dieser Teile läßt sich das Prädikat anwenden, mit dem die Veränderung
als ganze bezeichnet wird"[66]. Ereignisse finden also innerhalb eines
kontinuierlichen (Raum-)Zeitfeldes statt und strukturieren ihrerseits
dieses Feld so, daß bestimmte Stellen in ihm identifizierbar werden. Da
Ereignisse durch Dauer (Zustände) und Wandel (Veränderung) definiert
sind, ist deren Erfahrung Voraussetzung der Konstitution von Zeit- und
Gegenstandsfeld.

(2) Dem Verständnis von Zeit als eindimensionalem, in eine
Richtung verlaufenden und irreversiblen "Fluß" entsprechend
kann Gegenwart nur als "reiner Übergang" von Zukunft in Vergangenheit gedacht werden. Dies kommt in der "strong tendency in language to use terms connected with the 'present' in

63 Vgl. Husserl, Vorlesungen, 443ff.473ff; Ders., Erfahrung, 188ff.
64 "Z.B. ist 'Katze' ein solches Prädikat: eine Katze ist von einer
   anderen bestimmt abgegrenzt, und einen Teil einer Katze kann man
   nicht seinerseits als Katze bezeichnen. Hingegen sind z.B. 'rot'
   oder 'Wasser' nicht Prädikate dieser Art. Wenn zwei rote Gegenstände
   bestimmt gegeneinander abgegrenzt sind, dann nicht dadurch, daß sie
   rot sind; und das Prädikat widersetzt sich auch nicht einer beliebi-
   gen Teilung; jeder Teil einer roten Fläche ist immer noch rot" (Tugendhat, Vorlesungen, 453).
65 A.a.O., 457.
66 Ebd.

an ever stricter manner"[67] zum Ausdruck: Gegenwart ist dann
"nur noch ein mathematischer Punkt ohne jede Ausdehnung,
denn auch der unendlichste Bruchteil der Sekunde, der Gegenwart zu sein scheint, ist entweder doch schon vergangen und
damit Vergangenheit oder steht doch noch aus und ist damit
Zukunft"[68]. Damit "fehlt" aber "der Gegenwart jeglicher Spielraum für definites oder auch nur mögliches Sein, oder besser:
jegliche Spielzeit, in die abgeschlossenes Sein oder Seins-
möglichkeiten aufgenommen werden könnten"[69]. Dies ist aber
für das Zeitfeld als Mittel sprachlicher Verständigung insofern ruinös, als die Gegenwart des Kommunikationsvollzugs
seinen letzten Bezugspunkt darstellt. Deshalb ist die **Gegenwart "ursprünglicher" Erfahrung als ausgedehnte und fließende** zu denken, in der sich die Vorstellung eines ausdehnungs-
losen Gegenwartpunkts als Grenze von Vergangenheit und Zukunft allererst konstituiert.

(3) Das Verständnis des Zeit-"Flusses" als relative "Bewegung" zwischen einem Gegenwartspunkt und einem in sich "starren", linearen Kontinuum von Zeitstellen ist nicht in der
Lage, Zeit so zu erfassen, wie sie sich der Erfahrung erschließt, da es grundsätzlich "Vergangenheit und Zukunft wie
Gegenwarten vorstellt"[70], unter denen das "aktuelle Jetzt"
allein durch seine "Berührung" mit dem fließenden Gegenwartspunkt ausgezeichnet ist. Damit wird nämlich das Kontinuum
von Zeitstellen als "objektive Welt von den Perspektiven
ab(gelöst), in denen sie sich erschließt"[71]. Nur solche Perspektiven aber sind es, die "Vergangenheit und Zukunft ...
eine ihrem Wesen entsprechende Möglichkeit des Nichtseins"[72]
einräumen, nämlich des Gewesen-Seins und des Möglich-Seins
bzw. Sein-Werdens. Die Vorstellung des Zeit-"Flusses" als
relative "Bewegung" zwischen einem Gegenwartspunkt und einem
in sich "starren", linearen Kontinuum von Zeitstellen kann

---

67 Findlay, Time, 41; vgl. 41ff.
68 Keil, Grundriß, 29.
69 Ebd.
70 Merleau-Ponty, Phänomenologie, 469.
71 A.a.O., 468.
72 Ebd.

deshalb nur als in der **"ursprünglichen" Erfahrung "polypho-**
ner"[73] **"Vernetzung der Zeiten"**[74] konstituiert begriffen werden.

2.3. Konstitutionsstufen der Zeiterfahrung

Ohne den Anspruch auf Vollständigkeit oder einen Rückgang
zu den "letzten Fundamenten" der Erfahrung sollen nun - in
lockerer Anlehnung an die Analysen E.Husserls - einige Konstitutionsstufen der Zeiterfahrung skizziert werden.

(1) Eine elementare Struktur der Zeiterfahrung läßt sich
am Beispiel der sinnlichen Wahrnehmung eines einfachen, dau-
ernd gegenwärtigen Gegenstandes aufzeigen. Zu ihrer Beschreibung hat Husserl die Begriffe "Impression", "Retention" und
"Protention" vorgeschlagen[75]. Mit ihrer Hilfe läßt sich die
"fließende Gegenwart" der Wahrnehmung analysieren.

Betrachte ich z.B. eine Metallkugel, die ich in der Hand halte, so
habe ich bestimmte aktuelle Wahrnehmungen (Impressionen), die sich mit
eben-vergangenen Wahrnehmungen (Retentionen) und dem Erwartungshorizont
unmittelbar bevorstehender Wahrnehmungen (Protentionen - etwa die Rück-
seite des Gegenstandes betreffend, die ich gerade nicht sehe) zusammenfügen zu einer einheitlichen Wahrnehmung. Diese weist also die zeitliche
Struktur eines beständigen "Fließens", einer "Abschattung" von Protentionen und Impressionen in den retentionalen Bereich auf, der (wohlgemerkt:
als Bereich der fließenden Gegenwart!) den eigentlichen "Ort" von Erfahrung und Erkenntnis darstellt - denn retentional abgesunken sind Impressionen u n d Protentionen gegenwärtig, deren Übereinstimmung oder Nicht-
Übereinstimmung sich im retenionalen Bereich zeigt, der - da in ihm neben "abgesunkenen" Impressionen auch impressional bestätigte oder aufgrund von Impressionen "durchgestrichene" Protentionen gegenwärtig sind
- in sich geschichtet ist[76].

---

73 Vgl. Keil, Grundriß, 21ff.
74 Vgl. Moltmann, Zeiten, 216f.
75 Vgl. Husserl, Vorlesungen, 390ff.
76 Der Prozeß retentionaler Abschattung ist deshalb räumlich (wenn
   überhaupt) nur in einem mindestens zweidimensionalen Bild
   darstellbar; vgl. die Skizzen bei Husserl, Vorlesungen, 389 und

"Passivität" und "Aktivität" sind in dieser elementaren Struktur der
Zeiterfahrung eng miteinander verschränkt. Einerseits muß nämlich der
Wahrnehmungsgegenstand "als Einheit der Dauer **passiv vorgegeben**"[77] sein,
andererseits wird er zum Gegenstand der Wahrnehmung erst durch eine "er-
fassende Aktivität"[78], die die auf einen einheiltichen Gegenstand verweisenden Impressionen, Retentionen und Protentionen aus der Masse der in
ihrem Horizont gegenwärtigen ergreift und im Griff behält. Dies zeigt,
"daß die Scheidung von Aktivität und Passivität keine starre ist"[79]. Es
bedeutet aber auch, daß die prinzipielle Selektivität schon der elementaren Wahrnehmung nicht nur auf die ("aktive") Selektion eines wahrneh-
menden Subjekts zurückgeht, sondern auch in der ("passiven") Vorstruktu-
riertheit des Gegenstandsfeldes mit seinen Horizonten begründet ist[80].
Genauer gesagt sind wahrnehmendes Bewußtsein und Gegenstand der Wahrnehmung als in dieser allererst konstituierte Größen zu begreifen[81].

(2) Mit der Unterscheidung von wahrnehmendem Bewußtsein
und Gegenstand der Wahrnehmung wird ein Wechsel des Wahrneh-
mungsgegenstandes u.d.h. ein Bruch in der Kette von Protentionen, Impressionen und Retentionen möglich, der bestimmend
für eine konstituierte Form der Zeiterfahrung ist, die mit
den Begriffen "Erfahrung", "Erinnerung" und "Erwartung" beschrieben und analysiert werden kann[82].

Merleau-Ponty, Phänomenologie, 474.
77 Husserl, Erfahrung, 117.
78 Ebd.
79 A.a.O., 119.
80 Vgl. a.a.O., 74ff (§16) sowie Thum, Wahrheit, 156f.
81 In diesem Sinne ist m.E. die Rede vom zeitkonstituierenden Bewußt-
   seinsstrom bei Husserl (vgl. v.a. Vorlesungen, 428ff.463ff) zu rekonstruieren. Dieser ist jedenfalls nicht mit dem "Ich" der Wahrnehmung als einem individuellen Zeitbewußtsein identisch. (Wenn Husserl
   ihn als "absolute Subjektivität" bezeichnet, die sich selbst konstituiert, setzt er ihn - bewußt oder unbewußt - in Analogie zum Gottesbegriff einer bestimmten Tradition christlicher Theologie.) Das "Ge-
   schehen(.) der Zeitbildung ... ist 'anonym', aber in einer Weise,
   daß es von uns selbst erfahren und erfahrbar ist ..." (Landgrebe,
   Zeitanalyse, 30). Versteht (bzw. entwickelt) man Husserls Phänomenologie in diesem Sinne, kann seine Theorie der Erfahrung nicht in
   einem Aufwasch mit der Erkenntnistheorie Kants im Rückgriff auf Witt-
   genstein erledigt werden, wie Fromm, Erkenntnisspiele, 21ff zu meinen scheint.
82 Vgl. Husserl, Vorlesungen, 395ff; Husserl spricht von "primärer"
   (=Retention) und "sekundärer" (=Erinnerung) "Erinnerung".

Erfahrungen, Erinnerungen und Erwartungen weisen jeweils selbst die
Struktur von Impression, Retention und Protention auf. Dieser Tatbestand
kann dadurch verdeckt werden, daß "Gegenständlichkeiten, die sich origi-
när in Zeitprozessen gliedweise oder phasenweise konstituierend aufbauen
(als Korrelate kontinuierlich und vielgestaltig zusammenhängender und
einheitlicher Akte), (...) sich in einem Zurückschauen so erfassen (lassen), als wären sie in einem Zeitpunkt fertige Gegenstände"[83]. Er tritt
jedoch zutage in der "Explikation in der Erinnerung"[84]: "Wir werfen etwa
im Vorbeigehen einen flüchtigen Blick durch ein Gartentor und machen uns
erst nachher, wenn wir schon vorbei sind, klar, 'was wir da eigentlich
gesehen haben'"[85]. Aber auch die Struktur von Erfahrung, Erinnerung und
Erwartung selbst kann in der Erinnerung oder Erwartung auftreten.
Diese "polyphone"[86] Zeiterfahrung erfordert eine Unterscheidung zwischen der Zeitstelle des Aktes und der des Gegenstands der Erinnerung
oder Erwartung, wobei - da hier Erfahrungsakte selbst Gegenstand der
Erfahrung werden können - beide Zeitstellen sich in e i n Zeitkontinuum
einordnen. Da nämlich "jede Phase" des Bewußtseinsstroms "die voranlie-
gende retentional bewußt hat, beschließt sie in einer Kette von mittelba-
ren Intentionen die gesamte Reihe der ablaufenden Retentionen in sich"[87].
Aufgrund der Einheit des Zeitkontinuums "besteht die Möglichkeit, in der
Reflexion auf das konstituierte Erlebnis **und** auf die konstituierenden
Phasen hinzusehen"[88]. Damit konstituiert sich im Rahmen der Zeiterfahrung in ihrer konstituierten Gestalt Reflexivität zusammen mit dem Auseinandertreten von "Sein" und "Bewußtsein".

Das so konstituierte, auf sich selbst und zugleich auf ein von ihm
unterschiedenes Sein bezogene Bewußtsein ist nun Bedingung der Möglichkeit der Personalität[89] empirischer Subjekte, ohne selbst schon ein solches zu sein. Träger eines in der Struktur von Erfahrung, Erinnerung und
Erwartung zu beschreibenden Bewußtseins scheint nämlich ebenso ein Kollektiv wie ein Individuum sein zu können[90]. Dies würde bedeuten, daß die

---

83 A.a.O., 397.
84 Vgl. Husserl, Erfahrung, 144ff.
85 A.a.O., 146.
86 Vgl. Keil, Grundriß, 21ff; Moltmann, Zeiten, 216f.
87 Husserl, Vorlesungen, 472.
88 A.a.O., 473.
89 Vgl. Härle/Herms, Rechtfertigung, 79ff.
90 Vgl., Halbwachs, Gedächtnis.

Konstitution von individueller Subjektivität (Personalität) im Gegenüber
zu anderer individueller Subjektivität (Intersubjektivität) wie im Gegenüber zu kollektiver Subjektivität (Sozialität) als ihren notwendigen
Korrelaten in der konstituierten Zeiterfahrung als einheitlicher Prozeß
zu begreifen ist[91].

(3) Werden nun in Prozessen intersubjektiver und sozialer
Kommunikation eigene Erfahrungen, Erinnerungen und Erwartungen zu fremden in Beziehung gesetzt, kann man von einer "hö-
her-konstituierten" Form der Zeiterfahrung sprechen, für die
die korrelative Unterscheidung von "subjektiver" und "objektiver" Zeit charakteristisch ist[92].

Kommunikation ist nämlich nur möglich, wenn das von verschiedenen Subjekten Erfahrene, Erinnerte und/oder Erwartete, sei es als Zeichenträger
oder als Bezeichnetes, derselben "objektiven Welt", d.h. - im weitesten
Horizont - der "Lebenswelt der Menschheit, als der umfassenden Gemeinschaft möglicher Verständigung"[93] zugehört. Jeder Versuch einer Verständigung muß unterstellen, daß die "Wahrnehmungen und Erfahrungen aller
miteinander sich verständigenden Ichsubjekte (...) hinsichtlich ihrer
intentionalen Gegenstände in Zusammenhang (stehen) - im Zusammenhang
einer in allen ihren subjektiven Zeiten sich konstituierenden objektiven
Zeit und einer sich in ihr konstituierenden objektiven Welt"[94]. In diesem Sinne erweist sich "die **Zeit**" als **die Form der Sinnlichkeit**, und
darum" als "die Form jeder möglichen Welt objektiver Erfahrung"[95].

---

91 Dies kann hier nur als These zur Diskussion gestellt werden (vgl.
   dgg. z.B. Härle/Herms, Rechtfertigung, 103ff; zu den Problemen der
   Husserl'schen Theorie der Intersubjektivität und Sozialität vgl.
   etwa Aguirre, Phänomenologie, 5ff, in Auseinandersetzung mit Waldenfels, Zwischenreich). Ich sehe nicht, wie auf andere Weise etwa die
   "mytische" Konzeption des Verhältnisses von Einzelnem und Gemeinschaft (vgl. z.B. Hübner, Wahrheit, 129f) verständlich gemacht werden könnte.
92 "Objektive Zeit" ist hier im Sinne von "intersubjektiv gültige Zeit"
   gebraucht und bezeichnet nicht schon die "abstrakte", "vollkommen
   homogene Zeit der Mechanik und der Physik" (Halbwachs, Gedächtnis,
   92), die auf die neuzeitliche "Mathematisierung der Natur" (vgl.
   Husserl, Krisis (ed.Ströker), 22ff; Hübner, Wahrheit, 28ff) zurückgeht.
93 Husserl, Erfahrung, 189 Anm.1.
94 A.a.O., 193f (im Orig. z.T. hervorgeh.).
95 A.a.O., 191.

"Die Einordnung aller Zeitmomente in einen einzigen homophonen Zeitablauf" objektiver Zeit, die "eine Linearisierung der Zeit möglich"
macht[96], ist also eine **formale** Bedingung der Möglichkeit kommunikativer
Verständigung, die aber durch konkrete, intersubjektive und soziale Verständigungsprozesse erst **material** einzulösen ist. Deshalb bleibt die
"homophone" objektive Zeit auf "polyphone" subjektive Zeiten konstitutiv
bezogen. Da an Prozessen intersubjektiver und sozialer Verständigung
mehrere - individuelle bzw. kollektive - Subjekte beteiligt sind, deren
Zeitbewußtsein je selbst schon "polyphon" strukturiert ist (s.o. 2),
korrelieren der "homophonen" objektiven Zeit "poly-polyphone" subjektive
Zeiten: **Zum einen** gehen für jedes am Verständigungsprozeß beteiligte
Subjekt in die "Rekonstruktion" des Bereichs der objektiven Welt, der
Gegenstand und Thema der Verständigung ist, "Annahmen über die Möglichkeiten ein, die mit den Tatsächlichkeiten der Gegenwart gegeben sind.
Der Zukunftsbezug ist nur möglich aufgrund von Erinnerung, in der Erfahrungen und Möglichkeiten vergangenen Geschehens präsent sind und aufgrund einer Projektion gegenwärtiger Erfahrungen und Möglichkeiten in
die Zukunft"[97]. Vergangenheit, Gegenwart und Zukunft sind also im Bewußtsein "polyphon", in komplexer wechselseitiger Bestimmung aufeinander
bezogen[98]. **Zum anderen** bringt jedes am Verständigungsprozeß beteiligte
Subjekt in diesen je andere konkrete Erfahrungen, Erinnerungen und Erwartungen ein.

Kommunikative Verständigung erfordert deshalb eine "Einfühlung" eines
Subjekts in ein anderes, die "nichts anderes ist als eine besondere Gruppe von positionalen Vergegenwärtigungen, gegenüber den Erinnerungen und
Erwartungen"[99]. "In ihr konstituiert sich eine intersubjektiv gemeinsame
objektive Zeit, in die alles Individuelle an Erlebnissen und an intentio-

---

96 Keil, Grundriß, 23.
97 Piepmeier, Geschichte, 15.
98 Insofern erscheint mir eine einseitige Auszeichnung der Zukunft als
   "Ursprung und Quelle der geschichtlichen Zeit", wie sie Moltmann,
   Zeiten, 218 vornimmt (vgl. auch das ebd. angeführte Zitat aus Heidegger, Sein, 329: "Das primäre Phänomen der ursprünglichen und eigentlichen Zeitlichkeit ist die Zukunft"), problematisch. Bei Moltmanns
   (vgl. ebd., Anm.15) Gewährsmann Benjamin (Begriff) korrespondiert
   jedenfalls der Betonung der Zukunft (als Zeit der erwarteten "Erlö-
   sung", vgl. z.B. a.a.O., 251) ein "Kampf(.) für die unterdrückte
   Vergangenheit" (a.a.O., 260; vgl. auch 261: Anhang B).
99 Husserl, Erfahrung, 192.

nalen Gegenständlichkeiten muß eingeordnet werden können"[100]. Vorzügli-
ches Mittel solcher "Einfühlung" ist die Sprache. Deren Grenzen liegen
freilich darin, daß sie in ihren (hier v.a.: semantischen) Konventionen
in gewissem Sinne die Verständigung schon unterstellt, die sie ermöglichen und zu der sie beitragen soll. In Prozessen sprachlicher Verständigung korreliert deshalb nicht nur dem "Gesagten" das "Ungesagte"[101],
sondern auch dem "Sagbaren" das "Unsagbare"[102] als konstitutiver Horizont. Auch hier steht also der "Homophonie" objektiver Sprachkonventio-
nen die "Polyphonie" subjektiver Weisen des Sprachgebrauchs zur Seite.
Darin ist letztlich das Wechselspiel von (synchroner) "Unveränderlich-
keit" und (diachroner) "Veränderlichkeit" der Sprache[103] als Träger "sedimentierter" Erfahrungs-, Erinnerungs- und Erwartungshorizonte begründet.

2.4. Die Kommunikation von Zeiterfahrungen in "Stories"

Grundlegendes Mittel der Kommunikation von Zeiterfahrungen
sind Texte, die ein Ereignis (s.o. 2.2.1) oder eine Sequenz
von Ereignissen bezeichnen. Solche Texte können allgemein
als "Erzählungen" oder - um einen in der geschichtsphiloso-
phischen[104] wie in der exegetischen[105] Diskussion gleichermaßen eingeführten Ausdruck zu gebrauchen - "Stories" be-

---

100 Ebd.
101 Zur Bedeutung der "Präsuppositionen" im Kommunikationsprozeß vgl.
    etwa Schmidt, Texttheorie, 92ff.
102 Vgl. Frank, Das Sagbare. In Auseinandersetzung mit der konventiona-
    listischen Zeichentheorie fragt Frank m.E. zurecht: "Gibt es einen
    kontinuierlichen Übergang von der Ebene der universellen Bedeutungen
    einer Sprache (oder eines Textes) zur individuellen Sinngebung in
    der Rede?" und plädiert "für eine (Rück-)Besinnung auf die Dialek-
    tik, die zwischen dem 'Sagbaren' und dem 'Unsagbaren' vermittelt:
    zwischen der Ordnung der Zeichen nämlich und der Anarchie des Indivi-
    duums, das sich ihrer bedient, um - wer weiß? - etwas anderes als
    das damit auszudrücken, was die Regeln, die Konventionen, die Normen
    vorschreiben" (a.a.O., 10).
103 Vgl. De Saussure, Grundfragen, 83ff.
104 Vgl. Danto, Philosophie (In der deutschen Übersetzung ist "story"
    wechselweise mit "Geschichte" oder "Erzählung" wiedergegeben.).
105 Vgl. v.a. Barr, Story und Wharton, Occasion (referiert bei Jones,
    Story-Konzept) sowie z.B. Coggins, History; Aichele, Limits (weitere
    Literatur bei Hasel, Issues, 48).

zeichnet werden[106].

Im Anschluß an Danto[107] läßt sich die **Struktur** einer "atomaren" Story folgendermaßen beschreiben:

(1) x ist F zum Zeitpunkt t_1;

(2) H ereignet sich mit x zum Zeitpunkt t_2;

(3) x ist G zum Zeitpunkt t_3[108].

Diese Strukturbeschreibung Dantos ist freilich sogleich kritisch zu relativieren: sie setzt (im Rahmen der "natürlichen Einstellung") die Identität des "Subjekts" der Story (x) selbstverständlich voraus[109], repräsentiert also ein Story-Modell, das mit dem Schlagwort **"Relationalität-durch-Identität"**[110] charakterisiert werden kann. Die oben (2.3.) skizzierte Konstitutionsanalyse der Zeiterfahrung macht aber daneben noch ein zweites, mit **"Identität-durch-Relationalität"**[111] zu kennzeichnendes Story-Modell denkbar. Dantos Strukturbeschreibung ist jedoch aufgrund ihrer umgangssprachlichen Formulierung insofern für beide Modelle offen, als "ist" sowohl in prädizierender ($y\epsilon$ P) als auch in identifizierender (a = b) Funktion verstanden werden kann[112].

Durch Kombination mehrerer "atomarer" Stories können komplexere Stories gebildet werden.

Zwischen verschiedenen Stories können verschiedenartige **Beziehungen** vorliegen. Grundsätzlich bestehen folgende Möglichkeiten:

(1) Zwei Stories, die denselben Sachverhalt bezeichnen, stehen in **Konkurrenz** miteinander. Ein Beispiel hierfür ist die "tension between the history of Israel as reported in the Old Testament and the history

---

106 Vgl. Ritschl, Story, 18: "Story ist ... ein kurzer oder langer Komplex von Sätzen, die sich mit einem Ereignis oder einer Sequenz von Ereignissen oder auch Taten so befassen, daß diese Ereignisse, Taten oder Gedanken mehr oder weniger kohärent erscheinen".

107 Danto, Philosophie, 376.

108 Die Zeitstellen t_{1-3} müssen dabei nicht durch metrische Zeitpositionsangaben identifiziert sein.

109 So explizit Danto, Philosophie, 398 u.ö.

110 Vgl. Härle/Herms, Rechtfertigung, 175.

111 Vgl. ebd.

112 Das Problem des "Subjekts" der Story ist vermieden in Dantos (a.a.O., 399) graphischer Darstellung der Struktur einer atomaren Story:

F G

/./

– "wobei die Striche die Endpunkte einer Veränderung darstellen und der Punkt die Ursache dieser Veränderung".

of Israel as reconstructed through historical-critical scholarship"[113].

(2) Mehrere Einzelstories können **"parataktisch"** zu einer Gesamtstory verbunden werden, z.B. die Abraham-Story mit der Isaak- und der Jakob-Story u.a. zur Erzväter-Story usw.[114].

(3) Eine Einzelstory kann **"hypotaktisch"** in eine vorgegebene Gesamt-story eingeordnet werden, die dann als "Meta-Story"[115] fungiert; so wird z.B. die Ruth-Story durch Ru 1,1 und 4,18-22 in die Meta-Story der Rich-ter- und beginnenden Königszeit integriert.

(4) Dasselbe Geschehen kann von verschiedenen Stories mehr oder weni-ger ausführlich erzählt werden. Im letzteren Fall kann man von der **"Sum-mierung"** einer Story sprechen. Derartige Summierungen liegen etwa in den sog. geschichtlichen Credo-Texten des AT vor[116].

Die Möglichkeit dieser verschiedenartigen Beziehungen zwi-schen Stories gründet in der allen Stories gemeinsamen Bezo-genheit auf e i n e , objektive Zeit[117] und in ihrer prinzi-piellen Selektivität.

Als Mittel sprachlicher Verständigung beziehen sich Stories notwendig auf den **Zusammenhang der einen, objektiven Zeit** (s.o. 2.3.3). Zur Einlö-sung dieser zunächst formalen Bezogenheit in konkreten Verständigungspro-zessen wird mit zunehmender Komplexität dieser Verständigungsprozesse eine **Strukturierung** der Zeit durch Sortale (s.o. 2.2.1) erforderlich. Hier sollen kurz einige Möglichkeiten der Zeitstrukturierung genannt werden:

(1) Die Zeit kann durch in der Story selbst erzählte Ereignisse struk-turiert werden ("story-interne Sortale"). So werden im biblischen Hebrä-isch erzählte - vergangene oder zukünftige - Sachverhalte durch die Pro-greß-Verbformen wayyiqtol bzw. w·qatal in die Ordnung eines zeitlichen Nacheinander gebracht[118]. Bei der Verknüpfung mehrerer Geschehensabläufe

---

113 Hayes/Prussner, Theology, 243.
114 Hier soll wohlgemerkt auf ein logisches Verhältnis der Genesis-Texte zueinander hingewiesen, nicht ihre Entstehungsgeschichte skizziert werden!
115 Ritschl, Story, 22ff gebraucht den Ausdruck "Meta-Story" in anderem Sinne!
116 Auch hier geht es zunächst um ein erkenntnislogisches, nicht schon um ein literarhistorisches Verhältnis zwischen verschiedenen Texten!
117 Dies gilt mit hoher Wahrscheinlichkeit mindestens indirekt auch für "fiktionale" Stories; vgl. Oeming, Bedeutung; Aichele, Limits, 53ff; aber auch Husserl, Erfahrung, 195ff.
118 Vgl. Bartelmus, HYH, 67ff.

kann die Wendung הדברים האלה (אחר(י) ויהי)   (z.B. Gen 15,1; 21,1;
22,1.20; 39,7; 40,1; 48,1) im Sinne des deutschen "danach" die "Funktion
der Zusammenfassung voraufgehend erwähnter Ereignisse" wahrnehmen[119].
Mit ביום und Infinitiv können dann z.B. später erzählte Ereignisse bereits berichteten als gleichzeitig zugeordnet werden[120].

(2) Die Stellung einer Story als Ganzer in der Zeit kann durch ihre
Einordnung in eine übergreifende Meta-Story markiert werden. So ereignet
sich etwa das in der Ruth-Story erzählte Geschehen nach Ru 1,1 "zu der
Zeit als die Richter regierten" (ויהי בימי שפט השפטים). Die Kenntnis der
Meta-Story ist für das Gelingen dieses Modells der Zeitstrukturierung
unabdingbar. Das Anfangsereignis der Ruth-Story wird so in den Zusammenhang der objektiven Zeit eingeordnet; die weitere Zeitstrukturierung
leisten die im Fortgang dieser Story erzählten Ereignisse selbst.

(3) Eine weitere Möglichkeit der Zeitstrukturierung stellt die Erzählung gleichartiger Ereignisse dar ("Sortal-Stories"). Ein Beispiel hierfür findet sich ebenfalls im Ruth-Buch: "Das ist die Geschlechterfolge
(תולדות) nach Perez: Perez zeugte Hezron, Hezron zeugte Ram, Ram zeugte
Amminadab, ... Isai zeugte David" (Ru 4,18-22). Die Zeit wird hier
strukturiert durch gleichartige, in ihrer Art jedermann bekannte Ereignisse des Typs "A zeugt B". Damit wird ein relativ langes Zeitintervall
darstellbar, in dem sich nichts für die Story Relevantes ereignet hat.
(Der Verfasser von Ru 4,18ff ist allein an einer Einordnung Ruths in die
Ahnenreihe Davids interessiert.)

(4) Schließlich kann die Zeit durch gleichartige Ereignisse strukturiert werden, die eine identische Zeitdauer definieren ("metrische Sortal-Stories"). So wird z.B. in Gen 1 die zählbare Zeiteinheit "Tag"
durch die Ereignisse "es wird Abend" und "es wird Morgen" definiert. In
den Genealogien der Priesterschrift überlagert die Zeitstrukturierung mit
Hilfe der - summierten - Sortal-Story des Jahreszyklus die Strukturierung der Zeit nach Modell (3), so z.B. in Gen 5: "... (6) **Seth** war <u>105
Jahre</u> alt, da **zeugte** er **Enosch**. (7). Nach der Geburt des Enosch lebte
Seth noch <u>807 Jahre</u> und zeugte Söhne und Töchter. (8) Die gesamte Lebenszeit des Seth betrug <u>912 Jahre</u>, dann starb er. (9) **Enosch** war <u>90 Jahre</u>
alt, da **zeugte** er **Kenan** ..."

---

119 Kegler, Geschehen, 9.
120 S.u. IV.4.1.

Die genannten Möglichkeiten der Zeitstrukturierung weisen einen zunehmend höheren Abstraktionsgrad auf. Mit der rein genealogischen Überbrük-
kung relativ langer Zeitintervalle wird im Sinne einer "konkreten Abstraktion" die objektive Zeit praktisch nur noch in ihrem formalen Aspekt
bezeichnet[121]. Je abstrakter und formaler freilich die Beziehungen zwischen verschiedenen Stories werden, um so drängender stellt sich die
Frage nach ihren materialen Relationen. Da solche in konkreten Verständigungsprozessen je neu erst herzustellen bzw. aufzudecken sind, lassen
sich hierzu "nur sehr schwer generelle Sätze bilden"[122].

Neben der Bezogenheit auf den Zusammenhang der einen, objektiven Zeit
ist allen Stories eine prinzipielle **Selektivität** gemeinsam: Im Verständigungsprozeß zwischen verschiedenen Subjekten gehen deren "polyphone" -
selbst schon selektive (s.o. 2.3.1) - Zeitbewußtseine nicht restlos in
den konstituierten Zusammenhang der "homophonen", objektiven Zeit ein
(s.o. 2.3.3). Es läßt sich aber auch unabhängig von der oben skizzierten
Konstitutionsanalyse zeigen, daß selbst eine hypothetisch konstruierbare
"Ideale Chronik" (=I.C.), die die "vollständige Beschreibung" eines
jeden Ereignisses bietet, sobald es "sicher in die Vergangenheit eingegangen ist"[123], weder alle möglichen wahren Sätze aller möglichen Stories enthalten, noch selbst eine kohärente Story darstellen würde[124].

Die von einer Story vollzogene Selektion ist freilich
nicht beliebig[125]; sie muß sich einem **leitenden Gesichts-**

---

121 Vgl. Hübners (Wahrheit,144ff) interessante Überlegungen zum Zusammen-
    hang von Genealogie und Zeitverständnis bei den "späteren griechi-
    schen Logographen, Genealogen und Mythographen".
122 Piepmeier, Geschichte, 13. - "Ein Erkärungsmodell wie das marxisti-
    sche, das die Verbundenheit der Geschichten des Überbaus mit denen
    des Unterbaus durch ökonomisch bedingte Kausalität erklären will,
    hat Engels selbst in seiner Reichweite eingegrenzt" (ebd.).
123 Danto, Philosophie, 241; vgl. 240ff.
124 Die "I.C." **enthielte** freilich Stories - aber nur solche, die von
    Subjekten in konkreten Verständigungsprozessen (die ja auch im Zusam-
    menhang der objektiven Zeit stattfinden und deshalb von der "I.C."
    registriert werden) produziert sind. Sämtliche für Stories bzw. "Nar-
    reme" konstitutiven "Aussageschemata bzw. Urteilsstrukturen" (vgl.
    Baumgartner, Thesen, 295ff) würden sich in der "I.C." eingebettet in
    solche Stories finden.
125 Vgl. Dantos (Philosophie, 193) Beispiel eines selektiven Textes,
    der kaum für irgendjemand als kohärente Story akzeptabel sein dürf-
    te: "Naram Siu erbaute den Sonnentempel bei Sippar; dann verbannte
    Philipp III den Moriscos; dann besiegte Urguiza die Streitkräfte von
    Buenos Aires bei Cepada; dann erwachte Arthur Danto Schlag 7 Uhr am
    20. Oktober 1961".

punkt der Story zuordnen lassen, der ein entscheidendes Moment ihrer Kohärenz und Akzeptabilität darstellt. Er leistet die "narrative Organisation"[126] der in der Story erzählten Ereignisse und erlaubt eine Gewichtung der "Relevanz" von Ereignissen für die Story und innerhalb der Story[127]. Der leitende Gesichtspunkt einer Story - und damit auch ihre Kohärenz und Akzeptabilität - hängt eng zusammen mit ihrer Funktion im Prozeß kommunikativer Verständigung.

E i n e Funktion von Stories ist die der **Erklärung**[128]. So kann etwa die oben skizzierte "atomare" Story als Erklärung der Zustandsveränderung F→G durch H verstanden werden. Danto illustriert diese Funktion von Stories an folgendem Beispiel: "I. Das Auto ist unverbeult in t-1. II. Das Auto wird von y angestossen in t-2. III. Das Auto ist verbeult in t-3"[129]. Die Erklärungskräftigkeit dieser Story mag selbstverständlich erscheinen. Ersetzt man jedoch ihren Satz II etwa durch folgenden Satz: "II'. Der Fahrer des Autos hustet in t-2"[130], dürfte deutlich werden, daß letztlich "(j)ede Erklärung ... eine **Regel** voraus(setzt), nach welcher das Explanandum sich aus dem Explanans ergibt"[131]: "Immer wenn 'I' und 'II', dann 'III'" ist weit weniger problematisch als "Immer wenn 'I' und 'II'', dann 'III'". Hinsichtlich ihres - expliziten oder impliziten - Regelbezugs entsprechen "narra-

---

126 A.a.O., 230.
127 Vgl. a.a.O., 215: "jede Erzählung (ist) eine den Ereignissen unterlegte Struktur (...), die einige von ihnen mit anderen gruppiert, einige andere wiederum aussondert, weil es ihnen an Relevanz mangelt".
128 Die erklärende Funktion von Stories wird von Danto - in Anbetracht der wissenschaftstheoretischen Diskussion um "Erklären und Verstehen" (vgl. z.B. Pannenberg, Wissenschaftstheorie, 136ff) - besonders betont; vgl. z.B. seine "Behauptung ..., daß eine Erzählung ihrem Wesen nach bereits eine **Form** der Erklärung sei" (Philosophie, 321). Es empfiehlt sich aber m.E., zunächst zwischen der erkenntnislogisch-rekonstruierten und der kommunikativ-intendierten Funktion einer Story zu unterscheiden. Hier kann dann etwa eine appellative Funktion dominieren.
129 Danto, Philosophie, 379.
130 Vgl. a.a.O., 380f.
131 Schaeffler, Geschichtsphilosophie, 254 (Hervorh. T.K.); vgl. Danto, Philosophie, 321ff.

tive" Erklärungen dem auch "wissenschaftlichen Erklärungen"
zugrundeliegenden "Schema" in seiner "allgemeinen Form"[132].
   Die Erklärung eines Ereignisses durch eine Story mit -
explizitem oder implizitem - Bezug auf Regeln erfordert aber
eine Beschreibung dieses Ereignisses in einer "**Perspektive**"[133], die es auf diese Regeln hin transparent macht. Es
zeigt sich also, "daß die Frage der allgemeinen Gesetze in
einem bedeutsamen Sinne mit der Frage verbunden ist, wie
Phänomene und Ereignisse **beschrieben** werden sollen"[134]. Die
Notwendigkeit des Zusammenhangs von Regelbezug und Perspektivität einer Story wird einsichtig, wenn beide als in den
mehr oder weniger offenen Horizonten der Erfahrung korrelativ konstituierte Momente begriffen werden. In der Perspektive einer Story liegt aber wiederum ein Moment der Selektivität[135].
   Die Überlegungen zur Erklärungsfunktion von Stories zeigen,
daß eine Story nur verständlich ist im Rahmen eines umfassenden "**Konzeptes**"[136]. Konzepte sind mit den Texten, von denen sie repräsentiert werden, nicht identisch. Sie können
als vorausgesetzter Hintergrund in ihnen nur angedeutet sein.
Derselbe Text kann auf mehrere, auch konkurrierende Konzepte
Bezug nehmen[137]. Das einer Story zugrundeliegende Konzept
bestimmt nun sowohl ihre Perspektive als auch den Bereich

---

132 S. Hübner, Wahrheit, 244f; vgl. z.B. auch Stegmüller, Erklärungen;
    zur weiteren Differnezierung s.u.
133 Vgl. Danto, Philosophie, 386.
134 A.a.O., 348.
135 Vgl. Danto, Philosophie, 348f: "Es sind nicht Phänomene **als solche**,
    die erklärt werden. Es sind dies lediglich **in eine Beschreibung auf-
    genommene** Phänomene, welche einer Erklärung fähig sind ... Wenn es
    nun unbestimmt viele mögliche Beschreibungen eines Phänomens gibt,
    dann kann es ebensogut unbestimmt viele mögliche, verschiedene Erklä-
    rungen für jenes Phänomen geben, und es gibt dann vielleicht tatsäch-
    lich Beschreibungen jenes Phänomens, bei deren Zugrundelegung es
    überhaupt nicht erklärt werden kann".
136 Ich übernehme den Begriff "Konzept" als grundlegende Kategorie der
    Exegese von K.Baltzer (vgl. z.B. die einleitenden Ausführungen in
    Ders., Liberation).
137 Die damit entstehende konzeptionelle Inkohärenz eines Textes kann
    etwa durch seine kommunikative Funktion kompensiert werden. Gerade
    "Konsenstexte" mit einer breiten Akzeptanz sind häufig konzeptio-
    nell inkohärent!

der in ihr vorausgesetzten Regeln.

Von Bedeutung für die konzeptionell bedingte Perspektive eines Textes
ist die von seinem konzeptionellen Rahmen bereitgestellte **"Sprache"** (im
weitesten Sinne), in der Erfahrungs-, Erinnerungs- und Erwartungshorizonte gleichsam in "sedimentierter" Gestalt vorliegen. Hier sind neben Pho-
netik, Lexikon und Syntax v.a. komplexe Zeichen von Interesse. So stellt
die Sprache etwa Textsorten bzw. Gattungen zur Verfügung, die die Form
"variabler Stories" oder "Story-Gerüste" haben können - wie z.B. das Formular des "heiligen Krieges". Daneben enthält sie geprägte Ausdrücke
(Begriffe, Sätze, Bilder, Symbole usw.), die in besonderem Maße semantisch gefüllt sind. Solche konzeptionell ausgezeichneten Sprachelemente
können z.T. als Abstraktionen konkreter Erfahrungen verstanden und so zu
Stories in Beziehung gesetzt werden: "Von Summierungen können Ableitungen, von ihnen wieder Ableitungen zweiten, dritten Grades etc. vorgenommen werden. Zeigen die Ableitungen noch den Zusammenhang mit der ursprünglichen 'Story'", kann man "von abgeleiteten Begriffen (sprechen), zeigen
sie ihn nicht mehr, ... von autonomen Begriffen"[138].

Wie die Perspektive eines Textes durch konzeptionell ausgezeichnete
Sprachelemente bestimmt ist, so der Bereich der in ihm wirksamen Regeln
durch **"regulative Sätze"** (bzw. **"implizite Axiome"**), die als "Steuerungs-
mechanismen ... bei einem Menschen oder bei einer Gruppe für überprüfba-
res Denken und Sprechen und für geordnetes Handeln sorgen"[139]. Ihre Funktionen sind vielfältig: Neben "empirischen Gesetzen" stehen "axiomatische
Voraussetzungen a priori", "judicale" und "ontologische Festsetzungen",
aber auch Normen und eine Logik im weitesten Sinne[140]. "Sie sind nicht
unbedingt und in jedem Fall sprachlich ausformulierte Sätze, sie verlieren aber an Steuerungswert, wenn sie sich der Formulierung völlig ent-
ziehen. Auf der anderen Seite liegt die Gefahr ihrer vorschnellen Ausfor-
mulierung in unerwünschter Fixierung und damit nicht selten in inhaltlicher Verflachung und Trivialisierung"[141].

Konzepte wirken sich mit ihrer "Sprache" und ihren "regu-
lativen Sätzen" in Stories vorwiegend indirekt und implizit

---

138 Ritschl, Logik, 48; vgl. Ders., Story, 25ff.
139 Ritschl, Logik, 142.
140 Vgl. Hübner, Wahrheit, 243ff.
141 Ritschl, Logik, 142.

aus[142]. Sie müssen deshalb durch exegetische **Rekonstruk-tion**[143] erst ausdrücklich und in ihrer erkenntnislogischen Struktur durchsichtig gemacht werden. Ihre Konstitution in den mehr oder weniger bestimmten Erfahrungshorizonten verschiedener an Verständigungsprozessen beteiligter Subjekte macht es von vorneherein wahrscheinlich, daß in der exegetischen Rekonstruktion der konzeptionelle Rahmen eines Textes nie restlos aufgeklärt werden kann[144]. Gleichwohl kann auf den Versuch solcher Rekonstruktion nicht verzichtet werden, wenn Aussagen über den Erfahrungs- (und Wahrheits-)Gehalt von Texten gemacht werden sollen[145].

3. Geschichte

3.1. "Story" und "Geschichte"

Was im vorangehenden Abschnitt über "Stories" gesagt wurde (2.4.), deckt sich weitgehend mit dem, was in vorneuzeitlichem Verständnis unter "Geschichte(n)" verstanden wird. so heißt es etwa im allgemeinen Lexikon der Künste und Wissenschaften von Jablonski (1748):

---

142 Wissenschaftliche Theorien können als Sonderfall von Konzepten betrachtet werden, der - wenigstens dem Anspruch nach - durch ein besonders hohes Maß an Ausdrücklichkeit und Bewußtheit des konzeptionellen Rahmens ausgezeichnet ist.
143 Vgl. hierzu etwa Hubbeling, Religionsphilosophie, 66ff.
144 Hier liegt m.E. das relative Recht des etwa von Donagan (Überlegungen) geltend gemachten "methodologischen Skeptizismus" (197) gegenüber einer "theoretische(n) Soziologie" und Geschichtswissenschaft, die "die Erforschung der Angelegenheiten des Menschen dadurch verstümmelt, daß" sie "die Sozialwissenschaften zu einem schlechten Abklatsch der Physik umgestaltet" (206).
145 Dies ist aber - in Bezug auf die biblischen Texte - **eine** Grundfunktion von Theologie; vgl. etwa Ritschl, Story, 36ff; Ders., Logik, 142ff.

"Die Geschichte **sind** ein Spiegel der Tugend und Laster, darinnen **man**
durch **fremde Erfahrung lernen** kann, was zu tun oder zu lassen sei;
sie sind ein **Denkmal** der bösen sowohl als der löblichen Taten"[146].
An dieser Umschreibung ist Folgendes bemerkenswert:

(1) "Geschichte" s i n d hier verstanden als eine "Summe von Einzel-
geschichten", deren jede "ihren begrenzten Zusammenhang" hat[147]. Wie
Stories sind "Geschichte" erzähltes Geschehen[148]; sie können zueinander
in Beziehung gesetzt, ineinander integriert werden usw. Wie Stories beziehen sich "Geschichte" auf einen einheitlichen Zeitzusammenhang (s.u.
3), nicht aber schon auf e i n materiales, umfassendes und erzählbares
"Geschichte"[149].

(2) Wie für Stories sind für "Geschichte" Sozialität und Intersubjektivität konstitutiv - in ihnen begegnet "fremde Erfahrung". "Geschichte"
sind aber auch - und darin stellen sie einen Sonderfall von Stories dar
- intersubjektiv und sozial relevant: "man" kann in ihnen "lernen ...,
was zu tun oder zu lassen sei".

(3) Wie Stories beziehen sich "Geschichte" auf den einheitlichen Zusammenhang der objektiven Zeit - als Elemente gegenwärtiger Verständigungsprozesse verweisen sie auf Vergangenes ("Denkmal") und Zukünftiges (hier
vermittelt über generell Gültiges: "was zu tun oder zu lassen sei").
Dabei deutet sich im Ausdruck "Denkmal" eine besondere "geschichtliche"
Zeitdimension unbestimmt an, die Stories zu "Geschichte" macht: Ein "Denkmal" wird dann erforderlich, wenn Vergangenes vom Vergessen bedroht ist.

Diese drei Elemente bleiben auch für den neuzeitlichen
Geschichtsbegriff bestimmend. Sein Charakteristikum besteht
darin, daß sie als Aspekte bzw. Momente "der" einen Geschichte "an sich" begriffen werden.

---

146 Zit. nach Koselleck, Historie, 22f (Hervorh. T.K.).
147 Koselleck, a.a.O., 23.
148 "Geschichte meinte früher vorwiegend Begebenheit, Schicksal, Zufall,
    besonders eine Folge getätigter oder erlittener Handlungen. Historie
    meinte vorzüglich die Kunde davon, ihre Erforschung, den Bericht und
    die Erzählung darüber. Im Laufe des 17., besonders des 18. Jhs. über-
    lappten sich zunehmend die beiden deutlich trennbaren Bedeutungsfel-
    der. Ereignis und Erzählung wuchsen in beiden Wortbedeutungen zusam-
    men ..." (a.a.O., 22).
149 Singular zu "Geschichte" ist ursprünglich "das Geschichte" oder "die
    Geschicht"; s. Herrmann, Zeit, 22.

D ı e Geschichte ist hier "die Bedingung der Möglichkeit aller Einzel-
geschichten"[150]. Als "subjektive Bewußtseinskategorie"[151] ist sie "die
Geschichte aller"[152] und für das Handeln der Menschheit relevant: Man
kann "Geschichte machen, planen" und/oder "sich dem vermeintlichen Willen der Geschichte unterwerfen"[153]. Und schließlich wird "die Summe" der
"temporalen Erfahrungen unserer Neuzeit ... in dem Kollektivsingular
von Geschichte auf ihren Begriff gebracht"[154].

So erscheint folgende Umschreibung des Interpretationsbegriffs "Geschichte" geeignet, neuzeitliche und vorneuzeitliche Geschichtsbegriffe in ihren Gemeinsamkeiten und Besonderheiten zu erfassen: **"Geschichte" ist eine Story, die einen für ein Kollektiv relevanten Teil seiner Vergangenheit,
Gegenwart und Zukunft bezeichnet**[155]. Über das im Abschnitt
2.4. zu "Story" Entwickelte hinaus sind deshalb zur weiteren
Klärung des Fragehorizonts dieser Arbeit die Sozialität von
Geschichte (3.2.) und ihre zeitliche Dimension (3.3.) näher
zu betrachten.

3.2. Die Sozialität von Geschichte

Jede Story konstituiert sich im Medium von Intersubjektivität und Sozialität (s.o. 2.3.3). Eine Geschichte ist im
Bereich aller möglichen Stories als "Selbstverständigungslei-
stung"[156] eines **Kollektivs** ausgezeichnet[157].

---

150 Koselleck, Historie, 23.
151 Ebd.
152 Droysen, Historik, zit. nach dem in Oelmüller/Dölle/Piepmeier, Ge-
    schichte, 218ff abgedruckten Auszug, hier: 219.
153 Koselleck, Historie, 23.
154 Ebd.
155 Diese Umschreibung von "Geschichte" stimmt i.W. mit der von Piepmei-
    er, Geschichte, 10ff entwickelten überein.
156 A.a.O., 11.
157 Vgl. die Definition Huizingas (Definition, 9; zit. bei Van Seters,
    Search, 1): "History is the intellectual form in which a civiliza-
    tion renders account to itself of its past".

Der **Umfang** des Kollektivs, das Träger einer Geschichte
ist, und für das eine Geschichte relevant ist[158], kann verschieden weit sein.

"Bekannte, Freunde und Liebende erzählen Geschichten zur Unterhaltung,
aber auch zur Erinnerung an gemeinsame beglückende oder bedrückende
Erfahrungen und Widerfahrnisse, oder wenn sie sich gemeinsame Erwartungen und Hoffnungen ausmalen. Herrschende Mächte, aber auch unterdrückte soziale Gruppen, Völker und Minderheiten berufen sich bei der Rechtfertigung bzw. Kritik dessen, was ist, oder bei der Präsentation dessen, was sie sein möchten, auf Geschichten, auch auf vergessene und
verdrängte ... Familien, Wirtschaftsbetriebe, Völker, Staaten, Kirchen
und andere Institutionen haben ihre Feier- und Festtage, an denen sie
sich ihrer identitätsstiftenden Geschichten erinnnern ..."[159].

Diese Andeutungen zeigen, daß die Frage nach dem Umfang
des Kollektivs, für das eine Geschichte relevant ist, mit
der Frage nach seinen **Beziehungen** zu anderen Kollektiven
(mit ihren Geschichten) bzw. Individuen (mit ihren Biographi-
en) zusammenhängt.

Ebenso ist aber nach **Organisationsstrukturen** des Kollek-
tivs selbst zu fragen, die als Rahmenbedingungen sozialer
Kommunikation ihrerseits auf die soziale "Konstruktion der
Wirklichkeit"[160] zurückwirken. Die Strukturierung sozialer
Prozesse durch **Institutionen**[161] und **Rollen**[162] bedingt eine -
mit wachsender Arbeitsteilung zunehmende - **Distribution des
Wissens**[163], die sich in der Konstitution von Geschichten und
ihren Rahmenkonzepten niederschlägt.

Die Kenntnis der Organisationsstrukturen des Kollektivs,
das Träger einer Geschichte ist, sowie der möglicherweise

---

158 Zum Problem sozialer Relevanz vgl. die Analysen von Schütz, Problem.
159 Oelmüller, Vorwort, 5.
160 Vgl. Berger/Luckmann, Konstruktion.
161 Vgl. a.a.O., 58: "Institutionalisierung findet statt, sobald habitua-
    lisierte Handlungen durch Typen von Handlungen reziprok typisiert
    werden ... Institution postuliert, daß Handlungen des Typus X von
    Handelnden des Typus X ausgeführt werden".
162 Vgl. a.a.O., 78: "Als Träger einer Rolle - oder einiger Rollen - hat
    der Einzelne Anteil an einer gesellschaftlichen Welt, die subjektiv
    dadurch für ihn wirklich wird, daß er seine Rollen internalisiert".
163 Vgl. a.a.O., 81: "Der Wissensvorrat einer Gesellschaft ist verteilt
    je nach der Relevanz für alle oder für besondere Rollen".

darin angelegten Konflikte ist von Bedeutung für die Rekonstruktion der **Intentionen und Interessen**, die die Produktion
und die Tradierung (durch Reproduktion und Modifikation) der
Geschichte motivieren. Solche Interessen können etwa primär
sozio-ökonomischer oder kognitiver Natur sein[164]. Ihre Bedeutung für Prozesse der Produktion und Rezeption von Geschichten ist heute vielfältig erfahrbar.

So ist z.B. die "Artikulation bisher nicht anerkannter Gruppen ... eng
verbunden mit dem Bemühen, sich eine eigene Geschichte zu rekonstruieren. Heute z.B. beginnen Frauen, die Geschichte der Frauen zu schreiben, und Regionalisten versuchen, zu einer Anerkennung zu gelangen,
indem sie die Geschichte ihrer Region, für die sie (mehr) Unabhängigkeit erreichen wollen, schreiben"[165].

Die Einordnung der Produktion und Rezeption von Geschichten in ein Geflecht sozialer Strukturen, Konflikte und Interessen unterstellt bereits, daß kommunikatives Handeln nur
ein Teilbereich sozialen **Handelns** ist. "Mit dem Begriff Handlung wird in jedem Fall ein Sachverhalt bezeichnet, der von
einer (handelnden) **Instanz ausgeht**, und zwar so, daß er von
dieser Instanz **gewählt** ist. Handlungen sind also **Wahlakte
von (handelnden) Instanzen**"[166]. Von "Handeln" kann deshalb
sinnvoll nur gesprochen werden, wenn im Rahmen des von einer
Geschichte bezeichneten Geschehens zwei "Schichten" unterschieden (nicht: getrennt!) werden können: eine Schicht von
Geschehen, das einer Instanz als von ihr in sinnhaft-offenen
Wahlakten verursacht zurechenbar ist ("**Handlungszusammen-
hang**") und eine Schicht von Geschehen, das der Wahl dieser
Instanz entzogen ist ("**Ereigniszusammenhang**")[167]. Mit seiner
Geschichte definiert ein Kollektiv demnach mindestens implizit immer a u c h seinen bzw. seiner Angehörigen Freiheits-
spielraum, grenzt es sich nicht nur von anderen Kollektiven,

---

164 Vgl. a.a.O., 90f.
165 Piepmeier, Geschichte, 13.
166 Härle/Herms, Rechtfertigung, 145.
167 Ich übernehme diese Ausdrücke von Härle/Herms, a.a.O., 174ff, verwen-
    de sie aber in etwas anderem Sinne.

sondern als "**Kultur**" von einer "**Natur**" ab[168]. Dieses "Auseinandertreten von Natur und Kultur"[169] ist fundiert im Auseinandertreten von "Sein" und "Bewußtsein" (s.o. 2.3.2), das
jedoch seinerseits in einer Erfahrungsschicht gründet, in
der Aktivität und Passivität eng ineinander verschränkt sind
(s.o. 2.3.1): "Was jeder gelebten und nicht nur gedachten
Differenzierung vorausgeht, ist die relative Indifferenz
einer **Symbiose**", die sich "auf alltägliche Weise ... in unserem **leiblichen** und **zwischenleiblichen Verhalten** (zeigt), das
uns in einer natürlichen und sozialen Welt verankert und
überhaupt erst eine Lebens-Welt entstehen läßt"[170].

Mit der Unterscheidung von Ereignis- und Handlungszusammen-
hang differenzieren sich die im konzeptionellen Rahmen einer
Geschichte enthaltenen Regeln in "**Gesetze**" und "**Normen**".
Während Gesetze die Veränderung eines Ausgangszustands unter
bestimmten Rahmenbedingungen - und sei es nur statistisch -
determinieren, wirken Normen, indem sie von personalen Subjekten in sinnhaft-offenen Wahlakten als gültig akzeptiert
werden[171]. Gesetze und Normen bilden zusammen den **Ordnungshorizont**, in dem ein Kollektiv sich selbst und seine Geschichte versteht. Dieser kann sowohl als vorgegeben, allumfassend
und unveränderlich, als auch als sozial konstruiert, beschränkt und wandelbar vorgestellt werden[172].

Angesichts der in 2.3. skizzierten Konstitutionsanalyse der Erfahrung
wird man zunächst beiden Ordnungsverständnissen ihr relatives Recht einzuräumen haben; denn die "gesellschaftliche Konstruktion der Wirklichkeit" (Berger/Luckmann) geht einerseits auf konstituierende Leistungen
des Kollektivs zurück, das sich in strukturierenden, die "Komplexität"

---

168 "Natur ist dasjenige Seiende, dessen Auseinandersetzung mit seiner
    Umwelt ausschließlich durch die Umwelt veranlaßt wird und nur nach
    Regeln verläuft, die **ihm**, aber nicht **von ihm** gesetzt sind" (a.a.O.,
    178).
169 Waldenfels, Rationalisierung, 114.
170 Ebd.
171 Eine **vollständige** Erklärung des Akzeptierens oder Nicht-Akzeptierens
    von Normen "auf Grund von psychologischen, biologischen, physikali-
    schen Gesetzen usf." (Hübner, Wahrheit, 435 Anm. 2) wäre natürlich
    denkbar; sie würde aber personale Subjektivität (und damit letztlich
    sich selbst als Erklärung?) zunichte machen.
172 Vgl. z.B. Waldenfels, Das Geregelte, 80ff.

seiner Erfahrungswelt "reduzierenden" Akten[173] seine Lebenswelt allererst schafft (vgl. 2.3.3); andererseits fußen diese Akte auf einer Vor-
strukturiertheit der Erfahrungswelt (vgl. 2.3.1), in der Reflexivität
zusammen mit dem Auseinandertreten von "Sein" und "Bewußtsein" sich als
Bedingungen ihrer Möglichkeit konstituieren (vgl. 2.3.2).

In Anbetracht des faktisch erfahrbaren Wandels sozialer
Organisationsformen und Ordnungsverständnisse wird im Rahmen
der Rekonstruktion von Geschichtskonzepten eine **kritische
Rückfrage** nach ihren sozialgeschichtlichen Entstehungs- und
Wirkungsbedingungen möglich. Dazu muß man im Blick auf eine
Geschichte unterscheiden:

"a) den Vorgang" (d.h. das Geschehen, das von einer Geschichte bezeich-
     net wird),

"b) die Reproduktion des Vorgangs" (d.h. die Geschichte als Story),

"c) den Vorgang, der die Reproduktion motiviert" (d.h. die - historisch-
     exegetisch zu rekonstruierende - Entstehungsgeschichte der Story),

"d) den Wandel der Reproduktion und dessen Bedingungen im Prozeß des
     Tradierens" (d.h. die - historisch-exegetisch zu rekonstruierende -
     Überlieferungs- und Wirkungsgeschichte der Story)[174].

3.3. Die zeitliche Dimension von Geschichte

Jede Geschichte ist aufgrund ihrer Konstitution in Erfahrungen auf Vergangenheit, Gegenwart und Zukunft bezogen (s.o.
2.3.3). Zudem wird für eine Geschichte ihr "Zusammenhang zum
Handeln der Individuen, sozialen Gruppen und Institutionen"
erst durch ihren "grundlegenden Bezug ... zur Gegenwart und
ihren reflexiven Bezug zur Zukunft ... hergestellt"[175].
Gleichwohl muß der Zusammenhang von Vergangenheit, Gegenwart
und Zukunft nicht in jeder Geschichte explizit zutage liegen.
Vielmehr ist nach landläufigem Verständnis gerade der **Vergan-**

---

173 Vgl. Luhmann, Rechtssoziologie I, 27ff.
174 Kegler, Geschehen, 30.
175 Piepmeier, Geschichte, 15.

genheitsbezug für Geschichte konstitutiv[176]. Dies hängt damit zusammen, daß sich für den Historiker charakteristische
Erkenntnisprobleme dann stellen, wenn er ein Geschehen rekonstruieren will, das ihm nur noch durch "Zeugnisse" (Dokumente, archäologische Spuren u.dgl.) zugänglich ist, für das
ihm aber keine "Zeugen" mehr zur Verfügung stehen[177]. "Geschichte" erhält dann eine **spezifische zeitliche Dimension**:
Sie greift über den Horizont in eigener Erfahrung gründender
Erinnerungen (und/oder Erwartungen) der gegenwärtig lebenden
Angehörigen ihres Trägerkollektivs aus.

Die "quantitative" Zeit-Dimension einer Geschichte ist für
sie insofern auch von "qualitativer" Bedeutung, als ein **Wandel von Strukturen**, die gegenüber sich ereignendem Geschehen
relativ konstant dauern, - abgesehen von extremen Krisen und
Umbruchzeiten - erst im Rahmen von Geschichten erfahrbar und
darstellbar wird, die relativ große Zeiträume umfassen. Erst
dann nämlich können "Geschichten aus Ereignisgeschichten und
Strukturgeschichten"[178] konstituiert werden, in denen Ereignis und Struktur als "kurzer Zeitablauf" und "langer Zeitablauf" aufeinander bezogen sind[179]. Hier besteht aber ein
enger Zusammenhang zwischen der zeitlichen Dimension und der
sozialen Funktion von Geschichten: soziale Organisationsstrukturen erhalten für ein Subjekt erst dann den Status
objektiver Faktizität, wenn ihre Entstehung nicht mehr Gegenstand seiner erinnerten Eigenerfahrungen ist[180]; zugleich
damit werden sie aber der - "geschichtlichen" - Legitimation

---

176 Vgl. z.B. Faber, Theorie, 35: "Die den Historiker interessierende
    Geschichte umfaßt menschliches Tun und Leiden **in der Vergangenheit**"
    (zit. bei Kegler, Geschehen, 1; Hervorh. T.K.). Auch die hebräischen
    Ausdrücke (םי)רבד und תודלות verweisen vornehmlich auf vergangenes
    Geschehen, vgl. Kegler, a.a.O., 25ff.
177 Vgl. z.B. Schaeffler, Geschichtsphilosophie, 6f; diese spezifisch
    "geschichtliche" Zeitdimension geht bei Schaeffler schon in seine
    "Nominaldefinition" von "Geschichte" ein: "Geschichte ist die Abfol-
    ge von Veränderungen menschlicher Lebensverhältnisse, **sofern sie
    für uns durch Interpretation von Zeugnissen rekonstruierbar wird**"
    (a.a.O., 6; Hervorh. T.K.).
178 Piepmeier, Geschichte, 17; vgl. Koselleck, Darstellung.
179 Vgl. Braudel, Geschichte, 50.
180 Vgl. Berger/Luckmann, Konstuktion, 62ff.

bedürftig[181], sobald die Möglichkeit ihrer Übertretung einerseits und ihres Scheiterns an der Wirklichkeit[182] andererseits ins Bewußtsein tritt:

> "Ein Interesse am Präsenthalten einer nicht selbsterlebten Geschichte
> mit größerer Tiefenschärfe entsteht mit der **Ausdifferenzierung**
> **politischer Herrschaftsrollen** im Zusammenhang mit der Ungesichertheit
> ihres Aktionsradius und ihrer Legitimationsbedürftigkeit"[183].

Die Erinnerung an Strukturwandel ist dabei funktional ambivalent: Sie kann gegenwärtige Strukturen ebenso legitimieren
wie kritisieren[184]. Entsprechendes gilt für durch derartige
Erinnerungen motivierte Erwartungen von Strukturwandel[185].

Durch die Veränderung von Strukturen können die Grenzen
geschichtlicher "Epochen" markiert werden. Diese bleiben
freilich vom leitenden Gesichtspunkt der ihnen zugrundeliegenden Strukturgeschichte abhängig:

> "Für jeden Kunsthistoriker dürfte es unbefriedigend sein, von der Ge-
> schichtszeit der politischen Geschichte her die Abfolge der Stile zeit-
> lich einzuordnen. Stadtgeschichtliche Forschung zeigt, daß die Sozial-
> geschichte einer Stadt weder von der Geschichtszeit der politischen
> Geschichte noch von der der religiösen Veränderungen unmittelbar zu
> erfassen ist"[186].

Die Frage, ob sich eine Geschichte u.a. auch auf Prozesse
des Strukturwandels bezieht, ist für die Rekonstruktion
ihres konzeptionellen Rahmens insofern von Bedeutung, als
sich dann das Problem der Abgrenzung von Ereignis- und Hand-
lungszusammenhang erneut stellt: Wird der Strukturwandel vom
Kollektiv, das Träger der Geschichte ist, als Widerfahrnis
von außen oder als Resultat seines Handelns erfahren? Mit

---

181 Vgl. a.a.O., 66ff.
182 Vgl. Luhmann, Weltzeit, 348.
183 A.a.O., 359.
184 Man vergleiche etwa die ambivalente Beurteilung der Entstehung des
    Königtums im AT (s. Crüsemann, Widerstand, v.a. 215ff).
185 Vgl. die in verschiedenen Religionen belegten "Periodisierungen der
    Geschichte" (s. Lanczkowski, Religionsgeschichte, 102ff) - die nach
    der hier vorgeschlagenen Terminologie Strukturgeschichten darstel-
    len -, in denen neben Modellen fortschreitenden Verfalls solche
    sukzessiver Vervollkommnung stehen.
186 Piepmeier, Geschichte, 16f.

einer Geschichte, die Prozesse des Strukturwandels einschließt, definiert ein Kollektiv nicht nur seinen und seiner Angehörigen Freiheitsspielraum, sondern auch die Möglichkeiten, diesen handelnd zu verändern.

In Anbetracht der Zusammenhänge zwischen zeitlicher Dimension und sozialer Funktion von Geschichten ist auch hier die
kritische Rückfrage hinter ein vorliegendes Geschichtsverständnis möglich (vgl.o. 3.2.). Geschichtsverständnisse, die
aus vergangenen Epochen stammen, stellen freilich auch umgekehrt selbst eine **kritische Anfrage** an ihren heutigen Interpreten dar.

Auf das durch den Wandel von Erfahrungs**strukturen** bedingte "hermeneutische" Problem wurde eingangs bereits hingewiesen. Neben dem Problem des
Verstehens fremder Geschichts**verständnisse** stellt sich aber jedem Versuch einer Rückfrage hinter diese das Problem der Möglichkeit historischer Erkenntnis des in ihnen (vermeintlich) **Verstandenen** - d.h. die
Frage nach den Kriterien historischer Kritik.

Die wohl bekannteste Antwort auf diese Frage hat E.Troeltsch in seiner
Arbeit "Über historische und dogmatische Methode in der Theologie" (1898)
gegeben[187]: "(D)as Mittel, wodurch Kritik überhaupt erst möglich wird,
ist die Anwendung der **Analogie**", d.h. die Annahme der "prinzipielle(n)
Gleichartigkeit alles historischen Geschehens"[188]; hinzu kommt die Annahme, "daß alles Geschehen in einem beständigen korrelativen Zusammenhange
steht und notwendig einen Fluß bilden muß, indem Alles und Jedes zusammenhängt und jeder Vorgang in Relation zu anderen steht"[189]. Auf diesen
Grundlagen ist "historische Kritik" möglich, die "auf historischem Gebiet nur Wahrscheinlichkeitsurteile" begründen kann[190].

Als "adäquater Ausdruck neuzeitlichen Denkens"[191] konzipiert eine so
definierte historische Kritik zu überlieferten Geschichten aus anderen
Epochen konkurrierende Geschichten unter Voraussetzung gegenwärtiger
Erfahrungen und Konzepte. Ermöglicht sie so die kritische Rückfrage hinter überlieferte Geschichten und Geschichtskonzepte, besteht ihre Gefahr

---

187 Vgl. dazu etwa Pannenberg, Heilsgeschehen, 46ff.
188 Troeltsch, Methode, 732.
189 A.a.O., 733.
190 A.a.O., 731.
191 Oeming, Theologien, 220.

darin, daß sie - gerade weil ihre konzeptionellen Voraussetzungen als
"Ausdruck neuzeitlichen Denkens" selbstverständlich und allgemein gültig
zu sein scheinen - dazu verleiten kann, die mit ihren Mitteln rekonstruierte Geschichte unkritisch mit dem "Vorgang", dem Geschehen, das die
der Kritik unterworfene Geschichte bezeichnet, zu identifizieren[192] und
dabei zu übersehen, daß "die epochalen Einstellungen und Perspektiven
ebenso maßgebend sind für die Gegenstandswelten und Gegenstandsbestimmt-
heiten, auf die sich die Aussagen beziehen, wie für ihre linguistischen
und konzeptuellen Voraussetzungen"[193]: "Die subjektivierenden Faktoren
der Weltansichten heben nicht auf, daß es im Rahmen ihrer Weltentwürfe
Feststellbarkeit und Tatsächlichkeit gibt, eine Bedingtheit der Wahrheit
also durch von außen bestimmende aposteriorische Faktoren in Gegensatz
und Widerspiel zu den formalen, durch die Subjektivität gesetzten Vorbe-
dingungen"[194].

Es zeigt sich also, daß die Frage nach dem in einer Geschichte **Verstandenen** (dem "Vorgang" bzw. Geschehen) nicht
unabhängig ist von der Frage nach ihrem Geschichts**verständnis.** Weil Troeltschs **Kriterien** historischer Kritik selbst
einem bestimmten - nämlich: "dem" neuzeitlichen - Geschichtsverständnis entsprechen, können sie selbst der Kritik nicht
enthoben sein. Es empfiehlt sich deshalb, historische Kritik
nicht durch apriorische Kriterien zu definieren, sondern als
ein **Verfahren** zu konzipieren, das eine Auseinandersetzung
und Verständigung zwischen verschiedenen Verständnissen eines Vorgangs ermöglicht. Da jeder Verständigungsversuch die
Einheit und den Zusammenhang objektiver Zeit immer schon
voraussetzen und in Anspruch nehmen muß (s.o. 2.3.3), unterstellt er in der Tat "Analogie" und "Korrelation" allen zeitlichen Geschehens[195]. Diese Unterstellung ist jedoch zunächst

---

192 Dieser Gefahr erliegt m.E. Hartlich, Methode.
193 Thum, Wahrheit, 153f.
194 A.a.O., 161; vgl. Hübner, Wahrheit, 243ff.
195 Im Anschluß an Husserls Analyse der Erfahrung wäre Troeltschs Prin-
    zip der "Korrelation" zu rekonstruieren als die Annahme, daß die
    "Wahrnehmungen und Erfahrungen aller miteinander sich verständigen-
    den Ichsubjekte (...) hinsichtlich ihrer intentionalen Gegenstände
    in Zusammenhang (stehen) - im Zusammenhang einer in allen ihren sub-
    jektiven Zeiten sich konstituierenden objektiven Zeit und einer sich
    in ihr konstituierenden objektiven Welt" (Husserl, Erfahrung, 193f;

formal und abstrakt. **Material** einzulösen ist sie in konkreten Verständigungsprozessen. Hier kann aber den Erfahrungen und Konzepten des Interpreten kein **prinzipieller** Vorrang vor denen, die in den zu interpretierenden Texten ihren Niederschlag gefunden haben, eingeräumt werden[196].

Das historische "Problem anderer Epochen" ist demnach als Sonderfall des Problems einer Verständigung zwischen verschiedenen "Lebensformen" zu begreifen[197]. Seine Eigenart besteht in der asymmetrischen Struktur der Verständigungssituation: antike Texte verändern sich i.d.R. nicht; sie (bzw. ihre Autoren und ersten Rezipienten) können auf ihre Interpretation nicht mehr reagieren. Hinzu kommen Unterschiede im Wissen über den "Vorgang", auf den eine zu interpretierende Geschichte sich bezieht, zwischen Autor(en) und Interpret(en): "Wir wissen einfach zu viel, um in der Lage zu sein, uns in jenen Zustand der Unwissenheit über die Zukunft zu versetzen - und dementsprechend über die Gegenwart, denn es ist schließlich die Zukunft, die rückwirkend der Gegenwart Gestalt und Farbe gibt -, in dem sich jene, die die Ereignisse durchlebt haben, vermutlich befunden haben müssen"[198]. Dieses "Mehr-Wissen" ist insofern ein "Weniger-Wissen", als es dazu verleiten kann, gegenwärtige Gegenwart und Vergangenheit mit vergangener Zukunft zu identifizieren und sich so der Möglichkeit einer Kritik faktischer Geschichtsprozesse durch das Aufdecken in ihnen unrealisiert gebliebener Möglichkeiten zu begeben[199]. Andererseits "verfügen wir doch" auch "über ein besseres Verständnis" vergangener Lebensformen, "als sie selbst besessen haben mögen, und zwar vermöge jenes Umstandes"[200] des "Mehr-Wissens" - etwa in Gestalt des

---

im Orig. z.T. hervorgeh.). Troeltschs Prinzip der "Analogie" entspräche dann bei Husserl die "assoziative Struktur" des "Feld(s) passiver Vorgegebenheiten" (a.a.O., 74ff), die die "Herstellung eines **anschaulichen** Zusammenhangs zwischen allen konstituierten Gegenständlichkeiten" ermöglicht (a.a.O., 204ff; Hervorh. T.K.).

196 Auf das Problem eines "gewisse(n) **Imperialismus** der jetzigen Gegenwart gegenüber den früheren Gegenwarten" weist Moltmann, Zeiten, 219 hin. Die gegenläufige Gefahr einer Übermacht der "Tradition" stellt zurecht Oeming, Theologien, 48ff in Auseinandersetzung mit Gadamer, Wahrheit heraus. Zum Problem vgl. auch Waldenfels' (Rationalisierung; Vernunftordnung) "(k)ritische Überlegungen zu Habermas' Theorie des kommunikativen Handelns" (Habermas, Theorie).
197 Vgl. Danto, Philosophie, 407ff.
198 A.a.O., 420.
199 Vgl. Moltmann, Zeiten, 219.
200 Danto, Philosophie, 425.

Wissens um Folgen von Entscheidungen in vergangenen Gegenwarten, die in deren Horizonten nicht abzusehen waren.

Angesichts der skizzierten Sachlage muß das Verfahren historischer Kritik - als Versuch einer Rekonstruktion des in einer Geschichte verstandenen Geschehens u n d ihres Geschichtsverständnisses - der Eigenart überlieferter (hier: atl.) Texte als Zeugnisse vergangener Gegenwart u n d gegenwärtiger Vergangenheit Rechnung zu tragen versuchen. Für den "Zugang zu Vorgängen in der Vergangenheit" können dabei die von J.Kegler vorgeschlagenen "Schritte" hilfreich sein[201]:

"a) Erhebung der Aussage eines Textes über ein ... Geschehen,

   b) Vergleich dieser Aussage mit Aussagen anderer Texte über das gleiche Geschehen (Widerspruch; Ungleichheiten; verschiedene Akzentuierung etc.),

   c) Einordnung der Aussagen in den Horizont altorientalischer Aussagen über ähnliche Vorgänge (Analogieverfahren),

   d) kritische Konfrontation der durch a), b) und c) gewonnenen Ergebnisse mit archäologischen und historischen Erkenntnissen".

Für die Frage nach dem Verständnis eines Vorgangs ist dann aber nicht nur "das Verhältnis der ... **überlieferten** Aussage zu diesem Vorgang zu untersuchen"[202], sondern auch das **gegenwärtiger** historischer Rekonstruktion zu ihm. Nur so kann der Gefahr begegnet werden, die gegenwärtige Rekonstruktion mit "dem Vorgang", auf den sich eine atl. oder aol. Geschichte bezieht, vorschnell zu identifizieren. Historische Wahrheitsfindung erfordert in gleicher Weise eine "kritische Konfrontation" gegenwärtiger und antiker Geschichts**verständnisse**. In dieser Konfrontation muß Wahrheit (bzw. Wahrscheinlichkeit) erst "ausgehandelt" werden; ihr Ergebnis steht nicht vorweg fest.

---

201 Kegler, Geschehen, 31.
202 Ebd. (Hervorh. T.K.).

4. Geschichtserfahrung und Gotteserfahrung

Eine Untersuchung atl. Geschichtskonzepte kann an der Frage nach dem Verhältnis von Geschichtserfahrung und Gotteserfahrung nicht vorbeigehen, besteht doch e i n e Eigenart
dieser Geschichtskonzepte gegenüber "dem" neuzeitlichen Geschichtsverständnis - mindestens im Falle des EB - gerade
darin, daß sie in dem Geschehen, auf das sie Bezug nehmen,
wie auch in ihrem eigenen Zustandekommen in irgendeiner Weise den Gott Jahwe wirksam sehen. Nun steht allerdings der
Begriff "'Gott' heute im Verdacht, nichts als ein Glaubensge-
danke, eine religiöse Vorstellung aus einer heute überholten
Periode der Menschheitsgeschichte zu sein"[203]. Strittig ist
dabei nicht nur, ob es einen Gott gibt; unklar ist schon,
was mit dem Ausdruck "Gott" überhaupt gemeint sein könnte.
Mag eine "Nominaldefinition" von "Gott" als "alles bestimmende Wirklichkeit"[204] wenigstens in Theologenkreisen noch
einigermaßen konsensfähig sein - der Variationsbreite atl.
Aussagen über Gott bzw. Götter wird sie kaum gerecht. Dies
zeigt schon ein Blick auf diejenigen Texte des AT und des
AO, in denen - ganz im Sinne mythischer Wirklichkeitserfas-
sung - "die Gottheit als Handlungsträger ihrem Handlungsraum
nicht immer mit voller Souveränität gegenübersteht"[205]. Wie
im Fall von "Geschichte" ist deshalb auch hier eine Klärung
des Fragehorizonts der Interpretation angezeigt. Auch hier
ist sie als Frage nach der Konstitution der entsprechenden
Erfahrungen durchzuführen. "Will man" nämlich "religiöser
Erfahrung nicht von vorneherein ihren Anspruch auf Erfassung
göttlicher Wirklichkeit abstreiten, so ist die Möglichkeit
unmittelbarer Erfahrung von Gott zuzugestehen, wie immer
derartige Ansprüche im Einzelfall zu beurteilen sind"[206].
Gesteht man aber diese Möglichkeit - und sei es nur als pro-

---

203 Pannenberg, Wissenschaftstheorie, 300f.
204 Vgl. a.a.O., 304f.
205 Müller, Gott, 102.
206 Pannenberg, a.a.O., 303.

blematische und hypothetische - zu, muß man - wenigstens
versuchsweise - auch der Gotteserfahrung einen Ort im Prozeß
der Konstitution von Erfahrung zuweisen.

Angesichts der Problematik gegenwärtigen Redens von Gott
empfiehlt es sich, hier mit einem Überblick über Grundstrukturen der Gotteserfahrung im AT und im AO einzusetzen. Vorausgesetzt ist dabei, daß sich - unbeschadet der Eigenarten
atl. Gottesverständnisses - Grundzüge einer AT und AO gemeinsamen "common theology" rekonstruieren lassen[207], die hier
nur kanpp nach den wesentlichen Gesichtspunkten skizziert
werden müssen.

4.1. Grundstrukturen der Gotteserfahrung im AT und im AO

4.1.1. Die Erfahrung des Wirkens der Gottheit in Strukturen
       der Erfahrungswirklichkeit

Für AT und AO umfaßt der Wirkungsbereich von Gottheiten
sowohl das Gebiet der "Kultur" als auch das der "Natur"[208].
Gottheiten fungieren als Schöpfer und Garanten mehr oder
weniger umgreifender Ordnungsstrukturen der erfahrbaren Wirklichkeit. Ihr Wirken ist in den Ordnungen des Raumes (sakra-
le - profane Sphäre, Religionsgeographie), der Zeit (Festka-
lender, rites de passage) und des Rechts (Tabu-Vorschriften,
Gesetzgebung, Rechtsfindung, "Vergeltung") erfahrbar[209]. Die
Konstitution von Ordnungsstrukturen durch Gottheiten ist ein
Thema des Mythos: "das mythische Geschehen (trägt) **normativen Charakter** (...). Es schafft die Welt, es setzt Ordnungen,
die dauernden Bestand haben, es verweist auch auf Gegensätze,

---

207 S.v.a. Smith, Theology; Albrektson, History; Saggs, Encounter; Gott-
    wald, Tribes, 667ff; vgl. jetzt Brueggemann, Shape I, 31ff.
208 Vgl. Smith, Theology, 141 mit Anm. 20f; Albrektson, History, 16ff;
    Gottwald Tribes, 677.679f; Saggs, Encounter, 30ff.93ff; Brueggemann,
    Shape I, 36ff.
209 Vgl. (auf breiterer Basis) Lanczkowski, Religionsphänomenologie,
    66ff.

die ewige Gültigkeit besitzen"[210]. Aber auch andere, nicht-
mythische Stories können das Entstehen von Ordnungen aus dem
Wirken einer Gottheit erzählend erklären, wie es etwa in der
Priesterschrift geschieht, die "das Herauswachsen bestimmter
kultischer Institutionen aus der Geschichte"[211] zeigt. Die
Erfahrung des Wirkens einer Gottheit zur (Wieder-)Herstel-
lung von Ordnungsstrukturen der Wirklichkeit schlägt sich
nieder im Hymnus[212]. Bestehende Ordnungen werden beschrieben
im Rahmen der Weisheit[213]; auch hier können sie - wenn auch
meist weit weniger unmittelbar als im Hymnus - auf die Gottheit zurückgeführt werden[214]. Wird dabei in der Reflexion
"Weisheit" zugleich als Prinzip menschlichen Erkennens und
göttlichen Ordnungshandelns verstanden (vgl. z.B. Spr 3,19),
wird damit schließlich auch die Erfahrung und Erkenntnis von
Ordnungsstrukturen der Wirklichkeit selbst auf das Wirken
der Gottheit zurückgeführt.

4.1.2. Die Erfahrung des Wirkens der Gottheit in Ereignissen
       innerhalb der Erfahrungswirklichkeit

Innerhalb der Erfahrungswirklichkeit können v.a. "historical events as divine actions" erfahren werden[215], insbesondere Kriege, Naturkatastrophen u.ä., die für ein größeres Kollektiv relevant sind. Mehrere Ereignisse können sich zu einem "course of events" zusammenschließen, in dem ein "divine
plan in history" erkennbar wird[216]. In gleicher Weise können
Erfahrungen der individuellen Lebensgeschichte auf das
"schützende(.) und bewahrende(.) Handeln Gottes, wenn der
Einzelne in Gefahr oder akute Not gerät"[217], zurückgeführt

---

210 A.a.O., 59.
211 V. Rad, Theologie I, 246.
212 Vgl. Stolz, Strukturen, 80ff; Kraus, Psalmen, 46ff; V. Rad,
    Theologie I, 371ff.
213 Vgl. v.a. V.Rad, Weisheit.
214 Vgl. Ders., Theologie I, 450ff.
215 Vgl. Albrektson, History, 24ff.98ff; Smith, Theology, 140f; Saggs,
    Encounter, 64ff.
216 Vgl. Albrektson, History, 68ff.
217 Albertz, Frömmigkeit, 160; vgl. 66ff.115ff.

werden: Die Gottheit "protects ordinary men, cures diseases
and grants other material favors, cleanses sin, and comforts
the afflicted"[218]. Als Wirken einer Gottheit sind Ereignisse
dabei insbesondere daran kenntlich, daß sie übergreifende
Ordnungsstrukturen in Situationen der Bedrohung sichern oder
wiederherstellen - etwa im Krieg des Volkes gegen seine Feinde oder in der Auseinandersetzung des Einzelnen mit seinen
Gegnern - oder umgekehrt gefährden und zerstören. Sie offen-
baren dabei überall i.W. "the same few things: the power,
mercy or wrath of the god"[219]. Hier ist die "Macht" der Gottheit insofern entscheidend, als es um Ereignisse geht, die
Ordnungsstrukturen tangieren, über die der Mensch nicht verfügen kann, sondern die er für sein Erkennen und Handeln
immer schon in Anspruch nehmen muß. Deshalb gehört es "zum
Begriff der Gottheit, daß sie gewaltige Macht hat, jedenfalls bei weitem mehr Macht als der schwache Mensch"[220]: Sie
kann "do the things which are most prayed for by the people
who have most cause to pray"[221] und "is regularly described
by comparisons with the most conspicuous or the most power-
ful objects known to the culture"[222].

4.1.3. Die soziale Dimension der Gotteserfahrung

Das Gottesverständnis hat in AT und AO immer auch soziale
Funktion[223]. Die soziale Dimension der Gotteserfahrung zeigt
sich auch in weiteren Bereichen der Religionsgeschichte:
Gottheiten sind "nicht nur durch ihre Natur, sondern auch
durch ihnen zugewiesene Aufgabengebiete, bes(onders) im
menschlichen Sozialleben, bestimmt ... Das Haus- und Fami-
lienleben (...) steht, ebenso wie die Berufe (...) und die
ihnen dienenden Örtlichkeiten unter ihrem oft spezialisier-

---

218 Smith, Theology, 142.
219 Albrektson, History, 114; vgl. Gottwald, Tribes, 677.
220 Gunkel, Art. Gott, 1513.
221 Smith, Theology, 142.
222 A.a.O., 141; vgl. Gottwald, Tribes, 677.682ff.
223 Dies betont besonders Gottwald, Tribes, 679ff; vgl. dazu die kriti-
    schen Anmerkungen von Brueggemann, Shape I, 33ff.

ten Schutz (...). Der Ertrag des Sammelns und der Jagd (...),
die Fruchtbarkeit der Herden und Äcker, Handel und Handwerk,
geistige Arbeit und die Kunst, das Kultleben (...), Personen
und Akte des Krieges werden ebenso wie Orte (...), Stämme,
Nationen und Reiche unter Schutzgottheiten gestellt ..."[224]
Der soziale Bezugsrahmen der Gotteserfahrung bestimmt aber
auch deren Struktur und Artikulation: "Ein Einzelner in seinem familiären Lebensbereich erfährt Gott so, wie ein Kind
seinen Vater oder seine Mutter erfährt, dagegen erlebt die
Großgruppe Gott so, wie ein Stamm oder eine Stadt seinen
Stammesführer oder ihren König erlebt. Für das Handeln Gottes am Einzelnen sind die kreatürlich-familiären, für sein
Handeln am Volk dagegen die politisch-geschichtlichen Strukturen bestimmend"[225]. Der soziale Bezugsrahmen von Gotteserfahrungen schlägt sich in ihrer "soziomorphen" Artikulation
nieder[226]. Gotteserfahrungen können aber auch durch Institutionen explizit sozial vermittelt sein[227]. Hier sind im
atl./aol. Bereich v.a. die Institutionen des Königtums, des
Kults und der Prophetie von Bedeutung. Erfahrungen und Be-
schreibungen göttlicher Wirksamkeit können schließlich wiederum soziale Organisationsstrukturen stützen und legitimieren[228].

4.1.4. Die geschichtliche Dimension der Gotteserfahrung

Eine explizit geschichtliche Dimension gewinnen Gotteserfahrungen, wenn sie auf die Wirksamkeit einer Gottheit im
Rahmen einer Geschichte Bezug nehmen (s.o. 4.1.2.). Geschichtliche Prozesse des Wandels von Strukturen können sich aber
auch ohne direkte Bezugnahme etwa in Mythen niederschla-

---

224 Goldammer, Art. Gott, 1704.
225 Albertz, Frömmigkeit, 164; dabei wäre im Hinblick auf unterschiedli-
    che soziale Bezugsgruppen noch weiter zu differenzieren; s. etwa die
    Hinweise bei Lohfink, Jahwe, 52 Anm. 116.
226 Vgl. Ritschl, Logik, 30ff.60ff.
227 Vgl. Lanczkowski, Religionsphänomenologie, 84ff; Saggs, Encounter,
    125ff; Gottwald, Tribes, 678.689ff.
228 Vgl. v.a. Brueggemann, Shape I: "Structure Legitimation".

gen[229]; sie müssen hier erst durch kritische Rekonstruktion
der Entstehungsgeschichte des betr. Mythos freigelegt werden.
Ganz allgemein gilt, daß Gotteserfahrungen wie alle Erfahrungen immer schon in einem Horizont von Erinnerungen und Erwartungen statthaben und zu ihrer Artikulation auf eine "Sprache" mitsamt den in ihr aufbewahrten Traditionselementen
zurückgreifen müssen. Sie setzen also eine "sedimentierte"
Erfahrungsgeschichte voraus, die traditions- und konzeptionsgeschichtlich zu rekonstruieren ist[230].

4.1.5. Polytheismus und Monotheismus[231]

Die Entstehung des Monotheismus gehört zu den zentralen
Problemen atl. und aol. Religionsgeschichte[232]. Zunehmend
deutlicher wird, daß der Übergang zwischen Polytheismus und
Monotheismus fließend ist: Zum einen konzentriert sich auch
in einem polytheistischen Milieu der konkrete Kultvollzug,
v.a. das Gebet, meist auf e i n e Gottheit[233] (Henotheismus,
Monolatrie); zum anderen ist auch im Bereich von Mythos und
Mythologie eine Göttervielfalt häufig hierarchisch, auf
e i n e exponierte Gottheit hingeordnet, organisiert (Hoch-
gottglaube). Gleichwohl läßt sich generell feststellen, daß
ein polytheistisches Gottesverständnis in seiner Komplexität[234] Widersprüchen und Wandlungsprozessen in der Erfahrungswirklichkeit i.d.R. leichter gerecht werden kann als
ein monotheistisches[235]. Zugleich läuft es aber Gefahr, Wirklichkeit nur noch als Konglomerat disparater Zuständigkeits-
bereiche verschiedener Götter wahrnehmen zu können und damit
an der erfahrungsstrukturierenden Funktion der Gotteserfahrung (vgl. o. 4.1.1.) letztlich zu scheitern - eine Gefahr,

---

229 Vgl. z.B. Stolz, Strukturen, 38ff; Müller, Gott, 107f.
230 Dies ist - in Bezug auf das AT - traditionell Aufgabe der "Religi-
    onsgeschichte Israels"; vgl. z.B. Fohrer, Geschichte; Schmidt, Glau-
    be.
231 Vgl. Lanczkowski, Religionsphänomenologie, 45ff.
232 Vgl. v.a. Lang, Gott; Keel, Monotheismus; Theissen, Glaube, 65ff.
233 Vgl. Smith, Theology, 137ff.
234 Vgl. Lanczkowski, Religionsphänomenologie, 50ff.
235 Vgl. etwa Marquards "Lob des Polytheismus".

der innerhalb polytheistischen Gottesverständnisses Konzepte
wie eine "Gleichsetzungstheologie"[236] oder die Unterordnung
der Vielzahl von Gottheiten unter e i n e numinose Ordnung
wie die maat in Ägypten oder die moira in Griechenland[237] zu
begegnen versuchen. Einem monotheistischen Gottesverständnis
korrespondiert dagegen ein Konzept der Einheit der Erfahrungswirklichkeit: "the positing of a sole ultimate actor in
all phenomena of decisive importance to a community" und
"the tendency to see all phenomena in a more unitary manner"
hängen eng zusammen[238]; "monotheism naturally does not allow
of any ideas of rival plans and conflicting divine aims, but
strongly enhances the tendency to a unitary perspective of
history"[239]. Das Problem einer monotheistischen Konzeption
besteht darin, daß sie die Behauptung der Einheit der Erfahrungswirklichkeit in der Verarbeitung konkreter Erfahrungen
einlösen und bewähren muß. Die Gefahr besteht hier in einem
ideologischen Überspielen von Widersprüchen.

4.2. Versuch einer Konstitutionsanalyse der Gotteserfahrung

   Die Rückfrage nach der Konstitution von Gotteserfahrung
kann ansetzen bei der Beobachtung, daß das Wirken einer Gottheit in enger Beziehung zu mehr oder weniger umfassenden,
übergreifenden Strukturen der Erfahrenswirklichkeit erfahren
wird. Wo solche Strukturen in ihrer Gefährdung bekräftigt
oder aber zerstört bzw. transformiert werden, liegt - in der
Perspektive von AO und AT - mit hoher Wahrscheinlichkeit das
Wirken einer Gottheit vor.
   Nun konstituieren sich Strukturen der Erfahrungswirklichkeit in der alle Erfahrung - auf allen Konstitutionsebenen -
bestimmenden Horizontstruktur: Jede Erfahrung vollzieht sich
in einem Horizont, der einen Bereich erwartbarer neuer Erfah-

---

236 Vgl. Lanczkowski, Religionsphänomenologie, 54.
237 Vgl. a.a.O., 66f.
238 Gottwald, Tribes, 680f.
239 Albrektson, History, 96.

rungen, Erkenntnisse und Verständigungsprozesse mehr oder
weniger unbestimmt absteckt. Jede neue Erfahrung verschiebt
gleichsam nur diesen Erfahrungshorizont; bei jeder Explikation oder Kommunikation von Erfahrungen verbleibt "ein **unge-
klärter Resthorizont**"[240]. Selbst die reflexive Selbstaufklä-
rung von Erfahrung führt - radikal durchgeführt - nicht zu
einer restlosen Transparenz, sondern auf einen "unreflektier-
ten Untergrund(.)" aller Erfahrung, "den sie voraussetzt"
und "aus dem sie sich nährt"[241]. "Welt" bleibt so als Horizont und "Glaubensboden" der Erfahrung[242] dieser vorgegeben
und von ihr nicht restlos einholbar. Entsprechendes gilt
aber für das Handeln: Erfahrung der Welt und Handeln in der
Welt fußen auf einer Einheit der Welt und sind auf solche
Einheit aus, die jedoch aufgrund ihres Horizontcharakters
abstrakt und formal bleibt, weil jede Erfüllung von Horizont-
erwartungen in konkreter Erfahrung wieder ihre eigenen, neu-
en Horizonte hat[243].

Angesichts dieser Sachlage können Möglichkeit und Wirklichkeit von Erfahrung grundsätzlich auf zweierlei Weise gedeutet werden: E n t w e d e r "gründet" Erfahrung letztlich in
einer "**Abgründigkeit** des Sinnes"[244], o d e r als "**Grund** der
Vorgegebenheit sinnhafter Wirklichkeit" wird "**Transzendenz**
in Anspruch genommen"[245]. Im zweiten Falle könnte dann unter "Transzendenzerfahrung" der Grenzfall einer "horizontlo-
sen" Erfahrung verstanden werden, d.h. einer Erfahrung, in

---

240 Husserl, Erfahrung, 141.
241 Merleau-Ponty, Phänomenologie, 283; vgl. 281ff.
242 Vgl. Husserl, Erfahrung, 23ff.
243 Vgl. Lange, Erfahrung, 46ff; ähnlich Waldenfels, Abgründigkeit, 30f:
    eine "Vereinheitlichung der verschiedenen Deutungs- und Struktur-
    systeme" der Erfahrung (30) ist "durch ein Reden **über** Erfahrung
    allein nicht zu erreichen. Und das Sicheinlassen auf die Erfahrung
    mit ihren variablen Strukturen ist es gerade, was einer Vereinheit-
    lichung Grenzen auferlegt" (31).
244 Vgl. Waldenfels, Abgründigkeit.
245 Vgl. Härle/Herms, Rechtfertigung, 75; dort heißt es: "Als der Grund
    der Vorgegebenheit sinnhafter Wirklichkeit **muß** Transzendenz in An-
    spruch genommen werden" (Hervorh. T.K.; ähnlich Lange, Erfahrung,
    81). Hier kann es sich jedoch m.E. nur um eine Konditionalaussage
    handeln, die dann präziser lauten müßte: "**Wenn** ein Grund der Vorgege-
    benheit ... angenommen wird, **dann** muß es Transzendenz sein".

deren Vollzug scheinbar alle ihre Horizonte miterfahren werden und so "zusammenfallen" - im doppelten Sinne des Wortes:
entweder so, daß eine umfassende Einheit der Erfahrungswirklichkeit in der Erfahrung erscheint, oder so, daß sie in der
Erfahrung zerbricht. Eben dies sind aber konstitutive Momente der Gotteserfahrung, wie sie im AO und im AT erkennbar
wird: "fascinosum" und "tremendum"[246]; "Staunen" über das
Gelingen von Einigung in Erfahrung, Erkenntnis und Verständigung und "Erschrecken" vor ihrem Mißlingen, "vor der Zerstörung von Leben, Glück und Sinn"[247]; "Sensibilität für Resonanz und Absurdität der Wirklichkeit"[248].
   Mit diesen Hinweisen ist freilich Gotteserfahrung erst
abstrakt und formal charakterisiert; es sind nur Bedingungen
ihrer Möglichkeit, nicht auch die Bedingungen ihrer Wirklichkeit erfaßt. Konkrete Gotteserfahrungen, von denen aol. und
atl. Texte berichten, sind Erfahrungen der Einheit bzw. des
Zerbrechens **konkreter** Erfahrungshorizonte: Resonanz- oder
Dissonanzerfahrungen haben eine unterschiedliche konkrete
Gestalt, je nachdem, ob sie sich im Erfahrungshorizont der
Familie oder dem des Volkes ereignen (s.o. 4.1.3.); sie setzen in je verschiedener Weise eine Strukturierung der Erfahrungswirklichkeit durch traditionale Konzepte voraus (s.o.
4.1.4.) usw. Damit sind sie aber auch offen für historische
(und hier insonderheit: sozial- und konzeptionsgeschichtliche) **Kritik**. Indem solche Kritik Gotteserfahrungen und ihren
Niederschlag in den Texten auf Konstitutionsleistungen konkreter Subjekte zurückführt und den Prozeß ihrer Konstitution zu erhellen versucht, kann sie die korrelativen Momente
von Gotteserfahrungen, Resonanz- und Dissonanzerfahrung, auf
das sozialgeschichtliche Wechselspiel von - konzeptionsgeschichtlich tendenziell "konservativer" - "structure legiti-

---

246 Vgl. Otto, Das Heilige.
247 Lange, Erfahrung, 82.
248 Theissen, Argumente, 49.

mation" und - konzeptionsgeschichtlich tendenziell "progres-
siver" - "embrace of pain" beziehen[249].

Die Konstitutionsanalyse der Erfahrung begründet insofern
die **Möglichkeit** solcher Kritik, als sie deutlich macht, daß
konstituierte Erfahrungsschichten (und ihre Niederschläge in
den Texten) die Komplexität der sie konstituierenden Wirklichkeit notwendig reduzieren. Da eben dies aber auch für
die Konstitutionsanalyse selbst gilt - und diese die Möglichkeit von Gotteserfahrung nicht grundsätzlich bestreitet -, begründet sie zugleich die **Grenzen** sozial- und konzeptionsgeschichtlicher Kritik.

Damit steht die kritische Interpretation fremder und geschichtlich abständiger Gotteserfahrungen vor dem selben
Problem wie die entsprechender Geschichtserfahrungen (vgl.o.
3.3.): Es scheint keine feststehenden **Kriterien** der Kritik
zu geben, sondern nur ein **Verfahren**, das bemüht ist, die Texte in gleicher Weise ernst zu nehmen wie ihren gegenwärtigen
Interpreten.

5. Zusammenfassung

Die Überlegungen dieses Kapitels nahmen ihren Ausgang bei
der Problemstellung dieser Arbeit. Die Frage nach "Geschichtskonzepten im EB" erwies sich insofern als problematisch, als
sie nach dem Geschichtsverständnis von Texten fragt, die (1)
kein sprachliches Äquivalent für den Ausdruck "Geschichte"
verwenden, (2) gleichwohl allem Anschein nach von Geschichte

---

249 Ich nehme hier die von Brueggemann, Shape (I.II) vorgeschlagenen
   Interpretationskategorien atl. Theologiegeschichte auf: "Any theology must be bi-polar to reflect the central tension of the literature. The **bi-polar** construct I suggest is that OT faith serves both
   to legitimate structure and **to embrace pain**" (I, 30). Dagegen erscheint mir Brueggemanns Zuordnung: "structure legitimation"/Partizi-
   pation an der "common theology" des AO - "embrace of pain"/Befreiung
   von der "common theology" des AO (I, 31) zu stark vereinfacht.

reden, dabei aber (3) augenscheinlich ein anderes Verständnis von Geschichte haben, als es gegenwärtig geläufig ist.
Es zeigte sich so, daß das scheinbar unverfängliche, im Rahmen atl. Forschung nicht gerade außergewöhnliche Thema dieser Arbeit ein hochkomplexes "hermeneutisches" Problem in
sich birgt.

Der Versuch, dieses Problem wenigstens ansatzweise durch
die Skizze einer Analyse der Konstitution von Geschichtserfahrung zu bearbeiten, erbrachte für die konkrete exegetische Untersuchung der Texte folgenden Ertrag: (1) Er zeigte,
wie wenig selbstverständlich gegenwärtige - auch in Theologie und biblischer Exegese verbreitete - Annahmen über "das
Wesen" "der Geschichte" sind, und weckte so ein Gespür für
den Spielraum möglicher - und faktisch vorliegender - Geschichtsverständnisse. (2) Durch den Aufweis verschiedener
Momente und Aspekte von Geschichtserfahrung und ihres konstitutiven Zusammenhangs - sowie den Hinweis auf mögliche Beziehungen zwischen Geschichtserfahrung und Gotteserfahrung (ein
Problem, das sich im Rahmen "neuzeitlicher" Auseinandersetzung mit atl. Texten in besonderer Dringlichkeit stellt) -
wies er eine Richtung, Gemeinsamkeiten und Besonderheiten
unterschiedlicher Geschichtsverständnisse sachgemäß zu erfassen. (3) Dabei ergaben sich Leitfragen und methodische Hinweise für ein Verfahren zur Rekonstruktion und Kritik der
Geschichtsverständnisse, die hinter den im Folgenden zu un-
tersuchenden Texten des EB stehen.

Ziel dieses Verfahrens ist es, zu einer Verständigung zwischen verschiedenen "Lebensformen" beizutragen, wie sie in
verschiedenen Texten des AT (und NT), aber auch in den Vorgaben gegenwärtiger Interpretationen biblischer Texte zum Ausdruck kommen, - als Verständigung über erfahrene und erfahrbare **Wirklichkeit** in ihrem geschichtlichen Wandel.

II. DIE BEZUGNAHME AUF GESCHICHTE IM RAHMEN DER GERICHTS-
   PROPHEZEIUNG: EZ 5,5-17

Darstellungen des "Geschichtsbildes" des EB setzen gewöhn-
lich bei den ausführlichen "geschichtlichen Rückblenden" von
Kap. 16; 20 und 23 an[1]. Ein Kap. 16 und 23 vergleichbarer
Aufriß der Geschichte Jerusalems findet sich aber schon in
Ez 5,5-17. Dieser Abschnitt eignet sich gut zum Einstieg in
die exegetischen Einzeluntersuchungen, weil er zum einen
weit weniger umfangreich ist als Kap. 16 und 23, so daß die
Grundzüge seines Geschichtskonzeptes vermutlich schärfer zu
Tage treten, zum anderen stärker als Kap. 16; 20 und 23 in
seinen Kontext im EB eingebunden ist, woraus sich weitere
Aufschlüsse über seine Funktion und seinen konzeptionellen
Hintergrund ergeben könnten.

1. Abgrenzung und Struktur des Textes

Ez 5,5-17 ist Teil der an den Komplex des Einsetzungsbe-
richts (Kap. 1-3) anschließenden ersten redaktionellen Großeinheit von Gerichtsorakeln im EB, Kap. 4-7. Hier folgen auf
die Zeichenhandlungen von 4,1-5,4 "three major oracles of
judgment, ordered sequentially to address an ever-widening
area of the land of Israel. 5,5-17 is against Jerusalem;
6,1-14 is against the mountains of all Israel; 7,1-27 is
against the four corners (i.e., the whole land). This se-
quence creates a climactic buildup concerning the intensity

---

1 Vgl. z.B. v. Rad, Theologie II, 235ff; Koch, Profeten II, 107ff.

of the divine wrath"[2]. Während die Abgrenzung dieser Großeinheit nach hinten gegenüber dem Visionskomplex Kap. 8-11 relativ unproblematisch ist, ist ihr Anfang weit weniger klar
markiert.

Einen Einschnitt macht zweifellos die mit einer Zeitangabe verbundene
Wortereignisformel ויהי דבר יהוה אלי לאמר in 3,16 kenntlich, die im EB
den Beginn einer größeren Texteinheit markiert[3]. Entsprechendes gilt für
die Phrase ותהי עלי שם יד יהוה in 3,22, die sich - mit kleinen Variationen - noch in 1,3b; 8,1; 37,1; 40,1 und 33,22 findet, wo sie - mit Ausnahme der zuletzt genannten Stelle - die Beschreibung einer Vision einleitet[4]. Die Wendung ואתה בן אדם (הנה) (3,25; 4,1) schließlich kann sowohl eine Zäsur innerhalb einer Jahwerede als auch den Einsatz einer
neuen Rede markieren[5].

Nun stellt aber 3,16-27 einen im Hinblick auf seinen sachlichen Gehalt
wie auf seine literarische Gestalt gleichermaßen vielschichtigen und
komplizierten Text dar, der im redaktionellen Zusammenhang des EB die
Funktion einer Überleitung vom Bericht der Einsetzung des Propheten zur
Wiedergabe seiner Worte und Taten wahrnimmt[6], die in 4,1 mit einem relativen Neueinsatz beginnt. So kann Kap. 4-7 als gegenüber dem Kontext
relativ abgeschlossener Textkomplex im EB betrachtet werden.

Innerhalb der Großeinheit Kap. 4-7 sind durch die Wortereignisformel in 6,1 und 7,1 4,1-5,17; 6,1-14 und 7,1-27 als
eigenständige Worteinheiten abgegrenzt. 4,1-5,17 zeigt inhaltlich eine klare Zweiteilung: 4,1-5,4 enthält die Beauf-
tragung zu einer Reihe von Zeichenhandlungen, während die
Botenformel כה אמר אדני יהוה in 5,5 eine "dem Propheten vom
Absender Jahwe aufgetragene Rede" eröffnet[7].

In 5,5-17 kennzeichnet zunächst zweimal ein mit der Botenformel verbundenes לכן einen Einschnitt (7,8). Diese Wendung
steht im EB gewöhnlich an einer "Nahtstelle vom ersten Teil

---

2 Boadt, Strategies, 9 (vgl. 8ff).
3 Vgl. Hossfeld, Untersuchungen, 26ff.
4 Vgl. Zimmerli, 22.
5 Vgl. Hossfeld, a.a.O., 35f.
6 Vgl. Zimmerli, 100ff u. unten V.2.3.4.a.
7 Hossfeld, a.a.O., 31 (vgl. 30ff). G unterstreicht diesen Einschnitt,
  indem sie in 5,4b zwischen ממנו תצא אש אש und אל כל בית ישראל καὶ
  ερεις (= ואמרת) einfügt (vgl. BHS) und so einen ausgeführten Rede-
  auftrag an den Propheten erhält.

einer schon durch die Botenformel ausgewiesenen öffentlichen
Jahwerede zu deren zweiten Teil; die beiden Teile verhalten
sich meist kausal zueinander (nach dem Verhältnis Begründung
- Konsequenzen)"[8]. In 10 markiert einfaches לכן , in 11
durch Schwurformel (חי אני) und Gottesspruchformel (נאם אדני
יהוה) verstärktes לכן eine Zäsur. Als "leicht gliedernde
bzw. unterstreichende Kontextformel"[9] fungiert die Erkennt-
nisformel וידעו כי אני יהוה in 13, die hier durch das ange-
schlossene דברתי mit der Wortbekräftigungsformel kombiniert
ist. Diese zeigt in 15 und 17 einen relativen Abschluß an[10].
Aufgrund des Gebrauchs strukturierender Formeln kann der
Abschnitt 5,5-17 demnach in 5-6.7.8-9.10.11-13. 14-15 und
16-17 untergliedert werden.

   Einen weiteren Gesichtspunkt zur Strukturierung des Textes
stellt die Relation zwischen Sprecher, Adressat und Gegenstand der Rede dar. In 5-6 wird über Jerusalem und die in
der Stadt (und um sie herum?) lebenden Israeliten (s. dazu
u. 4.1.1.) gesprochen (3.Pers. Sg./Pl.); in 7 werden dann
letztere angeredet (2.Pers.Pl.), während in 8-15 zu Jerusalem (2.Pers.Sg.[11]) über die Israeliten (3.Pers.Pl.) gesprochen wird, und in 16-17 schließlich beide angeredet sind
(2.Pers. Sg./Pl.).

   Mit Rücksicht auf den Zeitbezug können schließlich in 5,5-
17 zwei Abschnitte gebildet werden: 5-7 verweist vorwiegend
auf vergangenes, 8-17 vorwiegend auf zukünftiges Geschehen.
Trotz aller "Auflösung der Form durch Häufung und Wiederholung" - in 7/8-9a. 9b/10. 11a/11bff kehrt die "Polarität von
Anklage und Ankündigung"im Kleinen mehrfach wieder - ist so
in Ez 5,5-17 die "Grundstruktur" des prophetischen Gerichtswortes mit seiner "Polarität von Anklage und Ankündigung"

---

8 Hossfeld, a.a.O., 32f.
9 A.a.O., 54 (vgl. 40ff).
10 Vgl. a.a.O., 49ff.
11 In 15 ist statt והיתה , das in Spannung zum folgenden Suffix der
   2.Pers. f.sg. (סביבותיך) steht, mit den Versionen והיית zu lesen
   (vgl. BHS). M könnte auf eine zu ה verschriebene Dittographie des
   folgenden ח zurückgehen (Zimmerli, 99).

deutlich zu erkennen[12]; in 5-7 und 8-17 enthält der Text mit
Schuldaufweis und Gerichtsankündigung die konstituitven Elemente einer Gerichtsprophezeiung[13]. Seine Struktur läßt sich
zusammenfassend folgendermaßen skizzieren:
5-7 SCHULDAUFWEIS

    5-6 (**über** Jerusalem und die Israeliten)

    7   (**an** die Israeliten)

8-17 GERICHTSANKÜNDIGUNG

    8-15 (**an** Jerusalem, **über** die Israeliten)

        8-9. 10. 11-13. 14-15

    16-17 (**an** Jerusalem und die Israeliten)

2. Literarkritische Probleme

Die zahlreichen Doppelungen und Wiederholungen im Text[14]
haben Anlaß zu vielfältigen literarkritischen Interpretati-
onsversuchen gegeben. Dabei wird zunächst meist 16-17 als
"Glossenhaufen(.)"[15] ausgeschieden. Darüber hinaus streicht
etwa Eichrodt neben 10 und 13 in 8 die Botenformel als "falsche Wiederholung aus V.7"[16]. Fohrer erkennt (neben kleineren Zusätzen) in 7. 8b. 9b. 10-11. $12a\alpha_2$.bß. 13. 14aß und 15

---

12 Westermann, Grundformen, 150.
13 Vgl. Koch, Formgeschichte, 258ff; Kaiser, Einleitung, 302f. Ich beziehe als "Gerichtsprophezeiung" ein prophetisches Orakel, das sowohl ein "Drohwort" (bzw. "Gerichtsankündigung", "Urteil", "Weissa-
   gung des Unheils") als auch ein "Scheltwort" ("Anklage", "Begründung", "Lagehinweis") enthält und nenne seine beiden konstitutiven
   Elemente, sofern sie in der Gerichtsprophezeiung zusammengehören und
   aufeinander bezogen sind, "Schuldaufweis" und "Gerichtsankündigung".
   Daß sich auch mit diesem Vorschlag "kaum eine terminologische Über-
   einkunft erzielen lassen" wird (Kaiser, a.a.O., 303), steht zu befürchten.
14 Vgl. v.a. die Übersicht bei Liwak, Probleme, 70ff.
15 Herrmann, 41; vgl. Cooke, 62; Zimmerli, 100; Eichrodt, 25; Fohrer,
   35; Bertholet, 20; Fuhs, 37; Liwak, Probleme, 74. Garscha, Studien,
   95 betrachtet 5,16-6,7* (ohne 6,1-3) als ursprünglich zusammenhängende Einheit (als Möglichkeit erwogen auch von Fuhs, 38).
16 Eichrodt, 25.

- ihrerseits z.T. weiter glossierte - "wiederholende", "dogmatische", "variierende", "erläuternde", "näherbestimmende",
"ergänzende" oder "zitierende" Glossen[17]. Zimmerli sieht den
"ursprüngliche(n) Bestand" des Textes, der s.E. in mehreren
Schichten ergänzt wurde, in (4b.) 5-6a. 8-9. 14-15[18]. Garscha rechnet darüber hinaus auch 12-13 zum Grundbestand des
Textes[19], während Liwak diesen nur in 4b-5. 8-9 erkennt und
6-7. 10a. 12. 14 als nachträgliche Erweiterung betrachtet,
die ihrerseits durch 10b. 11. 13. 15. 16f - hier wohl in
mehreren Stufen - ergänzt ist[20].

Die Vielfalt der Lösungsvorschläge[21] macht die Problematik
einer literarkritischen Interpretation des Textes deutlich:
"Wiederholungen" und "Doppelungen" sind keineswegs notwendig
schon Indizien literarischer Uneinheitlichkeit[22]. Gerade in
den vergleichsweise "radikalen" Analysen von Hölscher ("Eine
genaue Herausschälung des ursprünglichen Textes ist kaum
möglich"[23].) oder May ("Vss. 5-17 are so thoroughly in the
editor's style that we cannot isolate what genuine material
there might be here, with perhaps the exception of vs.
12"[24].) deutet sich ein (Rück-)Weg zur Annahme literarischer
Einheitlichkeit des Textes an.

Da keine textimmanenten Widersprüche zu literarkritischen
Operationen wirklich nötigen[25], soll im Folgenden eine Inter-

---

17 Fohrer, 33.35.
18 Zimmerli, 132; ebenso Fuhs, 37. (Zimmerli, 101, wo als "Grundlage"
   nur "4b-6.14-15" genannt ist, liegt wohl ein Druckfehler vor.)
19 Garscha, Studien, 93f.
20 Liwak, Probleme, 74.
21 Hingewiesen sei hier noch auf Bettenzoli, Geist, 156ff, der 5,7-
   13.16f zu einer nachexilischen Ergängungsschicht des EB rechnet.
22 Vgl. z.B. Barth/Steck, Exegese, 34ff.
23 Hölscher, 65. Ebd. Anm. 1 versucht Hölscher dann aber doch, einen
   hypothetischen Grundbestand des Textes in 5.6a.8.9.12a.bα.14.15 zu
   rekonstruieren.
24 May, 90.
25 Liawak, Probleme, 71f nennt folgende "Unebenheiten und Widersprüche": (1) den "Numeruswechsel", (2) Variationen in der konkreten
   Ausgestaltung der Gerichtsprognose und (3) die "Inkonzinnität" zwischen 5 und 6: "die Setzung Jerusalems (durch Jahwe) in die Mitte
   der Völkerwelt und die der Länder um Jerusalem herum steht in keinem
   logischen Zusammenhang zu dem Verhalten Jerusalems gegenüber den
   חקות und משפטים Jahwes". (Ad 1) Zum Problem des Numeruswechsels s.o.

pretation von Ez 5,5-17 als literarischer Einheit versucht
werden. Die Möglichkeit eines rekonstruierbaren literarischen Textwachstums soll damit keineswegs grundsätzlich bestritten werden. Insbesondere wäre m.E. die Möglichkeit einer redaktionellen "Auffüllung" des Textes durch Aussagen,
die anderen Texten des EB entlehnt sind[26], zu erwägen, da
für die Redaktion ein Interesse bestehen konnte, in der ersten ausgeführten Gerichtsprophezeiung des Buches möglichst
viele Topen der folgenden Texte bereits anzudeuten[27]. Für
die Problemstellung dieser Arbeit ist die Barbeitung dieser
Frage aber insofern von untergeordneter Bedeutung, als Ez
5,5-17 - wie sich zeigen wird - auch in seiner vorliegenden
Gestalt einen profilierten konzeptionellen Rahmen erkennen
läßt, der einerseits dem anderer Gerichtsprophezeiungen des
EB weitgehend entspricht, andererseits aber nicht für alle
Texte des Buches bestimmend ist. Auch ein exegetischer Ansatz auf der "mittleren Ebene", d.h. beim Vergleich relativ
abgeschlossener Texteinheiten des Buches in ihrer vorliegenden Gestalt, kann deshalb zur Hypothese einer konzeptionellen Entwicklung führen, von der ausgehend dann auch die Rückfrage nach der Redaktionsgeschichte des EB und der literarischen Entwicklung einzelner Texte sinnvoll gestellt und be-
arbeitet werden kann (s.u. V .).

---

1. (Ad 2) Diese Variationen unterstreichen nur das zentrale Anliegen
des Textes: Das angekündigte Gericht an Jerusalem/Israel wird ein
totales sein! (Ad 3) Abgesehen davon, daß Liwaks Behauptung in traditionsgeschichtlicher Hinsicht problematisch ist (s.u. 4.1.1.), ist
die Forderung, in einem einheitlichen Text müßten alle Aussagen in
einem "logischen Zusammenhang" stehen, ein Beispielfall für "die für
den heutigen Exegeten naheliegende, aber gerade deshalb besonders zu
kontrollierende Gefahr, daß das Ideal eines in unserem Sinne logisch
völlig stringent verlaufenden Gedankenganges vorausgesetzt wird"
(Barth/Steck, Exegese, 34).
26 Vgl. Liwak, Probleme, 264 Anm. 27 (zu 11); 264f Anm. 30 (zu 13).
27 In der Tat lassen sich die konzeptionellen Grundelemente der
Gerichtsprophezeiungen im EB weitgehend an Ez 5,5-17 entwickeln;
vgl. die Darstellung bei Koch, Profeten II, 96ff.

3. Die Strukturierung des Zeitablaufs durch die Geschichtsdarstellung

3.1. "Epochen" der Geschichte Jerusalems

Der Text wird nach der einleitenden Botenformel in 5,5
eröffnet mit dem ("identifizierenden"[28]) Nominalsatz זאת
ירושלם. Da זאת/זה im Gegensatz zu היא/הוא/הא "fast stets auf eine
vorliegende (neue) ... Person oder Sache hinweist"[29], ist
die Interpretation dieses Satzes als Rückverweis auf die
Zeichenhandlungen von 4,1-5,4[30] jedenfalls nicht zwingend;
textimmanent gesehen "ruft das זאת ירושלם Aufmerksamkeit
hervor"[31] und gibt das Thema der folgenden Rede an: die (gegenwärtige Situation Jerusalems.
Die gegenwärtige Situation der Stadt ist nun aber nach dem
Fortgang des Textes völlig bestimmt von ihrer Vergangenheit
und der ihr angekündigten Zukunft. Dabei dominiert im Verweis auf Vergangenes das Verhalten Jerusalems und der Israeliten (6.7aß.b. 11a), während in der Prognose Ergehen Jerusa-
lems/Israels und Handeln Jahwes nebeneinanderstehen (8b. 9-
10. 11bff).
Die Darstellung des vergangenen Verhaltens Jerusalems und
der Israeliten ist insofern "flächig", als in ihr Progreßfor-
men - und damit ein zeitliches Nacheinander - fehlen - mit
der einzigen Ausnahme des Verbs ותמר in 6. Die in 5,5-17 nur
an dieser einzigen Stelle belegte Progreß-Verbform wayyiqtol[32] hat im Text die wichtige Funktion, das vergangene Verhalten Jerusalems/Israels von einem ihm vorausliegenden Handeln Jahwes abzusetzen, in dem dieser Jerusalem "in die Mit-

---

28 Vgl. Bartelmus, HYH, 100.116ff.
29 Gesenius/Kautzsch, Grammatik, 463.
30 So Eichrodt, 31: "Die einzige unbeantwortbare Frage war die nach dem
   Namen der dargestellten Stadt ... Der kurze Satz: 'Dies ist Jerusalem' zerreißt mit einem Schlage alle Hoffnungen, die die drohende
   Symbolhandlungen gerne auf die Zwingherrin Babel bezogen hätten".
31 Liwak, Probleme, 75.
32 Vgl. Bartelmus, HYH, 67ff.

te der Völker gesetzt" hatte, so daß "rings um es herum 'die'
Länder"[33] waren (5).

Wird so die Vergangenheit durch die Progreßform ותמר in 6
in zwei Abschnitte gegliedert, scheint demgegenüber in den
auf Zukünftiges verweisenden Teilen des Textes kein Funkti-
onsunterschied zwischen den Verbformen ([w'-]x-)yiqtol und
w'qatal vorzuliegen. Die Funktion der letzteren scheint sich
hier auf den "Äußerungsprogreß"[34] zu beschränken; ein durch-
gängiges Nacheinander der angekündigten Sachverhalte ist damit kaum intendiert. Gleichwohl ist auch im Bereich der Zu-
kunftsaussagen des Textes eine Strukturierung des Zeitablaufs
in zwei Abschnitte zu erkennen. Sie wird hier semantisch
durch Aussagen bewerkstelligt, die über das angekündigte
Gericht hinausweisen, v.a. auf dessen Folgen. 9aß qualifiziert das angekündigte Gerichtshandeln Jahwes als etwas,
"dergleichen ich (Jahwe - sc.: danach) nie wieder tun werde"
(אשר לא אעשה כמהו עוד); 13a drückt durch die Verben כלה und
נוח hi. aus, daß in dem bevorstehenden Gericht (sc.: schließlich) Jahwes Zorn (אף, חמה) "sich vollenden" und "zur Ruhe
kommen" werde[35]; und das ואתנך zu Beginn von 14, der einzige
Beleg der Verbform w'yiqtol in 5,5-17, weist mit seinem fina-
len Nebensinn[36] auf das Ziel des göttlichen Gerichtshandelns
hin.

Der Text strukturiert also den Zeitablauf, in den er das
von ihm bezeichnete Geschehen einordnet, durch die Darstellung dieses Geschehens selbst in vier "Epochen":

---

33 "Die Weiterführung in 6 läßt hier הארצות anstatt des artikellosen
   ארצות von M erwarten. So ist mit G zu lesen. Der Artikel ist durch
   haplogr(aphie) ausgefallen" (Zimmerli, 98; vgl. BHS).
34 Vgl. Bartelmus, HYH, 75ff.
35 G hat in 13a nur και συντελεσθησεται ο θυμος μου και η οργη μου επ
   αυτους bezeugt also והנחותי und והנחמתי von M nicht. Wenn man hier
   nicht mit Loewe, Treatment, 266 eine "tendenziöse Änderung zur Aus-
   merzung eines Anthropopathismus Gottes" (Zimmerli, 98) sehen will,
   könnte man zumindest והנחמתי als verschriebene Dittographie von
   והנחותי betrachten (ebd.). Doch liegt in M offenbar ein Wortspiel
   vor (והנחותי חמתי והנחמתי)   , das im Griechischen nicht wiedergegeben werden konnte. Die "Redewendung הניח חמה ב (ist) noch16,42;
   21,22; 24,13 zu belegen" (ebd.).
36 Vgl. Gesenius/Kautzsch, Grammatik, 329,528.

(I)   die Epoche des "Ursprungs-"Handelns Jahwes an Jerusalem,

(II)   die Epoche der Verschuldung Jerusalems/Israels durch sein eigenes
       Verhalten,

(III) die Epoche des Gerichtshandelns Jahwes an Jerusalem/Israel und

(IV)   die Epoche nach Vollendung des Gerichtshandelns Jahwes an Jerusa-
       lem/Israel.

Die so erzählte, vergangene und zukünftige Geschichte Jerusalems ist im Grunde eine reine Strukturgeschichte. Die in ihr
dargestellten Ereignisse dienen der Charakterisierung ihrer
vier "Epochen"; nicht die Einzelereignisse, wohl aber die
Epochen der erzählten Geschichte stehen zueinander im Verhältnis eines durchgängigen zeitlichen Nacheinander.

Die Gegenwart Jerusalems (5: זֹאת יְרוּשָׁלַ͏ם) ist bestimmt
durch den Übergang zwischen den Epochen (II) und (III). Dies
wird unterstrichen durch die dreimalige Abfolge eines mit
יַעַן eingeleiteten Resümmes der Schuld Jerusalems/Israels und
einer mit לָכֵן bzw. וְגַם אֲנִי(1)[37] eingeführten Gerichtsankündigung in 7-12. Dabei kann die Schuld Jerusalems/Israels in
nominalen Ausdrücken summiert werden (7: יַעַן הֲמֻנְכֶם מִן הַגּוֹיִם
...; 9b: יַעַן כָּל תּוֹעֲבֹתָיִךְ); in entsprechender Weise wird Jahwes Gerichtshandeln in 8 mit der Herausforderungsformel הִנְנִי
עָלַיִךְ[38] als "unmittelbar bevorstehende Zukunft"[39] angekündigt.

3.2. Zusammenhänge zwischen den "Epochen" der Geschichte
     Jerusalems

Zwischen den vier Epochen der in 5,5-17 dargestellten Geschichte bestehen verschiedenartige Beziehungen. Epoche (II)
ist charakterisiert durch den Widerspruch Jerusalems/Israels
gegen die in Epoche (I) durch Jahwes Handeln begündete, räum-

---

37 "Wᵉgam-'ănî remplace en quelque sorte l'adverbe lākēn, usité plus
   souvent comme introduction à une condamnation. C'est un procédé
   qu'on rencontre aussi chez d'autres prophètes" (Lust, Ez., XX, 142;
   Belege ebd. Anm. 46f).
38 Auflistung der Belege bei Bartelmus, HyH, 153 Anm. 108 und 188 Anm.
   249.
39 A.a.O., 154.

liche und rechtliche (s.u. 4.1.) Ordnung.

Als Widerspruch gegen vorgegebene Ordnungen wird das Verhalten Jerusa-
lems/Israels v.a. durch die Verben מרה und מאס in 6 qualifiziert. "Die
Grenzen zwischen der Mißachtung der Weltordnung und derjenigen des explizit geoffenbarten göttlichen Willens sind" dabei "fließend"[40]. Das Verb
מרה, das "zunächst für begrenzte Situationen verwendet wird"[41], wird
zunehmend ausgeweitet "zu einem zentralen Begriff für Sünde" und "grundsätzliche, bösartige Opposition gegen alles, was von Jahwe offenbar
ist"[42]. Wurde schon "(i)n der Prophetie des 8. und 7. Jahrhunderts ...
das Wort ... auf das Gesamtverhältnis des Volkes zu Jahwe ausgeweitet
(Jes 3,8; 30,9; Hos 14,1; Jer 4,17; 5,23)"[43], so ist im EB "endlich ...
die Widerspenstigkeit gegen das prophetische Wort (Ez 2,5.8; 3,9; 5,6;
20,13.21) zum Stigma des Gottesvolkes geworden, was sich in der stereotypen deklaratorischen Formel 'Haus der Widerspenstigkeit' niederschlägt
(Ez 2,5.6.7; 3,9.26.27; 12,2.3.9.25; 17,12; 24,3; 44,6); vgl. auch Jes
30,9; Ps 78,8. Hier wird das Verhalten des ganzen Gottesvolkes in seiner
gesamten Geschichte als Widerspenstigkeit gegen Jahwes offenbares Reden
disqualifiziert; ähnlich dann auch im Sündenbekenntnis (Klgl 1,18.20;
3,42; Neh 9,17.26)"[44].

Auch מאס kann im Bereich der Prophetie das Verwerfen der Erkenntnis
(vgl. Hos 4,5), der Weisung (vgl. Jes 5,24; Jer 6,19) oder der an den
Zion geknüpften Heilszusicherung (vgl. Jes 8,6) Jahwes bezeichnen. Erst
im EB ist aber "tatsächlich von der Verwerfung der Gebote (mišpāṭîm, Ez
5,6; 20,13.16) oder Satzungen (ḥuqqōt, 20,24)" die Rede[45]. Die
deuteronomistische Interpretation des Untergangs des Nordreichs in 2 Kön
17,7ff "bewegt ... sich in der Nähe der ezechielischen Sicht", zeigt
aber darin ihre Eigenart, daß sie "den Ungehorsam ... als ein Verwerfen
des Bundes, den Jahwe mit den Vätern geschlossen hatte, auffaßt"[46]. Im

---

40 Wildberger, Art. מאס , 883.
41 Knierim, Art. מרה , 929.
42 A.a.o., 930.
43 A.a.O., 929.
44 A.a.O., 930.
45 Wildberger, Art. מאס , 884.
46 A.a.O., 885. Gegen die Zurückführung der Belege von מאס in Ez 5,6;
   20,13.16.24 auf eine "dtr Redaktion" macht Wagner, Art. מאס , 624
   m.E. zurecht den "trotz aller formelhaften Wendungen ... eigenen
   Stil" der Texte des EB geltend, "der priesterlichem Denken stark
   verpflichtet ist".

Rahmen der dtr. Traditionsströmung kann "(s)chon die vom Volk erzwungene
Errichtung des Königtums ... als Verwerfung Jahwes gedeutet" werden[47]
(vgl. 1 Sam 8,7; 10,19; auch Hos 9,15.17).

Das Moment des Chaotischen, Ordnungswidrigen im Verhalten Jerusalems/
Israels in Epoche (II) wird unterstrichen durch den Ausdruck המון in 7.
Wie G.Gerleman wahrscheinlich gemacht hat, ist "das ursprüngliche und
eigentliche Sinnfeld" des Stammes המה "das Meer mit den zu ihm gehören-
den und voneinander nicht zu trennenden Erscheinungen des Geräusches und
der Bewegung"[48]. So haftet auch am Nomen המון "ein Zug der Anonymität
und zugleich Regellosigkeit", ein "Klang des Fremdartigen und Unheimlichen"[49].

Trotz des Widerspruchs Jerusalems/Israels gegen die im
"Ursprungs-"Handeln Jahwes begründete Ordnung bleibt diese
doch für alle Epochen der erzählten Geschichte bestimmend.
Die Ordnung des Raumes (vgl.u. 4.1.1.) stellt so ein Moment
der Kontinuität in der dargestellten Geschichte dar.

Trotz seines Widerspruchs gegen die von Jahwe gesetzte Ordnung (5:בתוך
הגוים שמתיה וסביבותיה הארצות) bleibt Jerusalem (und zunächst auch Israel) Zentrum der Völkerwelt (vgl. 6:סביבותיה אשר הארצות und das zweimalige הגוים אשר סביבותיכם in 7). Deshalb vollzieht sich auch das angekündigte Gericht לעיני הגוים (8). Seine Folgen stellt 14f durch eine Beschreibung der neuen Stellung Jerusalems בגוים /לגוים אשר סביבותיך dar.

Während Jerusalem durch alle vier Epochen der dargestellten Geschichte hindurch seine (räumliche) Stellung in der
Völkerwelt behält, wird durch das göttliche Eingreifen in
Epoche (III) die Stellung seiner Bewohner, der Israeliten,
verändert. Damit tritt an die Seite der räumlichen Kontinuität ein Moment der Diskontinuität zwischen den Epochen (I)
und (II) einerseits und ((III) und) (IV) andererseits: Ist

---

47 Wildberger, a.a.O., 884.
48 Gerleman, Menge, 72. Baumann, Art. המה , 446, führt "hāmāh und seine
   Derivate" allgemeiner auf die "konkrete(.) Vorstellung eines Durch-
   einanders von Geräusch und Bewegung" zurück. S.E. stellt "(d)as wild
   wogende Meer" eher eine "Veranschaulichung des Chaotischen" als den
   ursprünglichen "Vorstellungshintergrund" von המה usw. dar (a.a.O.,
   449). In seiner Analyse des Sinn- und Bedeutungsfeldes dieser Ausdrücke im aktuellen Gebrauch kommt er aber "zu einem weitgehend ähnlichen Ergebnis" wie Gerleman (ebd.).
49 Gerleman, A.a.O., 73.

unter "Jerusalem" in 5ff die Stadt samt ihren Ein-(und Um-)
wohnern verstanden, so ist es in 14f nur noch eine unbewohn-
te Ruine[50], denn durch das Gerichtshandeln Jahwes wird nach
12 je ein Drittel[51] der Israeliten in (בתוכך) und um
(סביבותיך) Jerusalem umkommen bzw. "in alle Winde" (לכל רוח,
vgl. 10b) zerstreut werden.

Eine Diskontinuität zwischen Vergangenheit und Zukunft
hebt auch die Aussage von 9b hervor, in der "die Gegenüberstellung von ואת אשר לא אעשה und עשיתי לא אשר את die Einma-
ligkeit des zukünftigen Handelns (sc. Jahwes) (ועשיתי בך)
drastisch unterstreicht, die noch durch die Wendung כמהו עוד
hervorgehoben wird"[52].

Kontinuität und Diskontinuität des dargestellten Gesche-
hensablaufs werden zusammengehalten durch einen übergreifenden Ursache-Wirkungs-Zusammenhang zwischen Verhalten und
Ergehen Jerusalems, der freilich nach den Aussagen des Textes nicht rein "mechanisch" abläuft, sondern auf eine sinnhaft-offene Korrelation von göttlichem und menschlichem Handeln zurückzuführen ist.

Während der Übergang zwischen den Epochen (I) und (II) als durch das
kontingente Verhalten Jerusalems/Israels (6: ... ותמר) verursacht dargestellt wird, besteht zwischen den Epochen (II) und (III) nach 7ff ein
Verhältnis von Ursache (יען) und Wirkung (לכן). Verhalten und Ergehen
Jerusalems/Israels stehen miteinander in "kausalem" Zusammenhang, weil
beide in ihrer Relation zu Jahwe als handelnder Instanz erfaßt werden:
Jerusalem/Israel hat mit seinem Verhalten gegenüber den "Satzungen und
Rechten" Jahwes (6ff) sowie gegenüber seinem Heiligtum (11a) sein Verhältnis zu Jahwe in einer Weise gestört, die diesen nötigt, zur Wieder-

---

50 G weicht in 14 f an mehreren Stellen von M ab. ולחרפה (14) ist in G
   nicht bezeugt. Wie in 13 (s.o.) liegt hier ein Wortspiel vor (לחרבה
   ולחרפה),das im Griechischen nicht nachvollzogen werden konnte (anders Zimmerli, 99). In 15 hat G kein Äquivalent für מוסר ומשמה und
   bietet für באף ובחמה ובתכחות חמה nur εν εκδικησει θυμου μου . Da G
   aber selbst z.T. unverständlich ist (was bedeutet das Hapaxlegomenon
   δηλαυστη ?), sollte sie m.E. hier nicht als Grundlage textkritischer
   Eingriffe herangezogen werden (anders Zimmerli, 99).
51 שלשתיך zu Beginn von 12 "ist aus שלשיתך verschrieben, vgl. MSS^Ken "
   (Zimmerli, 98).
52 Liwak, Probleme, 75.

herstellung des Rechtszustandes einzugreifen (10b: ‏ועשיתי בך שפטים‎). In
Epoche (IV) ist die Ordnung von Epoche (I) wiederhergestellt (14f: Jeru-
salem inmitten der Völker) und das diese Ordnung störende Element - die
Israeliten - beseitigt.

3.3. Zusammenfassung

Die skizzierten Beobachtungen haben gezeigt, daß in Ez
5,5-17 eine Strukturgeschichte vorliegt, die eine Abfolge
von vier "Epochen" der vergangenen und zukünftigen Geschichte Jerusalems erzählt. Leitender Gesichtspunkt dieser Geschichte ist die Ordnung der Erfahrungswirklichkeit[53], ihre
Störung und Wiederherstellung durch menschliches und göttliches Handeln. Ihre Grundstruktur läßt sich - in Vereinfachung
des "vier-Epochen-Schemas" - folgendermaßen angeben:
(A) Herstellung eines Ordnungs-Zustands durch das Handeln
    Jahwes,
(B) Störung dieses Ordnungs-Zustands durch das Verhalten
    Jerusalems,
(C) Beseitigung der Ordnungs-Störung und Wiederherstellung
    der Ordnung durch das Eingreifen Jahwes.
Das Thema "Ordnung" bestimmt als leitender Gesichtspunkt
der Geschichtsdarstellung von Ez 5,5-17 auch deren Perspektive, innerhalb derer der räumliche und der rechtliche Aspekt
unterschieden werden können. Die Abfolge von Herstellung,
Störung und Wiederherstellung der Ordnung setzt implizite
Regeln des Geschichtsablaufs voraus, die, wie sich zeigte,
sowohl eine Korrelation von Tat und Ergehen auf der Ebene
menschlichen Verhaltens als auch eine Korrelation von göttli-

---

53 "Ordnungsdenken" und "Geschichte" können also - mindestens in der
   Interpretation dieses Textes - nicht gegeneinander ausgespielt werden (so etwa Schmid, Verständnis, 21: "Geschichte (ist nicht) das
   Hauptthema alttestamentlicher Überlieferungsgeschichte und Theologie
   ... Hauptthema ist vielmehr ... die Frage, wie die Welt zu einer
   umgreifenden Geordnetheit ... gelangen bzw. darin bleiben könne".);
   vielmehr sind sie im Sinne von Darstellung und konzeptionellem Rahmen konstitutiv aufeinander bezogen.

chem und menschlichem Handeln begründen.

Damit sind die wesentlichen Elemente des Rahmenkonzepts
der Geschichtsdarstellung von Ez 5,5-17 genannt. Sie sollen
nun im Einzelnen und in ihrem Zusammenhang näher betrachtet
werden.

4. Der konzeptionelle Rahmen der Geschichtsdarstellung

4.1. Die Perspektive der Geschichtsdarstellung

4.1.1. Jerusalem, Israel und die Völker

Zur Strukturierung der Erfahrungswirklichkeit in ihrer
räumlichen Dimension bedient sich der Text der Lokaladver-
bien בתוך (5.8.10.12), סביבות (5.6.7.12.14.15) und לכל רוח
(10.12). Mit ihrer Hilfe bringt er das Konzept einer konzentrischen Ordnung des Raumes zum Ausdruck.

In erster Linie ist dabei Jerusalem als Zentrum der "Völker" (גוים: 5.(6.) 8.14.15) und "Länder" (ארצות: 5.6) im
Blick. Doch ist auch die Größe Jerusalem selbst in sich kon-
zentrisch strukturiert. Sie hat ein Zentrum (בתוכך: 8.10.12)
und eine nähere (סביבותיך: 12) und fernere (לכל רוח: 10.12)
Umgebung. Die Begründung des in 12 angekündigten Unheils,
das sich vom Zentrum Jerusalems über seine nähere Umgebung
bis in alle Himmelsrichtungen erstreckt, mit der Entweihung
des Heiligtums Jahwes (יען את מקדשי טמאת) in 11 macht es
wahrscheinlich, daß dem Text ein "in konzentrischen Kreisen
um Jerusalem organisierte(s) Weltbild abgestufter Segensnähe
mit der Mitte im Tempel"[54] zugrundeliegt, wie es auch im
Hintergrund anderer Texte des EB zu erkennen ist[55].

---

54 Otto, Jerusalem, 59 (im Rahmen seiner Beschreibung der "JHWH-
   Religion im vorexilischen Jerusalem", a.a.O., 57ff).
55 Vgl.u. V.3.3.1.b.(1).

Die Zentralstellung Jerusalems in der Völkerwelt in Ez 5,5-17 wird häufig[56] zum antiken "Omphalos"-Gedanken in Beziehung gesetzt. Dagegen meint Greenberg, daß der Text "cannot be made to bear the later Jewish cosmogonic doctrine (derived probably from Greek thought) that Jerusalem was 'the navel of the earth' - i.e., the place from which the earth was formed"[57]. Nun ist freilich das Verständnis des Tempels als "Bereich, von dem nach der Überwindung des Chaos die geordnete Welt und das durch sie ermöglichte Leben ihren Ausgang genommen haben"[58], schon im AO weit verbreitet. In der Tat kann aber diese Vorstellung aus Ez 5,5 kaum herausgelesen werden, da hier nicht von Jerusalem aus die Völkerwelt erschaffen, sondern Jerusalem in deren Mitte gesetzt wird.

Das Konzept einer Zentralstellung von Tempel und Tempelstadt innerhalb der Erfahrungswirklichkeit ist freilich in AO und AT nicht nur im Bereich der Kosmogonie verwurzelt, sondern auch im Zusammenhang der Vorstellungen von "Völkerkampf" und "Völkerwallfahrt"[59]. Allerdings ist in der neueren Forschung der traditions- und konzeptionsgeschichtliche Zusammenhang der einschlägigen atl. Aussagen mit dem aus dem AO bekannten Material[60] ebenso umstritten wie das Alter der entsprechenden atl. Traditionen[61]: Setzen sie "die theologische Verarbeitung des Exilsgeschicks" als "Hintergrund" voraus[62], oder nehmen die Texte "von Fall zu Fall nur Aktualisierungen von Teilen des ganzen" - ihnen "schon vorliegenden und wesentlich reichhaltigeren" - "Vorstellungskreises" vor[63], der dann genau umgekehrt den "Hintergrund" ihrer "theologischen Verarbeitung" ge-

---

56 Vgl. z.B. Zimmerli, 133.
57 Greenberg, 110f.
58 Kell, Welt, 154; vgl. 100ff.
59 Vgl. etwa Schmidt, Glaube, 114f; Stolz, Strukturen, 72ff(Mesopotamien) u. 86ff (AT).
60 Vgl. etwa Kaiser, Erfahrung, 452: "Mit Wanke und Müller teile ich die Meinung, daß sich das Völkerkampfmotiv in der spezifischen Form, wie es in den Zionsliedern und in den oben angesprochenen Abschnitten des Jesajabuches (sc. Jes 17,12-14; 29,1-8; 30,27-33; 31,4-9) begegnet, außerhalb des Alten Testamentes in seiner Umwelt nicht nachweisen läßt" (unter Berufung auf Wanke, Zionstheologie, 72ff; Müller, Ursprünge, 44 Anm. 78); dgg. etwa Stolz, Strukturen, 86ff.
61 Zur Spätdatierung vgl. etwa Kaiser, ebd.; Ders., Jesaja 1-12, 62f; Wanke, Zionstheologie, 74ff.106ff; dgg. Lutz, Jahwe, 147ff; Müller, Ursprünge, 38ff; Stolz, Strukturen, 86ff; Otto, Jerusalem, 57ff (vgl. die Zusammenstellung der wichtigsten Argumente bei Kraus, Theologie, 102f).
62 Kaiser, Jesaja 1-12, 62; vgl. Ders., Erfahrung, 459f.
63 V. Rad, Theologie II, 306 (zu Jes 2,4ff und 49,14ff).

schichtlicher Erfahrungen darstellt?

Diese Frage kann und muß hier nicht abschließend entschieden werden. Doch ist deutlich, daß unter der - hypothetischen - Voraussetzung der zuletzt genannten Interpretation das Verständnis von Ez 5,5ff wesentlich erleichtert wird: Der von Liwak vermißte "logische(.) Zusammenhang" zwischen der "Setzung Jerusalems (durch Jahwe) in die Mitte der Völkerwelt" und "dem Verhalten Jerusalems gegenüber den חקות und משפטים Jahwes"[64] wird nämlich unschwer erkenntlich vor dem Hintergrund eines Konzeptes, wie es exemplarisch in Jes 2,2-4 und Mi 4,1-4 zum Ausdruck kommt[65]: An Jerusalem "soll sich die Welt nach Gottes Willen orientieren, aber nicht, weil ihre Macht und Kultur die Weltherrschaft beansprucht, auch nicht, weil der Weltgott hier wohnt, sondern weil ihr eine neue Rechtsordnung anvertraut ist, die (das ist der dahinterstehende Gedanke, der durch Jesaja seine bestechendste Formulierung erhalten hat, vgl. Jes 1,21ff.; 2,2ff.) von hier in die Welt ausstrahlen soll"[66]. Die Setzung Jerusalems ins Zentrum der Völkerwelt ist nach diesem Verständnis mit einer Rechtssetzung verbunden; räumliche und rechtliche Ordnungsdimension hängen eng zusammen. Deshalb kann Ez 5,6 das Verhalten Jerusalems zu den "Satzungen und Rechten" Jahwes als Widerspruch gegen seine ihm von Jahwe zugedachte Zentralstellung in der Völkerwelt (5) brandmarken.

Entscheidend für die Argumentation des Textes ist nun eine differenzierte Betrachtung der Größe Jerusalem: Jerusalem tritt einerseits im Singular fem. als einheitliche Instanz, andererseits im Plural masc. als in sich differenzierte (vgl. 12!) Größe auf. Dadurch kann "Jerusalem" als soziale Größe, als Inbegriff seiner Be-(und Um-)wohner, von "Jerusalem" als lokaler Größe, als Zentrum der Völkerwelt, unterschieden werden. Befinden sich anfänglich beide Aspekte "Jerusalems" in Deckung - 5-7 beschreibt die Zentralstellung Jerusalems sowohl im Singular als auch im Plural -, treten sie dann durch das angekündigte Gerichtshandeln Jahwes auseinander: Als soziale, in sich differenzierte Größe wird Jerusalem

---

64 Liwak, Probleme, 71f.
65 Wohlgemerkt wollen hier nicht diese **Texte** (vgl. die Argumente für eine nachexilische Ansetzung von Mi 4,1-4 bei Wolff, Micha, 87ff), sondern das von ihnen repräsentierte **Konzept** als traditionsgeschichtlicher Hintergrund von Ez 5,5ff in Anspruch genommen werden!
66 Eichrodt, 32.

nach 12 zu zwei Dritteln vernichtet; das letzte Drittel, der
"Rest" (10bß) wird "in alle Winde" zerstreut. Als lokale
Größe dagegen bleibt Jerusalem - nun eine Ruine - Zentrum
der Völkerwelt (14f).

Die Pointe dieser Differenzierung wird deutlich, wenn man
sie mit einer möglichen Gegenposition konfrontiert, wie sie
etwa in 11,3 im Zitat der nach 597 in Jerusalem Zurückgebliebenen zum Ausdruck kommt: "(Die Stadt) ist der Topf, und wir
sind das Fleisch!" Wenn die Träger dieser Parole sich als
"das Fleisch im Topf" bezeichnen, "meinen sie" nicht nur,
"der wertvolle Rest (zu sein), der unter dem besonderen
Schutz Jahwes steht, da sie vor dem Schicksal der Deportation bewahrt blieben"[67]; sie behaupten zunächst einmal die
unverbrüchliche Zusammengehörigkeit des lokalen ("Topf") und
des sozialen ("Fleisch") Aspekts der Größe Jerusalem - was
ist der Topf ohne das Fleisch?! Nur unter Voraussetzung dieser engen Zusammengehörigkeit kann die Zusage göttlichen
Schutzes für die Gottesstadt[68] von deren Bewohnern für sich
in Anspruch genommen werden.

Indem die Prophezeiung Ez 5,5-17 die mythische Einheit von
Gottheit, Stadt und Volk aufbricht, die für die "Zion-Theologie"[69] mit ihrer zentralen "Aussage von der Schutzmacht und
überlegenen Kraft des **Gottes** Israels, der, auf dem **Zion** thro-
nend, für sein **Volk** eintritt (Ps 46,2.4.8.12)"[70] bestimmend
ist, kann sie ein umfassendes Gericht über Jerusalem (als
soziale Größe) ankündigen, ohne seine "universale Spitzenstellung"[71] (nun freilich auf Jerusalem als lokale Größe
reduziert) ausdrücklich negieren zu müssen. Ein analoges
Aufbrechen mythischer Einheit läßt sich im Auseinandertreten
von räumlichem und rechtlichem Ordnungsaspekt beobachten.

---

67 Fuhs, 60; vgl. Zimmerli, 243.
68 Vgl. z.B. Ps 46,6; 48,4.9; 87,5.
69 Vgl. Kraus, Theologie, 94ff.
70 A.a.O., 98 (Hervorh. T.K.).
71 A.a.O., 95.

4.1.2. Jahwes "Satzungen und Rechte"

Es zeigte sich, daß die Argumentation von Ez 5,5-17 - v.a.
im Übergang von 5 zu 6 - verständlich wird vor dem Hintergrund des Konzeptes, das in Jes 2,2-4 und Mi 4,1-4 zum Ausdruck kommt: Die topologische "Spitzenstellung" Jerusalems
(Jes 2,2; Mi 4,1) in der Völkerwelt ist hier eng verknüpft
mit der Vorstellung, daß vom Zion als Zentrum die göttliche
Rechtsordnung in die Völkerwelt ausstrahlt (מציון תצא תורה
ודבר יהוה מירושלם : Jes 2,3; Mi 4,2). Diese Einheit von
räumlicher und rechtlicher Ordnung ist nun aber ebenfalls
charakteristisch für weite Bereiche der "Zion-Theologie":
Als exponierter Thronsitz Jahwes ist Zion/Jerusalem Ort göttlicher Rechtsdurchsetzung in Israel und der Völkerwelt[72];
"'Recht und Gerechtigkeit' wollen vom Gottesdienst Israels
ausgehen"[73].

Die Gerichtsprognose Ez 5,5-17 bricht diese mythische Einheit von räumlicher und rechtlicher Ordnung auf: Die "Satzungen und Rechte" Jahwes werden zur Norm des Verhaltens Jerusalems, an der es als soziale Größe seine lokale Zentralstellung in der Völkerwelt zu bewähren hat. Scheitert es an dieser Norm, kann sich das Gerichtshandeln Jahwes **in** Jerusalem,
wie es die "Zion-Theologie" darstellt, auch **gegen** Jerusalem
selbst richten (vgl. 8b: ועשיתי בתוכך משפטים; 10b: ועשיתי
בך שפטים).

Der Text bezeichnet die rechtliche Ordnung der Erfahrungswirklichkeit
mit den Termini חקות und משפטים. "Die Doppelaussage משפטי - חקותי ...
kehrt bei Ez außer in 5,6f. noch in 11,20; 18,9.17; 20,11.13.16.19.21.24;
37,24 (mit masc. plur. von חק verbunden in 11,12; 20,18.25; 36,27) wieder. Jerusalems Versündigung ist nichts Unbestimmtes, sondern Verstoß
gegen klares, geoffenbartes Gottesrecht"[74]. Besteht ein Bedeutungsunter-
schied zwischen חק und משפט möglicherweise darin, daß "im Unterschied
zur einmal festgesetzten ḥōq-Ordnung ... die mišpāṭ-Ordnung einfach vor-

---

72 Vgl. Ps 9,5f.8f; (11,4ff;) 48,11ff; 50,2ff; (89,15;) 97,2ff.
73 Kraus, Theologie, 125 mit Verweis auf Ps 37,28; 50,16ff; 82,3; 98,9;
   99,4; 103,6ff; 119,5ff; 146,7; 147,19.
74 Zimmerli, 133f.

handen" ist[75], ist doch in Reihungen von "Termini für Gebote und Rechtssätze" die Bedeutung der einzelnen Ausdrücke "meist völlig nivelliert;
die Wörter dienen dann synonym zur Bezeichnung der Anordnungen und Gebote Jahwes"[76]. Das Gottesrecht als Norm des Verhaltens Jerusalems wird
also in Ez 5,6f mit den Ausdrücken חקות und משפטים relativ abstrakt bezeichnet; es zielt über fixierte Rechtssätze hinaus auf einen umfassenden Rechtsanspruch Jahwes gegenüber Jerusalem/Israel, wie er - in wech-
selnder Terminologie - in der weisheitlichen und prophetischen Tradition
laut wird[77].

Die Kombinationen von חק und משפט im AT lassen sich traditionsgeschichtlich relativ gut zuordnen: "Für Dtn ist die Reihung mišpāṭīm/ḥuqqīm kennzeichnend (...), für H und Ez mišpāṭīm/ḥuqqōt, beim Dtr. begegnen die
Termini mišpāṭīm/ḥuqqīm/ḥuqqōt/miṣwōt (...) in fast jeder möglichen Kombination, Chr. schließt sich wieder enger an Dtn an"[78]. Während die in
Ez 5,6f vorliegenden Verbindungen von משפטים mit den Verben מאס[79] und
עשה[80] sowie von חקות mit הלך[81] in den genannten Traditionsbereichen in

---

75 Liedke, Art. שפט, 1005; vgl. Ders., Art.חקק , 629.
76 Liedke, Art. שפט, 1009; ähnlich Ringgren, Art. חקק, 152f; vgl. Liwak,
   Probleme, 271 Anm. 108: "Es dürfte weder eine Aufteilung in kasuisti-
   sches (משפטים) und apodiktisches (חקות) Recht ratsam erscheinen, die
   W. Zimmerli (Kommentar, S. 133f) in Anlehnung an A. Alt (Die Ursprünge des israelitischen Rechts, Kleine Schriften I, München 1953, S.
   278ff) vornimmt (vgl. auch Liedke, Gestalt, 94ff.177ff; T.K.), noch
   etwa eine Abgrenzung zwischen einem "Privilegrecht Jahwes" und "Be-
   stimmungen zivilrechtlicher Art", die F.Horst (Gottes Recht, Studien
   zum Recht im Alten Testament, ThB 12, München 1961, S.150) für das
   Dt aufgrund des Wortpaares חקים ומשפטים vorschlägt". Fragwürdig erscheint mir auch Kochs (Profeten II, 102) Differenzierungsversuch:
   "Mit ḥuqqot wird stets die menschliche Aufgabe verbunden, darin zu
   wandeln (hlk); also handelt es sich um vorgegebene Bahnen, aus denen
   ein Mensch zwar ausscheren kann zum eigenen Schaden, zu deren Gestaltung er aber nichts aktiv beiträgt, deren Einhaltung so selbstverständlich sein sollte, daß sie anscheinend noch nicht einmal einen
   positiven Tun-Ergehen-Zusammenhang ins Dasein ruft. ... mišpaṭim
   hingegen sind von Menschen zu tun oder 'bewahrend zu tun' (šmr und
   ᶜaśa). Hier handelt es sich also um Vorschriften, speziell für den
   Alltag, die befolgt werden wollen und deren Verwirklichung dem Täter
   eine Heilsfäre vermittelt".
77 Vgl. Zimmerli, Gottesrecht.
78 Liedke, Art. שפט, 1009 (mit Verweis auf die Zusammenstellung der
   Belege bei Ders., Gestalt, Tabellen 13-16, 185).
79 Belege bei Liedke, Art.שפט , 1009; Liwak, Probleme, 79.
80 Belege bei Liedke, ebd.
81 Belege bei Liwak, Probleme, 79

relativ breiter Streuung belegt sind, findet sich die Wendung מרה את(hi.)
משפטים   m.W. nur in Ez 5,6.

Die Terminologie von Ez 5,6f kann traditionsgeschichtlich als Reflex
der vom Deuteronomium "als Antwort auf die profetische Herausforderung"[82]
entwickelten neuen "s^{e}daqā-Konzeption"[83] verstanden werden. Damit ist
aber "(d)er Schluß, daß hier eine dtr geprägte Vorstellung vorliegt",
keineswegs schon "zwingend"[84]. Vielmehr scheinen die "deuteronomistische" und die "priesterliche" Traditionsströmung[85] sowie das EB Impulse
des Deuteronomiums in je eigenständiger Weise zu verarbeiten und weiter-
zuentwickeln. So ist etwa die Anwendung der "Satzungen und Rechte" Jahwes auf das Verhalten **Jerusalems** in Ez 5,6 ohne Analogie im dtr. Traditionsbereich[86]. Gleichwohl steht Ez 5,5-17 mit seiner Konzeption der dtn./
dtr. Traditionsströmung sicher näher als etwa Kap. 20[87].

Der Vorwurf der Mißachtung der "Satzungen und Rechte" Jahwes wird in 7b noch überboten: "Nicht einmal den Rechten der
Völker, die rings um euch herum sind, entsprechend habt ihr
gehandelt!"[88] Damit wird der Vorwurf von 7a, Jerusalem/Isra-
el habe sich noch chaotischer verhalten als die Völker (המנכם
מן הגוים   ) aufgenommen. Wenn hier auch den Völkern eine
relativ eigenständige Rechtsordnung zugestanden wird, entspricht dies sachlich dem Konzept, das in Mi 4,5 zum Ausdruck kommt: Israel geht mit seinem Verhalten den "Weg ...,
den einst auch alle Völker gehen werden (V.2)"[89], die jetzt
noch "jedes im Namen seines Gottes" wandeln. Entsprechend

---

82 Koch, Profeten II, 19.
83 A.a.O., 17.
84 So Liwak, Probleme, 79. Liwaks Argumentation setzt die Zuordnung der
   Belege von חקות und משפטים in H zur dtr. Traditionsströmung durch
   Thiel, Erwägungen, 69f voraus; vgl. dgg. die vorsichtigere Beurteilung durch Weinfeld, Deuteronomy, 337, auf die Liwak, a.a.O., 266
   Anm. 54 selbst hinweist.
85 Vgl. Steck, Strömungen.
86 Zu erwägen wäre freilich, ob in den dtn./dtr. Aussagen über **Israel**
   (als pluralische Größe) als Zentrum der Völkerwelt (vgl. Dtn 6,14;
   13,8; 17,14; Ri 2,12; 2 Kön 17,15; s. Liwak, Probleme, 80; weitere
   Belege ebd. u. a.a.O., 267f Anm. 66ff) bereits eine Kritik an der
   "Zion-Theologie" mitzuhören ist, wie sie in der dtn./dtr. "שם-Theologie" (vgl. Mettinger, Dethronement, 38ff) greifbar wird.
87 Vgl. u. IV. Exkurs.
88 Zum Text vgl. Zimmerli, 98.
89 Wolff, Micha,94.

hätte nach Ez 5,5ff von Jerusalem die "Rechtsordnung" Jahwes
"in die Welt ausstrahlen" sollen[90], in der vorläufig noch
die Völker nach ihren eigenen Rechten handeln. Wenn nun Jerusalem sein Verhalten nicht nur dem der Völker angleicht[91],
sondern nichteinmal deren Standards einhält, "verstößt" es
"nicht nur ... gegen klar geoffenbartes Gottesrecht ...
Durch seine Verweigerung blockiert es vielmehr dessen heilvolle Wirkung für die Völker"[92].

Im Vergleich mit Mi 4,5 wird schließlich auch die einzige
Konkretisierung der Anklage gegen Jerusalem in Ez 5,5-17 in
ihrer Logik verständlich: "Mein Heiligtum hast du entweiht
mit all deinen Scheusalen und mit all deinen Greueln!" (11a).
Besteht nach Mi 4,5 die relative Ordnung der Völkerwelt darin, daß "jedes (Volk) im Namen seines Gottes wandelt", so
verhält sich Jerusalem in der Tat "chaotischer" als die Völker, wenn es in dieser Weise mit seinem Gott und dessen Heiligtum umgeht (vgl. etwa auch Jer 2,11f). Geht nach Mi 4,5
Israel gerade darin den "Weg ..., den einst auch alle Völker
gehen werden" (Wolff), daß es "im Namen Jahwes wandelt",
widerspricht Jerusalem mit seinem in Ez 5,11a dargestellten
Verhalten in der Tat seiner Zentralstellung in der Völkerwelt.

Den Widerspruch des Verhaltens Jerusalems gegen seine ihm von Jahwe
zugedachte "Wesensbestimmung" betont die zweimalige Summierung des
Schuldaufweises mit dem Ausdruck תועבה[93] (9b.11aß). "Das, was durch die
eigene Wesensbestimmung ausgeschlossen ist, was also gefährlich oder
unheimlich erscheinen muß, kann im AT mit tō^{c}ēbā bezeichnet werden"[94].
Dabei ist insbesondere an "Betrug, Lüge und anderes asoziales Verhalten
(vgl. Spr 6,16-19; 17,15; 20,10 ...; 11,1.20; 12,22; 16,5 usw.)" und an
"Kultvergehen und Abgötterei (vgl. Dtn 7,25; 17,1; Spr 15,8; 28,9)"

---

90 Eichrodt, 32.
91 Dies ist der Vorwurf gegen Israel in Ez 11,12; vgl. Lev 20,23; 2 Kön
   17,8.
92 Fuhs, 37.
93 Vgl. Humbert, Substantif; Lust, Traditie, 113ff u.unten V.3.3.1.b.
   (3).
94 Gerstenberger, Art. תעב, 1053.

gedacht[95]. "Im kultischen Bereich werden fremde Kultgebräuche und -gegen-
stände tabuisiert (vgl. besonders Dtn und Ez): Dirnenlohn (Dtn 23,19),
Götterbilder (Dtn 7,25f.), Sexualriten (Ez 22,11), Kinderverbrennung
(Dtn 12,31), falsche Opfertiere (Dtn 17,1) oder Speisen (Dtn 14,3) etc.
machen die eigenen Kultbemühungen zunichte"[96].

Auch über den - für den Schuldaufweis im EB charakteristischen[97] - Terminus תועבה bestehen traditionsgeschichtliche Beziehungen zwischen dem EB
und der dtn./dtr. Traditionsströmung. Hier ist der Begriff "erheblich
gefüllter und mehr mit dem Gottesvolkgedanken verbunden, als dies sonst
z.B. in der Weisheitsliteratur der Fall ist (...), und das (dtr) Dtn
verbindet auch dieses Reden von 'Greuel' eng mit seinem Gedanken der
Einheit und Einzigartigkeit 'Jahwes, unseres Gottes'"[98]. Wird jedenfalls
"in der tô^{c}ebā-Formel und ihren Analogiebildungen ... ein ... dtn/dtr
Verbindungsglied zwischen Gesetz und Weisheit faßbar"[99], ist die literargeschichtliche Einordnung der "Gruppe der durch die tô^{c}ebā-Formel
abgeschlossenen Gesetze"[100] strittig: Gehören sie zum Bestand des "Urdeu-
teronomiums"[101] oder zu einer vordeuteronomischen Gesetzessammlung[102]?

In seiner Konzeption der rechtlichen Ordnung der Erfahrungswirklichkeit, wie sie in der Verwendung der Ausdrücke
חקות, משפטים und תועבה erkennbar wird, läßt Ez 5,5-17 "von
einer sakramentalen Vermittlung der Fähigkeit zum Tun des
Guten, wie sie der Vorstellung von mišpaṭ und s^{e}daqā bei
Amos und Jesaja noch zugrunde liegt, nichts mehr erkennen"[103].
Mit der Betonung der חקות und משפטים "treten formulierte
Worte Gottes in den Vordergrund des religiösen Interesses",
wobei es sich freilich - wie der Ausdruck תועבה unterstreicht

---

95 Ebd.
96 A.a.O., 1054.
97 Mehr als 36% der atl. Belege von תועבה finden sich (nach Lisowski,
   Konkordanz, 1512f) im EB, das ca. 6% des Textumfangs des hebräischen
   AT umfaßt.
98 Preuss, Deuteronomium, 181f.
99 A.a.O., 119.
100 A.a.O., 118. "Zu ihnen werden gerechnet: Dtn 16,21-17,1; 18,10-12a;
    22,5; 23,18-19b; 25,13-16; vgl. dazu das 'ein Greuel für Jahwe' in
    7,25f.; 12,31 und das absolute 'Greuel' in 7,26; 13,15; 14,3; 17,4;
    18,9; 20,18; vgl. 24,4" (ebd.).
101 So z.B. Fohrer, Einleitung, 185; s. Preuss, Deuteronomium, 38.
102 So z.B. L'Hour, Interdits; s. Preuss, a.a.O., 119.
103 Koch, Profeten II, 104.

- letztlich um "das Gewohnheitsrecht vergangener Jahrhunder-
te" handelt[104]. Wird so das - explizite und implizite -
Gottesrecht zur Norm des Verhaltens Jerusalems (und Israels), wird aber auch die mythische Einheit von räumlicher
und rechtlicher Ordnung, wie sie in der "Zion-Theologie" zum
Ausdruck kommt, problematisch.

So ordnet sich der Text in seiner Frontstellung gegen eine
bestimmte Rezeption der "Zion-Theologie", wie sie ausweislich des Zitats in Ez 11,3 zur Zeit Zedekias in Jerusalem
vertreten werden konnte[105], der Tradition einer "kritische(n)
Infragestellung der Tradition durch die Prophetie"[106] ein.
Wie bei Jesaja wird dabei die "Überlieferung vom Zion" nicht
einfach negiert, sondern "unter ... Vorbehalt gestellt"[107].
Geschieht dies bei Jesaja durch die "Forderung des Glaubens"[108] (Jes 28,16; vgl. 7,9[109]) und die Einschränkung, daß
"(n)ur für die 'Armen' ... Zion Zuflucht" ist[110] (Jes 14,32),
so in Ez 5,5ff - unter dem Einfluß dtn./dtr. Gedanken -
durch die Einführung der "Satzungen und Rechte" Jahwes als
der Norm, an der Jerusalem in seinem Verhalten seine ihm von
Jahwe zugedachte Stellung in der Völkerwelt zu bewähren hat.

Unter Voraussetzung der bisher rekonstruierten Elemente
seines konzeptionellen Rahmens ist der Text in der Lage, die
Möglichkeit eines göttlichen Gerichts über Jerusalem einsichtig zu machen: Die mythische Einheit von Gott, (Tempel-)
Stadt und Volk **kann** durch das Verhalten des Volkes und der
Stadt gestört und zerbrochen werden. Selbst wenn nun aber
zugestanden wird, **daß** Jerusalem/Israel sich in einer ent-

---

104 Ebd.
105 Vgl. auch Jer 21,13 (im Kontext von 21,11-14); 21,2; 7,10 (Thiel,
    Redaktion (I), 238 Anm.21 meint allerdings, daß 21,13f "erst einem
    post-dtr. Einsatz seine gegenwärtige Stellung verdankt"; ob es sich
    bei dem Wechsel von Singular und Plural in 13f wirklich um eine
    "(s)tilistische Uneinheitlichkeit" handelt (ebd.), wäre allerdings
    angesichts des analogen Befundes in Ez 5,5ff neu zu prüfen) u. un-
    ten V.3.3.1.b.(1).
106 Vgl. Zimmerli, Infragestellung.
107 A.a.O., 73.
108 A.a.O., 72.
109 Vgl. hierzu Bartelmus, Jes 7,1-17.
110 Zimmerli, a.a.O., 73.

sprechenden Weise verhalten hat und verhält, erfordert der
Übergang von der Analyse zur Prognose, vom Schuldaufweis zur
Gerichtsankündigung, weitere Regeln, wenn das angekündigte
Eingreifen Jahwes nicht nur als **möglich**, sondern - wie es
der Text zweifellos suggeriert - als **notwendig** oder mindestens **wahrscheinlich** erscheinen soll. Diese Regeln, die als
"implizite Axiome" der Geschichtsdarstellung fungieren, gilt
es nun zu rekonstruieren.

4.2. Die Regeln des Geschichtsablaufs

4.2.1. Die Korrelation von Tat und Ergehen

  K. Koch beschreibt die "metahistorische Begrifflichkeit",
d.h. die impliziten Regeln der Geschichtsdarstellung von Ez
5,5-17 folgendermaßen: "Wo eine Menschengruppe sich konstant
verfehlt hat, greifen fatale **Mechanismen** ineinander. Zuun-
terst die sich vollendende Tun-Ergehen-Sfäre, darüber Wir-
kungsgrößen wie Seuche, Hunger, Schwert, weiter oben die
Wesenheiten Schnauben und Glut und zuletzt der **personale**
Brennpunkt in Jahwe selbst, der erkannt werden will und zu
diesem Zweck mitleidslos und voll Eifer in die Geschichte
eingreift"[111]. Wichtig an dieser i.W. zutreffenden Darstellung ist, daß der Bereich der Regeln, die den Übergang von
der Vergangenheit zur Zukunft Jerusalems/Israels in der Geschichtsdarstellung des Textes plausibel machen, in sich
differenziert und geschichtet ist. Dabei ist v.a. das Nebeneinander und Gegenüber von "mechanischen" und "personalen",
sinnhaft-offenen Regeln in Gestalt der Korrelation von
menschlichem Tun und Ergehen einerseits, von göttlichem und
menschlichem Handeln andererseits, von Bedeutung[112].
  Nun tritt allerdings das Konzept des "Tat-Ergehen-Zusammenhangs" in Ez 5,5-17 im Vergleich zum Kontext dieses Ab-

---

111 Koch, Profeten II, 97 (Hervorh. T.K.).
112 Vgl. o. I.3.2.

schnitts (vgl. 4,17; 7,4.8f.13.16.27) stark in den Hintergrund; "der Tun-Ergehen-Zusammenhang bleibt noch eine vorder-
gründige Sichtweise. Er wird umgriffen von einer weitausgreifenden göttlichen Wirkungsebene und Zielsetzung"[113]. Da aber
zweifellos auch in 5,7ff ein Ursache-Wirkungs-Verhältnis
(לכן - יען)zwischen Verhalten und Ergehen Jerusalems/Israels
zum Ausdruck kommt, und das Konzept des "Tat-Ergehen-Zusammenhangs" für weite Teile der Gerichtsprophezeiung im EB
bestimmend ist[114], erscheint es sinnvoll, auf dieses Konzept
hier etwas näher einzugehen.

EXKURS: Das Konzept des "Tat-Ergehen-Zusammenhangs"

Der seinerzeit "völlig unbestritten(en)" Meinung, "daß die Beziehung
zwischen Tat und Ergehen sowohl Israels überhaupt wie seiner einzelnen
Glieder nach der Auffassung des Alten Testaments durch die Vergeltung
Jahwes bestimmt sei"[115], hat Klaus Koch 1955 in seinem Aufsatz "Gibt es
ein Vergeltungsdogma im Alten Testament?" die These entgegengesetzt, daß
in der Sicht großer Teile des AT "eine **böse Tat** - der Notwendigkeit eines Naturgesetzes vergleichbar - **unheilvolles Ergehen zwangsläufig zur
Folge**" habe[116]. Tat und Ergehen seien im Sinne der bereits 1932 von
K.H.J.Fahlgren rekonstruierten "synthetischen Lebensauffassung"[117] durch
eine "schicksalwirkende Tatsphäre" miteinander verknüpft: "Durch sein
Tun 'schafft' der Mensch sich eine Sphäre, die ihn bleibend heil- oder
unheilwirkend umgibt"[118]. Allerdings tritt die "Auswirkung solcher Taten
... nicht sofort ein, sondern entwickelt sich wie eine Pflanze aus dem
Keim"[119], so daß man statt von einer "Sphäre" vielleicht besser von einem "Strom"[120] oder einem "Prozeß"[121] sprechen sollte. Dieses Konzept

---

113 Koch, Profeten II, 96.
114 Vgl.u. V.3.3.1.b.(3).
115 Koch, Vergeltungsdogma, 130.
116 A.a.O., 132.
117 Fahlgren, Sedaqa.
118 Koch, a.a.O., 166.
119 Ebd.
120 Miller, Sin, 136 ("stream").
121 Knierim, Hauptbegriffe, 75 ("ein in einem kontinuierlichen geschicht-
    lichen Prozeß sich vollendendes, Ursache und Wirkung umfassendes,
    einheitliches, zielgerichtetes Geschehen").

des Tat-Ergehen-Zusammenhangs kann nun nach Koch nicht mit dem "Gedanken
der **Vergeltung**" erfaßt werden, da dieser beinhalte, "daß eine **richterliche Instanz** dem Täter, dessen persönliche Freiheit und wirtschaftliche
Stellung durch seine Tat keineswegs verändert ist, eine solche 'Veränderung' seines Besitzes, seiner Freiheit oder gar seines Lebens auferlegt
als 'Lohn' oder 'Strafe'", wobei **"Strafe wie Lohn... sowohl dem Wesen
des Täters wie dem Akt seiner Tat fremd (sind)**, ... ihm von einer übergeordneten Größe" - "**nach einer vorgegebenen Norm**" - "zugemessen und
gleichsam von außen an ihn herangetragen (werden)"[122]. Im konzeptionellen Zusammenhang des Tat-Ergehen-Zusammenhangs dagegen werde Jahwe "zwar
als eine dem Menschen **übergeordnete Größe** genannt, aber diese handelt
nicht juristisch, indem sie Lohn und Strafe nach einer Norm bemißt und
zuteilt, sondern sie leistet sozusagen 'Hebammendienst', indem sie **das
vom Menschen Angelegte zur völligen Entfaltung bringt**"[123]. "**Jahwes Handeln**" sei dementsprechend "als **In-Kraft-Setzen und Vollenden des Sünde-
Unheil Zusammengangs bzw. des Guttat-Heil-Zusammenhangs**" zu verstehen"[124].

Kochs Studie hat eine lebhafte und fruchtbare Diskussion ausgelöst[125],
die m.E. die Notwendigkeit einer Revision und Relativierung einiger von
Koch in der Polemik gegen das "Vergeltungsdogma" überspitzter Thesen
erwiesen hat.

So ist es durchaus fraglich, ob die Verknüpfung von Handeln und Ergehen im Konzept des Tat-Ergehen-Zusammenhangs generell "der Notwendigkeit
eines Naturgesetzes vergleichbar"[126] ist. "Das Tatsphärengeschehen kann
... sowohl dynamistisch-eigengesetzlicher Qualität als auch insgesamt
von Jahwe konstituiert sein"[127]. "Nach einzelnen Texten sowohl des Alten
Orients als auch des Alten Testaments vollzieht sich der Zusammenhang
von Tat und Ergehen gleichsam automatisch, aus innerer Notwendigkeit,
nach anderen ist die (Schöpfungs-)Gottheit sein Vollstrecker"[128]. Auf-

---

122 Koch, a.a.O., 133.
123 A.a.O., 135.
124 A.a.O., 138.
125 Vgl. v.a. die in Koch (Hg.), Prinzip gesammelten Aufsätze sowie
    Gese, Lehre, 42ff; Lichtenstein, Poetry; Barton, Law; Schottroff,
    Art. ᛏᚱᛃ, 479f; Seybold, Art. Gericht, 463f; Miller, sin, v.a.
    121ff.
126 Koch, Vergeltungsdogma, 132.
127 Knierim, Hauptbegriffe, 83.
128 Schmid, Schöpfung, 14.

grund dieses - von Koch durchaus registrierten - Sachverhalts erscheint es sachgemäßer, die Alternative "Naturnotwendigkeit" vs. "göttliche Vergeltung" durch die Frage zu ersetzen, ob Jahwe "als ein von aussen auf die Welt einwirkendes höheres Wesen" oder "als der sittlich bestimmte Grund alles Wirklichen und die positive Kraft des Wirklichkeitsprozesses" zu begreifen sei[129]. Auch dann läßt sich aber das Zugeständnis kaum umgehen, daß an einer Vielzahl atl. Belegstellen die Beziehung von Handeln und Ergehen "is not necessary internal but is perceived as resting in the divine decision and not happening apart from that decision or decree"[130], daß m.a.W. im AT "there is also a sharp sense of judgment as retribution, negatively seen as punishment by God"[131], was zu einer stärker "multi-faceted or multi-dimensional perception of the nature and meaning of Israel's experience of judgment" nötigt[132].

Zu wenig berücksichtigt scheint bei Koch auch die Rolle menschlicher Instanzen bei der Realisierung des Tat-Ergehen-Zusammenhangs, die sowohl als "Mittel ...., deren sich Jahwe bei seinem ahndenden Einschreiten bedient"[133], erscheinen als auch in Gestalt der Rechtsgemeinschaft[134] eigenständig in Aktion treten können. Der atl. Textbefund zeigt hier "a kind of synergism in which divine and human action are forged into a single whole or the divine intention of judgment is wrought out through human agency"[135].

Mit den genannten Einwänden wird aber auch die "anti-juristische" Spitze der These Kochs problematisch; "the deed-result-connection (,) can be understood quite clearly within a juridical context"[136], was sich sowohl in "profanen" Gerichtstexten als auch in der prophetischen Gerichtsrede belegen läßt[137]. Als "vorgegebene Norm" können dabei Gesetzesvorschriften, "covenant curses"[138] oder auch ein stärker impliziter "consensus about what sort of acts are just and unjust"[139] fungieren.

---

129 Koch/Roloff, Art. Tat-Ergehen-Zusammenhang, 486.
130 Miller, Sin, 134.
131 A.a.O., 136.
132 A.a.O., 121.
133 Schottroff, Art. שלם, 480.
134 Vgl. Knierim, Hauptbegriffe, 78; Horst, Recht; Reventlow, Blut, 417ff.
135 Miller, Sin, 138.
136 A.a.O., 135.
137 Vgl. a.a.O., 135f.
138 A.a.O., 136.
139 Barton, Law, 13.

Trotz dieser kritischen Einwände bleibt aber Kochs Hypothese des Tat-
Ergehen-Zusammenhangs als eines konzeptionellen Rahmens der Wirklichkeitserfahrung, wie sie in großen Teilen des AT ihren Niederschlag gefunden hat, im Kern berechtigt. Eine die skizzierten Kritikpunkte aufnehmen-
de Rekonstruktion dieses Konzepts wird die zeitliche Dimension des Tat-
Ergehen-Zusammenhangs, die bei Koch durch das räumliche Bild der "Sphäre" etwas in den Hintergrund gerückt wird, stärker zu berücksichtigen
haben: Das von Koch beschriebene Konzept des Zusammenhangs von Handeln
und Ergehen impliziert, daß die einer Tat immanenten Folgen für den Täter sich **nicht sogleich** realisieren. Zahlreiche atl. Texte spiegeln die
Erfahrung, daß "there are times when it does not appear that there will
be any results unless Yahweh moves and sets in motion consequences that
will have the character of judgment"[140]. Wenn es etwa dem "Frevler" nach
seiner "frevlerischen Tat" zunächst gut geht, ihn später aber Unheil
trifft, ist es keineswegs selbstverständlich, daß darin eine "Nachwirkung" der Tat "auf den Täter" zu sehen ist, "die ... zu einem späteren
Zeitpunkt erst spürbar wird"[141]. Dies wird erst dann einsichtig, wenn
das erfahrene Leben dieses Menschen nach Maßgabe des Konzepts des Tat-
Ergehen-Zusammenhangs **interpretiert** wird. Demnach scheint es sich bei
diesem Konzept weniger um eine einfache Abstraktion und Generalisierung
von Einzelerfahrungen zu handeln als um einen Rahmen der Organisation
und Interpretation von Einzelerfahrungen, der seinerseits von bestimmten
"theoretischen" Prämissen - Koch selbst nennt als bestimmendes Moment
der spezifisch atl. "Ausprägung der Auffassung von schicksalwirkender
Tat auf dem Boden des alten Orients"[142] den "'existentielle(n)' Monotheismus"[143] - bestimmt ist. "The deed-consequence relationship was probably not so much a carefully worked out theological interpretation of the
causal nexus in human events as it was a theological conclusion growing
out of the experience of the relationship (and not just by scribes and
sages) which was integrated with convictions about the divine activity
and control of human events"[144]. Die Funktion dieses Konzepts ist dementsprechend mehrdimensional: Es bewahrt nicht nur Erfahrungen "schicksal-

---

140 Miller, Sin, 134.
141 Koch, Vergeltungsdogma, 136.
142 A.a.O., 179f.
143 A.a.O., 179.
144 Miller, Sin, 134.

wirkender Tat", sondern bekräftigt auch das Vertrauen in eine "sittliche
Weltordnung" angesichts widerstreitender Erfahrungen und beinhaltet einen Appell, dieser Weltordnung entsprechend zu handeln[145].
Eine gewisse Flexibilität erhält das Konzept des Tat-Ergehen-Zusammenhangs auch dadurch, daß eine "Aufhebung der Einheit von Tat und Tatfol-
ge" - zwar nicht durch "Magie und Vielgötterei"[146] wie in der Umwelt
Israels, aber doch - in Form von "Vergebung" oder "Versöhnung" prinzipiell möglich ist[147], wie sie etwa durch kultische Sühnepraxis vermittelt
werden kann. In diesem Zusammenhang ist die Unterscheidung von "sühnbarer" und "unsühnbarer" Schuld von Bedeutung[148], wobei auffällt, daß im
AT auf die "Frage, warum für einen Teil der Vergehen eine Aufhebung des
Tat-Folge-Zusammenhangs, für einen anderen Teil jedoch dessen Vollstrek-
kung bezeugt wird, den Texten weder der Versuch einer systematischen
Antwort entnommen werden noch auch eine etwa durchgängig einheitliche
Linie in der Praxis erkannt werden" kann[149].

---

145 Das Konzept des Tat-Ergehen-Zusammenhangs weist so auch eine größere
   Flexibilität für die Verarbeitung auch widerstreitender Erfahrungen
   auf, als es bei Koch zum Ausdruck kommt. Das Problem, das die Bücher
   Hiob und Kohelet auf je unterschiedliche Weise bearbeiten, ist als
   **"durchgreifende(r) Zweifel an der Auffassung einer schicksalwirken-
   den Tatsphäre"** (Koch, Vergeltungsdogma, 169) wohl nur unzureichend
   bestimmt - zumal weder bei Hiob noch bei Kohelet ein **"grundsätzlicher Durchbruch zu einem anderen Denkschema"** erkennbar ist (a.a.O.,
   173.) Hier findet eher die Auseinandersetzung mit einer "Ideologisie-
   rung des alttestamentlichen Glaubens" statt, in der "die alte religiöse Zusammenbindung von Gerechtigkeit und Leben zu einem Gesetz
   erhoben wurde, das keine Ausnahme zuläßt" (Kaiser, Ideologie, 30). -
   Die appellative Dimension des Tat-Ergehen-Zusammenhangs wird von
   Koch ausgeblendet, wenn er etwa von Spr 28,17 ("Ein Mensch, den das
   Blut (fremden) Lebens drückt, ist flüchtig bis zum Grab - niemand
   helfe ihm!") den letzten Teil nicht zitiert (Koch, a.a.O., 132).
146 Koch, Vergeltungsdogma, 179.
147 Vgl. Knierim, Hauptbegriffe, 91ff.
148 Vgl. Maag, Schuld.
149 Knierim, Hauptbegriffe, 94. Im Ausschluß der Möglichkeit einer Aufhebung der Einheit von Tat und Ergehen scheint gerade ein Charakteristikum der gerichtsprophetischen Traditionsströmung zu liegen. So
   nennt etwa Hosea seine Tochter לא רחמה , weil Jahwe "dem Haus Israel
   forthin nicht mehr gnädig sein" will, "um ihm zu vergeben" (Hos 1,6).
   So stellt im Amosbuch Jahwe kurz und bündig fest: "Das Ende ist gekommen über mein Volk Israel; ich will ihm nicht länger vergeben!"
   (Am 8,2). So lehnt in Jer 14,1ff Jahwe das "Ritual einer Buße" (Knierim, Hauptbegriffe, 93) ab: "Jahwe hat kein Gefallen an ihnen; jetzt
   wird er ihrer Verschuldung gedenken und ihre Verfehlung heimsuchen".

Die Tatsache, daß die Folgen seines Handelns an den Handelnden nicht
"von außen ... herangetragen" werden[150], schließt offenbar nicht aus,
daß der Zusammenhang von Tat und Ergehen "einer vorgegebenen Norm" entspricht[151]. Dies wird dann als möglich begreifbar, wenn sowohl der Tat-
Ergehen-Zusammenhang als auch die mit ihm zusammenhängenden Normen als
Elemente eines umfassenden Ordnungskonzepts erkannt werden. Wenn etwa in
den von Koch herangezogenen Weisheitssprüchen[152] צדיק und רשע , "Gerechter" und "Frevler" o.ä. einander gegenübergestellt werden, verweist dies
auf die Sozialgemeinschaft[153] als engeren und den Kosmos[154] als weiteren Ordnungshorizont[155]. Dem Schutz und der Erhaltung der durch solche
vorgegebenen Ordnungsstrukturen eröffneten Lebensmöglichkeiten dienen
sowohl mehr oder weniger explizierte und differenzierte[156] Verhaltens-
normen[157] als auch eine dem Tat-Ergehen-Zusammenhang entsprechende Korrelation von Handeln und Ergehen, die - vermittelt über das Ergehen des
Täters - die Reproduktion der Guttat ermöglicht, die frevelhaften Verhaltens dagegen unterbindet. Mit diesem weiteren konzeptionellen Rahmen
dürfte es zusammenhängen, daß "die Auffassung von schicksalwirkender Tat
im Alten Testament ... keine Grade, sondern nur Verderben oder Wohlergehen schlechthin" kennt[158]: Es geht hier um grundlegende Ordnungen und
damit um "Leben" oder "Tod".

In Anbetracht der Pluri-Funktionalität des Tat-Ergehen-Zusammenhangs,
seiner relativen Flexibilität in Bezug auf konkrete Erfahrungen und seines Eingebundenseins in eine umgreifende Ordnungsvorstellung ist auch
die Frage nach dem Verhältnis der Anwendung dieses Konzepts auf Erfahrun-

---

  - Die Tatsache, daß eine Zeitspanne zwischen der Übeltat und dem ihr
    entsprechenden Ergehen verstreicht, wird hier offenkundig auf das
    Erbarmen und die Vergebungsbereitschaft Jahwes zurückgeführt.
150 Mit Koch, Vergeltungsdogma, 133.
151 Gegen Koch, ebd.
152 Vgl. a.a.O., 132.
153 Vgl. Koch, Art. צדק .
154 Vgl. Schmid, Gerechtigkeit.
155 Die Kontroverse darüber, welcher dieser Ordnungshorizonte der für
    die Interpretation der atl. צדק(ה) - Konzeption entscheidende sei,
    ist in diesem Zusammenhang nicht von grundsätzlicher Bedeutung.
156 Koch, Profeten II, 17 sieht im Dtn den Übergang von "'naturwüchsi-
    gen' Gemeinschaftsbindungen" zu der "später(en) Überzeugung ..., daß
    die göttlichen **Gebote** und nicht spontanes Solidaritätsempfinden den
    Leitfaden für das bieten, was **heilschaffende Gemeinschaftstreue** be-
    inhaltet", angelegt.
157 Vgl. dazu (immer noch) v.Rad, Theologie I, 207ff.
158 Koch, Vergeltungsdogma, 167.

gen des Einzelnen zu seiner Anwendung auf Erfahrungen der Gemeinschaft
neu zu stellen. Daß "das Schicksal des Volkes in gleicher Weise auf Gut-
oder Übeltaten zurückgeführt (wird) wie das Schicksal des einzelnen"[159],
ist keineswegs selbstverständlich. "Daß Israel als ganzes Jahwe gegenüber schuldig werden und deswegen als ganzes verworfen werden könnte,
wie es ein Amos verkündigt, ist" - zumindest nach der Rekonstruktion von
J.Jeremias - "in der kultischen Fluchverkündigung Israels und in den
priesterlichen Ausrottungsforderungen ebensowenig ins Auge gefaßt wie in
der kultprophetischen Gerichtsverkündigung"[160]. Damit ist freilich nicht
ausgeschlossen, daß Israel als Ganzes in Unheil gerät. Dieses Unheil
wird aber gerade auf das Handeln Einzelner zurückgeführt, "das Wirken
der Frevler", das "Israel in eine umfassende Not (führt), die das gesamte Volk in Mitleidenschaft zieht"[161]. Zu seiner Beseitigung wird folgerichtig ein göttliches Eingreifen erwartet, in dem "Jahwe alle Frevler
vernichte(n) und damit dem menschlichen Zusammenleben sein Fundament
zurück(.)geben (...) wird"[162]. Wird in dieser Weise das Ergehen der
Gemeinschaft als Folge des Handelns Einzelner begriffen[163], bleibt die
Volksgemeinschaft umfassender Ordnungshorizont - was "für das Lebensge-
fühl von Brügern antiker Großreiche" das Normale ist[164].

Dagegen erfordert die "gerichtsprophetische Anwendung des Tat-Ergehen-
Zusammenhangs auf die Gemeinschaft als handelnde Instanz eine Ausweitung
des Ordnungshorizonts. Dieser muß nun den Bereich der Fremdvölker einschließen, die nicht mehr einfach "zur kosmosfeindlichen Wirklichkeit"[165]
gerechnet werden können, wenn der Untergang Israels als Wiederherstellung gestörter Ordnung begriffen werden soll. In diesem Zusammenhang
wird die argumentative Funktion einer Aussage wie Am 9,7 verständlich:
"Seid ihr nicht wie die Kuschiten für mich, ihr Israeliten, spricht
Jahwe? Habe ich nicht Israel aus dem Land Ägypten heraufgeführt, die
Philister aus Kaphtor und Aram aus Kir?" Dem entspricht etwa bei Jeremia seine Einsetzung "über Völker und Königreiche" (Jer 1,10). In der

---

159 Ebd.
160 Jeremias, Kultprophetie, 133; zur Kritik an der Qualifikation des
    Habakukbuchs (bzw. einer bestimmten Überlieferungsschicht darin) als
    "kultprophetisch" s. z.B. Rudolph, Habakuk, 193f u.ö.
161 Jeremias, Kultprophetie, 130.
162 A.a.O., 131.
163 Vgl. Knierim, Hauptbegriffe, 97ff.
164 Maag, Schuld, 241.
165 A.a.O., 242.

Konsequenz dieser Ausdehnung des Herrschaftsbereichs Jahwes auf die ganze Völkerwelt liegt es, wenn die "gerichtsprophetischen" Fremdvölkerorakel nicht nur dazu dienen, "Israels Heilszustand und Integrität gegen
Gefahren zu sichern, die von außen durch politische Feinde" drohen, sondern in ihnen "(d)ie Völker ... prinzipiell mit Israel auf eine Stufe
gestellt, dem gleichen heiligen Willen Jahwes unterworfen, dem gleichen
Gericht überantwortet" werden[166].

Trotz aller notwendigen Kritik und Modifikation bleibt
Kochs Hinweis auf das Konzept des "Tat-Ergehen-Zusammenhangs"
- als einer "Schicht" atl. und aol. Wirklichkeitsverständnis-
ses, die in den Texten nicht immer in "chemisch reiner" Form
vorliegt, sondern oft durch konzeptionelle Rekonstruktion
erst zutage zu fördern ist - grundsätzlich berechtigt. In
diesem Zusammenhang können die Aussagen über den "Zorn" Jahwes in Ez 5,5-17 verständlich gemacht werden.

Vom göttlichen "Zorn" (v.a. אף und חמה) ist im Text konzentriert in 13 und 15 die Rede. "Gerichtsprophetischer" Tradition entsprechend fungiert er hier als "Bindeglied ... zwischen dem Vergehen Israels, gegen das der Prophet Anklage
erhebt, und dem strafenden Eingreifen, das aus dem Zorn Gottes resultiert"[167]: Das Entbrennen des Zornes Gottes soll
die Notwendigkeit der Folge der Gerichtsankündigung auf die
Anklage unterstreichen"[168].

Mit der Tradition stimmt der Text sowohl in der "Gesche-
hensfolge Schuld Israels - Zorn Gottes - Gottes Gericht"[169]
überein als auch darin, "daß der Zorn Gottes das Außerordent-
liche, ganz und gar Ungewöhnliche und Besondere ist"[170]
(vgl. 9!), daß er sich gegen Israel richtet, in Vernichtung
auswirkt und zeitlich begrenzt ist[171] (vgl. 13). Auch hier
"entbrennt" Jahwes Zorn "an dem Kontrast zwischen dem, was
Gott in seiner Güte an seinem Volk getan hat, und dessen

---

166 Jeremias, Kultprophetie, 178.
167 Westermann, Boten, 97.
168 A.a.O., 100.
169 A.a.O., 102.
170 A.a.O., 101.
171 A.a.O., 98.

unbegreiflicher Reaktion darauf"[172]. Ausgeschlossen erscheint
dagegen eine Abwendung des göttlichen Zorns durch das fürbit-
tende Eintreten eines "Mittler(s)", der "vom Zorn Gottes
nicht betroffen" ist, "zwischen den Zorn Gottes und dessen
Auswirkung im Gericht"[173]. Vielmehr kommt Jahwes Zorn erst
"zum Ende" und "zur Ruhe" (כלה; נוח hi.: 13), wenn sich die
angekündigte totale Katastrophe Jerusalems/Israels (12) voll-
endet hat (vgl. 16,42; 21,22; 24,13).

Die Unabwendbarkeit des göttlichen Zorns wird noch unterstrichen durch die Aussage von 11: "Mein Auge wird nicht
gütig blicken (חוס), und ich werde mich nicht erbarmen
(חמל)", die Entsprechungen in anderen Gerichtsankündigungen
des EB hat (7,4.9; 8,18; 9,10; vgl. auch 20,17; 9,5; 16,5
sowie Dtn 7,16; Gen 45,20)[174]. Damit ist die in der Souveränität Jahwes begründete Möglichkeit einer Suspendierung des
Tat-Ergehen-Zusammenhangs explizit ausgeschlossen. Der "Me-
chanism(us)" der "sich vollendende(n) Tun-Ergehen-Sfäre"
(Koch) verdankt seine Wirksamkeit also gerade einer "personalen", sinnhaft-offenen Entscheidung Jahwes. Insofern ist
in der Tat "der Tun-Ergehen-Zusammenhang ... umgriffen von
einer weitausgreifenden göttlichen Wirkungsebene" (Koch).

Sofern aber in der Rede vom "Zorn" Jahwes gerade auf seine
personale Entscheidung verwiesen wird, den "Mechanismus" des
Tat-Ergehen-Zusammenhangs "erbarmungslos" sich auswirken zu
lassen, ist Kochs Deutung des göttlichen Zorns als gleichsam
hypostasierte, "metahistorisch-mythologische Wesenheit, die

---

172 Ebd.
173 Ebd.
174 In diesem Zusammenhang dürfte der Satz "Ich werde mich trösten" (13)
   zu verstehen sein, in dem der Gebrauch des Verbs נחם ni. - ähnlich
   wie in Jes 1,24 - auffällt. Dort ist es wohl so zu verstehen, "daß
   Jahwe sich an seinen Gegnern 'trösten', also nicht mehr über seine
   die Strafe aussetzende Langmut Reue empfinden will" (Stoebe, Art.
   נחם, 64). Eine Pointe der Verwendung des Verbs נחם ni. in Ez 5,13
   könnte darin liegen, daß dem Gedanken daran, daß Jahwe sein angekündigtes Gerichtshandeln noch "bereuen" könnte (vgl. 24,14), schon
   sprachlich der Boden entzogen werden soll: "Der Gewißheit, mit der
   das angesagte Gericht eintrifft, korrespondiert ein Strafwille Jahwes, der keinen Hemmungen und keiner Zurückhaltung im Blick auf Israels Geschick unterliegt" (Jeremias, Reue, 51).

sich von Jahwä her auf die Menschen zubewegt und in deren
Untergang mit untergeht"[175], m.E. nicht unproblematisch.
Zutreffend ist aber zweifellos sein Hinweis auf die Funktion
des göttlichen Zorns als Bindeglied zwischen den "Mechanis-
men" des Tat-Ergehen-Zusammenhangs und dem "personale(n)
Brennpunkt in Jahwä selbst".

4.2.2. Die Korrelation von göttlichem und menschlichem Handeln

Konkrete Prognosen des Ergehens Jerusalems/Israels finden
sich im Text v.a. in 10. 12. 14f und 16f. Dabei fällt auf,
wie reichhaltiges atl. und aol. Vergleichsmaterial zu den
einzelnen Ankündigungen vorliegt[176]. Dies soll hier im Einzelnen kurz gezeigt werden, ohne daß Vollständigkeit ange-
strebt wäre.

Die Ankündigung des "Kannibalismus" in Jerusalem von 10: "Väter werden
Söhne essen in dir, und Söhne werden ihre Väter essen"[177], hat Parallelen in Lev 26,29; Dtn 28,53; Jes 9,19f und Jer 19,9. 2 Kön 6,28f und
Klgl 4,10 (vgl. 2,20) blicken auf entsprechende Ereignisse im belagerten
Jerusalem zurück. Läßt sich so dieser Topos im AT v.a. in der "dtr Literatur", jedenfalls mit Sicherheit "erst in nachexilischen Texten" nachweisen[178], läßt sich doch seine Traditionsgeschichte im aol. Bereich
wesentlich weiter zurückverfolgen[179]. Hier finden sich Anspielungen auf
derartige "Kannibalismus" etwa im Atrahasis-Epos oder im Bericht über
Assurbanipals Feldzug gegen die Araber, v.a. aber in Vertragstexten wie
dem Vasallenvertrag Asarhaddons mit medischen Fürsten. Im Fluch von Aga-
de heißt es: "May the oxen-slaughterer slaughter (his) wife (instead),
may your sheep-butcher butcher his child (instead)"[180]. Dabei ist deut-

---

175 Koch, Profeten II, 97; vgl. u. III.4.2.2.
176 Das atl. Vergleichsmaterial ist v.a. bei Cooke, 60ff genannt.
177 Nach den artikel- und suffixlosen Nomina אבות und בנים (2x) fällt
    das suffigierte אבותם am Ende von 10a auf. G hat auch hier einfaches
    πατερας, während S und T schon in 10aα statt בנים bnjhwn bieten
    (s.BHS). Beide Varianten dürften aber als Glättung von M zu beurtei-
    len sein, der jedenfalls die lectio difficilior bietet.
178 Liwak, Probleme, 81.
179 Vgl. Hillers, History, 157ff; Ders. , Treaty-Curses, 62f.
180 Übersetzung von Hillers, History, 158.

lich, daß "cannibalism is the limit, the extreme stage"[181] - in Ez 5,10
noch insofern gesteigert, als "auch Kinder sich an ihren Vätern vergrei-
fen sollen - ein auf dem Hintergrund der strengen at.lichen Pietätsfor-
derung doppelt grauenhaftes Tun"[182], in dem sich die תועבות Jerusalems
(9b) auswirken. Auffällig ist die "very frequent occurrence of cannibalism among the treaty-curses"; das Auftreten dieses Topos in "historischen" Texten dürfte daraus zu erklären sein, "that the treaty-pattern,
or covenant theology ..., may have shaped Assyrian 'history'"[183].

Die Ankündigung der Zerstreuung "in alle Winde" (10) findet sich im EB
neben 5,2.12 noch in 12,14; 17,21. Eine Zerstreuung "in die Länder" kündigt Jer 49,32.36 Damaskus und Elam an (vgl. Ez 6,8; 12,15 u.ö.). Lev
26,33 spricht von einer Zerstreuung "unter die Völker" in unmittelbarem
Zusammenhang mit zwei weiteren Ankündigungen, die sich auch in Ez 5,5-17
finden:

Lev 26,33	Ez 5
Euch aber werde ich unter die Völker zerstreuen (זרה),	(10) (Ich) werde deinen ganzen Rest in alle Winde zerstreuen (זרה) ...
und das Schwert werde ich hinter euch her zücken (ריק hi.),	(12) (Ich) werde das Schwert zücken (ריק hi.) hinter ihnen her ...
und euer Land soll zur Wüste (שממה) und eure Städte zu Trümmern (חרבה) werden.	(14) ... ich werde dich zur Trümmerstätte (חרבה) und zum Spott machen ...
	(15) ... 'du' wirst Spott und Hohn, Warnung und Entsetzen (משמה) sein ...

Daß von einer Stadt nur Trümmer übrigbleiben werden (14f), kündigen
auch Lev 26,31 und - bezogen auf den Tempel - 1 Kön 9,8 (= 2 Chr 7,21)
an, in Verbindung mit ihrer Verspottung durch die "Vorübergehenden" Zeph
2,15 (gegen Ninive); Jer 49,17 (gegen Edom); 18,16; 19,8 (unmittelbar
vor der Ankündigung des Kannibalismus in 19,9!). "Die Möglichkeit, daß
das Volk zum Gespött der Völker wird, ist exemplarisch in Dt 28,37 ausgedrückt"[184] (vgl. auch 1 Kön 9,7). Der entsprechenden Ankündigung geht
"in Analogie zu Ez 5,12 in Jer 29,17f ebenfalls eine typisierende Aufzäh-

---

181 Ebd.
182 Zimmerli, 134.
183 Hillers, History, 159; vgl. z.B. Fales, Code, 198f, der auf "the
    enemy's lack of respect of pacts, treaties, etc." als frequenten
    Topos der Inschriften Assurbanipals hinweist.
184 Liwak, Probleme, 84.

lung von Strafmitteln voraus (...), die durch die Trias 'Schwert', 'Hunger' und 'Pest' ausgedrückt wird"[185] (vgl. auch Jer 44,12). Der Schluß
von diesen Parallelformulierungen auf ein Vorliegen "dtr Diktion"[186] in
Ez 5,14f ist jedoch problematisch angesichts der Variationen im sprachlichen Ausdruck[187]; auch hier empfiehlt es sich, sich in stärkerer Zurückhaltung mit der Feststellung zu begnügen, daß "um die Zeit des Exils
herum das Motiv (verbreitet) war"[189].

Entsprechendes gilt für die Trias "Pest - Hunger - Schwert" (12), die
in den Gerichtsprophezeiungen des EB mehrfach wiederkehrt (6,11f; 7,15;
12,16; 14,13.17.19; vgl. auch 33,27: "Schwert - wilde Tiere - Pest") und
im ('dtr.') Jeremiabuch "a standing formula" darstellt[190] (neben Jer
14,12 noch 14x): Sie bringt im Grunde nur auf eine prägnante Begrifflichkeit, was im gesamten aol. Bereich Inhalt von Unheilsprophezeiungen ist:
"drought or flood, famine, pestilence, internal discord, or defeat by an
enemy"[191]. In Lev 26,25 sind "Schwert" und "Pest" genannt; im folgenden
Vers 26 ist vom "Zerbrechen des Brotstabes" (vgl. Ez 5,16) die Rede.
Die Viererreihe "Hunger - wilde Tiere - Pest und Blut - Schwert" (17)
findet sich im EB noch in 14,21 ("Pest und Blut": 28,23; 38,22), im Jeremiabuch in 15,3. Von einer durch "wilde Tiere" verursachten Kinderlosig-
keit spricht auch Lev 26,22.

Daß Jahwe hinter den Vertriebenen her das Schwert zücken werde (12),
sagt ausdrücklich nur noch Lev 26,33 (s.o.; vgl. Ez 28,7; 30,11). Vergleichbare Aussagen finden sich aber auch in den Gerichtsorakeln der
Propheten Jeremia und Amos. Während in Jer 15,9 die dem Gericht zunächst
Entronnenen "dem Schwert ihrer Feinde" preisgegeben werden, erscheint in
Am 9,4; Jer 9,15 das Schwert wie in Ez 5 als relativ selbständige Wir-
kungsgröße. Der Ausdruck "das Schwert bringen über ..." (17) findet sich
im EB noch mehrmals (6,3; 11,8; 14,17; 29,8; 33,2), daneben wieder in
Lev 26,25. Es ist "not an expression used by other prophets"[192].

---

185 Ebd.
186 Ebd.
187 Vgl. a.a.O., 270 Anm. 93ff; die Annahme "dtr" Provenienz von Dtn 28
     kann jedenfalls nicht als gesichert gelten, vgl. Preuss, Deuteronomi-
     um, 59.
189 Liwak, Probleme, 270 Anm. 100.
190 Cooke, 61; vgl. Liwak, Probleme, 81ff.
191 Smith, Theology, 145.
192 Cooke, 62.

Von göttlichen "Pfeilen" - allerdings nicht "Pfeilen des Hungers"
(16) - spricht schließlich noch Dtn 32,33.

Die Tabelle auf der folgenden Seite stellt nocheinmal das
Inventar an Topen der Gerichtsankündigung in Ez 5,5ff mit
atl. Vergleichstexten zusammen, die dabei in die Textbereiche "Fluchformular", "Gerichtsprophezeiung"[193] und "sonstige
Texte" (v.a. geschichtliche Rückblicke) eingeteilt sind. Als
exemplarischer aol. Vergleichstext ist in der Spalte "Fluchformular" der Vasallenvertrag Asarhaddons mit medischen Fürsten aufgenommen[194].

Bei aller Unvollständigkeit erlaubt diese Übersicht doch
einige Schlußfolgerungen: Die Topen der Gerichtsankündigung
in Ez 5,5-17 sind in atl. Texten, die dem Exil zeitlich nahe
stehen, relativ breit gestreut. Im Zusammenhang treten sie
v.a. in Fluchformularen auf[195]. In prophetischen Gerichtsorakeln werden einzelne Flüche aktualisiert; im geschichtlichen
Rückblick (v.a. in Klgl) kann die gegenwärtig erfahrbare
Situation als Folge des Fluchs interpretiert werden (vgl.
Klgl 2,17)[196].

---

193 Mit "F" sind hier Fremdvölkerworte gekennzeichnet.
194 S. TUAT I/2, 160ff; ich übernehme die dort gebotene Paragraphen-
    Einteilung; weiteres Vergleichsmaterial bei Hillers, Treaty-Curses.
195 Dabei zeigt Ez 5,5-17 besonders enge Berührungen mit Lev 26. Auf die
    breite Diskussion zum Verhältnis von Lev 26 (und H) zum EB kann hier
    nicht näher eingegangen werden (vgl. dazu etwa Lang, Ezechiel, 80f;
    Kaiser, Einleitung, 122). Ein wesentlicher Unterschied zwischen Ez
    5,5ff und Lev 26 besteht darin, daß Ez 5,5ff ein abschließendes ,to-
    tales Gericht Jahwes ankündigt, während Lev 26,40 ff im Rahmen des
    Bundeskonzeptes eine Zukunftsperspektive für Israel über das Gericht
    hinaus entwickelt. Das literargeschichtliche Verhältnis zwischen
    beiden Texten ließe sich nur unter Voraussetzung einer sorgfältigen
    Analyse der Entstehungsgeschichte von Lev 26 klären. Vorläufig wird
    "man sich wohl mit der Auskunft begnügen (müssen), seine (sc. Ezechi-
    els) Theologie orientiere sich an sakralrechtlichen und traditio-
    nell-prophetischen Vorstellungen" (Lang, Ezechiel, 81),die auch in
    Lev 26 zum Ausdruck kommen.
196 Zur Rückwirkung derartiger Übernahme der Fluchfolgen auf die litera-
    rische Gestalt der Fluchformulare Lev 26 und Dtn 28 vgl. Baltzer,
    Bundesformular, 158ff. - Schottroff, Fluchspruch hat gezeigt, daß
    das Vorliegen von Flüchen in einem Text **nicht notwendig** Indiz dafür
    ist, daß das Bundeskonzept seinen konzeptionellen Rahmen darstellt.
    Seine Diskussion des Verhältnisses von Fluch und Bund in atl. Texten
    (vgl. v.a. a.a.O., 217ff) ist aber m.E. insofern problematisch, als
    sie zum einen "Bund" und "Kult" zu wenig differenziert, zum anderen

Ez 5	TOPEN	FLUCHFORMULAR Lev 26	Dtn 28	Vertr.Asarh.	GERICHTSPROPHEZEIUNG ("dtr.")Jer	sonstige	SONSTIGE TEXTE
10	Kannibalismus	29	53ff	§47.69.71.75	19,9	Jes 9,19f	Klgl 4,10(;2,20) 2 Kön 6,28f
10	Zerstreuung	33	64	§56.65	49,32.36(F)		Klgl 4,16
12.17	Schwert	⌐ 25f	48	§49f.96	⌐ 14,12		Klgl 1,20
	Hunger	⌊	48	§47	15,3		Klgl 1,11 ⌐ Dtn 32,24f ⌉
	Pest (Krankh.)		21f.27f. 59ff	§38Af.52	⌊		Klgl 1,20
	Tiere	22		§54.59.85		Zeph 2,15(F)	Klgl 5,18; 2 Kön 17,25
17	Kinderlosigkeit	22	32.41	§45f.62. 66f.105			Klgl 1,5.18 u.ö. Dtn 32,25
14f	Trümmer	31.33	37	§56.68			Klgl passim
	Spott der Vorüberg.				18,16;19,8; 49,17(F)	Zeph 2,15(F)	Klgl 2,15
16	Pfeile			§41			Dtn 32,33
12	"Schwert zücken hinter ..."	33			(9,15;15,9)	(Am 9,4)	
17	"Schwert bringen über ..."	25					
16	"Brotstab zerbrechen"	26					Ps 105,16

Eine durchgängige literarische Abhängigkeit zwischen den
genannten Texten ist unwahrscheinlich. Ihre "Sprache" ist
vielmehr Indiz für einen ihnen gemeinsamen konzeptionellen
Hintergrund: das Konzept des "Bundes" zwischen Jahwe und
Israel: "Israel conceived of her relation to Yahweh under
the form of a treaty, ... certainly by the time of Jeremiah,
and part of this treaty with God was the conception that if
Israel broke it, the curses of the covenant would come upon
her"[197].

Angesichts der gegenwärtigen Diskussionslage in der atl.
Forschung bedarf diese Behauptung freilich einiger Präzisierung und Begründung.

EXKURS: Das Konzept des "Bundes"

Das Konzept des "Bundes" gehört zu den umstrittenen und breit diskutier-
ten Problemen der neueren atl. Forschung[198]. Zu einer - wenigstens an-
satzweisen - Klärung der komplexen und vielfach auch verworrenen Diskussionslage ist es zunächst ratsam, "Begriff ('Bund') und Sache (Gemeinschaft zwischen Gott und Volk) ... streng auseinanderzuhalten"[199]. Dabei
ist weiter zu differenzieren auf der "Begriffs"-Seite zwischen (1) dem
(deutschen) Ausdruck "Bund" als Interpretationsbegriff und (2) dem hebräischen Wort בְּרִית sowie auf der "Sach"-Seite zwischen (3) der Darstellung
des Verhältnisses zwischen Gott und Volk in atl. Texten und (4) den
durch historisch-kritische Rekonstruktion gewonnenen Annahmen über dieses Verhältnis und seine soziale Realisierung in Israel.
(1) Als **"Bund"** soll hier eine durch den Zusammenschluß mindestens zweier
verschiedener, sinnhaft-offen handelnder (individueller oder kollekti-

---

von der traditionsgeschichtlich einlinigen Annahme ausgeht, "der
Bundesgedanke" habe "als Interpretament für das Jahveverhältnis Isra-
els erst in dtn Zeit eine nennenswerte Rolle gespielt" (a.a.O., 233).
Vgl. dazu im Einzelnen den folgenden Exkurs.
197 Hillers, History, 156f.
198 Einen Überblick über die neuere Diskussion bieten etwa: McCarthy,
Covenant; Clements, Prophecy, 8ff; Zimmerli, Grundriß, 39ff; Kraus,
Geschichte, 527ff; Schmidt, Altes Testament, 10ff; vgl. auch Kaiser,
Einleitung, 75f.
199 Schmidt, Exodus, 74.

ver) Instanzen zustandegekommene "Gemeinschaftsform" mit "verpflichtendem Charakter" bezeichnet werden[200].

Diese Definition des Interpretationsbegriffs (!) "Bund" impliziert mindestens zweierlei: **Erstens**: Das als "Bund" zu bezeichnende Gemeinschaftsverhältnis "ist nicht das einer naturgegebenen Verbindung", sondern verdankt sich "dem freien Gemeinschaftswillen"[201] mindestens einer der in den Bund einbezogenen Instanzen; es geht also jedenfalls auf sinnhaft-offenes Handeln in der Zeit zurück. **Zweitens**: Das Bundesverhältnis qualifiziert das Handeln der beteiligten Instanzen insofern, als bestimmte Typen ihres Handelns dem Bundesverhältnis entsprechen, andere ihm widersprechen. Der Bund verpflichtet die beteiligten Instanzen zu einem dem Bundesverhältnis entsprechenden Handeln. Eine der beteiligten Instanzen kann deshalb, solange sie selbst mit ihrem Verhalten dem Bundesverhältnis nicht widerspricht, von der (bzw. den) anderen beteiligten Instanz(en) ein dem Bundesverhältnis entsprechendes Handeln erwarten.

Die Definition läßt zugleich Möglichkeiten unterschiedlicher konkreter Ausprägungen des Bundesverhältnisses offen. So kann es sowohl zwischen gleichrangigen und gleichberechtigten Partnern bestehen als auch zwischen einer übergeordneten und einer untergeordneten Instanz. Es kann von allen Beteiligten freiwillig eingegangen werden oder von einer Instanz der/den anderen aufgezwungen werden. Offen bleibt hier auch, ob und in welcher Gestalt ein Bund explizite Sanktionen für den Fall eines ihm widersprechenden Verhaltens eines Beteiligten einschließt, d.h. ob eine beteiligte Instanz auch dann, wenn sie in ihrem Handeln dem Bundesverhältnis widerspricht, ein bestimmtes Verhalten der anderen beteiligten Instanz(en) regelhaft zu erwarten hat[202].

---

200 Vgl. Koch, Profeten II, 72.
201 Eichrodt, Religionsgeschichte, 18 (zit. bei Schmidt, Exodus, 73f).
202 Die Fluchlisten in aol. Staatsverträgen sind mehr (z.B. TUAT I/2, 169ff) oder weniger (z.B. a.a.O., 132.142f.151) ausführlich. Die Sanktion des Vertragsbruchs liegt dabei meist nicht ausdrücklich beim Vertragspartner, sondern bei den als Zeugen angerufenen Göttern. Der von Geyer, Ezekiel 18, 33f mitgeteilte hethitische Vertrag zwischen Muršiliš II. und Kupanta Kal zeigt aber exemplarisch, daß der Großkönig - der sich hier mit dem Sonnengott identifiziert (Z.23) - für sich das Sanktionsrecht im Falle des Vertragsbruchs durch seinen Vasallen in Anspruch nimmt (Z. 14-17).

(2) Um eine Klärung der Bedeutung des hebräischen Ausdrucks ברית hat sich in neuerer Zeit v.a. E.Kutsch bemüht[203]. Kutsch bestreitet, daß ברית wie "Bund" eine Gemeinschaftsform bezeichnet: ברית "bezeichnet nicht ein 'Verhältnis', sondern ist die 'Bestimmung', 'Verpflichtung', die das Subjekt der b^{e}rīt übernimmt; in solchem Zusammenhang kann b^{e}rīt geradezu die 'Zusage' meinen"[204]. Kutsch versucht diese These im "profanen" und im "theologischen" Gebrauch des Wortes zu belegen.

Im "profanen" Bereich kann ברית nach Kutsch bezeichnen: (a) die "Selbstverpflichtung" (342), (b) die einem anderen auferlegte "Verpflichtung" (343) und (c) die "wechselseitige(.) Verpflichtung(.)" für "zwei oder mehrere Partner" (344).

(Ad c) In der zuletzt genannten Bedeutung von ברית, die sich praktisch mit der von "Bund" deckt, sieht Kutsch einen "sekundären und relativ selten belegten Sprachgebrauch" (344).

(Ad b) Doch stellt auch in den Fällen, wo ברית die einem anderen auferlegte Verpflichtung bezeichnet, die ברית zweifellos ein Verhältnis zwischen zwei (oder mehr) Instanzen her: A verpflichtet B; B ist durch A verpflichtet. Aufgrund dieser Verpflichtung kann A von B ein bestimmtes Verhalten erwarten. Wo die Verpflichtung ausdrücklich mit der Androhung von Sanktionen verbunden ist - so (nach Kutsch) in Ez 17,13ff -, kann umgekehrt auch B von A erwarten, daß er diese nur dann verhängt, wenn B mit seinem Verhalten der ברית widerspricht - andernfalls wäre die Androhung von Sanktionen völlig disfunktional. Selbst die ברית von 2 Kön 11,4ff, zu der "der Priester Jojada die Führer der Palasttruppen""'vergattert'"(344), wäre schlechterdings sinnlos, wenn Jojada forthin in x-beliebiger Weise handeln, womöglich gar selbst Hand an Joas legen würde, statt das Ziel der ברית: Joas zum König zu machen, konsequent zu verfolgen, was er ja dann auch tut - andernfalls könnte diese ברית nur entweder als Produkt einer nicht mehr sinnhaft handelnden Instanz oder als Teil eines strategisch verzerrten Kommunikationsprozesses verstanden werden. Auch wo ברית die einem anderen auferlegte Verpflichtung bezeichnet, schließt sie also - mindestens implizit - "eine Verpflichtung dessen, der die 'b^{e}rīt schneidet', ein" (gegen Kutsch, 344), bezeichnet

---

203 Vgl. Kutsch, Gesetz; Ders., Begriff; Ders., Sehen; Ders., Verheißung; zusammenfassend Ders., Art.ברית ; Ders., Art. Bund.
204 Kutsch, Art.ברית , 342; die folgenden Seitenangaben im Text beziehen sich auf diesen Artikel.

also eine Gemeinschaftsform mit verpflichtendem Charakter, einen Bund.
(Ad a) Eine ברית als Selbstverpflichtung wird schließlich an allen von
Kutsch (342f) angegebenen Stellen zu Gunsten (oder Ungunsten) einer anderen Instanz oder ihr gegenüber eingegangen. Auch hier stellt also immer
eine Instanz A, die die Selbstverpflichtung übernimmt, ein Verhältnis zu
einer anderen Instanz B her. B kann dann von A ein der ברית entsprechendes Verhalten erwarten, zumal wenn A seine Selbstverpflichtung mit einem
"Ritus der Selbstverfluchung" (343) verbindet (Jer 34,15ff; Gen 15,7f).
Daß auch A aufgrund seiner Selbstverpflichtung gegenüber B ein bestimmtes Verhalten von B erwartet, bestreitet Kutsch entschieden: "Eine Gegen-
leistung oder eine Gegenverpflichtung derer, denen die b^{e}rīt zugute
kommt, ist an keiner dieser Stellen in dem Begriff b^{e}rīt mitenthalten"
(343). Doch korrespondiert etwa an der von Kutsch genannten Stelle Jos
9,15 der mit der ברית verbundenen Selbstverpflichtung Josuas und der
"Obersten der Gemeinde", die Gibeoniter am Leben zu lassen, deren Angebot in 9,11: "Wir sind eure Sklaven. So schneidet nun eine ברית in Bezug
auf uns!" Israel kann also von den Gibeonitern künftig Unterwerfung erwarten. Entsprechendes wäre für die anderen von Kutsch genannten Stellen
zu zeigen[205]. Ist etwa in der Ehe-ברית, in der sich der Ehemann zum
"Schutz der Ehefrau" selbst verpflichtet (342; Ez 16,8), wirklich keinerlei "Gegenverpflichtung" der Ehefrau "mitenthalten" (343)?

Es zeigt sich also, daß sich die Bedeutung von ברית im "profanen" Bereich durchaus mit der von "Bund" überschneidet, ja weitgehend deckt:
ברית bezieht sich hier immer auf ein Verhältnis zwischen verschiedenen
Instanzen, das grundsätzlich für alle Beteiligten verpflichtenden Charakter hat, auch wenn die Verpflichtung einer (oder mehrerer) der beteiligten Instanzen in einzelnen Texten besonders betont werden oder in den
Hintergrund treten kann.

Im "theologischen Bereich" (346) erkennt Kutsch als Bedeutung von ברית
"die Selbstverpflichtung Jahwes, seine Zusage, etwas Bestimmtes zu tun
oder zu geben" (347) und "die Verpflichtung, die Jahwe dem Menschen auferlegt" (ebd.). Kutsch betont, "daß das AT für das Gegenüber von Gott
und Mensch eine gegenseitige b^{e}rīt - eine b^{e}rīt, bei der einerseits Gott
und andererseits Menschen Verpflichtungen übernähmen, die gegenseitig
'einklagbar' wären (...) - nicht kennt" (350). Diese Feststellung wird

---

205 Vgl. McCarthy, Covenant, 60.

aber von Kutsch selbst sogleich weitgehend zurückgenommen, wenn er zuge-
steht, daß **einerseits** "Gott die Durchführung seiner b^e rīt = 'Zusage' von
der Erfüllung bestimmter Bedingungen (Dtn 7,9; 1 Kön 8,23), das Gott-
Volk-Verhältnis von der Bewahrung seiner b^e rīt 'Verpflichtung' (Ex 19,5;
vgl. Ps 132,12) abhängig machen" kann (350), und **andererseits** zwar "der
Mensch ... nicht durch die Erfüllung dieser Bedingungen Gott zur Einhaltung seiner Zusage verpflichten" kann, wohl aber "die Einhaltung ...
darin ihre Garantie" hat, "daß Gott zu seinem Wort steht" (350) - mehr
ist bei einem Verhältnis zwischen sinnhaft-offen handelnden Instanzen
nie zu erwarten.

Gegen Kutsch ist also daran festzuhalten, daß - auch wenn ברית im Deutschen "kein voll deckungsgleiches Äquivalent hat" - "die nach vielen
Seiten hin offene Übersetzung mit 'covenant, Bund'" gerechtfertigt
ist[206]. Berechtigt bleibt freilich Kutschs Hinweis, daß die atl. Texte,
die von einem Bundesverhältnis zwischen Jahwe und Israel sprechen, Gott
und Mensch i.d.R. nicht als "Partner" im Sinne von "gleichberechtigt
einander gegenüberstehende(n) Personen" betrachten (350).

(3) Ein dem Bundeskonzept entsprechendes Vehältnis zwischen Jahwe und
Israel kann in den atl. Texten auf verschiedene Weise **dargestellt** werden:

(3.1.) Das **Wort** ברית findet sich besonders häufig im Bereich der "dtn./
dtr." Literatur[207] sowie in späteren literarischen Schichten des AT,
immerhin aber - nach der Klassifikation von Kutsch[208] - auch mit knapp
15% aller Belege in Texten aus "vordtr. Zeit". Eine Statistik der Streuung des Ausdrucks ברית ist freilich nur begrenzt aussagekräftig, da dieser nur **ein** Indikator für das Bundeskonzept ist, das auch von Texten
repräsentiert werden kann, in denen das Wort ברית fehlt.

(3.2.) Hier führen formgeschichtliche Untersuchungen zum "**Bundesformular**"[209] weiter, die Strukturanalogien zwischen Texten bzw. Textkomplexen
des AT und aol. Vasallenverträgen aufzeigen. Gegen die Hypothese des

---

206 Zimmerli, Grundriß, 40f im Anschluß an Barr, Notes; vgl. jetzt auch
    Herrmann, Bund.
207 Vgl. v.a. Perlitt, Bundestheologie.
208 Kutsch, Art. ברית, 341.
209 Vgl. v.a. Baltzer, Bundesformular; Mendenhall, Recht; McCarthy,
    Treaty.

"Bundesformulars" werden freilich immer wieder folgende Einwände vorgebracht[210]:

(a) Gewöhnlich wird auf das "missing link"[211] zwischen den hethitischen
Vasallenverträgen und den atl. Texten hingewiesen - ein Einwand, der
angesichts des inzwischen erschlossenen weiteren Materials[212] jedoch
stark relativiert werden muß: "There are also treaties from the post-
Hittite period, treaties involving peoples of Syria and Mesopotamia,
especially the Assyrians, and these take us down into the second century
B.C. It would seem that the same legal-literary form, essentially stipu-
lations sanctioned by an oath, was used to express these treaty relationships all through two millennia of ancient Near Eastern history"[213].

(b) "Die Übernahme eines im zwischenmenschlichen politischen Bereich
voll verständlichen Formulars auf die Beziehungen Jahwes zu Israel"[214]
mag insofern Probleme aufwerfen, als "ein Vertrag zwischen einem Gott
und seinem Volk außerhalb des AT bis jetzt nicht nachgewiesen ist"[215].
Dagegen ist jedoch darauf hinzuweisen, daß mindestens nach einigen aol.
Texten "(t)he relation between people and god was ... essentially a con-
tractual one, and the question as to when it was first given dramatic
expression in a formal contract is one for the history rather of rhetoric than of theology"[216].

(c) Das von K.Baltzer rekonstruierte "Bundesformular" ist nur in wenigen
Einzeltexten des AT eindeutig und vollständig belegt. "Die Berührungen
erstrecken sich jeweils auf einzelne Elemente"[217]. Doch repräsentiert
immerhin Jos 24 das Bundesformular einigermaßen vollständig, und gilt
für das Dtn - bei allen "Schwierigkeiten" der Abgrenzung im Einzelnen -,
"daß nicht nur der Aufbau des Dtn.s insgesamt dem Bundesformular zu entsprechen scheint, sondern daß auch mehrere seiner Unterteile in sich
eben dieses Aufbauschema zeigen"[218]. Unstrittig ist jedenfalls "einer-

---

210 Vgl. Zimmerli, Grundriß, 40.
211 Ebd.
212 Vgl. McCarthy, Treaty.
213 McCarthy, Covenant, 26.
214 Zimmerli, Grundriß, 40.
215 Nötscher, Bundesformular, 193; vgl. dgg. jetzt Lohfink, Art. Deute-
    ronomy, 231 (s. dazu Preuss, Deuteronomium, 64).
216 Smith, Theology, 145; vgl. Weinfeld, Art. ברית , 807f.
217 Zimmerli, Grundriß, 40.
218 Preuss, Deuteronomium, 65 (im Referat der Position v. Rads und Balt-
    zers, die er im Folgenden kritisiert).

seits die Tatsache, daß nicht unerhebliche Teile des Wortschatzes des
Dtn.s dem Wortschatz besonders der neuassyrischen Vertragstexte sehr
nahestehen (...), und andererseits der Befund, nach dem bestimmte Einzeltexte (vor allem Dtn 28) eine Nähe zu ähnlichen Passagen der Vertragstexte aufweisen, die nicht nur mit dem Hinweis auf eine mögliche gemeinsame Topik o.ä. abgetan werden können"[219]. Für die Rekonstruktion des in
dieser "Sprache" und "Vorstellungswelt"[220] zum Ausdruck kommenden Konzepts bleibt aber das "Bundesformular" aol. Staatsverträge schon insofern von paradigmatischer Bedeutung, als es im Gegensatz zu manchen anderen an die Texte herangetragenen Vorgaben der Interpretation[221] immerhin
den Vorzug hat, in zeitlicher und räumlicher Nähe zum AT explizit und
umfangreich belegt zu sein.

(3.3.) Im Bereich der **Prophetie** kommt das Bundeskonzept deutlich bei Hosea zum Tragen: "Stellen wie 2,20; 6,7; 8,1 Hosea abzusprechen ..., leuch-
tet vom Kontext her wenig ein[222]. Auch abgesehen von diesen Belegen des
Ausdrucks ברית im Hoseabuch ist aber das Bundeskonzept für seine Argumentation insofern entscheidend, als es erlaubt, das Verhältnis von Jahwe
und Israel als in der Zeit zustandegekommen (vgl. Hos 9,10; 11,1) und -
im Falle eines diesem Verhältnis nicht gemäßen Verhaltens Israels (in
der Terminologie Hoseas: im Falle mangelnden חסד, vgl. 4,1f; 6,4ff[223]) -
als wieder auflösbar (vgl. 1,9; 2,4) zu erfassen. Indem er das "Mytholo-
gumenon"[224] "der Gottesehe als gemeinsame Plattform für Profet und Geg-

---

219 A.a.O., 70f; anders a.a.O., 155.
220 A.a.O., 72.
221 Solche Vorgaben werden gerade auch im Bereich "literarkritischer und
    redaktionsgeschichtlicher Fragen" wirksam, deren "Vernachlässigung"
    Preuss (a.a.O., 67) den Versuchen einer formgeschichtlichen Analyse
    des Dtn durch Baltzer u.a. vorwirft. Kann z.B. wirklich "erst ge-
    fragt werden", "(o)b Dtn 4 vom Bundesformular her gestaltet ist ...,
    nachdem (!) die Einheitlichkeit des Kapitels literarkritisch erwie-
    sen ist" (ebd.)? Wäre nicht wenigstens zu erwägen, ob nicht "(d)ie
    formale und gattungsmäßige Geschlossenheit eines Textstücks ... ein
    Indiz für seine **Einheitlichkeit**" (Barth/Steck, Exegese, 70f) sein
    könnte - und gegebenenfalls eine Divergenz literarkritisch und form-
    geschichtlich gewonnener Ergebnisse der Textanalyse erst einmal zu
    konstatieren, um **dann** nach einer mehr oder weniger wahrscheinlichen
    historischen Erklärung zu suchen?
222 Koch, Profeten II, 102; anders jetzt wieder Jeremias, Hosea (s. z.
    St.) im Anschluß an Perlitt, Bundestheologie.
223 Vgl. dazu Jeremias, Hosea, 60f.
224 Wolff, Hosea, XVIII.

ner"[225] aufnimmt, diese aber im Sinne eines Bundesverhältnisses interpretiert, kann Hosea die mythische Einheit von Gott und Volk aufbrechen[226]. Die Grundzüge dieser Argumentation finden sich aber auch bei
Amos[227] und sind insofern konstitutiv für die gesamte unheilspropheti-
sche Traditionsströmung, als sie die Möglichkeit begründen, "daß Jahwe
seine Bindung an Israel aufheben und aufkündigen" kann[228]. Nur unter
Voraussetzung einer rechtlichen Beziehung zwischen Gott und Volk - eines
Bundesverhältnisses im oben definierten Sinne - werden schließlich die
"Funktionen" des Propheten "im Bereich des Rechtes"[229] verständlich.
Damit soll weder behauptet werden, "that this treaty form and ideology
has ... exercised a fundamental influence on Israel from the days of
Moses", noch "the attempt to interpret the role of the prophets as that
of spokesmen of the covenant"[230] erneuert werden; "but we can see that
the traditions which the prophets inherited and used had a place in the
emergence of a distinctive covenant ideology in Israel"[231].
(4) Mit dieser letzten, einschränkenden Bemerkung soll ein Hinweis auf
die Möglichkeit einer m.E. hilfreichen und notwendigen Entwirrung der
Diskussion über das Bundeskonzept im AT gegeben werden: **Zum einen** ist
sie nämlich weithin beherrscht von einer durchaus problematischen, einlinigen Sicht der "Entwicklungs"-Geschichte atl. Traditionen[232]. Auch wenn
man daran festhält, daß die "vollste Bezeugung" der "at. theologischen
Aussagen vom 'Bund'" "im dt.-dtr. Schrifttum greifbar wird"[233], muß man
doch die Möglichkeit - wenn nicht Wahrscheinlichkeit - zugestehen, daß
das Bundeskonzept "nicht erst von Dtn erfunden worden ist"[234]. **Zum anderen** wird häufig zwischen dem **Konzept** des Bundes und seiner **sozialen Realisierung** in der Geschichte Israels zu wenig differenziert, indem die
Probleme von "'Amphiktyonie' und 'Bund'"[235] vorschnell identifiziert

---

225 Koch, Profeten II, 100ff.
226 Vgl. Wolff, Hosea, XIX u.u.III.4.1.1.
227 Das Verhältnis von Jahwe und Israel ist geschichtlich zustandegekom-
    men: Am 9,7; es fordert ein ihm gemäßes Verhalten Israels: vgl.
    5,14f.24; es ist auflösbar: vgl. 8,2.
228 Jeremias, Kultprophetie, 179.
229 Vgl. Baltzer, Biographie, 154ff.
230 Clements, Prophecy, 21.
231 A.a.O., 23; vgl. Weinfeld, Art. ברית, 806f.
232 Vgl. zu dieser Sicht und ihrer Kritik Oeming, Theologien, 104ff.
233 Zimmerli, Grundriß, 41.
234 A.a.O., 42.
235 Vgl. etwa den Aufsatz von G.Fohrer, "AT - 'Amphiktyonie' und 'Bund'".

werden. Demgegenüber wäre die Diskussion über das Bundeskonzept im AT im
Rahmen eines "Konflikt-Modells" atl. Traditions- und Sozialgeschichte
neu zu führen.

Auf dem Gebiet der Sozialgeschichte hat bekanntlich die Amphiktyonie-
Hypothese M.Noths[236] vielfältige Kritik erfahren, aber auch - in relati-
vierter und modifizierter Gestalt - wieder zustimmende Aufnahme gefunden[237]. Versteht man das "vorstaatliche Israel" als "segmentäre Gesellschaft"[238], stellt sich die Frage, was die Einheit dieser Gesellschaft
im Bewußtsein ihrer Angehörigen ausmacht. Der ethnologische Vergleich
zeigt, daß ein derartiges Einheitsbewußtsein sich "auf sprachliche Einheit, Abstammungsglaube, gemeinsame Wanderungsgeschichte oder auf die
klare Gebietsgemeinschaft berufen (kann). Die Mitglieder dieser Einheit
können emotional durch ein ausgeprägtes Wir-Bewußtsein verbunden sein,
es kann aber auch nicht mehr vorliegen als die 'Zugehörigkeitshypothe-
se'"[239]. Betrachtet man nun daraufhin Selbstdefinitionen Israels als
Volk (עם; גוי) im Gegenüber zu Jahwe, so lassen sich bei einem globalen
Überblick "im AT zwei Gedankenkomplexe" unterscheiden: "einerseits **ist**
Israel das Volk Jahwes aufgrund einer Verwandtschaftszugehörigkeit zu
Jahwe, andererseits **wird** Israel ein ^{c}am Jhwh aufgrund einer Bundes-
schließung"[240]. Diese Beobachtung, die sich jeder vorschnellen Harmoni-

---

236 Noth, System.
237 Vgl. die Forschungsüberblicke bei Bächli, Amphiktyonie; Metzger,
    Probleme; Schmidt, Altes Testament, 11ff; Gunneweg, Geschichte, 45ff
    (hier und a.a.O., 8 auch erste Ansätze einer Auseinandersetzung mit
    dem Entwurf von Gottwald: Tribes). Zur modifizierten Aufnahme der
    Amphiktyonie-Hypothese vgl. neben Gunneweg, a.a.O., etwa Crüsemann,
    Widerstand, 201: Auch wenn "man jedenfalls in ihrer klassischen Form
    an der Hypothese wohl nicht länger festhalten kann", ist es doch
    "bisher nicht gelungen ..., für die Probleme und Rätsel des vorstaat-
    lichen Israel eine ebenso klare, besser begründete Lösung zu fin-
    den"; oder Thiel, Entwicklung, 133: Die Annahme der "Existenz einer
    die Stämme des vorstaatlichen Israel verbindenden Größe" bleibt an-
    gesichts der "Entwicklung des Gemeinbewußtseins Israels, das sich in
    der gesamtisraelischen Perspektive der Überlieferungen ausdrückt",
    vorläufig unumgänglich; s. jetzt auch Zobel, Zusammenschlüsse.
238 Vgl. Crüsemann, Widerstand, 201ff.
239 Sigrist, Anarchie, 62 (zit. bei Crüsemann, a.a.O., 206).
240 Hulst, Art.עם /גוי, 304f; vgl. Fohrer, Geschichte, der aber in sei-
    ner Darstellung der "mosaischen Jahwereligion" (63ff) diese beiden
    Aspekte m.E. zu wenig auseinanderhält, wenn er **einerseits** von einer
    "am Berge Jahwes konstituierte(n) Lebensgemeinschaft" (70) von Gott
    und Volk spricht, diese aber **andererseits** gerade nicht als (in sinn-
    haft-offenem Handeln konstituierten) Bund, sondern als "Verwandt-
    schaftsverhältnis"(ebd.) qualifiziert. Nun sind allerdings (zeitlich

sierung auf der Ebene der "Ideen" widersetzt[241], könnte, falls sie einer
genaueren Prüfung an Texten aus allen literaturgeschichtlichen Epochen
standhält, ein von der Frühzeit Israels an wirksames Konfliktpotential
anzeigen: den Konflikt zwischen einem tendenziell "mythisch - naturhaf-
ten" und einem tendenziell "geschichtlichen", "sinnhaft - offenen"
Selbstverständnis Israels in seiner Gottesbeziehung, der sowohl (traditionsgeschichtlich) als Konflikt konkurrierender Konzepte des Gottesverhältnisses und Programme gesellschaftlicher Organisation als auch (so-
zialgeschichtlich) als Konflikt von Versuchen ihrer Realisierung zu begreifen wäre[242]. Im Rahmen einer unter dem Gesichtspunkt dieses Konflikts konzipierten Geschichte Israels wäre neu nach der Geschichte des
Bundeskonzeptes - als Modell eines "geschichtlichen" Selbstverständnisses Israels - zu fragen. Zu erwarten ist, daß es traditionsgeschichtlich
insbesondere in Epochen tiefgreifender sozialer Umbrüche - und solche
sind in der Geschichte Israels v.a. die Zeit der Ausbildung monarchi-

---

konstituierter) Bund und (vorgegebenes) Verwandtschaftsverhältnis für
das aol. Denken durchaus vereinbar: "A treaty created 'brotherhood'
and made 'fathers' and 'sons'. Semitic societies and their satel-
lites seem to have seen all relationships as some kind of extension
of their basic group, the family, and as in that relationship, they
lasted over the generations (thus treaties did not automatically
need renewal at the death of one party but could continue in force
for the successor)" (McCarthy, Covenant, 66). Dies hängt zusammen
mit einem Verständnis des Bundes als Realisierung eines immer schon
gültigen Verhältnisses, wie es z.B. schön im ägyptisch-hethitischen
Friedensvertrag zwischen Ramses II. und Hattusili III. zum Ausdruck
kommt (TUAT I/2, 135ff): Nach der babylonischen Fassung wird Ramses
"das Verhältnis schaffen, d(as der Sonnenkönig geschaffen hat un)d
das der Wettergott geschaffen hat für das Land Ägypten und das Land
Hatti gemäß seinem Verhältnis **von Ewigkeit her** .... **Jetzt** hat aber"
Ramses mit Hattusili das Verhältnis "geschaffen ... **v(om heutigen
Ta)ge (an,)** um zwi(schen uns **für) immer** guten Frieden und gute Bru-
derschaft zu stiften ..." (Vs. Z.11ff). Die ägyptische Fassung (Z.
7ff) weist an der entsprechenden Stelle auf die Schlacht bei Kadesch
hin: Weil sie das "von Ewigkeit her" bestehende Freundschaftsverhält-
nis zwischen Hethitern und Ägyptern gestört hat, muß dieses Verhältnis jetzt durch einen Vertrag wiederhergestellt werden. Hier zeigt
sich, daß - und aus welchen Gründen - ein **"geschichtlich"** begründetes Bundesverhältnis als **"übergeschichtlich"** gültig angesehen werden
kann. Beide Aspekte sind aber in der konzeptionellen Rekonstuktion
zu unterscheiden; der erstere ist für das Bundeskonzept konstitutiv.
241 Vgl. die gleichermaßen unbefriedigenden Versuche von Hulst und Loh-
    fink, referiert bei Hulst, Art. עם / גוי, 305.
242 Ansätze eines stärker konfliktorientierten Modells der (Sozial-)Ge-
    schichte Israels finden sich etwa bei Stolz, Aspekte (vgl. Schott-
    roff, Soziologie, 55f) oder Dietrich, Israel.

scher Herrschaft sowie die exilisch-nachexilische Zeit des Zusammen-
bruchs und der Neuorganisation - hervortritt, in äußerlich stabilen Epochen dagegen v.a. in gesellschaftskritischen Kreisen - d.h. in Israel
vornehmlich im Bereich der Gerichtsprophetie[243] - tradiert wird.

Interpretiert man Ez 5,5-17 angesichts der zahlreichen
Anklänge der konkreten Prognosen im Text an atl. und aol.
Fluchreihen vor dem Hintergrund des Bundeskonzepts, wird die
innere Logik des dargestellten Geschichtsablaufs in höherem
Maße verständlich. In der Abfolge von (A) Herstellung eines
Ordnungs-Zustands durch das Handeln Jahwes, (B) Störung dieses Ordnungs-Zustands durch das Verhalten Jerusalems/Israels
und (C) Wiederherstellung der Ordnung durch das Eingreifen
Jahwes[244] kann das Konzept des Tat-Ergehen-Zusammenhangs
allein den Übergang von (B) zu (C) motivieren und erklären.
Auch im Rahmen des Bundeskonzepts bleibt nun zwar der Übergang von (A) zu (B) kontingent; (A) ist aber für den dargestellten Geschichtsablauf - und das heißt hier: für die argumentative Stringenz der Gerichtsprognose - insofern funktional, als die hier etablierte Ordnung, verstanden im Sinne
eines Bundesverhältnisses zwischen Jahwe und Jerusalem/Isra-
el, angesichts des in (B) dargestellten Verhaltens Jerusa-
lems/Israels die in (C) angekündigten konkreten Sanktionen
Jahwes gegen Jerusalem/Israel als Realisierungen des Bundes-
fluchs regelhaft erwarten läßt.

4.3. Zusammenfassung

Die Perspektive der Geschichtsdarstellung von Ez 5,5-17
ist bestimmt von der Ordnung der Völkerwelt und der Stellung
Jerusalems und Israels darin. Dabei können ein räumlicher
und ein rechtlicher Aspekt dieser Ordnung unterschieden wer-

---

243 Von einem "Bundesschweigen" der vordtn./-dtr. Propheten (Perlitt)
    kann man legitimerweise wohl nur in Bezug auf den hebräischen Aus-
    druck בריח sprechen. Dagegen scheinen wesentliche Elemente des Bun-
    deskonzepts für deren Gerichtsprophezeiung konstitutiv zu sein (vgl.
    o. (3.3.) in diesem Exkurs).
244 S.o. 3.3.

den: Jerusalem steht im Zentrum der "Völker" und "Länder";
während die Völker ihren eigenen "Satzungen und Rechten"
entsprechend handeln, gelten für Jerusalem die "Satzungen
und Rechte" Jahwes. Stimmt die Perspektive des Textes in
diesen Grundzügen mit einer "mythisch" geprägten "Zion-Theologie" überein, werden doch alsbald Differenzen deutlich:
Momente der Strukturierung der Erfahrungswirklichkeit, die
dort in mythischer Einheit eng miteinander verknüpft sind,
werden hier zu unterschiedlichen Aspekten, die gegeneinander
ausgespielt werden können: Wird Jerusalem als lokale Größe
von Jerusalem als sozialer Größe unterschieden, kann es zugleich vernichtet bzw. zerstreut werden und Zentrum der Völkerwelt bleiben. Werden Jahwes "Satzungen und Rechte" nicht
nur als Gabe Jahwes, sondern auch als Norm des Verhaltens
Jerusalems begriffen, kann sich Jahwes Gerichtshandeln **in**
Jerusalem **gegen** Jerusalem richten. Dabei negiert der Text
nicht einfach die mythische Einheit von Gott, Stadt und Volk
in ihrem räumlichen und rechtlichen Aspekt; indem er sie
aufbricht, holt er nur konzeptionell ein, was in seiner
Sicht Jerusalem durch seinen Widerspruch gegen die Ordnungen
Jahwes längst getan hat.

Ist aber die Einheit und Ordnung der Erfahrungswirklichkeit so einschneidend und von ihrem Zentrum her zerbrochen,
wird eine Bewältigung dieser Dissonanzerfahrung[245] **im Rahmen**
der "Zion-Theologie" unmöglich; vielmehr wird das Zerbrechen
mythischer Einheit und Ordnung durch ein unmittelbar bevorstehendes Eingreifen Jahwes offenkundig gemacht und festge-
schrieben werden, das erst zur Ruhe kommt, wenn im Zentrum
der Völkerwelt nur mehr eine Trümmerstätte übriggeblieben
ist. Die prognostische Extrapolation von der Vergangenheit
und Gegenwart auf die Zukunft ist dabei in doppelter Hinsicht durch implizite Regeln begründet: Zum einen besteht
ein Ursache-Wirkungs-Zusammenhang zwischen Verhalten und
Ergehen Jerusalems - Jerusalem hat mit seinem Verhalten die
mythische Ordnung zerbrochen, dies wird in seinem Ergehen

---

245 Vgl. o. I.4.2.

manifest; zum anderen sind göttliches und menschliches Handeln im Sinne eines Bundesverhältnisses miteinander korreliert - Jerusalem hat den "Satzungen und Rechten" Jahwes
widersprochen, deshalb setzt dieser erwartungsgemäß den
Fluch in Kraft. Dabei umgreift der zweite Regelzusammenhang
den ersten und ermöglicht ihn: Die Stellung Jerusalems in
der Völkerwelt ist in der Zeit durch Jahwes Handeln zustandegekommen und kann deshalb auch durch ein erneutes Eingreifen
Jahwes - hinsichtlich Jerusalems als sozialer Größe - zu ihrem Ende kommen.

Ez 5,5-17 zeigt so ein komplexes Rahmenkonzept, dessen
Elemente nicht ohne Spannungen miteinander verbunden sind.
Deutlich ist das Bestreben, denkbar und vorstellbar zu machen, was nach Maßgabe der "Zion-Theologie" undenkbar und
unvorstellbar ist: eine umfassende und endgültige Katastrophe Jerusalems. Hierzu werden Elemente der gerichtsprophetischen und der dtn./dtr. Traditionsströmung aufgenommen und
argumentativ eingesetzt. Gleichwohl bleibt die Perspektive
des Textes stark von der "Zion-Theologie" geprägt. Die hier
erkennbaren Spannungen und Auseinandersetzungen sind ein
Indiz dafür, daß der (bzw. die) Verfasser nicht nur in seiner aktuellen Kommunikations-Situation sich mit bestimmten
Applikationen der "Zion-Theologie" (vgl. Ez 11,3) auseinan-
derzusetzen hat, sondern auch sich selbst erst einen neuen
Interpretationsrahmen zur Verarbeitung aktueller Erfahrungen
erarbeiten muß. Zur Rekonstruktion dieser Erfahrungen empfiehlt es sich, die Zeichenhandlungen von Ez 4,1-5,4 in die
Analyse mit einzubeziehen.

5. Der Zusammenhang zwischen Gerichtsprophezeiung (Ez 5,5-
   17) und Zeichenhandlungen (Ez 4,1-5,4)

Innerhalb der Großeinheit Kap. 4-7 ist die Gerichtsprophezeiung Ez 5,5-17 mit den Zeichenhandlungen von 4,1-5,4 zu

einer relativ abgegrenzten und eigenständigen Worteinheit
verbunden[246]. Im Folgenden soll gefragt werden, inwieweit
diese Zusammenstellung als sachgemäß betrachtet werden kann
und welche Aufschlüsse sie möglicherweise für die Rekonstruktion der Ez 5,5-17 zugrundeliegenden Erfahrungen erbringt.

5.1. Literarische Verbindungen

Zwischen der Jahwerede 5,5-17 und den Zeichenhandlungen
4,1-5,4 bestehen zahlreiche Querverbindungen, auf die hier
nur kurz hingewiesen werden soll:
(1) In 5,2 wird dieselbe konzentrische Ordnung des Raumes erkennbar wie
in 5,5-17 (vgl. v.a. 12). Daß Israel von "Völkern" umgeben ist, setzt
auch 4,13 voraus. 4,1f (Jerusalem umgeben von feindlichen Heeren) erinnert an 5,5 (Jerusalem inmitten der Völker und Länder); im Gegensatz zu
ihrer eher statischen Rolle in 5,5ff werden die Völker hier aber dynami-
scher und als für Jerusalem bedrohlich dargestellt.
(2) 5,2 stellt wie 5,12 ein dreiteiliges Handeln dar[247], das vom Kontext
her unschwer als göttliches Gerichtshandeln an Jerusalem/Israel zu verstehen ist.
(3) Das Stichwort "zerstreuen" (זרה) findet sich in Zeichenhandlungen
(4,2) und Gerichtsprophezeiung (5,10.12). 4,13 gebraucht für denselben
Sachverhalt das Verb נדח hi.
(4) "Verunreinigung" (Wz. טמא) ist neben 5,11 auch in 4,13f thematisch.
Während sich der Topos jedoch in 5,11 im Rahmen des Schuldaufweises findet, wird in 4,13 den Israeliten Verunreinigung angekündigt; in 4,14
beteuert der Prophet rückblickend, sich niemals verunreinigt zu haben.
(5) 4,16f kündigt wie 5,16f Hunger im belagerten Jerusalem an. An beiden
Stellen wird dazu die Metapher vom "Zerbrechen des Brotstabes" verwen-

---

246 S.o. 1.
247 G bietet an beiden Stellen eine Vierteilung. "Das Vorkommen von zwei
    Verben in (sc. 2bα und 12)aα, die getrennte Behandlung von Pest und
    Hunger in 14,12ff. und anderswo, die bei Ez mehrfach zu erkennende
    Bedeutung der Vierzahl (...) mögen dazu eingeladen haben, den Text
    weiter zu entfalten" (Zimmerli, 98). - In 5,2 dürfte statt des syn-
    taktisch problematischen תכה   ולקחה את השלשית   zu lesen sein והשלישית
    תכה   (s. BHS; Zimmerli, 97).

det, die im AT sonst nur noch in Lev 26,26 und Ps 105,16 belegt ist[248].
(6) Insbesondere die Ankündigung von 5,11, Jahwe werde "scheren" (גרע)[249]
kann als Rückverweis auf die Zeichenhandlung 5,1ff interpretiert werden,
in der freilich das Verb גרע nicht vorkommt.

Aufgrund dieser Querverweise und des kompositorischen Zusammenhangs im vorliegenden Text wird die Gerichtsprophezeiung
5,5-17 bisweilen als "Deutung" der Zeichenhandlungen von
4,1-5,4[250] bzw. der letzten Zeichenhandlung 5,1-4[251] interpretiert. Doch dürften die Zeichenhandlungen in ihrer "Bildsprache ... ohne weiteres verständlich"[252] gewesen sein. Es
empfiehlt sich deshalb, sie zunächst gesondert zu betrachten
und dabei v.a. auch nach ihrer Funktion zu fragen.

5.2. Zusammenhang und konzeptioneller Hintergrund der Zeichenhandlungen in Ez 4,1-5,4

5.2.1. Zur Funktion prophetischer Zeichenhandlungen[253]

"Mit der Verwendung des Verkündigungselementes der Zeichenhandlung steht Ez im Rahmen alter prophetischer Übung"[254].

---

248 Zum Hintergrund vgl. Kellermann, Art. Backen, 30; Köhler, Loch- und
    Ringbrot; Schult, Marginalie.
249 "Das גרע des M macht Schwierigkeiten" (Zimmerli, 98). Die verschiedenen Lesarten der Übersetzungen scheinen bereits auf Konjekturen
    zurückzugehen - G:απωσομαι σε (Wz. גרש), V: confringam (Wz. גדע ;
    vgl. T). Neuere Kommentatoren schlagen Ableitungen der Wurzeln פרע
    oder הרג vor (vgl. ebd.). Am einfachsten ist es aber, bei M zu bleiben und גרע im Sinne von "scheren" zu verstehen (vgl. Jes 15,2; Jer
    48,37 u. ebd.).
250 So z.B. Cooke, 58; Zimmerli, 100ff.
251 So z.B. Fohrer, 34ff.
252 Eichrodt, 31; zu Eichrodts Behauptung: "Die einzige unbeantwortbare
    Frage war die nach dem Namen der dargestellten Stadt" (ebd.) s.o.
    3.1. Die Streichung von את ירושלם in 4,1 als "glossatorisch vorweggenommene Deutung" (a.a.O., 23; vgl. BHS) setzt eine Interpretation
    prophetischer Zeichenhandlungen als deutungsbedürftig voraus, die in
    diesem Fall der - in der gesamten Überlieferung bezeugte! - Text
    klar widerlegt.
253 Vgl. v.a. Fohrer, Gattung; Ders., Handlungen; Lang, Aufstand, 166ff.
254 Zimmerli, 103; die Belege prophetischer Zeichenhandlungen im AT
    sind aufgelistet bei Fohrer, Gattung, 92 Anm.1.

Als Grundelemente der Darstellung prophetischer Zeichenhandlungen im AT - "von einer 'Gattung' wird man hier besser nicht reden"[255] - nennt Fohrer[256] den "Befehl zur Ausführung", den "Bericht über die Ausführung" und die "Deutung". Die Darstellung kann erweitert werden durch "Angaben über vielleicht vorhandene Augenzeugen", "Ausdrücke für die Zusage Jahwes zur Verwirklichung des Symbolisierten" sowie "Ausdrücke für die Beziehung der symbolischen Handlung zu dem durch sie symbolisierten Geschehen". Mit Zimmerli[257] kann im ersten Grundelement der Darstellung präziser zwischen einem "göttlichen Befehl" und einer möglichen anderweitigen "Exposition der Geschichte" unterschieden werden. Ez 4,1-5,4 repräsentiert insofern eine Spätgestalt der Darstellung prophetischer Zeichenhandlungen, als hier "die Ausführung der Handlung gar nicht mehr berichtet" wird[258].

Die Funktion prophetischer Zeichenhandlungen ist in der Forschung stark umstritten. In der Sicht G.Fohrers etwa wirkt in ihnen die "Machterfülltheit und Machtwirkung"[259] magischer Praktiken nach; sie "verbürgen" so, wie W.Zimmerli formuliert, "durch ihren Ablauf kommendes Geschehnis"[260]. Dagegen betrachtet B.Lang sie als "auf Publikum berechnete und Publikum beeinflussende Agitation"[261], also als eines von mehreren Mitteln prophetischer Rhetorik (im weitesten Sinne).

Fohrer, der eine enge Beziehung zwischen magischen und prophetischen Handlungen annimmt, weist freilich sogleich nachdrücklich auf die "gebrochene oder dialektische Art dieser Beziehung"[262] hin. Differenzen zwischen Prophetie und Magie sieht er v.a. darin, (1) "daß der Prophet sie (sc. die Zeichenhandlung) nicht auf eigenen Wunsch oder nach dem Willen

---

255 Zimmerli, 104.
256 Fohrer, Gattung, 94.
257 Zimmerli, 104.
258 Ebd.
259 Fohrer, Prophetie, 245.
260 Zimmerli, 103.
261 Lang, Aufstand, 167. Ders., Street Theater, 305, unterscheidet vier "categories of symbolic acts": (1) "teaching aids" ("street theater"), (2) "performative gestures", (3) "symbolically perceived acts" und (4) "magical acts". Die Zeichenhandlungen im EB schlägt er größtenteils der ersten Kategroie zu; "they never belong to a known and pre-established repertoire of gestures and customs, but are invented for the occasion" (ebd.).
262 Fohrer, Prophetie, 248; ähnlich z.B. Robinson, Symbolism, 10.

anderer Menschen vornimmt, sondern auf einen Befehl Jahwes hin, den erhalten zu haben er überzeugt ist", (2) "daß er sie in den meisten Fällen
gleichzeitig mit der Ausführung oder zu einem späteren Zeitpunkt deutet
und diese Deutung vor allem als ein von ihm verkündetes Jahwewort erscheint", und (3) "daß er das Eintreten des symbolischen Geschehens
nicht aufgrund seiner Mächtigkeit erwartet, sondern wegen der mit der
Deutung verbundenen Zusage Jahwes, daß das Geschehen sich verwirklichen
wird"[263].

Für alle drei von Fohrer genannten Eigenarten prophetischer Zeichenhandlungen lassen sich jedoch mehr oder weniger genau entsprechende Phänomene aus dem Bereich magischer Praktiken benennen[264]. Wird so die von
ihm behauptete Differenz zwischen magischen und prophetischen Praktiken
fragwürdig, gilt entsprechendes umgekehrt auch für deren Gemeinsamkeit
in dem von Fohrer ausgeführten Sinne: Die "Machterfülltheit und Machtwirkung" magischer Handlungen ist nämlich - wie die prophetischer Zeichenhandlungen auch - durchaus begrenzt (vgl. 1 Kön 22,11) und kann durch
konkurrierende Handlungen (vgl. Jer 27f) relativiert werden[265].

Auch Lang relativiert sogleich die Analogien zwischen prophetischen
Zeichenhandlungen und solchen aus dem alltäglich-profanen Bereich[266],
v.a. aus dem "Bereich militärischer Propaganda"[267], die seine Deutung
prophetischer Zeichenhandlungen "als Aufruf zur Umkehr und Buße" und
"als Vorform des modernen politisch und sozial agitatorischen Straßen-
theaters"[268] stützen sollen: "Es muß betont werden, daß die prophetische
Zeichenhandlung **sui generis** ist und auch in anderen 'Zeichenhandlungen'
nur entfernte Analogien hat"[269]. Ihr Spezifikum sieht Lang in ihrer Spon-
taneität: "Während die Propheten ihre Zeichenhandlungen **ad hoc** erfinden,
handelt es sich sonst immer um **Bräuche**, um wiederholbare Handlungen, die

---

263 Fohrer, a.a.O., 251.
264 Vgl. zu (1) etwa die bei Ungnad, Religion, 282.289 gebotenen Beispiele aus der Sammlung Utukki Limnûti (vgl. Thompson, Devils, 2ff), zu
(2) z.B. das Zwiebel-Ritual (Ungnad, Religion, 269f) aus der Šurpu=
Sammlung (neuere Übs. bei Reiner, Šurpu) und zu (3) Ungnad, Religion, 282.284 (wiederum aus der Sammlung Utukki Limnûti).
265 Vgl. z.B. Meissner, Babylonien II, 202f sowie die bei Ungnad, Religion, 243f.254 angeführten Beschwörungen gegen feindliche Magier und
ihr Treiben aus der Sammlung Maqlû (neuere Übs. bei Meier, Maqlû).
266 Vgl. Lang, Aufstand, 169f; s.a. Fohrer, Gattung, 92 Anm.1.
267 Lang, Aufstand, 168.
268 A.a.O., 167f.
269 A.a.O., 169.

meist auch außerisraelitische Parallelen haben"[270]. Die Betonung der
Handlungsanweisung **durch Jahwe** in den Zeichenhandlungen des EB kann dann
allerdings kaum anders denn als bewußte Strategie zur Legitimation[271]
prophetischer "Agitation" verstanden werden. Zudem wäre zu fragen, ob
nicht gerade die "agitatorische" Funktion der Zeichenhandlungen eine
möglichst hohe Verständlichkeit erfordert - und damit einen konventionel-
len "Code", der spontaner Erfindung Grenzen setzt[272].

Die skizzierten Hinweise deuten Probleme einer einseitig
"magischen" oder "agitatorischen" Interpretation prophetischer Zeichenhandlungen an. Beide Deutungen weisen auf mögliche Aspekte oder Sinndimensionen hin. Ihre Schwäche liegt
jeweils in der Engführung auf **eine** Sinn- und Funktionsdimen-
sion. Dies wird deutlich, wenn man sich das Instanzengefüge
vor Augen führt, in dem sich die Zeichenhandlung als semioti-
scher Prozeß[273] vollzieht:

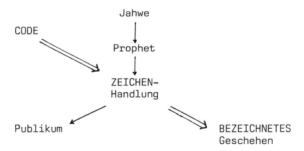

---

270 A.a.O., 170. "Besonders unbeabsichtigt" erscheinen dagegen Haeusser-
    mann, Wortempfang, 33 die Zeichenhandlungen Ezechiels, in denen die-
    ser sich "wie ein spielendes Kind" verhalte.
271 Zur legitimierenden Funktion der "prophetic acts of power", die den
    Zeichenhandlungen nahestehen, vgl. Overholt, Seeing.
272 Dies läßt sich etwa an dem von Lang, Aufstand, 168 angeführten Bei-
    spiel für eine "spontan erfunden(e)" Zeichenhandlung zeigen: "Ein
    sich unterwerfender Rebell läßt aus seiner belagerten Stadt zu Asar-
    haddon ein Bild von sich herausbringen", das ihn im Büßergewand, mit
    Fesseln als Zeichen der Sklaverei und - ein Symbol der Entehrung und
    Unterwerfung (vgl. Jes 47,2) - mit einer Handmühle mahlend darstellt
    (s. Borger, Inschriften, 105). Hier muß durch konventionelle Signale
    die Statue als Repräsentation des Stadtfürsten und ihre Bekleidung
    als Büßergewand erkenntlich sein; das Publikum muß wissen, daß das
    Mahlen an einer Handmühle eine entehrende Tätigkeit ist usw.
273 Vgl. etwa Morris, Grundlagen, 20ff.

Während Fohrers Interpretation in diesem Instanzengefüge
v.a. die (semantische) Relation Zeichen - Bezeichnetes im
Blick hat, betont die Deutung von Lang die (pragmatische)
Relation Prophet - Publikum. Zu fragen wäre aber etwa auch
nach dem Verhältnis der Zeichenhandlung zum Propheten - der
ja in Ez 4,1-5,4 ganz tiefgreifend davon betroffen ist. Zudem wäre die Skizze in dreidimensionaler Darstellung um die
weitere Dimension des Zeitablaufs zu ergänzen - ist es doch
z.B. keineswegs ausgemacht, daß prophetische Zeichenhandlungen sich immer auf ein zukünftiges Geschehen beziehen. Neben
dieser Vielfalt möglicher Dimensionen der Funktion prophetischer Zeichenhandlungen wird bei der Analyse des "Programms"
von Ez 4,1-5,4 auch die Bedeutung ihres "Codes" zu berücksichtigen sein. Zuvor soll jedoch kurz auf die Struktur des
Textes und seine wichtigsten literarkritischen Probleme eingegangen werden.

5.2.2. Die Struktur des Textes

Innerhalb der Einheit Ez 4,1-5,4 markieren die Wendungen
ואתה בן אדם (4,1; 5,1) und ואתה (4,3.4.9) Zäsuren. Inhaltlich läßt sich der Text in vier relativ abgeschlossene Zeichenhandlungen gliedern (4,1-3. 4-8. 9-16; 5,1-4), die in
sich unterschiedlich strukturiert sind.

(I) 4,1-3 weist eine deutliche Zwei- (bzw. - wenn man den
Nominalsatz אות היא לבית ישראל am Schluß von 3 als eigenen
Abschnitt ansehen will - Drei-)Teilung auf. In 1-2 folgt auf
die Anrede ואתה בן אדם eine Reihe imperativischer Verbalsät-
ze (Imperativ - 6x w`qatal - w + Imperativ); ebenso in 3
(ואתה - Imperativ - 4x w`qatal), wo allerdings der vorletzte
Verbalsatz (והיתה במצור) keine Aufforderung an den Propheten
enthält. Am Schluß des Abschnitts steht ein Nominalsatz
(אות היא לבית ישראל).

(II) Die Handlungsanweisung, die in 4,4-8 an den Propheten
ergeht, besteht aus drei Teilen: Zunächst (4-5) soll er die
Schuld des "Hauses Israel", sodann (6) die des "Hauses Juda"
tragen und schließlich (7-8) - wohl währenddessen - gebunden

daliegend gegen Jerusalem weissagen. In allen drei Teilen
folgt auf eine Aktion des Propheten (4. 6a.[bα]. 7) eine
Aktion Jahwes (5a. 6b[α]ß. 8a); nur im ersten und dritten
Teil schließt sich daran wiederum eine Aktion Ezechiels an
(5b. 8b).

(III) 4,9-17 weist eine im Vergleich zu den vorangehenden
Zeichenhandlungen relativ komplizierte Struktur auf. Der
Abschnitt beginnt in 9-12 mit einer vergleichsweise langen
Handlungsanweisung an den Propheten: Er soll sich - während
des Vollzugs der Zeichenhandlung von 4-8 (vgl. 9b) - mit
selbst zubereiteter, karger (10f) und unreiner (12b) Speise
ernähren. In 13 folgt eine von Jahwe in direkter Rede gegebene "Deutung" (... ככה) der Handlung, die nur auf den Aspekt
der Unreinheit der Speise der zerstreuten Israeliten eingeht,
der auch Thema der Einrede des Propheten von 14 und der darauf ergehenden göttlichen Antwort (15) ist. Die in 16 neu
einsetzende Jahwerede (16f) bezieht dann die Zeichenhandlung
unter Aufnahme der Stichwörter משקול und משורה aus 10f auf
die Nahrungsmittelknappheit in Jerusalem.

(IV) 5,1-4 weist eine deutliche Dreiteilung auf: Die erste
Handlungsanweisung (1-2bß) fordert den Propheten zum Scheren
seiner Haare und seines Bartes auf und gibt eine genaue Pro-
zedur an, nach der er mit den abgeschnittenen Haaren weiter
verfahren soll. 2bγ kündigt ein Eingreifen Jahwes in die
Zeichenhandlung an und bringt damit ein prognostisches Element ins Spiel. Die zweite Handlungsanweisung in 3 setzt
insofern neu ein, als 1-2 inhaltlich keine Fortsetzung erfordern. Entsprechendes gilt für die dritte Handlungsanweisung
(4b) im Hinblick auf 1-3. Am Schluß des Abschnitts steht in
4b wiederum eine prognostische Aussage[274].

---

274 Nach Zimmerli, 97 u.a. wäre ממנו תצא אש in 5,4b "eine von G noch
    nicht bezeugte Erweiterung (nach 19,14?)". Diese Behauptung konnte ich
    anhand der mir zugänglichen Septuaginta-Ausgaben nicht verifizieren
    (vgl. die Präzisierung des textkritischen Apparats in BHS gegenüber
    BHK!).

5.2.3. Literarkritische Probleme

Hier sollen zunächst die vier Zeichenhandlungen in Ez 4,1-
5,4 je für sich betrachtet werden.

(I) Zimmerli[275] führt die Zweiteilung des Abschnitts 4,1-3 auf ein
literarisches Wachstum des Textes zurück. 3 ist s.E. keine "selbständige
Einheit im ursprünglichen Aufriß"[276], sondern eine "nachträgliche Erweiterung", die allerdings durchaus "vom Propheten selber nachträglich zugefügt sein könnte"[277]. Vorgabe dieser Interpretation ist die Annahme,
die Zeichenhandlungen seien ursprünglich als - verschleierte[278] - Vorausdarstellung des zukünftigen Ergehens Jerusalems intendiert: "In all diesem Tun bildet der Prophet das kommende Geschick Jerusalems ab"[279]. Mit
dieser Vorgabe fällt auch die Plausibilität literarkritischer Operationen in 4,1-3[280].

(II) Im Kontext des EB ist in 4,4-8 v.a. die Differenzierung zwischen
"Haus Israel" und "Haus Juda" problematisch. Im engeren Kontext (Kap. 4-
5) des Abschnitts werden allein Israel und Jerusalem unterschieden, und
auch im übrigen EB wird "Haus Israel" gewöhnlich als programmatische
Bezeichnung Gesamt-Israels gebraucht[281]. "Auch in Reden wie Kap. 16. 23
spricht er (sc. Ezechiel) nicht von Haus Israel und Haus Juda, sondern
von Samaria und Jerusalem, und selbst in 37, das am ehesten herangezogen
werden könnte, ist die Terminologie anders"[282]. So legt sich die Frage
nahe, "ob hier nicht ... ein Israelwort, das mit dem 'Haus Israel' wie
üblich das durch Juda und Jerusalem repräsentierte Gesamtisrael meinte,
nachträglich differenziert worden ist, wobei dann 'Israel' unversehens
eine andere Bedeutung bekommen hätte"[283]. Erweist sich so die Annahme,
daß im Text Erweiterungen vorliegen, als sehr wahrscheinlich, ist doch
im Einzelnen umstritten, ob mit einer "Erweiterung in einem einzigen

---

275 Vgl. auch Fuhs, 32f.
276 Zimmerli, 102.
277 A.a.O., 113.
278 Auch Zimmerli, 95 streicht in 4,1 ירושלם את als "frühe Interpreta-
    tion".
279 Zimmerli, 103.
280 Vgl. u. 5.2.4.
281 Vgl. Zimmerli, 1258ff; Ders., Israel; dazu Lang, Aufstand, 171f.
282 Herrmann, 31f.
283 Zimmerli, 115. Fuhs, 34 betrachtet dagegen 5-7 insgesamt als Ein-
    schub, in dem "schriftgelehrte Zahlensymbolik" zum Tragen komme.

Akt" zu rechnen ist, oder ob "noch einzelne Phasen der Erweiterungsar-
beit erkennbar werden"[284] - wie etwa Zimmerli meint -, und wie die Erweiterung oder ihre verschiedenen Phasen präzise abzugrenzen sind. Hier
können nur einige neuere Lösungsvorschläge kurz skizziert werden.

E. Vogt[285] sieht den Grundbestand des Textes in 4*[286] und 8[287] und
betrachtet 5,6*[288] und 7 als drei zeitlich nacheinander erfolgte "Umin-
terpretationen". K.S.Freedy[289] nimmt noch mehr Wachstumsstufen des Textes an. Er schreibt nur 4 einem "first traditionist" zu. 5 wurde s.E. in
einer nächsten Phase "appended". Daß 6 von einem "second traditionist"
stamme, zeige sich daran, daß 9b offenbar von einem zweimaligen Liegen
nichts weiß. השמאלי in 4a und הימוני in 6a seien dementsprechend als
später hinzugefügte Glossen zu betrachten. Eine "third gloss" liege mit
שנית in 6 vor. 7 und 8 seien schließlich sekundär mit dem Kontext verbin-
dende Einfügungen. Mit B.Lang kann man angesichts dieser und ähnlicher
literarkritischer Operationen fragen, ob nicht "die Annahme gleich **mehrerer** Zufügungen zu kompliziert" erscheinen muß[290]. Lang selbst sieht den
Kern des Textes in 4.6a (ohne בית יהודה). 7-8 und **einen** Zusatz in 5. 6b
(mit בית יהודה aus 6a) (.9b)[291], räumt aber ein: "Bei diesem schwierigen
Text läßt sich keine Sicherheit im Bestimmen der Zufügungen erzielen"[292].

Das Problem der skizzierten Rekonstruktionsversuche besteht darin, daß
sie die oben (5.2.2.) herausgearbeitete Struktur des Textes nicht berücksichtigen und mit Konjekturen des Satzes ושמת את עון בית ישראל עליו in 4
operieren, die keinen Anhalt an der Textüberlieferung haben. Von der
Struktur des Textes her legt sich die Ausscheidung von 6 als sekundäre
Erweiterung am ehesten nahe. Nimmt man diesen Vers heraus, erhält man
eine zweiteilige Zeichenhandlung, in deren beiden Teilen jeweils auf
eine Aktion des Propheten eine Aktion Jahwes und eine neue Aktion des
Propheten folgt. Der Zusatz 6 erweist sich zudem als weitgehend zusam-

---

284 Zimmerli, 116.
285 Vogt, Lähmung, 96ff; vgl. Ders., Untersuchungen, 102ff.
286 Ohne השמאלי und mit nicht weiter begründeter Änderung von ... ושמת
    עליו in עליך ... ושמתי .
287 So auch Fuhs, 34.
288 Ohne שנית (Glosse).
289 Freedy, Glosses, 140f.
290 Lang, Ezechiel, 23.
291 A.a.O., 23f; dabei konjiziert er stillschweigend in 4: "... und
    trage die Schuld des Hauses Israel auf ihr!" (a.a.O., 24).
292 A.a.O., 24.

mengesetzt aus Formulierungen, die dem Grundbestand des Textes entstam-
men[293]. Ob auch השמאלי in 4 zu dieser Erweiterung gehört, ist nicht sicher zu entscheiden[294]. "Links" und "rechts" bezeichnen bei Ost-Orientie-
rung Norden und Süden (vgl. 16,46). Unsicher ist auch, ob sämtliche Zahlenangaben in 4-6(.9) zur Erweiterung des Textes gehören, oder ob auch
schon der Grundtext genaue Zahlenangaben enthielt. Für letzteres spricht
m.E., daß - anders als G, die die Zweiteilung des Liegens bereits voraussetzt[295] - M in 9 (noch) nicht die Zeiten des Liegens auf beiden Seiten
addiert. Textkritisch bietet M jedenfalls die lectio difficilior. Wohl
eine spätere Glosse stellt dann nur das in G (noch) nicht bezeugte שנית
von 6 dar. Ihr Verständnis hängt nun aber von der Interpretation des
Satzes ושמת ... עליו in 4 ab.

Dieser Satz bereitet keinerlei Schwierigkeiten, wenn man das Suffix
von עליו auf בית ישראל bezieht: "lege die Schuld des Hauses Israel darauf (=auf es)"[296]. Bezieht man es dagegen - entgegen seinem ursprünglichen Sinn - auf צדך(השמאלי) , wird die Handlung nur verständlich, wenn
man annimmt, daß der Prophet sich umdreht, um die Schuld auf die Seite
zu legen, auf der er zunächst selbst liegt. Dann liegt er aber in 6 "zum
zweiten Mal" auf seiner rechten Seite - worauf der Glossator, der 4 offenbar in diesem Sinne verstanden hat, mit שנית hinweisen will.

Damit ergibt sich hypothetisch folgende literarische Schichtung des
Abschnitts 4,4-8: Grundbestand 4 (ohne השמאלי?)-5. 7-8; Erweiterung 6
(ohne שנית); spätere Glosse in 6:שנית .

293 Vgl. שכב mit ושכבת על צדך (8), עד כלותך ימי מצוריך mit וכלית את אלה.
    (5) und ונשאת עון בית ישראל mit ונשאו את עון בית יהודה (4), על צדך
    יום לשנה יום לשנה (5); zu ואני נתתי לך mit נתתיו לך (4), תשא את עונם
    vgl. Num 14,34.
294 Sollte es zum Grundbestand des Textes gehören, könnte es die Seite,
    auf der Prophet liegt, als "Unheilsseite" qualifizieren (vgl.
    Greenberg, 104), s. Mat 25,33; Gen 48,17; Koh 10,2.
295 G fügt in 4b hinter מספר הימים die Zahl 150 (πεντηκοντα και εκατον)
    ein. In 5 und 9 liest G statt "390" (M) "190", in 6 (mit M) "40".
    D.h. G addiert in 5 und 9 die Tage des Liegens auf der rechten und
    der linken Seite.
296 Garscha, Studien, 89 Anm. 260 scheint auf eine ähnliche Deutung des
    Textes hinauszuwollen, wenn er in Erwägung zieht, ob "im Sinne von
    Ri 9,24 (Blutschuld auf jemanden bringen, vgl. Dt 22,14.17; 1 Sam
    22,15; Hi 4,8) mit 'lege ihr die Schuld zur Last' = 'halte ihr die
    Sünde vor' übersetzt werden müßte". Unklar ist mir dann allerdings,
    warum Garscha עליו in עליה ändert.

(III) Die relativ komplexe Struktur von 4,9-17 wird meist zum Anlaß
literarkritischer Operationen genommen. Dabei wird dann zunächst etwa
eine ganze Reihe von "Glossen" aus dem Text gestrichen, z.B. 9b als
"Glosse zur Verbindung mit dem Vorausgehenden"[297], sowie 13[298] und/oder
(16.)17[299] als "zu früh eingeschobene Deutung der symbolischen Handlung"[300]. Weitere Korrekturen am Text können aufgrund der Beobachtung
vorgenommen werden, daß in (9.)12-15 die Unreinheit der Speise zum Thema
wird und die Handlung augenscheinlich auf das Exil verweisen soll (13),
während in 10-11(.16-17) auf die Nahrungsmittelknappheit in Jerusalem
während der Belagerung angespielt wird. Davon ausgehend kann man annehmen, 10f sei hinter 15 umzustellen[301], zwei ursprünglich selbständige
Texte (9.12-15 und 10-11.16-17) seien hier kombiniert worden[302], oder
12-15 stelle einen sekundären - vielleicht noch nachträglich um 13 erweiterten - Zuwachs zum ursprünglichen Text dar[303]. Keines dieser Modelle
kann allerdings wirklich befriedigend die Motive und Intentionen der
angenommenen Umstellungen und/oder Einfügungen erklären - um so weniger,
je vielschichtiger der angenommene Wachstumsprozeß des Textes ist.

Erfolgversprechender als ein literarkritischer Lösungsversuch muß
deshalb m.E. eine Interpretation erscheinen, die die Komplexität der
Struktur des Textes auf die Komplexität seiner Produktions- und Rezepti-
onssituation zurückführt: Die Zeichenhandlung 4,9-12 wird in 13-17 in
ihrer Relevanz für drei Gruppen interpretiert: zunächst die Gola (13)[304],
dann den Propheten (14-15) und schließlich die Bevölkerung Jerusalems
(16-17). Diese Konstellation spiegelt aber zutreffend die historische
Situation zwischen 597 und 587 wider, auf die der Text durch seine

---

297 Eichrodt, 24; Fohrer, 31; Zimmerli, 122, Cooke, 55; Fuhs, 32.
298 Eichrodt, 24, Fohrer, 31; Cooke, 55f; Zimmerli, 127; Fuhs, 35.
299 Fohrer, 31 (nur 17); Eichrodt, 24 (16f). Zimmerli, 125 sieht in 16f
    "ein eigenständiges Wort an den Propheten, das allerdings inhaltlich
    ganz nahe bei der Aussage der Zeichenhandlung 4,9-11 liegt" und auf-
    grund seiner Nähe zu 12, 17-20 von dorther weiter glossiert wurde;
    vgl. Cooke, 57; Fuhs, 35f.
300 Eichrodt, 24.
301 Ebd.; Fohrer, 32.
302 Herrmann, 31.
303 Zimmerli, 125; vgl. May, 86; Fuhs, 35.
304 4,13 ist unter Voraussetzung dieser Interpretation keineswegs "durch
    sein בני ישראל verdächtig" (so Zimmerli, 96); vielmehr ist mit die-
    sem Ausdruck präzise darauf hingewiesen, daß sich (noch) nicht der
    ganze בית ישראל im Exil befindet, sondern nur ein Teil der Angehöri-
    gen dieses Kollektivs - die Zerstreuung von 5,1-4 steht noch bevor!

redaktionelle Einordnung bezogen ist. Scheinbare logische Unstimmig-
keiten und Unklarheiten im Text könnten gerade daher rühren, daß die
"faktische" Konstellation der Größe "Israel" in dieser Zeit zum "Ideal"-
bild Israels im EB[305] in Spannung steht.

(IV) Zimmerli[306] erkennt den Grundbestand von 5,1-4 in 1-2 und betrachtet 3-4a[307] als "Erweiterung", die "mit Sicherheit ... aus der Zeit nach
der Katastrophe Jerusalems stammt", da sie motiviert ist von der Erfahrung "der Behütung eines Restes, mit dem Jahwe noch eine Geschichte vor-
hat, im Exil" und der Erkenntnis, "daß diese zu erhoffende Zukunft nur
durch eine erneute Sichtung hindurch zu erwarten ist"[308]. Viel eher dürfte aber - zumal wenn man 4b in der von M gebotenen Gestalt im Text beläßt - die Intention von 3-4 mit Eichrodt darin zu sehen sein, "jede
Hoffnung auf ein unversehrtes Überleben des Gerichts zu zerstören: auch
die, die sich wie von höherer Hand bewahrt vorkommen könnten (vgl. 1.Sam.
25,29), sind vor dem Verderben nicht geschützt"[309].

Die Zeichenhandlungen in Ez 4,1-5,4 sind durch zahlreiche
literarische Querverweise miteinander verknüpft: In (II)
verweist der Satz: "auf die Belagerung Jerusalems richte
dein Gesicht" (4,7) zurück auf (I): "... und richte dein
Gesicht auf sie (sc. die Stadt Jerusalem), und sie sei im
Belagerungszustand" (4,3). Mit dem Ausdruck "so viele Tage
du auf deiner Seite liegst: 390 Tage" (4,9) bezieht sich

---

305 S.o. (II).
306 Vgl. Fuhs, 32ff.
307 Zur Behandlung von 4b s.o. Anm. 274.
308 Zimmerli, 131; vgl. Fohrer, 33; Fuhs, 36.
309 Eichrodt, 31. - Weitere "leichte Ergänzungszusätze" sieht Zimmerli,
    128 (1) in dem Satz תער הגלבים תקחנה לך (1aα) - "mit der Absicht,
    das Wort Jes 7,20 deutlicher anklingen zu lassen (ebd.) - , in den
    Worten (2) בתוך העיר und (3) סביבותיה in 2, sowie (4) in dem Satz
    2bγ. Die literarkritische Ausscheidung der asyndetischen Explikation
    (1) läßt sich jedoch von der Struktur des Textes her nicht überzeu-
    gend begründen. Entsprechendes gilt für (4), da 2bγ in 4b eine Struk-
    turentsprechung hat. (2) und (3) sind gut verständlich, wenn man mit
    Bertholet, 30 annimmt, daß der Prophet "einen Teil der Haare auf dem
    Ziegel mit der Skizze Jerusalems verbrennen" soll, "den anderen Teil
    um ihn herum mit dem Schwert zerhauen". Zudem liegt in 2aα (באור
    יר‎ (תבעיר בתוך העיר "a rhyme with consonantal alliteration and stress-
    vowel alteration (u-i, o-i)" vor (Greenberg, 108). Möglich wäre frei-
    lich eine Ausscheidung der Elemente (2) und (3) als nachträgliche
    Verklammerung mit dem Kontext auf redaktioneller Ebene (vgl. Zimmer-
    li, 128f). Dies setzt jedoch eine Entscheidung über den literarge-
    schichtlichen Zusammenhang der Zeichenhandlungen in 4,1-5,4 voraus.

(III) auf (II) zurück: "so viele Tage du auf ihr (sc. deiner
Seite) liegen wirst" (4,4) - nämlich: "390 Tage" (4,5). (IV)
ist durch den Ausdruck "die Tage deiner Belagerung" (5,2)
mit (II) verklammert (4,8: "die Tage deiner Belagerung").
Zudem setzt diese letzte Zeichenhandlung deutlich die Szene
der ersten voraus: die Stadt (עיר: indeterminiert in 4,1,
dann immer determiniert: 4,3; 5,2) im Belagerungszustand
(מצור: indeterminiert in 4,2, determiniert in 4,8; 5,2; vgl.
auch das Stichwort צור in 4,3 und 5,3) inmitten ihrer Umgebung (סביב: 4,2; סביבותיה : 5,2) in ihrer Bedeutung für das
gesamte "Haus Israel" (4,3; 5,4).

Diese literarischen Querverbindungen könnten natürlich
grundsätzlich auf die Tätigkeit einer Redaktion zurückgeführt werden, die ursprünglich selbständige Einheiten sekundär verknüpft hat. Doch bleibt zu fragen, ob die einzelnen
Handlungen nicht doch erst im Zusammenhang voll verständlich
werden. So wird in der Forschung meist ein ursprünglicher
Zusammenhang mehrerer Zeichenhandlungen (in ihrem Grundbestand) angenommen. Als "Kriterium" der Unterscheidung von
Grundbestand und Ergänzung(en) dient dann "die von Cornill,
Hölscher, Zimmerli u.a. vorgeschlagene Unterscheidung zwischen einer Belagerungssymbolik und einer wohl erst später
hinzugefügten Exilssymbolik"[310]. Vorgabe dieser Rekonstruktion der Textgeschichte ist die Annahme, das Programm der
Abfolge der Zeichenhandlungen sei ursprünglich von der "Abfolge" des von ihr bezeichneten Geschehens bestimmt gewesen:
"Belagerung einer Stadt, Nahrungsmangel während der Belagerung und schließlich das dreifache Geschick ihrer Bewohner
nach der Eroberung"[311]. Gegen diese Annahme spricht aber
nicht nur, daß sie das Programm der Zeichenhandlungen in

---

310 Garscha, Studien, 88; vgl. Cornill, 198; Hölscher, 61; Zimmerli,
101f; Fuhs, 32ff; auch Greenberg, 119, der allerdings die "self-
contained little unit" des "exile symbolism" mit 4,6.12-15 vergleichsweise gering veranschlagt.
311 Fuhs, 32; dabei kommt als weitere Vorgabe der literarhistorischen
Rekonstruktion "schriftgelehrte Zahlensymbolik" (a.a.O., 34) ins
Spiel: "Die doppelte Dreizahl drückt eine Steigerung aus" (a.a.O.,
32).

ihrer vorliegenden Gestalt kaum verständlich machen kann,
sondern auch, daß sie der Komplexität der historischen Situation zwischen 597 und 587 kaum gerecht wird, in die der
"Grundbestand" der Zeichenhandlungen meist eingeordnet
wird[312]. So soll im folgenden Abschnitt der Versuch unternommen werden, Ez 4,1-5,4* (ohne 4,6) in seiner vorliegenden
Gestalt auf sein Programm und seine Konzeption hin zu befragen.

5.2.4. Das Programm der Zeichenhandlungen in Ez 4,1-5,4

   Beherrschendes Thema der vier Zeichenhandlungen ist in der
Tat die Belagerung Jerusalems mit ihren Folgen für das ganze
"Haus Israel". Die Leitwörter "Stadt"/"Jerusalem" und "Haus"
bzw. "Söhne Israel(s)" finden sich in allen vier Zeichenhandlungen, das Sichwort "Belagerung" in (I), (II) und (IV). In
(I) und (IV) steht dieses bezeichnete Geschehen ganz im Mit-
telpunkt der Darstellung.
   4,1-2 exponiert in bildlicher Darstellung[313] die Szene der
Belagerung (מצור) Jerusalems[314]. Damit ist nicht nur die
Ausgangslage der die Tradition vom "Völkerkampf"[315] bestim-
menden Geschehensstruktur knapp skizziert; beim Publikum des
Propheten in der Gola[316] muß diese Darstellung nahezu zwangs-
läufig Erinnerungen an das für sein Schicksal entscheidende
Jahr 597 wachrufen. Daß das belagerte Jerusalem nicht dem
Konzept des "Völkerkampfs" entsprechend durch ein Eingreifen
Jahwes gerettet wurde, ist für die zwischen 597 und 587 De-
portierten aktuelle - wenn auch nicht unbestrittene (vgl.

---

312 Vgl. z.B. Zimmerli, 136f; anders Garscha, Studien, 99 (vgl. 288ff.
    310: "um 485 ... oder um 460").
313 Vgl. die Darstellungen von Haus- und Tempelgrundrissen auf Ziegeln
    im assyrisch-babylonischen Bereich, s.z.B. Meissner, Babylonien I,
    250.290, Tafel-Abb. 154.159, II, Tafel-Ab. 54; SAHG, 142f.
314 Zur Darstellung der Belagerung vgl. Ez 21-27; Weippert, Art. Belage-
    rung; Meissner, Babylonien I, 110, Tafel-Abb. 61.64-66; Zimmerli,
    112f.
315 S.o. 4.1.1.
316 "Herntrich, Bertholet u.a. (verlegen) die Durchführung der Zeichen-
    handlung nach Jerusalem" (Zimmerli, 137); vgl. dgg. a.a.O., 136f u.
    unten V.3.3.

11,3!) - Erfahrung. Diese Erfahrung wird aufgenommen und
überboten in der Erwartung einer umfassenden, אל כל בית ישראל
- also bis in die Gola - ausgreifenden Katastrophe Jerusalems, wie sie 5,1-4 artikuliert. Möglichkeit und Grund des
katastrophalen Ausgangs der Belagerung Jerusalems gehen aus
dem zweiten Teil der ersten Zeichenhandlung (4,3) hervor:
Indem der Prophet eine - im Verhältnis zur Darstellung der
Belagerung überdimensionale[317] - Backplatte (מחבת ברזל) als
"eiserne Mauer" (קיר ברזל) zwischen sich und das Abbild Jerusalems stellt und sein Gesicht auf diese richtet, symbolisiert er zweifellos die Haltung Jahwes zur Situation der
Stadt. Dabei werden verschiedene, traditional vorgeprägte
Motive zur Beschreibung des Gottesverhältnisses in der "konkreten Abstraktion" bildhafter Darstellung kombiniert und
ins Unheilvolle potenziert.

Die "eiserne Mauer" - in AO und AT (vgl. Jer 1,18) sonst Symbol des
Schutzes **gegen** Angriffe[318] - wird hier zum "Bild für die Härte des göttlichen Angriffs auf Jerusalem"[319]. Aufgrund der äußeren Ähnlichkeit von
Backplatte und Rundschild (מגן) - der ja "(v)or allem ... bei **Belagerun-**
gen die Kämpfer vor Geschossen aller Art" schützt[320] - kann man fragen,
ob im Einsatz der Backplatte nicht auch eine karikierende Umkehrung des
"Vertrauensmotivs" der Prädikation Jahwes als "Schild"[321] zu erkennen
ist. Mittels der zeichenhaften Darstellung gelingt es darüber hinaus,
die negativen Aspekte der פנים Jahwes in geradezu paradoxer Weise zu
kombinieren: Jahwes Angesicht ist zugleich (strafend) auf die belagerte
Stadt gerichtet (vgl. 14,7f) und (in seinem heilvollen Aspekt) vor ihr
verborgen (vgl. 7,22: סבב hi.; 39,23f: סתר)[322].

---

317 Während für den Ziegel von 4,1 mit einer Größe von maximal
    60x35x15 cm zu rechnen ist (s. Galling, Art. Ziegel, 364), dürfte
    die konvexe, runde Backplatte einen Durchmesser von mindestens einem
    Meter haben (vgl. Kellermann, Art. Backen, 29f mit Abb. 9(1)).
318 Vgl. Alt, Murus, v.a. 39ff.
319 Zimmerli, 114.
320 Keel, Welt, 201.
321 Vgl. ebd. u. Ps 3,4; 18,3; 28,7; 33,20; 59,12; 115,9ff.
322 Den der Rede vom "Angesicht" der Gottheit in AO und AT zugrundelie-
    genden "Code" beschreibt knapp van der Woude, Art. פנים , 450: "Der
    gnädige Blick der Gottheit meint Erbarmen und Fürsorge für Personen
    und Sachen (Tempel, Land), so daß diese nicht dem Verderben anheim-
    fallen ... Dagegen führt der zornige Blick der Gottheit zum Verder-

Überläßt also nach 4,3 Jahwe Jerusalem seinem (unheilvollen) Geschick, greift er nach 5,2bγ – nicht erst in die Katastrophe der Stadt, sondern schon in ihre zeichenhafte Darstellung – selbst ein, indem er hinter dem Teil der Haare
des Propheten her, der die in alle Winde zerstreuten Israeliten symbolisiert, "das Schwert zückt"[323].

Die Ursache für die in 4,3 dargestellte Haltung Jahwes zur
Bedrohung Jerusalems geht aus der zweiten Zeichenhandlung,
4,4-8 hervor: Es ist der עון des "Hauses Israel"[324]. In der
Anweisung an den Propheten: "Lege den עון des Hauses Israel
darauf (=auf es)"(4), kommt die "synthetische Lebensauffassung" (K.H.Fahlgren) des Tat-Ergehen-Zusammenhangs klar zum
Ausdruck. Feststellung "bestimmter Handlungen, Verhaltensweisen oder Zustände" (Schuld) und In-Kraft-Setzung "ihrer Folgen"[325] (Strafe) fallen in **einem** Akt zusammen[326]. Mit der
folgenden Aufforderung an den Propheten, die Schuld/Strafe
des "Hauses Israel" zu "tragen" (נשא : 4f), kommt nun aber
die Möglichkeit einer Beseitigung des עון und Abwendung seiner Folgen in den Blick.

Der Ausdruck חטא עון / נשא[327] "gehört zur kultischen Terminologie"[328].

---

ben. Unglück trifft ein, wenn sie ihren Hals, ihr Angesicht oder
sich selbst abwendet"; vgl. auch Wehmeier, Art. סתר, 178.

323 Die Wendung ריק חרב hi. findet sich noch viermal im EB (5,12; 12,14;
28,7; 30,11), sonst nur noch in Ex 15,9 und Lev 26,33. Die zuletzt
genannte Stelle steht Ez 5,2 sachlich besonders nahe.

324 Jes 59,2 bietet eine sprachliche Beschreibung eines entsprechenden
Sachverhalts, wie er in Ez 4,1ff in bildlicher Darstellung codiert
ist: "Eure Verschuldungen (עון) sind es, die eine Scheidewand aufrichten (בדל hi.) zwischen euch und eurem Gott; wegen eurer Verfehlungen (חטא) verhüllt (סתר hi.) er sein Angesicht vor euch, daß er
nicht hört" (Übs. nach Knierim, Art. עון, 248).

325 Knierim, a.a.O., 244.

326 Zu vergleichen wäre etwa Num 21,11: Aus der Bitte Aarons an Mose:
"Ach, Herr, lege (שית) doch nicht auf uns Verfehlung (חטאת), weil
wir töricht gehandelt und uns versündigt haben", läßt sich ersehen,
daß mit der deklaratorischen Feststellung von Schuld deren "schicksalwirkende Tatsfäre" (K.Koch) für den Täter in Kraft gesetzt werden
kann – "Ahron hält Mose für bevollmächtigt, sie in Kraft zu setzen"
(v.Rad, Theologie I, 279).

327 Vgl. Stolz, Art. נשא, 113f; Zimmerli, Eigenart, 157ff; Ders., Vorgeschichte, 216ff.

328 Stolz, a.a.O., 113; vgl. zum Vorstellungszusammenhang auch Janowski,
Sühne, 36 Anm. 39.

"Ausgehend von den Bedeutungen 'aufladen' und 'tragen' bedeutet er einerseits 'Sünde auf sich laden', andererseits '(die Straffolgen seiner)
Schuld tragen (müssen)'... Dabei ist allenfalls Stellvertretung möglich,
die durch den Priester (Ex 28,38), die Söhne (Num 14,33), den Propheten
(Ez 4,4-6) und schließlich den Gottesknecht (Jes 53,12 ...) vollzogen
werden kann"[329]. Belege für diese Bedeutung des Ausdrucks finden sich
v.a. in H, P und im EB, wo "eine eigenartige technische Spezialisierung
des Gebrauchs der Formel"[330] נשא (נ)עון auffällt. Daneben ergibt sich
"von der Bed(eutung) 'wegtragen' her ... beim Obj(ekt) ḥēt'/ʿāwōn/paešaᶜ
ein übertragener Sinn: '(die Sünde) vergeben'"[331]. Subjekt des נשא עון /
... ist in diesem Fall ein anderer als der Schuldige, ein Mensch oder
Gott[332].

Der Kontext des Ausdrucks in Ez 4,4f macht es wahrscheinlich, daß er
hier zur Bezeichnung des "Abtragens" der Schuld anderer verwendet ist,
wie sie in Aussagen über den "Gottesknecht" (Jes 53,11f) oder den "Sün-
denbock" (Lev 16,22) belegt ist (vgl. auch Lev 10,17; Ex 28,38). Damit
kommt die Unterscheidung zwischen "sühnbarer" und "unsühnbarer" Schuld[333]
ins Spiel: Das Urteil, jemand habe "seine Schuld zu tragen", kann den
Betroffenen - im Falle "unsühnbarer" Schuld - seinem verderblichen
Schicksal überliefern (vgl. Lev 20,20; Num 18,22) oder etwa der Steini-
gung durch die Gemeinde (vgl. Lev 24,15f); es kann ihn aber auch - falls
seine Schuld "sühnbar" ist - zum Vollzug bestimmter Sühneriten verpflichten (vgl. Lev 5).

Versteht man die Anweisung an den Propheten, die Schuld/
Strafe des "Hauses Israel" (ab-)zu tragen, als Aufforderung
zur Durchführung eines Sühneritus[334], durch den das gestörte

---

329 Stolz, ebd.
330 Zimmerli, Eigenart, 158.
331 Stolz, a.a.O., 114.
332 Vgl. Zimmerli, Vorgeschichte, 216.
333 Vgl. Maag, Schuld.
334 Entferntere religionsgeschichtliche Parallelen sind genannt bei Foh-
    rer, Handlungen, 50. Die Darstellung von 4,1-2 entspräche in einem
    solchen rituellen Kontext dem "clay image of the patient or of the
    unquiet ghost used as a substitute" in magisch-rituellen Handlungen
    (Hooke, Theory, 8; vgl. Meissner, Babylonien II, 225ff; Sethe, Äch-
    tung). In diesem Zusammenhang würde auch die Aufforderung von Ez
    4,4, dem "Haus Israel" seine Schuld/Strafe "aufzuerlegen" gut ver-
    ständlich: Die "Diagnose" bzw. "Indikation" stellt in der babyloni-
    schen "Beschwörungs-" (āšipūtu) bzw. "Heilkunst" (asûtu) den ersten
    Schritt der Behandlung dar (vgl. Janowski, Sühne, 39f). Daß dabei

Gottesverhältnis Jerusalems (4,3) bereinigt und so die ihm
drohende Katastrophe (4,1-2) abgewendet werden soll, könnte
die Pointe des Textes gerade in der Undurchführbarkeit dieses Sühneritus liegen[335]: Zum einen wird die Durchführung
des Ritus Ezechiel durch das Eingreifen Jahwes (4,7f) aus
der Hand genommen, der Prophet "hereingerissen in den ﬠﬠﬠ
(Schuld-Strafe) des Volkes"[336], dem er nun nicht mehr wie
ein Kultfunktionär dem schuldig gewordenen Klienten distanziert gegenübersteht. Zum anderen scheint ein 390-tägiges
Liegen, wie es nach dem Umrechnungsmodus[337] von 4,5 für eine
effektive Sühne erforderlich wäre, schlicht undurchführbar
zu sein[338].

Eben diese Dauer, die Sühne unmöglich macht, ergibt sich
aber nach 4,5 ihrerseits aus der geschichtlichen Dauer der
Verschuldung Israels. Zwar ist es unter den Kommentatoren
umstritten, ob "man mit diesen 390 Jahren in die Vergangen-

---

auch die Frage nach möglichen Verschuldungen des Patienten eine
Rolle spielt, zeigt z.B. die Liste in Tafel 2 der Šurpu-Serie (s.
AOT, 324f). In Israel dürfte für "den diagnostischen Dienst, besonders in Krankheitsfällen, ... augenscheinlich der Prophet, vielleicht
auch der Efod-Priester, zur Verfügung" gestanden haben (Gerstenberger, Mensch, 148). Die Sündopfergesetze von Lev 4f setzen als Funktion des Priesters die Feststellung und Klassifizierung von Verschuldungen sowie die Ermittlung und Durchführung geeigneter Sühneriten
voraus (vgl. zu diesem priesterlichen Funktionsbereich v.Rad, Anrechnung).

335 Diese Hypothese wird m.E. gestützt durch das Analogon der Zeichen-
handlung(en) von Kap. 24, die vor dem Hintergrund des rituellen Ko-
scherns der Passa-Geräte verständlich wird (s. Fuhs, 129; Ders., Ez
24): Auch hier wird das Scheitern des Versuchs einer rituellen Reinigung Jerusalems vor Augen geführt!
336 Zimmerli, 117.
337 Auch hier dürfte der Hintergrund in kultisch-priesterlicher Ritual-
praxis zu suchen sein: "Man kann wohl die Frage aufwerfen, ob solches Rechnen nicht an gewissen Stellen priesterlichen Tuns - etwa in
der Absolutionspraxis - seine ganz bestimmte Stelle hatte" (Zimmerli, 119).
338 Dagegen meint etwa Eichrodt, 28, der mit G eine Frist von 190 Tagen
annimmt, die Behauptung einer "physischen Unmöglichkeit" dieser Handlung sei "angesichts dessen, was aus den Versenkungsübungen der indi-
schen Yogin und Fakire bekannt ist, unhaltbar". Doch ist m.E. Cooke,
52 Recht zu geben: "It is incredible that any man could lie prostra-
te on one side for such a length of time and retain his senses. In
India, as is well known, Hindu ascetics perform astonishing feats of
self-torture and endurance; but the analogy carries little weight,
for Ez(ekiel) was not a mentally deranged fakir".

heit zurückgehen muß"[339], oder ob sie sich auf das "Exil und
seine Dauer" beziehen[340]. Angesichts von Num 14,34 hat aber
m.E. die erste Interpretation alle Wahrscheinlichkeit für
sich[341]. Dann wird aber im Text praktisch die gesamte Zeit
der staatlichen Existenz Israels als Monarchie als Zeit seiner Verschuldung angesehen[342]. Hier ist die geschichtliche
Perspektive des Schuldaufweises von Kap. 5,5ff; 16; 23 und -
noch weiter radikalisiert - 20 in nuce angelegt.

Ist also eine Sühne für die "Schuld des Hauses Israel"
unmöglich, bleibt Ezechiel nur, "mit entblößtem Arm" - eine
Geste, die hier anders als in Jes 52,10 "als gefährliche
Drohung gemeint" ist[343] - gegen Jerusalem "als Prophet aufzu-
treten" (נבא hit.: 4,7)[344]. Auf die Einsicht in die Unsühnbarkeit der Schuld Israels läuft aber auch die dritte Zeichenhandlung, 4,9-17, zu: Die "Diät", die hier dem Propheten
verordnet wird, ist (mit ca. 230 Gramm Speise und besten-
falls 1,1 Liter Wasser pro Tag[345]) nicht nur extrem knapp
bemessen (9-11)[346]; durch die angegebene Zubereitungsart

---

339 So Zimmerli, 119.
340 So Fohrer, 31.
341 Dagegen sollen im Zusatz 4,6, der vielleicht von Ez 23 und 37,15-28
    angeregt ist (Zimmerli, 119), die 40 Jahre offenbar "die Strafzeit
    darstellen, die Juda für seine Schuld zu erwarten hat" (a.a.O.,
    120); entsprechendes dürfte in der Sicht des für diesen Zusatz Ver-
    antwortlichen dann auch für die 390 Jahre des Nordreichs gelten. Im
    Blick auf die Geschichte des Nordreichs wäre dann - unter der Voraus-
    setzung, daß (Ez 37 entsprechend) das Exil von Nord- und Südreich
    zum selben Zeitpunkt endet - der Beginn seines "Exils" ca. mit der
    Reichsteilung anzusetzen. Die Zahlenangaben von G dagegen würden in
    etwa auf den Untergang des Nordreichs führen; vgl. Fuhs, 34.
342 Versuche einer genaueren Abgrenzung des Zeitabschnitts, auf den der
    Text Bezug nimmt (referiert etwa bei Zimmerli, 119ff; Fohrer, 30ff)
    gehören angesichts der Unsicherheit, welche Chronologie hier voraus-
    gesetzt ist, ins Reich der Spekulation. Von Ez 8 her könnte an die
    Zeit des Bestehens des Tempels gedacht sein (Zimmerli, 119), von Ez
    16 (,13ff; vgl. u. III. 4.1.2.) her an die Zeit der Königsherrschaft
    in Jerusalem.
343 Zimmerli, 118.
344 Vgl. 6,2; 11,4; 13,2; 21,2.7 u.ö.
345 Vgl. Zimmerli, 124.
346 Durch die angegebenen Zutaten wird die Speise als "Ersatzbrot" kennt-
    lich, "für das man alle möglichen Feldfrüchte nimmt, um das eigentli-
    che Brotmehl zu strecken" (Fohrer, 32). Die Mischung der Zutaten
    macht das Brot noch nicht unrein (Zimmerli, 123f; Fohrer, 32; anders
    Eichrodt, 30; vgl. Smend, 31).

(12), bei der das **in** der Asche gebackene "Glutaschenbrot"
(עגה / ἐγκρυφίας / panis subcinericus[347]) mit dem Brennmate-
rial Kot in Berührung kommt, ist sie auf jeden Fall auch
unrein (vgl. Dtn 23,10-15). Auf der Darstellungsebene bedeutet dies: Die Jerusalemer werden aufgrund von Nahrungsmittelknappheit "in ihrer Schuld verkommen" (מקק ni.:16f), d.h.
zugrundegehen (vgl. 24,23; 33,10), während die unter die
Völker zerstreuten Israeliten "ihr Brot als unreines (טמא)
essen werden" (13)[348]. Für beide Gruppen ist also jedenfalls
- in ihrer gegenwärtigen und unmittelbar bevorstehenden Situation - keine Verbesserung ihres Gottesverhältnisses in
Sicht.

Auch in 4,9-17 können darüber hinaus Anspielungen auf ritu-
elle Vollzüge - zu denken wäre v.a. an das Fasten[349] und an
magische Praktiken[350] - erkannt werden. Verunreinigen diese
aber, so ist ihre Wirksamkeit ausgeschlossen - zumal der sie
ausführende "Kultfunktionär" mit ihrer Durchführung die er-
forderliche priesterliche Reinheit[351] verliert. (Das auf
seinen Einspruch in 14 erfolgende Zugeständnis Jahwes von 15
bedeutet "nicht ... Aufhebung jeder Verunreinigung"[352], sondern allenfalls eine Abmilderung!) Auch dieser Versuch ritu-
eller "Sühne" muß deshalb scheitern.

Der Einspruch des Propheten in 4,14 macht seine eigene
Betroffenheit von den Zeichenhandlungen deutlich: Das von
ihnen bezeichnete, ganz Israel betreffende Geschehen **und**

---

347 Vgl. Kellermann, Art. Backen, 30.
348 Eine Konzeption des Exils als "Reinigung" (vgl. Frymer-Kensky, Pollu-
     tion, 409ff) ist hier (noch) nicht im Blick; ein "Transfer" des Kon-
     zepts von Sühne und Reinigung aus dem Bereich kultischer in den ge-
     schichtlicher Prozesse (Diebner, Kultus, 18) deutet sich allenfalls
     in dem Zusatz 4,6 an.
349 Vgl. Stolz, Art. צום .
350 In der babylonischen Magie und Medizin finden Weizen, Gerste, Bohnen
     und Emmer ebenso Verwendung wie Rinder- und Menschenkot (vgl. Meiss-
     ner, Babylonien II, 306ff; Fohrer, Handlungen, 52). Watson, Hairs,
     194 sieht in עגה /" εγκρυφιας 'ash-baked bread' the exact equivalent
     of kamān tumri as used in the roof-ritual of a Babylonian text" (s.
     Farber, Beschwörungsrituale, 64ff, Text AIa).
351 Vgl. z.B. Ex 22,30; Lev 17,15f; 22,8; 11,39f; Dtn 14,21; v.Rad, Theo-
     logie I, 254ff.
352 Eichrodt, 30.

schon ihr Vollzug widersprechen seiner eigenen Biographie -
מנעורי ועד אתה - mit der sie leitenden Maxime der (priesterlichen) Reinheit[353]. Hier setzt sich eine schon in den vorangehenden Zeichenhandlungen erkennbare Entwicklung des
Selbstverständnisses des Propheten fort: Symbolisierte er in
4,3 die Haltung Jahwes gegenüber Jerusalem, handelt er in
4,4f nach Art eines Kultfunktionärs, der eine "Mittler"-
Position zwischen Gott und Volk einnimmt. In 4,7f wurde deutlich, daß er nun einerseits "hereingerissen (ist) in den עוֹן
(Schuld-Strafe) des Volkes"[354], andererseits diesem als Prophet (נבא hit.!) gegenübersteht. Diese Entwicklung findet in
5,1-4 ihren Abschluß: Auch hier repräsentiert Ezechiel "(i)n
eigenartiger Verschlingung der Züge ... in seinem Tun und
Leiden beides: Jahwe, der das Schwert gegen Jerusalem ge-
zückt hat und in grausigem Scheren dreinfährt, Jerusalem,
dem seine Ehre und seine Freude genommen wird"[355]. Auch hier
betrifft aber der Vollzug der Zeichenhandlung unmittelbar
die Person des Ausführenden[356], bedeutet er doch - wenn
nicht für jeden Israeliten (Dtn 14,1), so doch mindestens -
für den Priester (vgl. Ez 44,20; Lev 21,5) Verschuldung und

---

353 Sie ist formuliert in Anlehnung an "ein in lauter negativen Sätzen
    laut werdendes Unschuldsbekenntnis ..., das bestimmte typische Verge-
    hen in üblicher Zusammenreihung aufführt" (Zimmerli, 127 mit Hinweis
    auf Galling, Beichtspiegel; vgl. etwa Dtn 26,13-15; Spruch 125 des
    ägyptischen Totenbuchs (RTAT,89ff), hier besonders Z.21).
354 Zimmerli, 117.
355 A.a.O., 129. Die Handlung kann als dramatische Aktualisierung der
    Prognose Jes 7,20 verstanden werden (Zimmerli, Gotteswort, 145f).
356 In AO und AT "gelten Kopf und Haar des Menschen als Ort besonderer
    numinoser Möglichkeiten (Ri 16,13ff.) und erfahren deshalb rituelle
    Sorgfalt" (Müller, Art. ראש, 712). In magisch-rituellen Handlungen
    kann das Haar "den ganzen Menschen" vertreten, "von dem es stammt"
    (Fohrer, Handlungen, 53). - Das Scheren des Haares kann als solches
    verschiedene Bedeutungen haben: Es kann Zeichen der Schande (vgl. 2
    Sam 10,4f) oder der Trauer (vgl. Am 8,10; Hi 1,20; Jer 41,5; Jes
    15,2) sein; es kann der Reinigung (!) eines Aussätzigen (Lev 14,8f)
    oder der Desakralisierung eines Nasiräers (Num 6,5.9.18) dienen
    (vgl. Dtn 21,12). In der babylonischen Magie und Medizin kann die
    Rasur Element der Therapie sein (u.a. auch zum Auftragen von Salben;
    vgl. Meissner, Babylonien II, 312.315). Auffällige Parallelen zu Ez
    5,1f zeigt ein Beschwörungsritual, auf das oben (Anm. 350) bereits
    hingewiesen wurde (s. Watson, Hairs; Farber, Beschwörungsrituale,
    64ff, hier v.a. 65, Z.18f; vgl. 67, Z.32).

Verunreinigung. Auf dieser Sinnlinie des Textes kann man
fragen, ob nicht 5,3 auf die aus Mari bekannte "technique
for attesting the good faith of the prophet" in "form of
sending a hair and a section of the frings of a garment,
along with a report of the message given by him"[357], anspielt. Die Zeichenhandlungen von 4,1-5,4 könnten dann u.a.
auch als Dokument einer Wandlung Ezechiels in seinem Selbstverständnis vom Priester zum Propheten gelesen werden.

Auf der Darstellungsebene[358] ist deutlich, daß die Handlung von 5,3, die zunächst als "Gebärde der Bergung"[359] (vgl.
2 Sam 25,29) verstanden werden könnte, wie schon die erneute
Verwendung des Verbs צור andeutet, letztendlich nicht die
Möglichkeit der Rettung eines "Restes" bezeichnet, sondern
nur die Vorstufe der in 5,4 symbolisierten "general destruction", die "shall reach even those scattered in exile"[360] -
also auch den Propheten selbst.

5.2.5. Zusammenfassung

Unbeschadet möglicher - literarischer oder vorliterari-
scher - Vorstufen des Textes wird in Ez 4,1-5,4[*] (ohne 4,6)
in der Abfolge der Zeichenhandlungen ein relativ klares Programm erkennbar: **Thema** der Zeichenhandlungen ist die Bedrohung Jerusalems in der Belagerung durch fremde Heere. Für
den Propheten und sein Publikum sind damit gleichermaßen
Erinnerungen (597!), gegenwärtige **Erfahrungen** und **Erwartungen** angesprochen. Die Funktion der Zeichenhandlungen er-

---

357 Clements, Prophecy, 36; vgl. Ellermeier, Prophetie, 97ff.186.
358 Hier wäre zu fragen, ob die Ausdrücke ראש ("Kopf") und זקן ("Bart")
    in 5,1 bewußt als verschlüsselte Hinweise auf die "Obersten" und
    "Ältesten" - d.h. die 597 deportierte Oberschicht - gewählt sind,
    die Dtn 5,23; 1 Kön 8,1 Israel repräsentieren.
359 Zimmerli, 131; zur Funktion von Handlungen mit dem "Gewandzipfel"
    (כנף) vgl. van der Woude, Art. כנף, 835; Brauner, Hem; Greenstein,
    Hem. Liegt hier eine Anspielung auf das aus verschiedenen Psalmen
    (vgl. 17,8; 36,8; 57,2; 61,5; 63,8; 91,4) bekannte Motiv des Schut-
    zes unter den "Flügeln Gottes" (vgl. Keel, Welt, 170ff) vor?
360 Greenberg, 110. Zum Motiv des Feuers als Mittel göttlichen Gerichts
    vgl. 19,14; Am 7,4; Lev 10,2; Num 16,35 (vgl. dazu Ahuis, Autori-
    tät, 59ff).

schöpft sich also nicht in der "Vorausdarstellung" zukünftigen
Geschehens; vielmehr dienen sie neben der **Darstellung** vergangenen, gegenwärtigen und zukünftigen Geschehens auch seiner
Interpretation, indem sie dieses unter dem Gesichtspunkt des
Gottesverhältnisses Jerusalems/Israels betrachten (v.a. 4,3)
und Möglichkeiten und Grenzen der Beeinflussung dieses Gottesverhältnisses in seiner gegenwärtigen Gestalt sinnfällig
erproben und vor Augen führen (v.a. 4,4-17)[361]. Mindestens
im Blick auf den sie Ausführenden sind die Zeichenhandlungen
aber auch selbst **Wirklichkeit veränderndes Geschehen**.

Entsprechend vielfältig wie ihre Funktion ist auch der
Wirklichkeitsbezug der Zeichenhandlungen. Die Vielschichtig-
keit ihrer Sinn- und Bedeutungslinien ist ermöglicht durch
einen höchst differenzierten **"Code"**, der nur noch fragmenta-
risch und mit im Einzelnen unterschiedlich hoher Wahrscheinlichkeit rekonstruiert werden kann. Deutlich ist, daß dieser
"Code" es erlaubt, die erfahrene Wirklichkeit in ihrer Ambivalenz zu erfassen. Wenn trotz dieser Ambivalenz zunehmend
deutlicher **eine** Interpretation der benannten Erfahrungen,
die Erwartung einer umfassenden Katastrophe Jerusalems/Isra-
els, hervortritt, geht dies letztlich auf die Dominanz gerichtsprophetischer Traditionen im konzeptionellen Rahmen
des Textes zurück, durch die die in 4,1-2 anklingende "Zion-
Theologie" konditionalisiert, die in ihr enthaltene Schutzzu-
sage an Jerusalem von dessen Gottesverhältnis abhängig gemacht wird. Diese Dominanz ist aber für den (bzw. die) Produzenten des Textes allem Anschein nach keineswegs selbstverständlich; sie muß erst "erarbeitet" werden. Die in 4,4-17
erkennbare Reflexion der Möglichkeit kultischer Sühne- und
Reinigungsriten zeigt, daß gerichtsprophetische Traditionen
durch das "Filter" priesterlichen Berufswissens angeeignet
werden. Grundlegend für die gerichtsprophetische Überwindung
der "Zion-Theologie" mit den Mitteln priesterlichen Berufs-

---

361 Es wäre zu erwägen, ob hinter der Abfolge von 4,1-3 / 4-8.9-17 /
5,1-4 der Dreischritt "Diagnose/Indikation" - "Therapie" - "Prognose" der babylonischen Heil- und Beschwörungskunst (s. Janowski, Sühne, 39f) als Modell steht.

wissens ist die Übertragung der Kategorien von "Schuld und
Sühne" vom Anwendungsbereich des Einzelnen in Jerusalem/Isra-
el auf die kollektive Größe Jerusalem/Israel selbst[362], wie
sie dann besonders deutlich in den Darstellungen der Geschichte Jerusalems in den Kategorien individueller Biographie in Kap. 16 und 23 hervortritt.
Im Vergleich zu 5,5-17 liegt in 4,1-5,4 die Erfahrungsbasis der Argumentation des Textes offener zutage: Die Dissonanzerfahrung, die auf der kollektiven Ebene darin besteht,
daß sich nach 597 בני ישראל im Bereich der Völkerwelt befinden (4,13), auf der individuellen Ebene darin, daß Ezechiel
durch äußere Umstände zu einer Lebensweise gezwungen ist,
die den für ihn leitenden Maximen priesterlicher Existenz
widerspricht (4,14), führt zu der Erwartung totalen Zusammen-
bruchs in einem unmittelbar bevorstehenden, ja mit den Ereignissen des Jahres 597 im Grunde bereits angebrochenen, umfassenden Gericht, in dem das "ganze Haus Israel" zugrundegeht
(5,4).

5.3. Gemeinsamkeiten und Unterschiede der Bezugnahme auf
     Geschichte in Ez 4,1-5,4 und 5,5-17

Gemeinsam ist den Zeichenhandlungen von 4,1-5,4 und der
Gerichtsprophezeiung 5,5-17 die Erwartung einer (nahe bevorstehenden) Katastrophe Jerusalems, die auf ganz Israel über-
greift. Diese Katastrophe wird gedeutet als Gerichtshandeln
Jahwes und begründet mit vergangener und gegenwärtiger
Schuld Jerusalems/Israels; im Rahmen des Schuldaufweises
wird deshalb mehr (5,6ff) oder weniger (4,5) ausführlich auf
die Vergangenheit Jerusalems/Israels Bezug genommen. Auch in
ihrem konzeptionellen Rahmen, der den Übergang vom Schuldauf-

---

362 "Die Praxis" einer etwa in Lev 13 oder Hag 2,10-14 belegten, "dem
    Einzelnen erteilten priesterlichen Thorabelehrung und -beurteilung
    ... steht hinter Ezechiels radikaler Verkündigung, die nun fern vom
    Kultraum des Tempels prophetisch ans ganze Volk gerichtet wird" (Zim-
    merli, Eigenart, 172f).

weis zur Gerichtsankündigung argumentativ stützt, stimmen
beide Texte weitgehend überein: Ihre Perspektive bleibt
trotz aller Kritik und Relativierung geprägt von Vorgaben
der "Zion-Theologie"; als Regeln des durch die Abfolge von
Schuld und Gericht bestimmten Geschichtsprozesses fungieren
- mit unterschiedlicher Gewichtung - die Korrelation von Tat
und Ergehen und die Korrelation von göttlichem und menschlichem Handeln, wobei letztere den Tat-Ergehen-Zusammenhang
umgreift und in Kraft setzt.

In ihrem konzeptionellen Rahmen unterscheiden sich beide
Texte v.a. darin, daß 4,1-5,4 die Möglichkeit einer Außer-
Kraft-Setzung des Tat-Ergehen-Zusammenhangs durch sühnende
Handlungen in Betracht zieht, während 5,5-17 den rechtlichen
und geschichtlichen Charakter der Korrelation des Handelns
Jerusalems/Israels und Jahwes im Bund betont. Dementsprechend hat aber auch die Bezugnahme auf Geschichte in beiden
Texten eine je verschiedene Funktion: Begründet sie in 4,4f
die Unsühnbarkeit der Schuld Jerusalems, fungiert sie in
5,5-17 als Argument für die Auflösbarkeit der Beziehung Jahwes zu Jerusalem/Israel, deren Zustandekommen in der Zeit
(5,5) ihre Nicht-Selbstverständlichkeit erweist. Während im
ersten Fall die zeitliche Erstreckung der Schuld-Geschichte
Israels (390 Jahre!) für die Argumentation wesentlich ist,
ist im zweiten Fall allein die Abfolge (und der Widerspruch)
der "Epochen" der "Ursprungs-"Setzung Jahwes (5,5) und der
Verschuldung Jerusalems/Israels (5,6ff) von argumentativer
Bedeutung. Ebenso wie 4,1-5,4 die Auflösbarkeit der Beziehung zwischen Jahwe und Jerusalem/Israel voraussetzen muß,
um in seiner Argumentation stringent zu sein, muß aber 5,5-
17 von einer Unsühnbarkeit der Schuld Jerusalems/Israels
ausgehen. Die beiden in Ez 4-5 erkennbaren Funktionen der
Bezugnahme auf Geschichte hängen also im Argumentationszusam-
menhang der prophetischen Gerichtsankündigung miteinander
zusammen. In Kap. 16 und 23 wird nun der Versuch erkennbar,
beide Funktionen der Bezugnahme auf Geschichte in **einem** "Geschichtsentwurf" wahrzunehmen.

III. DIE GERICHTSPROPHEZEIUNG ALS "GESCHICHTSENTWURF":
EZ 16,1-43 UND 23,1-30

Die Analyse der Gerichtsprophezeiung Ez 5,5-17 und ihrer
Beziehungen zu den Zeichenhandlungen von 4,1-5,4 hat zu ersten Hypothesen über die Funktion der Bezugnahme auf Geschichte im Rahmen der prophetischen Gerichtsverkündigung im
EB sowie die Grundstruktur und den konzeptionellen Rahmen
der Geschichtsdarstellung in der Gerichtsprophezeiung geführt. Davon ausgehend soll nun nach Gemeinsamkeiten und
Unterschieden der "Geschichtsentwürfe" von Ez 16,1-43; 23,1-
30 und 5,5-17 gefragt werden. Auch ohne eine ins Einzelne
gehende Analyse der hochkomplexen und z.T. erhebliche Interpretationsprobleme aufwerfenden Kap. 16 und 23 des EB ist es
so vielleicht möglich, in aller Vorläufigkeit einige Eigenarten der Geschichtsdarstellung dieser Texte und ihres konzeptionellen Rahmens in ihren Grundzügen deutlich zu machen.

1. Abgrenzung und Struktur der Texte

1.1. Ez 16,1-43

Ez 16 bildet mit seiner Thematik und seinem Bildzusammenhang, die in sich relativ einheitlich und von Kap. 15 und 17
deutlich verschieden sind, einen gegenüber dem Kontext klar
abgegrenzten Textkomplex. Durch die Wortereignisformel in
16,1 und 17,1 ist das Kapitel auch formal als relativ abgeschlossene und eigenständige Worteinheit im EB gekennzeichnet.

Aufgrund formaler und inhaltlicher Gesichtspunkte läßt
sich der Text in drei Abschnitte gliedern: 1-43. 44-58 und
59-63. "(D)er mit der Botenformel (...) eingeleitete und mit
der Gottesspruchformel abgeschlossene Zusammenhang 59-63"
hebt sich "durch seine eigene Thematik (der neue Bund) als
Teileinheit vom Vorhergehenden ab. Auch der vorangehende,
ebenfalls durch die Gottesspruchformel abgeschlossene Zusammenhang 44-58, der von Jerusalem und seinen Schwestern handelt, unterscheidet sich vom vorhergehenden Stück 1-43 durch
eine deutlich verschobene Thematik. Die Gottesspruchformel
43bα scheint den ursprünglichen Abschluß des vorhergehenden
Zusammenhangs zu kennzeichnen"[1]. Während "1-34 und 35-43 im
Verhältnis von Scheltwort - Gerichtswort aufeinander bezogen"[2] und zusammen als eigenständige Gerichtsprophezeiung
problemlos verständlich sind, sind "44-58 und 59-63 nicht
einfach vom Vorhergehenden zu isolieren und als ganz selbständige Worte zu kennzeichnen", sie scheinen vielmehr "in
einem Prozeß der sukzessiven Anreicherung" dem "Kernele-
ment(.)" 1-43 zugewachsen zu sein[3].

Die Gerichtsprophezeiung 16,1-43, auf die sich die folgende Untersuchung zunächst beschränkt, zeigt eine klare Zweiteilung: 1-34 ist durch den einleitenden Auftrag an den Propheten, Jerusalem seine Greuel kundzutun (2: הודע את ירושלם
את תועבתיה) als Schuldaufweis gekennzeichnet. Innerhalb dieses Abschnitts markiert die Gottesspruchformel in 8. 14 und
20 je einen relativen Abschluß, während sie in 23 und 30
einen relativen Neueinsatz unterstreicht. Einen solchen kennzeichnet auch והנה in 27. Der Übergang zur Gerichtsankündigung (35-43) ist in 35-36aα₁ durch einleitendes לכן, die

---

1 Zimmerli, 341.
2 A.a.O., 342.
3 Ebd. Daß 1-43 als relativ selbständige Einheit den Grundbestand von
  Kap. 16 darstellt, ist weitgehender Konsens der neueren Forschung.
  Neuerdings zieht allerdings Greenberg, der in seiner Strukturanalyse
  des vorliegenden Textes von Ez 16 "a single grand movement from start
  to finish of this long oracle" (305) herausarbeitet, die literarische Einheitlichkeit des Kapitels wieder ernsthaft in Erwägung. Auch
  er erkennt aber in 44ff "evidently a new turn" (a.a.O., 295).- Zur
  redaktionsgeschichtlichen Einordnung von 44-63 s.u. V.3.2.3.b.

Aufforderung an Jerusalem, das Wort Jahwes zu hören, und die
Botenformel markiert. 36aα$_2$.b bietet zunächst nochmal eine
mit יען eingeleitete, zusammenfassende Tatbestandsaufnahme,
auf die in 37-42, eingeführt mit לכן הנני die inhaltliche
Prognose des göttlichen Gerichts folgt. 43 (a.bα) enthält
schließlich eine zusammenfassende Charakteristik[4] der Gerichtsprophezeiung, in der Schuldaufweis (... יען אשר: 43a)
und Gerichtsankündigung (... וגם אני: 43bα) nocheinmal resüm-
miert und abschließend mit der Gottesformel bekräftigt werden.

Ein weiterer Gesichtspunkt für die Strukturierung des Textes ergibt sich aus dem Wechsel von 1. und 3. Pers. in der
Darstellung. Unter Berücksichtigung der Inhaltsseite ergibt
sich etwa folgende Gliederung:

1-3aα Einleitung

3aß-34 SCHULDAUFWEIS

    3aß-14 **Herstellung der Beziehung zwischen Jahwe und Jerusalem
    durch Jahwe**

        3aß-5 Vorgeschichte Jerusalems

            3aß.b Herkunft und Abstammung

            4-5   Geburt und Aussetzung

        6-7   Kindheit und Jugend Jerusalems

            6-7aα[5] Erstes Eingreifen Jahwes: Lebenszusage

            7aß.b Heranwachsen Jerusalems

        8   Eheschluß Jahwes mit Jerusalem

            8.a.bα Zweites Eingreifen Jahwes: Ehe-Bund

            8bß   Jerusalem als Ehefrau Jahwes

        9-14 Ausstattung der Ehefrau durch Jahwe

            9-12   Handeln Jahwes

            13-14a Folgen für Jerusalem

            14b   Rückverweis auf das Handeln Jahwes

---

4 Vgl. Koch, Formgeschichte, 232 u.ö.
5 Zum Text s. Zimmerli, 335.

15-34 **Widerspruch Jerusalems gegen seine Beziehung zu Jahwe**

    15-26 Untreue Jerusalems

        15   Hurerei

        16-19 Mißbrauch der Gaben Jahwes

        20-21 Opfer der gemeinsamen Kinder

        22   Vergessen der Jugendzeit

        23-26 Hurerei, insbesondere mit den Ägyptern

  27   Eingreifen Jahwes: Auslieferung Jerusalems an die Philister

    28-34 Fortsetzung der Untreue Jerusalems

        28   Hurerei mit den Assyrern

        29   Hurerei mit den Chaldäern

        30-34 Analogielosigkeit und Widersinn des Verhaltens Jerusalems

35-43 GERICHTSANKÜNDIGUNG

Beseitigung des Widerspruchs durch Jahwe

    35-36 Einleitung

        35   Anrede Jerusalems

        36   Resümmee des Schuldaufweises

    $37\text{-}39a\alpha_1$ Gerichtshandeln Jahwes an Jerusalem

        37   Bloßstellung Jerusalems vor seinen Liebhabern und Feinden

        38   Vollstreckung des Gerichts

        $39a\alpha_1$ Übergabe an die Liebhaber und Feinde

  $39a\alpha_2\text{-}41a$ Gerichtshandeln der Liebhaber und Feinde an Jerusalem

        $39a\alpha_2.b$ Zerstörung der Hügel und Höhen; Entkleidung Jerusalems

        40a   Aufgebot einer "Versammlung" gegen Jerusalem

        40aß-41a Steinigung und Tötung Jerusalems; Verbrennen seiner Häuser; Vollstreckung des Gerichts

    41b-42 Resultat des Gerichts

        41b   Beendigung der Hurerei Jerusalems

        42   Beruhigung des Zorns Jahwes

    43a.bα Abschließende Charakteristik der Gerichtsprophezeiung

1.2. Ez 23,1-30

Wie Kap. 16 ist auch Kap. 23 durch die Wortereignisformel in
23,1 und 24,1 sowie seine von Kap. 22 und 24 verschiedene,
in sich relativ einheitliche Thematik und seinen Bildzusammenhang deutlich als eigenständiger Textkomplex innerhalb
des EB abgegrenzt.

Innerhalb des Kapitels "(weisen) Inhalt und Sprachgebrauch
(...) 36-49 als sekundäres, stark von Zitaten lebendes Son-
derstück aus. Thema, einleitende Boten- und abschließende
Gottesspruchformel lassen auch in 32-34 ein relativ selbständiges Lied vom Taumelbecher erkennen. Durch den Überleitungs-
vers 31 ist es an die vorhergehende Thematik angeschlossen.
In 35 ist noch ein begründetes (יען) Drohwort mit selbständi-
ger Einleitungsformel angefügt"[6]. Anders als in Kap. 16 entwickelt keiner dieser vermutlich später angefügten Zusätze
eine das Gericht transzendierende Prognose[7].

1-30 zeigt wie 16,1-43 eine Zweiteilung in Schuldaufweis
und Gerichtsankündigung. Der mit der knappen Anrede אדם בן
(2a) eingeleitete Schuldaufweis berichtet nach der gemeinsamen Vorgeschichte Oholas und Oholibas (2b-4) zunächst von
der Verschuldung Oholas (5-8) und Jahwes Reaktion darauf (9-
10; eingeleitet mit לכן), dann vom vergangenen Verhalten
Oholibas (11-21). Hier bilden 13 und 18b, die jeweils von

---

6 A.a.O., 537. Vgl. aber auch u. Anm. 309.
7 Dies spricht m.E. für die Annahme einer größeren zeitlichen Nähe von
  23,31-35, das "sprachlich und inhaltlich noch nahe beim Propheten
  und seinem Wort" steht (Zimmerli, 553), zum Grundbestand des Kapitels, als sie für die Ergänzungen in Kap. 16 anzunehmen ist. Wenn in
  23,36-49 "(d)ie Berichte 16 und 23 (...) zur beispielhaften Lehr-
  Erzählung eines gerechten göttlichen Gerichtes über sündige, ehebre-
  cherische und mörderische Frauen geworden (sind), die als warnendes
  Exempel dazu helfen soll, daß andere Frauen in Zukunft nichts ähnliches begehen" (Zimmerli, 555; vgl. Bettenzoli, Geist, 162ff), muß
  dies m.E. noch nicht als "von einem kleinen Geist vollzogene Klein-
  münzung prophetischen Gerichtswortes zur moralischen Warnrede" (Zimmerli, ebd.) (ab-)qualifiziert werden. Vielmehr wäre zu fragen, ob
  sich nicht hier die in Kap. 18 und 33 (vgl.22) erkennbare Tendenz
  der Redaktion des "älteren EB" niedergeschlagen hat, konkrete Verhal-
  tensnormen für den Einzelnen im Vorfeld der Restitution Israels zu
  entwickeln (vgl. u. V.3.2.4.).

einer Reaktion Jahwes auf das Verhalten Oholibas berichten,
Einschnitte. Der Übergang zur Gerichtsankündigung ist in 22
mit לכן, der Anrede אהליבה, der Botenformel und הנני klar
markiert. Auffällig ist der Neueinsatz in 28 (כי כה אמר אדני
יהוה הנני ...). 22-30 läßt sich unter dem Gesichtspunkt des
Wechsels von 1. und 3. Pers. in der Darstellung weiter untergliedern. Unter Berücksichtigung der Inhaltsseite des Textes
ergibt sich damit etwa folgende Gliederung:

1-2a Einleitung
2b-21 SCHULDAUFWEIS

    2b-4 **Herstellung der Beziehung zwischen Jahwe und Ohola/Oholiba durch Jahwe**

        2b-3 Vorgeschichte Oholas und Oholibas

            2b Abstammung

            3 Jugend: Hurerei in Ägypten

        4 Eheschluß Jahwes mit Ohola und Oholiba (und Identifi-
kation der Frauen mit Samaria und Jerusalem[8])

    5-8 **Widerspruch Oholas gegen ihre Beziehung zu Jahwe**

        5-7 Hurerei mit den Assyrern

        8 Keine Abwendung vom Verhalten ihrer Jugend (Hurerei
mit den Ägyptern)

    9-10 **Beseitigung des Widerspruchs durch Jahwe**

        9 Übergabe Oholas an die Assyrer durch Jahwe

        10 Vollstreckung des Gerichts an Ohola durch die Assy-
rer

    11-21 **Widerspruch Oholibas gegen ihre Beziehung zu Jahwe**

        11 Zusammenfassende Charakterisierung des Verhaltens
Oholibas im Vergleich zu dem Oholas

        12 Hurerei mit den Assyrern

        13 Erste Reaktion Jahwes (Vergleich Ohola-Oholiba)

        14-18a Hurerei mit den Babyloniern

---

8 Die meist vorgenommene Streichung von 4b (s. z.B. BHS; Zimmerli,
542) setzt voraus, daß der Bildzusammenhang des Textes "verhüllen-
de(.)" (Zimmerli, ebd.) Funktion hat, was wenig wahrscheinlich ist
(s.u. 3.).

18b   Erneute Reaktion Jahwes (Vergleich Ohola-Oholiba)

19-21   Hurerei mit den Ägyptern in Erinnerung an das Verhalten ihrer Jugend[9]

22-30 GERICHTSANKÜNDIGUNG

Beseitigung des Widerspruchs durch Jahwe

22-27 <u>Erster Teil</u>

    22aα_1 Einleitung

    22aα_2-26   Vollstreckung des Gerichts an Oholiba

        22aα_2-23   Aufgebot der Babylonier und Assyrer gegen Oholiba durch Jahwe

        24a   Vorgehen der Assyrer und Babylonier gegen Oholiba

        24bα Vorlage des Rechtsfalls durch Jahwe

        24bβ Urteil durch die Feinde

        25aα_1 Jahwe legt seinen Eifer auf Oholiba

        25aα_2-26   Vollstreckung des Urteils durch die Feinde

    27   Resultat des Gerichts an Oholiba (Ende der Unzucht Oholibas in Erinnerung an Ägypten)

28-30 <u>Zweiter Teil</u>

    28aα Einleitung

    28aβ-29bα Vollstreckung des Gerichts an Oholiba

        28aβ.b   Übergabe an die Feinde durch Jahwe

        29a.bα Verfahren der Feinde mit Oholiba

    29bβ-30[10] Abschließende Charakteristik der Gerichtsprophezeiung

---

9 21 leitet zur - im Folgenden durchgehaltenen - direkten Anrede an Oholiba über. Da dieses Phänomen in Anklagereden mehrfach belegt ist (vgl. Boecker, Redeformen, 71f), ist es noch nicht als Indiz für das Vorliegen einer "nachträgliche(n) Erweiterung" (so Zimmerli, 532; vgl. 548, u.a.) zu werten (vgl.u. 2.(4)).

10 29bβ dürfte mit V zu 30 zu ziehen sein (vgl. Zimmerli, 534; BHS). In 30 ist mit hoher Wahrscheinlichkeit עשׂו statt עשׂה zu lesen (vgl. pc Mss; T; Zimmerli, ebd.; BHS). "Der inf. abs. des M ist eine Verlegenheitsvokalisierung infolge der falschen Versabtrennung. Zur Aussageform vgl. Jer 4,18" (Zimmerli, ebd.).

2. Literarkritische Probleme

Während in der neueren Forschung ein weitgehender Konsens
besteht, daß der Grundbestand der Kap. 16 und 23 des EB in
16,1-43[11] und 23,1-30 zu suchen ist, ist dessen Abgrenzung
im Einzelnen doch stark umstritten. Die literarkritische
Analyse der Texte wird erschwert durch zahlreiche Probleme
der Textkritik und der Übersetzung, vor die sie den Exegeten
stellen[12]. Eine ausführliche Besprechung aller relevanten
Einzelbeobachtungen ist deshalb im Rahmen dieser Arbeit
nicht möglich.

Die Diskussion ist zudem belastet durch die unterschiedlichen methodischen Ansätze der neueren Kommentatoren. Kaum je
wird so konsequent wie bei Greenberg[13] von "structure and
themes" des Textes in seiner vorliegenden Gestalt ausgegangen. Vorherrschend ist eine "Suche nach Zusätzen"[14], die im
Extremfall den Eindruck erwecken kann, alles, was "ohne
Schwierigkeiten gestrichen werden" kann und "nicht notwendig
zum ursprünglichen Textbestand gehören" muß[15], werde sogleich
für sekundär erklärt. Nun ist die literarkritische Suche
nach einem analytisch zu ermittelnden, minimalen kohärenten
Textbestand (nach "kleinen Einheiten") methodisch zweifellos
legitim; die vorschnelle Identifikation des so gewonnenen
Text-Rekonstrukts mit einem "Grundbestand" im literarhistorischen Sinne ist jedoch höchst problematisch[16]. Zudem besteht
eine Gefahr derartiger Rekonstruktionen darin, daß als ihr
Kriterium häufig fungiert, "was dem heutigen Leser mit seinen logischen, stilistischen und sachlichen Anforderungen an
einem Text unstimmig erscheint", während die "Fragestellung
als historische darauf zu richten" wäre, "was zur Zeit der

---

11 Dagegen meint Garscha, Studien, 276ff, 16,3-30* habe seine ursprüng-
    liche Fortsetzung in 44f* gehabt. Seine Argumentation kann jedoch
    kaum überzeugen.
12 Vgl. z.B. die ausführliche Diskussion bei Zimmerli, 334ff.530ff.
13 Vgl. v.a. Greenberg, 292ff (zu Kap. 16).
14 Zimmerli, 343.
15 Garscha, Studien, 57 - die Ausdrücke sind symptomatisch für das Vor-
    gehen Garschas.
16 Vgl. Richter, Exegese, 66ff (mit Anm. 70!).

literarischen Gestaltung des Textes möglich ist und was nicht"[17].

Im Rahmen der Fragestellung dieser Arbeit und ihres Ansatzes auf der "mittleren Ebene"[18] des EB legt es sich nahe, Ez 16,1-43 und 23,1-30 in ihrer vorliegenden Gestalt der weiteren Untersuchung zugrundezulegen. Dieses Verfahren soll hier aber wenigstens kurz, in exemplarischer Auseinandersetzung mit den literarkritischen Analysen W.Zimmerlis plausibel gemacht werden.

Zimmerli hebt in 16,1-43[19] und 23,1-30[20] folgende Ergänzungen vom Grundtext ab: 16,9aß. 13aα$_2$ß.bß. 14. 16-23. 25a. 26-34. 36(außer Botenformel)-38(außer 37aα[*]: מאהביך ... הנני). 41b-43; 23, 4b. 7b. 8. 9b. 10b. 12-14a. 18. 21. 23aß.b. 25b. 26. 28-30. Es ist hier nicht möglich, diese zahlreichen Stellen einzeln durchzugehen. Stattdessen sollen Zimmerlis wesentliche Argumente für ihre Ausscheidung vorgestellt und geprüft werden.

(1) **Stilistische Argumente**: "Differenzen in Redeweise und Stil" gehören zu den in einer "Untersuchung der literarischen Integrität von Texten" zu registrierenden "Anzeichen literarischer Uneinheitlichkeit"[21]. Dabei ist jedoch "Stil" eine in hohem Maße problematische Kategorie[22]. Auf die Schwierigkeiten der Unterscheidung von Poesie und Prosa als Kriterium literarischer Entscheidungen in Ez 16 und 23 weist Zimmerli in Auseinandersetzung mit den Rekonstruktionsversuchen G.Hölschers, der jeweils einen Grundbestand mit klarem "Strophenbau" herauszuarbeiten versucht, und G.Fohrers, dessen Analysen seine "Kurzvers-Theorie"[23] zugrundeliegt, selbst hin[24]. Gleichwohl kann auch bei ihm "prosaisch" Indiz für "sekundär" sein[25]. Meist führt er jedoch stattdessen äußerst vage Stilbeobachtungen als (Hilfs-)Argumente für literarkritische Entscheidungen an[26].

17 Barth/Steck, Exegese, 36.
18 S.o. II.2.
19 S. zusammenfassend: Zimmerli, 362f.
20 S. zusammenfassend: a.a.O., 537f.
21 S. Barth/Steck, Exegese, 34.
22 Vgl. z.B. Goodman, Status.
23 Zur Kritik vgl. auch Kuhl, Stand, 14f; Boadt, Problems, 498f.
24 Zimmerli, 342f.538.
25 Vgl. Zimmerli, 352 (zu 16,13aα$_2$.ß). 353 (zu 16,14). 544 (zu 23,7b).
26 Vgl. Zimmerli, 351f (zu 16,9aßf. 352 (zu 16,13aα$_2$.ß: "entfernt sich von der klaren Knappheit der bisherigen Schilderung"). 358 (zu 16,26-29: "zeigt auch sprachlich nicht mehr die Straffung von

Die Ambivalenz stilistischer Argumente zeigt sich in Zimmerlis eigener Behandlung von 16,16-20: Der Abschnitt steht s.E. stilistisch und sprachlich "dem Grundtext nicht ferne", ist aber aus inhaltlichen Gründen sekundär[27]. Stilistische Argumente sind demnach jedenfalls nicht allein schon hinreichend zur Begründung literarkritischer Entscheidungen; umgekehrt sind sie für solche aber auch nicht notwendig.

(2) **Wiederholungen u.dgl.**: Die Beobachtung von Wiederholungen[28] bzw. Vorwegnahmen[29], gelegentlich auch - unter wiederholtem Verweis auf C.Kuhl[30] - von "Wiederaufnahmen"[31] stützt bei Zimmerli häufig literarkritische Operationen. Daß auch sie keineswegs eindeutig ist, zeigt sich etwa, wenn Zimmerli 23,12 ausscheidet, weil es "die Beschreibung aus 5f. wiederholt"[32], 23,10b dagegen u.a. deshalb für sekundär erklärt, weil "in der voller ausgestalteten Oholibaszene eine Entsprechung fehlt"[33], also gerade keine Wiederholung vorliegt. Auch die Beobachtung von Wiederholungen u.dgl. kann sonach allenfalls anderweitig begründete literarkritische Entscheidungen stützen.

(3) Als sekundäre **Weiterführungen und Ausgestaltungen** betrachtet Zimmerli etwa 23,18 und 25b[34]. Wenn aber s.E. 25b als "auslegende Zusatzbemerkung" die "Unklarheit des אחרית von 25aγ" beseitigt[35], kann man m.E. fragen, ob hier nicht die literarkritische Analyse die Probleme erst schafft, die sie dann erklären will. Einige andere Zusätze werden von Zimmerli auf einen "Drang zu größerer historischer Vollständigkeit" zu-

---

16ff.", "blaß"). 359 (zu 16,31a: "umständlich(.)"). 537 (zu 23,28-30: "blasser(.)"). 544 (zu 23,8: "eher matt"). ebd. (zu 23,10b: "ungeschickt"). 545 (zu 23,13: "fast etwas pedantisch").
27 Zimmerli, 356.
28 Vgl. Zimmerli, 352 (zu 16,13). 358 (zu 16,25bß). 359 (zu 16,31a). 537 (zu 23,28-30). 544 (zu 23,8). 545 (zu 23,12). 548 (zu 23,21). 549 (zu 23,23aß.b).
29 Vgl. Zimmerli, 544 (zu 23,17b). 548 (zu 23,18).
30 Kuhl, Wiederaufnahme; genannt bei Zimmerli, 542.545.
31 Vgl. Zimmerli, 352 (zu 23,4b). 544 (zu 23,9b). 545 (zu 23,14a). - Zur terminologischen Präzisierung sollte man m.E. von "Wiederaufnahme" nur dann sprechen, wenn "ein Zusatz X in einen Text a b nach der Weise a X a b eingefügt wird, wobei die Wiederholung von a die Abfolge a b ungestört läßt" (Lang, Ezechiel, 26f). Dieser Fall liegt aber weder in 23,4b noch in 23,9b noch in 23,14a vor.
32 Zimmerli, 545.
33 Ebd.
34 S. Zimmerli, 548.549.
35 Zimmerli, 549.

rückgeführt[36]. Umgekehrt kann jedoch auch die mangelnde Historizität
einer Aussage ihre Ausscheidung begründen[37]. Auch hier bedarf der Nachweis von Zusätzen - so plausibel die Annahme "historisierender Ausgestaltungen" im Grundsatz sein mag - zusätzlicher Argumente.

(4) Solche sind am ehesten da zu suchen, wo Zimmerli "**inhaltliche Spannungen und Unebenheiten sowie gattungsatypische Elemente**"[38] erkennt. So
"sprengt" s.E. 23,18 "den Zusammenhang von 17b und 19 in unguter Weise"
und ist deshalb als Zusatz zu betrachten[39]. Dagegen ist jedoch einzuwen-
den, daß Ez 16 und 23 offenbar bewußt Reaktionen Jahwes auf das Verhalten
Jerusalems schon im Schuldaufweis vorwegnehmen (vgl. 16,27[40]; 23,13[41]).
Zudem beobachtet Zimmerli ein ganz ähnliches Phänomen im unmittelbaren
Fortgang des Textes: 23,21 knüpft über 20 hinweg an 19 an. Hier scheidet
er aber nicht 20, sonder 21 aus[42]. Dieser Eingriff wird freilich zusätzlich begründet durch die gattungsatypische, "verfrühte direkte Anrede"[43]
an Oholiba in 23,21. So gattungsatypisch ist diese jedoch gar nicht[44].
Nicht unproblematisch ist schließlich auch Zimmerlis Argumentation mit
der Kohärenz des thematischen und Bild-Zusammenhangs der Texte. Wenn
etwa s.E. mit 16,13bß "das ursprüngliche Bild verlassen" ist[45], wäre mit
Fohrer darauf hinzuweisen, daß schon 9-12 das aol. Brauch entsprechende
"Königsspiel der Neuvermählten" darstellt[46], die Bemerkung 13bß sich
also gerade vom Bildzusammenhang her durchaus nahelegt. Auch ob 16,20
"über den Horizont des Grundtextes hinaus" führt[47], und durch 23,7b

---

36 Zimmerli, 545 (zu 23,12-14a); vgl. 544 (zu 23,7b) 358 (zu 16,27).
   Garscha, Studien, 63 nimmt in Weiterführung dieser Argumentationslinie Zimmerlis eine extensive "historisierend(e)" Bearbeitung von
   Kap. 23 in 3. (4b.) 7a. 8. 11b-14a. 15b. 17. 18a. 19-21. 23-24a. 27
   an.
37 So Zimmerli, 532 zu 23aß.b, wo ihm "die Nennung der Assyrer ...
   geschichtlich fragwürdig erscheint".
38 Barth/Steck, Exegese, 34 (Hervorh. T.K.).
39 Zimmerli, 548.
40 Von Zimmerli, 358 als "verfrühter Einbruch von Strafschilderung" gestrichen.
41 Von Zimmerli, 545 als "fast etwas pedantisch" beurteilt und gestrichen (s. dazu u. 3.2.1.).
42 Zimmerli, 548.
43 Ebd.
44 S. Boecker, Redeformen, 71f.
45 Zimmerli, 353.
46 Fohrer, 88.
47 Zimmerli, 356.

"(d)as Bild ... gestört" wird[48], muß angesichts der Flexibilität "figura-
ler Sprache"[49] fragwürdig erscheinen.

(5) Zimmerlis Argumentation mit der Kohärenz des thematischen und Bild-
Zusammenhangs der Texte hängt eng zusammen mit seiner Annahme einer **wech-
selseitigen Beeinflussung von Kap. 16 und 23** in ihrem literarischen Entstehungsprozeß: Einen Großteil der Zusätze in 16,1-43[50] und 23,1-30[51]
führt Zimmerli auf das Interesse einer nachträglichen Angleichung der
beiden Texte zurück. Ursprünglich habe Kap. 16 die Schuld Jerusalems im
Fremdgötterkult gesehen, Kap. 23 dagegen in der Außenpolitik. Als einzigen Anhalt für diese Hypothese am vorliegenden Text führt Zimmerli die
"Zweiteilung" des Gerichtshandelns an Jerusalem in 16,39ff in ein solches der Liebhaber (39) und eines des von ihnen aufgebotenen קהל (40-
41a) an: Sie zeige, "daß mit den Liebhabern im Grundtext nicht die Völker gemeint sind - sie würden ja ganz unmittelbar den קהל bilden, der
mit dem vollen Gericht betraut wird"[52]. Doch ist der Ausdruck קהל für
den Text in mehreren semantischen Dimensionen funktional: so ist er in
besonderer Weise geeignet, die angekündigte militärische Katastrophe
Jerusalems (קהל als "Aufgebot" im Krieg![53]) als Rechtsakt (קהל als "Gerichtsgemeinde"![54]) zu interpretieren. Zudem würde Zimmerlis Interpretation voraussetzen, daß - nachdem der Großteil von 16,36-38 bereits als
"kräftige Theologisierung"[55] gestrichen ist - "die Götter der Fremdkul-
te"[56] im Gericht an Jerusalem die Initiative ergreifen - ein für das EB
doch wohl höchst erstaunlicher Gedanke! Zudem spricht gegen die Annahme
eines rein kultisch orientierten Schuldaufweises in Kap. 16[*], "dass bei
Ezechiel im Gegensatz zu Hosea und Jeremia die Kanaanäische Kulttermino-
logie praktisch fehlt, und dass insbesondere nie von Baal die Rede

---

48 A.a.O., 544.
49 Vgl. Utzschneider, Hosea, 57f(54ff; zu Hos 1-3); vgl.u. 4.1.1.).
50 Vgl. Zimmerli, 353 (zu 16,14). 358 (zu 16,26-29). 359 (zu 16,31b-
   34). 361 (zu 16,(36.) 37f). ebd. (zu 16,41b(-43)). Garscha, Studien,
   279 betrachtet dann 16,(2.)26-41 (ohne 30) insgesamt als sekundäre
   Angleichung an Kap. 23.
51 Vgl. Zimmerli, 544 (zu 23,8(b)). 545 (zu 23,10b). 550 (zu 23,26).
   551 (zu 23,28-30).
52 Zimmerli, 360.
53 S. Müller, Art. קהל, 612; vgl. Ez 17,17; 26,7; 27,27; 32,23;
   38,4.7.13.
54 S. Müller, a.a.O., 612f.
55 Zimmerli, 361.
56 A.a.O., 363.

ist"[57]. So dürfte in Ez 16 vonAnfang an "wie bei Nahum ... das znh ... als
Bild für die Außenpolitik einer Stadt gebraucht sein"[58]. Sachlich hängen
kultische und politische Dimension der "Hurerei" Jerusalems ohnehin eng
zusammen, ist doch ein Bündnis mit fremden Großmächten i.d.R. mit der
"Übernahme fremder Kulte und Kultur verbunden"[59].

Mit der Infragestellung der wesentlichen[60] literarkritischen Argumente W.Zimmerlis soll hier nicht etwa umgekehrt
die "ursprüngliche" literarische Integrität von Ez 16,1-43
und 23,1-30 in ihrer vorliegenden Gestalt behauptet und begründet werden. Dies verbietet schon der exemplarische Charakter der skizzierten Überlegungen. Sinn der voranstehenden
Bemerkungen ist es allein, **zum einen** den Ansatz der folgenden Untersuchungen auf der "mittleren Ebene", d.h. bei Ez
16,1-43 und 23,1-30 in ihrer vorliegenden Gestalt, plausibel
zu machen, **zum anderen**, wenigstens anzudeuten, daß literarkritische Operationen an einzelnen Texten des EB nur auf dem
Hintergrund einer umfassenden redaktionsgeschichtlichen Hypothese zum EB einige Wahrscheinlichkeit gewinnen können[61].

---

57 Winter, Frau, 611; gegen Zimmerli, 353.
58 Winter, a.a.O., 612.
59 Fohrer, 134; vgl. Fuhs, 82; insofern erscheint mir auch Winters (a.
   a.O., 612) These, die Vermischung von "politische(r)" und "religiö-
   se(r)" Hurerei gehe erst auf eine "Nachinterpretation" in Anlehnung
   an Jeremia" zurück, fraglich.
60 Hingewiesen sei noch darauf, daß Zimmerlis Argumentation "den Anschein (macht), daß ein großer Teil der Hosea- und Jeremia-Anklänge
   ... biblizistische Anreicherungen späterer Ergänzer darstellt" (Winter, a.a.O., 609). Hier ist m.E. doch einer traditionsgeschichtlichen Erklärung der Vorzug zu geben.
61 Vgl.u. V.

3. Gemeinsamkeiten und Unterschiede der Geschichtsdarstellung
   in Ez 5,5-17 und 16,1-43; 23,1-30

3.1. Die Struktur der Geschichtsdarstellung

Wie Ez 5,5-17 zeigen auch 16,1-43 und 23,1-30 eine klare
Zweiteilung in Schuldaufweis und Gerichtsankündigung und
damit die Grundstruktur der Gerichtsprophezeiung[62]. Hier wie
dort[63] wird von der Gegenwart der Rede aus auf das vergangene Verhalten Jerusalems (und Samarias) zurückgeblickt und
als dessen Konsequenz ein unmittelbar bevorstehendes[64] göttliches Gericht über Jerusalem angekündigt. Schuld und Gericht werden dabei einem Vergangenheit und Zukunft umgreifenden "Geschichtsentwurf" eingeordnet und mit einem Verweis
auf die "Vorgeschichte" Jerusalems (und Samarias) sowie auf
das Resultat des Gerichts gerahmt.
   Dieser "Geschichtsentwurf" hat in 16,1-43 und 23,1-30 wie
in 5,5-17[65] eine dreiteilige Struktur:
(A) Herstellung der Beziehung zwischen Jahwe und Jerusalem
    durch Jahwe;
(B) Widerspruch Jerusalems gegen seine Beziehung zu Jahwe;
(C) Beseitigung des Widerspruchs durch Jahwe.
   Allen drei Texten liegt also i.W. dieselbe Strukturgeschichte zugrunde. Anders als in 5,5-17[66] werden aber in
16,1-43 und 23,1-30 die "Epochen" dieser Geschichte nicht
rein "flächig" dargestellt. Die hier berichteten Ereignisse
dienen nicht nur der Charakterisierung dieser "Epochen" in
ihrer zeitlichen Abfolge; sie stehen auch selbst zueinander
im Verhältnis eines zeitlichen Nacheinander. Dies zeigt
schon die im Vergleich zu 5,5-17 ungleich größere Häufigkeit
der Progreß-Verbformen wayyiqtol bzw. w˙qatal in Schuldauf-

---

62 S.o. II.1.
63 S.o. II.3.
64 Vgl. die Wendung הנני mit Ptz. (16,37; 23,22.28) mit der Herausforderungsformel הנני עליך in 5,8!
65 S.o. II.3.3.
66 Vgl.o. II.3.1.

weis bzw. Gerichtsankündigung von 16,1-43 und 23,1-30. So
wird die aus der Grundstruktur der Gerichtsprophezeiung abgeleitete Strukturgeschichte in Kap. 16 und 23 in je unterschiedlicher Weise überlagert von einer Ereignisgeschichte.
Beide Aspekte der Geschichtsdarstellung fügen sich nicht
ohne Spannungen zueinander. Brüche und Ambivalenzen des Geschichtsablaufs kommen hier stärker zum Ausdruck als in 5,5-
17, was nicht ohne Folgen für den konzeptionellen Rahmen der
Geschichtsdarstellung bleibt.

3.2. Strukturgeschichte und Ereignisgeschichte

3.2.1. Brüche in der Struktur des Geschichtsablaufs

Die "Epoche" der Verschuldung Jerusalems ist in 5,5-17
ganz durch das Verhalten der Stadt bestimmt. Sie ist Zeit
des Widerspruchs gegen ein ihr vorausgehendes Handeln Jahwes
und findet durch ein neuerliches göttliches Eingreifen, das
angekündigte Gericht, ihr Ende. 16,27 und 23,13.18b berichten dagegen schon im Rahmen des Schuldaufweises von Reaktionen Jahwes auf das schuldhafte Verhalten Jerusalems.

Im Einzelnen sind diese Reaktionen unterschiedlich stark: In 23,13
verhält sich Jahwe rein rezeptiv: "Da sah ich, daß sie (sc. Oholiba)
sich verunreinigt hatte. Beide (s.c. Ohola und Oholiba) gingen denselben
Weg" (דֶּרֶךְ אֶחָד לִשְׁתֵּיהֶן). Damit wird zunächst konstatiert, "daß das Tun der
Oholiba dasselbe ist wie das Tun der Ohola"[67]. Da aber דֶרֶךְ "Lebensweg
wie Lebenswandel zugleich meint"[68], deutet sich hier - gerade auch angesichts des zuvor geschilderten Schicksals Oholas - bereits das zu erwartende, seinem Handeln entsprechende Ergehen Jerusalems an.

Daß Jahwe dem hier anklingenden Tat-Ergehen-Zusammenhang nicht Einhalt
gebieten wird, ist nach 23,18b deutlich. Der Satz וַתֵּקַע נַפְשִׁי מֵעָלֶיהָ , "da
riß ich mich von ihr los"[69], beschreibt das abrupte Zerbrechen (vgl. Gen

---

67 Zimmerli, 545.
68 Koch, Profeten II,36; vgl. 106; Sauer, Art. דרך , 458.
69 Zur Übersetzung vgl. Fohrer, 133.

32,26) der Beziehung zwischen Jahwe und Jerusalem (vgl. Jer 6,8)[70], dessen Schicksal damit im Grunde schon besiegelt ist.

Während 23,13 und 18b die folgende Gerichtsankündigung vorbereiten,
berichtet 16,27, hervorgehoben durch das einleitende והנה, von einem
direkten Eingreifen Jahwes in die Geschichte Jerusalems während der "Epoche" seiner Verschuldung. Dabei dürfte an den Eingriff Sanheribs in Juda
unter Hiskia im Jahre 701[71] gedacht sein[72], durch den in der Tat der
Herrschaftsbereich Jerusalems zugunsten "philistäischer" Städte einschneidend "beschnitten" wurde (גרע: vgl. 5,11!)[73].

Mit der Vorbereitung der Gerichtsankündigung 23,22ff durch
23,13.18b erhält die "Epoche" der Verschuldung Jerusalems,
von der 23,11-21 berichtet, ein gewisses inneres Gefälle:
Die "Liebschaften" der Stadt mit den Assyrern (12), den Babyloniern (14-18a) und den Ägyptern (19-21), die durch 13 und
18b voneinander abgesetzt werden, folgen nicht einfach aufeinander; sie addieren sich zueinander und vergrößern so,
wie die Verschärfung der Reaktion Jahwes von 13 über 18b bis
zu 22ff zeigt, die Schuld Oholibas. Mit dieser Andeutung
einer "Akkumulation" der Schuld Jerusalems in seiner vergangenen Geschichte nimmt 23,1-30 die Funktion auf, die für die
Bezugnahme auf Geschichte im Rahmen der prophetischen Gerichtsankündigung schon in 4,4ff zu erkennen war[74]: Die zeitliche Erstreckung der Verschuldung Jerusalems - in 4,4ff
durch die formale Zeitangabe "390 Jahre", in 23,11ff durch
die Abfolge und Akkumulation mehrerer Stadien des schuldhaften Verhaltens der Stadt angezeigt - unterstreicht argumentativ die Unabwendbarkeit des Wirksamwerdens der unheilvollen
Tatsphären, die es mit seinem Handeln erzeugt hat.

Ähnliche Funktion könnte auch 16,27 haben, das als "ver-
frühte(r) Einbruch von Strafschilderung" und "geschichtlich

---

70 יקק hi./ho. bezeichnet im Num 25,4; 2 Sam 21,6.9.13 eine Form der
   Strafe mit Todesfolge.
71 Vgl. 2 Kön 18f und den Bericht in den Annalen Sanheribs (TGI, 67ff).
72 So Eissfeldt, Ezechiel.
73 Vgl. TGI, 69: "Seine (sc. Hiskias) Städte, die ich (sc. Sanherib)
   geplündert hatte, trennte ich von seinem Lande ab und gab sie Mitin-
   ti, dem König von Asdod, Padî, dem König von Ekron und Şilbêl, dem
   König von Gaza, und verkleinerte so sein Land".
74 Vgl.o. II.5.3.

exemplifizierende(r) Zusatz"[75] kaum zureichend erfaßt ist.
Möglicherweise ist dieser Hinweis auf ein strafendes Eingreifen Jahwes **innerhalb** der Zeit der Verschuldung Jerusalems
"im Sinne von Am 4,6ff. Jes 9.7ff."[76] zu interpretieren, wo
"Jahwes Gerichtstaten als Reizungen zur Umkehr"[77] aufgezählt
werden, denen auf Seiten Israels "eine Kette vergangener
Fehlreaktionen ... als Schuldansammlung"[78] entspricht. Seine
Funktion würde dann der von 23,13.18b weitgehend entsprechen.
Darüber hinaus wäre aber zu erwägen, ob 16,27 im Rahmen des
durch die Form der Gerichtsprophezeiung angezeigten Zusammenhangs des Gerichtsverfahrens als Apologie des Klägers Jahwe
intendiert sein könnte: Nicht nur hat er selbst Jerusalem
keinen Anlaß zu dessen Fehlverhalten gegeben (16,9ff; vgl.
Jes 5,4; Jer 2,4ff; Mi 6,2ff); er hat auch auf dieses Fehlverhalten zunächst maßvoll reagiert und so den nun fälligen
Prozeß zu vermeiden gesucht[79]. Auch in diesem Verständnis
würde 16,27 der in 16,15ff dargestellten Verschuldung Jerusalems ein Moment der Steigerung[80] verleihen.

In anderer Weise wird die Grundstruktur des Geschichtsentwurfs in 23,5-10 durchbrochen: Die Darstellung von Schuld
und Untergang Oholas/Samarias spiegelt im Kleinen bereits
die zweiteilige Grundstruktur der Gerichtsprophezeiung (vgl.

---

75 Zimmerli, 358.
76 Zimmerli, ebd. (mit Fragezeichen).
77 Wolff, Amos, 257.
78 A.a.O., 260. Vgl. auch Vollmer, Rückblicke, 16: "Die Verstocktheit
   Israels hat einen solchen Grad erreicht, daß weitere Bemühungen
   Jahwes aussichtslos erscheinen ... - das endgültige Vernichtungsgericht ist damit unausweichlich". Ebd. meint Vollmer freilich auch:
   "Daß er (sc. Amos) so viel Wert auf die Begründung (sc. des bevorstehenden Endes durch das vergangene Verhalten Israels) legt, ist nur
   verständlich, wenn er in letzter Stunde doch noch einen möglichen
   Ausweg sieht: wirkliche Umkehr bis zu Jahwe". Dies wäre m.E. zu prüfen (vgl. u. V.3.2.4.a.).
79 Zum vorrangigen Interesse an einer "Prozeßvermeidung" im AO s. Baltzer, Biographie, 133.156 (mit Verweis auf Seidl, Einführung, 35ff);
   vgl. auch Boecker, Recht, 18: "In jedem Stadium des Prozesses war
   der Vergleich der Parteien möglich, und von dieser Möglichkeit hat
   man nach Ausweis der altbabylonischen Urkunden häufig Gebrauch gemacht, manchmal sogar vor der förmlichen Prozeßeröffnung".
80 Es wird zusätzlich unterstrichen durch die Ausdrücke רבה hi. (16,25.
   29 - hier im Kontrast zu 7! -; 23,19) und יסף hi. (23,14); vgl. auch
   16,21b (... המעט). 29b (לא שבע).

die Überleitung mit לכן in 9!) wider, die nun aber ganz in
die Vergangenheit transponiert ist. Dieser Hinweis auf die
vergangene, abgeschlossene Geschichte Samarias als "Schwester" Jerusalems nimmt im Kontext von 23,1-30 eine viel-
schichtige Funktion wahr. Neu gegenüber den bisher betrachteten Elementen der Geschichtsdarstellung, die die in 5,5-17
angelegte Strukturgeschichte durchbrechen, ist, daß er einen
der vergangenen und zukünftigen Geschichte Jerusalems analogen, allerdings bereits abgeschlossenen Prozeß als "Präzedenzfall" einführt, der die Gerichtsprognose gegen Jerusalem
argumentativ stützt. Eine vergleichbare "Konfrontation Israels und Judas in je ihrem Verhältnis zu Jahwe mit dem Ergebnis analoger Verschuldung" liegt in 2 Kön 17,7-23 als "ein
Fazit dtr. Denkarbeit" vor. "Hier wird der Fall des Nordreichs als verdiente Folge seines Ungehorsams gegenüber Jahwes Forderungen interpretiert, anschließend aber (13.19)
dasselbe Verdikt über Juda ausgesprochen, so daß auch dasselbe Schicksal für Juda präjudiziert erscheint"[81].
    Hinzu kommt, wie Ez 23,11 unterstreicht, in Entsprechung
zu Jer 3,6-13[82] - einem Abschnitt, dessen "redaktionsgeschichtliche Einordnung ... sehr schwierig" ist[83] - ein Moment der Steigerung im schuldhaften Verhalten Jerusalems

---

81 Thiel, Redaktion (I), 90.
82 "Die Berührung mit dem והראה בגודה אחותה יהודה von Jer 3,7 reicht
   bis in den Wortlaut von (Ez 23,)11 hinein" (Zimmerli, 545). Gegen
   die gelegentlich vertretene Annahme einer Abhängigkeit des Abschnitts Jer 3,6-13 von Ez 23 (und 16) vgl. Thiel, Redaktion (I), 90
   (mit Anm. 40).
83 Winter, Frau, 606 Anm. 692; Thiel Redaktion (I), 83ff schreibt Jer
   3,6-13 in seiner vorliegenden Gestalt (als Ausgestaltung des vorgegebenen Spruchs 12aß-13bα) der dtr. Redaktion des Jeremiabuchs zu. Mit
   Koch, Profeten II, 37 wäre zu erwägen, ob der Umkehrruf an (Nord-)-
   Israel in Jer 3,12 "im Zusammenhang mit ... militärischen Operationen Joschijas von Juda" steht, "der angesichts des niedergehenden
   Assyrerreiches sich anschickt, ehemals nordisraelitische Gebiete zu
   erobern und mit Juda wieder zu vereinigen". Die von Koch, ebd.
   gleichwohl vermutete kritische Haltung Jeremias gegenüber der Jerusalemer Hofideologie könnte aber gerade in der Vorschaltung von Jer
   3,6ff zum Ausdruck kommen: Mit der "Rückkehr" des Nordreichs ist
   keineswegs ein ursprünglicher Heilszustand wiederhergestellt; vielmehr steht ein dem Schicksal des Nordreichs entsprechendes Gericht
   über das Südreich noch aus!

gegenüber dem Samarias. Schon Jer 3,6ff "(beurteilt) die
Schuld Judas als schwerwiegender (...) als die Israels"[84]:
"Weil Juda sich das Schicksal der treulosen Schwester Israel nicht zur Warnung nahm, weil es leichtfertig weiterhur-
te, trifft es größere Schuld"[85]. Dementsprechend hat auch in
Ez23,1-30 die Geschichte Samarias die Funktion eines warnen-
den Exempels für Jerusalem: Es hätte an ihr "lernen" können,
"was zu tun oder zu lassen sei"[86].

Zusammenfassend kann festgehalten werden: Die Brüche in
der aus 5,5-17 übernommenen Struktur der Geschichtsdarstellung, wie sie in 16,1-43 und 23,1-30 zu erkennen sind, dienen durchweg der argumentativen Stützung der Extrapolation
vom vergangenen und gegenwärtigen Verhalten Jerusalems auf
die Prognose eines unmittelbar bevorstehenden göttlichen
Gerichts. Sie unterstreichen die "Akkumulation" von Schuld
in der vergangenen Geschichte Jerusalems (23,13.18b; 16,27).
Die Stadt hat das warnende Exempel des Schicksals Samarias
(23,5-10) und ihres eigenen Ergehens im Jahre 701 (16,27)
nicht als Chance einer Verhaltensänderung wahrgenommen. So
steht auch ihr, dem "Präzedenzfall" Samaria (23,5-10) entsprechend, der Untergang bevor.

3.2.2. Die Ambivalenz der "Ursprungsgeschichte" Jerusalems

Wie in 5,5-17 ist auch in 16,1-43 und 23,1-30 dem eigentlichen Schuldaufweis eine "Ursprungsgeschichte" Jerusalems
(und Samarias) vorgeschaltet. Gegenüber 5,5aß.b ist diese
aber in 23,2b-4 und v.a. in 16,3aß-14 nicht nur breiter ausgeführt; sie zeigt hier auch eine spezifische Ambivalenz,
die sich äußerlich darin ausdrückt, daß dem "Ursprungs"-Han-
deln Jahwes an Jerusalem (16,6-14; 23,4) eine eigenständige
"Vorgeschichte" der Stadt (16,3aß-5; 23,2b-3) vorangestellt
wird.

---

84 Thiel, Redaktion (I), 90.
85 Winter, Frau, 606.
86 S.o. I.3.1.

In 23,2b-3 ist diese "Vorgeschichte" äußerst knapp gehalten: Ohola und
Oholiba sind "Töchter **einer** Mutter" (2b). Dahinter mag **auch** "das Bekennt-
nis zur Einheit Israels"[87] stehen; v.a. aber werden Jerusalem und Sama-
ria "beide auf die gleiche Stufe" gestellt[88] - und damit der in der
"Zion-Theologie" behaupteten Überlegenheit Jerusalems über Samaria (vgl.
Ps 78,67f[89]) widersprochen. In 3 folgt eine Notiz über die Hurerei Oho-
las und Oholibas in Ägypten **vor** ihrem Eheschluß mit Jahwe (4), die von
Hos 1,2 angeregt sein könnte.

Demgegenüber ist die "Vorgeschichte" Jerusalems in 16,3aß-5 breiter
ausgeführt. Auch hier steht zu Beginn ein Hinweis auf Herkunft und Abstammung (מכורה, מולדת) der Stadt: "Nach deiner Herkunft und deiner
Abstammung stammst du aus dem Land der Kanaaniter. Dein Vater war der
Amoriter, deine Mutter eine Hethiterin" (3aß.b)[90]. Dabei geht es wohl
weniger um "eine blutmäßige ... Zuordnung Jerusalems"[91]; vielmehr
"greift" der Text "auf die Anfänge Jerusalems zurück, um sein eigentli-
ches Wesen zu enthüllen"[92], wie es in seinem vergangenen und gegenwärtigen Verhalten erfahrbar ist. Grundsätzlich sind Genealogien in AO und AT
"not intended to be historical records", sondern deuten gegenwärtige
Verhältnisse "for domestic, politico-jural, and religious purposes"[93].
Die Ausdrücke ("Kanaaniter",) "Hethiter" und "Amoriter", mit denen Jerusalems "Verwandtschaft" hier beschrieben wird, finden sich im AT vorwiegend im Rahmen umfangreicherer Listen[94]. In ihnen spiegelt sich weniger
"historische" Erinnerung als politischer Sprachgebrauch der assyrisch-
babylonischen Zeit: "By the time of Sargon (ca. 720 B.C.) 'Hittite' and
'Amorite' are virtually synonymous archaic terms which stand for the
indigenous inhabitants of Syria-Palestine"[95]; "these nations rhetorical-

---

87 Zimmerli, 540.
88 Fohrer, 132.
89 Ps 78 will vielleicht "in den Kämpfen um die Neugründung des nordis-
    raelitischen Heiligtums der Samaritaner noch einmal auf die Schuld
    des abtrünnigen Volkes und auf die Verwerfung des 'Zeltes (!) Jo-
    sephs' aufmerksam machen (67)", greift aber dazu auf die (alte)
    "Überlieferung des Zion" zurück (Kraus, Psalmen, 712).
90 Zum Text s. Zimmerli, 334.
91 Ebd.
92 Fohrer, 84.
93 Wilson, Genealogy, 199.
94 Vgl. Gen 15,20f; Ex 3,8.17; 13,5; 23,23; 33,2; 34,11; Num 13,29; Dtn
    7,1; 20,17; Jos 3,10; 9,1; 11,3; 12,8; 24,11; 1 Kön 9,20; 2 Chr 8,7;
    Esr 9,1; Neh 9,8.
95 Van Seters, Terms, 66.

ly represent""primordial evil"[96]. Ihr "barbarisches" Wesen zeigt sich in
den Umständen der Geburt und Aussetzung (שלך hi.[97]) des Kindes Jerusalem, wie sie 16,4-5 - vielleicht angeregt durch Hos 2,5[98] - berichtet.
Das "typische(.) 'Wandermotiv'"[99] der Aussetzung und wunderbaren Bewahrung (16,6-7) eines Kindes "empfahl sich" - wie etwa seine Verwendung in
der akkadischen Sargon-Legende zeigt[100] - "als Ersatz für Stammbaum und
legitime Abkunft"[101]. Ez 16,3ff verleiht ihm aber mit der "dunklen Erbbe-
lastung"[102] Jerusalems eine besondere Spitze[103].

Auf die "Vorgeschichte" Jerusalems (und Samarias) folgt
der "Eheschluß" mit Jahwe (16,8; 23,4), der in 16,9-14 durch
die Beschreibung der Ausstattung Jerusalems als Ehefrau
durch Jahwe noch weiter ausgeführt wird.

Die im Vergleich zu 5,5 komplexere und vielschichtigere
Darstellung der "Ursprungsgeschichte" Jerusalems in 16,3aß-
14 und 23,2b-4 ist in mehrfacher Hinsicht für die Argumentation der Texte funktional. So unterstreicht sie die Nicht-
Selbstverständlichkeit der Beziehung zwischen Jahwe und Jerusalem, indem sie nicht nur ihr geschichtliches Zustandekommen betont[104], sondern auch in der Erzählung vor sie zurückgeht.

---

96 A.a.O., 81.
97 Vgl. Cogan, Exposure.
98 So Zimmerli, 346.
99 RTAT, 123; vgl. die bei Jensen, Art. Aussetzungsgeschichten genannten Texte; zum sozialgeschichtlichen Hintergrund vgl. Ebeling, Art.
   Aussetzung.
100 S. z.B. RTAT, 123f.
101 A.a.O., 123 Anm. 151; zur Kritik der Interpretation Gunkels (Mär-
    chen, 112ff) s. Greenberg, 300f.
102 Zimmerli, 346.
103 Sargons Vater ist unbekannt ("meinen Vater kenne ich nicht"); seine
    Mutter jedoch ist eine "enitum", d.h. - wenn "enitum" als "entu-
    Priesterin" zu deuten ist - sie bekleidet "einen hohen Rang (etwa
    'Hohepriesterin'), den oft Prinzessinnen einnahmen". Seine Abkunft
    ist damit zwar illegitim, denn "die enitum durfte zwar heiraten,
    doch war ihr Kinderlosigkeit auferlegt", aber doch hochrangig (RTAT,
    123 mit Anm. 152; anders E.A.Speiser, ANET, 119, der "enitum" mit
    "changeling"/Wechselbalg" übersetzt).
104 Vgl.o. II.4.3./5.3. Kaum zufällig wird der Eheschluß Jahwes mit Jeru-
    salem in 16,8 als ברית bezeichnet - was vom Bildzusammenhang her
    jedenfalls nicht notwendig ist, denn "nowhere is marriage expressly
    called a covenant or the husband charged with an oath" (Greenberg,
    278; vgl. allerdings Zimmerli, 351; de Vaux, Lebensordnungen I, 66,
    mit Hinweis auf Mal 2,14; Spr 2,17).

Anders als in 5,5ff[105] besteht in Kap. 16 und 23 zwischen
"Ursprungs-" und "Schuldgeschichte" Jerusalems nicht das
Verhältnis eines rein diskontinuierlichen, kontingenten Übergangs. Vielmehr aktualisiert nach 23,21 Jerusalem (ebenso
wie nach 23,8 Samaria) in seiner Schuldgeschichte seine ursprüngliche "Hurerei" in Ägypten (23,3). Entsprechend ist
durch die genealogische Einordnung Jerusalems in 16,3 "(d)er
Fall ins kanaanäische Wesen, den Hosea und Jeremia als etwas
im Lauf der Geschichte unerklärlicherweise Geschehenes berichten, ... schon in die Vorvergangenheit" Jerusalems "her-
eingeholt"[106] - bringen doch die Völker, die hier als Jerusalems "Eltern" präsentiert werden, Israel immer wieder in die
Versuchung zum Fremdgötterkult[107]. Und wenn nach 16,16-21
(vgl. 31b-34) Jerusalem die ihm von Jahwe verliehenen Gaben
(10-14) verschleudert, ja mit seinem "Strip-Tease" (36; vgl.
25) den Zustand seiner Jugendzeit (7: "nackt und bloß") wiederherstellt, zeigt sich auch hier die Tendenz zu einer Aktualisierung seiner dem "Eheschluß" mit Jahwe vorausliegenden
"Vorgeschichte". Indem so auch die "Ursprungsgeschichte"
Jerusalems durch einen Ursache-Wirkungs-Zusammenhang mit
seiner weiteren Geschichte verknüpft wird, erhält die Abfolge der Geschichts"epochen" in 16,1-43 und 23,1-30 gegenüber
5,5-17 eine größere innere Geschlossenheit und Konsequenz.
Dies hat aber für den konzeptionellen Rahmen der Geschichtsdarstellung eine stärkere Differenzierung von Ursache-Wirkungs-Zusammenhängen zur Folge[108].
    Mit der Vorschaltung einer "Vorgeschichte" vor den Ehe-
schluß Jerusalems mit Jahwe wird schließlich die "Ursprungsgeschichte" der Stadt insgesamt ambivalent. Ihr Ursprung ist
nicht mehr wie in 5,5ff eo ipso normativ für ihr weiteres
Handeln; er enthält zwei Möglichkeiten: Jerusalem kann in
seinem geschichtlichen Handeln anknüpfen an seinen "Eheschluß" mit Jahwe **oder** an seine diesem vorausliegende "Vor-

---

105 S.o. II.3.2.
106 Zimmerli, 346.
107 Vgl. etwa Ex 23,23; 34,11; Dtn 7,1; 20,17; Jos 24,15.
108 S.u. 4.2.1.

geschichte". Diese Ambivalenz seiner "Ursprungsgeschichte"
zeigt sich deutlich in der unterschiedlichen Beurteilung
seiner "Erinnerung" an diese in Kap. 16 und 23.

3.2.3. Die Ambivalenz der "Erinnerung"

"Erinnerung" meint in AT und AO keinen von aktuellen Handlungen und Verhaltensweisen abgelösten Denk- oder Vorstel-
lungsakt. Der hebräische Terminus זכר impliziert "in seiner
Bedeutung schon einen über blosses Denken hinausreichenden
tathaften Bezug zu den Objekten des Gedenkens"[109].
Ez 23,19 bezichtigt Oholiba, der "Tage ihrer Jugend", d.h.
ihrer Hurerei in Ägypten (3), "gedacht" (זכר) zu haben. Dem
entspricht sachlich 21a: ותפקדי זמת נעוריך. Das Verb פקד
verstärkt hier die "Erinnerung" durch das Moment "emphati-
sche(r) Anteilnahme" im Sinne von "vermissen", "sich sehnen
nach"[110]. Auch Ohola hat nach 23,8 von ihrer ursprünglichen
Hurerei in Ägypten nicht "abgelassen" (עזב); ihre "Vorgeschichte" ist hier gleichsam als räumliche Sphäre vorgestellt, aus der sie sich nicht entfernt hat. Die "Erinnerung"
Jerusalems und Samarias an ihre "Jugendzeit" ist also in
23,1-30 deutlich negativ qualifiziert. Dementsprechend wird
nach 23,27 das angekündigte Gericht dazu führen, daß Oholiba
der Ägypter nicht mehr "gedenken" (זכר) wird. Das parallele
ולא תשאי עיניך אליהם unterstreicht hier wieder die aktuelle
Bedeutung der "Erinnerung", zielt doch das "Erheben der Augen" wahrscheinlich über die Metapher der "Liebeskunst"[111]
hinaus auf konkrete politische Verhältnisse[112].
Umgekehrt sieht nun 16,22.43 die Schuld Jerusalems darin,
nicht "der Tage seiner Jugend gedacht" (זכר) zu haben, d.h.
hier: der Zeit, als es nackt und bloß, in seinem Blut zap-
pelnd dalag (22; vgl. 6f). Seine Erinnerung an seinen Ur-

---

109 Schottroff, Art. זכר , 510; vgl. Eising, Art. זכר , 573.
110 Schottroff, Art. פקד , 471.
111 Stolz, Art. נשא, 112.
112 Im Ugaritischen ist "dāgil pānīšu"/"one who looks upon his face"
    gleichbedeutend mit "his vassal" (Buccellati, Cities, 49).

sprung hätte ihm hier seine Angewiesenheit auf Jahwe, dessen
Lebenszusage (6b) und seine Gaben (10-14) bewußt machen können.

In der Zusammenschau von 16,1-43 und 23,1-30 zeigt sich so
eine differenzierte Beurteilung der "Erinnerung", wie sie
auch in anderen Texten des EB erkennbar wird[113]. Die Ambivalenz der "Erinnerung" entspricht dabei einer Sicht der vergangenen Geschichte Jerusalems, in der "Heil und Unheil (...)
von Anfang an nebeneinander her (laufen)"[114]. Wird so im EB
"das Geschichtsbild der kritischen Profetie mit der doppelt-
gebrochenen Linie ... : anfängliche Heilsgeschichte, dann
Verfallsgeschichte, zuletzt eschatologisch bessere Heilsgeschichte"[115] aufgenommen (5,5-17 - allerdings schon mit starker Reduktion der "anfängliche(n) Heilsgeschichte" und unter
völligem Verzicht auf eine "eschatologisch bessere Heilsgeschichte"!) und in einzigartiger Weise radikalisiert[116]
(16,1-43; 23,1-30), indem schon in die "anfängliche Heilsgeschichte" Elemente des "Unheils" und "Verfalls" eingebracht
werden, ist seine kritische Beurteilung auch der "Ursprungsgeschichte" Jerusalems (und Israels, s.Kap.20!) doch nicht
ohne jede Analogie in der gerichtsprophetischen Traditionsströmung.

Während im Hoseabuch die Zeit der "Jugend" Israels, die hier ausdrücklich als Zeit des Auszugs aus Ägypten bezeichnet wird, augenscheinlich
positiv bewertet ist (Hos 2,17), finden sich im Jeremiabuch sowohl positive (vgl. Jer 2,2: Wüstenzeit; 3,4) als auch negative (vgl. 3,24f;
31,19; 32,30) Aussagen über die "Jugendzeit" Israels, Jerusalems oder
Ephraims[117]. Die Ambivalenz ist deutlich in Jer 22,21, "das an ein Femi-
ninum, offenbar Jerusalem, gerichtet ist"[118]: "Ich (Jahwe) habe zu dir
gesprochen in (= zur Zeit?) deiner Sicherheit. Du hast gesagt: Ich will

---

113 Die Stellen sind genannt bei de Vries, Remembrance.
114 Koch, Profeten II, 109.
115 Ebd.; vgl. a.a.O., I, 152f.
116 Vgl. etwa Zimmerli, 88*ff; Koch, Profeten II, 109.
117 Die Ambivalenz der Aussagen in Jer 2-3 wird auch durch die literar-
    und redaktionskritischen Operationen Thiels (Redaktion (I), 80ff;
    vgl. Kaiser, Einleitung, 256) nicht beseitigt.
118 Thiel, a.a.O., 242.

nicht hören! Das ist dein Weg seit deiner Jugend ..." Den (positiven)
Möglichkeiten der Zuwendung Jahwes steht hier von Anfang an die (negative) Reaktion Jerusalems (?) gegenüber. Die im EB aus dieser Ambivalenz
der "Ursprungsgeschichte" entwickelte Ambivalenz der "Erinnerung" kehrt
dann bei Deuterojesaja in abstrakterer Gestalt wieder (vgl. Jes 43,18
mit 46,9).

3.3. Zusammenfassung

Wie Ez 5,5-17 entwickeln auch 16,1-43 und 23,1-30 in Gestalt einer Gerichtsprophezeiung einen i.W. dreiteiligen
Geschichtsentwurf, der die Herstellung der Beziehung zwischen Jahwe und Jerusalem, Jerusalems schuldhaften Widerspruch dagegen und die Beseitigung dieses Widerspruchs durch
ein göttliches Gerichtshandeln darstellt bzw. ankündigt.
Anders als in Kap. 5 wird aber hier die Struktur dieses Geschichtsentwurfs mehrfach durchbrochen, indem sie im Kleinen
wiederholt wird. Damit wird eine "Akkumulation" von Schuld
in der Geschichte Jerusalems erzählbar, und diese kann insgesamt zum "Präzedenzfall" Samaria in Beziehung gesetzt werden,
wodurch jeweils die Extrapolation vom Schuldaufweis auf die
Gerichtsprognose argumentativ gestützt wird. Die hier erkennbare Überlagerung der in 5,5-17 angelegten Strukturgeschichte durch eine Ereignisgeschichte zeigt sich auch in der Ambivalenz der "Ursprungsgeschichte" Jerusalems (und Samarias)
und der "Erinnerung" an sie in der Darstellung von 16,1-43
und 23,1-30. Sie unterstreicht die Nicht-Selbstverständlichkeit der Beziehung zwischen Jahwe und Jerusalem. Stärker
noch als in 5,5-17 ist hier die mythische Einheit von Gott
und Stadt schon im Ansatz aufgebrochen: Als "Ehe" ist die
Gottesbeziehung Jerusalems nicht nur kontingent und in der
Zeit konstituiert; sie steht geradezu im Widerstreit zu den
genealogisch-vorgegebenen "Verwandtschaftsbeziehungen" der
Stadt. Aufgrund dieser Ambivalenzen ist der "Ursprung" Jerusalems in Kap. 16 und 23 nicht mehr als solcher normativ für
sein geschichtliches Handeln.

In 16,1-43 und 23,1-30 ist sonach eine Aufnahme und Weiterentwicklung von Strukturen und Elementen der Geschichtsdarstellung von 5,5-17 zu vermuten. Diese Vermutung ist nun in
der Frage nach dem konzeptionellen Rahmen der Geschichtsdarstellung zu überprüfen.

4. Der konzeptionelle Rahmen der Geschichtsdarstellung

4.1. Die Perspektive der Geschichtsdarstellung

4.1.1. Jerusalem als untreue Ehefrau Jahwes

Ez 16,1-43 und 23,1-30 stellen die Beziehung zwischen Jahwe und Jerusalem (sowie Samaria) im Soziomorphem der Ehe[119]
dar. Als "Allegorie"[120] wäre diese Weise der Darstellung nur
unzureichend gekennzeichnet[121]: "Die Wirklichkeit ist nicht
nur künstlerisch abgebildet. Sie ist in ihrer unheimlichen
Kraft im Bild gegenwärtig"[122]. Es empfiehlt sich, die "figurale Sprache"[123] des Textes zunächst (1) in ihren Grundele-
menten und deren strukturellem Zusammenhang zu beschreiben,
sodann (2) ihren traditions- und konzeptionsgeschichtlichen
Hintergrund zu skizzieren, um schließlich (3) ihre argumentative Funktion in Ez 16 und 23 klären zu können.
(1) In 16,1-43 und 23,1-30 spricht Jahwe als betrogener **Ehemann**. Seine **Frau(en)** Jerusalem (und Samaria)[124] hat (haben)
durch "Hurerei" (זנה und Ableitungen: 16,15ff; 23,3ff) mit

119 Vgl. zum sozialgeschichtlichen Hintergrund de Vaux, Lebensordnungen
    I, 52ff (Literaturhinweise a.a.O., 343ff).
120 So z.B. de Vaux, a.a.O., 55; Fohrer, 83; Eissfeldt, Einleitung, 511.
121 Vgl. die kritischen Hinweise bei Zimmerli, 343f; Winter, Frau, 608
    Anm.699.
122 Zimmerli, 344. Zimmerli, 343f und Winter, Frau, 608 Anm.699 verwei-
    sen auf Robinson, Conception (hier 52 der Hinweis auf Ez 16 und 23).
123 S. Utzschneider, Hosea, 57f.
124 Die Ehebeziehung wird in 16,8; 23,4 mit dem Terminus היה ל beschrie-
    ben; vgl. etwa Dtn 21,13. Zum Ausdruck ברית in 16,8 s.o. Anm. 104.

anderen **Männern** (Gottheiten bzw. Völkern) die Ehe gebrochen
(נאף q.: 16,38; pi.: 16,32; vgl. auch 23,37.43.45). Damit
sind die "Hauptdarsteller" der in 16,1-43 und 23,1-30 erzählten Geschichte(n) genannt. Darüber hinaus treten noch einige
Akteure in "Nebenrollen" auf: So werden **Vater** (16,3) und
Mutter (16,3; 23,2) Jerusalems (und Samarias) genannt. Es
gibt eheliche Kinder, **"Söhne und Töchter"** (16,20f.36; 23,4.
10.25) Jahwes mit Jerusalem (und Samaria). Neben Jerusalem
(und Samaria) treten andere **Frauen** auf (16,41; 23,10), näherhin solche, die "Beschämung empfinden über den frevelhaften
Wandel" Jerusalems (16,27), und solche, die wie Jerusalem
"Ehebruch" und "Hurerei" treiben (16,31b-34). Neben den
(männlichen) "Liebhabern" Jerusalems (und Samarias) sind
schließlich auch **"Feinde"** (16,37; vgl. 23,28?) bzw. weitere
"Völker" (עמים), wie 23,24 in Durchbrechung des Bildzusammenhangs formuliert, als Mitglieder der "Gerichtsgemeinde" (קהל:
16,40; 23,24) genannt.

Diese Elemente des Bildzusammenhangs stellen einen Rahmen
der Darstellung geschichtlicher Prozesse zur Verfügung, innerhalb dessen ein Spielraum für weitere Ausgestaltungen und
Akzentsetzungen besteht: "Die Bilder können aufgegriffen
werden an Punkten, an denen es im jeweiligen Zusammenhang
tunlich erscheint. In ... verschiedenen Zusammenhängen kommt
jeweils ein anderer Aspekt des Bildzusammenhangs zum Zuge"[125]. Damit steht eine flexible "Sprache" zur Verfügung,
die es erlaubt, komplexe Geschehenszusammenhänge differenziert zu erfassen und darzustellen.

(2) Der traditionsgeschichtliche Hintergrund des Bildzusammenhangs von Ez 16 und 23 liegt für den Bereich der gerichtsprophetischen Traditionsströmung "überraschend offen"[126]
zutage. Hier "kam es ..., soweit wir sehen, erstmals bei
Hosea dazu, daß das sündige Israel in seinem Handeln in der
Gestalt einer אשת זנונים (Hos 1,2; vgl. 2,4 ...) dargestellt
wurde"[127]. Die "figurale Sprache" von Hos 1-3 ist vielleicht

---

125 Utzschneider, Hosea, 56; vgl. 54ff (zu Hos 1-3).
126 Zimmerli, 539; vgl. 343f.538f.
127 A.a.O., 344 (Hervorh. T.K.).

ihrerseits angeregt durch die Verwendung des Ausdrucks "Hurerei" zur Bezeichnung von "Israel fremden und im AT stets
mit Abscheu genannten Sexualriten" in der Elisa-Überliefe-
rung[128]. Das daraus entwickelte "Ehegleichnis" ist geeignet,
"Erfahrungen Hoseas aus der Ehe mit Gomer ... (1,3; 3.1ff.),
Erfahrungen aus dem Sexualkult auf Israels Höhen (2,13ff.;
4,13f.) und zugleich Erfahrungen aus der geschichtlichen
Bindung Gottes an Israel"[129] auf den Begriff zu bringen.

Zur אשׁת זנונים wird Israel in den Augen Hoseas zunächst durch sexuelle
Kultpraktiken (vgl. Hos 4,11ff). "Das zentrale znh in Hos 1,2 ist ...
durchaus nicht nur im übertragenen Sinn (...), sondern auch im wörtli-
chen Sinn zu verstehen"[130]. In umfassenderem Sinne beschreibt aber der
Bildzusammenhang das Gottesverhältnis Israels im Ganzen; "das Land Israel (wird) als Hure und Ehebrecherin geschildert (...), die ihren Liebhabern (m'hbjm), ... den Baalen (b^{c}ljm), nachläuft"[131]. Worin sieht Hosea
hier konkret die "Hurerei" Israels? In einem "baalisierten Jahwäkult"[132]
oder in einem religiösen Pluralismus, in dem "die seßhaften Israeliten
Jahwe als ihren **Baal**" ansehen, aber "dennoch zu den kanaanitischen **Baalen**
um gute Ernten" beten[133]? Die zweite Interpretation scheint dem komplexen Textbefund im Hoseabuch eher gerecht werden zu können: Hos 2,18 setzt
offenbar "einen Synkretismus voraus, der **Jahwe als Baal** verehrt"[134],
während der Vorwurf an Israel, "hinter anderen herzugehen" (Hos 2,7.15;
11,2), "sich anderen zuzuwenden" (Hos 3,1) u.ä. kaum anders denn als
"Abfall von Jahwe" und Hinwendung zum "Baalkult"[135] verstanden werden
kann. Darüber hinaus überträgt Hos 8,8f das "Bild der Hure vom kultischen auf das außenpolitische Verhalten Israels"[136].

---

128 Jeremias, Hosea, 28 Anm. 4; vgl. Winter, Frau, 577ff.
129 Jeremias, Hosea, 40f. Gegen eine weithin vorherrschende Interpreta-
    tionstendenz spricht sich v.a. Koch, Profeten I, 89ff dafür aus,
    "(d)as hoseanische Ehe- und Familiendrama" als Erfahrungsbasis des
    Textes ernst zu nehmen: "Nichts an der Erzählung erlaubt, an der
    Tatsächlichkeit zu zweifeln" (a.a.O., 90).
130 Winter, Frau, 590; zu Einzelheiten vgl. - neben den Kommentaren -
    a.a.O., 589ff; Koch, Profeten I, 94ff.
131 Winter, a.a.O., 592.
132 Koch, Profeten I, 97; zustimmend aufgenommen von Winter, Frau, 592.
133 Smith, Parteien, 33; vgl. Lang, Jahwe-allein-Bewegung, 63ff.
134 Wolff, Hosea, 60.
135 A.a.O., 257 (zu Hos 11,2).
136 A.a.O., 184; vgl. Koch, Profeten I, 99.

Der Bildzusammenhang der Ehe zwischen Jahwe und Israel ist also im Hoseabuch geeignet, höchst unterschiedliche Tatbestände zusammenzufassen und auf den Begriff zu bringen. Gemeinsam ist ihnen in der Sicht Hoseas, daß sie dem **Ausschließlichkeitsanspruch Jahwes** widersprechen.

Der im Hoseabuch erstmals breiter ausgeführte Bildzusammenhang wird in der prophetischen Traditionsströmung mehrfach - mit unterschiedlicher Akzentuierung - aufgenommen und weiterentwickelt. **Nahum** bezeichnet Ninive als "Hure" (זונה : Nah 3,4)[137], "verwendet das Wort aber gerade nicht im Sprachgebrauch Hoseas"[138]. "Hure" ist hier Prädikat der Hauptstadt der fremden Großmacht Assur, die mit ihrer "psychologischen Kriegsführung"[139] die politische und kultische Integrität und damit das Gottesverhältnis Judas gefährdet.

Dagegen kann **Jesaja** Jerusalem als זונה bezeichnen (Jes 1,21), während er im "Weinberglied" Jes 5,1-7 mit seinem "parabolisch-gleichnishaften Charakter"[140] die Beziehung des "Hauses Israel" (7) zu Jahwe als Beziehung zwischen Weinberg und Gärtner u.d.h. zwischen Braut und Bräutigam erfaßt und darstellt[141].

Stärkere Anklänge an das Hoseabuch zeigt dann wieder die Darstellung von "Israel und Juda als hurerische(n) Ehebrecherinnen (Jer 2; 3 und 13)"[142] bei **Jeremia**. Der Vorwurf des "Hurens" wird hier verschärft durch den Hinweis auf das Kinderopfer, auf das Jer 2,23 wohl anspielt[143] (vgl. 7,31; 19,5; 32,35), und die generalisierende Umstandsbestimmung "auf jedem hohen Hügel und unter jedem grünen Baum" (Jer 2,20;

---

137 Vgl. Winter, Frau, 600ff. Zur Kritik der These Jeremias' (Kultprophetie, 34ff), mit der "Hure" sei hier ursprünglich Jerusalem gemeint gewesen, s. a.a.O., 601ff.
138 Winter, Frau, 601; vgl. Rudolph, Nahum, 177.
139 Winter, a.a.O., 603.
140 Kaiser, Jesaja 1-12, 98.
141 Kaiser, a.a.O., 100 meint im Anschluß an Vermeylen, Isaie I,163: "Entgegen der allgemeinen Ansicht der Gelehrten handelt es sich bei dem Weinberglied in 5,1-7 nicht um eine jesajanische **Prophetie**, sondern mit Vermeylen um eine im Schatten der deuteronomistischen Bewegung stehende, rückwärtsgewandte **Geschichtstheologie**".
142 Winter, Frau, 604(ff).
143 A.a.O., 606.

3,6.13; 17,2)[144]. Damit sind ebenso Aussagen und Motive von
Ez 16 und 23 vorbereitet wie mit der Gegenüberstellung von
(Nord-)Israel und Juda in Jer 3,6-13[145], wo diese - ähnlich
Samaria und Jerusalem in Ez 23 - als Schwestern (7), die
Hurerei (6.8.9) und Ehebruch (8.9) verübt haben, dargestellt
werden und feste Beinamen erhalten (משבה ישראל: 6.8.11.12;
בג(ו)דה יהודה: 7.8.10.11).

Beschreibt Jeremia wie Hosea (und Jes 5) das Volk bzw.
Land Israel (und Juda) als Frau, findet sich dann bei **Deuterojesaja** eine Personifikation der Städte Jerusalem und Babel
(v.a. Jes 47; 54), wobei Jerusalem wie in Ez 16 und 23 als
Ehefrau Jahwes dargestellt ist[146].

Die "Vorstellung, daß zwischen Jahwe ... und Israel ...
eine rechtmäßige Ehe besteht ... (,) ist innerhalb des Alten
Testaments vor-Hosea ebensowenig nachzuweisen wie im alten
Orient die Bezeichnung eines Kultes als Hurerei"[147] oder das
damit zusammenhängende Motiv der "Eifersucht" als Prädikat
einer Gottheit, das im AT "von der deuteronomistischen Schule wie von Ezechiel zu einem hervorstechenden Attribut Jahwes gemacht" wird[148]. Gleichwohl wird aufgrund des - m.E.
berechtigten - Eindrucks, daß die "Vorstellung der Gottesehe" im Hoseabuch die "gemeinsame Plattform" der Argumentation "für Profet und Gegner"[149] darstellt, gemeinhin angenommen, "daß Hosea sie in der Polemik aus kanaanäischer Tradition übernommen hat"[150]. Freilich "fehlen" für die als Hintergrund meist angeführte Vorstellung des "Land(es), das der
Bauer beackert, ... als Schoß der Muttergöttin ..., der in
der Regenzeit den Samen des Fruchtbarkeitsgottes Baal em-
pfängt", "direkte Belege aus Ugarit"[151] ebenso wie für die

---

144 Ebd. Thiel, Redaktion (I), 82.128ff weist diese beiden Züge der dtr.
    Redaktion des Jeremiabuchs zu.
145 Zur redaktionsgeschichtlichen Einordnung s.o. Anm. 83.
146 Vgl. dazu etwa Stuhlmueller, Redemption, 115ff.
147 Wolff, Hosea, 16.
148 Smith, Parteien, 34 (mit Anm. 208); vgl. Sauer, Art. קנאה.
149 Koch, Profeten I, 100(ff)
150 Wolff, Hosea, 16; vgl. XVIIIf; Jeremias, Hosea, 27.
151 Jeremias, Hosea, 27f. Baal fungiert "als Regen- und Gewittergott"
    Kinet, Baᶜal, 13ff), und es wird von "Zeugen des Baᶜal" berichtet

von Hosea angeprangerten "Sexualriten": "Opfermahl mit Miß-
brauch der Mägde haßt der ugaritische Baal ausdrücklich"[152].
So kann man allenfalls annehmen, "daß Hosea die ... Eheme-
taphorik für Israels Gottesverhältnis ... aus kanaanäischer
Mythologie übernommen **und abgewandelt** hat"[153], daß sein Verhältnis zur "zeitgenössischen **Mythologie** ... von Rezeption
und Polemik"[154] bestimmt ist - oder muß man für den mythischen Hintergrund seiner Argumentation "zwar eine alte kanaanäische Wurzel, aber doch eine sehr spezifisch israelitische Entwicklung voraussetzen"[155]?

Im ersten Fall würde Hosea das Verhältnis Jahwes zu Israel in Analogie
zu den sexuellen Beziehungen zwischen Baal und weiblichen Gottheiten
bzw. "Zwischengestalten"[156] erfassen und darstellen: "Jahwes Partnerin
im Ehegleichnis ist statt irgendeiner Göttin das geschichtliche Israel"[157]. Auf dieser Linie sieht etwa G.Fohrer den traditionsgeschichtlichen Hintergrund von Jer 3,6ff (und Ez 23) in "kanaanäische(n) Vorstellungen": "Man wußte vom Gotte El (!) zu erzählen, wie er zwei Göttinnen
verführt und schwängert"[158]. Mehr als dieses Motiv hat der - sehr komplex strukturierte und in Ritualanweisungen[159] eingebettete - ugaritische Text, auf den Fohrer sich bezieht, mit dem Bildzusammenhang von Jer

---

(a.a.O., 37ff), aber nicht von einer sexuellen Vereinigung zwischen
Baal und dem Land. Das schließt nicht aus, daß beide Tätigkeitsberei-
che Baals miteinander zusammenhängen: "Die Zeugung von Nachkommen-
schaft soll garantieren, daß Ba^{c}als fruchtbarkeitbringende Macht
nicht aufhört ... Durch sexuelle Gemeinschaft garantiert Ba^{c}al den
Fortbestand seiner segensreichen Wirkung auf der Erde" (a.a.O., 40f).
152 Koch, Profeten I, 97f, mit Hinweis auf Jirku, Mythen, 42 und ANET,
132; vgl. auch Kinet, Ba^{c}al, 78ff. Allerdings ist zu bedenken, "daß
von vornherein nicht zu erwarten ist, daß die ugaritischen Texte ein
zutreffendes und umfassendes Bild der Volksfrömmigkeit vermitteln;
sie bieten viel eher eine gelehrte Theologie. Israel aber ist nach
der Landnahme nicht mit einer Ba^{c}al-Theologie, sondern mit dem prak-
tizierten Ba^{c}al-Glauben konfrontiert worden" (Kinet, a.a.O., 210).
153 Jeremias, Hosea, 27 (Hervorh. T.K.).
154 Wolff, Hosea, XVIII (zweite Hervorh. T.K.).
155 Koch, Profeten I, 98.
156 Kinet, Ba^{c}al, 40.
157 Wolff, Hosea XIX.
158 Fohrer, 131; s. Gordon, Textbook, Nr. 52; Ders., Literature, 57ff.
159 Vgl. dazu die Hinweise bei Miller, Ugarit, 125f. Der Text "is apparently a ritual drama having to do with procreation and acknowledging
the presence of the king and queen at the affair. But there is no
proof of an actual **hieros gamos**, and what actually went on in the
ritual is quite unclear" (a.a.O., 126).

3,6ff und Ez 23 freilich nicht gemeinsam; zudem ist seine Interpretation stark umstritten[160].

Rechnet man stärker mit einer "spezifisch israelische(n) Entwicklung"
(K.Koch) als Folie des Bildzusammenhangs bei Hosea, Jeremia und Ezechiel,
könnte man etwa annehmen, daß in einer "baalisierten" Gestalt der Jahwe-
religion "Jahwe (...) einer weiblichen Gottheit zugeordnet (ist) wie in
Ugarit Baal der Anath"[161]. Die hierzu einschlägigen Texte aus Elephanti-
ne, nach denen Tempelsteuer sowohl an Jahu als auch an Aschim-Bethel und
Anat-Bethel entrichtet wurde[162], stammen freilich erst aus dem Ende des
5.Jh.; zudem bieten sie keinen sicheren Beleg für eine "volkstümliche(.)"
Vorstellung von "Gattinnen Jahves"[163]. Bei den vorexilischen Inschriften
aus Kuntillet [C]Ajrud (um 800) und Chirbet el Qôm (um 750)[164], in denen
Jahwe eine "Aschera" zugeordnet wird, macht es "(d)as Suffix bei Aschera
... mindestens fraglich, ob mit Aschera die Göttin Aschirat gemeint
ist"[165]. "The Ashérah invoked in the phrase 'Yahweh and his Asherah' is
probably the wooden symbol of the goddess of that name, whose association
with the cult of Yahweh is attested in the Old Testament. She may have
been regarded in some circles as the consort of Yahweh, but the inscriptions do not offer direct proof of such a relationship"[166].

Angesichts der skizzierten Probleme möglicher religionsgeschichtlicher "Parallelen" empfiehlt es sich m.E., die Frontstellung der Argumentation Hoseas mit dem Soziomorphem der
"Gottesehe" stärker aus dieser selbst zu rekonstruieren.
Hier könnte der Konflikt zwischen einem Verständnis der Gottesbeziehung Israels als naturhaft-vorgegebenes "Verwandtschaftsverhältnis" und ihrer Interpretation als geschichtlich-konsti-
tuiertes "Bundesverhältnis"[167] einen Schlüssel für das Verständnis der

---

160 Ist El hier "highly virile or sadly impotent"? (Miller, a.a.O., 121
    mit Hinweis auf die gegensätzlichen Interpretationen von Pope, El,
    37ff und Cross, Myth, 22ff. Zur Frage, ob neben dem "ugaritische(n)
    Gott El" "auch der syrisch/palästinische El in der Gesellschaft weib-
    licher Gottheiten anzutreffen ist", s. Winter, Frau, 491(ff).
161 Wolff, Hosea, 60; vgl. Hempel, Literatur, 186 (zu Ez 23).
162 S. RTAT, 268f.
163 Hempel, Literatur, 168; vgl. die ausführliche Diskussion bei Winter,
    Frau, 494ff.
164 Texte in Abb., Translit. und Übs. bei Stolz, Monotheismus, 167ff;
    vgl. jetzt auch Smelik, Dokumente, 137ff.
165 A.a.O., 170; vgl. Winter, Frau, 486ff.
166 Emerton, Light, 19.
167 S.o. I. Exkurs: Das Konzept des "Bundes", (4).

Texte darstellen: Daß Israel in einem Verwandtschaftsverhältnis zu Jahwe steht, ist zunächst "gemeinsame Plattform für
Profet und Gegner" (Koch). Freilich ist in der Darstellung
des Hoseabuchs Jahwe zugleich "Ehemann" und "Vater" Israels[168] (vgl. v.a. Hos 1-3; 11,1-7). Hier zeigt sich bereits,
daß für Hosea die Sache - das Gottesverhältnis Israels -
die "figurale Sprache" - seine soziomorphe Darstellung -
transzendiert: Jahwe ist **nicht nur** "Ehemann", **nicht nur** "Vater" Israels! Hinzu kommt eine Relativierung der Verwandt-
schaftsbeziehung zwischen Gott und Volk **innerhalb** der beiden
Soziomorpheme: 11,1 deutet das "Vater-Sohn-Verhältnis(.) im
adoptionellen Sinne"[169], bestreitet also, daß es sich um ein
naturhaft-vorgegebenes Verwandtschaftsverhältnis handelt.
Dies gilt für die Ehe "als Angelegenheit privatrechtlicher
Art"[170] ohnehin; sie stellt - sei sie schon früh ausdrücklich als ברית verstanden worden oder nicht[171] - "einen Bund
sui generis" dar[172], d.h. v.a.: sie kann annulliert werden
(vgl. Hos 2,14[173]). In diesem "sinnhaft-offenen","personalen" Charakter des Verhältnisses zwischen Jahwe und Israel
liegt in der Sicht Hoseas der entscheidende Unterschied zwischen diesem und "Ba^{c}als Beziehung zum Volk"[174]: Hier nämlich ist der "persönliche(.) Aspekt" vom "unpersönlich-natur-
haften Aspekt"[175] insofern umgriffen, als Baal "zwar für das
Wohlsein des 'Volkes' zuständig", "diese Beziehung selbst
(...) aber noch anderen Gesetzen unterworfen (ist), denen
auch Ba^{c}al sich zu beugen hat"[176].

---

168 "Das hoseanische Modell der Metahistorie wird primär durch die
    Ehevorstellung bestimmt. Auch die Heilsgeschichte Israels ... wird
    mit dem metahistorischen Modell von Jahwä als Ehemann und Vater
    gefaßt" (Koch, Profeten I, 100).
169 Wolff, Hosea, 255; vgl. Jeremias, Hosea, 141.
170 Kinet, Ba^{c}al, 148.
171 S.o. Anm. 104.
172 Kinet, Ba^{c}al, 149; vgl. Koch, Profeten I, 102.
173 Nach Jeremias, Hosea, 41 handelt es sich hier nicht um eine "juri-
    stisch geprägte, reziproke Scheidungsformel", sondern um die "Nega-
    tion der geläufigen und wesenhaft reziproken Heiratsformel" (vgl.
    ebd. Anm. 5).
174 Kinet, Ba^{c}al, 46(ff).
175 A.a.O., 59.
176 A.a.O., 85; vgl. 220.

172   Die Gerichtsprophezeiung als "Geschichtsentwurf"

Das Soziomorphem der "Gottesehe" erweist sich so für Hosea
als in seiner Flexibilität geeignet, das Konzept der Gottesbeziehung Israels als Verwandtschaftsverhältnis zugleich
aufzunehmen und im Sinne des Bundeskonzepts kritisch zu relativieren. Mit seiner Hilfe gelingt es Hosea, die von seinen
Gegnern offenbar vertretene mythische Einheit von Gott und
Volk aufzubrechen.[177]

Zur Erhellung des traditions- und konzeptionsgeschichtlichen Hintergrundes des Soziomorphems der "Gottesehe" sind
dann vielleicht weniger die oben genannten mythischen Elemente der ugaritischen bzw. "nicht-orthodoxen" israelitischen Religion heranzuziehen als die im AT breit belegten
"Redefiguren", in denen "Volksgruppen oder Städte ... im
Bilde einer Frau gesehen werden"[178], nämlich als "Tochter"
oder "Jungfrau"[179]. Sie sind Indiz für ein über den atl.
Bereich hinaus im westsemitischen Raum[180] verbreitetes Konzept, das im Soziomorphem von Ehe und Familie politische und
religiöse Beziehungen zwischen (männlichen) Gottheiten und
(weiblichen) Städten einerseits, zwischen über- und untergeordneten Städten[181] bzw. (Haupt-)Stadt und Volk[182] andererseits erfaßt.

A. Fitzgerald[183] weist im Anschluß an J.Lewy[184] v.a. auf folgende
Eigentümlichkeiten im westsemitischen Sprachbereich hin:
(1) Hauptstädten und Göttinnen können dieselben Titel beigelegt werden

---

177 Dies zeigt sich exemplarisch an seiner Verwendung des Ausdrucks ידע :
    Klingt in ihm "in Am 3,2 die Vorstellung von einer intimen, ehearti-
    gen Gemeinschaft in Bezug auf das Verhältnis zwischen Jahwe und Isra-
    el mit" (vgl. auch Dtn 9,24; Fohrer, Geschichte, 183; dagegen meint
    etwa Schottroff, Art. ידע , 692: "jdᶜ besagt hier ... nur ein intimes
    Kennen"), wird דעת אלהים als "Wissen um Gott" (s. Wolff, Wissen) bei
    Hosea 'entmythologisiert' zur Norm des Verhaltens Israels, zum "Ka-
    non, in dem ihm sein Heil gegenwärtig bleiben sollte" (a.a.O., 200).
178 Zimmerli, 344.
179 Vgl. z.B. 2 Kön 19,21: "Tochter Jerusalem"; Am 5,2: "Jungfrau
    Israel"; Jer 46,11: "Jungfrau Tochter Ägypten".
180 "In contrast to the WS situation, Akkadian cities are masculine"
    (Fitzgerald, Background, 405 Anm. 7).
181 Vgl. z.B. Num 21,25: "Hesbon und alle ihre Töchter".
182 Vgl. neben Hos 2,4 v.a. Jes 50,1; 54.
183 Fitzgerald, Background.
184 Lewy, Sun-God.

(etwa rbt/"Herrscherin", btwlt/"Jungfrau", bt/"Tochter", 'm/"Mutter",
qdšh/"Heilige").

(2) Städte- und Landschaftsnamen können feminine Korrelate der Namen
männlicher Gottheiten sein (z.B. Jos 15,9: בעלה zu Ba[c]al; Ri 3,31: ענת/
Jos 21,18: ענתות zu [c]An).

(3) Die Abbildungen der Tyche poleos auf phönizischen Münzen der hellenistischen Zeit machen deutlich, daß "important Phoenician cities were
considered goddesses, royal figures, mothers of their inhabitants and
daughter cities"[185].

Aufgrund dieser Beobachtungen entwickelt er die Hypothese, daß schon
früher im westsemitischen Raum "capital cities were regarded as goddesses who were married to the patron god of the city"[186]. Sie würde die
nur im AT belegte Bezeichnung von Fremdkulten als "Hurerei" zwanglos
verständlich machen: Während "(i)n a polytheistic society worship of
other gods in addition to the patron god of a city was completely accep-
table"[187], kann dies in Kreisen, die einen Ausschließlichkeitsanspruch
Jahwes vertreten, nur als "Hurerei" betrachtet werden. Zudem würde ein
entsprechendes Konzept sich - da im AT "it is precisely Jerusalem that
is most often presented as a queen, and there is no reason to think that
this is not a very early phenomenon"[188] - gut zum Konzept einer engen
Bindung zwischen Gott und Stadt in der "Zion-Theologie" fügen: "Ultimate-
ly the Canaanite view that Jerusalem was a royal goddess married to the
patron god of the city may be the starting point of the doctrine of the
inviolability of Sion"[189] (vgl. 2 Sam 5,6).

Jedenfalls dient das Soziomorphem der Ehe zwischen Jahwe
und Jerusalem bzw. Israel[190] als gemeinsame "Sprache" der
Auseinandersetzung über Art und Grad der Bindung zwischen

---

185 Fitzgerald, a.a.O., 406f.
186 A.a.O., 405.
187 Ebd.
188 A.a.O., 415.
189 Ebd.
190 Zu fragen wäre, ob sich in der unterschiedlichen Bestimmung der "Gat-
    tin" Jahwes (Jerusalem oder Israel/Juda) ein Konflikt zwischen (oder
    mindestens die verschiedene Perspektive von) Stadt- und Land- Bevöl-
    kerung spiegelt. - Bisweilen ist nicht ganz klar, ob בתולת ישראל die
    "Jungfrau Israel" oder die "Jungfrau Israels" (=Jerusalem) ist. So
    legt sich etwa in Jer 31,6 letzteres (vgl. 6: Zion), in Jer 18,13
    dagegen ersteres (vgl. 15:עם) nahe (vgl. Fitzgerald, a.a.O., 405
    Anm.8).

Gott und Stadt/Volk. Der gerichtsprophetischen Traditionsströmung ist dabei die Wendung gegen eine Behauptung mythischer Einheit gemeinsam: Die "Ehe" kann annulliert werden
(Hos 2,14); Jahwe kann sich seiner "Gattin" aufgrund ihres
Verhaltens entfremden (יקע: Jer 6,8; Ez 23,17f), bis zum
Abscheu (געל: Jer 14,19; vgl. Ez 16,45). Deuterojesaja betont dann im Soziomorphem der Ehe wieder stärker die Bindung
zwischen Jahwe und Jerusalem, setzt sich dabei aber bereits
mit der gerichtsprophetischen Tradition auseinander (vgl.
v.a. Jes 50,1; 54,6ff).

(3) Damit haben die skizzierten traditions- und konzeptionsgeschichtlichen Überlegungen bereits einen ersten Hinweis
zum Verständnis der argumentativen Funktion der "figuralen
Sprache" von Ez 16,1-43 und 23,1-30 erbracht: Sie macht das
Konzept einer mythischen Einheit von Gottheit und Gottesstadt diskutierbar und bricht es mit den Mitteln seiner eigenen "Sprache" auf. Die Texte zeigen so i.W. dieselbe argumentative Frontstellung gegen eine "Zion-Theologie" wie 5,5-
17[191]. Stärker als dort ist diese hier freilich schon im
Ansatz überwunden: Nicht nur ist die als "Ehe" verstandene
Beziehung zwischen Jahwe und Jerusalem von vorneherein zeitlich konstituiert und auflösbar - weshalb die Gerichtsankündigung in 16,40 und 23,25 unverblümt eine völlige Extermination Jerusalems ins Auge fassen kann, während nach 5,14f die
Stadt wenigstens als Trümmerstätte Zentrum der Völkerwelt
bleiben muß; sie ist auch von Anfang an "skandalträchtig" -
ist doch eine Ehe mit einer Ausländerin (vgl. Ex 34,15f; Dtn
7,3f)[192] bzw. mit zwei Schwestern (vgl. Lev 18,18)[193] in
Israel mindestens nicht der Normalfall.

In den Bildzusammenhang von Kap. 16 und 23 können Elemente des Ordnungskonzepts integriert werden, das die Perspektive von 5,5-17 bestimmt. Auch hier steht Jerusalem - nach dem Eheschluß mit Jahwe - im
Mittelpunkt des Geschehens: Sein Ruf erschallt בגוים (16,14); es richtet
seine Hurerei על/לכל עובר (16,15.25); Jahwe führt die Völker, die das

---

191 Vgl. o. II.4.3.
192 Vgl. de Vaux, Lebensordnungen I, 63.
193 Vgl. a.a.O., 64.

Gericht vollstrecken, מסביב heran (16,37; 23,22; vgl. 16,33 und 23,24: סביב), dieses wird vollzogen לעיני נשים רבות (16,41). Damit kehren hier - mit Ausnahme von בתוך - die wesentlichen Ausdrücke wieder, die in 5,5-17 die Stellung Jerusalems in der Völkerwelt beschreiben[194]. In ähnlicher Weise, wenn auch nicht ganz so deutlich, ist auch die rechtliche Ordnungsperspektive von 5,5-17[195] in den Bildzusammenhang von Kap. 16 und 23 aufgenommen: Das Verhalten Jerusalems wird im Gericht als Rechtsfall (23,24: משפט) nach Rechtsnormen (16,38: משפטי נאפות ושפכת דם) beurteilt. Nach 23,24 verfährt dabei der קהל עמים nach **seinen** Rechten (במשפטיהם). Auch hier wird also den Völkern ein relativ eigenständiges Recht zugestanden (vgl. 5,7).

Diese selbst sind in 16,1-43 und 23,1-30 gegenüber 5,5-17 weit stärker in die Geschichte Jerusalems integriert. Sie geben nicht nur den Vergleichsmaßstab für sein Verhalten ab; sie treten mit ihm in unmittelbare Interaktion - sowohl in der Epoche der Verschuldung Jerusalems als auch in der seiner Katastrophe. Auch bilden sie keine so einheitliche Größe mehr wie in Kap. 5: Im Bildzusammenhang wird unterschieden zwischen "männlichen" und "weiblichen" Völkern bzw. Städten. Letztere sind vom Handeln Jerusalems bzw. Samarias als "Geschlechtsgenossinnen" indirekt mitbetroffen. So wird Samaria "Zum Gerede (שם) unter den Frauen" (23,10), und die "Töchter der Philister" empfinden "Beschämung über den frevelhaften Wandel" Jerusalems (16,27) - ein "Hinweis auf das feinere Rechtsempfinden des philistäischen Feindvolkes"[196] - , sodaß Jahwe ihnen die Stadt preisgibt. Zum anderen fungieren auch die "männlichen" "Liebhaber" und "ehemaligen Liebhaber" Jerusalems einerseits als Gegner und Konkurrenten Jahwes, andererseits als Handlanger seines Gerichtshandelns. Die Ambivalenz der Beziehungen Jerusalems zu anderen Völkern kommt hier stärker zum Ausdruck als in 5,5-17.

Neben der Auseinandersetzung über Art und Grad der Beziehung zwischen Jahwe und Jerusalem erleichtert der Bildzusammenhang von Ez 16 und 23 die Darstellung und Beurteilung der Geschichte der Stadt in den Kategorien individueller Biographie, wie sie in den Zeichenhandlungen von 4,1-5,4

---

194 S.o. II.4.1.1.
195 S.o. II.4.1.2.
196 Zimmerli, 337.

zutage trat[197]. Insofern kann man zurecht sagen, daß Jerusalem hier im Sinne einer "corporate personality" verstanden sei[198]. Auch hier kommt aber die Differenz zwischen dem Kollektiv und seinen Teilen nicht ganz zum Verschwinden (vgl. 4,14!): Jerusalem hat "Söhne und Töchter", die unter seinem Verhalten immerhin mittelbar (23,25; vgl. 10) oder unmittelbar (16,20f.36) zu leiden haben.

Während nach 23,10.25 die "Söhne und Töchter" Samarias bzw. Jerusalems im Rahmen des Gerichts durch das "Schwert" getötet werden, ist in 16,20f. 36 offenbar an kultische Handlungen gedacht, wie die Verben עבר hi./"dahingeben", זבח/"opfern" und שחט/"schlachten" zeigen. Meist wird darin ein Hinweis auf die Praxis des Kinderopfers im Rahmen des "nicht-orthodoxen" Jahwekults der Assyrerzeit gesehen[199]. Umstritten ist jedoch, ob es sich hier wirklich um Tötungs-Opfer handelte. (באש) עבר hi. könnte möglicherweise auch einen Akt der "dedication" beschreiben[200]. Als "(Tötungs-)Opfer" wird das "Durchs-Feuer-Gehen-Lassen" ausdrücklich nur in der prophetischen Literatur (Jer, Ez, Ttjes) und in Ps 106 durch die parallelen Verben זבח, שחט und שרף gekennzeichnet. Verzeichnet hier die prophetische Polemik den Sachverhalt, oder beschönigt ihn die Darstellung der Königsbücher?

Auch abgesehen vom "tatsächlichen" historischen Vorgang sind aber die Aussagen von Ez 16,20f.36 im Bildzusammenhang sinnvoll und verständlich: Die "Hurerei" Jerusalems, seine Machtpolitik, die kriegerische Auseinandersetzungen provoziert, sein ökonomisch aufwendiger Fremdgötterkult, all das "verzehrt" (Wz. אכל: 16,20; vgl. 22,25; 34,5ff) in der Tat Tochterstädte und Volk!

Schließlich stellt der Bildzusammenhang der "Gottesehe" in 16,1-43 und 23,1-30 eine Klammer zwischen Geschichtsentwurf und Gerichtsprophezeiung dar. Wie schon in Hos 2 wird hier ein "**Rechtsverfahren** wegen ehelicher Untreue"[201] dokumentiert: "Tutte le parti ... sono informate in un ampio 'pro-

---

197 S.o. II.5.2.5.
198 S.o. Anm. 122.
199 Vgl. z.B. Zimmerli, 357; Greenberg, 281.
200 So Cogan, Imperialism, 77ff; Weinfeld, Worship; Ders., Babies; vgl. auch Plataroti, Gebrauch; dagegen Smith, Note; vgl. die Diskussion bei Green, Role, v.a. 173ff.
201 Wolff, Hosea, 37.

cesso': lo confermano gli abbondanti termini tecnici giudi-
ziari che vi si incontrano"[202].

Struktur und Gehalt der Texte machen ihren Hörer/Leser zum Teilnehmer
einer Gerichtsverhandlung gegen Jerusalem. Die Aufforderung Jahwes an
den Propheten: "Mensch! Mache Jerusalem seine Greuel bekannt (ידע hi.)!"
(16,2) findet sich - mit leichten Variationen - auch in 20,4; 22,2 und
23,36. "Die Stereotypie der Wendung legt die Vermutung nahe, daß es im
Rechtsgang eine ganz bestimmte Form bzw. Situation des 'Zeihens' gegeben
hat, d.h. eine Form der enthüllend-rechtenden Anklagerede"[203]. Diese
Anklagerede trägt nun Jahwe, vermittelt durch den Propheten, vor. Während in 16,3ff Jerusalem direkt angesprochen wird, ist von ihm und Samaria in 23,2ff in der 3.Pers. die Rede. Der Übergang zur direkten Anrede
in 23,21 zeigt aber, daß auch hier Jerusalem als anwesend vorgestellt
ist.

Indem so die Adressaten des Textes die Rolle des Publikums
der Gerichtsverhandlung erhalten, werden sie zu potentiellen
Zeugen der gesamten Geschichte Jerusalems. Das Problem der
Erkenntnis geschichtlich abständiger Epochen wird damit ebenso umgangen wie das der Identität der kollektiven Größe Jerusalem im geschichtlichen Wandel, das auf das Problem personaler Identität im Prozeß der individuellen Biographie reduziert wird.

Im Schuldaufweis der Anklagereden kehren die Stichwörter "Greuel"
(תועבה: 16,2.22.36.43) und "Verunreinigen" (טמא: 23,7.13.17.30) aus 5,5-
17 wieder, während der Vorwurf des Verstoßes gegen die "Satzungen und
Rechte" Jahwes hier fehlt. Ihm entspricht aber sachlich weitgehend die
Beschuldigung der "Hurerei" (Wz. זנה und Ableitungen[204]), des "Ehe-
bruchs" (נאף: 16,32.28) und des "Blutvergießens" (דם (שפך): 16,36.38;
vgl. 23,45). Wie schon bei Hosea faßt dabei der Begriff "Hurerei" eine
Vielzahl konkreter Vergehen zusammen. I.W. sind hier drei Bereiche zu
nennen:
(1) politische Bindung an fremde Völker, namentlich die Ägypter (16,26;

---

202 Savoca, Profeta, 100; vgl. ebd. Anm. 50 (zu Ez 16).
203 Zimmerli, 344.
204 Vgl. Kühlewein, Art. זנה; "nur in Ez 16 und 23 begegnet der Begriff
    taznūt" (a.a.O., 519).

23,3.8.19.21.27), Assyrer (16,28; 23,5.7.9.12) und Babylonier/Chaldäer
(16,29; 23,14-17);

(2) Fremdgötterkult[205], dessen Objekte in 16,36; 23,7.30 abwertend als
"Mistdinger", "Götzen" (גלולים) bezeichnet werden;

(3) als Konsequenz aus (1) und (2) der Verlust der "Söhne und Töchter"
(16,20f.36; 23,10.25)[206].

Eine überraschende Wendung erfährt der Bildzusammenhang
von Gottesehe und Gerichtsverhandlung in der Gerichtsankündigung (16,35ff; 23,22ff): Wenn Jahwe hier ankündigt, er werde
eine "Gerichtsgemeinde" (קהל) einberufen (16,37; 23,22f) und
ihr "die Rechtssache (משפט) vorlegen", worauf sie "das Urteil spricht/vollstreckt" (שפט: 23,24b) bzw. er selbst mit
ihr zusammen "das Urteil spricht/vollstreckt" (עשה שפטים/
שפט: 16,38.41), bedeutet dies, daß die vollgültige "Konstituierung des Gerichtsverfahrens" noch aussteht. Die vorangegan-
gene Anklagerede wird damit als Element "vorgerichtliche(r)
Auseinandersetzung" kenntlich[207]. Mag dies zunächst unerheb-
lich erscheinen, da "(d)ie vorgerichtliche Auseinandersetzung (...) rhetorisch nicht viel anders durchgeführt (wird)
als die Auseinandersetzung nach der Konstituierung des Gerichtsverfahrens"[208], ist es doch insofern von Bedeutung,
als sich das "Gerichtsforum" hier nicht, wie es der atl.
Gerichtspraxis entspräche, aus denen zusammensetzt, "die bis
dahin (sc. bis zum 'Aussprechen der Appellation') ... inter-

---

205 Der Bildzusammenhang unterstreicht v.a. in 16,15ff den Zusammenhang
von "Außenpolitik" und Fremdgötterkulten: Zur Jerusalemer "Aussenpo-
litik ... passt das Bild einer Frau, die um die Gunst jedes Vorübergehenden buhlt (16,15.25) ausgezeichnet" (Winter, Frau, 611; vgl.
Eissfeldt, Hesekiel 16, 289). Die Ausdrücke גב und רמה (Lang, Frau,
137 interpretiert sie als "Häuser oder Zelte ..., in denen die Dir-
nen ihrem Gewerbe nachgehen") und v.a. במה signalisieren im Rahmen
dieser Schilderung aber zugleich "kultische Einrichtungen" (Winter,
Frau, 611; vgl. Eissfeldt, Hesekiel 16, 291f; Zimmerli, 355. Zu במה
als "Kulthöhe" s. z.B. Zimmerli, 148; Whitney, Bamoth).
206 Während nach 16,20f.36 Jerusalem selbst seine "Söhne und Töchter"
getötet hat, werden diese nach 23,25 im Rahmen des angekündigten
Gerichts von den "Liebhabern" Jerusalems "weggenommen" (לקח). Auch
hier liegt aber die Preisgabe der "Söhne und Töchter" an die "Liebhaber" in der Konsequenz des Verhaltens Jerusalems.
207 Boecker, Recht, 25; vgl. 25ff.
208 A.a.O., 25; vgl. Ders., Redeformen, 25ff.

essierte Zuhörer waren"[209] sondern erst "aus der Umgebung"
(מסביב) "versammelt" (קבץ pi.: 16,37) bzw. "herangebracht"
(בוא hi.: 23,22) werden muß. Entspricht dies der "Logik" des
Rechtsfalls, da ja die (israelitischen) Adressaten der Gerichtsprophezeiung mit Jerusalem auch selbst angeklagt sind,
muß es doch verwundern, daß - neben anderen - die "Liebhaber" (מאהבים: 16,37; 23,22) der Stadt dem Gerichtsforum angehören, ohne selbst angeklagt und verurteilt zu werden, wie
es vom atl.[210] und aol.[211] Recht her im Falle von Ehebruch
und Unzucht i.d.R. zu erwarten wäre. Hier wird die Logik des
Bildzusammenhangs ebenso auf die bezeichnete Sache hin transzendiert wie in den einzelnen, konkreten Strafankündigungen.

Die Gerichtsankündigungen von 16,37ff und 23,22ff gehen über 5,8ff
darin hinaus, daß sie die Völker als ausführende Instanz in das Gerichtshandeln Jahwes einbeziehen[212]. Während 16,37ff die Tendenz zeigt, das
"Gerichtsforum" der Völker möglichst umfassend darzustellen - es besteht
aus den "Liebhabern" Jerusalems und denen, die es "haßte" (16,37), nennt
23,22f konkret die Babylonier/Chaldäer und Assyrer als die "verschmähten
Liebhaber" Oholibas. Im Bildzusammenhang des Gerichtsverfahrens ist neben dem Nomen קהל ("Gerichtsgemeinde"/"militärisches Aufgebot"[213]) auch
der Ausdruck נתן ביד auf die bezeichnete Sache, die Katastrophe Jerusalems im Krieg, hin transparent: Auch er wird "im militärischen und rechtlichen Bereich verwendet und meint die Auslieferung bzw. die Preisgabe
einer Person oder eine(r) Sache in die Gewalt anderer"[214].

Vollends gesprengt wird der Bildzusammenhang der Texte in den konkreten Stafankündigungen. Nur die in 16,40 Jerusalem angekündigte Steini-
gung entspricht wirklich den atl. משפטי נאפות (16,38)[215]. Gen 38,24 könnte ein Beleg dafür sein, daß als Strafe für Hurerei "in älterer Zeit

---

209 Boecker, Recht, 26.
210 Vgl. Dtn 22,22; Lev 20,10; Fishbane, Accusations; de Vaux, Lebens-
    ordnungen I, 71.
211 Vgl. Haase, Strafen, 70.72.
212 Das Handeln Jahwes (16,37-39aα$_1$.41b-43; 23,22f.24bα.25aα$_1$.27f) und
    das der Völker (16,39aα$_2$-41a: 23.24a.bβ25aα$_2$-26.29) sind dabei inein-
    ander verschränkt; die Initiative liegt jedoch eindeutig bei Jahwe.
213 S.o. 2.(5).
214 Labuschagne, Art. נתן, 135.
215 S. Dtn 22,21.24; vgl. Ez 23,47; Joh 8,1ff. Lev 20,10 sieht nur allge-
    mein die Todesstrafe vor.

Verbrennung erfolgte"[216], doch "schlägt" in 16,41 (וּשְׂרָפוּ בָתַּיִךְ בָּאֵשׁ) "die
Sache (Verbrennung Jerusalems) ins Bild der Buhlerin herein"[217]. Ähnliches gilt für das Ausziehen der Kleider und Wegnehmen des Schmucks
(16,39; 23,26): Es wird nach Hos 2,5 und den aol. Parallelen[218] vom
Ehemann bzw. seinen Kindern, nicht aber von der Rechtsgemeinde vollzogen. Das Abschneiden von Nase und Ohren (23,25) ist in aol. Gesetzessamm-
lungen mehrfach als Strafe belegt[219] (vgl. 23,24: מִשְׁפְּטֵיהֶם) - freilich
nicht für Ehebruch und Unzucht[220]. Dagegen zeigen "assyr(ische) Kriegs-
darstellungen ... ganz unverhohlen das Schinden, Pfählen, Blenden und
Verstümmeln, das den Gefangenen gegenüber an der Tagesordnung war"[221].
Deportation (23,25)[222], Belagerung (23,24) und "Schwert" (16,40; 23,25)
deuten schließlich unzweideutig auf eine kriegerische Katastrophe.

Zusammenfassend kann hier festgehalten werden: Die traditionell vorgeprägte "figurale Sprache" von Ez 16,1-43 und
23,1-30, der Bildzusammenhang des Gerichtsverfahrens gegen
Jerusalem als untreue Ehefrau Jahwes, eröffnet den Texten
eine Perspektive, in der die Geschichte Jerusalems in seiner
Beziehung zu Jahwe auf ihre rechtliche Dimension hin transparent wird. Damit wird die Behauptung einer mythischen Einheit von Gott, Stadt und Volk - ähnlich wie in 5,5-17[223],

---

216 Als "möglich" erwogen von de Vaux, Lebensordnungen I, 71; "Verbren-
    nen (...) ist nach Lv 21,9 Strafe für die buhlerische Priestertoch-
    ter, nach Lv 20,14 für den, der Mutter und Tochter gleichzeitig zum
    Weibe nimmt. Vgl. schon CH §157" (Zimmerli, 361). Innerhalb der von
    Haase, Strafen (s.55 Anm. 2) herangezogenen aol. Rechtssammlung ist
    die Strafe des Verbrennens nur im Codex Hammurapi (§25.110.157) be-
    legt (a.a.O., 62).
217 Zimmerli, 339; ob der Text nach "MSS[Ken 28.30.72] (בְּתוֹךְ)הָאֵשׁ)" und
    ergänzend durch "Einführung des suff. beim Verb (וּשְׂרָפוֹךְ)" nach S zu
    korrigieren ist (ebd.), bleibt fraglich. In 23,25 (וְאַחֲרִיתֵךְ תֵּאָכֵל בָּאֵשׁ)
    dürfte אַחֲרִית nicht den "Rest der Habe im Land" bezeichnen (so Zimmer-
    li, 550), sondern diejenigen Bewohner Jerusalems, die nach der zuvor
    angekündigten Deportation der "Söhne und Töchter" noch zurückgeblie-
    ben sind (vgl. שְׁאֵרִית in 5,10).
218 Vgl. Gordon, Hos 2; Jeremias, Hosea, 42; Greenberg, 287.
219 S. Haase, Strafen, 62.
220 S. a.a.O., 70.72. Im Umkreis dieser Vergehen wäre allerdings § A 24
    des Mittelassyrischen Rechtsbuchs zu nennen, wo das Abschneiden der
    Ohren Strafe für eine Frau ist, die "Beihilfe zu ehewidrigem Verhal-
    ten" verübt hat (a.a.O., 69).
221 Zimmerli, 549, mit Hinweis auf Meissner, Babylonien I,111ff; AOB,
    129.132.141; ANEP, 368.373.
222 In diesem Sinne dürfte לקח hier zu deuten sein; vgl. Zimmerli, 550.
223 Vgl. o. II.4.1.

doch mit anderen Mitteln - in ihrer eigenen "Sprache" relativiert und bestritten: Die Beziehung zwischen Jahwe und Jerusalem ist in der Geschichte zustandegekommen, an die Bedingung eines ihr entsprechenden Verhaltens Jerusalems geknüpft
und im Falle eines ihr widersprechenden Handelns der Stadt
auflösbar. Der Bildzusammenhang erlaubt es, ein breites Spek-
trum konkreter Verschuldungen Jerusalems zu benennen. Im
Rahmen der konkreten Gerichtsankündigungen zeigen sich stärkere "intrusion(s) of reality into the figure"[224]; auch hier
ist aber das "Bild" in der Lage, verborgene Zusammenhänge in
der "Sachebene" ans Licht zu bringen[225].

4.1.2. Stadt-Geschichte und Volks-Geschichte

Die hier zu besprechende Integration von Elementen der
"Volks-Geschichte" (Israels) in die "Stadt-Geschichte" (Jerusalems) in Ez 16,1-43 und 23,1-30 wird von den Kommentatoren zwar meist registriert[226]; ihr wird aber gewöhnlich wenig Beachtung geschenkt. So konstatiert etwa Greenberg zu
Kap. 16 nur knapp: "Jerusalem stands for Israel"[227], und
Zimmerli meint, in dem - von ihm als sekundär beurteilten -
Halbvers 23,4b, der Ohola und Oholiba mit Samaria und Jerusalem identifiziert, "(i)n der Vermeidung der sachlich richti-
geren (!) Gegenüberstellung von Israel und Juda ... die Nachwirkung der Verwendung des Israelnamens bei Ez(echiel) zu
erkennen"[228]. Auch wenn man die in den Texten vorliegende
Personifikation kollektiver Größen als Niederschlag der "conception of corporate personality" (H.W.Robinson) interpre-

---

224 Greenberg, 287.
225 Vgl. dazu auch u. 4.2.1.
226 Vgl. z.B. Greenberg, 301f; Zimmerli, 539ff.
227 Greenberg, 301.
228 Zimmerli, 542; vgl. 541: "Da 'Israel' bei Ez betont Name des Gesamt-
    Gottesvolkes ist (Exkurs 2 und VT 8,1958,75-90), wird die Antithese
    Israel-Juda für ihn unmöglich". Auch Fohrer, 132 deutet Kap. 23 auf
    "die beiden Teilreiche Israels" (vgl. Eichrodt, 215: "weibliche Per-
    sonifizierung von zwei politisch klar bestimmten Reichen"; Fuhs, 120
    überschreibt Kap. 23: "Das Gleichnis von den schamlosen Schwestern
    Israel und Juda"). Die Problematik der in dieser Interpretation
    vorausgesetzten Streichung von 23,4b zeigt sich schön bei Fohrer,

tiert, bleibt aber zu fragen, **in welchem Sinne** Jerusalem hier
Israel repräsentiert. Die an Ez 5,5-17 gemachte Beobachtung,
daß die Größe "Jerusalem" mehrdeutig ist[229], gibt darüber
hinaus Anlaß zur Frage, ob "Jerusalem" (und Samaria) in den
Texten durchgängig im gleichen Sinne "stand(s) for Israel".

Betrachtet man zunächst den Schuldaufweis von 16,15ff und
23,5ff, so sind seine einzelnen Aussagen auf Ereignisse und
Zustände der Königszeit hin transparent, wie sie in der atl.
(und aol.) Literatur berichtet bzw. durch historische Forschung zu rekonstuieren sind.

So hat der Hinweis auf die Verunreinigung Oholas/Samarias mit den Götzen der Assyrer (23,7b) zweifellos "eine gewisse geschichtliche Berechtigung ... (2 K 21,5; 23,4f.11f.)"[230]. 23,8 spielt darauf an, daß Samaria
"sich gegen Assur mit Ägypten eingelassen hat, wie es nicht nur 2 K 17,4,
sondern auch die Polemik Hoseas (7,11; 8,9; 12,2) bezeugt"[231]. 23,9f bezieht sich auf die Katastrophe Samarias (vgl. 2 Kön 17). 16,15ff stellt
"das mit dem Ende des 8.Jahrhunderts v.Chr. beginnende Werben Judas (bzw.
Jerusalems, T.K.) um die Gunst der benachbarten Großstaaten und ihrer
Götter", v.a. Assyriens (vgl. 23,12), im "Bilde" der "Kultgegenstände
und Kultbräuche" des wahrscheinlich in dieser Zeit in Juda/Jerusalem
eindringenden Ischtar-Kults dar[232] (vgl. 2 Kön 18,4ff; 23,4ff), wobei
16,20 wohl "das ... in der Assyrerzeit besonders im Schwange gehende
Kinderopfer (2 Kö 16,3; 21,6) meint"[233]. 16,27 bezieht sich auf den Eingriff Sanheribs in Juda unter Hiskia im Jahre 701[234]. Während 16,28f
allgemein die fortgesetzte Bündnispolitik Jerusalems mit Assyrien und

---

131: Er beurteilt den Halbvers als "Stichwortglosse zur Deutung",
     stellt aber zugleich fest, daß im Text "die fremden Völker mit ihren
     tatsächlichen Namen genannt werden, so daß sich die Deutung unmittel-
     bar ergibt".
229 Vgl.o. II.4.1.1.
230 Zimmerli, 544.
231 Ebd.
232 Eissfeldt, Hesekiel 16, 292; zum geschichtlichen Hintergrund und
     Zusammenhang vgl. neben (und z.T. gegen) Cogan, Imperialism; McKay,
     Religion jetzt Spieckermann, Juda, v.a. 200ff.
233 Zimmerli, 357; vgl. o. Anm. 200.
234 Eissfeldt, Ezechiel; s.o. Anm. 73. Daß hier an die "Philisternot
     ..., die der Königszeit vorausging und noch in sie hineinreichte"
     (Herrmann, 100), oder an das Verhalten der "ehemaligen philistäi-
     schen Stadtstaaten" nach 587 (vgl. 25,15-17; Fohrer, 90) gedacht
     ist, ist vom Textzusammenhang her wenig wahrscheinlich.

Babylonien im Auge hat, könnte in 23,14b-17a konkret an die Kontaktauf-
nahme Hiskias[235] (vgl. 2 Kön 20, 12ff; Jes 39) oder Josias[236] (im Zusammenhang mit seinem Widerstand gegen Necho?, vgl. 2 Kön 23,29) mit den
Babyloniern gedacht sein. 16,31b-34 summiert die mit der Bündnispolitik
verbundenen, wiederholten Tributzahlungen an fremde Großmächte[237] (vgl.
Hos 7,9; 8,9f; 12,2; Jes 30,6f). Und in 23,7b-21 "spiegelt sich in
schlagwortartiger Vereinfachung die Geschichte Jojakims und Zedekias"[238].

V.a. in den genannten außenpolitischen, aber auch den damit sachlich ja eng zusammenhängenden kultischen Vergehen
Jerusalems und Samarias zeigt sich, daß die beiden Städte
hier - wie auch weithin für den heutigen Historiker - "einen
Chiffre-Charakter haben": Sie fungieren in erster Linie "als
Königsstädte"[239]. In Kap. 16 unterstreicht dies der - text-
und literarkritisch allerdings problematische[240] - Satz
ותצלחי למלוכה (13bß) am Wendepunkt von der "Urgeschichte"
zur "Schuldgeschichte" Jerusalems ausdrücklich. Vielleicht
ist auch in dem viermaligen ותקחי in 16,16-20 eine Anspielung auf das - wohl vor-dtr. und königskritische - "Königs-
recht" von 1 Sam 8,11b-17*[241] mit seinem viermaligen יקח zu
erkennen. Jedenfalls gehen die in 16,15ff und 23,5ff genannten Verschuldungen zweifellos in erster Linie auf das Konto
der Königshäuser Samarias und Jerusalems mit ihrem Kult-
und Herrschaftsapparat[242].

Erzählt also der Schuldaufweis in 16,15ff und 23,5ff die
Geschichte Jerusalems (und Samarias) als Königs-Stadt(/Städ-
te), fallen demgegenüber in den Darstellungen der "Ursprungs-

---

235 So van den Born, 148.
236 So Zimmerli, 546.
237 Zimmerli, 359.
238 A.a.O., 547.
239 Vgl. Wallis, Jerusalem, 480; zur Diskussion der Thesen Alts (König-
     tum; Aufstieg; Stadtstaat) zur staatsrechtlichen Stellung Jerusalems
     und Samarias, die in diesem Zusammenhang nur am Rande von Bedeutung
     ist, vgl. neben Wallis, Jerusalem v.a. Schäfer-Lichtenberger, Stadt,
     381ff.
240 S.o. 2.(4).
241 Vgl. Crüsemann, Widerstand, 66ff.
242 Hier zeigt sich also eine ganz ähnliche Bewertung der staatlichen
     Existenz Israels als Monarchie, wie sie hinter den Zeitangaben in Ez
     4,4f zu vermuten war (vgl.o. II.5.2.4.).

geschichte" Jerusalems (und Samarias) von 16,3aß-14 und
23,2-4 deutliche Anspielungen auf die "Volks-Geschichte" des
-vorstaatlichen - Israel auf.

Wenn 23,3 Samaria und Jerusalem in ihrer "Jugend" nach Ägypten verla-
gert, klingt hier "in überraschender Weise die Credoaussage Israels von
seiner Herkunft aus Ägypten" an[243]; vielleicht sollen auch die Namen
אהלה und אהליבה "archaisierend an die Zeit des Zeltwohnens in der Wüste
(vgl. Hos 12,10) erinnern"[244]. Im Hintergrund von 16,4ff wird das Motiv
des Fundes Israels durch Jahwe in der Wüste erkennbar (vgl. Hos 9,10;
Dtn 32,10; auch Jer 31,2f?) - wobei freilich der Ausdruck מצא fehlt, und
שדה statt מדבר gebraucht ist. Auch wenn es sich dabei kaum um "die eigenständige Urtradition einer Israelgruppe" handeln wird[245], scheint das
"Fund-Motiv" doch zunächst auf Israel (bzw. Jakob) bezogen zu sein. Die
in 16,5 erzählte Aussetzung Jerusalems "in the 'field' and its develop-
ment 'like the plants of the field' recall the Israelites' labor 'in the
field' and God's wonders worked against Egypt, 'the field of Zoan'"[246]
(vgl. Ex 1,14; Ps 78,43). "The further inference may be ventured that
the rejection of the child by its Canaanite parents somehow refers to
the forced emigration of Jacob's family into Egypt because of famine in
Canaan"[247] (vgl. Gen 45,7; 50,20). "In der Formulierung des Segenswortes
חיי ורבי" in 16,6f "fühlt man sich an den schöpfungsmäßigen Ursegen über
das Lebendige nach P erinnert (פרו ורבו Gn 1,22.28; 9,1.7, vgl. dazu in
den Vätergeschichten Gn 17,(2/6)20; 28,3; 35,11)"[248]. Das zweimalige
"Vorübergehen" (עבר) Jahwes an Jerusalem (16,6.8) könnte auf eine "Form
der gottesdienstlichen Epiphanie" verweisen[249], die mit dem Sinai bzw.
Horeb verbunden ist (vgl. Ex 33,19.22; 1 Kön 19,11)[250].

---

243 Zimmerli, 539.
244 A.a.O., 540.
245 A.a.O., 346; gegen Bach, Erwählung.
246 Greenberg, 301.
247 Ebd.
248 Zimmerli, 350.
249 Zimmerli, 349. Greenberg, 301 wertet es als "an artificial adjust-
    ment of the narrative to the Exodus tradition. During the long inter-
    val of the Egyptian bondage, Israel flourished and grew apparently
    forsaken by its God, until the time of redemption arrived ..."
250 T (Übs. bei Greenberg, 302) deutet 16,3-13 explizit auf die "Vorge-
    schichte" **Israels**: die Zusage Jahwes an Abraham (3), den Aufenthalt
    der Väter in Ägypten (4), den Frondienst unter Pharao und dessen
    Kindermord (5), das Blut der Beschneidung und des Passaopfers (6),
    die Vermehrung in Ägypten (7), die Offenbarung an Mose im Dornbusch

Während also die "Schuldgeschichte" Jerusalems dieses als Königsstadt darstellt, ist seine "Ursprungsgeschichte" auf die vorstaatliche Geschichte des Volkes Israel hin transparent. Beide Elemente der Geschichte "Jerusalems" werden nun nicht einfach "additiv", "parataktisch"[251] aneinandergereiht; sie stehen in einem spannungsvollen Verhältnis zueinander.

In 23,1-30 stellt die - ihrerseits schon kritisch relativierte - Anspielung auf "die Credoaussage Israels von seiner Herkunft aus Ägypten"[252] (23,3) gewissermaßen die Folie dar, vor der der Schuldaufweis gegen Jerusalem (und Samaria) besondere Schärfe erhält, ist doch Ägypten hier "für Jerusalem ... nicht mehr die Größe, der man im Gehorsam gegen Gottes Führung den Abschied gegeben hat, sondern ... die große Versuchung, der Ort des unfrömmsten Buhlens und Unglaubens des Gottesvolkes mit Mächten neben der alleinigen Macht Gottes"[253].

Der Widerspruch von Exodus (Israels) und Bündnispolitik (Samarias und Jerusalems) wird in Kap. 23 unterstrichen durch die Beschreibung der Assyrer und Babylonier in Schuldaufweis und Gerichtsankündigung. Dabei kehren folgende Ausdrücke - mit leichten Variationen - mehrfach wieder:

	23,6.	12.	23
פחות / "Gouverneure"	x	x	x
סגנים / "Präfekten"	x	x	x
פרשים / "Reiter"	x	x	
רחבי סוסים / "Reiter auf Pferden"	x	x	x
בחורי (חמד) / "Auserlesene", "Elite"	x	x	x

(שלשים / "Adjutanten" : 15.23)

פחה und סגן sind offizielle Beamtentitel. "Das assyr(ische) Provinzialsystem wird darin sichtbar"[254]. Die Titel sind offenbar unter babylonischer Herrschaft in Gebrauch geblieben (vgl. Jer 51,23.28.57; Dan 3,2f. 27). Pferde, Wagen und Reiter gehören nach Ez 26,7.10 zum Heer Nebukadnezars. Samaria und Jerusalem "verlieben" sich gerade in die Machtattribu-

---

(8), den Exodus (9), die Einsetzung der Priester (10), die Gabe der Tora (11), die Lade, die Wolkensäule und den Engel (12), das Heiligtum und das Manna (13).
251 Vgl.o. I.2.4.
252 Zimmerli, 539.
253 A.a.O., 550.
254 A.a.O., 543.

te fremder Großreiche, aus deren Herrschaftsbereich der Exodus Israel
befreien sollte: So können in Ex 14f die Ausdrücke רכב, סוס, פרש, שליש
und בחור die Übermacht Ägyptens darstellen[255]. Selbst wenn diese Darstellung erst auf die "Endredaktion des Pentateuch" zurückzuführen wäre[256],
würde sie doch zeigen, wie nahe für einen Israeliten bei der Erfahrung
fremder Großmächte die Erinnerung an die Exodusüberlieferung liegen mußte.

In Kap. 16 muß "the concurrence of items used in building the tabernac-
le and outfitting the priests (sc. in Ex 25ff; Num 4) with the ornaments
of the woman"[257] (16,10) auffallen: Die Ausdrücke תחש, שש und das mit
רקמה stammverwandte Ptz. רקם finden sich besonders häufig "im priesterlichen Bericht über die Fertigung des heiligen Zeltes"[258]. חבש ist als
"Kopfbund" nur noch in Ex 29,9 und Lev 8,13 im Zusammenhang der Einsetzung Aarons und seiner Söhne zu Priestern belegt. Auch hier wäre zu fragen, inwiefern diese Elemente der "priesterschriftlichen Heiligtumstexte"[259] diesen schon traditional vorgegeben sind. Dann könnte der Gegenüberstellung von "Ursprungsgeschichte" und "Schuldgeschichte" Jerusalems
in Ez 16,1-43 möglicherweise die Konfrontation zweier Modelle "Jerusalems" zugrundeliegen: Jerusalem als Tempelstadt vs. Jerusalem als Königs-
stadt! Der Text würde sich damit in die - sich mutatis mutandis schon im
Hoseabuch abzeichnende[260] - Diskussion um Funktion und Bedeutung Jerusalems als Hauptstadt für Israel als Volk einordnen. In seiner negativen
Beurteilung der Monarchie als Abfall von einem "theokratischen" (nicht:

---

255 Vgl. רכב Ptz.q.: Ex 15,1; רֶכֶב: Ex 14,6.7.9.17.18.23.26.28; 15,19.21;
    סוס: Ex 14,9.23; 15,1.19.21; פרש: Ex 14,9.17.18.23.26.28; 15,19;
    שליש: Ex 14,7; 15,8; בחור: Ex 14,7.
256 So Schmitt, Geschichtsverständnis; vgl. die Darstellung und Diskus-
    sion der neueren Forschung bei Schmidt, Exodus, 60ff. Für ein hohes
    Alter des Hymnus Ex 15,21b nennt Schmidt, a.a.O., 64 m.E. überzeu-
    gende Argumente.
257 Greenberg, 301.
258 Zimmerli, 352; vgl. תחש: Ex 25,5; 26,14; 35,7.23; 36,19; 39,34; Num
    4,6.8.10.11.12.14.25; שש: Ex 25,4; 26,1.31.36; 27,9.16.18; 28,5.6.8.
    15.39; 35,6.23.25.35; 36,8.35.37; 38,9.16.18.23; 39,2.3.5.8.27.28.29
    (daneben Ez 27,7; Gen 41, 42; Spr 31,22); רקם: Ex 26,36; 27,16;
    28,39; 35,35; 36,37; 38,18.23; 39,29 (Ptz. pu.: Ps 139,15; רקמה: Ez
    16,13.18; 17,3; 26,16; 27,7.16.24; Ri 5,30; Ps 45,15).
259 Vgl. dazu demnächst H.Utzschneider.
260 Vgl. Utzschneider, Hosea, 129ff zum "Verfassungsentwurf im Hosea-
    buch".

"hierokratischen"!), Tempel-orientierten Modell Jerusalems würde er mit dem "Verfassungsentwurf" des EB übereinstimmen[261].

Auch wenn Elemente der "Ursprungsgeschichte" Jerusalems (und Samarias) in Ez 16,1-43 und 23,1-30 argumentativ als Folie für seine (ihre) "Schuldgeschichte" eingesetzt werden, bleibt diese doch ambivalent[262]. Von Anfang an zeigen sich in der Geschichte der Stadt konkurrierende und konfligierende Tendenzen. Mit seiner Realisierung der Monarchie als **einer** Möglichkeit gesellschaftlicher Organisation ist in der Sicht der Texte die Katastrophe Jerusalems vorprogrammiert.

Eine Ez 16 und 23 vergleichbare geschichtliche Perspektive, die in die Zeit vor der Etablierung der Monarchie in Israel zurückgreift, zeigt im AT v.a. das deuteronomistische Geschichtswerk. Seine Stellung zu Tempel und Königtum ist nicht ganz eindeutig. Einem verbreiteten redaktionsgeschichtlichen Erklärungsmodell[263] zufolge würde erst seine zweite Redaktionsschicht, "DtrP (,) der Institution des Königtums kritisch gegenüber"stehen[264], während das ursprüngliche "DtrG eine am Jerusalemer Heiligtum **und** Könighaus orientierte Theologie" verträte[265]. Ez 16 und 23 würden dann die königskritische Tendenz von "DtrP" teilen, wobei allerdings Kap. 16 anders als "DtrP" nicht an dem mit "DtrG/H" vorgegebenen Geschichtsaufriß[266] festhalten würde - in dem ja die Errichtung des Tempels Werk des jerusalemer Königshauses ist[267] -, sondern die Legitimation des Heiligtums aus der Zeit vormonarchischer Existenz Israels ableiten würde und darin dem Entwurf der "Priesterschrift" nahestünde.

---

261 Vgl.u. V.3.2.2.
262 S.o. 3.2.2.
263 Vgl. Roth, Art. Deuteronomistisches Geschichtswerk, 544; Smend, Entstehung, 111ff; Kaiser, Einleitung, 172ff. - Entgegen der in diesem Modell vertretenen Annahme des Falls Jerusalems 587 als terminus a quo der "Grundschicht" des Gesamtwerks (DtrG/H) bleibt freilich m.E. die Annahme einer "Redaktion" (so v.a. Cross, Myth, 274ff; vgl. Nelson, Redaction) oder mehrerer "redaktioneller Blöcke" aus vorexilischer Zeit (vgl. Lohfink, Kerygmata) als Vorstufe(n) des DtrG wahrscheinlich (vgl. Weippert, Geschichtswerk).
264 Roth, a.a.O., 545.
265 Ebd. (Hervorh. T.K.)
266 Vgl. Roth, a.a.O., 547f; Koch, Art. Geschichte, 579ff.
267 "Der **Tempel** erhält seine Legitimation durch die in ihm aufgestellte Lade Jahwes und durch die göttliche Gewährung des Tempelweihgebets des Königs Salomo (I Reg 8,1-21; 9,2-3)" (Roth, a.a.O., 549).

4.2. Die Regeln des Geschichtsablaufs

4.2.1. Ursache-Wirkungs-Zusammenhänge

Wie in 5,5-17[268] sind auch in 16,1-43 und 23,1-30 Handeln
und Ergehen Jerusalems gemäß dem Konzept des "Tat-Ergehen-
Zusammenhangs" miteinander verknüpft. Die in 16,43 und
23,29bß.30 jeweils vorliegende abschließende Charakteristik
der vorangehenden Gerichtsprophezeiung formuliert diesen
Zusammenhang in beiden Fällen ausdrücklich:

> "**Dein Frevel und deine Hurerei haben dir das angetan**, weil du hinter
> den Völkern her gehurt, weil du dich mit ihren Götzen unrein gemacht
> hast" (23,29bß.30[269]).

> "Weil du dich nicht an die Tage deiner Jugend erinnerst und mich mit
> alledem beleidigt hast, sieh, **so habe auch ich deinen Wandel auf 'dei-
> nen' Kopf gelegt** - Spruch des Herrn Jahwe" (16,43a.bα[270]).

Zwischen diesen beiden Aussagen bestehen Unterschiede in der
Nuancierung. Während in 23,29bß.30 זמה und תזנות als "sich
vollendende Tun-Ergehen-Sfäre(n)"[271] selbständig, gleichsam
"mechanisch" wirksam werden, ist es nach 16,43 die personale
Instanz Jahwe, die Jerusalem "ihre Wege auf ihr Haupt (gibt)"
und so "den Inhalt der negativen Tathülle am Täter sich aus-
toben (läßt)"[272]. Hier zeigt sich eine ähnliche "Schichtung"
und Überlagerung von "mechanischen" und "personalen", sinnhaft-offenen Ursache-Wirkungs-Zusammenhängen zwischen Verhalten und Ergehen Jerusalems wie in 5,5-17[273].

Die Korrelation zwischen Tun und Ergehen Jerusalems wird
in 16,1-43 und 23,1-30 noch unterstrichen durch die Korrespondenz von Elementen der (Bild-)Sprache in der Beschreibung
von Schuld und Strafe. So wurden nach 23,3.8.21 in Ägypten

---

268 S.o. II.4.2.1.
269 Zur Textkritik s.o. Anm.10.
270 Ich lese mit 3 Mss, G, S, V: בראשך statt בראש, vgl. 9,10; 11,21;
    22,31; vgl. BHS; Zimmerli, 340. Wessen "Kopf" gemeint ist, ist auch
    in M klar.
271 Koch, Profeten II, 97.
272 A.a.O., 108.
273 S.o. II.4.2.1.

die Brüste Oholas und Oholibas "gedrückt". Das Verb עשה
II/"drücken" ist nur an diesen Stellen im AT belegt[274]. Es
wäre freilich zu erwägen, ob nicht auch in 23,25.29 das Verb
ועשו als pi. von עשה II ("sie werden dich - nun freilich
nicht mehr liebevoll! - drücken") zu lesen sein könnte, was
vom Konsonantenbestand des Textes (ועשו אותך) her durchaus
möglich ist[275]. Dann läge hier eine Entsprechung von Verhalten und Ergehen Oholibas vor[276].

Die Hurerei Oholibas/Jerusalems impliziert naturgemäß, daß
sie vor ihren Liebhabern "ihre Blöße aufdeckt" (16,36;
23,18). Dem korrespondiert, daß ihre Liebhaber ihr im Zusammenhang des angekündigten Gerichts "die Kleider ausziehen"
(16,39; 23,26), und "ihre Blöße aufgedeckt" wird (16,37;
23,29). Hier liegt sowohl eine Korrespondenz von "(v)erbs
describing punishment" und "verbs describing crime"[277] (ערוה
גלה+ : 16,36/37; 23,18/29) als auch eine Korrespondenz auf
der Bild-Ebene[278] vor: Jahwe "vollzieht ... vor den versam-
melten Liebhabern nochmals den gleichen Gestus, mit dem die
Hure bisher ihre 'Show' darbot. Wie schon bei Hosea (2,12)
und Jeremia (13,26f.) wird dieser nun aber in der veränderten Situation des Gerichts als peinliche Entblössung erfahren"[279].

Daß das Jerusalem angekündigte Ergehen in seinem Verhalten
schon angelegt ist, unterstreicht in Kap. 16 die Korrespondenz von 33 und 37: Jerusalem hatte mit seinen Geschenken

---

274 Vgl. Lisowsky, Konkordanz, 1137 sowie die bei Vollmer, Art. עשה , 360
    genannte Literatur. In 23,3 ist vielleicht statt pi. pu. zu vokali-
    sieren (vgl. Zimmerli, 530); in 21 ist entweder mit G und einem Ms
    במצרים zu lesen und בעשות als pu. zu punktieren oder mit zwei Mss
    מצרים zu lesen und בעשות als pi. zu vokalisieren (vgl. BHS).
275 Versteht man ועשו als "sie werden tun/verfahren", wäre aufgrund der
    folgenden Umstandsbestimmung (בחמה bzw. בשנאה) eher אתך ("mit dir")
    statt אותך zu erwarten, wie BHS mit vielen Mss zu lesen vorschlägt.
    Vgl. allerdings Zimmerlis (8f, zu 2,1) Hinweis auf den Promiscue-
    Gebrauch von Akkusativpartikel את und Präposition את im EB.
276 Vgl. Kategorie I.C. in Millers (Sin, 111ff) "Classification of the
    Patterns of Correspondence": "Verbs describing punishment are the
    same as verbs describing crime" (a.a.O., 112).
277 Miller, Sin, 112.
278 Vgl. a.a.O., 113ff.
279 Winter, Frau, 613.

Liebhaber angelockt לבוא עליך מסביב (33). Wenn nun Jahwe in
37 ankündigt: וקבצתי אתם עליך מסביב , verwirklicht er nur,
was Jerusalem mit seinem Verhalten provozierte; "(t)he judgment is worked out in terms of the intended result of the
sin" - aber "the intended result is frustrated"[280]: Die
"Liebhaber" erscheinen nicht zu dem von Jerusalem ersehnten
Amusement (תזנות : 33), sondern zum Gericht (39ff). Es sind
"die Geister, die sie rief", die Jerusalem nun nicht mehr
los wird.

Daß sich Jerusalem mit seiner "Hurerei" auf ein "Spiel mit
dem Feuer" eingelassen hat, macht in Kap. 23 die nahezu identische Beschreibung seiner "Liebhaber" in Schuldaufweis und
Gerichtsankündigung deutlich[281]. Was nach 23,6.12 die "Rei-
ze" der Assyrer und Babylonier ausgemacht hatte, entpuppt
sich in 23 als- ihre tödliche Gefährlichkeit: "the instrument
of ... sin becomes the instrument of ... punishment"[282].

Schließlich wird der Übergang vom Schuldaufweis zur Gerichtsankündigung in den Texten auch durch eine Korrelation
von Tat und Ergehen motiviert, die über die Korrelation des
Handelns mehrerer personaler Instanzen vermittelt ist,
gleichwohl aber noch ganz auf der "menschlichen" Ebene ange-
siedelt ist. So ist in 23,22ff das Gericht über Oholiba als
Racheakt ihrer "verschmähten Liebhaber" (אשר נקעה ... מאהביך
נפשך מהם : 22; vgl. 17bß) dargestellt. Wie in Kap. 17 deckt
hier die Logik des Bildzusammenhangs die "politische Logik"
des bezeichneten Geschehens auf[283]: Zedekias bzw. "Jerusalems" politische Wendung nach Ägypten (23,19-21) provoziert
das Eingreifen der Babylonier (23,13-17). Anders als in Kap.
17 erhält freilich in Kap. 23 schon die Verbindung mit Babylon das negative Vorzeichen der "Hurerei". Hier wie dort
begründet aber die Beziehung personaler Handlungsinstanzen
auf der "menschlichen" Ebene (Kap. 17: das Bundesverhältnis
zwischen Zedekia und Nebukadnezar; Kap. 23: die "Liebesaffä-

---

280 Miller, Sin, 114f.
281 Vgl.o. 4.2.1.
282 Miller, Sin, 113.
283 Vgl. Lang, Aufstand, 46ff u. unten V.3.3.1.a.

re" zwischen Jerusalem und den Babyloniern) neben dem Gottesverhältnis eine eigene "Schicht" im Ursache-Wirkungs-Zusammenhang von Tat und Ergehen.

Ergibt sich in Kap. 23 die "politische Logik" des Bildes
aus der aktuellen Außenpolitik Jerusalems unter Zedekia,
liegt in Kap. 16 ein ähnliches Phänomen in abstrakterer, stärker in den Bildzusammenhang eingebundener Gestalt vor: Nach
16,37 versammelt Jahwe gegen Jerusalem "alle, die du geliebt
hast und[284] alle, die du gehaßt hast". "The ... reference to
'all you hated' apparently alludes to the Philistines (vs.
27), who indeed were later condemned for taking revenge on
Judah (25:15)"[285]. Auch hier deckt die Logik des Bildzusammenhangs bestimmte Züge des dargestellten Geschehens in ihrer politischen Logik auf: Nach 16,27 besteht eine Beziehung
des "Hasses" (Wz. שנא) zwischen Jerusalem und den "Töchtern
der Philister" in ihrer Eigenschaft als "Frauen", die sich
für das Verhalten ihrer "Geschlechtsgenossin" den "Männern"
gegenüber "schämen". Dahinter dürfte eine politische Konzeption stehen, die dem "vorderasiatischen Kampf(.) um imperiale Vorherrschaft der großen Mächte" ebenso kritisch gegenübersteht wie der "Freiheitspolitik der kleinen Staaten"[286]
- sofern sie durch Anbiederung an die Großmacht eigene Vor-
teile auf Kosten der noch Schwächeren zu erreichen sucht
(vgl. Kap. 25; 36,2f). Darüber hinaus könnte hinter 16,37
aber auch noch eine gewisse "mythische Logik" stehen: Jerusalem hat mit seiner "Hurerei" unter den Völkern Präferenzen
gesetzt, die seiner (mythischen) Zentralstellung in der **gesamten** Völkerwelt widersprechen. Wenigstens in seiner Katastrophe werden nun alle - "geliebte" wie "gehaßte" Völker
nach Jerusalem versammelt.

16,1-43 und 23,1-30 verbinden also Schuldaufweis und Gerichtsankündigung, Vergangenheit und Zukunft Jerusalems

---

284 על dürfte hier im Sinne von "was zu einem anderen hinzu, eig. auf
   ein anderes darauf kommt" (Gesenius/Buhl, Handwörterbuch, 587) zu
   verstehen sein.
285 Greenberg, 286.
286 Lang, Ezechiel, 91.

durch einen Ursache-Wirkungs-Zusammenhang zwischen Tat und
Ergehen, der in sich vielschichtig ist und auf unterschiedli-
che Weise zum Ausdruck gebracht wird. Dieser Tat-Ergehen-
Zusammenhang wird nun aber überlagert von einem zweiten,
gegenüber 5,5-17 neuen Ursache-Wirkungs-Zusammenhang, der
Verbindungen zwischen der "Ursprungsgeschichte" - und hier
näherhin der "Vorgeschichte" - und der "Schuldgeschichte"
Jerusalems herstellt.

In Kap. 23 besteht die Kontinuität zwischen diesen beiden
"Epochen" der Geschichte Jerusalems (und Samarias) darin,
daß Ohola und Oholiba in ihrer "Hurerei" mit verschiedenen
Fremdvölkern das Verhalten ihrer "Jugendzeit" je neu aktuali-
sieren[287]. Nach 16,16-21(.31b-34) verschleudert Jerusalem
die ihm von Jahwe verliehenen Gaben (10-14) und zeigt damit
- wie mit seinem "Strip-Tease" vor seinen Liebhabern (36;
vgl. 25) - die Tendenz, zu seinem ursprünglichen Zustand (7:
"nackt und bloß") zurückzukehren[288].

Mit dieser Überlagerung zweier Ursache-Wirkungs-Zusammenhänge, die Verbindungen einerseits zwischen "Ursprung" und
schuldhaftem Verhalten, andererseits zwischen Tun und Ergehen Jerusalems herstellen, gewinnt aber die Korrelation von
Tat und Ergehen ihrerseits eine neue Nuance: Mit seinem Verhalten baut Jerusalem im Grunde nicht mehr eine "Unheilssphä-
re" auf, sondern eher eine "Heilssphäre" ab, in die es durch
das kontingente Handeln Jahwes versetzt worden war. Im Gericht kommt nicht nur zur Auswirkung, was im Handeln Jerusalems angelegt ist, sondern auch, was angesichts seiner Herkunft und Vorgeschichte - **vor** seinem "Eheschluß" mit Jahwe -
ohnehin zu erwarten gewesen wäre.

4.2.2. Göttliches und menschliches Handeln

Wie Ez 5,5-17[289] gehen auch 16,1-43 und 23,1-30 davon aus,
daß zwischen Jahwe und Jerusalem sowie Samaria ein Bundesver-

---

287 S.o. 3.2.3.
288 S.o. 3.2.2.
289 Vgl.o. II.4.2.2.

hältnis besteht: Im Bild der "Ehe" stellen sie das Gottesverhältnis Jerusalems als in der Zeit zustandegekommen, wechsel-
seitig verpflichtend und - wie der Hinweis auf die משפטי
נאפות in 16,38 unterstreicht - rechtlich geregelt sowie Sanktionen im Falle der Verletzung einschließend dar. 16,8 bezeichnet die "Ehe" zwischen Jahwe und Jerusalem ausdrücklich
als ברית.

Unter Voraussetzung dieses Bundesverhältnisses kann die
Jerusalem angekündigte Katastrophe wie in 5,8.10 als "Gerichts"-Handeln Jahwes interpretiert werden (16,38; vgl.
23,24). Hier wie dort wirkt sich im göttlichen Gericht der
"Zorn" Jahwes (קנאה ;חמה : 16,38[290].42; 23,25) aus - mit der
Folge, daß Jerusalem seinem dem Tat-Ergehen-Zusammenhang
entsprechenden Schicksal überlassen wird[291].

Der Hinweis auf Jahwes קנאה, seinen "Eifer", der insbesondere durch
"die Verehrung anderer Götter ... erregt" wird[292], wirkt im Bildzusammenhang der Texte besonders plastisch, da קנא pi. und קנאה im zwischenmenschlichen Bereich die "eheliche Eifersucht"[293] bezeichnen können (vgl.
Num 5,14f.18.25.29f; Spr 6,34; 27,4). Im Bildzusammenhang von Kap. 23
sind auch "Grimm" (חמה: 23,25) und "Haß" (שנאה: 23,29) der "verschmähten
Liebhaber" gut verständlich, die den göttlichen Zorn gleichsam auf der
"menschlichen" Ebene verdoppeln.

Daß Jahwes Zorn, der "sich von Jahwä her auf die Menschen zubewegt",
nicht "in deren Untergang mit untergeht"[294], geht aus 16,42 klar hervor,
wo auf das "Zur-Ruhe-Kommen" des göttlichen "Grimms" auf Jerusalem (והנחתי
קנאתי בך   ) das "Weichen" seines "Eifers" von ihm folgt (וסרה קנאתי

---

290 16,38b (ונתתיך דם חמה וקנאה) ist in M allem Anschein nach korrum-
    piert. G (και θησω σε εν αιματι θυμου και ζηλου) liegt M offenbar
    schon vor, den sie "notdürftig übersetzt" (Zimmerli, 339). "Wenn man
    in ונתתיך דם nicht einfach eine aus 39a (ונתתי אותך בידם) stammende
    vertikale dittogr. annehmen und in bß eine Bestimmung zu a '... in
    Grimm und Eifer' sehen will, empfiehlt sich am ehesten die Heilung
    des Textes nach 23,25: ונתתי בך חמה וקנאה (Toy, Bertholet)" (ebd.).
    Greenberg, 272 übersetzt M: "I will ... turn you into a bloody object
    of fury and passion", was der masoretischen Punktierung und Akzentu-
    ierung entspricht. - Klar ist jedenfalls, daß es sich hier um
    "Grimm" und "Eifersucht" Jahwes handeln muß (vgl. Greenberg, 286.).
291 Vgl.o. II.4.2.1.
292 Sauer, Art. קנאה, 649.
293 A.a.O., 648.
294 So Koch, Profeten II, 97; vgl.o. II.4.2.1.

מִמַּר). Ebensowenig wie 5,13 dürfte 16,42 als Andeutung der "Hoffnung auf
eine heilvolle Zuwendung Gottes nach dem Gericht"[295] zu verstehen sein;
die Aussage intendiert "not a consolation (...) but a notice that God
will not rest until he has inflicted the extreme penalty"[296] - 40f hatte
ja bereits eine vollständige Extermination Jerusalems angekündigt!

Daß Jahwe im Zorn Jerusalem seinem Schicksal überläßt,
unterstreicht die Übergabeformel נתן בְּיַד in 16,39; 23,28[297].
Es wurde bereits[298] darauf hingewiesen, daß dieses Schicksal
in 16,1-43 und 23,1-30 nicht nur von einem "mechanischen"
Tat-Ergehen-Zusammenhang, sondern auch von der Interaktion
sinnhaft-offen handelnder, personaler Instanzen auf der
"menschlichen" Ebene bestimmt ist. Wie in 5,5-17[299] fungiert
der göttliche "Zorn" hier als Mittelglied zwischen der
Schuld Jerusalems und dem den Tat-Ergehen-Zusammenhang reali-
sierenden Gerichtshandeln Jahwes; er schließt ein rettendes
Eingreifen Jahwes in der Situation der Bedrohung Jerusalems
durch fremde Völker aus.

Gegenüber 5,5-17 scheint aber der Zusammenhang von Schuld,
Zorn und Gericht in 16,1-43 und 23,1-30 gelockert. Nach
16,26 hat Jerusalem schon früher den Zorn Jahwes provoziert,
indem es ihn "gekränkt" bzw. "beleidigt" hat (כעס hi.). Wie
אַף, חמה und קנאה bezeichnet auch das Verb כעס "eine sehr
intensive Gefühlsregung"[300]; in 16,42 steht es parallel zu
חמה und קנאה[301]. Auch 16,27 berichtet nun von einer "Übergabe" (נתן) Jerusalems an die Feinde als Folge der Beleidigung
Jahwes; ein "Gericht" findet hier jedoch noch nicht statt.

---

295 So Fuhs, 85; vgl. z.B. auch Zimmerli, 362.
296 Greenberg, 288.
297 S.dazu o. 4.1.1.
298 S.o. 4.2.1.
299 S.o. II.4.2.1.
300 Stolz, Art. כעס , 839.
301 Im Anschluß an Hosea (12,15) erhält כעס "(b)esondere theologische
    Bedeutung" im "deuteronomistischen Sprachgebrauch" (a.a.O., 840).
    Seine Verwendung bei Jeremia und Ezechiel (vgl. a.a.O., 841) ist
    aber "nicht durchweg deuteronomistisch geprägt" (a.a.O., 842). Ob
    "(i)n Ez 16,26 ... Formulierung und Sinn ganz an den dtr. Sprachge-
    brauch angelehnt" sind (a.a.O., 841), ist m.E. fraglich, da es im
    Kontext jedenfalls nicht nur "um Fremdgötter- und Naturkult" (ebd.),
    sondern auch um die "Außenpolitik" Jerusalems geht.

Wie durch 23,13 und 18b wird dadurch die Gerichtsankündigung vorbereitet[302], indem auf die "emotionale" Reaktion Jahwes auf Jerusalems schuldhaftes Verhalten hingewiesen wird.

Für die Argumentation der Texte ist es nun aber entscheidend, daß der "Zorn" Jahwes sich nicht unmittelbar im Gericht auswirkt. Nur so ist es ihnen möglich, zugleich **einerseits** an der regelhaften Abfolge von Schuld, Zorn und Gericht festzuhalten, die die Extrapolation vom Schuldaufweis zur Gerichtsankündigung plausibel machen soll, und **andererseits** die "Schuldgeschichte" Jerusalems als Geschichte einer "Akkumulation" von Schuld zu begreifen[303], wodurch die Unabwendbarkeit der dem schuldhaften Verhalten Jerusalems inhärenten Folgen - und damit letztlich ebenfalls die Extrapolation vom Schuldaufweis auf die Gerichtsankündigung - einsichtig gemacht werden soll. Werden so die beiden in Kap. 4-5 erkennbaren argumentativen Funktionen der Bezugnahme auf Geschichte für die Gerichtsprophezeiung[304] aufgenommen, zeigen sich hier gerade in ihrer Kombination aber auch ihre Grenzen: Hat nämlich Jahwe in der Vergangenheit Jerusalems seinen Zorn offenkundig zurückgehalten, so kann aus der Bezugnahme auf die Vergangenheit **allein** nicht dargetan werden, daß dieser Zorn sich in der unmittelbar bevorstehenden Zukunft voll auswirken werde. Argumentative Stringenz gewinnt die Gerichtsprophezeiung von Kap. 16 und 23 deshalb erst in einer **Situation**, in der eine existentielle Bedrohung Jerusalems durch fremde Völker absehbar ist - und in der **Konfrontation** mit konkurrierenden Interpretationen dieser Situation: Die Erwartung eines Eingreifen Jahwes zugunsten Jerusalems kann sie bei diesen Rahmenbedingungen - unter ihren konzeptionellen Voraussetzungen - mit guten Gründen bestreiten.

Entsprechende situative Rahmenbedingungen sind in der Zeit zwischen 597 und 587 gegeben, in die der Grundbestand von Kap. 16 und 23 gewöhnlich datiert wird[305]. Die Bedrohung Jerusalems durch eine fremde Groß-

---

302 Vgl.o. 3.2.1.
303 Vgl.o. 3.2.1.
304 Vgl.o. II.5.3.
305 Vgl.z.B. Zimmerli, 363.540.

macht war 597 bedrängend und unmißverständlich erfahren worden. Ambivalent war dagegen ihr Ausgang: War mit der Deportation der "oberen Zehn-
tausend" im Sinne eines "Reinigungsgerichts" (vgl. Jes 1,24ff) die mythische Einheit von Gott, Stadt und Volk wiederhergestellt, Zion wieder zur
"Zuflucht für die Armen" (Jes 14,32) geworden? Oder stellten die Ereignisse des Jahres 597 nur den Anfang eines umfassenden, totalen Gerichts
Jahwes über Jerusalem und Israel dar[306]?

In ihrer Argumentation für die zweite Interpretation ließen die Zeichenhandlungen 4,1-5,4 eine gewisse Überlagerung von Erinnerung und Erwartung erkennen[307]: Die Szene von 4,1-2 konnte zunächst als Wiederholung der traumatischen Erfahrungen des Jahres 597 interpretiert werden;
erst 5,1-4 - und auch hier strenggenommen erst 5,4 - bezog sich eindeutig auf ein zukünftiges Geschehen und machte die Ereignisse des Jahres
597 zum "Vorspiel" der noch ausstehenden totalen Katastrophe Jerusalems.

Von dieser Beobachtung aus wäre zu fragen, ob auch die Zweistufigkeit
des in 16,39-41a angekündigten Gerichtshandelns der Völker in diesem
Sinne zu interpretieren ist. Am Ende von 39 sind "Sockel" und "Hochstät-
te(n)"[308] Jerusalems zerstört, "Kleider" und "Schmuck" weggenommen, und
die Stadt liegt "nackt und bloß" da - aber sie lebt noch! Erst der von
den "Liebhabern" aufgebotene קהל tötet Jerusalem (40) und verbrennt seine Häuser (41a). - Stellt 39 die Situation Jerusalems unter Zedekia dar
- die dann durch ihre Einordnung in die Gerichtsankündigung als "Anfang
vom Ende" interpretiert würde[309]?

---

306 Vgl.o. II.4.1./5.2.5. u.u. V.3.3.1.b.
307 S.o. II.5.2.4.
308 Statt רמתיך ist mit G, L^s vielleicht רמתך zu lesen (vgl. 16,24f.31;
    Zimmerli, 339).
309 Sollte diese Deutung zutreffen, wäre die literarkritische Analyse
    von Kap. 23 neu zu überdenken. Hier entsprechen nämlich die Ankündi-
    gungen von 26 und 29 inhaltlich 16,37.39; eine 16,40f entsprechende
    Prognose der Tötung Jerusalems findet sich dagegen erst in 23,47.
    23,45-49 ist allerdings als Gerichtsankündigung an Ohola **und** Oholiba
    unmotiviert, nachdem 23,10 bereits die Tötung Oholas berichtet hat-
    te. Zu fragen wäre jedoch, ob 23,31-35 im Kontext von Kap. 23 die
    Funktion hat, eine 16,40f entsprechende zweite Stufe des angekündig-
    ten Gerichts an Jerusalem darzustellen. Denn daß Jerusalem den "Be-
    cher" Samarias trinken muß, hießt doch zweifellos, daß es "dasselbe
    Geschick" zu erleiden hat (Fuhs, 125) - u.d.h. nach 23,10: den Tod.
    So wäre zu überlegen, ob 23,31-35 nicht doch die ursprüngliche Fort-
    setzung des Vorhergehenden darstellt. (Zimmerli, 552 meint: "Sprach-
    lich und stilistisch lassen sich gegen die Herleitung des Grundtex-
    tes in 32-34 von Ez selber keine zwingenden Gründe anführen" und

4.3. Zusammenfassung

Die räumliche Perspektive (Jerusalem als Zentrum der Völkerwelt) der Geschichtsdarstellung von Ez 5,5-17 ist auch in
16,1-43; 23,1-30 noch zu erkennen; sie tritt aber stärker in
den Hintergrund. Bestimmend für die "Geschichtsentwürfe" von
Kap. 16 und 23 ist demgegenüber die rechtliche Perspektive,
wie sie im Soziomorphem der "Gottesehe" zum Ausdruck kommt.
Die Beziehung Jerusalems zu Jahwe ist in der Zeit kontingent
konstituiert und hat den Charakter wechselseitiger Verpflichtung; im Falle der Nicht-Einhaltung dieser Verpflichtung auf
Seiten Jerusalems ist sie auflösbar. Zeigt sich hier ein
5,5-17 analoges Bestreben, die für die "Zion-Theologie" konstitutive mythische Einheit von Gott, Stadt und Volk aufzubrechen, gilt dies um so mehr für die Transparenz der in
Kap. 16 und 23 dargestellten Stadt-Geschichte(n) auf die
("Ur-")Geschichte des Volkes Israel: Als Königs-Stadt hat
Jerusalem mit seiner machtorientierten Politik selbst die
Einheit von Gott, (Tempel-)Stadt und Volk zerbrochen, wie
sie Jahwe in seinem "Ursprungs"handeln an Jerusalem intendiert hatte. Stützt so die Perspektive der Geschichtsdarstellung die Gerichtsprognose, indem sie den Geschichtsablauf
auf mögliche Ursache-Wirkungs-Zusammenhänge und die sie umgreifende Korrelation von menschlichem und göttlichem Handeln hin transparent macht, verleiht sie dem Geschichtsentwurf doch auch - ähnlich wie schon die an der Struktur der
Geschichtsdarstellung erkennbare Überlagerung der ihren Aufriß bestimmenden Strukturgeschichte mit einer nicht bruchlos
in sie eingepaßten Ereignisgeschichte - ein im Vergleich zu
5,5-17 höheres Maß an Ambivalenz.

---

weist auf "den Grundbestand des Schwertliedes von 21,23-32" als "nahe formale Par." hin. Fohrer, 136 betrachtet 28-30. 31-34. 35 als
drei ezechielische Nachträge zu 1-27. Eichrodt, 221 sieht in 31-34
einen ezechielischen Anhang zu 1-27. A.a.O., 220 Anm. 1 macht er
allerdings auf "die merkwürdige Reihenfolge der Gerichtsakte in V.25
und 26" aufmerksam, die er auf "eine Störung" zurückführt, "die in
dem Anhang V. 46f. zurechtgerückt zu werden scheint".)

Entsprechendes gilt für die gegenüber 5,5-17 stärker differenzierten Regeln des Geschichtsablaufs, die die Extrapolation vom Schuldaufweis auf die Gerichtsankündigung stützen
sollen: Auch in 16,1-43 und 23,1-30 ist diese Extrapolation
bestimmt von der Annahme einer Korrelation von göttlichem
und menschlichem Handeln, die die Korrelation von Tun und
Ergehen Jerusalems umgreift und in Kraft setzt. Der "Tat-
Ergehen-Zusammenhang" ist hier jedoch weniger als Auswirkung
von Jerusalem handelnd aufgebauter, unheilwirkender "Tatsphären", denn als zunehmender Abbau von Jahwe grundlos eröffne-
ter "Heilssphären" gefaßt. Er schließt überdies einen relativ selbständigen Sektor von Gesetzmäßigkeiten "politischer
Logik" ein. Der in der - im Soziomorphem der (als Bund verstandenen) "Ehe" zwischen Jahwe und Jerusalem erfaßten -
Korrelation von göttlichem und menschlichem Handeln gründende Zusammenhang von Schuld, Zorn und Gericht ist in 16,1-43
und 23,1-30 gegenüber 5,5-17 etwas gelockert.
Die Überlagerung der in 5,5-17 entworfenen Strukturgeschichte durch eine Ereignisgeschichte, die in höherem Maße
Einzel"daten" in ihrer relativen chronologischen Abfolge
aufnimmt, schlägt sich so in einer stärkeren Differenzierung
des konzeptionellen Rahmens der Geschichtsdarstellung von
16,1-43 und 23,1-30 nieder. Damit verliert aber die regelge-
leitete Extrapolation von der Vergangenheit und Gegenwart
Jerusalems auf seine zu erwartende Zukunft hier an Stringenz. Andererseits gewinnt freilich die Geschichtsdarstellung so auch an Konkretion und Erfahrungsnähe, wie etwa ein
Vergleich des i.W. doch recht generellen und "flächigen"
Schuldaufweises in 5,5-17 mit der in Kap. 16 und 23 erzählten Schuldgeschichte Jerusalems deutlich machen kann. Zumal
in einer Situation akuter Bedrohung Jerusalems und in der
Konfrontation mit konkurrierenden Interpretationen dieser
Situation kann so die relative Einbuße an argumentativer
Stringenz der Gerichtsprophezeiung aufgrund vorausgesetzter
Regeln des Geschichtsablaufs kompensiert werden durch eine
relativ größere "Wirklichkeits"-nähe.

IV. DIE RESTITUTIONSPROPHEZEIUNG ALS "GESCHICHTSENTWURF": EZ 20

Wie bereits in der Einführung zu Kap. II bemerkt, wird "das" Geschichtsbild des EB häufig aus einer Zusammenschau von Ez 16; 20 und 23 erhoben. Gegen eine vorschnelle "Synthese" dieser Texte spricht jedoch nicht nur, daß Ez 20 anders als Kap. 16 und 23 nicht die Geschichte Jerusalems (und Samarias), sondern die Israels erzählt, sondern v.a. auch, daß der Rückblick auf die Vergangenheit hier anders als in den bisher betrachteten Texten nicht (nur) eine Gerichtsankündigung, sondern (auch) eine über die Katastrophe hinausführende Restitutionsprognose begründet (1). Dies gilt freilich auch für Ez 16 in seiner vorliegenden Gestalt; während aber dieser Text auch nach Abheben der Restitutionsankündigung(en) in 16,44-63 als relativ eigenständiges Ganzes sinnvoll und verständlich bleibt, führt ein entsprechendes Verfahren in Kap. 20 zu keinem befriedigenden Ergebnis (2). So ist Ez 20 als Restitutionsprophezeiung den bisher betrachteten "Geschichtsentwürfen" - die, unbeschadet der in ihrem Vergleich zutage getretenen, z.T. durchaus nicht unerheblichen Differenzen im Einzelnen, gegenüber Kap. 20 als konzeptionell relativ einheitlicher Textbereich des EB erscheinen - gegenüberzustellen, in denen der Rekurs auf "Geschichte" der Begründung einer Gerichtsankündigung diente.

Die damit angezeigte, grundlegend neue Funktion der Bezugnahme auf "Geschichte" in Ez 20 läßt von vornherein auch einen neuen konzeptionellen Rahmen der Geschichtsdarstellung in diesem Text erwarten. Diesen herauszuarbeiten ist ebenso Aufgabe der folgenden Analysen wie die Untersuchung seines Verhältnisses zum Geschichtskonzept der bisher betrachteten "Geschichtsentwürfe" in Kontinuität und Diskontinuität sowie die Bearbeitung der damit zusammenhängenden Frage nach Ge-

meinsamkeiten und Unterschieden der - hypothetisch zu rekonstruierenden - Erfahrungsbasis und Frontstellung der Texte
und ihrer Argumentation. Die Komplexität dieser Fragestellung - wie auch des Textes Ez 20 selbst - nötigt zu einem
vom in den beiden vorangegangenen Kapiteln dieser Arbeit
geübten Verfahren abweichenden Vorgehen der folgenden Untersuchung: Ausgehend von den tendenziell stärker auf Gegenwart
(3), Vergangenheit (4) und Zukunft (5) bezogenen Abschnitten
des Textes soll jeweils zum einen nach den sie bestimmenden
Konzepten und Konzept-Elementen einerseits sowie aktuellen
Erfahrungen und Konflikten andererseits gefragt, zum anderen
die argumentative Funktion des Text-Teils im Ganzen des Kapitels und für dieses ermittelt werden.

1. Abgrenzung und Struktur des Textes

Ez 20 ist ein thematisch von Kap. 19 und 21 klar abgegrenz-
ter, in sich relativ einheitlicher Textkomplex des EB. In
20,2 und 21,1 markiert jeweils die Wortereignisformel, die
in 20,1f mit einer Datumsangabe und einer knappen Skizze der
Rede-Situation verbunden ist[1], einen thematischen Neueinsatz.
    Innerhalb des Textes markieren zunächst geprägte Formulie-
rungen Einschnitte: Relative Neueinsätze signalisieren der -
jeweils von der Botenformel gefolgte - Auftrag an den Propheten, zu reden (3.4 f .27.30)[2], die Botenformel (3.5.27.30.39),

---

1 Vgl. 1,2f; 3,16; 12,8; 24,1; 26,1; 29,1.17; 30,20; 32,1.17 (vgl.
  40,1): Datierung; 14,1f (vgl. 8,1): Situations-Skizze.
2 Der Ausdruck ואמרת (אליהם) כה אמר אדני יהוה (3.5) ist im EB häufig
  belegt (vgl. 2,4; 3.11.27; 13,18; 16,3; 17,3 u.ö.). "Es handelt sich
  ... um eine gängige Formulierung, die breit gestreut ist" (Liwak,
  Probleme, 157). Die Kombination דבר ... ואמרת ... (3.27) findet sich
  im EB noch in 14,4; 29,3; 33,2. "Überaus häufig verwendet wird diese
  Phraseologie in priesterlichen Reden, vgl. Lev 1,2; 18,2; 23,2.10;
  25,2; 27,2; Nu 5,12; 6,2; 15,2 u.ö. Adressaten sind durchweg wie in
  Ez 33,2 die Israeliten allgemein, nur in Ez 14,1 und 20,3 sind es
  die 'Ältesten'" (a.a.O., 157).

die in 27 und 30 durch vorangestelltes לכן , in 39 durch die
vorangehende Anrede ואתם בית ישראל zusätzliches Gewicht erhält, und die Schwurformel חי אני (3.31.33), leichtere Zäsuren die Gottesspruchformel (3.31.33.36.40.44) und die Er-
kenntnisformel ([26.]38.42.44).

Für die Gliederung des Textes ist darüber hinaus seine
Tempus-Struktur von Interesse. Die Situations-Skizze 1-2
bedient sich zur Schilderung eines vergangenen Geschehens
der Verbformen qatal und wayyiqtol, während in 3-5aα_1 - abgesehen vom zweimaligen אמר der Botenformel - Tempora vorherr-
schen, die gegenwärtiges und zukünftiges Geschehen bezeichnen (q˙tol, yiqtol, w˙qatal, qotel). In 5aα_2 setzt eine Erzählung in der Vergangenheit (dominierende Verbform: wayyiqtol) ein, die - unterbrochen vom Rede-Auftrag an den Propheten in 27a - bis 29 reicht[3]. Innerhalb dieser Erzählung erscheinen in der direkten Rede Imperativ- und Prohibitivfor-
men (7.18-20). Mit einem neuerlichen Rede-Auftrag (30aα) erreicht die Erzählung den Gegenwartspunkt der Rede (30aβ-
31aα: qotel); 31aβ.b leitet mit seinen yiqtol-Formen zur
Zukunftsschilderung in 32-44 über, in der die Formen yiqtol
und w˙qatal dominieren. Sie wird unterbrochen durch die Im-
perative in 39a als Elemente des aktuellen Diskurses.

Innerhalb der Erzählung in 5-44 sind weiterhin im Hinblick
auf den Ort der Handlung Abschnitte zu erkennen: 5-9 spielt
"im Land Ägypten", 10-26 "in der Wüste", 27-29 "im Land",
32-38 in der "Wüste der Völker" und 39-44 im "Land Israel".

Schließlich markiert der Wechsel der Akteure des erzählten
Geschehens Einschnitte im Text. Zum einen wechseln göttliches und menschliches Handeln (s.u.), zum anderen wechselt
das Gegenüber Jahwes: In 5-17 ist es die Auszugsgeneration
Israels, in 18-26 die Generation ihrer "Söhne", von denen
jeweils - mit Ausnahme der eingeschalteten direkten Reden -
in der 3.Pers.Pl. gesprochen wird; 27-29 berichtet von den

---

3 Der Satz 22aα, der in G*, S fehlt, ist aufgrund des syntaktisch unmöglichen והשבתי zu streichen (vgl. BHS; Zimmerli, 435; Bartelmus,
  Ez 37, 374 Anm. 44).

"Vätern" des gegenwärtigen "Hauses Israel"[4]; 30-44 spricht
vom gegenwärtigen und zukünftigen "Haus Israel" - mit Ausnahme von 40 (3.Pers.Pl.) in der direkten Anrede (30-39.41-44:
2.Pers.Pl.).

Unter Berücksichtigung dieser Beobachtungen läßt sich der
Text vorläufig etwa folgendermaßen strukturieren:

1- 3 **Einleitung** (situativer Rahmen des Textes: GEGENWART)

    1   Situations-Skizze: "Befragung" Jahwes durch die Ältesten

    2-3 Jahwewort an die Ältesten

        2-3aß Einleitung: Wortereignisformel, Rede-Auftrag an den Pro-
                pheten, Botenformel

        3aγ.b Ablehnung der "Befragung" durch Jahwe

4-44 **Jahwerede** an die Ältesten (5) und das "Haus Israel" (30)

    4-5aα_1 Einleitung: Rede-Auftrag an den Propheten, Botenformel

    5aα_2-29 **Rückblick auf die VERGANGENHEIT Israels**

        5aα_2-10 Phase 1: Die <u>erste Generation</u> des "Hauses Israel"
                    in <u>Ägypten</u>

            5aα_2-7   Handeln Jahwes

            8a   Reaktion Israels

            8b-10   Reaktion Jahwes

        11-17   Phase 2: Die <u>erste Generation</u> des "Hauses Israel"
                    in der <u>Wüste</u>

            11-12   Handeln Jahwes

            13a   Reaktion Israels

            13b-17   Reaktion Jahwes

        18-26   Phase 3: Die <u>zweite Generation</u> des "Hauses Israel"
                    in der <u>Wüste</u>

            18-20   Handeln Jahwes

            21a   Reaktion Israels

            21b-26   Reaktion Jahwes

---

4 Aus dem Text geht nicht klar hervor, ob es sich hier um dieselbe
  Generation handelt wie in 18-26.

27-29   Phase 4: Die "Väter" des gegenwärtigen "Hauses
          Israel" im Land
      27a   Einleitung: Rede-Auftrag an den Propheten,
                  Botenformel
      27b-28 Handeln der "Väter"
      29   Reaktion Jahwes
30-31 **Konsequenzen für die GEGENWART Israels**
      30aα   Einleitung: Rede-Auftrag an den Propheten, Boten-
                  formel
   30aß-31aα Handeln Israels
   31aß.b   Reaktion Jahwes:Ablehnung der "Befragung"
32-44 **Ausblick auf die ZUKUNFT Israels**
     32-38   Ankündigung des **Gerichts** in der "Wüste der Völker"
      32   Zurückweisung der Handlungsabsichten Israels
  - 33-38   Ankündigung des Handelns Jahwes
     39-44   Ankündigung der **Restitution** Israels im "Land Israel"
      39   Handlungsanweisung an Israel
      40-44   Ankündigung des Handelns Israels und Jahwes

Hinsichtlich der Verwendung vorgeprägter Formen zeigt der
Text ein sehr komplexes Bild:
(1) Die Ablehnung eines Ersuchens um "Befragung" Jahwes ist
Thema von **1-3.30f**. Leute von den Ältesten Israels kommen zum
Propheten, "um Jahwe zu 'befragen'" (לדרש את יהוה: 1). Im
darauf ergehenden Jahwewort (2) erhält der Prophet den Auftrag, im Namen Jahwes die Befragung abzulehnen (3), was er
mit einem Verweis auf die Schuld der Fragesteller in 30f
tut.

1-3.30f enthält "tous les éléments de base d'un vrai oracle à la
manière d'Ézéchiel"[5]. Der Abschnitt hat eine enge Parallele in Ez 14,1-
11, einem seinerseits formal sehr komplexen Text[6]. Entsprechungen zu
20,1-3.30f finden sich v.a. in 14,1-3(.4):

---

5 Lust, Ez., XX, 130.
6 Vgl. Zimmerli, 302ff; Ders., Eigenart.

Situationsangabe	14,1	20,1
Wortereignisformel	2	2
Anrede בן אדם	3	3
(Rede-Auftrag	(4)	3)
(Botenformel	(4)	3)
Schuldaufweis	3	30f
Ablehnung der "Befragung"	3	3.31

(2) Der Abschnitt **32-38** ist formal als "Disputationswort" zu
kennzeichnen[7]. Als Vergleichstexte im EB wären v.a. 12,21ff.
26ff zu nennen (vgl. 11,2ff.15ff; 18,2ff; 33,17ff.24ff;
37,11ff)[8]. Dem Ansinnen des Volkes (32) wird eine "Gerichtsdrohung gegen Deportierte"[9] (33-38) entgegengesetzt: Jahwe
wird sie "aus den Völkern herausführen und aus den Ländern
sammeln", in die sie "zerstreut" sind (34), um in der "Wüste
der Völker" (35) in seinem "Zorn" (33.34) ein Scheidungs-"Gericht" (36) an ihnen zu vollziehen, in dem die "Abtrünnigen"
vor dem Einzug ins Land Israel "ausgesondert" werden (38).
(3) Da die Aufforderung von 39 inhaltlich an die in 32 zitierte Absicht des Volkes anklingt, kann man auch den Abschnitt **39-44** noch als Teil des "Disputationswortes" von
32ff ansprechen[10], zumal der dort (38) stillschweigend als
bevorstehend vorausgesetzte Einzug ins Land Israel erst hier
thematisch wird. 40-44 ist nun aber nicht mehr "Gerichtsdrohung", sondern "Verheißungswort Jahwes an das 'Haus Israel'"[11] und enthält die wesentlichen Strukturelemente des im
EB wiederkehrenden (vgl. 11,16-21; 36,22-32; 37,19-23;
39,25-29) "oracle of deliverance"[12]:

God intervenes to deliver his people (from exile): $40a.41a\alpha_2\beta(.b).42a$
God reinitiates a relationship with his people: $40b.41a\alpha_1$
God creates a transformation: 43-44

---

7 Vgl. Zimmerli, 452f; Graffy, Prophet, 65ff (bezogen auf 32-44).
8 Vgl. Zimmerli, 275; Wolff, Zitat; Graffy, Prophet.
9 Baltzer, Ezechiel, 3; vgl. Fohrer, Hauptprobleme, 94 Anm. 154 (bezogen auf 33-44).
10 So zuletzt Graffy, Prophet, 65ff.
11 Baltzer, Ezechiel, 3.
12 S. Raitt, Theology, 128ff; vgl. schon Hos 2,16-20; 14,4-7 und Jer
  24,4-7; 32,36-41; 33,6-9; 50,18-20.

(4) Ungleich größere Schwierigkeiten bereitet die formale Beschreibung des Rückblicks auf die Vergangenheit Israels in 5-29, was bereits auf eine relativ hohe Eigenständigkeit des Textes in diesem Abschnitt hindeutet.

J.Lust[13] erkennt in 4-26 eine literarisch eigenständige, aus "Anklage" und "Gerichtswort" zusammengesetzte Gerichtsprophezeiung. Während der Schuldaufweis in 16 und 24 mit יען eingeführt sei, werde die Gerichtsankündigung in 15. 23 und 25 mit der Wendung גם אני(1) eingeleitet, die "remplace en quelque sorte l'adverbe lākēn, usité plus souvent comme introduction à une condamnation"[14]. Doch ist in 15. 23 und 25 keineswegs der Gegenwartspunkt der Rede erreicht, d.h. es ergeht hier keine aktuelle Gerichtsankündigung, sondern es wird von einer vergangenen - und mindestens teilweise schon realisierten - Gerichtsankündigung erzählt. Die Gattung der Gerichtsprophezeiung liegt also hier allenfalls in übertragenem und abgewandeltem Gebrauch vor.

W.Zimmerli sieht in 4-26 eine "geschichtstheologische(.) Scheltrede", die das ihr "vorliegende geheiligte Element der Credoformulierung aufgreift und aus ihr heraus Israels Geschichte erzählt"[15], bestimmt aber die Bezugnahme des Textes auf die - in ihrem Alter mittlerweile stärker umstrittenen[16] - "Credotexte" sogleich als "antithetisch"[17], so daß auch hier allenfalls von einer gebrochenen Aufnahme einer vorgeprägten Gattung gesprochen werden könnte.

In seiner Kritik an Zimmerli kommt J.Lust zu dem Schluß, "dat in Ez., XX geen sprake is van een Credo. Veleer ontdekt men in dit hoofdstuk een treffende verwantschap met het literair genre van de 'historische prologen'" (des Bundesformulars)[18]. Da der geschichtliche Rückblick hier dem Schuldaufweis dient, könnte man dann mit G.Savoca seinen formgeschichtlichen Hintergrund näherhin im "formulario dei patti-giudizi internazionali tra sovrano e vassallo"[19] sehen. Doch haben nicht alle Elemente der

13 Lust, Ez.,XX, 141f; Ders., Traditie, 111f.
14 Lust, Ez.,XX, 142; ebd. Anm. 46f verweist Lust zum Vergleich auf Ez 5,8.11; 8,18; 9,10; 21,22; 24,19; (23,35;) Mi 6,13; Mal 2,9; Jes 66,4; Jer 31,37; Am 4,6f; Ri 2,21.
15 Zimmerli, 439.
16 Vgl. z.B. Wallis, Erfahrung.
17 Zimmerli, 440.
18 Lust, Traditie, 152.
19 Savoca, Profeta, 43; vgl. 69f.167ff; mit Verweis auf Harvey, Plaidoyer; vgl. auch Ders., RIB-Pattern; Wright,Lawsuit; Huffmon, Lawsuit

Darstellung der ersten drei Phasen der Vergangenheit Israels in Ez 20,5ff Entsprechungen in diesem "formulario"[20]. Zudem würde die erzählerische Umsetzung zugleich eine Umprägung der vorgegebenen Form bedeuten[21].

So wird man sich mit der Feststellung begnügen müssen, daß 5-29 in Kap. 20 die Ablehnung der Befragung Jahwes (30-31) und die folgende Gerichtsankündigung (32-38) begründet und so die Funktion der "Scheltrede"[22] bzw. des Schuldaufweises in der Gerichtsprophezeiung wahrnimmt. Auch diese Charakterisierung des Abschnitts muß aber sogleich relativiert werden, da 5-29 auch die Restitutionsprognose (39-44) argumentativ stützt.

Ez 20 erweist sich so formal als ein hochkomplexes Gebilde; offenbar "spiegelt die Form der Stoffbewältigung den starken Reflexionscharakter wider"[23]. Die vier unter formalen Gesichtspunkten zu unterscheidenden Abschnitte 1-3+30f. (4+)5-29. 32-38 und 39-44 werden zusammengehalten durch einen sie umfassenden "Geschichtsentwurf". Ein kohärenter Geschehensablauf läßt sich v.a. an der Abfolge der Orte des Geschehens erkennen:

Ägypten (5-10) ──────────────→ Wüste (11-26) ──────────────→ Land (27-29)

Exil/Zerstreuung[24] (1-3.30f) ──→ Wüste der Völker (32-38) ──→ Land (39-44)

---

und die kritischen Hinweise dazu bei Clements, Prophecy, 17ff.
20 S. Savoca, Profeta, 43. Garmus, Juízo, 41 will Kap. 20 insgesamt als "covenant-lawsuit" interpretieren: "Examinando Ez 20 pudemos identificar os seguintes elementos: a) preliminares do processo (20,1-2), b) interrógatorio (20,3-4), c) processo (20,5-25), d) declaração de culpabilidade (20,30-31), e) ameaças (20,32-38), f) ultimato (20,39) e decreto (20,40-44)". - Ein entscheidendes Problem liegt dabei in der Interpretation von 39 als "ultimato" (s.u. 5.1.).
21 "La concecione della storia di Ezechiele non è la pura trasposizione degli elementi di un giudizio tra un re e il principle vassallo, ... ma anzitutto il riflesso di **una profonda visione** teologica" (Savoca, a.a.O., 70; entsprechend betont auch Lust, Traditie, 152ff gegen Reventlow, Wächter, 7 u.passim die Eigenständigkeit der Interpretation der Geschichte in Ez 20).
22 Zimmerli, 439.
23 Liwak, Probleme, 154.
24 Daß das in 30f angesprochene "Haus Israel" sich - mindestens z.T. - im Exil befindet, geht nicht nur daraus hervor, daß es, wie die Aufnahme des Themas "Befragung" Jahwes aus 1-3 in 31 zeigt, von den

Dieser "Geschichtsentwurf" bildet den - engeren (27-29["**eure**
Väter"!]. 32-38) und weiteren (5-26. 39-44) - Horizont der
Ablehnung der "Befragung" Jahwes (1-3.30f). Inwiefern dieser
- zunächst rein zeitlich bestimmte - Horizont für die Ablehnung der "Befragung" Jahwes auch argumentative Bedeutung
hat, ob also etwa die "geschichtstheologische(.) Scheltrede"
5-29 mehr als nur einen "Umweg"[25] zu dieser darstellt, wird
zu fragen sein.

In seiner vorliegenden Gestalt kann Ez 20 trotz der im
Text enthaltenen Gerichtsankündigung(en) insgesamt als Restitutionsprophezeiung[26] angesprochen werden, da hier - anders
als in den bisher betrachteten und zahlreichen anderen Texten des EB - das angekündigte Gericht nicht das Ende der
Geschichte Israels darstellt, sondern eine darüber hinausweisende Zukunftsperspektive entwickelt wird. Damit steht aber
die Bezugnahme auf "Geschichte" hier in einem ganz anderen
argumentativen Kontext als in den bisher betrachteten Texten.

2. Literarkritische Probleme

In der neueren Forschung werden v.a. folgende literarkritische Probleme des Textes diskutiert:
(1) Gehören 1-31[27] und 32-44 ursprünglich zusammen?
(2) Ist der Abschnitt 27-29 ursprünglicher Bestandteil des
ersten Teils des Textes?

- exilierten - "Ältesten Israels" (1) repräsentiert wird, sondern
ist auch in 34.38 ausdrücklich vorausgesetzt und durch die Ankündigung in 23 vorbereitet.
25 Zimmerli, 439.
26 Zur Terminologie s.u. V.3.1.
27 Die Unmöglichkeit, 32 noch zum ersten Teil des Textes zu ziehen oder
als isolierten Einzelvers zu betrachten (vgl. Bertholet, 75; Fohrer,
107ff; Herntrich, Ezechielprobleme, 104), hat Zimmerli, 438 überzeugend nachgewiesen.

(3) Sind innerhalb des zweiten Teils 32-38 und 39-44 zwei
ursprünglich unabhängige Abschnitte?
(4) Ist der Zusammenhang von "Rahmen" (Ablehnung der "Befragung" durch die Ältesten: 1-3.30f) und "Geschichtsentwurf"
erst sekundär hergestellt?
(Ad 1) In der neueren Forschung mehren sich die Stimmen, die gegen Versuche einer literarkritischen Scheidung der Zukunftsankündigung(en) in
Ez 20 vom Rückblick auf die Vergangenheit[28] die Annahme einer ursprünglichen Zusammengehörigkeit beider Teile des Textes vertreten[29].

Für die Annahme einer "nachträgliche(n) Erweiterung des Gerichtswortes
der ersten Hälfte durch die Heilsverheißung der zweiten"[30] können nach
Zimmerli[31] i.W. drei Argumente ins Feld geführt werden:
(a) Angesichts der analogen Ausgangssituation in Ez 8-11; 14,1-11 und 20
wäre hier nur eine Ablehnung der Befragung Jahwes in Verbindung mit einer Gerichtsankündigung zu erwarten. Unter dieser Voraussetzung stellt
Ez 20,1-31 einen abgeschlossenen Text dar.
(b) Auf die 20,4 vergleichbaren Rede-Aufträge an den Propheten in 16,2;
22,2 und 23,36 folgen dort keine Heilsverheißungen.
(c) Die Entsprechungen zwischen beiden Kapitelhälften in Stil und Ausdruck sind weniger eng, als es auf den ersten Blick erscheinen mag. Die
Wiederholung der Schwurformel von 31 in 33 stellt eine besondere stili-
stische Härte im Übergang vom ersten zum zweiten Teil des Textes dar.
Diese Argumente sind jedoch nur begrenzt stichhaltig.
(Ad a) Die Text(komplex)e Ez 8-11; 14,1-11 und 20 weisen so gravierende
Unterschiede auf, daß aus der in 8,1; 14,1 und 20,1 dargestellten Rede-
Situation kaum auf den zu erwartenden weiteren Verlauf des jeweiligen
Textes geschlossen werden kann. In 8,1 ist von einer "Befragung" (דרש)
Jahwes überhaupt nicht die Rede; 11,25 vermerkt ausdrücklich, der Pro-

---

28 Vgl. Hölscher, Profeten, 415; Herrmann, 122f; Bertholet, 75; Fohrer,
   107ff; Wevers, 150f; Zimmerli, 437ff; Beuken, Ez.20.
29 Vgl. Garscha, Studien, 115ff; Liwak, Probleme, 146ff; Bettenzoli,
   Geist, 199; Lang, Ezechiel, 27; Greenberg, 376ff; vgl. schon Hölscher, 108ff (v.a.110); Aalders, 317ff; Cooke, 213; May, 167; Eichrodt, 169ff; Reventlow, Wächter, 75ff. Baltzer, Ezechiel, 8 Anm. 37
   hält im Anschluß an Zimmerli allenfalls eine sukzessive Entstehung
   des Textes für möglich, nicht aber eine Herkunft beider Teile von
   verschiedenen Verfassern.
30 Zimmerli, 437.
31 Vgl. a.a.O., 437f.

phet habe den Verbannten - ungefragt! - ausführlichen Bericht über sein visionäres Erlebnis erstattet. In 14,1-11 wird die Ablehnung der "Befragung" mit dem - gegenwärtigen! - "Götzendienst" der Fragesteller begründet (3); auf sie folgt dort eine (konditionale) Gerichtsdrohung. Dagegen fehlt in 20,1-31 eine ausdrückliche Gerichtsankündigung; "als Abschluß ist 20,31 viel zu dürftig"[32]. Das Verb שפט findet sich erst in 35f[33]. (Ad b) Die Gegenüberstellung beider Kapitelhälften als "Gerichtswort" und "Heilsverheißung" ist fragwürdig. "One may wonder ... whether such terms do justice to the angry tone of most of vss. 32-44, whether the forecast of a compulsory exodus from exile, a purge in the 'wilderness of the peoples,' and the future self-loathing of the redeemed really depart from the condemnations of the first part of the oracle"[34]. In 35f findet sich immerhin dreimal das Stichwort שפט[35]. Erst in 34 ist im Rahmen der Zukunftsankündigung vom "ausgeschütteten Grimm" (חמה שפוכה) Jahwes die Rede, während Jahwe in der Vergangenheit seinen Zorn zurückgehalten hatte (8.13.21). So könnte man aufgrund der - überdies fragwürdigen[36] - "Analogie" zu 16,1-43; 22,1-16 und 23,36-49 allenfalls 20,39-44 als sekundäre "Heilsverheißung" betrachten.
(Ad c) Bei allen inhaltlichen und stilistischen Unterschieden weisen beide Kapitelhälften doch eine Vielzahl gemeinsamer Topen auf[37] und sind in einen konsequent fortschreitenden Erzählzusammenhang eingebunden. So zieht sich das Interesse am Verhältnis einer Generation zu ihren "Vätern" ebenso durch den gesamten Text (4.18.24.27.30.36.42) wie das am Opfer (26.28.31.40) und am Problem der "Götzen" (שקוצים: 7.8.30;גלולים : 7.8.16.18.24.31.39). In Vergangenheit, Gegenwart und Zukunft befindet sich Israel gleichermaßen im Blickfeld der Völker (גוים: 9.14.22.23.32. 41; עמים: 34.41). Schließlich korrespondiert dem zeitlichen Erzählungsfortschritt eine konsequent konzipierte Abfolge der Orte der Handlung

---

32 Hölscher, 110.
33 20,40 nimmt vielleicht bewußt das Stichwort דרש aus 1.3.31 auf: Jahwe, der sich nicht "befragen" läßt, wird stattdessen seinerseits von Israel Opfergaben "fordern".
34 Greenberg, 377; vgl. schon Herrmann, 127: "Man übersehe freilich nicht, daß auch 32ff. nicht bloß liebliche Heilsansage bringen sondern ernste, gewissenweckende Ankündigung eines noch bevorstehenden Läuterungsgerichts".
35 Erst in 36 wird das Verfahren Jahwes mit den "Vätern" in der "Wüste des Landes Ägypten" als "Gericht" (שפט ni.) qualifiziert!
36 S.u. 3.1.
37 Vgl. die Tabelle bei Greenberg, 381.

(s.o.). Neben diesen "thematic correspondences, there is an impressive
congruence of terms and concepts (synonymous, antithetic) throughout
this oracle"[38]. Die Wahrnehmung einer "besondere(n) stilistische(n) Härte"[39] im zweimaligen חי אני von 31 und 33 könnte allenfalls die literarkritische Ausscheidung von 32-38 begründen, verliert aber angesichts der
Häufung der Schwurformel in 14,16.18.20; 17,16.19 ohnedies an Gewicht[40].

Die von Zimmerli zusammenfassend vorgetragenen Argumente sind also
nicht geeignet, eine literarkritische Scheidung der beiden Hauptteile
von Kap. 20 plausibel zu machen.

(Ad 2) Der Abschnitt 27-29 wird häufig als sekundärer Nachtrag ausgeschieden[41]. Als Gründe dafür können im Anschluß an Zimmerli[42] genannt
werden:

(a) Der Abschnitt ist in 27 mit לכן und folgendem Rede-Auftrag eingeleitet (vgl. 30), führt aber inhaltlich noch nicht zur Prognose, sondern
bleibt beim Schuldaufweis.

(b) Er hebt sich in seinem Aufbau von den vorangehenden, untereinander
strukturgleichen Abschnitten 5-10. 11-17. 18-26 ab.

(c) Sprache und Ausdruck von 27-29 sind für das EB ungewöhnlich und stehen (wie in 6,13aß-14[43]) der dtr. Traditionsströmung nahe.

(d) Der Abschnitt scheint die Geschichte Israels im Lande nachtragen zu
wollen; mit עוד זאת (27) gibt er sich ausdrücklich als Nachtrag zu erkennen (vgl. 36,37).

Dagegen ist jedoch geltend zu machen:

(Ad a) לכן hat in 27 zwar nicht die Funktion der Überleitung vom Schuldaufweis zur Gerichtsankündigung[44], ist aber auch nicht gänzlich funkti-
onslos. Vielmehr markiert es den Übergang von dem relativ langen erzäh-

---

38 A.a.O., 380.
39 Zimmerli, 438.
40 Zimmerli, 438 behauptet ohne nähere Begründung: "das Nebeneinander
   in den Parallelformulierungen 14,16.18.20 und 17,16.19 bildet dazu
   (sc. zu 20,31.33) kein echtes Analogon".
41 S. z.B. Hölscher, 109f Anm.1; Cooke, 219; Zimmerli, 439; Lust, Traditie, 102f; Liwak, Probleme, 149; Lang, Ezechiel, 27; Beuken,
   Ez,20, 42ff; vgl. auch Reventlow, Wächter, 81. Garscha, Studien,
   115. 120 scheidet 3aγ.b. 27-31 als zusammenhängende "Bearbeitung"
   aus. Eichrodt, 167f.175 schlägt eine Umstellung von 28 vor 23 vor
   und streicht 24 und 29.
42 Vgl. Zimmerli, 438f.450.
43 Vgl. dazu a.a.O., 156f.
44 Vgl. Koch, Formgeschichte, 258ff (zur Überleitungsfunktion von לכן
   v.a. 260.262).

lenden Abschnitt 5aα$_2$-26, in dem die Adressaten des Textes nicht direkt
angesprochen wurden, zur Anrede in der 2.Pers. (אבותיכם!)[45].

(Ad b) Daß 27-29 das Strukturschema von 5-10. 11-17 und 18-26 nicht weiterführt[46], ist vom Inhalt des Textes her durchaus folgerichtig, denn
"since God's rejection of Israel has been completed by the end of the
third stage, the pattern of God's address and the people's defiance cannot be repeated. After vss. 23-26 Israel can only act out its assigned
role and defile itself through a perverse cult until it is desolated"[47].

(Ad c) Zwar sind das Verb גדף pi. (27) und das Nomen כעס (28) im EB
sonst nicht mehr belegt, wohl aber die jeweils stammverwandten Ausdrücke
גדופה (5,15) bzw. כעס (q.: 16,42; hi.: 8,17; 16,26; 3,9). Zudem ist
auch außerhalb dieses Abschnitts etwa das Verb בחר (20,5) nur an dieser
Stelle im EB belegt. In Sprache und Ausdruck weist schließlich das gesamte Kap. 20 Berührungen mit der "deuteronomistischen" (und "priesterlichen") Traditionsströmung auf[48]. Bei allen terminologischen Eigenarten
zeigt 27-29 aber auch Verbindungen zum Kontext: 28 erwähnt כל עץ עבת als
Ort des Opferdienstes der Väter - nach 32 wollen die gegenwärtigen Israeliten עץ ואבן שרת. Den illegitimen Opfern auf כל גבעה רמה von 28 stellt
40 die zukünftigen legitimen Opfer בהר מרום ישראל gegenüber. Das Problem
des legitimen oder illegitimen Kult**ortes** wird durch wiederholtes שם (4x
in 28, 1x in 29, 3x in 40) unterstrichen. Schließlich opferten die Väter
nach 28 ריח ניחוחיהם, während in 41 Jahwe ankündigt: בריח ניחח ארצה [49].

(Ad d) Sollte die "Schilderung der Landnahme" im Grundbestand des Textes
gefehlt haben, weil sie "ein Element der hellen Gnadengeschichte bedeu-
tete"[50]? Auch im vorliegenden Zusammenhang ist "die Gewährung der Land-

---

45 Der Übergang zur direkten Anrede (vgl. 23,21, s. dazu o. II.Anm.9)
   schließt nicht aus, daß die Erzählung wieder aufgegriffen (Verbform
   qatal) und weitergeführt wird (wayyiqtol). Durch das Suff. 2.Pers.
   Pl. werden die Hörer nun unmittelbar in die "Story" miteinbezogen,
   deren aktuelle Relevanz damit unterstrichen wird.
46 Immerhin wird auch in 29 wie in 8a.13a.21a die Reaktion Jahwes auf
   das schuldhafte Verhalten Israels mit ויאמר eingeleitet!
47 Greenberg, 378; den Zusammenhang mit dem Vorhergehenden hebt auch
   Fohrer, 112 hervor, der 27-28 kommentiert: "Die Israeliten haben
   sich denn auch so verhalten, wie Jahwe es beabsichtigte".
48 - weshalb Liwak, Probleme, 192f Kap. 20 insgesamt (wie auch Kap. 6:
   a.a.O., 108f) auf "priesterliche Kreise ..., die ihr Anliegen mit
   Hilfe dtr Tradition vorbrachten" (a.a.O., 108) zurückführt (zur
   Diskussion dieser These s.u. Exkurs).
49 Vgl. auch die Gegenüberstellung bei Greenberg, 379.
50 Zimmerli, 440.

nahme verbunden mit der Ankündigung späterer Wegnahme des Pfandes der göttlichen Huld, in dem die Erwählungsaussage ja recht eigentlich ge-schichtskonkret geworden war (6)"[51] und damit in gleicher Weise wie der Exodus aus Ägypten und die Zeit der Wüstenwanderung in ihrer "heils"ge-schichtlichen Bedeutung in Frage gestellt. Ja, mit dem Verweis auf die Landgabe in 28 wird das Moment der Diskontinuität zwischen Vergangenheit und Zukunft Israels[52] noch unterstrichen: Die Zusage der Landgabe ist wie die des Exodus (6) von Jahwe schon in der Vergangenheit eingelöst worden. Sie bietet also keinen Anknüpfungspunkt für etwaige Hoffnungen der Exilierten[53].

Auch die literarkritische Ausscheidung von 27-29 als Nachtrag kann also vom vorliegenden Text her nicht überzeugend motiviert werden.

(Ad 3) Der Abschnitt 32-38 hebt sich als "Gerichtsdrohung gegen Depor-tierte" von 39-44, einem "Verheißungswort Jahwes an das 'Haus Israel'"[54], inhaltlich ab. Da 39-44 wie 5-31 das "Haus Israel" als Ganzes im Blick hat, wäre es denkbar, daß die Ankündigung eines "Scheidungsgerichts" **innerhalb** Israels in "V.32ff ... als Korrektiv zu V.39ff konzipiert" ist[55]. Freilich ist im vorliegenden Textzusammenhang die antitypische Entsprechung von Zukunft (Herausführung - Wüste: 32-38 - Land: 39-44) und Vergangenheit (Herausführung: 5-10 - Wüste: 11-26 - Land: 27-29) so deutlich, daß die Beseitigung der vermeintlichen inhaltlichen Inkohärenz von 32-44 durch literarkritische Ausscheidung von 32-38 ihrerseits eine kohärente Struktur des vorliegenden Textes zerstören würde. Zudem setzt die Beurteilung von "V.32ff ... als Korrektiv zu V.39ff" voraus, daß die Pointe des Textes ursprünglich in einer "Heils"ankündigung bestand, die erst zu einem späteren Zeitpunkt durch eine Gerichtsdrohung relativiert wurde. Die Analyse des situativen Rahmens des Textes wird jedoch zeigen, daß es ihm von Anfang an um die Auseinandersetzung mit "Heils"erwartun-

---

51 A.a.O., 449

52 A.a.O., 452.

53 אחת עוד scheint zwar in 23,38 (vgl. Zimmerli, 554) und 36,37 (vgl. a.a.O., 882) Nachträge zu kennzeichnen. In 20,27 könnte es aber ge-rade die Pointe der Verwendung dieses Ausdrucks sein, den Landbesitz Israels, dessen Verlust für die Exilierten wohl **das** Problem darstell-te, als bloßen "Nachtrag" zur (Sünden-)Geschichte des "Hauses Isra-el" abzuwerten.

54 Baltzer, Ezechiel, 3.

55 Liwak, Probleme, 149. Lang, Ezechiel, 27 sieht in 32-38 "zweifellos ein selbständiges ezechielisches Jahwewort", das in den Kontext von Kap. 20 redaktionell eingefügt wurde.

gen seiner Adressaten geht[56]. Eine literarkritische Entscheidung **vor** der
eingehende Analyse des Gehalts des Textes ist in diesem Fall besonders
problematisch[57].

(Ad 4) Eine ursprüngliche Unabhängigkeit des Orakels an das Haus Israel
in 4-26 von dem an die Ältesten in 1-3 vertritt v.a. J.Lust[58]. Seine
Argumentation setzt jedoch die Annahme einer usprünglichen literarischen
Unabhängigkeit der beiden Hauptteile des Kapitels, 1-31 und 32-44, ebenso voraus wie die Beurteilung von 27-29 und 30-31 als "twee secundaire
uitweidingen"[59] - zwei literarkritische Hypothesen, die sich bereits als
unwahrscheinlich erwiesen haben[60]. J.Garscha betrachtet 20,3a$_\gamma$.b. 27-31
als "Erweiterung", die "ohne Schwierigkeiten ausgeschieden werden kann
und sich vom übrigen Zusammenhang abhebt"[61]. Dagegen ist jedoch einzuwen-
den, daß 32 an 31 weit besser anschließt als an 26. Der Übergang von
der Darstellung in der 3.Pers. (5-26) zur direkten Anrede ist im vorliegenden Text weit besser motiviert als in dem von Garscha rekonstruierten
Grundbestand. Die Tatsache, "daß ein von den Ältesten erwartetes Gotteswort abgelehnt (V 3 vgl. V 31b) und diese Ablehnung dennoch vom Propheten in einem ausführlichen Gotteswort vorgebracht wird"[62], kann nur dann
als Indiz einer Inkonsistenz des vorliegenden Textes betrachtet werden,
wenn man das Ansinnen des יהוה את דרש als Ersuchen um **irgendein** Jahwewort interpretiert, was wenig wahrscheinlich ist. Auch hier erweist sich
eine der sorgfältigen inhaltlichen Analyse des Textes vorausgehende literarkritische Entscheidung als problematisch.

Die kritische Durchsicht der wichtigsten[63] literarkritischen Hypothesen der neueren Forschung zu Ez 20 läßt es ratsam erscheinen, den folgenden Untersuchungen die Arbeitshypothese der literarischen Integrität des Textes zugrundezulegen. Auch bei diesem Text wird eine überzeugende Rekonstruk-

---

56 S.u. 3.2.
57 Vgl.u. 5.3.
58 Vgl. Lust, Ez.,XX, 128ff; Ders., Traditie, 100ff.
59 Lust, Traditie, 101.
60 Zudem würde in 1-3 Jahwe die Befragung durch die Ältesten ohne jede
    Begründung ablehnen!
61 Garscha, Studien, 120; vgl. 115.
62 A.a.O., 115.
63 Zur Streichung der Erwähnungen der "Sabbate" in 12f.16.20f.24 als
    Niederschlag priesterlicher Sonderinteressen durch Eichrodt, 170f;
    vgl. Ders., Sabbat und bereits Hölscher, 110 Anm.1 s. Lust, Ez.,XX,
    145ff; Ders., Traditie, 126ff.

tion seiner Entstehungsgeschichte nicht ohne ein umfassenderes konzeptions- und redaktionsgeschichtliches Modell möglich sein.

3. Der situative Rahmen des Textes und seine argumentative Frontstellung

Ez 20 ist einer der wenigen Texte des EB, die auf eine bestimmte Kommunikationssituation Bezug nehmen (vgl. noch 8-11; 14,1-11). Er verknüpft den in ihm enthaltenen, in eine Restitutionsprognose mündenden "Geschichtsentwurf" mit der Ablehnung des Ansinnens einiger "Männer von den Ältesten Israels" (אנשים מזקני ישראל), die zum Propheten kommen, "um Jahwe zu 'befragen'" (לדרש את יהוה: 1). Ist diese Verknüpfung von "Geschichtsentwurf" und situativem "Rahmen" mehr oder weniger zufällig? Würde für "die Zurückweisung einer Anfrage der Ältesten" nicht wie "in der Parallele 14,1-11 ... eine direkte Enthüllung der Befrager als Götzendiener"[64] ausreichen? Ist nicht sogar ein Widerspruch darin zu sehen, "daß ein von den Ältesten erwartetes Gotteswort abgelehnt (V 3 vgl. V 31b) und diese Ablehnung dennoch vom Propheten in einem ausführlichen Gotteswort vorgebracht wird"[65]?

Nun besteht zwischen der Ablehnung der "Befragung" Jahwes in 14,1-11 und dem scheinbar "parallelen" Vorgang in 20,1-3.10f ein wesentlicher Unterschied: In 14,1-3 werden אנשים מזקני ישראל (1) aufgrund ihres eigenen Verhaltens (3:האנשים האלה !) zurückgewiesen. Im Folgenden wird dann **jedem einzelnen** Israeliten (איש איש מבית ישראל: 4.7; vgl. 8:באיש ההוא), der sich in entsprechender Weise verhält, die Ausrottung aus dem Volk angedroht (8:והכרתיו מתוך עמי). Demgegenüber weist 20,3 die "Befragung" Jahwes durch die Ältesten zunächst ohne

---

64 Zimmerli, 439.
65 Garscha, Studien, 115.

Begründung zurück. 30f ist dann garnicht mehr nur an die ursprünglichen "Fragesteller", sondern an das "Haus Israel"
insgesamt gerichtet. **Dessen** Verhalten (30-31aα) begründet
nun nicht nur die Zurückweisung des in 1 genannten konkreten
Ansinnens, sondern die generelle "Unbefragbarkeit" (דרש ni.)
Jahwes für das gesamte "Haus Israel". Für diese Ausweitung
des Kommunikationshorizonts ist aber die vorangehende "ge-
schichtstheologische(.) Scheltrede"[66], die die Schuld **Israels** aufdeckt, argumentativ erforderlich; sie stellt nicht
nur einen "Umweg"[67] zur erneuten Ablehnung der "Befragung"
Jahwes in 30f dar. Dagegen muß die weiterführende Zukunfts-
prognose von 32-44 zunächst in der Tat überschüssig erscheinen: Wenn Jahwe sich nicht "befragen" läßt, warum teilt er
dies alles dann Israel überhaupt mit? So ist zu fragen, ob
auch die Bezugnahme auf die zukünftige Geschichte Israels
vom situativen Rahmen des Textes her motivert ist. Dazu ist
nun dieser "Rahmen" näher zu betrachten.

3.1. Die Erwartung der Fragesteller und ihr konzeptioneller
     Hintergrund

Als Anliegen der "Männer von den Ältesten Israels", die
zum Propheten kommen, nennt 1: דרש את יהוה . Im technischen
Sinn des "Befragens" Jahwes bezeichnet דרש (1.3.31) "eine
ganz zentrale und konstitutive Funktion der Propheten"[68].
"Es geht dabei nicht nur um eine Auskunft, die man von Jahwe
haben will, sondern um die Wende einer Not"[69]. Von daher ist

---

66 Zimmerli, 439.
67 Ebd.
68 Jeremias, Kultprophetie, 142; vgl. 140ff; Westermann, Begriffe,
   177ff; Lust, Traditie, 33f; Gerstenberger, Mensch, 148f; Gerleman/
   Ruprecht, Art. דרש, 462f; anders z.B. Balentine, Prophet, der darauf
   hinweist, daß "the prophets who are approached with a petition to
   'inquire of the Lord' are primary those who are active in the tenth
   to the ninth century - Ahijah, Micajah, Elisha" (a.a.O., 167), und
   meint, daß "(e)ven for Jeremiah and Ezekiel the occasions of inquiry
   are mentioned too infrequently to suggest that such a role was part
   of their routine responsibilities" (a.a.O., 167f).
69 Westermann, Begriffe, 180.

es wahrscheinlich, daß auch in Ez 20 "die Ältesten mit ihrer
Anfrage ... ein Prophetenwort erflehen, das die Rückgängigma-
chung der Deportation ... ankündigt"[70] - jedenfalls aber ein
"Heils"-orakel.

Dies bestätigt der eigentümlich formulierte[71] Rede-Auftrag
von 4: התשפט אתם התשפוט בן אדם את תועבת אבותם הודיעם. Die
beiden Fragesätze interpretiert Zimmerli als "Befehl an den
Propheten, über die Frager Gericht zu halten"[72]. Während
sich dieses Verständnis in 22,2 und 23,36[73] aufgrund der
syndetisch angehängten Aufforderung nahelegen mag, ist es im
Falle von 20,4 syntaktisch mindestens nicht notwendig. Beachtet man zudem, daß "(o)nly in these passages (sc. 22,2;
23,36 und - scheinbar - 20,4) is the prophet called upon to
judge his countrymen"[74], während das "Gericht" (Wz. שפט) im
EB sonst immer·**Jahwe** vorbehalten ist[75], wird es vollends
unwahrscheinlich: Mit hoher Wahrscheinlichkeit ist vielmehr
die Frage von 4a: "Willst du **sie** 'richten' (**ihnen** 'zu ihrem
Recht verhelfen'!)? Willst **du, Mensch** sie 'richten'?" als
selbstverständlich zu verneinende zu verstehen. Dann könnte
aber im Verb שפט gerade das Anliegen der "Fragesteller" zum
Ausdruck kommen, ist es doch insofern ambivalent, als es
"einerseits den Klang von 'verurteilen' (...), andererseits
von 'gerechtsprechen, zum Recht verhelfen'" hat und im zwei-

---

70 Zimmerli, 441. Malamat, Twilight, 130 stellt einen Zusammenhang her
   zwischen der Anfrage der Ältesten in Ez 20 und dem Orakel Hananjas
   von Jer 28,2-4, dessen Erfüllung nach den Datierungen in Jer 28,1
   und Ez 20,1 nun fällig wäre. Da im EB aber "stets zwischen der Chronologie **des Redaktors** und der **wirklichen** Chronologie von Ezechiels
   Leben (zu) unterscheiden" ist (Lang, Ezechiel, 55), ist die Auswer-
   tung seiner chronologischen Angaben für die historische Situierung
   von Einzeltexten höchst problematisch.
71 Den Hinweis auf diese Eigentümlichkeiten verdanke ich R.Bartelmus
   (mündl.).
72 Zimmerli, 441; ähnlich die meisten Kommentatoren, vgl. z.B. Fuhs,
   102; Fohrer, 109; Eichrodt, 166; Herrmann, 122f; Cooke, 214; Greenberg, 363.
73 Beide Stellen sind als redaktionell verdächtig; vgl. o. III.1.2. zu
   23,36ff u.u. V.3.2.4.b. zu Kap. 22.
74 Cooke, 214.
75 Dies scheint G aufgefallen zu sein, die in 20,4a Jahwe zum Subjekt
   des "Richtens" macht: εἰ ἐκδικήσω αὐτούς ἐκδικήσει;

ten Fall geradezu "als 'retten' verstanden" werden kann[76].
Die Ältesten kämen dann zum Propheten in der Erwartung einer "Wiederherstellung der Ordnung"[77], die - in ihrer Perspektive - mit ihrer Exilssituation gestört ist, durch ein
Eingreifen Jahwes.

Worin ist diese Erwartung begründet? Hier scheint wiederum
im Verb דרש ein Schlüssel zum Verständnis des Textes und
seiner argumentativen Frontstellung zu liegen. Angesichts
der Möglichkeit, sich in Notlagen an andere Götter zu wenden[78], beinhaltet nämlich der Akt der 'Befragung' Jahwes
zugleich auch ein "Bekenntnis", zu ihm[79]. In eben diesem
Sinne kann aber in der prophetischen Traditionsströmung ein
דרש (את) יהוה gefordert und mit einer konditionalen Heilsankündigung verbunden werden: "Fragt nach Jahwe, dann werdet
ihr leben!" (Am 5,6; vgl. 4; Hos 10,12, sowie - negativ ge-
wendet - Jes 9,12; 31,1; Zeph 1,6; Jer 10,21; 30,14). Dabei
ist der Übergang von der "technischen" Bedeutung des דרש
יהוה (את)als Befragung Jahwes durch einen Propheten[80] zu
"der abgeschliffenen Bedeutung 'sich zu Jahwe halten'"[81],
in der "aus der einmaligen Handlung, die eines bestimmten
Anlasses bedarf, eine Haltung, ein Habitus" wird, und "die
Vermittlung des Gottesbefragens durch einen Gottesmann gänzlich weg(.)fallen" kann[82], fließend[83].

---

76 Liedke, Art. שפט , 1002.
77 Ebd.
78 S. Gerleman/Ruprecht, Art. דרש , 464; Westermann, Begriffe, 182f.
79 V.Rad, Theologie I, 365.
80 Sie nimmt Westermann, Begriffe, 182 wenigstens für Am 5,4ff; Jes
   31,1 (vgl. 30,2) an.
81 A.a.O., 183(ff).
82 A.a.O., 184.
83 Von daher wäre m.E. Westermanns These, der "Wandel" in der Bedeutung
   von יהוה (את) דרש sei "damit ein(getreten), daß die **Institutionen**,
   durch die sich das Befragen Gottes vollzog, aufhörten" (a.a.O., 189),
   kritisch zu überprüfen. Auch für die Zeit nach Jeremia und Ezechiel
   belegt etwa Hag 3,11 eine "Befragung" (שאל) von Priestern (Westermann bespricht diese Stelle nicht). Und wenn Westermann, a.a.O., 188
   in der gewandelten Bedeutung des יהוה (את) דרש als "Sich-Halten an
   Gott ... eine wichtige, charakteristische Bezeichnung des Gottesverhältnisses **von der deuteronomischen Zeit an** bis zur Zeit des Chro-
   nisten" sieht (Hervorh. T.K., vgl. a.a.O., 184), bedeutet dies, daß
   die Bedeutungsentwicklung schon **vor** dem Ende der "Institutionen" der

Wollen also die Ältesten, die nach Ez 20,1 zum Propheten
kommen לדרש את יהוה, damit ihr "Bekenntnis" zu Jahwe demonstrieren, und erwarten sie deshalb - vor dem Hintergrund der
"Verheißung ... für das Sich-Halten an Jahwe"[84] (vgl. z.B.
Am 5,6; Hos 10,12; Klgl 3,25; Jes 55,6f) - ein Heilsorakel,
das ihnen die "Wende" ihrer "Not"[85], "die Rückgängigmachung
der Deportation"[86] ankündigt?

Dafür sprechen m.E. dem dtn./dtr. Traditionsbereich nahestehende Aussagen, in denen das "Sich Wenden" bzw. "Sich
Halten an Jahwe" einen Wendepunkt in der Geschichte Israels
nach der Katastrophe des Jahres 587 markiert. So heißt es in
Jer 29,13f, im Rahmen des Schreibens Jeremias an die Exilierten[87]: "(13) Ihr werdet mich suchen (בקש pi.) und werdet
mich finden, wenn ihr nach mir fragt (דרש) von ganzem Her-
zen. (14) Ich werde mich von euch finden lassen - Spruch
Jahwes - und euer Geschick wenden. Ich werde euch sammeln
aus allen Völkern und von allen Orten, wohin ich euch ver-
stoßen habe - Spruch Jahwes - und euch zurückbringen zu dem
Ort, von dem ich euch deportiert habe". Ähnlich, wenn auch
verhaltener, äußert Klgl 3,25 Hoffnung in der Erfahrung der
Katastrophe[88]: "Gütig ist Jahwe zu dem, der auf ihn hofft,
zu dem, der nach ihm fragt (דרש)". Diese Hoffnung wird begründet mit dem "Erbarmen" (רחם pi.) und der "Gnade" (חסד)
Jahwes (32). Der Beter sieht sein "Recht" (משפט) gebeugt
(35!) und erwartet von Jahwe, daß er seinen "Rechtsstreit

Gottesbefragung bei Jer und Ez eingesetzt hat. Statt eines sauberen
(traditions-)geschichtlichen Nacheinanders von "Entscheidungsfrage"
an das priesterliche Losorakel, "Gottesbefragung" durch den Propheten und "Sich-Halten an Gott" (vgl. a.a.O., 187ff) dürfte eher mit
der Gleichzeitigkeit verschiedener (auch konkurrierender!) Möglichkeiten des "Sich-Wendens an Gott" zu rechnen sein.
84 Westermann, Begriffe, 186.
85 A.a.O., 180.
86 Zimmerli, 441.
87 Zur literar- und redaktionskritischen Analyse vgl. Thiel, Redaktion
   (II), s. Kaiser, Einleitung, 256.
88 Albertz, Frömmigkeit, 184f ordnet Klgl 3 wohl zurecht dem geschichtlichen Zusammenhang der "Rettung der Religion Israels durch die persönliche Frömmigkeit im Exil" zu (a.a.O., 178ff - es ist dies freilich nur **eine** "im Exil" entwickelte Möglichkeit der "Rettung der
   Religion Israels"!).

führt" (ריבי נפשי ... רבת : 58) und ihm "zum Recht verhilft"
(שפטה משפטי : 59!).

Die hier sich andeutende Funktion, eine Perspektive über
die Katastrophe des Exils hinaus zu entwickeln, hat das דרש
את יהוהdann in Dtn 4,29 im Rahmen eines breiter ausgestalteten Entwurfs der Restitution Israels (4,25-40): Das unter
die Völker zerstreute (27) Volk wird im Exil zunächst anderen Göttern, "Holz und Stein", dienen (28; vgl. 28,36.64),
sich dann aber wieder Jahwe zuwenden (29f: בקש pi.,דרש ,
שוב) und auf seine Stimme hören (30). Daß dieser daraufhin
sein Volk ins Land zurückführen werde, wird dann zwar nicht
ausdrücklich gesagt, doch dient der Verweis auf seine vergangenen Heilstaten - seine Liebe zu den Vätern und die Erwählung ihrer Nachkommen (37: זרע!, vgl. Ez 20,5), Exodus
(34,37) und Horeb/Sinai (33.36) - offenbar dazu, entsprechende Hoffnungen zu stützen.

Die Konzeption dieses Abschnitts, der gemeinhin als literarisch uneinheitlich und relativ spät beurteilt wird[89], zeigt
enge Berührungen zu anderen dtr. Texten, in denen das Stichwort דרש allerdings fehlt. So sieht Dtn 30,1-14 in der "Umkehr" Israels (2.8.10), dem Hören auf das Wort Jahwes (2.8.
10) und Halten seiner Gebote (8.10) eine Chance für das zerstreute (1.3) Israel, von Jahwe gesammelt (3f) und ins Land
zurückgeführt (5) zu werden. Jahwe wird sich "erbarmen" (3)
und den Heilszustand der "Väter"-Zeit wiederherstellen (9),
ja noch überbieten (5). 1 Kön 8,46-53 sieht nach der Deportation (46) die Möglichkeit einer "Umkehr" (47f) zu Jahwe, der
daraufhin seinem Volk "Recht schaffen" (49: ועשית משפטם!)
wird - denn Jahwe hat sich Israel "aus allen Völkern der
Erde ausgesondert zum Eigentum" (53; vgl. 51f), als er es
aus Ägypten geführt hat (53). Die Kontinuität Israels über
die Katastrophe des Exils hinweg stellen hier Land, Stadt
und Tempel (48) sicher.

---

89 Vgl. z.B. Rose, Ausschließlichkeitsanspruch, 149.152ff; Preuss, Deuteronomium, 47.84ff; Rofe, Argumentation, 441ff; aber auch Baltzer,
   Bundesformular, 42f einerseits und Lohfink, Verkündigung andererseits sowie neuerlich Mayes, Deuteronomy 4.

In diesen Texten wird ein ("dtr.") Konzept der Bewältigung
der Katastrophe von 587 und des folgenden Exils greifbar[90],
das keineswegs notwendig als "spät(.)" - d.h. erheblich nach
587 - anzusehen ist[91]: Im Rückgriff auf Israels "vergangene(.)
Geschichte" wird hier "Wegweisung für eine neue Zukunft"[92]
entwickelt. "Gehorsame Hinwendung zu Jahwe hat noch Verheis-
sung"[93]!

3.2. Die Destruktion "falscher" Heilshoffnungen durch den "Geschichtsentwurf"

Vor diesem konzeptionellen Hintergrund der "Fragesteller"
gewinnt nun die Argumentation von Ez 20 an Profil: Hier werden, insbesondere im Rückblick auf die Vergangenheit Israels
(5-29), praktisch sämtliche Elemente destruiert und desavou-
riert, die dort Anknüpfungspunkte für die mit der Rückwendung zu Jahwe verbundene Hoffnung auf eine heilvolle Zukunft
darstellen: Das Land als Repräsentation eines heilvollen
Gottesverhältnisses ist ebenso verloren, wie dieses Gottesverhältnis selbst zerbrochen; Gesetz und Kult sind zutiefst
korrumpiert, so daß ein gedeihlicher "Verkehr zwischen
Mensch und Gott" nicht mehr möglich ist.
Der Text läßt eine klare "theologische ontkenning van Israels binnenkomst en bestaan in het land" erkennen: "Gewoond
in het land heeft het (sc. Israel) eigenlijk niet: wel in de
geografische, niet in de gelovige zin van het woord, indien
wij dit onderscheid mogen maken"[94]. Von Anfang an stand die
Existenz der Väter im Land - das in 27-29 wohl bewußt nicht
als "Land Israel" bezeichnet wird - im Schatten der - anders
als etwa in Lev 26,33; Dtn 4,26 unbedingten - Ankündigung
der Zerstreuung Israels "in die Länder" (23). Eigentliche

---

90 Vgl. dazu Wolff, Kerygma.
91 So etwa Preuss, Deuteronomium, 24.
92 Ebd.
93 Ebd.
94 Beuken, Ez.20, 48.

Konsequenz der für Israel konstitutiven Geschichtsepoche von
Exodus und Wüstenzug ist in der Sicht des Textes nicht die
Landnahme, sondern das Exil. Damit kehrt sich die theologi-
sche Problemstellung seiner Gegenwart radikal um: Nicht das
Exil ist das Problem, das es theologisch zu bewältigen gilt,
sondern die Tatsache, daß Israel gut ein halbes Jahrhundert
"im Land" verbracht hat! Der von Jahwe verheißene Einzug ins
"Land Israel" (38.42) steht jedenfalls noch aus.

Im Vergleich zu Ez 5,5-17; 16,1-43 und 23,1-30, wo Jerusalem im Zentrum der Darstellung stand, fällt auf, daß in Kap.
20 eine ausdrückliche Erwähnung der Stadt und des Tempels
fehlt. Freilich wird der הר קדשי // הר מרום ישראל von 20,40
meist (in nicht ganz unproblematischer Weise[95]) mit Jerusalem und dem Zion identifiziert. Diesem zukünftigen - legitimen und zentralen - Kultort Israels entsprechen aber in der
Vergangenheit antitypisch כל גבעה רמה (28) und במה (29) als
- offenbar illegitime - Kultorte[96]. Nicht nur diese antitypische Entsprechung in der Struktur des Textes, sondern auch
die Tatsache, daß Jerusalem in prophetischer Kritik als
במות יהודה bezeichnet werden kann (Mi 1,5[97]), legt es nahe,
in der במה von 29 eine Anspielung auf Jerusalem und den Tempel zu sehen[98]. Als Kultzentrum wird es nicht nur durch die
anrüchige Vokabel במה[99] entwertet, sondern auch dadurch, daß
es nur einer von mehreren "hohen Hügeln" (28) ist, auf denen die Israeliten ihr Unwesen treiben. Ebensowenig wie das
Land können demnach die Stadt Jerusalem und der Tempel eine
Kontinuität zwischen heilvoller Vergangenheit und heilvoller
Zukunft Israels über das Exil hinweg herstellen (vgl. dgg.

---

95 S.u. 5.1.
96 S.o. 2.(Ad 2.c.).
97 Zum Text vgl. Wolff, Micha, 11.
98 Einer vorschnellen Ausscheidung von 29 als Glosse (so z.B. Bertholet,
   73; Herntrich, Ezechielprobleme, 104; Herrmann, 120 - Liwak, Probleme, 149, dem sich Lang, Ezechiel, 27 anschließt, betrachtet den Vers
   als "Fragment"; ähnlich - vorsichtiger - Zimmerli, 451) widerrät der
   häufige - für den modernen Exegeten oft schwer nachvollziehbare -
   "use of paronomasia even in the most serious context" (Greenberg,
   370 mit weiteren Literaturhinweisen).
99 Vgl. z.B. Whitney, Bamoth; Schunck, Art. במה .

1 Kön 8,48!). Ein legitimes kultisches Zentrum liegt für
Israel ganz in der Zukunft.

Dasselbe gilt für den "Bund" (ברית: 37) zwischen Jahwe und
seinem Volk. Das in 5-7. 11-12 und 18-20 dargestellte göttliche Handeln kann als "Bundes(erneuerungs)angebot" verstanden
werden, sofern es auf eine zu einem bestimmten Zeitpunkt
zustandekommende Beziehung zwischen Gott und Volk zielt, in
der das Handeln beider Instanzen durch explizite Normen rezi-
prok typisiert ist; doch "das Wort 'Bund', das sich hier
unwillkürlich aufdrängt, fehlt"[100]. Ein "Bund" ist wegen der
fortgesetzten Rebellion Israels nicht zustandegekommen, die
Beziehung zwischen Gott und Volk (5.7.12.19.20) aufgekündigt
(26). Damit ist aber gegenwärtig jede Zukunftshoffnung, die
sich auf einen in der Vergangenheit geschlossenen Bund zwischen Gott und Volk und in Verbindung damit auf Jahwes Gnade
und Erbarmen stützt (vgl. 16,60; Dtn 4,31; Lev 26,42.44f; Ps
106,45), abgeschnitten.

Mit dem Bundesverhältnis zwischen Gott und Volk sind auch
die Normen zu seiner Bewahrung und Erneuerung dahingefallen.
Von Jahwe gegebene "Rechte und Satzungen" ermöglichen nicht
mehr Leben (25). Die "Rechte und Satzungen" der Vorfahren
(18) konkurrieren mit denen Jahwes. "Gesetzesgehorsam" ist
kein möglicher Weg zur Restitution Israels (vgl. dgg. Dtn
4,40; 30,8.10).

Ausgeschlossen ist schließlich auch eine kultische Versöhnung der Gottheit. Der in Vergangenheit und Gegenwart prak-
tizierte Kult macht Israel "unrein" (Wz.טמא : 26.30). Dabei
ist augenscheinlich nicht nur an Fremdgötterkulte (30.31),
sondern auch an Kulthandlungen, die im Bewußtsein der Ausführenden durchaus auf Jahwe bezogen sind, gedacht. Jedenfalls werden die Ausdrücke מתנה (26.31.39), קרבן (28),זבח
(28) und נסך (28) im AT auch - wenn nicht nur - für legitime
Jahweopfer gebraucht[101]. ריח ניחח (28) wird im Text selbst

---

100 Zimmerli, 444.
101 Zu מתנה s.u. 4.2.2.a.; zu קרבן vgl. 40,43; Lev 2,12.13; 3,2.8 u.ö.;
   Num 7,17.23.29 u.ö.; zu זבח vgl. 39,17.19; 40,42; 44,11; 46,24; Ex
   10,25; 18,12; Lev 17,8; Num 15,5; Dtn 12,6 u.ö.; zu נסך vgl. 45,17;

als Element des zukünftigen, legitimen Jahwekults erwähnt
(41)[102]. Unter den Bedingungen eines gestörten Gottesverhältnisses ist aber ein legitimer und effizienter Kult in der
Sicht des Textes unmöglich[103].

Mit Land und Bund, Gesetz und Kult hat Israel seine Beziehung zu Jahwe und die Möglichkeiten, in ihrem Rahmen durch
ein bestimmtes Handeln ein für es heilvolles göttliches Handeln wahrscheinlich zu machen, verloren. Es hat seine "Erwählung" (5) verspielt.

Das Verb בחר findet sich nur an dieser Stelle im EB. Da sich ein ausgeprägtes Konzept der "Erwählung" des Volkes unter Verwendung dieses
Ausdrucks erst im dtn./dtr. Traditionsbereich findet[104], wird für Ez
20(,5) häufig dtr. Einfluß postuliert[105].

In der Tat fällt auf, daß im Kontext der Aussagen über die Erwählung
des Volkes im ("dtr.") Dtn (vgl. 4,37; 7,6f; 10,15; 14,2) wie in Ez 20
von der Gabe des Landes (4,38), dem Bund zwischen Jahwe und Israel
(7,9), dem Gesetz (7,36; vgl. 4,6ff) und der kultischen Absonderung
Israels von den es umgebenden Völkern (7,4) die Rede ist[106]. Was allerdings im Gegensatz zu diesen Aussagen "in Ez 20,5 nicht diskutiert wird,
ist das Motiv Jahwes; nach Dt 4,37 beispielsweise ist es die Liebe zum
Volk und das Halten des Eides, der den Vätern zugeschworen wurde"[107].
Damit wird aber hier gerade die Möglichkeit ausgeschlossen, daß Israel
bei einem seiner Erwählung widerstreitenden Handeln und entsprechendem

---

Ex 29,40f; 30,9; Lev 23,13.18.37; Num 6,15.17 u.ö. (legitim); Jer
7,18; 19,13; 32,29 u.ö. (illegitim).
102 Vgl. 6,13; 16,19; Ex 29,18.25.41; Lev 1,9.13.17 u.ö.
103 Vgl. u. 4.2.2.a./5.1.
104 Da dieses Konzept prinzipiell auch ohne den Terminus בחר formuliert
    werden kann und der Sprachgebrauch des Dtn bereits fest geprägt ist,
    ist eine weiter zurückreichende Traditions- bzw. Konzeptionsgeschich-
    te wahrscheinlich, vgl. Wildberger, Art. בחר, 284; Seebass, Art.
    Erwählung, 186; Ders., Art. בחר, 603. Vor-dtn. Traditionen könnten
    etwa in Ps 33,12; 47,5; 135,4 bewahrt sein (Wildberger, ebd.; vgl.
    Koch, Geschichte). Zu Shafer, Root, vgl. Seebass, bḥr.
105 Vgl. z.B. Vriezen, Erwählung, 48 (nach-dtr.); Wildberger, Eigentums-
    volk, 109; Liwak, Probleme, 157ff. Koch, Geschichte sieht Ez 20 be-
    einflußt durch Dt und Psalmen.
106 In Dtn 4,37; 10,15 bezieht sich ähnlich wie in Ez 20,5 die "Erwäh-
    lung" auf die "Nachkommen" (זרע) der Väter.
107 Liwak, Probleme, 299 Anm. 38.

Geschick an eine hinter der "Erwählung" liegende Motivation Jahwes appel-
lieren kann.

Mit dem dtn./dtr. Traditionsbereich hat Ez 20 - im Gegensatz zu Dtjes
(vgl. Jes 41,8f; 44,1f; 43,10; 49,7) - v.a. die Bindung der "Realisierung der Erwählung an die Gehorsamsforderung"[108] gemeinsam. "Jahwes Erwählung ist ... nicht nur ein Verhängnis der Gnade. Sie ist antworthei-
schender Ruf"[109]. Liwak kommentiert diese Aussage Zimmerlis: "Genau das
ist die dt-dtr Konzeption"[110] und nimmt dementsprechend dtr. beeinflußte
Kreise als Verfasser von Ez 20 an. Dabei übersieht er freilich die Unterschiede in der Argumentation mit der Verbindung von "Erwählung" und "Gehorsamsforderung". Zwar hat nämlich in der Sicht des DtrG das Volk
"(d)ie unerhörten Möglichkeiten, die Jahwe Israel durch die Erwählung -
und indirekt durch die des Königs und der Tempelstätte - eröffnet hatte,
... gründlich vertan"[111]; doch will das ("dtr.") Dtn zugleich mit seiner
Gehorsamsforderung, deren "Motivation" das Erwählungsmotiv dient[112],
augenscheinlich in der Situation des Exils eine Zukunftsperspektive entwickeln: "Hoffnung auf Heimkehr stellt sich im exilischen dtr Dtn als
Aufruf zu neuem Gehorsam gegenüber dem Jahwewillen dar, wie er im Dtn
vorliegt und wie er aufgrund der Treue Gottes neu versucht werden
kann"[113]. Dagegen gehört ein der göttlichen Erwählung entsprechender
Gehorsam, der eine (neue) Realisierung der Erwählung durch Jahwe erwarten ließe, in Ez 20 wirklich zur geschichtlichen **Vergangenheit** Israels.
Er ist als Handlungsmöglichkeit nicht mehr aktuell, zumal keine Normen
mehr zur Verfügung stehen, an denen er sich orientieren könnte.

3.3. Die Begründung einer eigenständigen Restitutionsprogno-
      se durch den "Geschichtsentwurf"

Trotz aller Kritik an den Heilserwartungen seiner Adressaten entwickelt Ez 20 erstaunlicherweise doch auch eine eigenständige Prognose der Restitution Israels, seiner Sammlung

---

108 A.a.O., 159.
109 Zimmerli, 445.
110 Liwak, Probleme, 159.
111 Wildberger, Art. בחר , 289.
112 Vgl. a.a.O., 285.
113 Preuss, Deuteronomium, 201.

aus der Diaspora (41) und Rückführung ins Land (42) zum "Gottesdienst" auf dem "hohen Berg Israels" (40). Damit ist aber
die kritische Auseinandersetzung mit den "Fragestellern",
ihren Erwartungen und deren konzeptionellem Hintergrund keineswegs aufgegeben, wie schon die formale Stilisierung der
Prognosen von 32-38 und 39-44 als "Disputationsworte"[114]
zeigt.

Der in 32 zitierte "Gedanke(.), der unter den Exulanten
hochgekommen ist (zu העלה על רוחכם vgl. 11,5, auch 14,4.7;
38,10)"[115], hat Anlaß zu verschiedenen Interpretationen gegeben. "(S)piegelt" er schlicht "eine Reaktion auf die Exilierung wider, insofern als die Gefahr einer Angleichung an die
Heiden gesehen wird"[116]? Oder steht dahinter die Absicht
einer "Einführung des Opferdienstes" im Exil[117] oder der
Anfertigung eines Jahwebildes "in Anlehnung an die Umgebung
und nach den babylonischen Vorbildern"[118]?

Gegen die zweite Deutung spricht nicht nur die Aufforderung an die "Fragesteller": "Auf! Dient ein jeder seinen
Götzen!" (39[119]), sondern auch, daß "(d)ie Redewendung vom
Dienst an 'Holz und Stein'"[120] (32) im AT durchweg zur Bezeichnung von **Fremd**götterkulten gebraucht wird (vgl. Dtn 29,16;
2 Kön 19,18; Jes 37,19; Jer 2,27)[121]. Andererseits verwendet
32 zur Bezeichnung des "Dienstes an Holz und Stein" nicht
das gebräuchliche Verb עבד, sondern שרת, das im AT - mit
Ausnahme von Ez 44,12 - immer den "**Jahwe**-Dienst" bezeich-

---

114 S.o. 1.(2)/(3).
115 Zimmerli, 453.
116 Garscha, Studien, 118: "spielt" es für diese Interpretation wirklich
    "keine Rolle, ob man das נהיה כגוים kohortativ (laßt uns) übersetzt
    (G.Hölscher, Dichter, S.110) oder in ihm 'den Ausdruck der tiefen
    Niedergeschlagenheit' (wir werden sein) findet. W.Zimmerli, BK, S.
    453" (so Garscha, a.a.O., Anm. 341)?
117 Menes, Tempel, 273 im Anschluß an Friedman, הציון ; aufgenommen von
    Bewer, Beiträge; Eichrodt, 181.
118 Fohrer, 108.
119 Zum Text s.u. 5.1.
120 Zimmerli, 453.
121 Zum weiteren traditionsgeschichtlichen Horizont s. z.B. ebd.; Soggin,
    Art. עץ, 357.

net[122]. Berücksichtigt man nun, daß das "Holz und Stein Dienen" in Dtn 4,28 eine Etappe auf dem Weg von der Exilierung Israels (27) über seine Rückwendung zu Jahwe (29f) zur
Restitution darstellt, legt sich die Annahme einer "ironisie-
rend(en)"[123] Redeweise in Ez 20,32 nahe: Wenn die "Fragesteller" mit ihrem דרש את יהוה im Sinne der Konzeption von Dtn
4,25ff die Wende zum "Heil" herbeiführen wollen - müßten sie
dann nicht zunächst "Holz und Stein dienen"?! Das Verb נהיה
wäre dann kohorativ ("wir wollen sein...") zu verstehen[124],
würde gleichwohl aber nur eine den Israeliten **polemisch unterstellte** Absicht zum Ausdruck bringen. Doch kann auch eine
indikativische ("wir werden sein ...") Deutung als "Ausdruck
der tiefen Niedergeschlagenheit"[125] nicht ausgeschlossen
werden. Angesichts der hinter dem דרש את יהוה zu vermutenden
"Heils"erwartungen der Adressaten dürfte diese "Niedergeschlagenheit" dann allerdings kaum deren ursprüngliche Haltung widerspiegeln, sondern erst ihre Raktion auf "die Logik
der ausweglosen Verkündigung von 1-31"[126].

   "Ausweglos" ist diese freilich nur im Hinblick auf ihre
Funktion der Destruktion von - in der Sicht des Textes: falschen - "Heils"erwartungen seiner Adressaten. Daneben zeigt
sich in 5-29 aber auch eine Argumentationslinie, die die
Erwartung einer Restitution Israels begründet. Sie sei hier
- in Vorwegnahme von weiter unten[127] noch näher Auszuführen-
dem - nur kurz skizziert: Dem für Jahwes Handeln in der Vergangenheit maßgeblichen Interesse an der Vermeidung einer
"Entweihung" seines "Namens" vor den Völkern (9.14.22) widerspricht die Exilierung Israels ebenso wie sein schuldhaftes
Verhalten, das diese veranlaßte. Deshalb muß Jahwe - "um
seines Namens willen" (44)! - Israel ins Land zurückführen -

---

122 S. Westermann, Art. שרת , 1020f; vgl. im EB 40,46; 42,14; 43,19;
   44,11.15ff; 45,4f.
123 Liwak, Probleme, 185.
124 So z.B. Hölscher, 110; Fohrer, 113; Greenberg, 371.
125 Zimmerli, 453; vgl. Beuken, Ez.20, 49f; Herrmann, 125.
126 Zimmerli, 454.
127 S.u. 4.3.

zugleich aber verhindern, daß das Volk dort erneut "seinen
heiligen Namen entweiht" (39). Die Rekonstruktion der Vergangenheit Israels begründet so eine spezifisch eigenständige Restitutionsprognose: Die in 32-44 angekündigte Restitution Israels ist nicht einfach eine Wiederherstellung des
status quo ante. Sie schließt eine "Transformation des Bewußtseins" Israels ein (43f), und ihr geht ein "Läuterungsgericht" voraus (33-38).

3.4. Zusammenfassung

Zahlreiche Indizien deuten auf eine relativ komplexe argumentative Frontstellung des Textes: Er setzt sich kritisch
mit bestimmten "Heils"erwartungen seiner Adressaten auseinander, für die die Annahme einer Korrelation von Handeln Jahwes und Handeln Israels auch über die Katastrophe des Exils
hinaus bestimmend ist: Wenn Israel sich wieder Jahwe zuwendet (שוב), wird dieser die durch das Exil gestörte Ordnung
wiederherstellen (שפט). Der Destruktion des konzeptionellen
Hintergrundes derartiger "Heils"hoffnungen dient die Rekonstruktion der Vergangenheit Israels in 5-29. Sie macht freilich nicht die Erwartung einer Restitution Israels **als solche** zunichte, sondern begründet selbst eine **eigenständige**
Restitutionsprognose (32-44).
Diese die Argumentation des Textes kennzeichnende, kri-
tisch-relativierende Aufnahme von "Heils"erwartungen seiner
Adressaten läßt - ebenso wie die Tatsache, daß 20,34.41 die
"Zerstreuung" Israels als Faktum voraussetzen - auf eine
Konfliktlage schließen, die - entgegen der redaktionellen[128]
Datierung in 20,1[129] - am ehesten **nach** der Katastrophe des
Jahres 587 vorstellbar ist. Diese Vermutung wird der Versuch

---

128 S.o. Anm. 70.
129 Sie entspricht nach Kutsch, Daten, 60 dem 24.8.592 (anders Lang,
      Ezechiel, 35: 14.8.591).

einer redaktionsgeschichtlichen Einordnung von Kap. 20[130]
erhärten.
Die Komplexität der argumentativen Frontstellung des Textes schlägt sich in seiner Geschichtsdarstellung und ihrem
konzeptionellen Rahmen nieder. Da die Rekonstruktion der
Vergangenheit Israels sowohl die Ablehnung des דרש את יהוה
(30f) als auch die Prognosen in 32-38.39-44 begründet, kommt
ihr für die Argumentation des Textes besondere Bedeutung zu.
Es empfiehlt sich deshalb, sie zunächst gesondert zu betrachten.

4. Die Rekonstruktion der Vergangenheit Israels

4.1. Die Selektivität und Perspektivität der Geschichtsdar-
     stellung

Der Abschnitt 5-29 erzählt die Geschichte Israels von seiner "Erwählung" in Ägypten (5: ... ביום בחרי; vgl. 6: ביום
... ההוא) bis zur Gegenwart der Rede (29: עד היום הזה ...).
Innerhalb dieser Zeitspanne setzt er aber deutliche Akzente;
zudem weist er in mehrfacher Hinsicht über sich hinaus.
Im Vergleich zu 16,1-43 und 23,1-30 zeigt Kap. 20 eine
völlig andersartige Gewichtung in der Darstellung der vergangenen Geschichte Israels: Exodus und Wüstenzeit, auf die
dort im Rahmen der "Ursprungsgeschichte" Jerusalems (und
Samarias: 16,4ff; 23,3) angespielt wurde[131], sind hier relativ ausführlich erzählt (20,5-26), während sich die Darstellung der Zeit Israels im Lande, die dort als "Schuldgeschichte" Jerusalems (und Samarias) verhältnismäßig breit ausgeführt war, in 20,27-29 wie ein Anhang ausnimmt[132]. "Wo blei-

---

130 S.u. V.3.3.2.b.
131 S.o. III.3.2.2./4.1.2.
132 Vgl.o. Anm. 53.

ben David, der Tempelbau, Hiskia und Josia, um nur einiges
zu nennen?"[133] Die in Kap. 16 und 23 bereits erkennbare Relativierung der "anfängliche(n) Heilsgeschichte" als Element
des "Geschichtsbild(s) der kritischen Profetie"[134] durch
eine Betonung der Ambivalenz der "Ursprungsgeschichte" Jerusalems (und Samarias)[135] ist in Kap. 20 - bezogen auf Israel - noch weiter getrieben: Die "Ursprungsgeschichte" Israels ist nicht nur ambivalent, enthält nicht nur Möglichkeiten "heilvollen" und "unheilvollen" weiteren Verhaltens und
Ergehens; in ihrem Ergebnis ist sie als "mißglückte(.) Bun-
desgeschichte"[136] **eindeutig keine** "Heilsgeschichte" mehr.
Schon vor der Landnahme ist das weitere Geschick Israels
abzusehen - und dies **nicht** unter der Bedingung eines bestimmten Fehlverhaltens des Volkes! Schon ist "das Exil und die
dereinstige Zerstreuung Israels unter die Völker" beschlosse-
ne Sache (23). "Außerdem teilt" Jahwe "zusätzlich 'nicht-
gute ḥuqqim und schädliche mišpaṭim' mit, damit Israel sich
selbst verunreinige"[137] (25f) und damit noch mehr Schuld auf
sich lade. "Was herauskommt, ist eine 'Travestie der Heilsgeschichte' (v.Rad)"[138].

Nicht nur in der inneren Gewichtung des Geschichtsablaufs
zeigt die Darstellung von 5-29 eine starke Selektivität; sie
weist auch in mehrere Richtungen mehr oder weniger ausdrücklich über sich hinaus. So wird "Israel", das Jahwe zu Beginn
in Ägypten "erwählte", in 5 als זרע בית יעקב bezeichnet und
damit durch seine genealogische Herkunft bestimmt. Der Text
kennt also einen in ihm selbst nicht thematisierten Abschnitt der Vergangenheit Israels, die Väterzeit[139]. Die

---

133 Fohrer, 113.
134 Koch, Profeten II, 109.
135 S.o. III.3.2.2.
136 Koch, Profeten II, 108.
137 Ebd.
138 A.a.O., 109; vgl. v.Rad, Theologie II, 236.
139 Abgesehen von den auf "das Kollektivum Jakob" bezogenen Aussagen
   28,25f; 37,25; 39,25 "fehlt bei Ez jede ausdrückliche positive Erwähnung der Vätergeschichte" (Zimmerli, 63*), während 32,24 explizit
   kritisch auf eine bestimmte Rezeption der Abraham-Tradition Bezug
   nimmt.

nach 23 zu erwartende Zerstreuung Israels unter die Völker
ist in dem bis 29 erzählten Geschehen nicht eingetroffen.
Der Abschnitt 5-29 ist also offen auf zukünftiges Geschehen.
Mit der Wendung ביום בחרי zu Beginn des Abschnitts schließlich scheint der "Geschichtsentwurf" auf eine als bekannt
vorausgesetzte "Story" Bezug zu nehmen, d.h. er weist auch
in Richtung auf seinen traditionalen Kontext über sich hinaus[140].

Zimmerli schreibt der Wendung ביום +Infinitiv die Funktion der Einleitung einer "Schilderung von Anfangsgeschehnissen"[141] zu und verweist zum
Vergleich auf Gen 2,4b; 5,1 sowie 1,1, wo s.E. "das einleitende ביום ...
sinngemäß durch בראשית ersetzt, das folgende Wort ... als inf. בְּרֹא zu
lesen" ist[142]. Doch fungiert diese Wendung in der weit überwiegenden
Zahl der Belege schlicht als Rück- oder Vorverweis innerhalb eines Textes oder über die Grenzen des im Text erzählten Geschehens hinaus und
entspricht dem deutschen "als" (z.B. Ex 6,28; Num 3,13; 8,17; Jos 9,12;
14,11; 2 Sam 21,12), "wenn" (z.B. Gen 2,17; 3,5; Ex 10,28; 32,34; Jes
14,3; 17,11; 30,26) oder "immer wenn", "sobald" u.dgl. (z.B. Lev 7,16.35;
13,14; 14,2; Dtn 21,16). In der Nähe eines (relativen) Textanfangs findet sich die Wendung nur in Gen 2,4; 5,1; Num 3,1; 7,1; 9,15; Jos 10,12;
2 Sam 22,1; Ps 18,1 (vgl. בימי +Inf.: Ru 1,1). In Gen 2,4[143]; 5,1; Num
3,1 geht ihr die "Toledotformel" voraus; in Num 7,1; Ru 1,1 ist ויהי , in
Num 9,15 die Copula ו vorangestellt. Bei den übrigen genannten Belegen
steht die Wendung nicht am Satzanfang.

Die Wendung ביום +Inf. kennzeichnet an diesen Stellen die Einordnung
des Textes in einen als bekannt vorausgesetzten (Ps 18,1; Ru 1,1) oder
im Kontext ausgeführten (2 Sam 22,1; Gen 5,1; Num 3,1) Erzählzusammenhang, dessen Wiederaufnahme nach Einschüben (Num 7,1) oder einen Nachtrag zu bereits Erzähltem (Num 9,15; Jos 10,12?). So dürfte sie auch in
Ez 20,5 auf als bekannt Vorausgesetztes verweisen.

---

140 Darauf deutet auch der für das EB singuläre Gebrauch des Verbs
    (s.o.).
141 Zimmerli, 442 mit Verweis auf Fischer, Siloahinschrift, 804.
142 Zimmerli, 348f.
143 Die Analogie von Gen 5,1 und Num 3,1 widerrät der Trennung von Gen
    2,4a und b (so z.B. auch Tengström, Toledotformel, 55).

Wie stark die Vergangenheit Israels in Ez 20,5-29 re-kon-
struiert ist, zeigt sich neben der Selektivität der Geschichtsdarstellung auch in ihrer Perspektivität. Zwar ist
sowohl die 5,5-17; 16,1-43 und 23,1-30 bestimmende Zentrie-
rung der Geschichtsdarstellung auf Jerusalem als auch der
Bildzusammenhang von Kap. 16 und 23 verlassen; ist aber Kap.
20 mit seiner Darstellung der Geschichte des Volkes in seinen verschiedenen Generationen deshalb schon "realisti-
scher"?[144]

Zunächst wird festzustellen sein, daß bestimmte Züge der
Darstellung Jerusalems in Kap. 5; 16 und 23 in Ez 20 auf
Israel übertragen werden. Stand dort Jerusalem im Zentrum
der "Völker und Länder" (5,5), spielt sich hier die Geschichte Israels "vor den Augen der Völker" ab (20,9.14.22), und
das Israel verheißene Land nimmt eine exponierte Stellung
unter "allen Ländern" ein (20,6). Wie in Kap. 16 und 23 Jerusalem, tritt in Ez 20 die kollektive Größe "Israel" als
einheitlich handelnde Instanz auf. Hier wie dort wird dabei
die Differenz zwischen dem Kollektiv und seinen Angehörigen
nicht einfach unterschlagen: In der (pluralischen) Anrede an
Israel ist auch **jeder einzelne** Israelit angesprochen (איש:
7.8; vgl. 11.13.21: האדם). Während jedoch Kap. 16 und 23
insofern wenigstens Ansätze und Möglichkeiten differenzie-
render Wahrnehmung enthielten, als zwar einerseits im Sinne
der "corporate personality" die angesprochenen Israeliten
mit Jerusalem identisch waren ,andererseits aber auch im
Bild der "Söhne und Töchter" als Leidtragende des Handelns
und Ergehens der Stadt in den Blick kommen konnten (vgl.
auch 4,14!), kommt Ez 20 dem Konzept einer "Kollektivschuld"
nahe: "weil alle schuldig sind, können alle bestraft werden"[145].

---

144 Vgl. z.B. Greenberg, 363: Ez 20 "presents in realistic terms of ge-
    nerations the messages of chs. 16 und 23"; Zimmerli, 50* nennt Ez 20
    "ein großes Beispiel geschichtstheologischer Erzählung, die völlig
    auf die Bildverhüllung (!) verzichtet", weist aber zugleich auf die
    "fast kasuistische(.) Strukturierung der Geschichtsphasen", die
    "Stereotypie der Sprache" und die "Monotonie" der Darstellung hin.
145 Lang, Ezechiel, 103. Lang sieht freilich den "Gedanken(.) der Kollek-

232 Die Restitutionsprophezeiung als "Geschichtsentwurf"

Dafür kommt in Kap. 20 zur Sprache, was in der Darstellung
der Geschichte Jerusalems im Bild der individuellen Biographie in Ez 16 und 23 ausgeblendet blieb: das Problem der
Identität einer kollektiven Größe - hier: Israel - im geschichtlichen Wandel. In der Geschichte Israels lösen verschiedene Generationen einander ab. Ausdrücklich wird ein
solcher Übergang freilich nur in 17f erzählt: Mit 17 treten
die "Väter" als Akteure von der "Bühne" des Geschehens ab
und werden von den "Söhnen" abgelöst; nur in Gestalt ihrer
חקים und משפטים wirkt ihr Handeln noch nach (18). Die "faktische" Überschneidung der Lebenszeit von "Vätern" und "Söhnen" wird dabei ebenso ausgeblendet wie im Übergang von 27-
29 ("eure Väter" im Land) zu 30-31 (Israel im Exil als deren
Nachkommen).

Dies fällt um so mehr auf, als die rebellische Väter-Generation in
der Wüste nach 17 gerade nicht wie in Dtn 1,35-39; 2,14f; Jos 5,4-7 ausgerottet wird. R. Adamiak[146] hat darauf hingewiesen, daß das Problem der
Erklärung des - zunächst partiellen, dann totalen - Landverlustes[147]
durch eine Rekonstruktion des Landgewinns im dtn./dtr. Traditionsbereich
unterschiedlich gelöst wird: Der Konzeption, daß "despite the evil nature of the wilderness generation, this gereration will inherit the Prom-
ised Land"[148], wobei "(p)ossession is open only to those who have sur-
vived the punishments inflicted on that generation"[149], steht die an den
genannten Stellen entwickelte Vorstellung gegenüber, daß "(t)he wilder-

---

tivschuld" gleichermaßen in Kap. 16; 20 und 23 ausgedrückt (ebd.).
Dabei übersieht er jedoch die hier namhaft gemachten konzeptionellen
Unterschiede. Die Sätze: "Seit alters hat sich Israel **als Ganzes**
gegen Jahwe aufgelehnt und verfällt daher auch als Ganzes der Strafe", und: "weil **alle** schuldig sind, können alle bestraft werden"
(ebd., zweite Hervorh. T.K.), die bei Lang in (vermeintlich) synony-
mem Parallelismus den "Gedanken(.) der Kollektivschuld" umschreiben
sollen, sind gerade nicht völlig gleichbedeutend. Der erste gibt -
bezogen auf Jerusalem - das Konzept von Kap. 16 und 23 richtig wieder; der zweite trifft hingegen allenfalls auf Kap. 20, v.a. aber
auf Kap. 22 (vgl. V.30!) zu.
146 Adamiak, Justice, 43ff.
147 Weippert, Fragen, 435 bezeichnet das DtrG zutreffend als "eine einzige große **Ätiologie des Landverlustes**".
148 Adamiak, Justice, 55.
149 A.a.O., 56.

ness generation is punished by death"[150] und infolgedessen "(t)hose who enter the land are members of the perfect generation"[151].

Ez 20 "lacks the almost mathematical precision of Dt, Dtr und P. Different generations exist but these do not correspond to the generations of the other accounts nor to their retributive systems"[152]. Während seine Sicht Jahwes "as restraining His anger for His own sake in Egypt, the wilderness and the land, even when the people merit destruction"[153], der (älteren) "dt" Konzeption nahesteht, entspricht der Generationenwechsel in der Wüste dem (späteren, exilischen) "dtr" Bild, dem jedoch wiederum die Behauptung einer Verschuldung der zweiten Generation schon vor dem Einzug ins Land widerspricht. Auch hier liegt also ein Indiz dafür vor, daß Ez 20 sich in seiner Argumentation mit dtn./dtr. Konzepten auseinandersetzt[154].

4.2. Die Strukturierung des Geschichtsablaufs

4.2.1. Die Periodisierung des Geschichtsablaufs

Auf den ersten Blick fällt in 20,5-26 die Periodisierung der vergangenen Geschichte Israels auf. Exodus- und Wüstenzeit werden in drei strukturgleichen Phasen (5-10. 11-17. 18-26) dargestellt. Dabei folgt jeweils auf (A) eine Initiative Jahwes, mit der er sich in eine Relation zu Israel setzt die für dessen Verhalten bestimmte Normen beinhaltet (5-7.11-12.18-20), (B) ein Widerspruch Israels gegen diese Nor-

---

150 A.a.O., 72.
151 A.a.O., 74; Adamiak ordnet diese beiden Konzeptionen verschiedenen Schichten des DtrG zu ("Dt" und "Dtr"), die, soweit ich sehe, i.W. "Dtr[1]" und "Dtr[2]" im Modell Cross' (s. o.III. Anm. 263) - allerdings mit etwas späterer Datierung von "Dtr[1]" ? - entsprechen.
152 Adamiak, a.a.O., 80f.
153 A.a.O., 81.
154 Eine genaue traditionsgeschichtliche Einordnung ist aufgrund der komplizierten und in der Forschung umstrittenen Überlieferungsgeschichte des DtrG schwierig: Wendet sich die Behauptung einer Verschuldung der zweiten Generation Israels vor dem Einzug ins Land in Ez 20 gegen die "dtr." Konzeption, oder ist diese bereits als Korrektur am Konzept von Ez 20 zu beurteilen?

men (8a.13a.21a), auf den hin Jahwe (C) - begrenzte - Sanktionen gegen Israel verhängt (8b-10.13b-17.21b-26).

Während die grundsätzliche Beobachtung, daß die Darstellung der vergangenen Geschichte Israels in 5-26 strukturgleiche Phasen erkennen läßt, als Konsens der Forschung gelten darf, ist die Abgrenzung dieser Phasen stark umstritten[155]. Die hier[156] vertretene Gliederung stimmt mit der von Greenberg (5-10.11-17.18-26)[157] und - bis auf die Zuordnung von 10 - i.W. auch mit der von Herrmann u.a. (5-9.10-17.18-26)[158] vorgeschlagenen überein. Sie fußt auf der Beobachtung, daß in 8f,13f und 21f dreimal, praktisch gleichlautend, von der "Widerspenstigkeit" Israels gegen Jahwe (... ‏וימרו בי‎: 8a.13a.21a) und dessen Reaktion darauf (‏ואמר לשפך חמתי‎ ... ‏עליהם...לכלות...ואעש(ה) למען שמי לבלתי החל לעיני הגוים‎ : 8bf.13bf. 21bf) berichtet wird. Die "Widerspenstigkeit" Israels richtet sich dabei gegen Jahwes vorangehendes Handeln (5-7.11-12.18-20), während die Reaktion Jahwes einerseits (‏למען שמי‎!) an sein vorangehendes Initiativ-Werden anknüpft und es weiterführt (6 -> 10a -> 17b; 5aγ.b -> 26bβγ[?]), andererseits im Sinne einer Sanktion (‏לשפך חמתי‎) von diesem zunächst Abstriche macht (10b - von einem Zug durch die "Wüste" war in 6 nicht die Rede!), es dann direkt in der Gerichtsdrohung zurücknimmt (6 -> 15) und schließlich negativ überbietet (6 -> 23; 11.19 -> 25). Der Text scheint also mit der dreimaligen Wiederkehr derselben Formulierungen in 8f. 13f und 21f selbst eine Strukturierung von 5-26 in die drei Abschnitte 5-10.11-17 und 18-26 vorauszusetzen, wobei 10 und 17 jeweils als "bridge to next stage"[159] eine Phase abschließen.

Es empfiehlt sich nicht, 8f. 13f und 21f als "Refrain" zu betrachten, der jeweils eine "Strophe" abschließt[160], da in der dann vorzunehmenden Gliederung von 5-26 in fünf Abschnitte bzw. "Strophen" (5-9.10-14.15-17. 18-22.23-26)[161] 15-17 und 23-26 kaum sinnvoll unterzubringen sind - es sei denn, man geht davon aus, "daß die ursprüngliche Anordnung der

---

155 Vgl. den Überblick über verschiedene Vorschläge bei Lust, Traditie, 6f.
156 Vgl.o. 1.
157 Greenberg, 377f.
158 Herrmann, 123ff; vgl. Zimmerli, 442; Fuhs, 103ff sowie Lust, Traditie, 105 (Tabel II = Ders., Ez.,XX, 136: Schéma II).
159 Greenberg, 377.
160 So Bettenzoli, Geist, 196f.
161 So neben Bettenzoli, ebd. z.B. Cooke, 213, ähnlich Fohrer, 110ff (4-9bα. 9bß-14. 15-22 23-31a).

Verse stellenweise arg gestört" ist[162], und nimmt dementsprechend Strei-
chungen und/oder Umstellungen vor[163]. Problematisch ist auch eine Einteilung von 5-26 in die "4 Phasen" 5-10.11-14.15-17.18-26, "von denen
jede viertaktig ist (1. Selbstoffenbarung Jahwes, 2. Ungehorsam, 3. Zorn,
4. Verschonung)"[164]. Denn anders als in 8a.13a und 21a wird in 16 die
Verschuldung Israels nicht in der Progreßform wayyiqtol als zeitlich auf
die vorangehende Initiative Jahwes folgend dargestellt; zudem wäre in
dieser Gliederung des Textes 11-14 die einzige "Phase", die mit der stereotypen Formulierung von 13bf (vgl. 8bf.21bf) abschließen würde, ohne
daß diese näher auf ihre Konsequenzen hin entfaltet würde. So liegt es
näher, 15-16 und 23-26 als in die drei "Phasen" 5-10.11-17 und 18-26
eingeschaltete "Gerichtsdrohungen" zu betrachten, durch die sie in ihrer
Abfolge "ein inneres geschichtliches Gefälle auf ein Gericht hin" erhalten[165].

Die hier vertretene Gliederung von 5-26 in drei Phasen wird gestützt
durch die Abfolge der Orte der dargestellten Handlung sowie ihrer Akteure (im Gegenüber zu Jahwe) im Text, die sich schematisch folgendermaßen
darstellen läßt:

```
 Ä g y p t e n                     W ü s t e
┌─────────────────────┐ ┌─────────────────────────────────┐
 5─────────────── 10 . 11─────────── 17 . 18─────────── 26
└─────────────────────────────┘ └─────────────────────────────┘
        V ä t e r                       S ö h n e
```

Durch diese diskrete, jedoch nicht-synchrone Veränderung der Parameter
"Ort" und "Akteur" sind die drei Phasen von 5-26 zugleich klar voneinander abgegrenzt und zu einem Kontinuum verbunden.

In der Abfolge von (A) Initiativ-Werden Jahwes zur Begründung einer Relation zu Israel mit normativen Implikationen,
(B) Norm-Widerspruch Israels und (C) - begrenzten - göttlichen Sanktionen gegen Israel ist unschwer die Grundstruktur
der "Geschichtsentwürfe" von 5,5-17; 16,1-43 und 23,1-30
wiederzuerkennen[166]. Anders als in 5,5-17 ist diese Abfolge
aber in Kap. 20 mehrfach wiederholt. Die Möglichkeit dieser
Reduplizierung ist in 16,1-43 und 23,1-30 bereits angelegt,

162 Bertholet, 71.
163 Vgl. auch Lust, Traditie, 106 (Tabel III = Ders., Ex.,XX, 137:
    Schéma III); Eichrodt, 174ff.
164 V.Rad, Theologie II, 236.
165 Zimmerli, 442.
166 Vgl.o. II.3.3./III.3.1.

wo schon im Rahmen des Schuldaufweises das Gericht vorwegneh-
mende bzw. vorbereitende Reaktionen Jahwes oder auch begrenzte göttliche Sanktionen gegen Jerusalem/Israel dargestellt
werden[167]. Anders als dort ist dies aber in Kap. 20 nicht
einfach dadurch ermöglicht, daß der Zusammenhang von menschlicher Schuld, göttlichem Zorn und Gericht gelockert wird
und eine größere Flexibilität erhält; vielmehr wird hier
eine grundsätzliche Spannung zwischen zwei "Maximen" des
Handelns Jahwes ins Spiel gebracht: **Einerseits** hat Jahwe ein
Interesse daran, seinen durch das Verhalten des Volkes provo-
zierten Zorn an Israel auszulassen (8b.13b.21b), **andererseits** ist er daran interessiert, die eben dadurch heraufbe-
schworene Gefahr einer "Entweihung" seines "Namens" vor den
Augen der Völker zu vermeiden (9.14.22). Beide Interessen
konfligieren miteinander; das tatsächliche Verhalten Jahwes
stellt einen Kompromiß dar, der - mehr schlecht als recht -
beiden zu entsprechen sucht. Damit ist aber in Kap. 20, anders als in 16,1-43 und 23,1-30, der regelhafte Zusammenhang
von menschlicher Schuld, göttlichem Zorn und Gericht grundsätzlich in Frage gestellt. Dem entspricht, daß er hier
nicht mehr wie dort die Struktur des "Geschichtsentwurfs" im
Ganzen bestimmt.

R. Liwak nimmt eine traditionsgeschichtliche Abhängigkeit der Periodisierung des Geschichtsablaufs in Ez 20,5-26 vom "zyklische(n)" Geschichtsaufriß des dtr. Richterbuchs (v.a. Ri 2,10ff; vgl. auch Neh
9,26ff) an[168]. Doch "haben" die einzelnen "Phasen" von Ez 20,5-26 keineswegs "einen zyklischen Verlauf"; "sie laufen" gerade nicht "an den Punkt
zurück, an dem die vorhergehende schon geendet hat"[169]. Dies zeigte
sich bereits an dem Fortschritt von Orten und Akteuren des Geschehens;
es wird noch deutlicher angesichts der sogleich herauszuarbeitenden weiteren Entwicklungstendenzen im Geschichtsablauf, wie ihn Ez 20,5-26 darstellt. Ein weiterer wesentlicher Unterschied zwischen Ez 20,5ff und Ri

---

167 Vgl.o. III.3.2.1.
168 Liwak, Probleme, 215. Zur weiteren Strukturierung des dtr. Richter-
    buchs durch "stereotype **Rahmennotizen**", die dem Geschichtsaufriß von
    Ri 2,10ff entsprechen (vgl. 3,7-15; 4,1-6; 6,1-14; 10,6-13; 13,1-5),
    s. etwa Koch, Art. Geschichte, 580.
169 Gegen v.Rad, Theologie II, 236f.

2,10ff besteht darin, daß hier weder in jeder Phase der Zorn Jahwes sich in einer Übergabe Israels "in die Hand seiner Feinde" auswirkt (so Ri 2,14f), noch die darauf erfolgende heilvolle Wendung des göttlichen Handelns durch die "Klage" (נאקה) Israels (Ri 23,18; vgl. das stereotype ... אל יהוה ויזעקו: 3,9.15; 6,6; 10,10) und das dadurch hervorgerufene "Mitleid (נחם ni.: Ri 2,18) Jahwes motiviert ist. Das in Ri 2,10ff zum Ausdruck kommende Konzept einer Möglichkeit für Israel, bereits eingetretene Folgen göttlichen Gerichtshandelns durch Rückwendung zu Jahwe zu überwinden, wird, wie die Untersuchung des Hintergrunds der Ablehnung des דרש את יהוה zeigte[170], in Ez 20 gerade bestritten. So wird man hier allenfalls von einer kritischen Bezugnahme auf den Geschichtsaufriß des dtr. Richterbuchs sprechen können.

4.2.2. Entwicklungstendenzen im Geschichtsablauf

Trotz ihrer Periodisierung erhält die vergangene Geschichte Israels in Ez 20,5ff keinen "zyklischen Verlauf"; die einzelnen Phasen des Geschichtsablaufs kehren nicht einfach "an den Punkt zurück, an dem die vorhergehende schon geendet hat"[171]. Vielmehr zeigen sie in ihrer Abfolge "ein inneres geschichtliches Gefälle", das freilich nicht nur "auf ein Gericht hin" zuläuft[172], sondern ebenso auch auf eine dieses Gericht transzendierende Restitution Israels[173]. Dieses "innere(.) geschichtliche(.) Gefälle" in der Abfolge der Perioden der vergangenen Geschichte Israels soll nun im Einzelnen aufgezeigt werden. Der inneren Struktur dieser Perioden entsprechend soll dabei zunächst (a) die Entwicklung des Initiativ-Werdens Jahwes in der Geschichte Israels, sodann (b) die Entwicklung des Widerspruchs Israels gegen Jahwes Initiativen und schließlich (c) die Entwicklung der Reaktion Jahwes auf die "Widersprenstigkeit" Israels näher betrachtet werden.

---

170 S.o. 3.
171 So v.Rad, a.a.O.
172 So Zimmerli, 442.
173 S.o. 3.3.

a) Die Entwicklung der Initiative Jahwes in der Geschichte
   Israels

Ein "inneres geschichtliches Gefälle" ist v.a. in der Entwicklung des Initiativ-Werdens Jahwes zu Beginn der einzelnen Phasen der Vergangenheit Israels zu erkennen. In der
ersten Phase setzt sich Jahwe zunächst in eine Relation zu
Israel: אני יהוה אלהיכם (5). Dieser Akt eröffnet für Israel
eine Zukunftsperspektive (Auszug aus Ägypten in das Land,
das Jahwe für Israel "ausgekundschaftet" hat[174]: 6) und begründet, wie die Wiederholung der Aussage אני יהוה אלהיכם am
Ende von 7 unterstreicht, bestimmte Normen für das Handeln
Israels (Beseitigung der שקוצים und גלולים: 7). Das in 5-7
dargestellte Handeln Jahwes entspricht damit in seiner Grundstruktur dem göttlichen "Ursprungshandeln", wie es in Kap.
5; 16 und 23 in Bezug auf Jerusalem dargestellt wurde.
   In den Versen 5 und 6 findet sich dreimal die Aussage, Jahwe habe "seine Hand erhoben" (נשא [את] יד), ein Ausdruck, der in Kap. 20 noch in
15.23.28 und 42 wiederkehrt. Diese Handlung wird meist als "Schwur"-Ge-
ste interpretiert[175]. Doch weisen die atl. Belege dieses Ausdrucks mit
Jahwe als Subjekt (vgl. Ez 36,7; 44,12; 47,14; Ex 6,8; Num 14,30; Dtn
32,40; Jes 49,22; Ps 10,12; 106,26; Neh 9,15) auf einen breiteren Bedeu-
tungsbereich, dessen Kern etwa mit "in actie komen ten gunste of ten
nadele van iemand"[176] umschrieben werden kann.
   Eine Durchsicht der Belege zeigt, daß Jahwe "seine Hand erhebt" in
Beziehung auf eine andere Instanz (mit ל neben Ez 20: Ps 106,26; mit על:
Ez 44,12; mit אל: Jes 49,22) und damit weitere Ereignisse bzw. Handlungen einleitet oder erwarten läßt (mit ל +Inf. neben Ez 20: Ez 47,14; Ex
6,8; Num 14,30; Ps 106,26; Neh 9,15; mit yiqtol: Ez 36,7; mit w‛qatal:
Ez 44,12; Jes 49,22). Sofern die "Handerhebung" Jahwes auf zukünftiges
Geschehen verweist, hat sie dann allerdings die Konnotation der Ankündigung, Zusage (vgl. Ez 20,5: ... ואשא ידי להם לאמר) oder Selbstverpflichtung und kann deshalb auch mit der Schwurpartikel אם לא (Ez 36,7) oder

---

174 Diese Aussage ist im AT singulär. Nach Num 13f haben von Mose ausge-
    sandte Kundschafter das Land erkundet; nach Dtn 1,33 hat Jahwe, nach
    Num 10,33 die Lade Lagerstätten in der Wüste erkundet.
175 So z.B. Zimmerli, 443; Greenberg, 363; Stolz, Art. נשא , 111.
176 So Lust, Traditie, 154(ff); vgl. Ders., Ez.,XX, 156ff.

einem expliziten Eid (Dtn 32,40: ... חי אנכי לעלם אם) verbunden werden.
Damit wird sie aber nicht schon selbst zum Schwurgestus (was im Falle
von Jes 49,22 und Ps 10,12 ohnehin unmöglich sein dürfte), zumal das
Erheben der Hand auch im menschlichen Bereich kein spezifischer Schwurgestus zu sein scheint (vgl. allerdings Gen 14,22 [רום יד] und die spe-
ziellere Handlung Gen 24,2; 47,29). Es kann hier eine Geste der Bitte
(vgl. Ps 28,2; 63,5; Klgl 2,19), des Segens (vgl. Lev 9,22) oder auch
der Aggression (vgl. 2 Sam 18,28; 20,21) sein[177].

Im Zusammenhang mit der Ankündigung der Landgabe steht נשא [את] יד
außer in Ez 20 noch in Ez 47,14; Ex 6,8; Num 14,30 und Neh 9,15[178]. Dieser Sprachgebrauch weicht deutlich von dem in "J" (vgl. Gen 24,7; 50,24;
Ex 33,1; Num 14,23; 32,11), "E" (vgl. Gen 26,3; Ex 32,13) und der dtn./-
dtr. Traditionsströmung (vgl. Dtn 1,8.35; 4,31; 6,10.18.23 u.ö.; Jos
1,6; 5,6 u.ö.; Ri 2,1) ab, der die Zusage der Landgabe mit dem Verb שבע
ni. verbindet[179]. V.a. für die dtn./dtr. Theologie ist "die Landverheis-
sung ... von besonderer Bedeutung". Sie "wird zunächst zum 'Schwur' Jahwes aufgehöht (... vor allem in sing. wie plur. Rahmenstücken des Dtn.s
und in späten Texten dieses Buches). Dieser Landverheißungsschwur wird
durch die Kategorie einer b^erît mit den Vätern unterbaut, und diese
b^erît wird dabei auch als Selbstverpflichtung Jahwes durch einen Landver-
heißungseid interpretiert (7,9.12; 8,18; vgl. 4,31; 29,12; auch 1 Kön

---

177 Vgl. Lust, Traditie, 157f; Stolz, Art. נשא, 111.
178 Ex 6,8 hat mit Ez 20,28.42 die Wendung נשאתי אור ידי לתת אל ארץ אשר
    בוא (+ ו)ה(א)(הא) hi.) gemeinsam. - Zur Verbindung des Ausdrucks נשא
    יד (את) mit der Verweigerung des Einzugs ins Land für die Exodus-
    Generation (Ez 20,15) und der Ankündigung der Zerstreuung an deren
    Nachkommen (Ez 20,23) vgl. Ps 106,26. Dieser Text ist mit hoher Wahr-
    scheinlichkeit späteren Datums als Ez 20 (vgl. Steck, Israel, 112).
    - Während die Prädikation des Landes als "Zierde" (צבי) relativ jung
    sein dürfte (vgl. Jer 3,19; Dan 8,9; 11,16.41.45), findet sich
    "(d)ie Rede vom Land, das von Milch und Honig fließt ... schon in
    den älteren Pentateuchquellen ... (Ex 3,8.17; 33,3; Nu 16,13f.), und
    in Dt (6,3; 11,9; 26,9.15), H (Lv 20,24) und P (Nu 14,8 ...)" (Zim-
    merli, 444f). Typisch für den "dtr." Sprachgebrauch ist die Verbin-
    dung dieser Charakterisierung des Landes mit der Aussage der Heraus-
    führung (יצא hi.) aus Ägypten (vgl. Liwak, Probleme, 168f); doch
    fehlt in Ez 20,6 der Terminus "Hereinführung" (ins Land: בוא hi.);
    er erscheint erst in V.15 - und hier "negativ gewendet" (a.a.O.,
    168). Diese und andere Beobachtungen (vgl. Zimmerli, 444 und die
    folgenden Bemerkungen zum Landverheißungs-Schwur) lassen die Schluß-
    folgerung Liwaks (a.a.O., 169): "Die" dtr. "Position **deckt sich** mit
    Ez 20,6b.15b" (Hervorh. T.K.), zu pauschal erscheinen.
179 Vgl. Liwak, Probleme, 162.

3,6; 8,23 ...)"[180]. Schon im Sprachgebrauch setzt sich Ez 20 von dieser
Theologie ab. Darin steht der Text den "P-tradities" nahe, die "nooit
het werkwoord šbᶜ gebruiken met Jhwh": "in priesterlijke kringen ver-
mijdt men Jhwh te laten zweren"[181].

Dahinter steht das Interesse an einer Betonung der Freiheit und Souveränität des Handelns Jahwes. שבע ni. bezeichnet nämlich "ein feierli-
ches, unwiderrufliches Versprechen ..., die Verpflichtung, etwas unter
allen Umständen zu tun bzw. nicht zu tun"[182]. "Auch ein leichtfertig
ausgesprochenes Versprechen muß grundsätzlich erfüllt werden, ohne Rücksicht auf gute oder schlechte Folgen (Lev 5,4)"[183]. "Der Gebrauch der
Vokabel weist also darauf hin, daß Jahwe sein Handeln voraus anzeigt,
und daß diese Anzeige unwiderruflich, für ihn selber verpflichtend
ist"[184]. Dagegen kann Jahwe in Ez 20 seine mit erhobener Hand kundgetane
Absicht der Landgabe (6; vgl. 28,42) mit erhobener Hand zurücknehmen
(15) und mit der Ankündigung der Zerstreuung negativ überbieten (23).

Der Herstellung der Beziehung zwischen Jahwe und Israel geht in 5 die
Selbstoffenbarung (ידע ni.[185]) Jahwes an Israel voraus (vgl. 9). Die
Beziehung ist damit als sinnhaft-offene, personale Relation qualifi-
ziert.

Von einer "Selbstoffenbarung" Jahwes ist auch in Ex 6,3; 25,22; Jes
19,21; Ez 35,11; 38,23; Ps 9,17; 48,4; 76,2 die Rede. Dabei macht Jahwe
insbesondere seinen Namen (vgl. Ex 6,3; Ps 76,2) und bestimmte Eigen-
schaften (vgl. Ps 48,4; 1 Kön 18,36) bekannt. Die Grenzen zwischen der
Selbstoffenbarung Jahwes in seinem Handeln (vgl. Ps 9,17) und der Offenbarung seines Handelns (ידע ni./hi.: vgl. Ps 79,10; 98,2; 103,7), seiner
"Hand" (vgl. Jes 66,14; Jer 16,21) und seiner Macht (vgl. Ps 77,15;
106,8) sind fließend[186]. Die Rahmung der Aussage über Jahwes Selbstoffenbarung durch Aussagen über ein Initiativ-Werden zugunsten Israels (נשא
יד) unterstreicht, daß sich diese Selbstoffenbarung nicht neben, sondern in seinem erfahrbaren geschichtlichen Handeln vollzieht. Doch ist

---

180 Preuss, Deuteronomium, 186.
181 Lust, Traditie, 161; vgl. nur Num 14,23 ("J") mit V.30 ("P").
182 Keller, Art. שבע, 858.
183 A.a.O., 859.
184 A.a.O., 862.
185 Vgl. Schottroff, Art. ידע , 693f (mit weiteren Literaturhinweisen).
186 Jahwes Handeln ist keineswegs jederzeit und allerorten problemlos
    offenbar (vgl. Ps 77,20; 88,13)!

sie als Selbst-Offenbarung Jahwes von "bestimmte(n) inhaltliche(n) Kund-
gaben Jahwes"[187] - wie der der Gebote in 11 (ידע hi.) - zu unterscheiden.

Daß die Gottesbeziehung Israels Exklusivität beansprucht, zeigt die
Aufforderung zur Beseitigung der שקוצים und גלולים in 7. Diese "Rechtsforderung Jahwes" hat darin, daß sie "den Rechtssatz auf den einzelnen
hin individualisiert", in ihrer "(g)ehobene(n) Rechtssprache", der "Doppelung des Rechtssatzes" und "der Unterstreichung der Rechtsforderung
durch die 'motive clause' (...) der Selbstproklamation" "reiches Paral-
lelenmaterial in H"[188]. Um so mehr fällt auf, daß die Aufforderung von 7
im Gegensatz zu 11 nicht förmlich als Gesetzgebungsakt dargestellt ist.
Man sollte deshalb m.E. an dieser Stelle besser nicht von einer "Verkop-
pelung von Landverheißung und Gesetzesgehorsam"[189] sprechen.[190]

Jahwes Handeln zu Beginn der zweiten Phase der vergangenen
Geschichte Israels (11f) stellt sich i.W. als Weiterführung
der Norm-Setzung von 7 dar. Es ist nun aber ausdrücklich als
Akt der Gesetz (משפטים/חקות) - gebung (Wz. נתן)[191] bezeichnet. Funktion der חקות und משפטים Jahwes ist es, dem Menschen Leben zu ermöglichen (אשר יעשה אותם האדם וחי בהם ...:
11=13.21), während die Sabbate "Zeichen" (אות: 12) für die
Beziehung zwischen Jahwe und Israel sind, die nun - in Ab-
wandlung der Aussage אני יהוה אלהיכם von 5.7 - mit אני יהוה
מקדשם umschrieben wird.

Im Vergleich mit Kap. 5 fällt auf, daß die Gabe der "Satzungen und
Rechte" Jahwes hier klar vom göttlichen "Ursprungshandeln" abgesetzt
ist. Erst "wegen der Übertretungen" wird das "Gesetz" "hinzugefügt" (Gal
3,19) - als Reaktion auf die Rebellion Israels.

---

187 Schottroff, a.a.O., 694.
188 Zimmerli, 455.
189 Liwak, Probleme, 163.
190 Die in 7 vorausgesetzte Annahme eines Fremdgötterkultes Israels in
    Ägypten ist im AT ohne Entsprechung. Am nächsten kommt ihr wohl die
    Aussage von Jos 24,2, die "Väter" hätten "jenseits des Stromes ande-
    ren Göttern gedient" (vgl. auch Gen 35,2).
191 Nach Liwak, Probleme, 176 steht נתן "im Zusammenhang der Gebotsüber-
    mittlung neben Ez 20,11.25 ausschließlich in der dtr Literatur, vgl.
    1.Kön 9,6; Jer 9,12; 26,4; 31,33; 44,10; Dan 9,10; Neh 9,13 (vgl.
    auch Esra 7,6; Neh 10,30 nif)".

Die Funktion der göttlichen Rechtsordnung, Leben zu ermöglichen, betonen auch Ex 20,12; Lev 18,5; Neh 9,29, wobei "die beiden letzten Stellen
in der Aussageform ein erstaunliches Maß an Übereinstimmung mit der Phraseologie in Ez 20,11.12.21" haben[192] (vgl. auch Ez 33,15: חקות החיים).
Anders als im dtn./dtr. Traditionsbereich ist das durch die göttliche
Rechtsordnung ermöglichte Leben hier jedoch nicht als Leben im Lande
qualifiziert. Nach dem Dtn soll Israel "Jahwes Gebote halten, um im Land
zu bleiben und sie im Land zu tun ('**wenn** dich Jahwe bringt ...' oder
ähnlich; 5,16.31; 6,1.10; 7,1f.11; 8,9ff.; 11,22.29.31f; 12,1.19; 15,4f.
7; 17,14; 18,9; 19,1.8f.14; 25,15; 26,1), aber Jahwes Gebote auch tun,
um (wieder) ins Land zu kommen ('tue so, damit ...'=l^{e}ma^{c}än; 4,1; 6,17f.;
8,1; 11,8.22-25; 12,1.28; 16,20; 18,9; 19,8-10; 21,1; 23,21; 27,3 ...);
aber auch ein 'wenn du in das Land kommst' zielt mit auf neuen Gehorsam
im neu gegebenen Land (vgl. das Miteinander in 11,8f.; 12,1; 27,1-3)"[193].
Angesichts der Unterschiede dieser Konzeption zur Funktion der "Satzungen und Rechte" Jahwes in Ez 20 dürfte der traditionsgeschichtliche Hintergrund von Ez 20,11 doch eher im kultischen Bereich - etwa im "Heilig-
tums-Zulassungsrecht"[194] - als im dtr. Traditionsbereich zu suchen
sein[195].

Zu den "Satzungen und Rechten" treten in 12 Jahwes "Sabbate"[196]. Da
ihre Einhaltung auch außerhalb des Landes möglich ist[197], gewinnen sie -
zusammen mit der Beschneidung - gerade im Exil besondere Bedeutung als
Zeichen des Bekenntnisses zu Jahwe[198].

12 hat eine besonders enge sachliche und sprachliche Parallele in Ex
31,12ff. Auch hier ist von Jahwes Sabbaten (שבתתי: 13) die Rede, die als
את ... ביני וביניכם לדרתיכם לדעת כי אני יהוה מקדשכם (13) bezeichnet

---

192 Liwak, a.a.O., 178.
193 Preuss, Deuteronomium, 193.
194 Zimmerli, 447; vgl. 399f; Ders., Leben; v.Rad, Gerechtigkeit.
195 Die Kritik Liwaks (Probleme, 177) an Zimmerlis These ist nicht über-
    zeugend.
196 Gegen Lust (Ez.,XX, 144f; Traditie, 122ff) dürfte hier doch an die
    Sabbat-Tage und nicht an Sabbat-Jahre gedacht sein. Die Deutung des
    Exils als Ersatz der Sabbat-Jahre des Landes (!) in Lev 26,34f führt
    über die Konzeption von Ez 20 weit hinaus. Zudem ist eine Entweihung
    des Sabbat-Jahres in der Wüste kaum möglich.
197 Ez 22,8; 23,38 steht allerdings die Entweihung der Sabbate neben der
    Verunreinigung des Heiligtums; in Ez 40ff steht die Sabbatfeier mit
    dem Tempel in Verbindung (vgl. 45,17; 46,1.3.4.12).
198 Vgl. z.B. Schmidt, Glaube, 87; Stolz, Art. שבת, 867.

werden. Demjenigen, der den Sabbat "entweiht" (חלל pi., vgl. noch Jes 56,2.6; Neh 13,17f), wird die Todesstrafe angedroht (14). Die Nähe von Ex 31,12ff zu Ez 20,12 ist mit hoher Wahrscheinlichkeit als Indiz für die Nähe der Tradentenkreise der beiden Texte zueinander zu werten[199], ohne daß eine literarische Abhängigkeit in der einen oder anderen Richtung festzumachen wäre. Im Vergleich der beiden Texte fällt auf, daß Ez 20,12 die Funktion der Sabbate nicht ausdrücklich auch für die folgenden Generationen festschreibt. Zudem dürfte ihr Zeichencharakter[200] hier weniger in dem Verweis auf die Schöpfung (Ex 31,17; vgl. 20,11) als in dem auf den Exodus (vgl. Dtn 5,15) bestehen.

Die Beziehung zwischen Jahwe und Israel, für die die Sabbate Zeichen sein sollen, wird in 12 nicht wie in 5.7(.19.20) mit אני יהוה אלהיכם, sondern mit אני יהוה מקדשם umschrieben (vgl. 37,28; Ex 31,13; Lev 20,8; 21,8; 22,32)[201]. Im Kontext könnte diese Variation (wie dann auch die in 26, s.u.) signalisieren, daß das Gottesverhältnis der ersten Generation Israels nicht mehr ungetrübt ist, sondern aufgrund ihrer Rebellion von Jahwe aus - durch die Gabe seiner Gebote und Sabbate - erst bereinigt werden muß.

Zu Beginn der dritten Phase der vergangenen Geschichte Israels (18-20) steht Jahwe einer neuen Generation von Israeliten in der Wüste gegenüber. Ihr erteilt er zunächst keine neuen Handlungsanweisungen, bekräftigt vielmehr in 19f - gerahmt von der Relationsaussage אני יהוה אלהיכם[202] und in leichter Variation von 11f - seine schon den Vätern gegebenen חקות, משפטים und שבתות. Aufgrund der geschichtlichen Situation der zweiten Generation in der Wüste stehen nun aber für diese die von Jahwe gegebenen Normen in Konflikt mit den חקים und משפטים der Väter (18), den - impliziten oder expliziten? - Normen des Handelns ihrer Vorfahren. Ein dem von Jahwe angebotenen Gottesverhältnis und dessen normativen Implikationen entsprechendes Handeln ist für die zwei-

---

199 So z.B. auch Zimmerli, 447; Liwak, Probleme, 182.
200 Vgl. Stolz, Art. אות.
201 Vgl. Müller, Art. קדש, v.a. 606.
202 Es ist nicht ganz deutlich, "ob das überleitende אני יהוה אלהיכם (19aα) als unterstreichender Begründungssatz zu 18 (...) oder im Sinn des klassischen Dekalogs (auch Lv 18,2f.) als Präambel der Gebote von 19f. zu verstehen ist" (Zimmerli, 448).

te Generation nur bei gleichzeitigem bewußtem Bruch mit ge-
nealogisch-geschichtlicher Kontinuität möglich.

Das Handeln der "Väter" ist also vermittelt durch "Traditionen" im
Leben der "Söhne" geschichtswirksam. Vom Bestehen eines Tat-Ergehen-
Zusammenhangs über die Generationengrenze hinweg läßt der Text weder
hier noch in (4.)30f etwas verlauten. Nicht für die Schuld der Väter
werden die Söhne gerichtet, sondern dafür, daß sie diese - "Tradition"
gewordene - Schuld in ihrem eigenen Handeln reproduzieren, statt sich
von ihr zu distanzieren[203]. Das übersieht Liwak, wenn er feststellt, in
Ez 20 stünden "das Richten der gegenwärtigen Generation und die Greuel
der Väter in einem ursächlichen Zusammenhang"[204] und folgert: "Dieser
Konnex kann nicht auf Ezechiel zurückgeführt werden, der in Kap. 18 so
pointiert die Eigenverantwortlichkeit des Individuums unterstreicht"[205].

Ein letztes Mal berichtet 5-26 von einem Norm-setzenden
Handeln Jahwes-im Rahmen der in der dritten Phase der vergangenen Geschichte Israels aufgeführten göttlichen Sanktionen
(25f): Jahwe gibt (נתן) schlechte, nicht Leben ermöglichende
חקים und משפטים (25), mit denen Israel nicht "geheiligt"
(12), sondern "verunreinigt" (טמא pi.: 26) wird - was letztlich auf eine Auflösung der Beziehung zwischen Jahwe und
Israel hinausläuft, wie das abschließende אני יהוה (26)[206]
im Kontrast zu der im Vorhergehenden mehrfach wiederholten
Relationsaussage אני יהוה אלהיכם signalisiert.

Die Aussagen von 25f haben in der Rezeptionsgeschichte des Textes viel-
fachen Anstoß erregt (obgleich die Vorstellung eines göttlichen "Gesetzes", das "hinzugekommen" ist, "damit die Übertretung mächtiger werde",

---

203 Vgl. Beuken, Ez 20, 47: "De zonen blijken niet anders te zijn dan
    hun vaderen: zij worden niet gevonniet om zonden die hun vreemd zijn
    (vgl. Ez.18), de oeroude afgoderij der vaderen leeft in hen voort."
204 Liwak, Probleme, 156.
205 A.a.O., 155; ähnlich Fishbane, Sin, 143.
206 Der Satz למען ידעו אשר אני יהוה (26bß) wird, da er in G* u.a.
    fehlt und durch die ungewöhnliche Konstruktion der Erkenntnisformel
    auffällt, meist als Glosse gestrichen (vgl. z.B. BHS; Zimmerli, 436).
    Es wäre aber immerhin denkbar, daß die umständliche Einleitung der
    Erkenntnisformel hier bewußt als Signal eingesetzt ist, das die Auf-
    merksamkeit auf das folgende אני יהוה lenken soll, das in textimma-
    nenter Opposition zur Relationsaussage אני יהוה אלהיכם steht. Diese
    ist m.E. in Liwaks (Probleme, 160f) an diese Formeln anknüpfenden
    traditionsgeschichtlichen Überlegungen übersehen.

mindestens im Rahmen christlicher Theologie nicht allzu fremdartig anmu-
ten sollte - s.Röm 5,20). Zahlreiche Exegeten neigen dazu, den Text so
zu verstehen, daß Jahwe nur eine falsche Interpretation seiner im Grunde
guten Gesetze durch das Volk zugelassen habe[207]. Doch spricht 25 wie 11
von einer "Gabe" (נתן) der Satzungen und Rechte durch Jahwe. Zwar kann
man in dem Ausdruck וְמִשְׁפָּטִים ... חֻקִּים (25) im Gegenüber zu den in 11.13.
16.19.21.24 mit suffigierten Formen bezeichneten Satzungen und Rechten
Jahwes ein "terminologisches Abrücken des unheilvollen vom heilvollen
Gotteswillen"[208] sehen; gleichwohl sind aber die "schlechten" Satzungen
und Rechte - anders als die der Väter (18) - eben von Jahwe gegeben.
Damit wird auch der Interpretationsvorschlag von J.Lust, die "schlechten" Gesetze von 25 seien "imposées à Israel par les nations qui sont
des instruments dans la main de Jahvé"[209], unwahrscheinlich.

Will man nicht gleich den Text ändern[210], bleibt als Möglichkeit, ihn
zu entschärfen, noch das bereits von C.C.Torrey[211] vorgeschlagene und
neuerlich wieder von E.Vogt[212] favorisierte Verständnis von 25f als
"Fragesätze, auf die eine verneinende Antwort erwartet wird"[213]. Dann
fällt es aber schwer, zu begründen, warum die formal gleich eingeleiteten Sätze 15 und 23 nicht als derartige Fragesätze aufzufassen sein sollten.

So wird man kaum darum herumkommen, die Gabe schlechter Gebote als
Teil des Strafhandelns Jahwes zu verstehen[214]. Dann stellt sich aber die
Frage, welche Gesetze der Text in 25f dabei im Auge hat. J.Garscha zieht
in Erwägung, ob "in V 26 Vorschriften gemeint (sind), die unter bestimmten Umständen nicht eingehalten werden können (z.B. im Exil, bei zerstör-
tem Tempel oder einfach in fremdem Land")[215], wobei dann insbesondere an

---

207 Vgl. Heinisch, 101; Auvray, 79; de Vaux, Sacrifices, 66; ähnl. schon
    T (Übs. bei Greenberg, 369).
208 Zimmerli, 449.
209 Lust, Ex.,XX, 150.
210 So Bewer, Notes, 159ff.
211 Torrey, Pseudo-Ezekiel, 88ff; dgg. schon Spiegel, Ezekiel.
212 Vogt, Untersuchungen, 122ff.
213 A.a.O., 122.
214 Vgl. Kraetzschmar, 173; Bertholet, 73; Herrmann, 124; Cooke, 218;
    Fohrer, 112; Eichrodt, 177; Zimmerli, 499; Greenberg, 368f. - Zur
    Illustration wird immer wieder (s. zuletzt Greenberg, 369) auf den
    Gedanken einer von Jahwe bewirkten "Verstockung" hingewiesen, vgl.
    Ex 9,16; 10,2; Jes 6,9ff; 63,17 und Ez 14,9; 1 Kön 22,21ff, der aber
    nur eine sehr begrenzte Analogie darstellt.
215 Garscha, Studien, 119.

"Schwierigkeiten ..., die das Deuteronomium mit seiner Kultzentralisa-
tionsforderung für Israeliten im Ausland mit sich brachte"[216], zu denken
wäre, will aber auch die Möglichkeit nicht ausschließen, daß "hier nur
die Unzuverlässigkeit der Menschen bei der Befolgung einzelner Gebote
gemeint (ist)"[217]. Doch scheint der Text nicht an Gesetze zu denken, die
schwierig (oder unter bestimmten Umständen nicht) einzuhalten sind, sondern an solche, deren Befolgung (בהם !) Leben nicht ermöglicht.

Weiter kann hier H.Geses Beobachtung führen, daß in 26 "das b^{e}ha^{ca}bîr
kol-paéṭaer rāham (...) exakt dem w^{e}ha^{ca}bartā kol-paéṭaer-raéḥaem l^{e}Jhwh
von Ex 13,12 (entspricht)"[218] (vgl. Ex 34,19; 22,28f). Damit verliert
die gelegentlich vertretene Deutung von 26 (im Lichte von 31) auf Kinderopfer[219] an Wahrscheinlichkeit; vielmehr sieht der Text im "Gesetz des
tierischen Erstgeburtsopfers ... ein Beispiel für die nicht zum Leben
führende Zweitoffenbarung"[220], da - aus der Sicht der dtn./dtr. Kultzen-
tralisationsforderung - "die Erstgeburtsopfer als die einzigen Tierop-
fer, die nicht zu profanieren sind, Israel in die Situation gebracht
haben, einen Opferkult an Heiligtümern durchführen zu müssen, also einen
Höhenkult, solange das Jerusalemer Heiligtum nicht bestand, und in Fortsetzung der alten Praxis noch lange nachher bis zur Zeit der deuteronomischen Abschaffung der Kulthöhen"[221]. Die "historische Unlogik" des so
rekonstruierten "Gedankengangs" von 25f ließe sich dann zwar "aus der
Befangenheit des Propheten in einem vorgegebenen Denksystem"[222] erklären. Dennoch entschärft aber auch diese Interpretation den Text insofern, als sie die schlechten Gesetze von 25 als nur unter bestimmten
Umständen schlecht versteht.

So scheint ein weiterer Hinweis Geses auf den "gerade im Erstgeburtsopfer zum Ausdruck kommende(n) Charakter des Opfers als anerkennende Ga-

---

216 A.a.O., 117 Anm. 337; vgl. 120.
217 A.a.O., 119f.
218 Gese, Ezechiel 20,25f., 146.
219 Z.B. Zimmerli, 449; vorsichtiger Kaiser, Die Erstgeborenen, 40f.
    Greenberg, 369f erkennt zwar in 26.31 "the unprecedented and incredi-
    ble charge that Israelites regularly offered up every firstborn as a
    sacrifice - a manifest exaggeration" (370), lehnt aber die von Zim-
    merli (a.a.O.) u.a. vertretene Interpretation, hier sei das Gebot Ex
    22,28b wörtlich genommen worden, als "intrinsically improbable" ab
    (396).
220 Gese, Ezechiel 20,25f., 146.
221 A.a.O., 149.
222 Lang, Ezechiel, 83.

be"[223], der im EB überwunden sei, dem Sinn des Textes am nächsten zu kommen: מתנות (26.31.39) gehören weder in Ez 20,40 noch in Ez 40ff, wo "Opfer nur noch in ihrer sühnenden Funktion und nicht als Gabe des Menschen Opfer sind (vgl. 45,15.17 und 45,18ff.25)"[224], zum zukünftigen, legitimen Jahwekult (vgl. dgg. Ex 28,38; Num 18,29; Lev 23,38; Dtn 16,17). Kritisiert der Text Teile der atl. Opfergesetzgebung, in denen er ein "falsches" Opferverständnis wirksam sieht? Macht er sich dabei eine ihm in der "J/E"-Sinaiüberlieferung bereits vorliegende Unterscheidung von "Erstoffenbarung" (mit dem Sabbatgebot: Ex 20,8ff) und "Zweitoffenbarung" (mit dem Gebot des Erstgeburtsopfers: Ex 34,19f) zunutze[225]?
Jedenfalls ergibt sich aus ihm als Konsequenz für seine Gegenwart die Forderung nach einem kritischen Umgang mit Traditionen, der sich nicht auf die Traditionen der "Väter" beschränkt, sondern von Jahwe gegebene Normen einbezieht.

b) Die Entwicklung des Widerspruchs Israels gegen Jahwes Initiative

Nicht nur das Norm-setzende Initiativ-Werden Jahwes in der Geschichte Israels, sondern auch das ihm widersprechende Handeln des Volkes unterliegt einer geschichtlichen Entwicklung, die der Entfaltung und Entwicklung der von Jahwe gegebenen Normen genau entspricht: Besteht die Schuld der ersten Generation in der ersten Phase darin, sich nicht - wie von Jahwe gefordert (7) - von ihrem Götzendienst zu distanzieren (8), kommt in der zweiten Phase dazu (16b) noch der Widerspruch gegen die von Jahwe gegebenen (11f) Gesetze und Sabbate (13a.16a). Die Schuld der zweiten Generation liegt dann sowohl darin, daß sie gegen die - ihr gegenüber von Jahwe bekräftigten (19f) - göttlichen Gebote und Sabbate rebelliert (21a.24a), als auch darin, daß sie sich entgegen der Aufforderung Jahwes (18) nicht von den "Traditionen" und dem Götzendienst ihrer "Väter" distanziert, sondern auf die גלולי אבותם ausgerichtet bleibt (24b).

---

223 Gese, a.a.O., 150 Anm.36.
224 Ebd.
225 Vgl. a.a.O., 150 Anm.37.

Dem Text gelingt es so, Prozesse geschichtlicher "Akkumulation" von Schuld[226] zu erfassen, ohne die Tatsache eines Generationenwechsels in der Geschichte des Kollektivs ausblenden zu müssen. Nicht durch einen "mechanischen", die Generationengrenze übergreifenden Tat-Ergehen-Zusammenhang, sondern durch die je neue, personale Entscheidung zum Widerspruch gegen Jahwes Initiativ-Werden mit seinen normativen Implikationen - innerhalb der Geschichte einer Generation und im Übergang zwischen einander ablösenden Generationen - steigert sich die Verschuldung Israels im Fortgang des Geschichtsprozesses.

c) Die Entwicklung der Reaktion Jahwes auf Israels "Widerspenstigkeit"

Eine Entwicklung in der Abfolge der drei ersten Phasen der vergangenen Geschichte Israel ist schließlich auch in der Steigerung der göttlichen Sanktionen gegen die "Widerspenstigkeit" Israels zu erkennen. Zunächst erfüllt Jahwe seine Ankündigung von 6, Israel aus Ägypten hinaus- und in das von ihm "ausgekundschaftete" Land hineinzuführen, wegen der Rebellion Israels nur partiell: Er führt das Volk aus Ägypten heraus (10a), aber nicht - wie von 6 her zu erwarten - in das Land, sondern "in die Wüste" (10b). Erst in der zweiten Phase nimmt Jahwe dann die Landverheißung von 6 - zunächst aber nur für die erste Generation der Israeliten - zurück (15). In der dritten Phase erfolgt schließlich eine negative Überbietung der Landgabeverheißung durch die Ankündigung der Zerstreuung (23) sowie der Gabe des Gesetzes (11f; vgl. 19f) durch die Gabe "schlechter Satzungen und Rechte", die eine Leben bewahrende Existenz Israels - innerhalb wie außerhalb des Landes - verunmöglichen (25f).

In ihrer letzten Zuspitzung in 23 und 25f geraten die göttlichen Sanktionen letztendlich in Widerspruch zu den ursprünglichen Intentionen des Handelns Jahwes: Sie dienen nun nicht mehr der Durchsetzung von Ordnungen, die den Einzug ins Land (6f) bzw. die Existenz auch außerhalb des Lan-

---

226 Vgl.o. III.3.2.1.

des (11f.19f) ermöglichen. Zudem bringen sie, indem sie Israel verunreinigen (טמא pi.) und der Verwahrlosung preisgeben
(שמם hi.: 26), den "Namen" Jahwes nicht weniger in Gefahr,
"vor den Augen der Völker entweiht zu werden", als die vormaligen Strafabsichten Jahwes. Ja, man kann fragen, ob sie
am Ende "nicht doch (trotz 22) die Vernichtung (לכלותם:13)
und die Vollendung des Zornes (ב[ה]ם אפי לכלות:8.21) über
Israel" bedeuten[227].

Im Fortgang der drei Phasen von 5-26 entwickeln sich also
zugleich auch Spannungen und Konflikte - v.a. bezüglich des
göttlichen Handelns und seiner Intentionen -, die Konsequenzen für die Gegenwartsanalyse des Textes und seine Zukunftsperspektive haben.

4.3. Die "Regeln" des Geschichtsablaufs

Betrachtet man Ez 20,5-29 im Ganzen, gewinnt man zunächst
den Eindruck einer rückblickenden Rekonstruktion der Geschichte Israels von den Anfängen in Ägypten bis zum - in
der Sicht des Textes - gegenwärtigen Exil nach Maßgabe der
für die bisher betrachteten Gerichtsprophezeiungen des EB
bestimmenden "impliziten Axiome": Israels Verhalten ist
durchgängig bestimmt vom Widerspruch gegen Jahwes Ordnungswillen; das Volk "erscheint als ein menschlicher Verband,
der von Anfang an borniert sein eigenes Heil ablehnt, die
sinnvollen und einsichtigen Gesetze seines Gottes nie erfüllt"[228]. Damit provoziert es zunehmend schärfere Reaktionen Jahwes, der am Ende das Volk mit schlechten Gesetzen
sich selbst überläßt und ihm die Zerstreuung unter die Völker ankündigt. Das gegenwärtig erfahrbare Exil wird so als
Folge eigener Verschuldung Israels interpretiert und erklärt. Zwischen Vergangenheit und Gegenwart besteht - wie
in Kap. 5; 16 und 23 zwischen Vergangenheit/Gegenwart und

---

227 Zimmerli, 449.
228 Koch, Profeten II, 109.

Zukunft - eine Beziehung von Ursache und Wirkung, innerhalb
derer näherhin unterschieden werden kann zwischen einem "immanenten" Tat-Ergehen-Zusammenhang und einer ihn umgreifenden Korrelation von menschlichem und göttlichem Handeln.
Letztere tritt in der stereotypen Strukturierung der drei
Perioden 5-10. 11-17 und 18-26 deutlich hervor: Israels "Widerspenstigkeit" gegen Jahwe (מרה: 8.13.21) provoziert dessen "Zorn" (חמה, אף: ebd.), der sich im Strafhandeln zu ent-
laden sucht (כלה: 8.21) und die Vernichtung des Volkes erwarten läßt (כלה: 13). Dabei ist aber die "Strafe" nicht von
außen an die "Schuld" herangetragen; sie ist dieser bereits
inhärent. Mit seinem "Götzendienst" "verunreinigt" Israel
sich selbst (טמא ni.: 7.18); wenn schließlich Jahwe das Volk
"durch seine Opfergaben unrein werden" läßt (טמא pi.: 26),
setzt er damit im Grunde nur die von Israel längst aufgebauten, unheilvollen "Tatsphären" in Kraft. Mit seinem Widerspruch gegen Jahwes "Satzungen und Rechte" weist Israel
selbst die darin enthaltenen Lebensmöglichkeiten zurück (13.
21; vgl. 11); wenn Jahwe am Ende dem Volk "schlechte" חקים
und משפטים gibt, die nicht Leben ermöglichen (25), bestätigt
er damit nur die "Tradition" (חקים und משפטים: 18) gewordene
"Widerspenstigkeit" Israels. Schließlich ist die gesamte
Zeit Israels im Lande (27-29) dadurch gekennzeichnet, daß
Jahwe das Volk sich selbst überläßt: Keine Aufforderung,
kein Angebot der Verhaltensänderung ergeht mehr an Israel[229],
wie es zu Beginn der ersten drei Phasen, 5-10.11-17 und 18-
26 noch der Fall war.

Die Rekonstruktion der vergangenen Geschichte Israels in
20,5-29 arbeitet so in dem dargestellten Geschichtsabschnitt
übergreifende Entwicklungstendenzen heraus, die das Exil als

---

229 Der Wechsel von Zeiten geschichtlicher Aktivität der Gottheit und
    Zeiten, in denen sie dem Weltgeschehen weitgehend distanziert gegen-
    übersteht, erinnert an Platon, Politikos, 269eff: "Zu gewissen Zei-
    ten wird der Kosmos von einer fremden göttlichen Ursache Schritt für
    Schritt geführt ... Zu gewissen Zeiten aber wird er losgelassen, um
    durch sich selbst seine Wege zu gehen ... Dann aber sieht der Gott
    wie er in Not ist ... und übernimmt wieder seinen Platz am Steuerru-
    der ..." (zit. nach Schaeffler, Geschichtsphilosophie, 91 Anm. 5).

Folge des schuldhaften Verhaltens Israels einsichtig machen.
Die Geschichtsdarstellung macht die zunehmende Auswirkung
der kontinuierlichen "Widerspenstigkeit" Israels im Sinne
des "Tat-Ergehen-Zusammenhangs" deutlich, wobei dieser -
wie schon in Kap. 16 und 23[230] - im Grunde eher als Abbau
von "Heilssphären" denn als Aufbau von "Unheilssphären" zu
charakterisieren ist. In Kraft gesetzt ist dieser Tat-Ergehen-Zusammenhang durch das Handeln Jahwes, das als Reaktion
auf die "Widerspenstigkeit" Israels auf dessen Verhalten
korrelativ bezogen ist. Die zunehmende Realisierung des Tat-
Ergehen-Zusammenhangs geht einher mit einer zunehmenden Auflösung der Bindung Jahwes an Israel: Hatte er sich in Ägypten zunächst offenbart (ידע ni.) als יהוה אלהיכם (5), handelt er zuletzt mit dem Ziel למען ידעו אשר אני יהוה (26).

In dieser Gesamttendenz ist die Geschichtsdarstellung von
5-29 konzeptionell i.W. von denselben "impliziten Regeln"
des Geschichtsablaufs bestimmt wie die "Geschichtsentwürfe"
von 5,5-17; 16,1-43 und 23,1-30[231]. Sie läßt sich in dieser
Hinsicht als rückblickende Bestätigung der dort entwickelten
Gerichtsprophezeiungen lesen. Diese übergreifende Gesamttendenz von 5-29 fügt sich aber nicht ohne Spannungen zur Tendenz der drei ersten, periodisierten Phasen des Geschichtsprozesses und den ihren Ablauf bestimmenden Regeln - ja,
diese sind in sich selbst spannungsreich.

Den Regeln des Geschichtsablaufs in den "Geschichtsentwürfen" von Kap. 5; 16 und 23[232] entspricht es, wenn Jahwe in
Reaktion auf die "Widerspenstigkeit" Israels hier jeweils
zunächst daran denkt (אמר) לשפך חמתי עליהם (8b.13b.21b)[233].

---

230 S.o. III.4.2.1.
231 S.o. II.4.2./III.4.2.
232 Dieselbe "Gesetzmäßigkeit" geschichtlicher Prozesse ist auch "im
    Aufbau des dtr Geschichtswerkes fest verankert" (Liwak, Probleme,
    173): "In den dtr Texten ... ist ... die Rede vom Vernichten des
    Volkes als Ausfluß des Zorns Jahwes gedeutet, der die Antwort auf
    den Götzendienst ist" (a.a.O., 174; vgl. die a.a.O., 173f. 306f Anm.
    153ff angeführten Belege).
233 Dabei macht es von der Sache her kaum einen Unterschied, ob Jahwe
    seinen Zorn (אף) an Israel "sich voll auswirken lassen" (Wz. כלה:
    8b.21b) oder Israel selbst "vernichten" (Wz. כלה: 13b) will. In bei-

Das hier zum Ausdruck kommende Interesse Jahwes an einer
Sanktionierung von Ordnungsverstößen Israels steht aber im
Widerstreit zu seinem Interesse an der "Heiligung" seines
Namens "vor den Augen der Völker" (9.14.22: ‏למען שמי‎ ‏ואעש(ה)‎
‏לבלתי החל לעיני הגוים‎) als dem zweiten "Beweggrund des
Handelns Jahwes"[234]. Mit dem Stichwort ‏למען שמי‎ ist so in
den konzeptionellen Rahmen der Geschichtsdarstellung ein
gegenüber Kap. 5; 16 und 23 neues Element eingebracht, das
nicht nur diesen, sondern auch die Geschichtsdarstellung
selbst nicht unwesentlich modifiziert.

‏למען שמי‎ bezeichnet zunächst und in erster Linie ein Motiv
des göttlichen Handelns, das dieses in Absehung von und im
Widerstreit zu seiner Korrelation zum Verhalten Israels und
zur Beziehung zwischen Jahwe und dem Volk bestimmt, wie es
dann 44 abschließend unterstreicht: Wenn Jahwe "um seines
Namens willen" handelt, bedeutet dies, daß er **nicht** "um des
Verhaltens Israels willen" verfährt (vgl. auch 36,22). So
zeigt sich in der Betonung des ‏למען שמי‎ als "Beweggrund des
Handelns Jahwes" das Bestreben, jede Rücksicht auf Israel
als Motiv des göttlichen Handelns in der Vergangenheit (und
Zukunft) des Volkes an den Rand zu drängen (auch wenn sie
nicht gänzlich eliminiert wird, vgl. 17).

Mit der Wendung ‏למען שמי‎ nimmt der Text hierzu wahrscheinlich einen
schon traditional vorgeprägten Sprachgebrauch auf, spitzt ihn aber im
Sinne einer stärkeren Ent-Bindung des Handelns Jahwes von Israel und
seinem Verhalten eigenständig zu[235].

Die "nach-dtn. Wendung"[236] ‏שם+למען‎+Suffix (bezogen auf Jahwe) bezeichnet im AT meist ein Motiv des Handelns **Jahwes** (Ausnahmen : Jes 66,5; 1
Kön 8,41// 2 Chr 6,32). Ihre Bedeutung deckt sich weitgehend mit der von
‏שם+בעבור‎+Suff. (1 Sam 12,22) und ‏למען‎+Suff. (vgl. 2 Kön 19,34//Jes 37,35;
2 Kön 20,6; Jes 43,25; 48,11; Dan 9,17[txt.em.].19)[237]. "In ... Klagepsal-
men fungiert die Wendung ‏למען שמך‎ als ... Appell an Gottes Barmherzig-

---

den Fällen wäre die Extermination Israels zu erwarten (vgl.o. II.
4.2.1.; ähnlich Liwak, Probleme, 174).
234 Brongers, ‏למען‎ , 94.
235 Vgl. auch Simian, Nachgeschichte, 338ff.
236 Van der Woude, Art. ‏שם‎ , 959.
237 Vgl. Brongers, ‏למען‎ , 92f.

keit"[238] (vgl. Ps 25,11; 31,4; 79,9; 109,21; 143,11; Jer 14,7.21). Als
Hinweis auf Jahwes eigene Interessen tritt er v.a. angesichts der Schuld
des (bzw. der) Beter(s) (Jer 14,7; Ps 25,11; 79,9; vgl. 106,6ff) neben
den Appell an seine Gnade (חסד: Ps 31,17; 109,21.26; 143,12), Güte (טוב:
Ps 31,20; vgl. 109,21.26) und Treue (צדקה: Ps 31,2; 143,11) und sein
Erbarmen (רחמים: Ps 79,8)[239] sowie seine Bundes-Verpflichtungen (Jer
14,21)[240]. Betont der Appell an Jahwes Sorge um seinen Namen gegenüber
solchen Hinweisen auf bestimmte Strukturen der Relation Jahwes zu Israel
stärker dessen Eigeninteressen - etwa seine Selbstdarstellung in Beziehung auf die Völker (vgl. Ps 79,10: "Warum sollen die Völker sagen: Wo
ist nun ihr Gott?") - setzt doch auch er eine Bindung des göttlichen
"Namens" an das Volk voraus (vgl. Jos 7,9); so heißt es in Jer 14,9 ausdrücklich, Jahwes Name sei "ausgerufen" (קרא ni.) über Israel. Das Konzept einer besonderen Bindung des "Namens" Jahwes an Israel und seine
Institutionen (v.a. Jerusalem mit dem Tempel), das in Jer 14 durchaus
problematisiert wird, findet sich v.a. im dtr. Traditionsbereich[241].

T.N.D.Mettinger hat gezeigt, daß die dtr. "שם-Theologie"[242] wie die
v.a. in "P" und dem EB vertretene priesterliche "כבוד-Theologie"[243] einen
Versuch darstellt, die Infragestellung der "Zion-Sabaoth-Theology of the
Jerusalem Cult Tradition"[244] durch die Ereignisse von 597 und 587 zu
bearbeiten[245]. Durch sie wird etwa im (dtr.) Dtn "Jahwe etwas mehr von

---

238 A.a.O., 94.
239 Vgl. auch Dan 9,17(l.: למענך)-19.
240 Entsprechendes gilt im erzählenden Bereich für Ps 106; vgl. im Kon-
    text von V.8. (למען שמו): 6f.44-46.
241 Jahwes Name ist ausgerufen (קרא ni.) über das Volk (Dtn 28,10; Jer
    14,9; Dan 9,19; 2 Chr 7,14), Jerusalem (Jer 25,29(?); Dan 9,18f),
    den Tempel (1 Kön 8,43// 2 Chr 6,33; Jer 7,10.11.14.30; 32,34;
    34,15), die Lade (2 Sam 6,2// 1 Chr 13,6) oder auch über den Prophe-
    ten (Jer 15,16). Nach dem ("dtr.")Dtn erwählt (בחר) Jahwe einen Ort,
    um seinen Namen dort wohnen (שכן) zu lassen (Dtn 12,11; 14,23; 16,2.
    6.11; 26,2; vgl. Jer 7,12; Esr 6,12; Neh 1,9) bzw. hinzusetzen (שים:
    Dtn 12,5.21; 14,24; vgl. 1 Kön 9,3; 2 Kön 21,7 // 2 Chr 33,7[Tempel];
    1 Kön 11,36; 14,21 // 2 Chr 12,13; 2 Kön 21,4[Jerusalem]). Der Tem-
    pel wird gebaut als Haus לשם יהוה (2 Sam 7,13; 1 Kön 3,2; 5,17.19;
    8,17 // 2 Chr 6,7; 1 Kön 8,18ff // 2 Chr 6,8ff; 1 Chr 22,7.8.10.19;
    28,3; 29,16; 2 Chr 1,18; 2,3); vgl. Mettinger, Dethronement, 39f.
242 Mettinger, a.a.O., 38ff.
243 A.a.O., 80ff.
244 A.a.O., 19ff.
245 Leider geht Mettinger auf die profilierte Argumentation mit dem שם
    Jahwes im EB und ihr Verhältnis zur כבוד-Theologie sowie zur dtr.
    שם-Theologie nicht ein. Man wird zwar nicht einfach sagen können,

Stadt und Tempel getrennt", damit zugleich aber ermöglicht, daß "man
dann an Jahwe trotz des Verlustes von Tempel und Jerusalem festhalten"
kann[246].

Zeigt so die Rede vom םש Jahwes in der dtr. Traditionsströmung das
doppelte Bestreben, **zugleich** durch eine gegenüber den ihr vorgegebenen
Traditionen der "Zion-Theologie" stärkere Transzendierung Jahwes dessen
Bindung an Israel zu relativieren **und doch** im Grundsatz an ihr festzuhalten, stellt demgegenüber das EB in seiner Argumentation mit dem göttlichen םש stärker die Unabhängigkeit Jahwes von Israel und seinem Verhalten heraus: Jahwes Handeln ימש ןעמל ist einem Handeln mit Rücksicht auf
Israel (36,22) und sein Verhalten (20,44) klar entgegengesetzt.

Diese Unabhängigkeit des von der Sorge um seinen "Namen"
motivierten Handelns Jahwes von Israel und seinem Verhalten
wird noch unterstrichen dadurch, daß die Argumentation mit
Jahwes םש dessen Beziehung zu den "Völkern" ins Spiel bringt:
Jahwes "Name" droht "vor den Augen der Völker" "entweiht"
(Wz: ללח)[247] zu werden (20,9.14.22; 36,20f); sein Eintreten
für seinen "Namen" führt zum Erweis seiner Heiligkeit vor
den Völkern (36,23; 39,7.25-27)[248].

Daß auch und gerade ein vom "Zorn" Jahwes geleitetes Gerichtshandeln
an Israel seinen "Namen" vor den Völkern in Gefahr bringen würde, setzt
voraus, daß den "Völkern" die vergangene Geschichte Israels nicht als
"Schuldgeschichte" einsichtig ist, bzw. daß die regelhafte Abfolge von
Schuld, göttlichem Zorn und Gericht für sie jedenfalls keinen selbstverständlichen konzeptionellen Rahmen der Interpretation geschichtlicher

---

daß "(f)or Ezekiel ... Yahweh's name was more important than his
glory" (LUC, Theology, 137); doch sind - zumindest im vorliegenden
Gesamtzusammenhang des EB - zweifellos die "two movements of God's
glory" (Kap. 10 und 43) "results of his decision to punish and to
restore the people", die ihrerseits - im Falle des Gerichts: rückblickend von der Restitutionsverkündigung Ezechiels aus gesehen -
"was based on his concern for his name" (ebd.).
246 Preuss, Deuteronomium, 17.
247 Gesetze zur Verhinderung einer "Entweihung" des Namens Jahwes finden
sich in H: Lev 20,3; 22,2.32. Zur Anklage der "Entweihung" des Namens Jahwes in der Prophetie vgl. Anm 2,7; Jer 34,16; Ez 22,26; vgl.
auch Simian, Nachgeschichte, 165.
248 Auch im "menschlichen" Bereich bezeichnet םש im EB häufig den (guten
oder schlechten) "Ruf", das "Ansehen", das eine Instanz bei einer
anderen genießt; vgl. 16,14f; 22,5(?); 23,10; 34,29; 39,13.

Prozesse darstellt[249]. So sehen die "Völker", denen Ez 36,20 den Aus-
spruch in den Mund legt: "Das Volk Jahwes sind sie - und doch mußen sie
sein (!) Land verlassen," in der Exilierung Israels offenbar ein Zeichen
der Schwäche Jahwes[250]. Würden sie dagegen schon jetzt "erkennen, daß
das Haus Israel wegen seiner Schuld verschleppt wurde" (39,23[251]), wäre
Jahwes "Ruf" bei ihnen nicht durch sein Gerichtshandeln an Israel bedroht.

Indem so unterschiedliche Perspektiven der Wahrnehmung des Geschichtsprozesses als diesen mit-bedingend begriffen werden, "greift" nicht nur
"ein universalistischer ... Zug in das sich auf den ersten Blick nur
zwischen Jahwe und seinem Volk abspielende Geschehen hinein"[252] - die
Völker waren bereits in den "Geschichtsentwürfen" von Kap. 5; 16 und 23
mit im Blick. Vielmehr hat sich der Stellenwert der Völker in der Geschichte Israels in Kap. 20 gegenüber Ez 5; 16 und 23 insofern tiefgreifend verändert, als sie nicht nur als von Israels Schuld betroffene bzw.
daran beteiligte und Jahwes Gericht vollstreckende Instanzen agieren,
sondern mit ihrer eigenen Erfahrung und Interpretation der Geschichte
Israels deren Ablauf entscheidend mitbestimmen.

Neben der Ent-Bindung des göttlichen Handelns von Israel
und seinem Verhalten sowie seiner Beziehung auf die "Völker"
mit ihrem - beschränkten - Erfahrungs- und Interpretationsho-
rizont bewirkt die Motivierung des Handelns Jahwes durch die
Sorge um seinen "Namen" schließlich auch eine Rück-Bindung
des göttlichen Handelns in der Geschichte Israels an sein
ursprüngliches Initiativ-Werden (יד נשא) mit dem Ziel, das
Volk aus Ägypten zu führen und ins Land zu bringen (6). Die

---

249 Daß eine Gottheit in ihrem Zorn menschliche Schuld bestraft ist frei-
    lich aol. Denken so fremd nicht; vgl. etwa das sog. "2.Pestgebet
    Mursilis II." RTAT, 191ff) oder die Mescha-Inschrift (RTAT, 253ff);
    dazu z.B. Albrektson, History, 100ff. (Zeugt Ez 20 von einer verbrei-
    teten Geringschätzung "fremder" Kulturen?)
250 Zudem unterstellen sie eine Bindung von Gott und Land ("sein Land"!),
    die in der Sicht des EB für Jahwe als den Herrn der ganzen Völker-
    welt sicher nicht zutrifft.
251 Der Satz wird meist einer relativ späten Redaktionsschicht des EB
    zugerechnet; vgl. z.B. Fohrer, 218; Eichrodt, 364ff; Zimmerli, 968f
    u.u. V.3.1. mit Anm. 72.
252 Reventlow, Völker, 40. Ob man diesen "Zug" deshalb gleich schon als
    "missionarisch gerichtet(.)" (ebd.) qualifizieren kann, ist mehr als
    fraglich. Bei Reventlow wird der 'Universalismus' des EB wohl doch
    "überbewertet" (Zimmerli, Wahrheitserweis, 203).

"Völker", in deren Augen Jahwes "Name" gefährdet ist, sind
ja gerade diejenigen, "vor deren Augen ich mich ihnen (sc.
den Israeliten) offenbart hatte, sie aus dem Lande Ägypten
herauszuführen" (9), bzw. diejenigen, "vor deren Augen ich
sie herausgeführt hatte" (14.22). Jahwes Beziehung zu den
"Völkern" ist es also, die ihn nötigt, seinen ursprünglichen
Handlungsabsichten in Bezug auf Israel in der Geschichte
treu zu bleiben[253].

Der Spannung zwischen dem Interesse Jahwes an einer Sanktionierung von Ordnungsverstößen Israels (לשפך חמתי עליהם)
und seiner Sorge um seinen "Namen" vor den "Völkern" (למען
שמי) auf der Ebene der Motive seines Handelns entspricht
die Ambivalenz seines "faktisch" erfahrbaren und erfahrenen
Handelns in der Geschichte: Hier steht sein "strafendes"
Eingreifen (10b.15.23.25f)[254] neben einer kontinuierlichen
"Verschonung" des Volkes (9-10a.14.17.22), mit der Jahwe an
sein ursprüngliches Initiativ-Werden zugunsten Israels anknüpft, während sein "strafendes" Eingreifen diesem widerspricht[255].

Mit dieser hochkomplexen und in sich spannungsreichen Darstellung und Interpretation des vergangenen Handelns Jahwes
wird nun die in 5-29 zunächst erkennbare Gesamttendenz, das
"innere(.) geschichtliche(.) Gefälle" der Darstellung "auf
ein Gericht hin"[256], kräftig relativiert: Wie die in der
vergangenen Geschichte Israels von Jahwe gewirkten Einschnitte zeigt auch das gegenwärtig erfahrbare Exil eine grundlegende Ambivalenz. Es ist **zugleich** - Israel schon in der Wüste angekündigte (23) - "Strafe" **und** "Verschonung" - hat doch

---

253 Jahwe ist also in Ez 20 keineswegs "als ein launischer Gott darge-
    stellt, der die geschichtlichen Fakten nicht ernst nimmt" (so Betten-
    zoli, Geist, 203), vielmehr als ein Gott, der die widersprüchlichen
    "geschichtlichen Fakten" so "ernst nimmt", daß sie ihn zu einem wi-
    dersprüchlichen Handeln nötigen!
254 Als solches ist es außer in 10b durch seine Verbindung mit einem
    erneuten Schuldaufweis (eingeleitet mit יען : 16.24) deutlich gekenn-
    zeichnet. Greenberg, 365 bemerkt zurecht, daß "when God's regard for
    his reputation restrains his deadly fury, he nontheless inflicts
    punishment of a sort on the rebels".
255 Vgl. v.a. 10.15.23 mit 6 und 25 mit 11.13.21!
256 Zimmerli, 442.

Jahwe keineswegs, wie es die wohl radikalste Gerichtsprognose im EB, 21,33ff*, erwartete[257], das Andenken Israels ausge-
löscht: Es gibt noch ein - von "Ältesten" repräsentiertes -
"Haus Israel" (20,1)!

Das gegenwärtig erfahrbare Exil ist aber nicht nur ambivalent, sondern - angesichts der unterschiedlichen Beweggründe
des Handelns Jahwes, wie sie in seiner Vorgeschichte zutage
getreten waren - auch widersprüchlich: Jahwes "Name", sein
"Ruf" in der Völkerwelt ist ja sowohl durch ein schuldhaftes
Verhalten Israels - v.a. im kultischen Bereich (vgl. 20,39;
43,7f) - als auch durch Jahwes - eben dadurch provoziertes
(43,8)! - eigenes Gerichtshandeln an Israel gefährdet (20,9.
14.22; 36,20ff)[258]. Damit birgt aber auch das gegenwärtige
Exil Israels die Gefahr in sich, daß Jahwes "Name vor den
Augen der Völker entweiht" wird. Deshalb - und **nur** deshalb
(vgl. 20,44)! - ist eine Restitution Israels im Lande zu
erwarten.

Diese Restitution muß aber - soll nicht das "Spiel" von
Verschuldung, Strafe und Verschonung in Sorge um den "Namen"
Jahwes sich endlos wiederholen - zur dauerhaften Sicherung
des "Namens" Jahwes vor "Entweihung" eine "Transformation"
Israels einschließen, die eine neuerliche Verschuldung des
Volkes unmöglich oder doch mindestens unwahrscheinlich macht
(vgl. 39b!). Eben dies ist die Pointe der Restitutionsprogno-
sen in 32-38 und 39-44.

Die Darstellung der Vergangenheit Israels in 5-29 bereitet
so - zunächst "untergründig" - die Ablösung eines nach Maßgabe des "Tat-Ergehen-Zusammenhangs" korrelativ auf das Verhal-

---

257 Daß dieses Orakel ursprünglich gegen Israel gerichtet war, hat Lang,
    Method gezeigt; vgl. auch u. V.Anm. 161.
258 Greenbergs (384) These, 36,16-38 repräsentiere ein gegenüber Kap. 20
    weiterentwickeltes Konzept, da hier "the exile is not counted among
    the threats to God's reputation - duobtless because prior to the
    disaster of 586 its full weight (and shame) were not yet felt", wäh-
    rend "in 36:20ff. ... the exile is the prime cause of desecration of
    God's name", ist nicht überzeugend. Unter konzeptionsgeschichtlichen
    Gesichtspunkten liegt die umgekehrte Annahme näher, daß Kap. 20 die
    Argumentation von 36,16-38* aufnimmt und weiterentwickelt; s.u. V.3.
    3.2.b.

ten Israels bezogenen Handelns Jahwes durch ein allein an
der "Heiligung" seines "Namens" vor den "Völkern" orientier-
tes Handeln vor, wie es dann für die Zukunft Israels bestimmend wird. Insofern ist in der Tat "Israel's historical process ... moved by the central consideration of God's name"[259],
und stellt "(t)he motif of God's concern for his name ...
the logical link between Israel's past survival, present
judgment and future salvation" dar[260].

4.4. Zusammenfassung

Die Darstellung der Vergangenheit Israels in Ez 20 zeigt
einen gegenüber Kap 5; 16 und 23 deutlich veränderten konzeptionellen Rahmen. Das Schwergewicht der Geschichtsdarstellung liegt hier ganz auf der "Ursprungs"geschichte Israels,
die selbst bereits zur "Schuldgeschichte" wird. Die Perspektive des Geschichtsentwurfs ist die der "Volksgeschichte";
die Geschichte des Kult-Zentrums (bzw. der Kult-Zentren)
Israels wird dieser ein- und untergeordnet. An die Stelle
der Geschichts-"Epochen" von Kap. 5; 16 und 23 treten in Ez
20 gleichstrukturierte, periodisierte "Phasen" der vergangenen Geschichte Israels, die in ihrer Abfolge übergreifende
Entwicklungstendenzen, in ihrem internen Ablaufschema konfligierende "Regeln" des Geschichtsablaufs in Gestalt von wider-
sprüchlichen "Motiven" des Handelns Jahwes erkennen lassen.
Die den Geschichtsprozeß in der Darstellung von Kap. 5; 16
und 23 bestimmende, regelhafte Abfolge von menschlicher
Schuld, göttlichem Zorn und Gericht im Sinne eines von der
Korrelation von Handeln Jerusalems/Israels und Handeln Jahwes umgriffenen und in Kraft gesetzten Tat-Ergehen-Zusammenhangs wird in Ez 20 durchkreuzt und relativiert von dem Jahwes Handeln bestimmenden Motiv der Sorge um seinen "Namen".

---

259 Luc, Theology, 139.
260 So mit Recht Luc, a.a.O., 142 gegen Raitts (Theology, 145.255) Be-
    hauptung, die "Heilsankündigungen" im EB seien wie die des Jeremia-
    buchs durchweg unbegründet.

Im Unterschied zu den bisher betrachteten "Geschichtsentwürfen" wird damit einerseits die Beziehung Jahwes zu den "Völkern", andererseits - dadurch vermittelt - die Beziehung
seiner Eingriffe in die Geschichte Israels zu seinem "ursprünglichen" Initiativ-Werden zugunsten des Volkes als bestimmendes Moment des Geschichtsprozesses in den konzeptionellen Rahmen seiner Darstellung integriert. Diese erhält
damit eine stärkere innere Geschlossenheit, weist aber zugleich auch in höherem Maße interne Spannungen und Konflikte
auf.

Diese starken Modifikationen und Transformationen des konzeptionellen Rahmens in Ez 20 gegenüber Kap. 5; 16 und 23
legen den Schluß auf eine gewandelte Erfahrungsbasis und
kommunikative Frontstellung der Argumentation des Textes
nahe, wie sie sich bereits aus anderen Gründen als wahrscheinlich erwies[261]: Angesichts der "Falsifikation" der
Prognosen eines "Totalgerichts" über Jerusalem/Israel - die
freilich im Entwurf von Kap. 20 insofern ihr relatives Recht
behalten, als sie als Proklamationen des von Jahwe zunächst
ins Auge gefaßten (... ואמר!) Handelns (8b.13b.21b) verstanden werden können - durch die Ereignisse des Jahres 587[262]
läßt der Text das Bestreben erkennen, gleichwohl die wesentlichen dort entwickelten Einsichten und konzeptionellen Elemente zu bewahren und für die Verarbeitung neuer Erfahrungen
fruchtbar zu machen: Die 587 erfahrene relative "Bewahrung"
und "Verschonung" Israels widerlegt weder die prophetisch
aufgedeckte Schuld des Volkes, noch zeugt sie von einer besonderen Bindung zwischen Gott und Volk von "übergeschichtli-
cher" Qualität! Diese Verbindung des Festhaltens an einmal
gewonnenen Einsichten mit ihrer Weiterentwicklung angesichts
neuer Erfahrungen erlaubt es nun, "auch nach enttäuschten
(... falsifizierten) Erwartungen in begründeter Weise ...
neue begrenzte Erwartungen auszusprechen"[263]. Ihr Rahmen ist

---

261 S.o. 3.
262 Vgl. dazu auch u. V.3.3.2.a.
263 Genau darin erweist sich nach Sauter, Grundzüge, 268 (zit. bei Pfül-

durch die Rekonstruktion der Vergangenheit Israels in 20,5-
29 abgesteckt: Jahwe wird eingreifen, um zu verhindern, daß
sein "Name vor den Augen der Völker entweiht" wird. Dazu muß
er zum einen Israel ins Land zurückführen, zum anderen aber
auch verhindern, daß das Volk dort erneut durch sein schuldhaftes Verhalten Jahwes "Namen entweiht". Damit sind die
Grundlinien der Aufnahme und der kritischen Korrektur von
"Heils"erwartungen der Adressaten in den Restitutionsprognosen des Textes vorgezeichnet.

5. Die Prognose der Zukunft Israels

Die beiden Teile der Zukunftsankündigung in Kap. 20 (32-
38. 39-44) sollen hier zunächst gesondert betrachtet werden;
sodann soll nach ihrem Verhältnis zueinander gefragt werden.

5.1. Die Restitution Israels im Lande (39-44)

Die polemische Aufforderung von 39:
"Ihr aber, Haus Israel, so hat der Herr Jahwe gesprochen: Auf, dient
ein jeder seinen Götzen! Danach aber, wenn ihr nicht auf mich hört,
werdet ihr doch meinen heiligen Namen nicht mehr entweihen mit euren
Opfergeschenken und mit euren Götzen!"[264]
unterstreicht gleich zu Anfang des Abschnitts 39-44, daß das
gegenwärtige Handeln Israels wie auch jedes einzelnen Israeliten (אישׁ) für die allein in der Sorge Jahwes um seinen
"Namen" begründete Zukunft Israels ohne Bedeutung ist:

---

ler, Theologie, 86) "(t)heologisches Reden" als "lebendig und lern-
fähig"!
264 Zur Übersetzung vgl. Mulder, Ezekiel XX 39, 236; Greenberg, 374. -
Fohrer, 115 interpretiert den Satz ... אם אינכם שמעים אלי als Schwur-
satz (vgl. Liwak, Probleme, 190: "positiv mit beteuerndem Akzent"),
"but the oath particles are 'm l' plus finite verb, not 'm 'yn plus
participle" (Greenberg, 374).

Selbst Fremdgötterkult auf Seiten Israels wird Jahwes "Namen"
nicht mehr in Gefahr bringen können. Denn Jahwe wird die für
seinen "Ruf" unter den Völkern so bedeutsame Bindung von
Gott, Volk und Land (vgl. 36,20!) wiederherstellen (20,40-
42) und sich so "vor den Augen der Völker als heilig erweisen" (קדש ni.: 41; vgl. 28,25; 36,23; 38,16; 39,27).
Insofern fügt sich 39 in seiner in M vorliegenden Gestalt nahtlos in
die Argumentation des Textes ein. Gleichwohl empfinden offenbar zahlreiche neuere Kommentatoren wie schon G "scruples to put such strong words
... into God's mouth"[265] und korrigieren den Satz איש גלוליו לכו עבדו zu
einer Aufforderung, den Götzendienst zu beseitigen[266]. Doch besteht zu
einer Korrektur des Textes keine Veranlassung, da M sowohl verständlich
ist als auch in jedem Fall die lectio difficilior bietet.
   Der auffällige Befund, "daß die Zusage Jahwes zunächst in
3.pers. über das Haus Israel gesprochen ist (40abα), um dann
in 40bß.41ff wieder in die direkte Rede der vorhergehenden
Verse zurückzufallen"[267], ist vermutlich auch als Indiz dafür zu werten, "daß 40abα als grundlegender Gottesspruch
über 'das Haus Israel' mit einem gewissen Nachdruck heraus-
gehoben werden soll"[268]. Wahrscheinlich ist hier aber darüber hinaus auch eine Differenzierung zwischen dem "empirischen", durch die Ältesten repräsentierten und in 39 angesprochenen, und dem "idealen", "ganzen" (כל בית ישראל כלה;
vgl. 11,15; 36,10) "Haus Israel" beabsichtigt. Zwischen beiden Größen besteht ein Verhältnis gleichzeitiger Kontinuität
und Diskontinuität: Diskontinuität, sofern die Restitution
des Volkes nicht in seinen gegenwärtigen Handlungen und Entscheidungen begründet ist, sondern allein im souveränen Handeln Jahwes; Kontinuität, sofern die gegenwärtigen Glieder
des "alten" Israel vom "neuen" jedenfalls nicht explizit
ausgeschlossen sind.

---

265 Mulder, a.a.O., 236 Anm.9.
266 Vgl. die bei Zimmerli, 437 und Liwak, Probleme, 189 referierten Vor-
    schläge.
267 Zimmerli, 457.
268 Ebd.

Die durch die Voranstellung von 39 unterstrichene Pointe der Restitutionsprognose, die Unabhängigkeit der Zukunft des "Hauses Israel" von
seinem und seiner Angehörigen gegenwärtigem Verhalten, schließt weder
die Annahme aus, daß alle, die der polemischen Aufforderung zum Götzendienst in 39 (noch) folgen, (später doch) zum "neuen Israel" gehören
werden, noch ihr Gegenteil. Sie läßt so verschiedene Möglichkeiten der
Konkretisierung der Erwartung offen. Logisch ist mit ihr sowohl die Prognose einer "Transformation" Israels im Land (43f) als auch die eines
"Läuterungsgerichts" vor dem Einzug ins Land (33ff) kompatibel[269].

Konstitutives Element der Restitution Israels ist seine
Herausführung aus den Völkern und Ländern (41) und Sammlung
"im Lande" (40), auf dem "Boden (אדמה) Israels" (42). Hinzu
kommt die Ermöglichung eines neuen Opferkultes auf dem "heiligen Berg" Jahwes (הר קדשי), dem "hohen Berg Israels" (הר
מרום ישראל: 40).

Die Bedeutung der Rückführung ins Land für die Restitution Israels und
seines Gottesverhältnisses unterstreicht das Wortspiel בארץ שם ארצם[270].
Das Verb רצה stellt hier eine Verbindung zwischen Land (ארץ) und Kult
her: Es kann - wie dann in 41 - das göttliche "Wohlgefallen" angesichts
ihm dargebrachter Opfer bezeichnen. Der Text entspricht dabei aber weder
"der priesterlichen Kulttheologie, wo rṣh ni. (Lev 1,4; 7,18; 19,7;
22,23.25.27) und rāṣōn (Ex 28,38; Lev 1,3; 19,5; 22,19.20.21.29; 23,11;
vgl. Jes 56,7; 58,5; 60,7 u.ö.) als termini technici erscheinen" noch
"der prophetischen Polemik gegen diese priesterliche sog. Anrechnungstheo-
logie (Jer 14,10.12; Hos 8,13; Am 5,22; Mi 6,7; Mal 1,8.10.13; rāṣōn Jer
6,20 ...)"[271] völlig. Das - unbedingt schon als "priesterlich" anzuspre-
chende? - Interesse an der Wiedereinrichtung eines Opferkultes ist gebrochen und relativiert durch das "prophetische" Bewußtsein geschichtlicher Bedingtheit der Möglichkeit solchen Kultes.

---

269 Vgl.u. 5.3.
270 Greenberg, 375. Das Fehlen von בארץ in G, L[cs] und S ist kein hinrei-
    chender Grund, es als "verdeutlichende Glosse" (Zimmerli, 437) zu
    streichen.
271 Gerleman, Art. רצה, 812. Liwaks (Probleme, 191) Behauptung: "Die
    Schilderung des zukünftigen Geschehens, das sich auf dem heiligen
    Berg nach V.40b (vgl. V.41a) vollziehen wird, entspricht ganz
    priesterlichem Interesse", ist zu pauschal.

Während die Bezeichnung des zukünftigen Kultortes als הר קדשי im EB
nur hier belegt ist (vgl. Jes 11,9; 56,7; 57,13; 65,11.25; 66,20; Jo
2,1; 4,17; Ob 16; Zeph 3,11; Ps 2,6), kommt der Ausdruck הר מרום ישראל
nur im EB vor (vgl. 17,23; 40,2; Pl.: 34,14, und das ebenfalls nur im EB
belegte הרי ישראל[272]: 6,2f; 19,9; 33,28; 34,13f; 35,12; 36,1.4.8; 37,22;
38,8; 39,2.4.17; Sg.: Jos 11,16.21). Es ist keineswegs selbstverständlich, daß diese Ausdrücke "Zion's""hill - the temple mount -" und "Jerusalem" bezeichnen[273]. Vielmehr tritt in der "Erhöhung des neuen Tempelberges über das Jerusalem der geschichtlichen Tage Jerusalems ... das
Element endzeitlicher (?) Überhöhung der gottfernen Gegenwart, das in
Isa 2:2=Mic 4:1 seine ausdrücklichste Ausgestaltung erfahren hat, als
Element der Diskontinuität besonders stark heraus. Es ist ein auch geographisch verwandelter Ort der Gottes-(Tempel-)-Stadt"[274]. Dies bestätigt
die Beobachtung, daß "Zion" im gesamten EB, "Jerusalem" - mit Ausnahme
der vermutlich sekundären Stelle 36,38[275] - im Rahmen der Restitutionsprophezeiungen nicht genannt wird. Der "hohe Berg Israels" als neues
politisches (17,23) und kultisches (20,40; vgl. 40,2) Zentrum des Volkes
kann, muß aber nicht mit Jerusalem und dem Zion identisch sein[276]. In
dieser (kritischen) Betonung der Diskontinuität zwischen Vergangenheit
und Zukunft steht Ez 20 - ebenso wie der "Verfassungsentwurf" des EB[277]
- der Konzeption des Heiligtums in den "priesterlichen Heiligtumstexten"
nahe, in denen es "nicht mehr das Heiligtum **von** Jerusalem, nicht mehr
das Heiligtum der Davidsdynastie, auch nicht das Heiligtum des Zion ...
vielmehr das Heiligtum des Gottes Israels für das ganze Volk Israel"
ist[278].

---

272 Vgl. dazu Zimmerli, 146f.
273 So Greenberg, 374f.
274 Zimmerli, Jerusalem, 422.
275 Vgl. Zimmerli, 882.
276 Ansatzweise kommt diese Vergangenheit und Gegenwart - wie auch geo-
    graphische Gegebenheiten - transzendierende Dimension des Restitu-
    tionsentwurfs im EB bei Levenson, Theology in den Blick, wenn er in
    seiner Untersuchung der "traditions behind the vision" von Ez 40ff
    (5ff) den "Mountain of Ezekiel's Vision" zugleich "as Mount Zion"
    (7ff), "as the Garden of Eden" (25ff) und "as Mount Sinai and as
    Mount Abarim" (37ff) beschrieben sieht.
277 S.u. V.3.2.2.
278 So H.Utzschneider in einem Entwurf zu seiner demnächst erscheinenden
    Arbeit über die "priesterlichen Heiligtumstexte".

An diesem neuen Kultort, dessen Bedeutung das dreimalige שם in 40
hervorhebt, wird nun Israel Jahwe "dienen" (עבד) und Jahwe von Israel
Opfer "fordern" (דרש: 40). Ez 20,40 ist die einzige Stelle im AT, an der
Jahwe von Israel Opfer "fordert" (דרש)[279]. Demgegenüber bestreitet etwa
Mi 6,2-8, "eine straffe Summierung deuteronomisch-deuteronomistischer
Mahnreden"[280], die Forderung des Opfers durch Jahwe. Die beiden Aussagen
stehen einander jedoch nicht so fern, wie es auf den ersten Blick erscheinen mag. Bestreitet Mi 6,2ff die Möglichkeit einer Sühnung von "Auf-
sässigkeit" und "Sünde" (7) durch Opfer für eine "Zwischenzeit der Geschichte"[281], faßt Ez 20,40f für die zukünftige Restitution Israels den
Opferkult als Zeichen eines von Jahwe aus bereinigten Gottesverhältnisses ins Auge. Mit תרומה, ראשית und משאת verwendet der Text hier relativ
unspezifische und allgemeine Begriffe[282].

Von den Abschnitten im EB, die die Restitution Israels zum Thema haben, betont 20,39-44 neben Kap. 40-48 am stärksten den "kultischen"
Aspekt, der aber auch sonst nicht ganz fehlt, wenn etwa im Zusammenhang
der Wiederherstellung des Volkes von einer Beseitigung der "Götzen"
(11,18; vgl. 36,25; 37,23) und dem Bestand des göttlichen "Heiligtums"
"inmitten" des Volkes (38,26-28)[283] die Rede ist, oder Israel - mit einer in den "Kulttraditionen Jerusalems"[284] beheimateten Metapher - als
"Herde" der"Weide" Jahwes bezeichnet wird (34,31; vgl. 36,37f).

Die äußere Restitution des Volkes im Lande ist nun verbunden mit einer "Transformation des Bewußtseins" Israels (42-
44): An und mit dem angekündigten Handeln Jahwes (וידעתם כי ?
אני יהוה ב...: 42.44) werden die Israeliten nicht nur Jahwe
erkennen, sondern insbesondere auch die ausschließliche Motivation seines Handelns in der Sorge um seinen "Namen" (למען
שמי : 44), die ein dem Tat-Ergehen-Zusammenhang entsprechen-

---

279 Vgl. Gerleman/Ruprecht, Art. דרש, 462.
280 Wolff, Micha, 157.
281 A.a.O., 158.
282 תרומה findet sich im EB noch in 44,30; 45; 48; ראשית in 44,30; 48,14;
    משאת ist nur hier im EB belegt. "קדש bezeichnet ganz allgemein den
    Tabucharakter der Gabe" (Zimmerli, 458).
283 Zimmerli, 909 ordnet 36,24b-28 wie 28,25f "eine(r) jüngste(n), si-
    cher nicht mehr aus der Hand des Propheten selber stammende(n) Phase
    der Buchgestaltung" (a.a.O., 696) zu; vgl. u. V.3.3.2.b.
284 Kraus, Psalmen, 337 zu Ps 23,1; vgl. Ps 74,1; 79,13; 95,7; 100,3;
    Jer 23,1.

des Verfahren Jahwes mit Israel (44: כדרכיכם הרעים וכעלילותיכם
הנשחתות   ) ausschließt.

Diese "Transformation des Bewußtseins" ist Voraussetzung
für eine neue Rekonstruktion der Vergangenheit Israels, wie
sie in 20,5-29 bereits prophetisch vorweggenommen wurde[285]:
Die "Erinnerung" (זכר) der Israeliten an ihre "Wege" und
"Taten" (עיליות ,דרכים)[286], mit denen sie sich "verunreinigt" (טמא ni.) haben, bewirkt, daß sie "sich vor sich
selbst ekeln" (ונקטתם בפניכם: 43). Die Restitution Israels
macht also seine Vergangenheit nicht vergessen; sie stellt
vielmehr erst die Bedingungen her, unter denen Israel seine
Vergangenheit adäquat erfassen kann[287].

Eine 20,42-44 vergleichbare "Transformation des Bewußtseins" im Zusammenhang der Restitution Israels kündigen im EB auch 11,16-20; 36,24-32
und 37,21-24 (vgl. 6,8-10) an[288]. In 6,9 und 36,31 ist wie in 20,43 von
einem aus einer "Erinnerung" (זכר) Israels resultierenden "Ekel vor sich
selbst" (קוט ni. + בפנים + Suff.) die Rede. Während es dabei aber in
36,31 wie in 20,43 um die Erinnerung an das eigene Handeln in der Vergangenheit geht, heißt es in 6,9: "Eure Entronnenen werden sich meiner (sc.
Jahwes) erinnern ..." Zudem hat dieser Prozeß nach 20,43 und 36,31 im
Lande, nach der Rückführung durch Jahwe, nach 6,9 dagegen in der Zerstreuung statt. Als "Transformation des Bewußtseins" ist er ausdrücklich
gekennzeichnet, wo er als "Herz" (לב) und "Geist" (רוח) der Israeliten

---

285 Die Zukunft wird also die prophetische Prognose nicht nur insofern
    bestätigen, als sie eintreten läßt, was der Prophet angekündigt hat
    (vgl. Dtn 18,21f), sondern auch, indem sie ein allgemeines Bewußt-
    sein schafft, in dessen Rahmen die prophetisch vorweggenommene Rekon-
    struktion der Vergangenheit Israels allgemein evident werden kann.
    Indem so - zumindest in Ansätzen - "die Historizität des eigenen
    Verstehens mitverstanden wird" (Schaeffler, Geschichtsphilosophie,
    95), zeigt der Text einen höheren Reflexionsgrad als die bisher be-
    sprochenen Geschichtsentwürfe des EB.
286 Zur Parallelisierung dieser Ausdrücke vgl. 14,22f; 24,14; 36,17.19.
    "Sie entspricht den (z.T. dtr) Jeremiatexten, in denen דרכים (bzw.
    דרך) und מעללים (vgl. 4,18; 7,3.5; 17,10; 18,11; 23,22, 25,5; 26,13;
    32,19) zusammen auftreten wie in den dtr Stellen Ri 2,19 und Sach
    1,4.6" (Liwak, Probleme, 191).
287 Die neue "Erinnerung" ist deshalb mehr als "nur die dunkle Folie,
    auf der sich das gegenwärtige Sein Israels in seiner Bestimmtheit
    durch das neue Tun Jahwes erhebt" (Schottroff, Gedenken, 152); sie
    ist konstitutives Moment des "neuen Seins" Israels!
288 Zur redaktionsgeschichtlichen Einordnung s.u. V.3.2.3.a./3.3.2.a./b.

betreffendes Geschehen entfaltet wird (6,9; 11,19; 36,26)[289]. Folge dieser Transformation, die auch als "Reinigung" durch Jahwe beschrieben
werden kann (טהר: 36,25.29; 37,23), ist - als Konsequenz des wiederherge-
stellten, mit der "Bundesformel" (11,20; 36,28) umschriebenen Gottesverhältnisses - neben einer Beseitigung der "Götzen" (11,18; 36,25; 37,23)
ein erneuerter Wandel in Jahwes "Satzungen und Rechten" (11,20; 36,27;
37,24). Es fällt auf, daß 20,40ff solche Folgen nicht ausdrücklich
nennt.

5.2. Das Gericht in der "Wüste der Völker" (32-38)

Wie 39-44 in 39 nimmt in 32 auch dieser Abschnitt zunächst
Bezug auf das Handeln bzw. bestimmte Handlungsabsichten Israels:
"Was da in eurem Geist aufsteigt, soll auf keinen Fall geschehen -
daß ihr nämlich sagt: Wir wollen/werden sein wie die Völker, wie die
Sippen der Länder, indem wir Holz und Stein dienen."
Trotz aller Interpretationsprobleme[290] wird man sagen können, daß auch 32 wie 39 - u.a. - die Unabhängigkeit der Zukunft Israels von seinem eigenen Handeln, seinen Absichten
und Erwartungen betont.
Das zukünftige Handeln Jahwes wird in 33 programmatisch
als "König-Sein" über Israel (אמלוך עליכם) "mit starker Hand,
ausgerecktem Arm und ausgegossenem Zorn" (ביד חזקה ובזרוע
נטויה ובחמה שפוכה   ) angekündigt.
Neben 17,16 (wo es sich auf den irdischen König bezieht) ist diese
Stelle der einzige Beleg des Verbs מלך im EB. Im Vergleich mit anderen
atl. Aussagen über die Königsherrschaft Jahwes[291], in deren "Zusammenhang (...) oft ausdrücklich Jahwes Hinwendung zu seinem Volk herausgestellt (wird)"[292], fällt in Ez 20,33 die für Israel bedrohliche Dimension
des König-Seins Jahwes auf. Die Aussage "steht ... in der Überlieferung

---

289 Vgl. Wolff, Anthropologie, 57ff.
290 S.o. 3.3.
291 Vgl. Soggin, Art. מלך, 914ff.
292 Liwak, Probleme, 186.

singulär da mit der negativen Bestimmung des Verhältnisses Jahwe - Volk Israel"[293].

Nun fehlt zwar im EB ein weiterer Beleg des Verbs מלך mit Jahwe als Subjekt, doch kündigt 34,11ff im Bild des "Hirten" ebenfalls die Königsherrschaft Jahwes über sein Volk für die Zukunft an[294]. Auch hier beinhaltet sie ein Gerichtshandeln Jahwes am Volk (17-22), das allerdings erst nach der Sammlung Israels aus den Ländern und der Hereinführung ins Land Israel (13f) statthat.

Während in Kap. 34 die Erwartung der Ausübung seiner Königsherrschaft durch Jahwe allem Anschein nach "messianischen" Hoffnungen kritisch gegenübergestellt wird[295], tritt Kap. 20 mit seiner traditionsgeschichtlich singulären Betonung der für Israel bedrohlichen Dimension der Königsherrschaft Jahwes an diese selbst geknüpften "Heils"erwartungen entgegen.

Die zur Darstellung dieser bedrohlichen Dimension gebrauchte Formel ביד חזקה ובזרוע נטויה ובחמה שפוכה, die in 34 wiederholt wird, ist in ihren ersten beiden Gliedern - z.T. noch erweitert - relativ häufig belegt (vgl. Dtn 4,34; 5,15; 11,2; 26,8; Jer 32,21; Ps 136,12), wobei die Verbindung mit dem Exodus für den dtn./dtr. beeinflußten Literaturbereich typisch zu sein scheint[296]. Einzig in Jer 21,5 ist Jahwes "ausgereckte Hand" und sein "starker Arm" gegen Israel gerichtet und die Formel ergänzt mit ובאף ובחמה ובקצף גדול. Hier zeigt sich wie in Ez 20,33f prophetische Brechung "heils"geschichtlicher Traditionen.

Durch den Hinweis auf den "ausgegossenen" Zorn Jahwes wie auch das dreimalige שפט ni. in 35f ist der Abschnitt 32-38 als Gerichtsankündigung gekennzeichnet. Die Zukunft unterscheidet sich von der Vergangenheit darin, daß Jahwe seinen Zorn nun nicht mehr zurückhalten wird!

34f schildert den "neuen Exodus" aus den Völkern und Ländern in antitypischer Entsprechung zum "alten Exodus" aus Ägypten[297]. "Das Eigentümliche der Ausgestaltung des Auszugs-

---

293 Ebd.
294 Vgl. Soggin, Art. רעה, 793f. "In vielen Fällen ist deutlich, daß die Bezeichnung Jahwes als eines Hirten Variante zum Titel (.) maêlaek 'König' ist" (a.a.O., 793).
295 S.u. V.3.3.2.c.
296 Vgl. Liwak, Probleme, 186f.
297 Vgl. Zimmerli, Exodus.

themas" liegt dabei "im betonten **Einweben der Gerichtsverkündigung in die Exodusterminologie**"[298]. Erste Station des Auszugs ist entsprechend der "Wüste des Landes Ägypten" (36)
nun die "Wüste der Völker" (34).

Der Gedanke, Israel müsse nocheinmal in die Wüste zurück, erinnert an
Hos 2,16ff. Er "tritt dort dem noch im Lande befindlichen Volk drohend
als Möglichkeit des Gerichtes über das in Kanaan sattgewordene (Nord-)
Israel entgegen", enthält aber zugleich "auch die Verheißung einer neuen
Liebesgemeinschaft Jahwes" mit Israel, "aus der es dann wieder zu einer
Beschenkung mit Weinbergen (im Lande) kommen kann"[299]. Darin, daß Ez
20,32ff die Wüste ausschließlich als Ort des Gerichts versteht, geht der
Text über Hos 2,16ff hinaus. Der Ausdruck "Wüste der Völker" ist dabei
eine in Analogie zum "ersten" Exodus "ganz schematisch gebildete Neuprä-
gung"[300].

37-39 kündigen ein "Gericht" in der "Wüste der Völker" an,
in dem Jahwe die "Abtrünnigen" und "Rebellischen" (המורדים
והפושעים בי) vor dem Einzug ins Land aus dem Volk "aus-
sondern" (ברר) wird. 36 parallelisiert es ausdrücklich mit
dem Gericht an den Vätern in der "Wüste des Landes Ägypten".
Dagegen steht freilich die Beobachtung: "Ein **Scheidungsgericht**, wie es hier beschrieben wird, hat Jahwe an den Vätern
in der Wüste so nicht vollzogen"[301]. So entsteht der Eindruck gleichzeitiger Kontinuität und Diskontinuität zwischen
"altem" und "neuem" Exodus.

Von großer Bedeutung für das Verständnis des Abschnitts ist die Interpretation des textkritisch problematischen Satzes 38b: והבאתי אתכם
במסרת הברית. Gegen die häufig vertretene Emendation nach G (καὶ εἰσάξω
ὑμᾶς ἐν ἀριθμῷ)[302] ist, wie neuerlich Greenberg[303] eingehend begründet
hat, an M als der lectio difficilior festzuhalten und zu übersetzen:
"Ich werde euch in die Bundes-Verpflichtung bringen". "Alter" und "neuer"

---

298 Baltzer, Ezechiel, 8.
299 Zimmerli, 454.
300 Zimmerli, 455f. "Terminologisch wird die Analogie auch durch das
    Wortpaar הוציא - הביא unterstrichen, das in 20,34f mit 20,10 korres-
    pondiert" (Liwak, Probleme, 313 Anm. 260).
301 Baltzer, Ezechiel, 8.
302 Vgl. Zimmerli, 437; Liwak, Probleme, 188; dort sind weitere Emenda-
    tionsvorschläge referiert.
303 Greenberg, MSRT HBRYT.

Exodus entsprechen einander auch in diesem Punkt: Wie Jahwe den Vätern
in der Wüste seine "Satzungen und Rechte" gegeben hat (11), wird er Israel in der "Wüste der Völker" in die "Bundes-Verpflichtung" bringen -
wobei der "Bund" ähnlich wie die Königsherrschaft Jahwes durch מסרת einen
sicher nicht allzu freundlichen Beiklang erhält. Wie der ersten Generation Israels aufgrund ihrer Verschuldungen der Einzug ins Land verwehrt
blieb (15), so wird er es auch für die in der "Wüste der Völker" aus
Israel ausgesonderten sein.

Der entscheidende Unterschied zwischen "altem" und "neuem"
Exodus besteht nun darin, daß die in dem mit letzterem verbundenen Gericht vollzogene Scheidung und Aussonderung derer, die nicht ins Land geführt werden, nun nicht mehr **zwischen** zwei Generationen, sondern **innerhalb** einer Generation
vollzogen wird: "Two distinct systems of retribution, collective and individual, correspond to each occupation"[304]. Der
Übergang von einem das Kollektiv betreffenden zu einem auf
Individuen innerhalb des Kollektivs zielenden Handeln Jahwes
liegt dabei genau in der "Bundes-Verpflichtung": Wenn Jahwe
die Israeliten zunächst "unter dem Stab hindurchgehen" läßt
(עבר תחת השבט hi.: 37a; vgl. Jer 33,13; Lev 27,32), liegt
der Ton dieser Aussage darauf, daß der "neue Exodus" **ganz**
Israel betrifft. "Unter dem Stab hindurchgehen lassen" ermöglicht ein genaues Zählen, beinhaltet aber - wie Lev 27,33
zeigt - gerade nicht auch schon eine qualitative Auslese[305].
Zu einer solchen kommt es erst nach der "Bundes-Verpflichtung". Das in 38 gebrauchte Verb ברר, dessen Wortfeld sich -
v.a. im ni. und den Derivaten בר, ברור und בור - mit dem von
טהר weitgehend überschneidet[306], zeigt, daß es bei diesem
"Läuterungsgericht" um dasselbe geht wie bei der in 36,25.
29; 37,23 als "Reinigung" beschriebenen "Transformation des

---

304 Adamiak, Justice, 81.
305 Anders Greenberg, MSRT HBRYT, 42, der dann jedoch vor der Schwierig-
    keit steht, daß sowohl in 37a als auch in 38 von einer "selection"
    die Rede ist. Seine Behauptung, daß 38 "is ... an elaboration (and a
    return to the topic) of v 37a" (42) ist eine - angesichts der in 37f
    eindeutig vorliegenden Progreßtempora äußerst fragwürdige - Verlegen-
    heitsauskunft.
306 Vgl. Maass, Art. טהר, 648.

Bewußtseins" Israels, wie sie 20,43f zum Thema hatte, darum
nämlich, Bedingungen zu schaffen, unter denen Jahwe seinen
"Namen" unter den Völkern durch eine Restitution Israels
gegen "Entweihung" sichern kann, ohne ihn durch potentielle
neue Verschuldungen der Israeliten sogleich wieder zu gefährden. Kontinuität wie Diskontinuität zwischen "altem" und
"neuem" Exodus sind demnach gleichermaßen im Interesse Jahwes an der Heiligung seines "Namens" begründet.

Im Bild des "Hirtenstabes" von 37 ist wiederum eine Berührung dieses
Abschnitts mit Kap. 34 zu erkennen. שבט ist aber auch Attribut des Königs (vgl. Ps 45,7: שבט מלכות). Zudem könnte in שבט das dreimalige שפט
ni. von 35f nachklingen. Über שבט מוסר (Spr 22,15; vgl. 23,13; 13,24)
könnte (הברית) מסרת assoziiert sein. ברית klingt wiederum an das folgende וברותי (38) an. - Eine erstauliche Fülle und Dichte von Wort"spielen"![307]

Sofern das "Läuterungsgericht" von 20,33ff als **"Befreiung** des Volkes
von seinen unwürdigen Gliedern"[308] verstanden werden kann, wären ihm als
Vergleichstexte im EB neben 34,10 noch 13,23 und 17,20ff zur Seite zu
stellen, wo von einer Rettung des Volkes aus der Hand der für sein Unheil Verantwortlichen durch Jahwe die Rede ist.

5.3. Das Verhältnis von 32-38 und 39-44

Die Abschnitte 32-38 und 39-44 widersprechen einander
nicht kontradiktorisch. Beide schildern einen Prozeß, der
die in 5-29 zutage getretenen Widersprüche der Exilssituation Israels auflöst, indem er eine Restitution Israels im
Lande herbeiführt und zugleich eine neuerliche "Entweihung"
des "Namens" Jahwes durch das Handeln des zurückgekehrten
Volkes mindestens unwahrscheinlich macht. In beiden Fällen
schließt dieser Prozeß eine "Transformation" Israels ein -
in 32-38 stärker eine Transformation des Kollektivs hinsichtlich seiner Zusammensetzung aus Einzelnen (es wird durch

---

307 Vgl. Greenberg, MSRT HBRYT, 43.
308 Baltzer, Ezechiel, 9.

Ausscheidung der מרדים und פושעים gereinigt), in 39-44 stärker eine Transformation aller einzelnen Israeliten (ihr "Bewußtsein" wird durch die Rekonstruktion ihrer Vergangenheit
neu bestimmt). In dieser Hinsicht entsprechen beide Abschnitte einander sozusagen komplementär. Schließlich haben beide
Entsprechungen in anderen Texten des EB.

Der Eindruck einer gewissen Spannung zwischen 32-38 und
39-44 entsteht daraus, daß jeder dieser Abschnitte den jeweils anderen überflüssig zu machen scheint: Sind (entsprechend 32-38) die "Abtrünnigen" einmal "ausgesondert", scheint
eine "Transformation des Bewußtseins", wie sie in 39-44 beschrieben ist, nicht mehr nötig zu sein. Wird umgekehrt (entsprechend 39-44) das "Bewußtsein" aller Israeliten "transformiert", könnte dieser Prozeß im Grunde doch auch die "Abtrünnigen" mit einschließen, deren in 32-38 dargestellte "Aussonderung" damit überflüssig würde. So scheint sich in der Tat
der Schluß aufzudrängen, daß "V.32ff ... als Korrektiv zu
V.39ff konzipiert" ist[309] und "expressis verbis eine inklusi-
ve Heilskonzeption ab(.)lehnt"[310].

Dazu ist jedoch zweierlei zu bedenken: (1) 32-38 ist als
Fortsetzung von 1-31 ebensogut vorstellbar wie 39-44. Beide
Abschnitte enthalten Topen, die solchen aus dem ersten Teil
von Kap. 20 korrespondieren. Von daher wäre es genausogut
denkbar, daß 39-44 ein nachträgliches Korrektiv der "exklusiven" Heilskonzeption von 32-38 darstellt[311]. (2) Es ist aber
schon zu fragen, ob in Bezug auf 32-38 zurecht von einer
"exklusiven Heilskonzeption" die Rede sein kann. Dies wäre
nur dann der Fall, wenn feststünde, (a) wer zum Zeitpunkt
der Äußerung des Orakels als "Abtrünniger" anzusehen ist,
und (b) daß keiner der gegenwärtigen "Abtrünnigen" die Möglichkeit hat, zum Zeitpunkt des angekündigten Gerichts zu

---

309 Liwak, Probleme, 149.
310 A.a.O., 193.
311 So wird denn auch gelegentlich 39-44 als spätere Zufügung betrach-
    tet; vgl. Messel, Ezechielfragen, 84; van den Born, 129ff; Wevers,
    151.158. Die von Liwak, Probleme, 152ff aufgeführten stilistischen
    Unterschiede zwischen 32-38 und 39-44 sind nicht signifikant genug,
    um die Priorität von 39-44 begründen zu können.

den "Nicht-Abtrünnigen" zu gehören, d.h. in Reaktion auf das
Orakel "umzukehren". Diese Voraussetzungen gehen aber aus
dem Text gerade nicht hervor[312].

So ist es immerhin möglich, 32-44 als einheitlich konzipierten Textabschnitt zu verstehen. Dies würde bedeuten, daß
die aus der Analyse der Vergangenheit gewonnene Überzeugung,
daß eine mit einem Transformationsprozeß verbundene Restitution Israels durch Jahwe zu erwarten ist, einen Spielraum
für konkrete Erwartungen und Prognosen offenläßt. Gerade
dadurch, daß der prognostische Teil von Kap. 20 verschiedene
Möglichkeiten nebeneinanderstellt, würde er dann diesen
Spielraum offenhalten. Damit könnte der Text seinen Adressaten **zugleich** deutlich machen, daß die Restitution Israels
von ihrem eigenen Handeln grundsätzlich unabhängig ist (39-
44), **und** daß doch für ihr individuelles Geschick im Zusammenhang dieser Restitution des Kollektivs ihre Reaktion auf das
prophetische Orakel nicht gleichgültig ist (32-38).

Diese relative Offenheit des Erwartungsraumes erwächst
aber konsequent aus der Argumentation des Textes: Die Sorge
Jahwes um die "Heiligung" seines Namens "vor den Augen der
Völker" nötigt ihn zu einer Restitution Israels im Lande **und**
einer "Transformation" des Volkes, die eine neuerliche "Entweihung" des Namens Jahwes durch schuldhaftes Verhalten im
Lande ausschließt. **Wie** Jahwe diese Transformation konkret
bewerkstelligt, ist aus Vergangenheit und Gegenwart nicht zu
extrapolieren - wohl aber, **daß** Jahwe bei seinem Handeln mit
Israel nicht nur an diesem als Kollektiv (בית ישראל), sondern auch an jedem einzelnen seiner Angehörigen (איש) interessiert ist[313]. Daß diese beiden "Ebenen" des göttlichen
Handelns in Bezug auf Israel sich in der konkreten Erwartung
nicht ohne jede Spannung zueinander fügen, liegt in der Na-

---

312 Erst recht keinen Anhalt am Text hat die Behauptung, daß das "Ver-
    heißungswort" 39-44 "für die in v.32 Angeredeten keine Gültigkeit
    hat" (Baltzer, Ezechiel, 11).
313 S.o. 4.1.

tur der Sache[314]. Gegenüber literargeschichtlichen Rück-
schlüssen ist von daher m.E. Vorsicht geboten.

5.4. Zusammenfassung

Mit seiner Ankündigung der Herausführung Israels aus den
Völkern und seiner Hereinführung ins Land nimmt Ez 20 offenbar Erwartungen seiner Adressaten auf[315]. Dabei läßt der
Text allerdings das Bemühen erkennen, trotz der Erfahrung,
daß sich die in den Gerichtsprophezeiungen des EB artikulier-
te Erwartung eines "Totalgerichts" Jahwes an Israel nicht
erfüllt hat, dort gewonnene Grundeinsichten und -erkenntnis-
se zu bewahren, aufzunehmen und produktiv weiterzuentwik-
keln[316]. Daraus erwächst eine kritische Relativierung und
Modifikation der im Grundsatz aufgenommenen "Heils"erwartungen der Adressaten des Textes.
Daß - wie die Rekonstruktion der Vergangenheit Israels in
5-29 herausgestellt hatte - die Sorge Jahwes um seinen "Namen vor den Augen der Völker" den letztlich entscheidenden
Motor des Geschichtsprozesses darstellt, unterstreichen die
Zukunftsprognosen von 32-44, indem sie die Unabhängigkeit
der Restitution Israels vom Verhalten des Volkes betonen:
Gleichgültig, ob Israel wird "wie die Völker" (32) oder Jahwe durch Opfergaben zu versöhnen versucht (39) - Israel **wird**
Jahwe im Land "dienen" (40)! Die Sorge Jahwes um seinen "Namen" als alleiniges Motiv der Restitution Israels hat weiter
zur Folge, daß zu dieser eine tiefgreifende "Transformation"
des Volkes als konstitutives Moment hinzugehört: So wird der
Ankündigung der Rückkehr die eines "Scheidungsgerichts" in
der "Wüste der Völker" (33-38) vor- und die einer "Transformation des Bewußtseins" Israels (43-44) nachgestellt. Damit
gelingt es zugleich, trotz der grundsätzlichen Unabhängigkeit der Restitution Israels **als Ganzem** von seinem Verhal-

---

314 Vgl. auch u.V.3.2.4.c.
315 Vgl.o. 3.1.
316 Vgl.o. 4.4.

ten, den **einzelnen** Israeliten gleichwohl vor die Entscheidung zu stellen, ob er sich in die ihm kundgemachten Absichten Jahwes mit Israel einfügen, oder als "Abtrünniger" vom
neuen Israel ausgeschlossen werden will.

Die Kommunikationssituation des Textes wird damit zu einer
den Anfängen der drei Phasen der vergangenen Geschichte des
Volkes entsprechenden Entscheidungssituation. Anders als
damals steht nun freilich nicht das Geschick Israels als
Kollektiv, sondern das der einzelnen Israeliten zur Disposition. Hier liegt ein entscheidendes Moment der Diskontinuität im Geschichtsablauf, in dem sich ansonsten - wie v.a. in
der Abfolge der Handlungsorte deutlich wird - Vergangenheit
und Zukunft weitgehend entsprechen.

Die voranstehenden Analysen zu Ez 20 haben versucht, den
Text als einen traditionsgeschichtlich höchst eigenständigen
"Geschichtsentwurf" deutlich und verständlich zu machen.
Gleichwohl zeigte er in seiner argumentativen Frontstellung
und Auseinandersetzung auch Berührungen mit traditional vorgeprägten Vorstellungskreisen und Konzepten, v.a. mit der
"dtn./dtr." und der "priesterlichen" Traditionsströmung.
Abschließend soll im folgenden Exkurs die Frage nach der
traditionsgeschichtlichen Einordnung des Textes noch einmal
zusammenhängend aufgenommen und diskutiert werden. Gerade im
Vergleich mit mehr oder weniger nahestehenden Konzepten kann
das Geschichtskonzept von Ez 20 dabei zusätzlich an Profil
gewinnen.

EXKURS: Zur traditionsgeschichtlichen Einordnung von Ez 20

Die Einzelanalysen zu Ez 20 haben eine Reihe von Anklängen an Formulierungen und konzeptionelle Elemente aus der "dtn./dtr." wie auch aus der
"priesterlichen" Traditionsströmung zutage gefördert. Während eine
"priesterliche" Prägung der Sprach- und Gedankenwelt für das EB insgesamt charakteristisch ist[317], gilt dies nicht in gleichem Maße für die

---

317 S. z.B. Zimmerli, 70*ff; v.a. 79*: "P (schöpft) aus dem großen Strom
     priesterlicher Tradition (...), aus dem auch das Wort des Priester-
     propheten Ezechiel (in einem früheren Zeitpunkt) sich genährt hat".

"dtn./dtr." Elemente. Deshalb postuliert R.Liwak eine dtr. Bearbeitung
des EB, die auf priesterliche Kreise zurückgehe, und deren Niederschläge
er neben Ez 2,2b-3,11; 5,4b-17; 6; 11,14-21 auch in Kap. 20 zu erkennen
meint[318].

Nun haben sich in der Analyse von Ez 20 auch z.T. erhebliche Unterschiede zur dtn./dtr. Gedankenwelt gezeigt, so daß sich in den meisten
Fällen eher die Annahme einer **kritischen** Rezeption dtn./dtr. Traditions-
elemente nahelegte als die einer traditionsgeschichtlichen **Abhängigkeit**
des Textes von diesem Traditionsbereich. So stellt sich die Frage: Ist
Ez 20 aufgrund seiner Berührungen mit der dtn./dtr. Traditionsströmung
dieser traditionsgeschichtlich - trotz aller Kritik im Einzelnen - **einzuordnen**, oder ist der Text eher als Produkt der Auseinandersetzung mit
und **Abgrenzung** von diesem Traditionsbereich zu begreifen?

Es ist ein Verdienst der Untersuchung Liwaks, daß sie den wirkungsge-
schichtlichen Aspekt in die Diskussion dieses Problems einbezieht, indem
sie "die Beispiele postezechielischer Bearbeitung im Zusammenhang exi-
lisch-nachexilischer Überlieferungen"[319] untersucht. Liwak betrachtet
dabei "**die** außeralttestamentlichen Überlieferungen ..., in denen das dtr
Geschichtsverständnis in Entsprechung zu den dtr Texten des Ezechielbuches artikuliert ist"[320]. Was aber ist "**das** dtr Geschichtsverständnis"?
Hier verweist Liwak auf "(d)as von O.H.Steck aus den gesamten dtr Texten
eruierte Strukturmuster"[321], aus dem sich s.E. "folgendes Schema abstra-
hieren (läßt)"[322]:

"A: Heilssetzung Jahwes
 B: Ungehorsam des Volkes
 C: Gericht Jahwes"[323].

Dieses Schema, über dessen Signifikanz man in Anbetracht seines hohen
Abstraktionsgrads streiten könnte, erwies sich im Rahmen der vorliegenden Untersuchung als Grundmuster der "Geschichtsentwürfe" in Ez 5,5-17;

Vgl. auch Fohrer, Hauptprobleme, 148ff; Lang, Ezechiel, 77ff. Hurvitz' (Study) Versuch, nachzuweisen, daß P älter ist als Ezechiel
  bzw. das EB, ist kaum geglückt.
318 Vgl. Liwak, Probleme, zusammenfassend 205ff.
319 Liwak, Probleme, 194(ff).
320 A.a.O., 194.
321 A.a.O., 207; vgl. Steck, Israel, 110ff ("Die alttestamentlich-spät-
  jüdische Überlieferungsgeschichte des dtr. Geschichtsbildes").
322 Liwak, Probleme, 214.
323 A.a.O., 215.

16,1-43 und 23,1-30 (von denen die beiden letztgenannten kaum "dtr."
Provenienz sein dürften) - allerdings nicht bezogen auf das Volk Israel,
sondern auf die Stadt Jerusalem. Es zeigte sich, daß es in Kap. 20 nicht
einfach "auf einzelne Geschehnisphasen aufgeteilt wird, die zyklisch
wiederkehren"[324], sondern durch ein Handeln Jahwes "um seines Namens
willen" durchbrochen wird.

Während Liwak sein "dtr. EB" in der Rekonstruktion der Vergangenheit
Israels in voller Übereinstimmung mit dem dtr. Traditionsstrom in seiner
ganzen Breite sieht, schreibt er ihm "eine wesentliche Strukturveränderung in der Konzeption ..., die auf die Zukunft des Volkes bezogen
ist"[325] zu. Diese Konzeption skizziert er - in Fortschreibung des bereits genannten Schemas - folgendermaßen:

"D: Einsicht des Volkes

  E: Heilssetzung Jahwes

  F: Gehorsam des Volkes

    G: Integres Verhältnis Jahwe-Volk"[326].

(Topos D findet sich allerdings nach Liwak nur in Ez 6,9f.) Die "wesentliche Strukturveränderung" in der Prognose gegenüber dem dtr. Traditionsbereich besteht nun darin, daß "(d)er Gedanke einer Gehorsamsforderung
als Bedingung des Heils (...) im Ezechielbuch aufgegeben (scheint), weil
für den Verfasser das Handeln Jahwes unverfügbar ist (vgl. 2,5)"[327].
Diese Strukturveränderung ist nun - zumal wenn man sie, wie an Kap. 20
gezeigt, in ihrem konzeptionellen Zusammenhang betrachtet - in der Tat
wesentlich und signifikant. Sie bedeutet nicht nur eine fundamentale
Innovation gegenüber der dtr. Traditionsströmung - sie hat in ihr auch
keine Wirkungen gezeitigt. Dies soll am Beispiel einiger der von Liwak
angeführten Texte kurz demonstriert werden.

Dan 9,4-19 ist nach O.H.Steck, dem sich Liwak anschließt, "(v)om dtr
G(eschichts-)B(ild) ... im ganzen wie in den einzelnen Wendungen durch
und durch geprägt"[328]. Der an das למען שמי von Ez 20 erinnernde Appell,
Jahwe möge um seinetwillen (למענך: 17 (txt.em.).19) handeln, wird hier
unterstrichen durch den Hinweis, der Name Jahwes sei über seiner Stadt

---

324 Ebd.
325 Ebd.
326 A.a.O., 216.
327 Ebd.
328 Steck, Israel, 114.

(und seinem Volk) ausgerufen (18.19). Er ist funktional gleichwertig mit
dem Appell an Jahwes Erbarmen (רחמים): "Nicht im Vertrauen auf unsere
Gerechtigkeitserweise (!) legen wir dir unsere Bitten vor, sondern im
Vertrauen auf dein großes Erbarmen" (18). Hier ist der Argumentation mit
dem "Namen" Jahwes, wie sie sich in Ez 20 fand, die Spitze abgebrochen.
Jahwes Sorge um seinen "Namen" wird nicht nur zu einem ihm **von Israel**
vorgehaltenen Motiv seines Handelns - was in der Sicht von Ez 20 selbst
schon an Unverschämtheit grenzen muß -; sie ist seiner Bindung an das
Volk gerade nicht mehr entgegengesetzt. - So werden konzeptionelle Innovationen des EB in "dtr." Rezeption "domestiziert" und entschärft!

Zu dem sowohl von Dan 9 als auch vom "dtr. Geschichtsbild" beeinflußten Text **Bar 1,15-3,8**[329] bemerkt Liwak: "Die Kongruenz zu den dtr Aussagen des Ezechielbuches ist frappierend"[330] (vgl. v.a. Bar 2,29f mit Ez
2,4f; 3,7). Doch zeigt sich auch hier eine von Ez 20 charakteristisch
abweichende Konzeption des "Namens" Jahwes: Dieser ist nach Bar 2,15
"über Israel und seinem Stamm", nach 2,16 über den Tempel "ausgerufen".
Der Appell in 3,5: "Denk nicht mehr an die schlechten Taten unserer Väter, sondern denk jetzt an deine Hand und deinen Namen", erinnert zunächst an Ez 20,44 - nur daß dem dortigen Kontext entsprechend von den
eigenen Taten der Beter die Rede sein müßte. Bar 3,7: "Wir haben unser
Herz abgekehrt von aller Bosheit unserer Väter ...", beschreibt ein Handeln, das Ez 20,30 bei seinen Adressaten vermißte, doch wenn Bar 3,8
sogleich weiterführt: "Siehe, wir sind noch heute in den Ländern unserer
Verbannung, in die du uns versprengt hast ... entsprechend (κατά) allen
schlechten Taten unserer Väter ...", entspricht dies eher einer im EB
durchweg bestrittenen Konzeption als der von Ez 20.

Dagegen bekennt der Beter von **Tob 3,1-6**[331] in 5 seine eigene Schuld,
die er mit der seiner Väter zusammenschaut (3). Die in **Tob 13,1-18**[332]
entfaltete Prognose aber mag dem "dtr. Geschichtsbild" entsprechen -
seine "wesentliche Strukturveränderung" im EB vollzieht sie jedenfalls
nicht nach. Liwak meint zwar: "Expressis verbis ist ... die Sammlung
durch Jahwe nicht an die Umkehr des Volkes gebunden" - ergänzt aber so-

---

329 Vgl. Liwak, Probleme, 195ff; Steck, Israel, 115f.
330 Liwak, Probleme, 197.
331 Vgl. Liwak, Probleme, 194f; Steck, Israel, 113.
332 Vgl. Steck, Israel, 147ff.

gleich selbst: "wohl aber die generell verstandene Zuwendung Jahwes"[333].
Die Vorstellung , daß Jahwe "züchtigt" und doch "auch wieder Erbarmen
hat" (2: μαστιγοῖ καί ἐλεεῖ ; 5: μαστγώσει ... καί ... ἐλεήσει), enthält
mit dem Stichwort "Erbarmen" ein dem EB völlig fremdes konzeptionelles
Element. Die Aussage: "Wenn (εαν) ihr zu ihm (Jahwe) umkehrt ..., dann
(τοτε) wird er sich euch zuwenden" (6; vgl. 8), spiegelt eher das Konzept der Fragesteller (דרש!) in Ez 20 als das dieses Textes. Da nach 8
die Umkehr des Volkes das Erbarmen Jahwes, nach 5 aber dieses die Sammlung des Volkes motivert, ist letztendlich doch die Umkehr Israels Voraussetzung seiner Restitution[334].

Darin, daß Ez 20 in entscheidenden Punkten vom dtn./dtr. Geschichtskonzept abweicht und gerade mit seinen innovativen Elementen im dtn./dtr.
Traditionsstrom nicht nachgewirkt hat, zeigt sich die "Eigenständigkeit"
des Textes "gegenüber der Tradition"[335]. Indem der Text etwa in 5 das
dtn./dtr. "Erwählungs"-Konzept "aufgreift, dann aber den ständigen Abfall Israels schildert, gibt er zu erkennen, daß er den dt Versuch für
mißglückt hält"[336]. Die deutlichen Anklänge an Formulierungen und konzeptionelle Elemente aus dem dtn./dtr. Traditionsbereich in Ez 20 machen
nicht seine Einordnung in diesen, sondern sein Verständnis als Produkt
der Auseinandersetzung mit und Abgrenzung von ihm wahrscheinlich[337].

Gelegentlich wird die "geistige Heimat" von Ez 20 mit seinem Geschichtskonzept stärker in der Nähe "apokalyptischer" Traditionen gesehen. So beurteilt Y.Hoffman die Konzeption des Textes zusammenfassend
folgendermaßen: Nach Ez 20 "(h)istory teaches us that Israel's destiny
was never determined by it's deeds or transgressions ... The conclusion
is evident: The people will be redeemed, not because it is worthy of it.

---

333 Liwak, Probleme, 195. - Die Aussage über die Sammlung Israels in 5
    ist außerdem nicht in allen Handschriften bezeugt (vgl. Steck, Isra-
    el, 148).
334 Dasselbe gilt für **Jub 1,7-26** (vgl. Liwak, Probleme, 197ff; Steck,
    Israel, 159ff), was Liwak selbst einräumt (a.a.O., 199). Auch hier
    wohnt der Name Jahwes im Heiligtum (10), sind Erbarmen (20) und Lie-
    be (25) Motive des Handelns Jahwes. Auf dessen חסד und רחמים ver-
    weist auch **1 QS I,21-II,1** (vgl. Liwak, Probleme, 199).
335 Fohrer, 109.
336 A.a.O., 110.
337 So z.B. auch Lust, Ez.,XX, 163: "Les allusions d'Ezéchiel à la tra-
    dition deutéronomique sont tres claires. Nous en pouvons déduire que
    le prophète tint à se séparer de la tradition deutéronomique"; s.
    jetzt auch Pons, Ez 20.

God's plan stands on its own premise. Thus, Ezekiel opened a window toward an apocalyptic concept, whose historic determinism is one of its
basic components"[338]. Noch weiter geht J.Becker, nach dessen Interpretation das EB insgesamt "als Pseudepigraphon ... bereits dem **apokalyptischen Genus** zuzuweisen" ist, wobei s.e. "der apokalyptische Drang zur
periodisierenden Geschichtsdarstellung in Ez 20 und andeutungsweise in
Ez 16 und 23 zur Geltung" kommt[339], während sich "(d)as deterministische
Geschichtsdenken ... im Ez-Buch aus(wirkt) in der unerbittlichen Konzentration auf das Ende"[340].

Nun gehört die "Periodisierung" ebenso wie der "Determinismus" zum
weithin (noch) gängigen "Lasterkatalog" der Eigenarten und "Merkwürdig-
keiten" apokalyptischen Geschichtsdenkens[341]: Die "Überzeugung von der
Determiniertheit alles Geschehens und von der Nähe des Endes steht auch
hinter der Einteilung der Geschichte in Perioden"[342]. Doch ist in der
genuin apokalyptischen **"Periodenlehre"** "die gesamte Weltzeit ... von
Anbeginn an nach festen Zahlenrelationen gegliedert"[343], während Ez 20
nur einen Ausschnitt der Vergangenheit Israels in Form gleichstrukturier-
ter Phasen darstellt und keinerlei Zahlenrelationen bietet. Das Etikett
"Determinismus" ist nicht nur für Ez 20, sondern auch für das apokalyptische Geschichtsdenken selbst problematisch. Ein "Determinismus" gilt
hier jedenfalls nicht für "das Geschick des einzelnen ...; dieser gilt
vielmehr nach wie vor als fähig, das göttliche Gesetz zu tun"[344]. Berücksichtigt man zudem die offenkundigen Differenzen zwischen dem Geschichtskonzept von Ez 20 und "dem" apokalyptischen Geschichtsbild[345] - so zeigt
etwa Ez 20 weder einen "Dualismus" noch eine negative Sicht der "Völker"
oder eine "Sukzession der Weltreiche" noch die Erwartung eines "universalen Gerichts" - wird eine **Einordnung** des Textes in "die" apokalyptische
Traditionsströmung, wie sie J.Becker vornimmt, höchst unwahrscheinlich -

---

338 Hoffman, Ezekiel 20, 587.
339 Becker, Erwägungen, 143.
340 A.a.O., 145.
341 Steck, Überlegungen, 302.
342 Vielhauer, Apokalypsen, 408.
343 Koch, Einleitung, 16.
344 Koch, Art. Geschichte, 583; vgl. Ders., Ratlos, 25f.
345 Vgl. zusammenfassend Koch, Einleitung, 13ff; Ders., Art. Geschichte,
    582f.

zumal er auch nicht die literarischen Eigenarten gemeinhin als apokalyptisch geltender Texte aufweist[346].

Dagegen kann seiner Zuordnung ins **Vorfeld** apokalyptischen Denkens durch Y.Hoffmann m.E. durchaus ein begrenztes Recht zugestanden werden. Allerdings wäre hier genauer zu differenzieren: Wenn Hoffman bemerkt, daß in Ez 20 "God's plan stands on its own premise"[347], ist dazu zunächst festzustellen, daß von einem "Plan" (עֵצָה; Wz. יעץ) Gottes in diesem Text nicht expressis verbis die Rede ist. Zudem ist die Vorstellung eines solchen "Planes" weder genuin apokalyptisch noch eo ipso gleichbedeutend mit einem "historic determinism"[348]: Von Gottes "Plan" - der "die Kontingenz der menschlichen Entscheidung" keineswegs ausschließt[349] - spricht bereits das Jesajabuch. Und in der Darstellung von Ez 20 ist die vergangene Geschichte Israels, wie die Entscheidungssituationen zu Beginn ihrer drei ersten Phasen zeigen, keineswegs von vorneherein determiniert; erst die Zukunft Israels (als kollektive Größe) ist von dessen Verhalten unabhängig, während der einzelne Israelit auf sein zukünftiges Geschick im angekündigten "Scheidungsgericht" in der "Wüste der Völker" offenbar durchaus Einfluß nehmen kann. Von einem "historic determinism" kann man in Ez 20 also allenfalls in Bezug auf Israels bevorstehende Zukunft und hier in Bezug auf Israel als Ganzes sprechen. Hier jedoch ist in der Tat - ebenso wie in der Einbeziehung der Völker als bestimmendes Moment in den Geschichtsprozeß, die "die Konzeption einer **Universalgeschichte**"[350] vorbereitet - ein konzeptionelles Element angelegt, das für das apokalyptische Geschichtsverständis bestimmend wird, mithin "a window toward an apocalyptic concept" (Hoffman) geöffnet.

Der traditions- und konzeptionsgeschichtliche Vergleich bestätigt so die Beurteilung von Ez 20 als höchst eigenständigen Geschichtsentwurf, der von seiner aktuellen Frontstellung und der Anknüpfung an die Gerichtsprophezeiungen des EB mit ihrem konzeptionellen Rahmen angesichts der Erfahrung einer relativen "Bewahrung" Israels in und nach der Katastrophe des Jahres 587 bestimmt ist. In Auseinandersetzung mit "dem" Geschichtsbild der dtn./dtr. Traditionsströmung entwickelt der Text An-

---

346 Vgl. Koch, Einleitung, 12f; Ders., Ratlos, 19ff.
347 Hoffman, Ezekiel 20, 587.
348 Ebd.
349 Vollmer, Rückblicke, 203 in Auseinandersetzung mit Fichtner, Plan.
350 Koch, Einleitung, 17; vgl. Ders., Art. Geschichte, 582.

sätze, die "das" apokalyptische Geschichtsverständnis vorbereiten. Mit
seiner kritischen Integrationskraft stellt Ez 20 ein Beispiel für das
"Zusammenfließen" verschiedener Traditions"strömungen" dar, aus dem
"die" Apokalyptik hervorgegangen ist[351] - und zeigt, daß ein derartiges
"Zusammenfließen" keineswegs so konfliktfrei verlaufen muß, wie es das
Bild der "Strömungen" suggerieren könnte.

---

351 Vgl. Steck, Strömungen, 49ff.

V. VERSUCH EINER REDAKTIONSGESCHICHTLICHEN EINORDNUNG DER GESCHICHTSKONZEPTE IM EB

1. Ausgangspunkt und Fragestellung der weiteren Untersuchungen

Die exegetischen Einzelanalysen der "Geschichtsentwürfe" in Ez 5,5-17; 16,1-43; 23,1-30 und 20,1-44 - wobei der zuletzt genannte Text, wie sich zeigte, in seinem Geschichtskonzept 36,16-38 sehr nahe steht - haben gezeigt, daß die Texte aus Kap. 5; 16 und 23 einerseits, Kap. 20 (und 36,16ff) andererseits - bei weiteren Differenzen im Einzelnen - zwei charakteristisch verschiedene Geschichtskonzepte repräsentieren. Die wichtigsten Unterschiede zwischen diesen beiden Textbereichen, die hier der Kürze halber als "Textgruppe I" und "Textgruppe II" bezeichnet werden können, lassen sich etwa folgendermaßen zusammenfassen:
(1) In Textgruppe I dient die Rekonstruktion der Vergangenheit Jerusalems/Israels der argumentativen Stützung einer Gerichtsprognose: Jahwe wird im Zorn und ohne Erbarmen Gericht halten[1], was zum Untergang der Stadt und des Volkes führen wird. - In Textgruppe II dagegen ist die in der Gerichtsprophezeiung angekündigte Katastrophe bereits als erfahrbare und erfahrene Wirklichkeit vorausgesetzt[2]. Angesichts dieser Erfahrung, die im Rückgriff auf den konzeptionellen Rahmen der Gerichtsprophezeiungen reflektiert und interpretiert wird[3], wird hier eine Restitutionspro-

---

1 Vgl. 5,8ff; 16,37ff; 23,22ff.
2 Vgl. 36,18-20; 20,32ff setzt das Eingetroffensein der Ankündigung von 20,23 voraus.
3 Vgl. 36,20f; 20,30f.32.

gnose sowie[4] eine neue Rekonstruktion der Vergangenheit Israels entwik-
kelt.

(2) Für die Struktur der Geschichtsdarstellung in Textgruppe I ist die
Abfolge von (A) Ordnungssetzung Jahwes, (B) Ordnungsverletzung von Seiten Jerusalems/Israels und (C) göttlicher Sanktion dieser Ordnungsverletzung (Zorn und Gericht) bestimmend. Diese Abfolge erwächst aus dem Konzept eines "Tat- Ergehen-Zusammenhangs"[5], der umgriffen und in Kraft
gesetzt ist von einer durch Normen[6] vermittelten Korrelation von göttlichem und menschlichem Handeln, als Rahmen der Darstellung und Interpretation geschichtlicher Prozesse. - In Textgruppe II wird dagegen die Prognose einer Restitution Israels gerade durch eine Relativierung des Tat-
Ergehen-Zusammenhangs in seiner Funktion als Gesetzmäßigkeit des Geschichtsprozesses begründet: Weil Jahwes Interesse an der Heiligung seines "Namens" unter den Völkern sein Interesse an einer dem Tat-Ergehen-
Zusammenhang entsprechenden Sanktionierung von Ordnungsverletzungen überwiegt[7], kann eine Restitution Israels erwartet werden, die zugleich eine
neuerliche Entweihung des "Namens" Jahwes vor den Völkern durch schuldhaftes Handeln seines Volkes unwahrscheinlich macht[8]. Diese Relativierung der regelhaften Abfolge von Schuld, Zorn und Gericht durch Jahwes
Interesse an der Heiligung seines "Namens" unter den Völkern bestimmt
dann in 20,5ff[9] auch die Rekonstruktion der Vergangenheit Israels. Damit
wird in Textgruppe II zugleich die Korrelation von göttlichem und menschlichem Handeln gelockert: Das Handeln Jahwes realisiert nun nicht mehr
einfach die dem Verhalten Israels - angesichts expliziter oder impliziter
Normen - inhärierenden Tat-Folgen. Vielmehr definiert das Handeln Israels nur mehr Ausgangssituationen geschichtlicher Prozesse, die die Heiligung des "Namens" Jahwes befördern und ihrerseits transformierend auf
Israels Verhalten zurückwirken.

(3) In Textgruppe I fallen die von Jahwe im Geschichtsprozeß bzw. zu
dessen Beginn gesetzte Ordnung - seine besondere Beziehung zu Jerusa-
lem/Israel[10] und dessen darin begründete Funktion als Zentrum des Herr-

---

4 In 20,5ff.
5 Vgl. 5,9; 16,43; 23,29f.
6 Vgl. 5,6f; 16,38; 23,24.
7 Vgl. 36,22.32; 20,44.
8 Vgl. 36,25ff; 20,38.43.
9 - dagegen (noch) nicht in 36,17-19!
10 Vgl. 5,5; 16,6ff; 23,4.

schaftsbereichs Jahwes: der Völkerwelt mit ihrer Rechtsordnung - und der
den Ablauf des Geschichtsprozesses bestimmende Regelzusammenhang - die
Sanktionierung menschlicher Ordnungsverletzungen durch Jahwe - nicht
zusammen. Das den Geschichtsentwurf im Ganzen bestimmende, "metahistorische" Ordnungskonzept steht in Spannung zu der von Jahwe in seinem "Ursprungs"handeln an Jerusalem intendierten, "geschichtlichen" Ordnung: Im
Gerichtshandeln beseitigt Jahwe ja nicht nur die Störung dieser Ordnung
von Seiten Jerusalems/Israels; er macht mit dessen Extermination aus der
Völkerwelt zugleich auch diese Ordnung selbst zunichte. - In Textgruppe
II dagegen (näherhin in Kap. 20) sind stärkere Zusammenhänge zwischen
den im Geschichtsprozeß von Jahwe gesetzten Ordnungen und dem den Geschichtsprozeß als Ganzen bestimmenden Ordnungskonzept erkennbar: die
von Jahwe gesetzten Normen - die sich selbst im Geschichtsprozeß verändern und entwickeln! - dienen - selbst noch in ihrer unheilvollen Perver-
tierung[11] - der Anerkenntnis und Erkenntnis seines "Jahwe-Seins"[12], die
auch Ziel seines den Geschichtsprozeß im Ganzen bestimmenden Handelns
"um seines Namens willen"[13] ist[14]. Mit diesem Handeln "um seines Namens
willen" wahrt Jahwe im Fortgang des Geschichtsprozesses die Kontinuität
zu seinem früheren Initiativ-Werden.

(4) Schließlich ist die Darstellung des Geschichtsablaufs in Textgruppe
I deutlich auf Jerusalem zentriert. Die Verschuldung der Stadt und das
zukünftige Gericht Jahwes an ihr stehen im Mittelpunkt des Interesses.
die anderen Städte Israels und die Israeliten sind als "Kinder", "Söhne
und Töchter" der "Metropole" von deren Handeln und Ergehen mitbetroffen[15]. - Die Geschichtsentwürfe von Textgruppe II sind dagegen weit stärker Israel-zentriert: In 36,15ff wird Jerusalem in dem - vermutlich sekundären - Vers 38 beiläufig erwähnt, während 36,33ff den Wiederaufbau
der "Städte" (Pl.!) Israels ins Auge faßt. In Kap. 20 ist der neue Opferkult auf dem "hohen Berg Israels" (40) Zielpunkt der Restitution des
Volkes; dieser wird aber hier - wohl mit Bedacht - nicht mit Jerusalem
oder dem Zion identifiziert, während in der Polemik gegen die "Höhe"
(במה) in 20,29 wohl eine Kritik der Legitimation Jerusalems als kultische Zentralinstanz Israels für die Vergangenheit mitzuhören ist. Die

11 Vgl. 20,26.
12 20,7.12.20.26.
13 20,9.14.22.44; vgl. 39.
14 20,38.42.44.
15 Vgl. 16,20f.36; 23,(10.)25; 5,14.

Stellung von במה und הר מרום ישראל in Kap. 20 zeigt, daß in der Konzeption dieses Textes die Legitimität und Funktionsfähigkeit einer kultischen Zentralinstanz vom Gottesverhältnis des Volkes abhängt, nicht umgekehrt.

Hinsichtlich der Frage nach Erfahrungsbasis und argumentativer Frontstellung dieser charakteristisch verschiedenen Geschichtskonzepte sind zwei weitere vorläufige Ergebnisse der exegetischen Einzeluntersuchungen von Bedeutung:

(5) Die Texte der Gruppe I nehmen auf die geschichtliche Situation vor 587 Bezug; die Katastrophe Jerusalems ist Gegenstand der Prognose. - Textgruppe II dagegen blickt auf die Ereignisse des Jahres 587 - im Sinne einer nur partiellen Erfüllung der Prognose von Textgruppe I - zurück.

(6) Traditions- und konzeptionsgeschichtlich ist Textgruppe I, wie sich insbesondere am Programm der Zeichenhandlungen von 4,1-5,4 zeigen ließ, von einer Rezeption gerichtsprophetischer Konzeptionselemente in den Kategorien "priesterlichen" Denkens bestimmt. In der argumentativen Frontstellung gegen eine bestimmte Rezeption der "Zion-Theologie" werden auch Elemente aus der dtn./dtr. Traditionsströmung zu deren Kritik aufgenommen. - Für Textgruppe II dagegen ist stärker die - wiederum "priesterlich" geprägte - Auseinandersetzung mit konzeptionellen Elementen der dtn./dtr. Traditionsströmung kennzeichnend.

Diese Beobachtungen könnten nun die Hypothese nahelegen, daß die beiden Textgruppen und die von ihnen repräsentierten Geschichtskonzepte nicht nur aus unterschiedlichen Zeiten, sondern auch von verschiedenen Verfasser(gruppe)n stammen, die in ihren Interessen wie auch ihrem traditionsgeschichtlichen Hintergrund relativ stark differieren[16]. Um Kurzschlüs-

---

16 Diese Hypothese erfreut sich in neueren redaktionsgeschichtlichen Untersuchungen zum EB einiger Beliebtheit; vgl. den Überblick bei Kaiser, Einleitung, 262ff. So erkennt etwa Hölscher in Ez 16 und 23, nicht aber in Kap. 20 und 36,16ff (sowie 5,5ff) einen "ezechielischen" Grundbestand. Schulz, Todesrecht, 163ff sieht in 20,1-31 (.32ff) ein Produkt der - an eine "deutero-ezechielische Grundschicht" (3,17-21; 14; 18; 22,1-16; 33,1-20) anknüpfenden - "deutero-ezechielischen Schultradition", deren Überarbeitungen er auch in 5,5ff; 16 und 23 von einem "ezechielischen" Grundbestand abheben zu können meint. Garscha, Studien (zusammenfassend: 283ff) führt den Ansatz Schulz' weiter aus. In seiner Rekonstruktion geht Kap. 20 auf einen "deuteroezechielischen Bearbeiter" zurück, der auch Kap. 23

se zu vermeiden, erscheint es jedoch geboten, den in den
exegetischen Einzeluntersuchungen gewonnenen Befund zu einer
- versuchsweisen und hypothetischen - Rekonstruktion des
Entstehungsprozesses des EB in Beziehung zu setzen, die von
ihnen relativ unabhängig gewonnen ist.

Dies erfordert allerdings einen methodischen Bruch mit dem
- praktisch in der gesamten redaktionsgeschichtlichen Forschung am EB geübten - Verfahren, **zunächst** einen Grundbestand an "authentischem" Textmaterial zu ermitteln[17], um
dann, von diesem ausgehend, das allmähliche Wachstum des
Buches bis zu seiner vorliegenden Endgestalt zu rekonstruieren.

Von paradigmatischer Bedeutung für dieses Verfahren ist die Behandlung
des EB durch W.Zimmerli, der seine Theorie der "Fortschreibung" nicht
nur in seinem voluminösen Kommentar "am ganzen Buch durchführt und damit
ihre Tragweite abschätzbar macht"[18], sondern auch ihre methodischen Vorgaben und Implikationen aufdeckt und der Diskussion stellt[19]. "Man kann
ohne zu übertreiben sagen, daß die ganze weitere Ezechielforschung auch

---

und 5,5ff in ihrem Grundbestand vorgefunden und mit eigenen Bearbeitungen neu interpretiert sowie Kap. 16* als eigenständige Überlieferung in das ihm vorliegende Prophetenbuch eingearbeitet hat. Dagegen
rechnet Garscha den von Schulz als "deutero-ezechielische Grundschicht" identifizierten Textbereich zu einer (späteren) "sakralrechtlichen Schicht". Liwak, Probleme, der sich um eine Untersuchung "postezechielischer Interpretationen und Kompositionen", die
dem dtr. Traditionsbereich nahestehen, beschränkt, betrachtet Kap.
20 als Produkt der Redaktion des "dtr. EB", deren Bearbeitung er
auch in 5,5ff nachweisen will.

17 Fraglich - und unentscheidbar? - ist unter Voraussetzung dieses Verfahrens dann nur noch, ob man "den Selbstaussagen des Buches über
Zeit und Ort der Wirksamkeit des Propheten zu trauen und so lange an
der 'Echtheit' der Texte festzuhalten" hat, "bis ihre 'Unechtheit'
bewiesen werden kann" (Garscha, Studien, 1), oder ob "einer redaktionskritischen Fragestellung das grundsätzlich - von Käsemann im
Blick auf das Problem des historischen Jesus - erhobene Postulat
(entspricht), daß wir auch in der Prophetenforschung 'nicht mehr die
etwaige Unechtheit, sondern gerade umgekehrt die Echtheit des Einzel-
gutes zu prüfen und glaubhaft zu machen haben' und daß 'nicht das
Recht der Kritik, sondern ihre Grenzen ... heute zu beweisen' sind"
(a.a.O., 15 mit Bezugnahme auf Käsemann, Problem).

18 Lang, Ezechiel, VIII.

19 Vgl. zusammenfassend Zimmerli, Phänomen.

dort in seinem Schatten steht, wo sie über ihn hinausgeht"[20]. Dies gilt
auch für die vorliegende Arbeit mindestens insofern, als sie Zimmerlis
Interesse an "neue(n) **geschichtliche(n) Erfahrungen**" als "Anlaß zur Fortschreibung schon geformter Worteinheiten"[21] teilt.

---

20 Kaiser, Einleitung, 264. Die neueren Arbeiten von Hossfeld (Untersuchungen), Simian (Nachgeschichte), Schulz (Todesrecht), Garscha (Studien) und Vogt (Untersuchungen) sind methodisch sämtlich dem Modell
   Zimmerlis verpflichtet, selbst wo sie - wie v.a. die Arbeiten von
   Schulz und Garscha (vgl. dazu Zimmerli, IXff; Ders., Deutero-Ezechiel) - sich von seinen Ergebnissen weit entfernen; vgl. Kaiser,
   a.a.O., 265ff.
21 Zimmerli, Phänomen, 175 (Hervorh. T.K.). - Freilich hat nicht jede
   von Zimmerli identifizierte "Fortschreibung" wirklich "neue geschichtliche Erfahrungen" zum "Anlaß". Als einen ersten Typ der
   "Fortschreibung" nennt Zimmerli selbst "die einfache Entfaltung eines Themas" (a.a.O., 184 Anm. 22), "eine Fortschreibung in neuer
   Richtung ..., ohne daß sich dahinter schon eindeutig eine geschichtliche Weiterentwicklung erkennen ließe" (a.a.O., 176 - in Bezug auf
   Ez 16,1-43. 44ff[176f]).Erst bei Zimmerlis zweitem Typ der "Fortschreibung", der "einfache(n) Forterzählung unter dem Eindruck inzwischen geschehener Geschichte" (a.a.O., 184 Anm. 22) - sei es als
   "tief in den zunächst vorliegenden Text eingreifende, diesen umge-
   staltende Form der Fortschreibung" (a.a.O., 177 - illustriert an
   12,1-16[177ff]) oder als "einfache(.) Erweiterung", die "das Vorgefundene einfach durch einen weiterführenden Zusatz ergänzt und den
   Grundtext unberührt läßt" (ebd. - illustriert an 5,1-2. 3-4a[182f]
   und 19,1-9.10-14[184]) - tritt "die weiterlaufende Geschichte als
   inhaltliche Triebkraft zur weiteren Ausgestaltung deutlich heraus"
   (ebd.). Dies gilt dann stärker noch für den dritten Typ "eine(r)
   inhaltlich-sachliche(n) 'Fortschreibung'" (a.a.O., 184 Anm. 22), die
   als "transformierende Form der Fortbildung der prophetischen Aussagen" (a.a.O., 184 - illustriert an den "Aussagen über den aus dem
   Gericht geretteten Rest" [184ff]) auch die konzeptionelle Ebene der
   Texte berührt. Dagegen geht es beim vierten und letzten "Fortschreibungs"-Typ "nicht mehr um ein Fortschreiben ursprünglicher Aussagen
   im Lichte der fortschreitenden Geschichte, sondern um einen neuen
   Zukunftsraum der Erwartung, der sich in des Propheten Verkündigung
   hinein abzeichnet" (a.a.O., 189f - illustriert am Phänomen der "Fortschreibung einer anfänglichen Unheilsansage aus der Zeit vor 587 zur
   Heilsverkündigung [187], z.B. in 20,1-31. 32ff; 17,1-21. 22ff[187f])
   - "nicht im Blick auf schon geschehene geschichtliche Wende, sondern
   im Hören auf die von Jahwe verheißend zugesagte kommende Wende"
   (a.a.O., 187). Es gelingt Zimmerli mit seinem Modell der "Fortschreibung" also faktisch nicht, alle literarkritisch ermittelten Inkonsistenzen der Texte, die eine "Fortschreibung schon geformter Worteinheiten" vermuten lassen, historisch durch "neue geschichtliche Erfahrungen" ihrer Produzenten zu erklären. Erforderlich wäre hier sowohl
   eine weitere Klärung des Verhältnisses philologisch-linguistischer
   und historischer Methoden in der exegetischen Analyse als auch eine
   Präzisierung und Differenzierung des Begriffs "geschichtliche Erfahrung".

Anders als ein Großteil seiner Nachfolger ist sich Zimmerli der begrenzten Reichweite und Erklärungskraft seines Modells der "Fortschreibung" bewußt: Es wird "unter dem Stichwort 'Fortschreibung' **ein Teilge-
biet** erweiternder Zusätze zum ursprünglichen Ezechieltexte aufgegriffen". Im Vergleich zu neueren Versuchen einer Rekonstruktion des gesamten Entstehungsprozesses des EB geht es dabei "um eine **engere Fragestellung.** Es soll nicht das Buchganze des Ezechielbuches betrachtet werden,
wo wir wohl von einer schlüssigen Gesamtsicht noch weit entfernt sind.
Vielmehr möchte die Frage gestellt werden, wie weit sich **an einzelnen
Stellen"** Fortschreibungsprozesse "einigermaßen kontrollierbar erkennen"
lassen[22].

Hinter dieser Selbstbeschränkung verbirgt sich aber m.E. ein grundsätz-
liches Problem des   "Fortschreibungs"-Modells Zimmerlis: Seine Stärke
liegt sicher darin, daß es Inkonsistenzen, Spannungen und Brüche in Einzeltexten des EB literargeschichtlich erklären kann[23]. In dieser Hinsicht kann als sein Vorläufer die Analyse des Jeremiabuchs durch B.Duhm
angesehen werden, der feststellt: "Wenn ... ein Ergänzer den anderen
ergänzt, vielleicht auch noch die Abschreiber das Ihrige dazu thun, so
können die unglaublichsten Konfusionen entstehen"; ein Buch kann dann
langsam wachsen, "fast wie ein unbeaufsichtigter Wald wächst und sich
ausbreitet", so daß schließlich "von einer methodischen Komposition,
einer einheitlichen Disposition (...) keine Rede sein (kann)"[24].

Darüber hinaus soll das "Fortschreibungs"-Modell Zimmerlis aber auch
die Rekonstruktion der literarischen Vorgeschichte von Texten ermöglichen, die - wie z.B. Ez 20 - in ihrer vorliegenden Gestalt durchaus ein
kohärentes Ganzes bilden. Hierzu reichen nun rein textimmanente Kriteri-
en der Analyse offenbar nicht mehr aus. Neben der Annahme "neuer geschichtlicher Erfahrungen" als "Anlaß zur Fortschreibung" spielt hier
der Vergleich mit anderen Texten des EB eine wichtige Rolle[25]. Ein derartiger Vergleich ist aber - wenn überhaupt - jedenfalls nur dann für eine

---

22 Zimmerli, Phänomen, 175 (Hervorh. T.K.).
23 So führt z.B. nach Zimmerli die "Fortschreibung" in Ez 12,1-16 zu
   einer "literarischen Zerstörung des in sich zunächst klaren Grundtextes" (a.a.O., 180; vgl. 182 zu Ez 10). Aus dem Vorliegen einer derar-
   tigen "Fortschreibung" schließt Zimmerli regelmäßig darauf, daß sie
   "nicht der eigenen Hand des Propheten zu verdanken" sei (a.a.O.,
   182; vgl. 180).
24 Duhm, Jeremia, XIXf.
25 Vgl.o. IV.2.(Ad 1.a/b) zu Kap. 20.

literargeschichtliche Rekonstruktion aussagekräftig, wenn die zu vergleichenden Texte (1) voneinander abgegrenzte, relativ selbständige und abgeschlossene Kommunikationseinheiten darstellen und zugleich (2) einem
übergreifenden literarischen Zusammenhang angehören, in dessen Rahmen
erst sinnvoll nach solchen Gemeinsamkeiten und Unterschieden seiner Teile gefragt werden kann, die Rückschlüsse auf deren literarische Vorgeschichte erlauben. "Fort-Schreibung" setzt also eine literarische Basis
voraus, die - zumal wenn die "Fortschreibung", wie es z.B. in Ez 16,44ff
greifbar wird[26], die Absicht verfolgt, verschiedene Einzeltexte eines
Buches zu verknüpfen und zu harmonisieren - mehr als einen Einzeltext,
d.h. eine literarische Komposition bzw. ein Buch in nuce umfassen muß.
"Sobald" - aber eben auch: erst nachdem! - "eine Erstredaktion ihr Werk
getan hat oder eine Sammlung von Prophetenworten vorliegt, ist die Matrize für beliebige (?) literarische Zusätze vorhanden"[27]. So kommt auch
das auf der literarkritischen Analyse einzelner Texte fußende Modell der
"Fortschreibung" nicht umhin, mindestens eine übergreifende Redaktion
des EB - in einer literargeschichtlich früheren Gestalt - anzunehmen[28].
Das bedeutet aber: Literarkritik läßt sich nicht gegen Redaktionskritik
ausspielen[29], sondern setzt diese voraus.

Schon mit der "Erstredaktion" bzw. ältesten "Sammlung von Prophetenworten" unterliegen aber - worauf neuerlich R.E.Clements[30] nachdrücklich
hingewiesen hat - die der Redaktion vorliegenden Einzelworte bzw. -texte
einem diskontinuierlichen "process of transition": Da (ursprünglicher)

---

26 Vgl.u. 3.2.3.b.
27 Levin, Verheißung, 67.
28 Mit seinem Modell einer Ezechiel-"Schule" (vgl.u. 3.3.), die für
   Sammlung **und** Bearbeitung der Äußerungen Ezechiels verantwortlich
   ist, geht Zimmerli in gewisser Weise über Duhm hinaus. Es wird jedoch zu fragen sein, ob wirklich alle (oder mindestens ein Großteil
   der) "Fortschreibungen" in den Texten des EB auf eine kontinuierlich
   aus der "Verkündigung" Ezechiels hervorgegangene "Schule" zurückzuführen sind. Im "Restitutionsprogramm des 'älteren EB'" (s.u. 3.2.3.)
   scheint doch die Diskontinuität gegenüber den Restitutionsprophezeiungen Ezechiels (s.u. 3.3.2.) relativ stark zu sein.
29 - wie es Levin, Verheißung, 63ff in seinem "Exkurs: Kritik der
   Redaktionskritik" versucht, den er mit dem Satz beschließt:
   "Pointiert kann man sagen: Die prophetische Literatur, ja mit
   Einschränkung das ganze Alte Testament, ist in erster Linie weder
   Autoren- noch Radaktorenliteratur, sondern Auslegungsliteratur, ein
   großer, in Jahrhunderten gewachsener, schriftlicher Midrasch: 'Sacra
   scriptura sui ipsius interpres'" (a.a.O., 67).
30 Clements, Chronology, v.a. 289f.

Hörer und (gegenwärtiger) Leser sich in einem "different context" befinden, wird eine "decontextualization" der Einzelworte notwendig - wenn
anders sie auch für die Gegenwart der Redaktion relevant sein sollen und
nicht aus rein archivarischen Interessen aufbewahrt werden. So müssen
sie zueinander und zu anderen prophetischen Büchern ebenso in Beziehung
gesetzt werden wie zu neuen geschichtlichen Erfahrungen. Dieser "process
of transition", durch den "die Matrize für ... literarische Zusätze"
(Levin) allererst konstituiert wird, kann aber nicht selbst schon durch
ein - für das EB (sogar in seiner vorliegenden Gestalt) ohnehin bis in
christliche Zeit hinein strittiges - "kanonische(s) Ansehen der überkom-
menen Texte"[31] motiviert sein. Damit wird aber mindestens für ein Stadium der Entstehungsgeschichte des EB auch die Frage nach übergreifenden
"interests and loyalties" der Redaktion[32] legitim.

Hinzu kommt, daß Duhms Urteil über das Jeremiabuch ("von einer methodischen Komposition, einer einheitlichen Disposition kann keine Rede
sein") für das EB auch in seiner vorliegenden Gestalt kaum zutrifft, das
eher den Eindruck einer "grossartig angelegte(n) und ... klar durchge-
führte(n) planvolle(n) Einheit"[33] erweckt. Dieses Phänomen ist durch ein
Textwachstum nach der Art, "wie ein unbeaufsichtigter Wald wächst und
sich ausbreitet" (Duhm), ebensowenig zu erklären wie die Beobachtung von
Diskrepanzen nicht nur zwischen den Konzepten verschiedener Einzeltexte
des EB in ihrer vorliegenden Gestalt, sondern auch zwischen solchen und
der Gesamtkonzeption des Buches[34]. Eben diese Phänomene machen aber im
Falle des EB - auch wenn "(v)on der literarisch-technischen Seite her
... zu durchgreifenden Bearbeitungen keine Notwendigkeit" bestanden haben sollte[35], die Annahme derartiger Bearbeitungen wahrscheinlich.

---

31 Levin, Verheißung, 67.
32 Clements, Ezekiel Tradition, 133. Clements sieht das Hauptinteresse
   in "a divine sanction for the renewal and revitalising of worship in
   Jerusalem after the tragic events that had brought it to an almost
   complete end in 587 B.C." (a.a.O., 133f). Die folgenden Untersuchungen sollen dazu beitragen, diese Hypothese zu präzisieren.
33 Cornill, Einleitung, 168f.
34 Vgl. z.B. a.a.O., 169f. Symptomatisch ist m.E., daß zahlreiche literarkritisch ansetzende redaktionsgeschichtliche Arbeiten zum EB Texte, die so verschiedene Konzepte repräsentieren wie Ez 5,5-17 und
   Kap. 20 derselben Bearbeitungsschicht des Buches zuordnen (vgl.o.
   Anm.16).
35 Levin, Verheißung, 67.

Damit soll nun keineswegs schon umgekehrt das Recht einer nach "Fort-schreibungen" fahndenden literarkritischen Einzelanalyse der Texte des EB bestritten und behauptet werden, "that our prophetic literature has not been the subject of a more or less continuous and indiscriminate process of elaboration, commenting and glossing"[36]. Nur darum geht es, die - in den folgenden Untersuchungen zu bewährende - Arbeitshypothese plausibel zu machen, daß **in** diesem "process of elaboration, commenting and glossing" Einschnitte und Stadien zu erkennen sind, die auf übergrei-fende redaktionelle Bearbeitungen zurückgehen, daß m.a.W. nicht erst - wie Levin[37] meint - moderne Redaktionskritiker, sondern schon antike Redaktoren "sich aufgemacht (haben), den 'unbeaufsichtigten Wald' ... unter Aufsicht zu stellen".

Der hier als Alternative zu einem redaktionsgeschichtli-chen Erklärungsmodell, das von einem (literar-)kritisch re-konstruierten Grundbestand "authentischen" Materials aus-geht, versuchsweise zu entwickelnde und zu erprobende metho-dische Ansatz soll im folgenden Abschnitt als Vorgabe der weiteren Untersuchungen skizziert und wenigstens ansatzweise auch begründet werden.

2. Methodische und inhaltliche Vorgaben der weiteren Untersuchungen

Es darf wohl als communis opinio gegenwärtiger Forschung am AT gelten, daß "OT books are the end product of a long oral and written transmission process and in their final form represent the work of a redactor or redactional school"[38] - wobei in jedem Einzelfall neu zu prüfen bleibt, welche Zeitspanne dieser Prozeß umfaßt, und ob er auch münd-liche Überlieferungsstufen einschließt. Aufgabe der überlie-ferungsgeschichtlichen, literarkritischen und redaktionsge-

---

36 So Clements, Ezekiel Tradition, 133.
37 Levin, a.a.O., 63.
38 Willis, Redaction Criticism, 83.

schichtlichen Fragestellung(en) in der atl. Exegese[39] ist
es, den Prozeß der Entstehung atl. Texte bzw. Textkomplexe -
wie z.B. des EB in seiner vorliegenden (textkritisch bereinigten) Gestalt - zu rekonstruieren. Dabei versucht die Exegese "zunächst, die verschiedenen Schichten in einem **analyti-
schen** Arbeitsgang rückwärtsschreitend abzutragen, um dann
synthetisch das Werden des Textes in seinem historischen
Verlauf und die dabei einwirkenden Kräfte und bestimmenden
Intentionen nachzuzeichnen"[40]. Dieser im Ganzen **diachron**
orientierten Fragestellung korrespondiert die **synchron** orientierte Frage danach, "wie sich Sprache und kulturell vorge-
formte Gattungen, geistige Welt sowie zeitgeschichtliche und
soziale Gegebenheiten in **einem** besonderen Text bzw. auf je
einzelnen Stufen seines Werdeganges niederschlagen"[41]. Sie
ist Gegenstand der form- und traditionsgeschichtlichen Fragestellung sowie der Frage nach dem historischen Ort eines
Textes[42].

Diachrone und synchrone Fragestellung sind im traditionel-
len "Methodenkanon" atl. Exegese aufgrund des darin (mehr
oder weniger explizit) vorausgesetzten Modells der Textent-
stehung - das im übrigen als Verallgemeinerung des in Kap.I
dieser Arbeit skizzierten Modells der Konstitution von Zeit-
und Geschichtserfahrungen und deren Niederschlag in "Stories" betrachtet werden kann - eng aufeinander bezogen. Diese Bezogenheit wird als notwendig einsehbar, wenn man unter
"Text" eine sprachliche (mündliche oder schriftliche) Äußerung versteht, deren Anfang und Ende erkennbar sind, und die
in einem umfassenderen Kommunikationszusammenhang Bedeutung
trägt[43]. Ob eine (als solche vorliegende oder durch literar-
bzw. überlieferungskritische - also diachron orientierte -

---

39 Vgl. z.B. Barth/Steck, Exegese, 30ff.
40 A.a.O., 11.
41 Ebd.
42 Vgl. a.a.O., 56ff.
43 S. Lyons, Semantik I, 43; vgl. den Versuch einer Auflistung
   differenzierter Kriterien bei de Beaugrande/Dressler, Einführung,
   3ff. - Diese Umschreibung des Begriffs "Text" erhebt nicht den
   Anspruch einer Definition; sie nennt m.E. notwendige, aber wohl noch
   nicht hinreichende Bedingungen von "Texthaftigkeit".

Rekonstruktion gewonnene) sprachliche Äußerung als "Text"
anzusprechen ist, entscheidet sich dann nämlich nicht nur an
internen, philologisch-linguistisch zu erhebenden Phänomenen
wie "Kohäsion" und "Kohärenz"[44], sondern auch daran, ob sie
als bedeutungtragende Einheit in einem (durch synchron orientierte Methoden zu rekonstruierenden) kommunikativen Kontext - der natürlich seinerseits auch eine geschichtliche
Dimension aufweist - verständlich gemacht werden kann, also
an **externen**, historischen Faktoren. "Nicht die Einheitlichkeit im Sinne höchstmöglicher formal-stilistischer und seman-
tischer Kohärenz ist Kriterium eines bedeutungsvollen Textes,
sondern seine Funktion im kommunikativen Kontext"[45].

Welche Konsequenzen ergeben sich aus diesen Überlegungen
für die Frage nach der Entstehung des EB? Die historische
Rekonstruktion muß ansetzen beim vorliegenden EB als (komple-
xem) Text. Eine Eigenart dieses Textes ist, daß er aus relativ abgeschlossenen, eigenständigen und bedeutungtragenden
Einzeltexten besteht. Die exegetischen Einzelanalysen haben
gezeigt, daß zwischen solchen Einzeltexten konzeptionelle
Spannungen bestehen. Im Folgenden wird weiter nach konzeptionellen Spannungen zwischen Einzeltexten des Buches und
dem Buch als Ganzem zu fragen sein. Daß auch solche Spannungen vorliegen, ist nach dem bisher erzielten Ergebnis zu
erwarten, da die Gesamtkonzeption des Buches höchstens einem
der rekonstruierten, von verschiedenen Einzeltexten repräsentierten Geschichtskonzepte im EB entsprechen kann. Wenn aber
das EB Texte enthält, die seiner Gesamtkonzeption nicht
bruchlos entsprechen, legt dies die Annahme nahe, daß der
(bzw. die) "Verfasser" des Buches vorliegendes Textmaterial
verarbeitet hat (bzw. haben), mithin als "Redaktor(en)" anzusprechen ist (sind). Unter Voraussetzung dieser Arbeitshypo-

---

44 Vgl. de Beaugrande/Dressler, Einführung, 50ff.88ff.
45 Ich übernehme hier eine Formulierung aus einem Entwurf über die
   "priesterschriftlichen Heiligtumstexte" von H.Utzschneider. - Dieser Sachverhalt verbietet eine strenge methodische Nachordnung von
   diachron - und synchron orientierten Arbeitsgängen im Prozeß der
   Exegese.

these[46] ist es möglich, ausgehend von einer Rekonstruktion
der von der Redaktion des Buches vorausgesetzten historischen Situation zurückzufragen nach der (bzw. den) historischen Situation(en), die der (die) Verfasser des der Redaktion vorgegebenen Materials voraussetzt (-setzen).
Die Entstehungsgeschichte des EB ist im Rahmen dieser Arbeit freilich nur im Hinblick auf die Frage nach Entstehung
und Wirkung der rekonstruierten Geschichtskonzepte von Interesse. Ihre Rekonstruktion kann sich deshalb hier auf die
wesentlichen Stadien und Einschnitte der Redaktionsgeschich-

---

46 Schon die in dieser Arbeitshypothese enthaltene Annahme, daß die
   "nach einem großartigen und kunstvollen Plane angelegte Sammlung" des
   (vorliegenden) EB aus "einzelne(n) Stücke(n)" besteht, die "zu sehr
   verschiedenen Zeiten concipiert wurden" (Cornill, VI), kann nicht
   als unstrittiges Gemeingut der Ezechielforschung gelten. So nimmt
   etwa C.C.Torrey nur eine ganz geringfügige redaktionelle Überarbeitung einer ursprünglichen, zwischen 240 und 180 v. Chr. verfaßten
   Pseudepigraphenschrift über einen zur Zeit Manasses in Jerusalem
   wirkenden Propheten Ezechiel an, die kurz nach Erscheinen dieses
   Werkes dessen Protagonisten in das - fiktive - babylonische Exil
   versetzt habe (Torrey, Pseudo-Ezekiel; dort, 108ff eine Liste der
   "additions and alternations made by the redactor"). Während Torreys
   These "heute als abwegig gelten" kann (Lang, Ezechiel, 11; vgl. z.B.
   auch Greenberg, Prolegomenon), meldet neuerdings J.Becker wieder
   eine starke Skepsis gegen die Möglichkeit an, im Rückgang hinter die
   vorliegende Gestalt des EB älteres Material zu ermitteln (vgl. Bek-
   ker, 7f). Mittlerweile betrachtet er das EB als Pseudepigraph, das
   frühestens aus dem 5.Jh.v.Chr. stammt (Becker, Erwägungen; vgl. Ders.,
   Ez 8-11 und seine dort, Anm. 1 genannten weiteren Äußerungen). Wenn
   er dann angesichts fehlender Bezüge des Textes auf die von ihm angenommene Entstehungszeit feststellen muß, der "pseudepigraphisch
   schreibende(.) Autor" habe "sich mit guten Geschichtskenntnissen in
   die Jahre nach 593 v.Chr. hineinversetzt", (Becker, Besprechung Lang,
   107 - Ders., Erwägungen, 145 nimmt eben diese Geschichtskenntnis und
   "Gelehrsamkeit" als "Eigenart der Apikalyptik" in Anspruch: "Bei
   längerem Nachdenken scheint einem der Verfasser des Ez-Buches über
   zeitgeschichtliche Ereignisse auf eine Art informiert zu sein, wie
   sie nicht dem zeitgenössischen Beobachter, sondern dem gelehrten geschichtlichen Rückblick eigen ist") zeigt sich die Gefahr seiner
   Hypothese - und prinzipiell jeder Betrachtung des EB als Pseudepigraph (vgl. noch Messel, Ezechielfragen; Browne, Ezekiel: 4.Jh.; van
   den Born; Ders., Ezechiel; Ders., Art. Ezechiel: 5.Jh., im 4.Jh.
   überarbeitet; s. Lang, Ezechiel, 11) -, sich gegen eine Verbindung
   von synchroner und diachroner Betrachtung des Textes im Vorhinein zu
   immunisieren. (Nur als Immunisierungsstrategie zu betrachten ist m.E.
   auch Beckers, Erwägungen, 144 Behandlung konzeptioneller Spannungen:
   Nach ihrer Erklärung zu fragen, ist "nicht sachgemäß", da das EB der
   apokalyptischen Literatur zuzurechnen ist, und man "keine Einheitlichkeit fordern" darf, "die vom Genus her nicht zu erwarten" ist!)

te beschränken. Es geht also weder darum, eine vollständige literargeschichtliche Rekonstruktion der Entstehung des vorliegenden EB zu entwickeln, noch darum, durch Rückfrage hinter dessen redaktionelle Gestalt(en) "ipsissima verba" des Propheten Ezechiel herauszupräparieren, da - wie eine kurze Besinnung auf die Eigenarten redaktioneller Arbeit zeigt - "it is not necessary to recover the **ipsissima verba** of a speaker in the Bible to get a correct impression of his message or position"[47].

Im Sinne einer "rezeptionsorientierte(n) Redaktionskritik"[48] ist **einerseits** der Prozeß von Bearbeitung und Redaktion "unter dem Gesichtspunkt der Innovation, d.h. der Veränderung ... gegenüber verarbeiteten Traditionen"[49] zu betrachten. Somit sind die aus diesem Prozeß hervorgegangenen ebenso wie die ihm vorausliegenden Texte als in rekonstruierbaren Kommunikationszusammenhängen sinnvolle und bedeutungstragende Größen anzusehen. Damit werden zugleich die Grenzen zwischen "Autor" und "Redaktor" in gewissem Sinne fließend: "To insist that a redactor did not create something new, and therefore was not an author, can in most cases be true only if one defines the terms 'new' and 'author' (...) in a very restrictive sense"[50]. **Andererseits** bleibt aber als entscheidender Unterschied zwischen "Redaktor" und "Autor" bestehen, daß jener im Gegensatz zu diesem (schriftlich) fixierte Texte - trotz aller Bearbeitung, Selektion und Komposition[51] - bewahrt. Daraus dürfte i.d.R. nun aber nicht auf die mangeln-

---

47 Willis, Redaction Criticism, 87. Dieser Annahme steht freilich eine verbreitete - wenn auch selten explizit gemachte - Geringschätzung redaktioneller und bearbeitender Tätigkeit in der atl. Exegese gegenüber, derzufolge "redactors are pictured as well-meaning, but ignorant of the significance of the traditions that they propose to transmit" (a.a.O., 84); vgl. z.B. nur Eichrodt, 32*. - Es wäre lohnend, einmal den geschichtstheoretischen Implikationen (bzw. Voraussetzungen) einer solchen Sicht (wie: Vorzug des "geschichtswirksamen" Individuums vor den "epigonalen" Rezipienten und Tradenten seiner Gedanken; Minderwertigkeit des "Späteren" gegenüber dem "Ursprünglichen" usw.) nachzugehen.
48 Berger, Exegese, 203.
49 A.a.O., 202.
50 Willis, Redaction Criticism, 86.
51 Vgl. a.a.O., 83ff.

de Originalität von Redaktoren zu schließen sein, sondern
darauf, "that these materials functioned as the dominant
force shaping their theology"[52]. Deshalb ist - wo nicht Ge-
gengründe geltend gemacht werden können[53] - bei Redaktoren
mit dem Bewußtsein einer grundsätzlichen Übereinstimmung mit
dem von ihnen verarbeiteten Material zu rechnen.

Aus dem für redaktionelle Arbeit charakteristischen Nebeneinander von Innovation und Tradition, Veränderung und Bewahrung vorgegebenen Materials ergibt sich als methodische Leit-
linie des folgenden Versuchs einer Rekonstruktion der Redaktionsgeschichte des EB die Suche nach Spannungen zwischen
den in der Struktur redaktioneller Kompositionen erkennbaren
konzeptionellen Gehalten und den Konzepten der in solchen
Kompositionen verarbeiteten Texte.

---

52 A.a.O., 86.
53 So könnte etwa ein Redaktor es unternehmen, einen Text, der bei seinen Rezipienten bereits eine gewisse Autorität besitzt, seiner eigenen Konzeption aber nicht entspricht, dieser durch Bearbeitung anzu-
   passen. Gerade bei "etablierten" Texten dürften aber Veränderungen
   mit besonderer Aufmerksamkeit registriert worden sein. Für die Textüberlieferung der klassischen Antike gilt jedenfalls: "Entscheidende
   Verderbnisse, Veränderungen und Bearbeitungen alter Texte sind in
   der Regel in den ersten Jahrzehnten (!) der Überlieferung entstan-
   den, nämlich während jener Zeit, in der die Bedeutung eines Textes
   oder eines Autoren noch gar nicht ins Bewußtsein getreten, oder in
   der sie umstritten war" (Köster, Einführung, 448f).

3. Bedeutung und Funktion der rekonstruierten Geschichtskonzepte in der Entstehungsgeschichte des EB - Versuch einer
   historischen Rekonstruktion

3.1. Das vorliegende EB

Das vorliegende EB läßt sich grob in drei Teile gliedern:
(1) Gerichtsprophezeiungen an Jerusalem und Israel (Kap. 1-24),
(2) Gerichtsprophezeiungen an verschiedene Fremdvölker (Kap. 25-32),
(3) Restitutionsprophezeiungen an Israel (Kap. 33-48)[54].
Diese Struktur entspricht dem sog. "dreigliedrigen eschatologischen Schema", das auch für den Aufbau anderer atl. Prophetenbücher bestimmend ist (vgl. Pt-Jes: 1-12/13-23/24-35;
Jer(G): 1-25,14/25,15-38; 46-51/26-36; Zeph: 1-2,3/2,4-3,8/
3,9-20)[55].
"Es führt den Leser den Weg vom Gericht Gottes an Jerusalem und Juda
in der großen Katastrophe über das Gericht an den Völkern als ihrer
Vorbedingung zur verheißenen Heilszeit, sodaß es damit den tatsächlichen und den ersehnten Weg seines Volkes unter Jahwes strenger und
gnädiger Führung abschreitet und vom eingetroffenen Prophetenwort auf
die Erfüllung der ausstehenden Verheißungen schließen kann"[56].
Darin, daß es "das Gericht an den Völkern" als "Vorbedingung" der "verheißenen Heilszeit" ansieht und die Hoffnung
"auf die Erfüllung der ausstehenden Verheißungen" mit dem
Hinweis auf das bereits "eingetroffene(.) Prophetenwort" zu

---

54 Vgl. z.B. Rendtorff, Einführung, 221; Kaiser, Einleitung, 260. Rendtorff und Kaiser bezeichnen Kap. 33ff als "Heilsankündigungen"; Kaiser gebraucht im Wechsel mit "Gerichtsankündigungen" auch den Ausdruck "Unheilsweissagungen". Da aber "Unheil" und "Heil" alternative
   und konkurrierende Möglichkeiten prophetischer Prognose in ein und
   derselben Situation sein können (vgl. nur Ez 13,10.16), im Aufriß
   des vorliegenden EB jedoch die Ankündigungen von Kap. 33ff das Eintreffen der Prognosen von Kap. 1-24 voraussetzen, verdienen m.E. die
   Ausdrücke "Gerichtsprophezeiungen" und "Restitutionsprophezeiungen"
   hier den Vorzug.
55 Vgl. z.B. Fuhs, 7.
56 Kaiser, Einleitung, 309.

stützen sucht, kommt dieses Schema dem Geschichtskonzept der
apokalyptischen Traditionsströmung nahe[57].

Eine Reihe von Indizien spricht nun dafür, daß diese dreigliedrige Struktur des vorliegenden EB erst "Werk der Endredaktion"[58] dieses Buches ist, die im Großen und Ganzen vorgegebenes, wohl schon zu größeren Einheiten komponiertes
Material neu geordnet und damit auch konzeptionell umgeprägt,
ansonsten aber "nicht wesentlich in den Bestand des Buches
eingegriffen zu haben (scheint)"[59].

Darauf deutet zunächst, "daß die nahe zusammengehörigen
Aussagen der Ankündigung des unmittelbar bevorstehenden Fal-
les Jerusalems (24,15ff., vgl. bes. ... 25-27) und der Kunde
vom geschehenen Fall (33,21-22) durch die Völkersprüche 25-
32 heute spürbar auseinandergerissen werden"[60]. Hinzu kommen
zahlreiche weitere motivische Klammern zwischen Kap. 1-24
und 33ff (v.a. 33-37)[61], die den Komplex Kap. 25-32 als Ein-
schub erscheinen lassen. So legt sich die Hypothese eines
"ältere(n) Ez-Buch(s) ... aus zwei Teilen, die gemäß dem
zweigliedrigen eschatologischen Schema einander zugeordnet"
waren[62], nahe.

Das sog. "zweigliedrige eschatologische Schema", in dem
die Restitutionsankündigung an Israel der Gerichtsankündigung unmittelbar folgt, ist seinerseits sowohl im Gesamtaufriß atl. Prophetenschriften (vgl. Jes: 1-39/40-66; Mi: 1-
3/4-5,8 und 5,9-7,7/7,8-20)[63] als auch in den "immer wieder
zu beobachtende(n) Einschaltung(en) entsprechender Verheißungen hinter Drohworten"[64] in Prophetenbüchern belegt (vgl.
z.B. in Jes 1-12: 2,1-5; 4,2-6; 9,1-6; 11,1-16[65]).

---

57 Ebd.; vgl. die knappe Charakterisierung "des" apokalyptischen Ge-
   schichtskonzepts bei Koch, Art. Geschichte, 582f; s. auch o. IV.
   Exkurs.
58 Fuhs, 7.
59 Ebd.
60 Zimmerli, 579.
61 Vgl. z.B. Rendtorff, Einführung, 221f.
62 Fuhs, 7.
63 Ebd.
64 Kaiser, Einleitung, 309.
65 Vgl. dazu Ackroyd, Isaiah I-XII.

Eben diesem Schema entsprechen nun aber zahlreiche Text(abschnitt)e, die aus dem Aufriß des vorliegenden EB herausfal-
len, nämlich (1) Restitutionsankündigungen in Kap. 1-24 (vgl.
11,14-21; 16,44-63; 17,22-24; 20,32-44) und (2) Gerichtsankündigungen in Kap. 33ff (vgl. 33,23-29; 34,1-10)[66]. Mit
Ausnahme von 33,23-29 (und in gewisser Weise auch Kap. 20,
das von vorneherein als Restitutionsprophezeiung konzipiert
ist) konstituieren diese Abschnitte Text(komplex)e, in denen
die Restitutionsankündigung an Israel (bzw. Jerusalem) der
Gerichtsankündigung unmittelbar folgt, ohne daß ein "Gericht
an den Völkern" als "Vorbedingung" der Restitution im Blick
wäre (Ez 8-11; 16; 17; [20;] 34)[67].

Diese im Gesamtaufriß des vorliegenden EB zum Ausdruck
kommende Annahme steht weiter auch in Spannung zu Aussagen
über die Rolle der Völker im Zusammenhang der Restitution
Israels in verschiedenen Einzeltexten des Buches. Am deutlichsten wird dies im Blick auf Ez 20 und 36,18ff: Hier ist
gerade nicht ein Gericht über die Völker, sondern deren Präsenz als "Augenzeugen" der Geschichte Israels mit Jahwe Voraussetzung der Restitutionsprognose[68]. Aber auch wenn 39,23
im Rahmen eines "Schlußwort(es) im Rückblick auf die Gesamtverkündigung Ezechiels"[69] (39,23-29) ankündigt, daß "die
Völker erkennen werden, daß das Haus Israel um seiner Schuld
willen in die Verbannung gegangen ist", sind die Völker hier
nicht als Instanzen, die die Restitution Israels gefährden,
im Blick, sondern als "Weltöffentlichkeit"[70], vor deren Augen sich der "Wahrheitserweis Jahwes"[71] vollzieht[72]. Wo

---

66 Durchbrochen wird das Strukturschema des vorliegenden EB ferner
   durch Fremdvölkersprüche außerhalb von Kap. 25-32; vgl. 21,33-37;
   35,1-15; 38,1-39,21.
67 Hinzu kommt Kap. 29 mit einer Restitutionsprognose an Ägypten
   (29,13-16); vgl. dazu Vogels, Restauration.
68 S.o. IV.4.3.
69 Zimmerli, 968.
70 A.a.O., 969.
71 Vgl. Zimmerli, Wahrheitserweis.
72 In Ez 20 und 36,16ff ist die Restitution Israels gerade dadurch motiviert, daß seine Schuld als Grund seiner Zerstreuung den Völkern
   nicht einsichtig ist, was Jahwes "Namen" in der Völkerwelt in Gefahr
   bringt (vgl. v.a. 36,20). Durch die Ankündigung von 39,23 fällt diese

schließlich im Rahmen der Restitutionsprophezeiung dem ins
Land zurückgekehrten Volk Sicherheit vor der Bedrohung durch
fremde Völker angekündigt wird (34,28), setzt dies ebensowenig schon ein göttliches "Gericht" über diese voraus wie im
Falle der in einem Zuge mit ihnen genannten "Tiere des Landes".

Daneben findet sich in den Restitutionsprophezeiungen des EB freilich
auch eine Gedankenlinie, die stärker auf das Konzept der "Endredaktion"
zuläuft: Mit der Restitution Israels wird auch dessen "Schmach" in der
Völkerwelt beseitigt. Geschieht dies nach 36,30 (vgl. 34,29) einfach
dadurch, daß der Anlaß der Schmähung durch die Völker, der Hunger im
Lande, beseitigt wird, kündigt 36,7 weitergehend an: "Die Völker rings
um euch her, sie werden ihre Schmähung tragen" - "d.h. ihrerseits unter
das Gericht fallen müssen, das sie Israel bereiteten"[73]. Einen expliziten Zusammenhang zwischen der Restitution Israels und einem göttlichen
Gericht über die Völker stellt aber nur der "redaktionelle(.) Abschluß
der Gesamtsammlung 25-28"[74] in 28,24-26 (v.a. 26) her. Vielleicht ist
dieser Abschnitt als - stark an Topik und Sprache des vorgegebenen Materials angelehnte - Neubildung der "Endredaktion" des EB anzusprechen[75].

---

konzeptionelle Klammer zwischen Gerichts- und Restitutionsprophezeiung in 39,23-29 weg. Damit hängt auch der Verweis auf Jahwes "Eifer"
für seinen Namen (25) als Motiv der Restitution Israels in der Luft.
In glattem Widerspruch zu 20,43 (vgl. 6,9; 36,31) steht die Ankündigung von 39,26, daß die ins Land Zurückgekehrten ihre Schuld "vergessen" werden. Hier werden den Restitutions(!)-Prophezeiungen des EB
in der Tat "die Giftzähne ausgezogen" (so Jahn, zit. bei Fuhs, 6,
zur Redaktion des EB insgesamt): Erinnerung an eigenes Versagen in
der Vergangenheit stört das Selbstgefühl eines neukonstituierten
Israel! - Zimmerli, 968 wird im Recht sein, wenn er in 39,23-29 "ein
Element abschließender redaktioneller Abrundung" erkennt. Da sich
dieser Abschnitt aber nicht bruchlos in das "dreigliedrige Schema"
der Endredaktion des EB einfügt, ist er vielleicht einer älteren
Redaktionsstufe zuzuordnen.
73 Zimmerli, 865.
74 A.a.O., 582.
75 Zimmerli, 694 hat "Bedenken ..., das Wort (sc. V.24) rasch dem Propheten abzusprechen", und meint, "(e)s dürfte in seiner Entstehung
mit den Erweiterungen 25,6-7.15-17, vgl. auch 36,5 (Stichwort רמש
für das Verhalten der Fremdvölker) zusammengehören" (ebd.), während
er in V.25f einen redaktionellen "Nachtrag" (a.a.O., 695) sieht, der
"in eine jüngste, sicher nicht mehr aus der Hand des Propheten selber stammende Phase der Buchgestaltung hinein" gehört (a.a.O., 696).
Daß die in 28,24-26 vorliegende "abschließende(.) Deutung der Völker-
orakel" "hinter dem so viel weiteren Horizont der heilsgeschichtli-

Schließlich fügen sich auch die Fremdvölkerorakel des EB selbst nicht bruchlos in die Funktion, die ihre Stellung im vorliegenden Buchganzen suggeriert. So ist in 26-28,23; 30-32 von Israel und Jerusalem nur ganz am Rande die Rede (vgl. 26,2; 27,17). Die Texte lesen sich wie ein prophetischer Kommentar zu "Nebukadnezzars Vorderasien-Feldzug" und dem "babylonischen Feldzug gegen Tyrus"[76], der deutlich pro-babylonisch, keineswegs aber pro-israelitisch orientiert ist. Vorausgesetzt ist ein "unmittelbare(s) Gegenüber Jahwes und des fremden Volkes oder Fürsten, Ägyptens, oder auch des Königs von Tyrus", wobei "kaum mehr ein grundsätzlicher Unterschied zwischen dem fremden Volk und Israel in ihrem Gottesverhältnis vorhanden" ist[77]. Die Anklage konzentriert sich "auf die Hybris der Großmacht"[78] - ein"stereotype(r) Zug prophetischer Fremdvölkerworte"[79] - und nicht auf das Verhalten des jeweiligen Volkes gegenüber Israel. "Such **hybris** is seen to manifest itself in trade, in military splendour, in the desire to rule over others, and even in the elaborate ideology of divine kingship"[80]. Hintergrund dieser prophetischen Kritik ist ein Konzept der Ordnung der Völkerwelt, in dem jedes Volk sein relatives Eigengewicht - auch unabhängig von seiner Beziehung zu Israel - erhält: "Daß ein Volk über andere herrscht, ist nicht Jahwes Wille; seine ursprüngliche Ordnung weist einem jeden seine von den anderen unberührten Grenzen zu"[81].

Stärker auf Israel bezogen sind dagegen die Orakel gegen Ägypten in Kap. 29.29,6b-7 weist im Rahmen des Schuldaufweises, in vorgeprägter Bildsprache (vgl. Jes 36,6; 2 Kön 18,21), auf "das verhängnisvolle judäisch-ägyptische Militärbündnis"[82] im Zusammenhang der Aufstandspolitik

---

chen Schau Hesekiels zurück(bleibt)", betont z.B. auch Eichrodt, 272.
76 Lang, Ezechiel, 108.
77 Reventlow, Wächter, 156.
78 Lang, Ezechiel, 108 (vgl. Ders., Aufstand, 105f); vgl. 28,2.6.9.17; 29,3.9; 31,10.
79 Zimmerli, 93*; vgl. Clements, Prophecy, 60.65.
80 Clements, a.a.O., 65.
81 Reventlow, Wächter, 152; vgl. Lang, Ezechiel, 91f. Zur "universalen Gotteserkenntnis" als Ziel des Handelns Jahwes an den Völkern vgl. Lang, Ezechiel, 110; Ders., Aufstand, 75ff.
82 Lang, Ezechiel, 108.

Zedekias hin[83]. Der in 29,9b-16 vermutlich seinerseits nachgetragene[84]
Vers 16 schließt eine Wiederholung des Bündnisses Israels mit Ägypten
für die Zukunft aus. Während diese Aussagen aus der politischen Situation um 587 befriedigend erklärbar sind, wird in dem zur "Aktualisierung"
von 29,1-16 in 17-20 "(vielleicht erst nachträglich dazugefügten) Nachtrag 21"[85] - ganz im Sinne der "Endredaktion" des EB - die Restitution
Israels "mit dem Gericht über Ägypten verbunden. Zur Zeit, da dieses
Gericht sich vollzieht, wird auch das Heil für Israel anbrechen"[86]. Vielleicht ist deshalb 29,21 als Produkt der "Endredaktion" anzusprechen.

Von den bisher besprochenen Fremdvölkerworten heben sich die Orakel in
Kap. 25 und 35 deutlich ab. Im Schuldaufweis konzentrieren sie sich ganz
auf das Verhalten des jeweiligen Volkes gegenüber Israel und Jerusalem
während und nach der Katastrophe von 587. Verrat (35,5) und Rache (25,12.
15)[87], Spott (25,3.6.8) und Gebietsansprüche (35,10.12f; vgl. 36,5)[88]

---

83 Vgl. auch Zimmerli, 710f; Zimmerli, 705ff erkennt in 29,1-6a. 6b-9a.
    9b-16 keine Zusammenstellung dreier selbständiger Einzelworte (so
    z.B. Fohrer, 165ff), sondern eine "auf dem Wege sukzessiver Anreiche-
    rung entstandene(e)", "zusammengehörige Wortfolge" (a.a.O., 706).
    Seine Argumente für die Ansetzung von 6b-9a "nach dem Fall Jerusa-
    lems" (a.a.O., 715) sind jedoch kaum überzeugend. Fohrer, 168 zieht
    m.E. mit mehr Recht "die Zeit vor oder bald nach dem Beginn der Bela-
    gerung der Stadt" in Betracht.
84 Vgl. Zimmerli, 714.
85 A.a.O., 721.
86 Ebd.
87 Zum historischen Problem des Verhaltens Edoms während der Katastro-
    phe Jerusalems vgl. Lindsay, Kings, 29ff einerseits und Bartlett,
    Edomites, 57 andererseits (s. Lang, Ezechiel, 143f Anm. 368).
88 Dieses Motiv findet sich auch zu Beginn des Tyrus -Orakels (26,2):
    Die Gerichtsankündigung gegen Tyrus wird damit begründet, daß dieses
    sage: "Ha! Ha! Zerbrochen ist das Tor der Völker; mir fällt es zu.
    Ich werde voll; sie ist verwüstet worden" (zum Text s. Zimmerli,
    607f). Diese Begründung ist Teil eines Orakels, das ganz "im Stil
    der Worte von Kap. 25 gehalten" ist (a.a.O., 612). Allerdings rich-
    tet sich die Anklage von 26,2 weit stärker gegen Tyrus' "ökonomi-
    schen Imperialismus" als gegen seine Verletzung israelitischer In-
    teressen. 26,2-6 ist gegenüber dem Folgenden literarisch wahrschein-
    lich relativ selbständig (vgl. ebd.). Möglicherweise ist 26,7-14 als
    "Auslegung" von 2-6 zu verstehen (a.a.O., 612f), die "dann weiter in
    Anlehnung an 27,28ff. und 32,17ff. in deutlicher sprachlicher Abhän-
    gigkeit von jenen Worten ... erweitert" wurde (15-18. 19-21; a.a.O.,
    613; vgl. 622f). Der vorliegende Komplex der Tyrus-Orakel (vgl. dazu
    Parker, Oracles; van Dijk, Prophecy; Newsom, Maker; Barnett, Ezeki-
    el) könnte dann Indiz für eine konzeptionelle Entwicklung in der
    Fremdvölkerverkündigung Ezechiels sein: Versteht sich diese zunächst
    als prophetischer Kommentar zur Außenpolitik Nebukadnezars, erfährt
    sie dann durch die Erfahrung, daß der Fall Jerusalems bei seinen

sind Gegenstand der Anklage. Daß das Gericht an Ammon, Moab, Edom und den Philistern wie das an Tyrus (,Sidon[89]) und Ägypten von Nebukadnezar als dem "Strafbeauftragten" Jahwes vollstreckt werden soll, steht keineswegs "außer Zweifel"[90]. Immerhin sind in 25,4.10 ausdrücklich die "Söhne des Ostens" und in 25,7 einfach "Völker" und "Nationen" (גוים, עמים) als Vollstrecker des Gerichts genannt. Wenn schließlich das Gericht über Edom Israel selbst in die Hand gelegt werden kann (25,14), wird deutlich, daß Kap. 25 und 35 - wie auch die von der "Endredaktion" wohl schon vorgefundene Einordnung von Kap. 35 zeigt - viel stärker als die übrigen Fremdvölkerworte des EB von der Restitutionsprophezeiung an Israel her (aber nicht als deren Voraussetzung![91]) entworfen sind[92].

palästinischen Nachbarn nicht zur Einsicht in die Notwendigkeit eines "Ende(s) des ... Kampfes um imperiale Vorherrschaft" **und** "der Freiheitspolitik der kleinen Staaten" (Lang, Ezechiel, 91) geführt hat, eine gewisse Verallgemeinerung: Die palästinischen Nachbarn Israels haben die Chance vertan, dessen Schicksal zum Anlaß einer Revision ihrer eigenen Außenpolitik zu nehmen. Stattdessen sehen sie im Fall Jerusalems nur eine Gelegenheit zu eigener Machterweiterung. - Träfe diese Interpretation zu, würden sich in den Bezugnahmen auf Jerusalem/Israel im Schuldaufweis gegen die Fremdvölker von Kap. 25 weniger spezifisch israelitische Interessen als vielmehr eine Einsicht in die paradigmatische Bedeutung des Geschicks Israels für die "internationale Politik" überhaupt spiegeln. Allerdings kommen Kap. 25 und 35 nach allem Anschein auch weitgehend Tendenzen der Redaktion des "älteren EB" entgegen (s.u. Anm. 229).

89 Zimmerli, 112* meint, daß "der Spruch gegen Sidon offensichtlich zugefügt worden ist, um die Siebenzahl der angeredeten Fremdvölker bzw. -städte voll zu machen, was die Einbeziehung auch der Ägyptenworte voraussetzt".

90 So Lang, Ezechiel, 107.

91 Auch das in 38,1-39,22 (s.u. 3.2.1.) erzählte Geschehen spielt sich **nach** der Restitution Israels im Lande ab. Eine dem Konzept der "Endredaktion" entsprechende Funktion hat allein das Edom-Orakel Kap. 35 in der redaktionellen (?) Einheit 35,1-36,15 (vgl. Zimmerli, 856ff u. unten 3.3.2.c.). Hier ist in der Tat das Gericht am Fremdvolk Edom "Vor-Wort, 'Begründung' für die Heilsverkündigung geworden" (a.a.O., 860). Gerade dieser Textkomplex steht aber nicht an der von der Makrostruktur des vorliegenden EB her zu erwartenden Stelle, scheint also von der "Endredaktion" bereits vorgefunden worden zu sein.

92 Vgl. Zimmerli, 112*. Lang, Ezechiel, 107 weist darauf hin, daß auch Ammon und Moab versuchten, "die Herrschaft Nebukadnezzars abzuwerfen", sodaß sich die Orakel gegen diese Völker wie die gegen Tyrus, Sidon und Ägypten "(a)us Ezechiels probabylonischer Einstellung erklären" könnten. Um so erstaunlicher ist dann aber, daß Ammon und Moab **nicht** mit einem babylonischen Angriff bedroht werden, obwohl vielleicht "im Laufe der Zeit auch diese Staaten von den Babyloniern unterworfen worden" sind (Herrmann, Geschichte, 358). So ist es

Zusammenfassend kann festgehalten werden: Die Makrostruktur des vorliegenden EB steht mit ihren konzeptionellen Implikationen in Spannung zu Struktur und Gehalt einzelner
Text(komplex)e dieses Buches. Dies macht den Schluß wahrscheinlich, daß eine für die Gestalt des vorliegenden EB
verantwortliche "Endredaktion" i.W. vorgegebenes Material
neu geordnet und damit neu interpretiert hat. Zu diesem Material scheint ein "älteres EB" gehört zu haben, das sowohl in
seinem Gesamtaufriß als auch in der Struktur einzelner Textkomplexe von einem zweigliedrigen Schema ("Gericht"-"Restitution") geprägt war. In dem von der "Endredaktion" tradierten
Material finden sich sowohl Aussagen und konzeptionelle Elemente, die den konzeptionellen Implikationen des von ihr dem
Buch aufgeprägten dreigliedrigen Schemas glatt widersprechen
(v.a. in Ez 20 und 36,18ff), als auch Gedankenreihen, die
sich ihnen stärker annähern (v.a. Kap. 25; 35f). Produkte
der "Endredaktion" könnten mit einiger Wahrscheinlichkeit in
den kommentierenden Aussagen innerhalb der Fremdvölkerworte,
28,24-26 und 29,21, zu erkennen sein.

Für eine präzise zeitliche Einordnung des Wirkens der "Endredaktion" des EB fehlen eindeutige Indizien. Die Erwähnung
Ezechiels in Sir 49,8f zwischen Jesaja (48,22ff) - Jeremia
(49,7) und dem Dodekapropheton (49,10) legt - eine Ansetzung
des Buches Jesus Sirach um 190 v.Chr. vorausgesetzt[93] - den
Schluß nahe, daß "(d)er Entstehungsprozeß des Ezechielbuches
(...) um 200 v.Chr. im wesentlichen abgeschlossen gewesen

m.E. wahrscheinlicher, daß die Orakel von Kap. 25 eine konzeptionelle Weiterentwicklung und Verallgemeinerung der Fremdvölkerverkündi-
gung Ezechiels widerspiegeln (vgl.o. Anm. 88), was eine spätere "re-
lecture" des Textes im Blick auf aktuelle Konflikte zwischen den
Provinzen Juda (und Samaria?), Ammon, Moab, Idumäa/Edom und Asdod/
Philister (vgl. Herrmann, a.a.O., Karte 8) nicht ausschließt (vgl.
u. Anm. 229).
93 Vgl. Eissfeldt, Einleitung, 807ff.

sein (dürfte)"[94]. Mehr als ein - zudem unsicherer[95] - terminus ad quem ist damit freilich nicht gewonnen.

3.2. Das "ältere EB"

Die Beobachtung von Spannungen zwischen Gesamtaufriß und
Einzeltexten des vorliegenden EB hat die Hypothese eines
"ältere(n) Ez-Buch(s) ... aus zwei Teilen, die gemäß dem
zweigliedrigen eschatologischen Schema einander zugeordnet"
waren[96], wahrscheinlich gemacht. Es dürfte mindestens im
Grundbestand von Kap. 1-24 und 33-37 erhalten sein. Bevor
auf die aus seinem Aufriß zu erschließenden Tendenzen und
Interessen seiner Redaktion eingegangen werden kann (3.2.3./
4.), ist zunächst kurz nach seiner Beziehung zu den Fremdvölkerworten von Kap. 25-32; 38,1-39,22 (3.2.1.) und zum "Verfassungsentwurf" von Kap. 40-48 (3.2.2.) zu fragen.

---

94 Garscha, Studien, 308; ähnlich Fuhs, 7, der annimmt, daß die Endredaktion des EB "zeitgleich mit der Endredaktion anderer Prophetenbücher im 4./3. Jh.v.Chr. erfolgt sein (dürfte)".
95 So "weiß" noch Josephus (Ant. X,5,1), "daß Ezechiel zwei Bücher hin-
terlassen habe" (Zimmerli, 113*), ohne daß dies genauere redaktionsgeschichtliche Rückschlüsse erlauben würde (vgl. allerdings Lust,
Samenhang; Brownlee, Meaning, 250f; s. Lang, Ezechiel, 31). - Zu
fragen wäre, ob die von Bartelmus, Ez 37 nachgewiesene und in die
Makkabäerzeit datierte Bearbeitung in 37,1-14 (vgl. u. 3.3.2.a.)
zeitlich nach der "Endredaktion" des EB anzusetzen ist, oder auf
diese selbst zurückgeht. Dann hätte die "Endredaktion" nicht einfach
"an die Stelle der Hoffnung auf eine irdische Restitution Israels
als Volk ... die Hoffnung auf eine jenseitige Restitution des einzelnen (gläubigen) Volksgenossen" gesetzt (Bartelmus, a.a.O., 388; Hervorh. T.K.); vielmehr wäre in ihrer Konzeption die Hoffnung auf eine
("jenseitige"? - vgl. die Ansätze zu einer klärenden Differenzierung
bei Walter, Eschatologie, v.a. 335) Restitution des Einzelnen auch
über den Tod hinaus **an die Seite** der Hoffnung auf eine ("eschatologische" - jedenfalls in einen wesentlich längeren Geschichtsprozeß,
als ihn das verarbeitete Material im Auge hatte, verlagerte) Restitution des Kollektivs Israel getreten, womit zugleich das im vorgegebenen Material (mindestens vordergründig) ungelöste Problem des Verhältnisses von individuellem und kollektivem Handeln und Ergehen in
der Geschichte (vgl. u. 3.2.4.c.) - freilich in einem radikal veränderten konzeptionellen Rahmen - einer "Lösung" zugeführt worden wäre.
96 Fuhs, 7.

3.2.1. Das Problem der Fremdvölkerworte

Die Beobachtungen zum vorliegenden EB haben wahrscheinlich
gemacht, daß im "älteren EB" der Komplex der Fremdvölkerworte (Kap. 25-32) jedenfalls nicht zwischen Kap. 24 und 33
stand. Doch scheint auch das "ältere EB" durchaus Fremdvölkerorakel enthalten zu haben. Zumindest für Kap. 35 dürfte
dies mit sehr hoher Wahrscheinlichkeit gelten, denn einerseits stellt 36,1ff eine - ganz im Sinne der Redaktion des
"älteren EB" - auf das Gerichtswort Kap. 6 bezogene[97] Restitutionsprophezeiung an die "Berge Israels" dar, andererseits
"ist nicht anzunehmen, daß im Gesamtbuch Ez 36,1-15 jemals
ohne 35 das Gegenstück zu 6 gebildet habe"[98]. Freilich scheinen die Fremdvölkerworte im "älteren EB" - worauf das Fehlen
einer ausdrücklichen Sendung des Propheten an die Völker im
Einsetzungsbericht Kap. 1-3[99] deutet - keine für das Gesamt-
konzept dieses Buches konstitutive Funktion gehabt zu haben.

So ist die Annahme, die "Endredaktion" des EB habe Kap.
25-32* als "offenbar noch selbständige Sammlung von Völker-

---

97 Vgl. z.B. Rendtorff, Einführung, 222; anders Simian, Nachgeschichte,
   354f.
98 Zimmerli, 859.
99 Nach 3,5f wird Ezechiel ausdrücklich "nicht zu einem Volk mit dunk-
   ler Sprache und schwerer Zunge ... 'und' nicht zu vielen Völkern
   ..., deren Worte du nicht verstehen könntest", gesandt (zum Text s.
   Zimmerli, 11f). Allerdings fungiert diese Aussage, wie das folgende
   "'Wenn' ich dich zu ihnen (sc. den Völkern) senden würde, sie würden
   auf dich hören" (3,6) zeigt, als Unterstreichung "der harten Scheltrede des Propheten" gegen Israel (Zimmerli, 80). - Der Ausdruck אל גו-
   ים-in der Beschreibung des Zuständigkeitsbereichs des Propheten von
   2,3 ist textkritisch und syntaktisch problematisch (vgl. Zimmerli,
   9). Er könnte "eine einfache Randbemerkung" darstellen, "die festhalten wollte, daß Ez auch wider die Völker geredet hat" (ebd.), doch
   könnte auch "so ein ursprünglicher Text erhalten" sein (Baltzer,
   Biographie, 131). Ist M(בני ישראל) nicht in בית ישראל zu ändern (so
   z.B. Zimmerli, 9), könnte אל גוים als - sachlich richtige - Interpretation verstanden werden, die darauf hinweisen will, daß nach 597
   במי ישראל eben auch im Bereich der גוים zu finden sind (vgl.o. II.
   Anm. 304).

sprüchen des Propheten" vorgefunden[100], nicht leichthin von
der Hand zu weisen. Andererseits fügt sich die "Verkündigung
über die Fremdvölker"[101] in diesen Kapiteln sprachlich-sti-
listisch und konzeptionell gut in das Buchganze. Zudem
scheint das Fehlen von "Babel unter den Adressaten des Got-
tesgerichtes über die Völker in Ez 25-32* ... es von vornherein wahrscheinlich" zu machen, "daß dieser Komplex seine
redaktionelle Zusammenfassung noch vor dem Ende des Exils
erfahren hat"[102]. So steht die Annahme einer selbständigen
Überlieferung von Ez 25-32* über die relativ lange Zeitspanne bis zur "Endredaktion" des EB vor größeren Erklärungspro-
blemen als die einer Tradierung dieses Textkomplexes in literarischem Zusammenhang mit Kap. 1-24; 33ff[103].

Ein Problem für sich stellt die Prophezeiung gegen "Gog aus dem Lande
Magog" in Ez 38,1-39,22 dar[104]. Handelt es sich hier um eine "späte Apo-
kalypse", die "erst nachträglich in das abgeschlossene Buch eingeschaltet" wurde[105], jedenfalls aber kein "authentisch ezechielisches" Material enthält[106]? Oder ist ein "ezechielischer" Grundbestand nachträglich
zu dem vorliegenden Text erweitert worden[107]? Eine begründete Stellungnahme zu diesen Problemen würde eine eingehende exegetische Analyse

---

100 Fuhs, 7. Innerhalb dieser Sammlung ist dann jedenfalls mit weiteren,
    kleineren Kompositionen zu rechnen, wie den Worten gegen Ägypten
    (29-32) und den Worten gegen Tyrus (26,1-28,19); s. z.B. Zimmerli,
    111*f.
101 Vgl. zusammenfassend Lang, Ezechiel, 106ff.
102 Zimmerli, 580. Garschas (Studien, 308ff) Versuche einer späteren
    historischen Situierung können kaum überzeugen.
103 Hinsichtlich der konkreten Gestalt dieses hypothetischen Zusammen-
    hangs wird man kaum über Spekulationen hinauskommen. Zu erwägen wä-
    ren m.E. v.a. zwei Modelle: (1) Kap. 25-32* könnte im "älteren EB"
    einen "Anhang" am Schluß des Buches gebildet haben (vgl. Jer-M); (2)
    der Komplex könnte seinen Platz aber auch nach dem - erst von der
    Redaktion des "älteren EB" durch Überarbeitung hergestellten (s.u.
    Anm. 161) - Orakel gegen Ammon (21,33-37) gehabt haben. Er wäre da-
    mit nach vorne und - über das vermutlich erst redaktionell eingefüg-
    te Kap. 22 (s.u. 3.2.4.b.) hinweg - nach hinten zu Kap. 23, in dem
    Ägypten eine gewichtige Rolle spielt, nicht schlecht mit dem Kontext
    verbunden.
104 Vgl. den Forschungsüberblick bei Lang, Ezechiel, 110ff.
105 Fuhs, 7.
106 So z.B. Eichrodt; Cooke; May (s. Lang, a.a.O., 111).
107 So z.B. Fohrer; Zimmerli; Carley; Lutz, Jahwe; Hossfeld, Untersuchun-
    gen; v.Rabenau, Entstehung (s. Lang, ebd.).

dieses Textes voraussetzen. Dies ist im Rahmen dieser Arbeit weder möglich noch erforderlich. Von den bisher zusammengetragenen Beobachtungen
her lassen sich jedoch einige Leitlinien der Interpretation und Beurteilung von Ez 38,1-39,22 festhalten:
(1) Der Textkomplex entspricht nicht bruchlos der Konzeption der "Endredaktion" des EB. Ist in deren Sicht "das Gericht an den Völkern ... Vorbedingung" der "verheißenen Heilszeit" (Kaiser), bricht hier "zunächst
die Heilszeit an (...), ehe der Völkersturm herantobt und vor Jerusalem
untergeht"[108].

(2) Deutlich ist, daß "die Ankündigung des letzten Gerichtes über den
Völkerfeind von Norden als etwas, was 'am Ende der Jahre' (38,8) geschieht, nicht in die Schilderung des Endheils von 34-37 und 40-48 ein-
bezogen, geschweige denn gar mit diesem zu einem apokalyptischen Gesamt-
gemälde (tausendjähriges Reich) kombiniert" ist[109]. Über die sonstigen
Restitutionsprophezeiungen des EB hinaus wird hier in einzigartiger Weise ein "Schritt des ... Nachdenkens in das Nachnächste hinaus getan"[110].
Dabei knüpft 38,1-39,22 aber deutlich an Motive aus Kap. 33-37 an: Der
Abschnitt kann verstanden werden als Versuch, "besonders dramatisch und
spannend von der endgültigen Ruhe und von der Unanfechtbarkeit" Israels
"in der wiedergewonnenen Heimat (zu) reden"[111] (vgl. 34,26ff; 36,12ff.
29ff; 37,25ff).
(3) Auffällig sind insbesondere die Anklänge an Kap. 20 und 36,16ff in
38,1-39,22: Das dargestellte Geschehen dient v.a. der Selbstdarstellung
Jahwes "vor den Augen der Völker" (38,16.23; vgl. 39,21; aufgenommen in
39,27); Jahwes Handeln ist motiviert durch die Sorge um seinen "Namen"
(39,7; aufgenommen in 39,25). Der Abschnitt kann so verstanden werden als
"theoretische"[112] Extrapolation aus dem in Kap. 20; 36,16ff entwickelten

---

108 Garscha, Studien, 293 (von "Jerusalem" ist im Text allerdings nicht
    ausdrücklich die Rede).
109 Zimmerli, 946.
110 Ebd.
111 Lang, Ezechiel, 111.
112 Dagegen meint Lang, a.a.O., 112, daß "die Gog-Perikope doch eher ein
    Text zu sein (scheint), der Hoffnung provozieren will, als einer,
    der sich in ungeschichtlicher Spekulation von der politischen Wirk-
    lichkeit entfernt". Zu fragen bleibt aber, ob der Verweis auf ein
    Geschehen "am Ende der Jahre" in gleicher Weise wie die übrigen Re-
    stitutionsprophezeiungen des EB in der Lage ist, aktuelle (vgl. Ez
    12,21ff) Erwartungen zu wecken, und ob ferner - dies einmal zugestan-
    den - die Aussicht auf neuerliche kriegerische Auseinandersetzungen

konzeptionellen Rahmen der Geschichte Israels: Nach der Restitution und Transformation des Volkes kann "history repeat itself ... with a very different outcome. In the past the sins of Israel made it impossible for the Lord to let it prevail over its foes. Indeed, he had to use these foes to punish Israel. But the Lord's reputation had suffered in consequence. The reestablishment of respect for himself is now his main concern. Hence he will send a foe again - this time a real northern one - and will destroy him utterly. That will be proof to the world of his sovereignty"[113].

(4) Im vorliegenden EB trennt Kap. 38f die Restitutionsprophezeiungen in Kap. 33-37 vom "Verfassungsentwurf" in Kap. 40-48. So entsteht der Eindruck, der Entwurf von Ez 40-48 gelte für das im Land neukonstituierte Israel erst **nach** Ansturm und Niederlage Gogs "am Ende der Jahre"[114]. Dies wird den ursprünglichen Intentionen des "Verfassungsentwurfs" - gleichgültig, ob er im Sinne konkreter "Planungen für den Wiederaufbau" (Zimmerli) oder eher als "kritische Utopie" (Ebach) zu verstehen ist[115] - kaum entsprechen. Man kann deshalb fragen, ob hinter der Einfügung von Kap. 38f* das Interesse steht, trotz der Erfahrung, "daß sich kaum eines der Postulate aus Ez.40-48 durchsetzen konnte, wo sie etwa von H, P oder Dtn abweichen"[116], an diesem Entwurf festzuhalten.

Angesichts der skizzierten Beobachtungen erscheint mir eine redaktionsgeschichtliche Einordnung von Ez 38,1-39,22[117] vorläufig unmöglich. Der Abschnitt muß aus der weiteren Untersuchung ausgeklammert bleiben.

---

im Land nach 587 überhaupt in der Lage ist, bei einem exilierten Israeliten irgendwelche "Hoffnungen" zu "provozieren".
113 Kraeling, 512 (zit. nach Lang, Ezechiel, 112).
114 Das Urteil Hamerton-Kellys (Temple, 8): "The context shows clearly that the temple (sc. in Ez 40ff) is an eschatological reality", gilt **nur**, wenn Ez 40ff im "context" von 38,1-39,22 gelesen wird!
115 S.u. 3.2.2.
116 Ebach, Kritik, 7.
117 Das "Schlußwort im Rückblick auf die Gesamtverkündigung Ezechiels" (Zimmerli, 968) 39,23-29 setzt 38,1-39,22 literarisch nicht voraus. Zwar sind hier Motive aus diesem Abschnitt aufgenommen (s.o. unter (3)), doch sind diese dort ihrerseits aus Ez 20 und 36,16ff entlehnt. Die Ankündigung einer "Wendung des Geschicks Jakobs" (39,25) und einer "Sammlung" Israels "aus den Völkern und Ländern" (39,27f) greift hinter das in 38,1-39,22 dargestellte Geschehen zurück. So würde 39,23-29 an 37,28 vielleicht sogar noch besser anschließen als an 39,22.

3.2.2. Das Problem des "Verfassungsentwurfs"

Stärker noch als die Fremdvölkerworte von Kap. 25-32 stellen "Verheißung und Programm des Neuanfangs"[118] in Ez 40-48 eine relativ abgeschlossene und eigenständige Einheit innerhalb des vorliegenden EB dar[119].
Der Abschnitt ist relativ klar gegliedert als "a chain of three consecutive series"[120], deren jede "starts off with a similar warning, spoken either by the 'man' guiding the prophet or by God, to the effect that the prophet should take notice of what is being shown to him and pay attention to the things said to him later on"[121]: (1) 40,1-44,3 beschreibt i.W. "the temple's form", (2) 44,4-46,24 enthält v.a. Anweisungen über "temple procedures" und (3) 47-48 handelt von der Umgebung des Tempels (Land und Stadt)[122].
In der neueren Forschung besteht ein weitgehender Konsens, daß Ez 40-48 literarisch nicht einheitlich ist. Eine Rekonstruktion der Literar- und Redaktionsgeschichte dieses Textkomplexes steht vor besonderen Schwierigkeiten angesichts der vielfach schon traditionsgeschichtlich bedingten Disparatheit des in ihm verarbeiteten Materials, so daß sich die Entstehungsgeschichte dieses - wie grundsätzlich jeden - "Textes nicht mit Hilfe einer literarkritischen Technik, die vorab, d.h. vor der inhaltlichen Untersuchung des Textes anzuwenden ist, erfassen (läßt)"[123].
J.Ebach kommt in seiner Analyse, die dieses Problem stärker als die vorangehenden Untersuchungen[124] berücksichtigt, zu folgender - für die weitere Arbeit an Ez 40-48 m.E. richtungsweisenden - hypothetischen Rekonstruktion der Entstehung dieses Textkomplexes:

---

118 Zimmerli, 114*.
119 Zur Forschungsgeschichte vgl. Lang, Ezechiel, 116ff. Neuerdings kommt Vogt, Untersuchungen, 127ff nach mechanischer Ausscheidung allen Materials, das zum "neue(n) Tempelplan" gehört oder von "Führen und Messen" berichtet als zur "Nachinterpretation" gehörend (a.a.O., 175) zu einem ezechielischen "Grundbestand", der 40,1-2; 43,4-7a und 47,1-12* umfaßt. Dagegen vertritt Greenberg, Design wieder die Einheitlichkeit des "Verfassungsentwurfs" und seine Herleitung von Ezechiel.
120 Haran, Law-Code, 53; ebd. Anm. 15 sind andere, i.W. kaum abweichende Gliederungsvorschläge genannt; vgl. jetzt auch Greenberg, Design, 189f.
121 Haran, a.a.O., 54.
122 A.a.O., 53.
123 Ebach, Kritik, 22.
124 Vgl. neben den Kommentaren: Gese, Verfassungsentwurf; Zimmerli, Planungen; Macholz, Planungen.

"1. Die Baubeschreibung Kap. 40-42 war vielleicht im Kern unabhängig vom
   Verfassungsentwurf überliefert. Motiv mag zunächst das Wachhalten
   des Wissens um den Tempel gewesen sein.
2. Auf Ezechiel selbst dürfte die Stilisierung der Baubeschreibung als
   Vision[125] und die erste Erweiterung dieser Vision durch Ez.43,1-
   12; 44,1-3; 47,1-12 zurückgehen.
   An 47,1-12 ist der Landverteilungsplan 47,13-48,29 angeschlossen.
3. Ein Verfasser des 'Amtsträgerkomplexes' (der Tempelschilderung mit
   Führung 43,1-12; 44,1-3; 47,1-12 und Landverteilungsplan voraussetzt) faßt unter Verwendung älteren Materials 44,4-46,18 ab und
   komponiert den Gesamtentwurf nach dem Gliederungsprinzip von innen
   nach außen.
4. Spätere Nachträge finden wir in 46,19-24; 48,30-35"[126].

Mit seiner engen Verflechtung von "descriptions of visions" und "prescriptions of laws"[127] sowie deren Konkret-
heit und Detailliertheit beansprucht Ez 40-48 eine Sonderstellung im Rahmen des EB wie der atl. Prophetenbücher überhaupt. Gleichartiges "is not to be found in the prophetic
literature and in the Old Testament as a whole"[128]. Gleichwohl gilt: "The immensely detailed vision of the restored
community in Ez 40-48 comes as no shock to the sensitive
reader of Chrs. 1-39. It manifests the same style of schema-
tization and precision"[129]. Es bestehen aber auch zahlreiche
inhaltliche Querverbindungen zwischen dem "Verfassungsentwurf" des EB und den Gerichts- und Restitutionsprophezeiungen von Kap. 1-37.

---

125 Ähnlich jetzt auch Talmon/Fishbane, Structuring, 138ff.
126 Ebach, Kritik, 246. "Unsicher" ist sich Ebach (ebd. Anm. 24) im
    Blick auf die "Zuordnung von 43,13-27": "Der Abschnitt steht ... im
    Sinne der Gesamtkonzeption an 'richtiger' Stelle; er könnte als Er-
    weiterung zur 2. Phase gehören, aber auch im Zusammenhang mit der
    Komposition des Gesamtentwurfs (also in der 3. Phase) eingefügt
    sein". Für die erstgenannte Möglichkeit sprechen m.E. die Hinweise
    Harans (Law-Code, 55f mit Anm. 20). "Die ausdrückliche Beschränkung
    auf die Zadokiden" in 43,19 muß dann allerdings einer "Ergänzerhand"
    zugeschrieben werden, "die schon in 40,46b am Werke war und die den
    Ausgleich mit 44,10-16 versucht" (Zimmerli, 1102).
127 Haran, Law-Code, 47.
128 A.a.O., 46.
129 Levenson, Theology, 112.

Deutlich setzt Kap. 40-48 die Prognose einer Restitution Israels im
Lande voraus. Hier "begegnet Hoffnung auf Wende des Exils sozusagen im
futurum exactum ..., ist das Exilsende nicht Gegenstand, sondern Voraussetzung der Texte"[130]. Das visionär geschaute Geschehen ereignet sich
nach 40,2 "im Land Israel" (ארץ ישראל), "auf einem sehr hohen Berg" (הר
גבה מאד). Damit wird das Motiv des הר גבה bzw. הר מרום als Zentrum von
Kult (20,40) und Herrschaft (17,22f) im neu konstituierten Israel aus
Restitutionsprophezeiungen des ersten Teils des EB aufgenommen (vgl.
auch 34,14)[131]. Das Volk ist bereits ins Land zurückgekehrt (vgl. 11,17;
20,42; 34,12ff; 36,8ff.24; 37,12.14.21f); nun geht es darum, Kult (vgl.
20,40f; 37,26-28) und Herrschaft (vgl. 17,22-24; 34,23f; 37,24f) zu or-
ganisieren und das Land gerecht zu verteilen (47,13-48,29; vgl. 34,17-
22?), nachdem dessen gleichmäßige Qualität und Fruchtbarkeit durch einen
vom Tempel ausgehenden Wasserlauf (47,1-12; vgl. 34,25ff)[132] garantiert
ist. So kann man in der Tat sagen, daß "die Heilserwartungen in Ez.1-39
... alle Themen von Ez.40-48 im Grunde schon enthalten"[133].

An die Gerichtsprophezeiungen von Kap. 1-24 knüpft der Bericht über
den Einzug des כבוד יהוה in den neuen Tempel (43,1-12) an, der "nicht
ohne den Rückblick auf 8-11 und 1,1-3,15 zu verstehen" ist[134] und auf
diese beiden Abschnitte ausdrücklich Bezug nimmt (43,3). Er bildet das
Gegenstück zur Gerichtsprophezeiung Kap. 8-11, ebenso wie die Restitutionsprophezeiungen 37,1-14 auf 24,1-14 und 36,1-15 auf 6 bezogen sind[135].
Damit fügt er sich gut in die Struktur des "älteren EB" ein, was mindestens die Annahme der Zugehörigkeit von 40,1-43,12 (.13-27?); 44,1-3;
47,1-48,29, der von Ebach rekonstruierten zweiten, "ezechielischen" Redaktionsschicht des "Verfassungsentwurfs", zu diesem Corpus wahrscheinlich macht.

---

130 Macholz, Planungen, 322.
131 Literargeschichtlich gesehen dürfte freilich 17,22f umgekehrt aus
    40,2 entwickelt sein (vgl. u. 3.2.3.c.).
132 Der die motivische Beziehung zwischen 47,1ff und 34,25ff unterstrei-
    chende Vers 34,26a: "Ich werde sie **und die Umgebung meines Hügels**
    zum Segen machen" (ונתתי אותם וסביבות גבעתי ברכה) ist allerdings
    textkritisch problematisch (vgl. Zimmerli, 831). Sollte hier ein
    späterer Eintrag eines Motivs aus dem "Verfassungsentwurf" vorlie-
    gen, wäre dies jedoch nur ein weiteres Indiz für die enge literari-
    sche Verbindung zwischen Ez 1-37 und 40-48.
133 Ebach, Kritik, 258.
134 Zimmerli, 1074.
135 Vgl. Rendtorff, Einführung, 222.

Eine genauere Betrachtung der Texte zeigt weiterhin, daß keineswegs "the law sections in this code, in contradiction to the visions, have no connection at all with the prophecies in the rest of the book"[136]. Zwar "finden sich für die konkreten Anklagen in 43,7f; 44,7f keine direkten Entsprechungen in Kap.1-39. Eine solche Entsprechung ergibt sich dagegen dann, wenn man die Oberbegriffe betrachtet, unter denen die einzelnen Verfehlungen subsumiert sind", nämlich: תועבה (43,8; 44,6f; vgl. Kap. 1-24 passim) und "Unrein-Machen (ṭm') des heiligen Namens Jahwäs" (43,7f; vgl. 20,39; 36,20.23)[137]. Hingewiesen sei auch darauf, daß das "konzentrische" Ordnungskonzept von Ez 40-48, dem gemäß selbst "die topographischen Verhältnisse, denen die literarische Gliederung des Entwurfs entspricht"[138], ebenso wie "die gesamte kultische und soziale Organisation der Sicherung der Herrschaft Jahwäs" dienen[139], bereits den Großteil der Gerichts- und Restitutionsprophezeiungen von Kap. 1-37 (; 38f) bestimmte[140]. Aufgrund der Einsicht, daß Jahwes Herrschaft, sein "Wohnen inmitten Israels an ganz konkrete politisch-soziale und kultische Bedingungen und damit an das Verhalten des Volkes geknüpft ist"[141], entwickelt Ez 40-48 in Gestalt der "Ämter" von נשיא und Priester eine "Herrschaftskonzeption"[142], die für den נשיא "schon in den Heilsweissagungen in Ez.1-39 angedeutet" ist[143] - wobei es durchaus "denkbar (ist), daß von 40-48 her die Aussagen über den kommenden David in 34; 37 (um)formuliert sind"[144].

Bemerkenswert ist im Zusammenhang der Fragestellung dieser Arbeit endlich, daß es "(e)ine ideale Zeit der Vergangenheit ... für den Verfassungsentwurf offenbar nicht (gibt). Damit steht der Entwurf ganz im Kontext der Beurteilung der Geschichte Israels, die in Ez.20 zum Ausdruck kommt, ähnlich

---

136 So Haran, Law-Code, 52.
137 Ebach, Kritik, 258. Als weitere derartige "Oberbegriffe" wären etwa noch zu nennen: זנות (43,7.9; vgl. 23,27 und das nur in Kap. 16 und 23, hier 20x belegte תזנות) und (עון) מכשול (44,12; vgl. 3,20; 7,19; 14,3.4.7; 18,30; 21,20).
138 Ebach, a.a.O., 268.
139 A.a.O., 266.
140 Einen ersten Eindruck davon kann die Frequenz der Ausdrücke (ב)תוך (mehr als 100x in Kap. 1-39, 12x in Kap. 40-48) und (ת)סביב(ות) (45x in Kap. 1-39, 37x in Kap. 40-48) vermitteln.
141 Ebach, Kritik, 251.
142 Vgl. a.a.O., 266ff.
143 A.a.O., 274(ff).
144 A.a.O., 278 (vgl.u. 3.2.2.).

auch in Ez.16; 23"[145]. Eine Einzelanalyse des Ordnungsent-
wurfs von Kap. 40-48 kann zeigen, "daß zwar die prinzipielle
Sicht, nämlich jeweils **vor** der ersten historisch stets ver-
fehlten Realisierung einer Forderung Jahwes anzuknüpfen,
durchgehalten ist, daß aber gerade daher nicht eine einheitliche Stufe zur Grundlage der Orientierung der Alternative
wird"[146]. Insbesondere das Geschichtskonzept von Ez 20 kommt
hier mit seinen - aus der Erkenntnis einer starken Diskontinuität zwischen Vergangenheit und Zukunft[147] auf Seiten Israels im Prozeß der Restitution erwachsenden - massiv traditi-
onskritischen Implikationen (vgl. 20,18.25f) ebenso zum Tragen wie in den in 43,6-9; 44,6-8 und 45,8b-9 an "kompositorisch hervorgehobenen Stellen"[148] in Kap. 40-48 eingeschalteten Verweisen auf Vergangenes mit seiner Perspektive einer
"Transformation des Bewußtseins" Israels durch Erinnerung an
eigenes Versagen (vgl. 20,43).

Mit dieser in Kap. 20 entwickelten Sicht der - vergangenen
und zukünftigen - Geschichte Israels hängt zuletzt auch die
Schwierigkeit zusammen, die Funktion von Ez 40-48 näher zu
bestimmen: Handelt es sich hier um konkrete "Planungen für

---

145 A.a.O., 259.
146 A.a.O., 262. Ebd. Anm. 45 weist Ebach auf die "Ausnahme der Beurtei-
    lung der Sadoqiden" hin (vgl. dazu a.a.O., 264f). In der Tat "kann
    der Eindruck nicht ganz verwischt werden, daß an dieser Stelle der
    priesterliche Verfasser hinter die Radikalität seiner Geschichtsbe-
    urteilung chauvinistisch zurückgefallen ist" (a.a.O., 265). - Zur
    Kritik der v.a. am Landverteilungsplan 47,13-48,29 anknüpfenden The-
    se Macholz' (Planungen, 351), Ez 40-48 greife "zurück auf die vor-
    staatliche Verfassung Israels" als "Norm für die Israel angemessene
    Verfassung überhaupt", wobei allenfalls "die geschichtlichen Verän-
    derungen, die sich ergeben haben, ... mit in Rechnung" gestellt wer-
    den, s. Ebach, Kritik, 185ff. "Anknüpfung" wie "Widerspruch" (so der
    Tenor von Zimmerli, Planungen nach Macholz, Planungen, 323) an und
    gegen vorstaatliche Verhältnisse in Ez 40-48 gehen eher auf die
    "Grundstruktur eines Denkens" zurück, "das im Namen einer besseren
    Zukunft die vergebenen Möglichkeiten der Vergangenheit gegen die
    Gegenwart auszuspielen versucht" (Ebach, Kritik, 186).
147 Vgl. Macholz, Planungen ,349: "Die Gegenwartssituation ist hier (sc.
    in Kap. 40-48) anscheinend gesehen als das Ergebnis der Geschichte
    Israels, die hier zu ihrem Ende gekommen ist. Aber eben: zu ihrem
    Ende".
148 Ebach, Kritik, 257.

den Wiederaufbau nach der Katastrophe von 587"[149] oder um eine kritische "Utopie"[150]? Deutlich ist jedenfalls, "daß, was in 40-48 an Neuplanung vorliegt, voll in die Verkündigung bevorstehender Gottestat, die nicht in der Hand menschlicher Planer steht, eingebettet ist"[151].

So ist es durchaus fraglich, ob etwa die Schilderung des neuen Tempels, deren Verfasser "sich über eine Planskizze der Grundmasse der Tempelbauten" zu beugen und diese zu beschreiben scheint[152], als "eine für die Heimkehrer aus dem Exil bestimmte, in allen Teilen verpflichtende Bauanweisung" gedacht ist[153], oder ob die Heimkehrer das neue Heiligtum im Land "als Wunderwirklichkeit vorfinden" sollen[154] - und Ez 40-48 dann etwa als "baufeindlicher", den "baufreundlichen" Heiligtumstexten der Priesterschrift entgegengesetzter Entwurf zu interpretieren wäre[155].

Gerade die hier zutage tretende Ambivalenz von Planung und "außerhalb jeder menschlichen Planungsmöglichkeit Liegendem"[156], die "tension ... between what God does alone in reference, often, to man and what he does in partnership with man"[157], ist aber auch für den in Kap. 1-37 erhaltenen Bestand des "älteren" - wie noch für das vorliegende - EB bestimmend. Sie geht letztlich zurück auf das Bestreben, die in der Restitutionsprognose von Kap. 20 angekündigte, von menschlichem Handeln unabhängige Neukonstituierung Israels als Bedingung der Möglichkeit menschlichen Handelns und als Ansporn dazu im Exil zu begreifen und - wenigstens in Ansätzen - in ein Restitutions-Programm umzusetzen[158]. Aufgrund des festgehaltenen prinzipiellen "prae" des göttlichen Han-

---

149 Vgl. Zimmerli, Planungen; Macholz, Planungen.
150 Vgl. Ebach, Kritik, v.a. 207ff, aber auch schon Macholz, Planungen, 349.
151 Zimmerli, Planungen, 170. Dieser Zug des "Verfassungsentwurfs" entspricht genau der in 20,39ff zum Ausdruck kommenden Einsicht, daß die Neu-Konstituierung Israels prinzipiell von menschlichem Handeln unabhängig ist.
152 A.a.O., 171.
153 Dgg. Eichrodt, 382; vgl. auch Galling bei Fohrer, 221.
154 So Galling bei Fohrer, 221; vgl. Eichrodt, 382f.
155 So Hamerton-Kelly, Temple, 7f; vgl. dazu die kritischen Hinweise Langs (Ezechiel, 146f Anm. 418).
156 Zimmerli, Planungen, 170.
157 Levenson, Theology, 161.
158 Vgl. u. 3.2.3.

delns bleibt dieses Programm "utopisch" - freilich nicht im
Sinne einer "aimless utopia of escape", sondern als "purposi-
ve utopia of reconstruction"[159].
Die Affinitäten zwischen Kap. 1-37 und dem "Verfassungsentwurf" des EB - einschließlich des "Amtsträgerkomplexes"
44,4-46,18 - legen eine Ausscheidung dieses Textkomplexes
aus dem "älteren EB" aufgrund von Spannungen zwischen dessen
redaktioneller Gesamttendenz und den Intentionen von Kap.
40-48 nicht nahe. Da das für das "ältere EB" charakteristische Bestreben, die ihm vorgegebenen Restitutionsprognosen
des EB in ein Restitutionsprogramm umzusetzen, v.a. im "Amtsträgerkomplex" 44,4-46,18 zum Ausdruck kommt, wäre m.E.
ernsthaft zu erwägen, ob dieser als Produkt der Redaktion
des "älteren EB" angesehen werden kann. Diese Hypothese kann
freilich nur in einer neuerlichen, eingehenden exegetischen
Analyse der Texte geprüft werden. ·

3.2.3. Das Restitutionsprogramm des "älteren EB"

Bestimmend für die Gesamtstruktur des "älteren EB" ist die
Abfolge von Gerichts (in Kap. 1-24) - und Restitutions (in
Kap. 33-37; 40-48) -prophezeiungen an Israel. Die Katastrophe von 587 wird so als Gerichtshandeln Jahwes an seinem
Volk akzeptiert und produktiv verarbeitet: Sie markiert
nicht das Ende der Geschichte Jahwes mit Israel, sondern
deren 'Nullpunkt', der "die Möglichkeit wirklichen Neuanfan-
ges"[160] eröffnet. Dies wird im "älteren EB", in dem Kap. 24
und 33 aller Wahrscheinlichkeit nach noch nicht durch den
Block der Fremdvölkerworte getrennt waren, durch Ankündigung
(24,26) und Eintreffen (33,21) der Nachricht vom Fall Jerusalems an der Stelle des Übergangs von den Gerichts- zu den
Restitutionsprophezeiungen unterstrichen.
Dieser Interpretation des Gerichts als Wendepunkt der Geschichte Israels sperrt sich eine ganze Reihe von Texten und

---

159 So Lang, Ezechiel, 117 u. 147 Anm. 423 unter Aufnahme von Ausdrücken
   Mumfords (Story).
160 Zimmerli, Planungen, 165.

Textkomplexen in Kap. 1-24, die die Katastrophe von 587 als
Ziel und Endpunkt des Gerichtshandelns Jahwes im Blick haben,
ohne eine darüber hinausführende Perspektive zu entwickeln
(vgl. nur Kap. 4-7; 15; 19; 21-24)[161]. Daneben finden sich
in Kap. 1-24 freilich auch Restitutionsprognosen (11,14-21;
16,44-63; 17,22-24), die - angehängt an bzw. eingefügt in
Gerichtsprophezeiungen - Textkomplexe konstituieren, die im
Kleinen das "zweigliedrige Schema" des "älteren EB" widerspiegeln (8-11; 16; 17). Neben diesen Textkomplexen nimmt
Kap. 20 insofern eine Sonderstellung ein, als 20,1-31 von
vorneherein auf die Prognose von 20,32ff zuläuft, während in
den übrigen Fällen von Restitutionsprognosen in Kap. 1-24
die Gerichtsprophezeiung als relativ abgeschlossener Text
auch ohne die angehängte bzw. eingeschaltete Restitutionsprognose problemlos verständlich ist. Da nun aber gerade diese
Texte der Tendenz der Redaktion des "älteren EB" entsprechen,
indem sie den Eindruck erwecken, das in Kap. 1-24 angekündigte göttliche Gericht sei von vorneherein als "Durchgangssta-
tion" auf dem Weg zu einer Neukonstituierung Israels konzipiert gewesen, ist die Wahrscheinlichkeit hoch, daß sich in
ihnen mindestens Spuren der Arbeit dieser Redaktion - sei es
in Gestalt der Komposition vorgegebenen Materials, sei es in
Form der Produktion neuer Texte - entdecken lassen.

a) Die Gola als Boden der Neukonstituierung Israels:
   11,14-21

Der Abschnitt Ez 11,1-21 stellt einen "Fremdkörper" im
"übrigen Zusammenhang" von Kap. 8-11 dar[162] und gibt sich so
als "nachträgliche Erweiterung"[163] zu erkennen. Innerhalb

---

161 Unhaltbar mußte für die Redaktion des "älteren EB" eine derartige
    Gerichtsprognose freilich dann werden, wenn sie eine anschließende
    Restitution Israels expressis verbis ausschloß. Dies scheint allein
    in 21,33-37 der Fall gewesen zu sein (vgl. V.37: "... man wird sich
    deiner nicht mehr erinnern!"). Daß hier eine ursprünglich gegen Isra-
    el gerichtete Prophezeiung vorliegt, hat Lang, Method; vgl. Ders.,
    Aufstand, 120ff wahrscheinlich gemacht. Ihre Transformation in ein
    Ammoniterwort dürfte auf das Konto der Redaktion des "älteren EB"
    gehen.
162 Zimmerli, 202.
163 A.a.O., 241.

dieses Abschnitts ist 11,14-21 schon durch die Wortereignisformel in 14 als relativ eigenständige Einheit von 1-13 abgesetzt[164].

Die literarkritische Beurteilung dieses Abschnitts ist in der neueren
Forschung heftig umstritten. Zimmerli, dem sich Fuhs weitgehend anschließt[165], sieht den - in der 3.Pers.Pl. formulierten - Grundbestand
des Textes in 14-16. 19-20[166]. Der mit 20,34.41; 34,13 zu vergleichende
V.17 gibt sich s.E. durch die 2.Pers.Pl. und die "leise Inkongruenz zwischen גוים (16) und עמים (17)" als Nachtrag zu erkennen, während eine
"zweite Ergänzung" in 18 wieder in der 3.Pers.Pl. formuliert ist[167]. Ob
"von der gleichen Hand auch die in ihrem Eingang verstümmelte Aussage
21, die neben die Heilsverheißung drohend den Hinweis auf das Gericht
über diejenigen stellt, welche den 'Greueln' nicht absagen wollen",
stammt, läßt Zimmerli ebenso offen wie die Frage nach der Herkunft dieses Zusatzes "aus der Exilzeit oder ... der Zeit nach der Rückkehr ins
Land"[168].

Liwak widerspricht der Ausscheidung von 17f durch Zimmerli: Ein Wechsel von גוים und עמים findet sich auch in anderen, literarisch einheitlichen Texten des AT, wie etwa in Dtn 30,1ff (vgl. auch Dtn 4,27)[169]. "Hätte V.17 im ursprünglichen Bestand gefehlt, dann hinge das Zitat V.15b in
der Luft"[170]. Den Wechsel zwischen 2. und 3.Pers. erklärt Liwak durch
einen Wechsel der Adressaten im Text: In 16 sind die in 15 zitierten
Jerusalemer angesprochen. "Folglich wird von den Exulanten in V.16 in
der 3.pers. gesprochen"[171]. Der erneute, gleichlautend wie in 16 formulierte Wortauftrag zu Beginn von 17 leitet dann zur "Anrede an die zweite Gruppe von V.15, die Exulanten", über[172]. Dieser Adressaten-Wechsel
macht "die folgende 2.pers.pl. verständlich"[173]. Da aber 18ff wieder in
der 3.Pers. gehalten sind, muß Liwak 18-20 "als Wort Jahwes an Ezechiel

---

164 Vgl. Zimmerli, 241; Liwak, Probleme, 110. "(I)m derzeitigen Zusammen-
    hang" dürfte 14-21 "als die göttliche Antwort auf den prophetischen
    Bittschrei 11,13 zu verstehen sein" (Zimmerli, 202).
165 Vgl. Fuhs, 62f.
166 Zimmerli, 249.
167 A.a.O., 251.
168 Ebd.
169 Liwak, Probleme, 112.
170 Ebd.
171 Ebd.
172 Ebd.
173 Ebd.

... verstehen"[174]. So bleibt nur 21 als sekundärer Zuwachs, denn "(n)ach
V.18-20 ist die Möglichkeit eines Rückfalls in den Ungehorsam (V.21)
ausgeschlossen, V.21 muß also nachträglich an die vorhergehenden Verse
angehängt sein"[175].

Dagegen erkennt Lang in 21 "eine glatte Fortführung von V.18"[176] und
schließt daraus, daß 19-20 "aus Ez 36,26-28 genommen und dem jetzigen
Kontext angepaßt" sind[177]. In dem schwer verständlichen לב zu Beginn von
21 sieht er einen ursprünglichen "Randverweis bewahrt", der später zur
Einfügung der "Parallele" aus Kap. 36 geführt habe[178].

Graffy wiederum rechnet nur 14-17 zum Grundbestand des Textes. 18-20
betrachtet er als "addition". "V.21 in its turn has been appended to
v.20 to give an admonitory conclusion to the disputation speech"[179].

Levin schließlich folgt Zimmerli in der Ausscheidung von 18 und 21,
beläßt aber aufgrund seiner traditionsgeschichtlichen Hypothese 17 im
Text um stattdessen 16 zu streichen: "da V.17 wie V.19-20 auf eben dieser Vorlage (sc. Jer 32,37-39) beruht, dürfte der Nachtrag in V.16 bestehen"[180].

Dieser knappe Forschungsüberblick gibt einen Eindruck von den kaum
lösbaren Interpretationsproblemen, die Ez 11,14-21 aufwirft. Mit einiger
Sicherheit läßt sich m.E. allerdings sagen, daß 21 - zumindest in der
vorliegenden Textgestalt[181] - weder eine "glatte Fortführung von V.18"
(Lang) noch eine "admonitory conclusion" zu 18-20 (Graffy) darstellen
kann. 18 verweist nämlich mit seinen Verben der Form w'qatal in die
Zukunft, während das Partizip הלך in 21 einen gegenwärtigen Sachverhalt
bezeichnet. Da zudem nach 18 die ins Land Zurückgeführten die "Greuel"
und "Götzen" des Landes (שקוציה, תועבתיה) beseitigen werden, nach 21
aber ihren eigenen "Greueln" und "Götzen" nachlaufen (תועבתיהם,
שקוציהם), könnte 21 als Nachtrag aus der Perspektive der "Erfüllung" der

---

174 A.a.O., 113.
175 Ebd.
176 Lang, Ezechiel, 25.
177 Ebd.
178 Ebd.
179 Graffy, Prophet, 48.
180 Levin, Verheißung, 206.
181 Die elegante Konjektur Cornills (238f): ... ואלה אחרי bleibt frei-
    lich - obwohl sie jeglicher Stützung durch Textzeugen entbehrt -
    erwägenswert. 21 wäre dann als erneute Wendung an die Jerusalemer zu
    verstehen.

Verheißung von 17ff zu verstehen sein, der das Verhalten derer, die sich
darauf berufen, als ihr nicht entsprechend kritisiert[182].

Im Anschluß an Liwak darf weiterhin als höchst wahrscheinlich gelten,
daß der Grundbestand des Textes **mindestens** 14-17 umfaßt. Die von Lang
für 19-20 herausgestellte Entsprechung zu anderen Worten des EB trifft
aber auch schon für 17 zu (vgl. 20,34.41; 34,13; 36,24). Der Text erweckt so - von der höchst eigenständig formulierten Problemstellung in
15f (s.u.) abgesehen - **insgesamt** den Eindruck, in mehr oder weniger enger Anlehnung an andere Stellen des EB formuliert zu sein. Dies legt
m.E. seine Beurteilung als redaktionelle Kompilation nahe, die vorgegebe-
nem Material angesichts einer gewandelten Problemstellung neuen Sinn
abzugewinnen versucht.

Die Gegenüberstellung von ירושלם ישבי und כל בית ישראל
כלה[183] (15) zeugt von einer für das EB völlig atypischen "exklusiven" Israel-Konzeption: Die "Bewohner Jerusalems" sind
aus "Israel" ausgeschlossen; "Israel" ist mit der babylonischen Gola identifiziert. Während den im Land Zurückgebliebenen "Unheil" angesagt wird, erhalten gleichzeitig die Exilierten eine "Heils"ankündigung.

Zwar setzt auch in anderen Texten des EB die Restitution Israels eine
"Sammlung aus den Völkern, in die sie zerstreut sind", voraus (vgl. z.B.
20,34.41[184]; 28,25; 34,12f; 36,24; 37,12.21), und enthält das EB Gerichtsankündigungen gegen die Bewohner des Landes vor (Kap. 4-24 passim)
und nach (33,23-29 im redaktionellen Kontext) 587, doch stehen daneben -
auch nach 587 - ebenso scharfe Worte an die Exulanten (vgl. 14,1-11; 20;
33,30-33). Die Vorstellung, daß die Exilierten "und nur sie allein nach
dem Exil und jenseits des Gerichtes das geläuterte und neue Israel darstellen", kann deshalb nur als "eine schwerwiegende Umbiegung der ursprünglichen Verkündigung eines Ezechiel" angesehen werden[185].

---

182 "Die Götzen und Greuel **des Landes** haben sie entfernt - aber nur, um
    ihren eigenen nachzulaufen!"
183 Dieser Ausdruck findet sich - in "inklusivem Sinn" - noch in 20,40;
    35,15; 36,10.
184 Besonders in der Konzeption von Kap. 20, wo die Bezeichnung "Land
    Israel(s)" für Vergangenheit und Gegenwart - doch wohl bewußt -
    vermieden ist, sind die im Land Zurückgebliebenen von der Sammlung
    "aus den Ländern" (34) und Führung "in die Wüste der Völker" (35)
    gerade **nicht** ausgeschlossen!
185 Gunneweg, Geschichte, 131.

Eine weitere Eigentümlichkeit von 15 besteht darin, daß
"(n)ur hier ... so ungewohnt persönlich von 'Brüdern' Ez's
die Rede (ist). Das darauffolgende, im AT nur hier belegte
suffigierte אנשי גאלתך ist offensichtlich in der gleichen
Richtung zu deuten". In diesem Ausdruck "deutet sich schon
an, daß das folgende Gotteswort es mit der Frage des Anteils
am Erbland zu tun haben wird"[186]. Die Frage, wem das Land
(ארץ: 15 bzw. אדמה: 17)[187] zum Besitz (מורשה: 15) gegeben
(Wz. נתן: 15.17) sei, wird in 15 in einer für das EB ganz
eigentümlichen Weise gestellt - und in 17 zugunsten der Gola
beantwortet. Nur in 33,23-29 stehen in vergleichbarer Weise
Besitzansprüche (מורשה: 33,24; Wz. ירש: 33,24.25.26) der im
Land Zurückgebliebenen, die sich mit Abraham identifizieren,
zur Diskussion[188]. Von einer zukünftigen Land-Gabe (Wz. נתן)
ist im EB sonst nicht mehr die Rede.

Auffällig ist schließlich - von dem schwer verständlichen
V.16 ganz abgesehen[189] - die Bindung der "Greuel" und "Götzen"[190] an das Land (18). Aussagen wie 14,1ff oder 20,30f
betonen dagegen gerade den "Götzendienst" der Exulanten.

---

186 Zimmerli, 248. Wie Levin, Verheißung, 208 richtig bemerkt, geht diese Konfliktlage über die rein ökonomische Dimension hinaus. Aufgrund
"der engen Verbindung zwischen Land und Jahwe" gilt: "Wer vom Besitz
des Landes ausgeschlossen ist, ist fern von Jahwe". Wenn Levin, ebd.
dann jedoch die ökonomische Dimension des Konflikts gänzlich ausschließt, indem er behauptet, die in 15 zitierten "Worte" der Jerusalemer seien "nicht etwa dahin zu verstehen, daß die Landesbewohner
den Exulanten ihren zurückgelassenen Grundbesitz streitig gemacht
hätten", ist dies wohl v.a. aus seinem literarhistorischen (Vor-)Ur-
teil zu erklären: "stark vereinfacht ist das Jeremiabuch das Buch
des 5.Jh.s, das Ezechielbuch das des 4.Jh.s" (ebd.).
187 Zu Kellers (Terre) Versuch einer Differenzierung der Bedeutung von
אדמה und ארץ im EB vgl. die Kritik Zimmerlis (Land, 255 mit Anm.
20).
188 Vergleichbar wäre allenfalls noch 36,12, wo angekündigt wird, Israel
werde die "Berge Israels" in Besitz nehmen (ירש). Ansonsten stehen
die Ausdrücke מורשה und Wz. ירש im EB immer im Kontext des Verhaltens der Völker zu Israel (7,24; 35,10; 36.2.3.5) bzw. untereinander
(25,4.10).
189 Vgl. hierzu Baltzer, Ezechiel, 34f.
190 Schon diese Verbindung ist singulär im EB; vgl. 2 Kön 23,13; Jer
16,18.

Die skizzierten Beobachtungen sprechen m.E. mit hoher Wahrscheinlichkeit dafür, daß 11,14-20 Produkt der Redaktion des
"älteren EB" ist[191]. In enger Anlehnung an Aussagen und Formulierungen des von ihr verarbeiteten Materials favorisiert
sie - in Auseinandersetzung mit Ansprüchen der im Lande Verbliebenen - die babylonische Gola als Boden und Ausgangsgrup-
pe der Neukonstituierung Israels.

Dieser redaktionellen Tendenz kommt das Wort gegen "die Bewohner jener
Trümmer im Land Israel", Ez 33,23-29, nahe[192]. In seiner jetzigen Stellung im Buch stellt es ein Gegenstück zu 11,14-20 dar und legt ein Verständnis der folgenden Restitutionsprophezeiungen als Programm einer
"Erneuerung des Lebens in Jerusalem und im Lande Israel durch die Rück-
kehrer aus dem Exil"[193] nahe. Dies entspricht aber weder bruchlos der
Intention der Restitutionsprophezeiungen in Kap. 34ff[194] noch der von
33,23-29 selbst. Für diesen Abschnitt, der meist in mehr[195] oder weniger[196] großem Abstand nach der Katastrophe Jerusalems angesetzt wird,
bleibt m.E. eine Entstehung vor 587[197] ernsthaft zu erwägen, ist es doch
mindestens auffällig, daß hier nicht nur "ein neues furchtbares Strafge-
richt ... über die in Juda Zurückgebliebenen"[198] angekündigt wird (27),
sondern auch eine völlige Verwüstung und Verödung des "Landes" und der
"Berge Israels" (28f), die in Kap. 34-37 als schon geschehen vorausgesetzt ist (vgl. 34,25ff; 35,12.15; 36,2.4.8ff.29f.33ff). Anders als in
11,14-20 scheint so in 33,23-29 keine redaktionelle Neubildung vorzu-

---

191 Gegen eine vorschnelle Qualifikation des Abschnitts als "dtr." (so
    Liwak, Probleme, 118ff) s. die Hinweise bei Lang, Ezechiel, 24f.
    Selbst Herrmann, Heilserwartungen, 247, der in "Ez.11,14-21 bis hin-
    ein in die sprachliche Gestaltung Abhängigkeiten von Zusammenhängen,
    die uns anderwärts weit ausführlicher überliefert sind, vor allem
    Abhängigkeiten vom deuteronomisch-deuteronomistischen Gedankenkreis"
    ausmacht, erkennt doch auch, daß v.a. in 11,16.19 "bisher Unbekann-
    tes vorliegt". - Unwahrscheinlich ist es freilich m.E. auch - ange-
    sichts der doch signifikanten Eigentümlichkeiten des Textes im EB-,
    daß in 11,14-20 noch ein "ezechielischer Grundbestand" enthalten ist
    (so z.B. Zimmerli, Lang, Graffy, s.o.).
192 Zur Abgrenzung der Einheit vgl. Zimmerli, 817.
193 Rendtorff, Einführung, 222.
194 S.u. 3.3.2.
195 Vgl. z.B. Zimmerli, 818.
196 Vgl. z.B. Fohrer, 188.
197 So Noth, Katastrophe, 359 Anm. 10.
198 Fohrer, 189.

liegen, sondern die Neuinterpretation einer Gerichtsprophezeiung durch
ihre Einstellung in den Komplex der Restitutionsprophezeiungen von Kap.
33ff.

Enge sachliche Zusammenhänge bestehen schließlich auch zwischen 11,14-
20 und den Aussagen über die "dem Schwert Entronnenen" in 6,8-10: Auch
hier sind Ereignisse im Blick, die über das Gerichtshandeln Jahwes an
Jerusalem hinausführen. Den unter die Völker Zerstreuten (8) wird Jahwe
"Herz" und "Augen" brechen, so daß sie in Erkenntnis ihres eigenen Verhaltens "sich selbst zum Abscheu werden" (9; vgl. 20,43). Im Kontext von
Kap. 1-24 gelesen, markiert dieser Abschnitt in der Tat "eine Zäsur":
"Der Begriff לב, dessen Verhärtung in 3,7f die Schuldverfallenheit des
Volkes symbolisiert, ist auch in 6,9 funktional gesetzt. Die Zerstörung
des לב (mitsamt der עין) durch Jahwe soll die Einsicht der פליטי חרב in
ihr illegitimes Verhalten ermöglichen und Konsequenzen eröffnen (vgl.
6,9b), die in der Setzung eines anderen Herzens (und Geistes) durch Jahwe (11,19 par) gipfeln. Somit markiert der Begriff לב hier den 'neutra-
len' Punkt zwischen der Entfaltung der negativen (3,7f) und der positiven (11,19 par) Seite"[199]. Diese Bedeutung erhält 6,8-10 freilich erst
durch seine redaktionelle Einordnung[200]. Für sich selbst gelesen scheint
die bei den bzw. durch die "Entronnenen" bewirkte Einsicht in die Berechtigung (6,10) des göttlichen Gerichts wie in 12,16 und 14,21-23[201] viel
eher ein Motiv zu sein, das der Unterstreichung der Gerichtsankündigung
dient, als "ein verhaltenes Wort der Hoffnung"[202]. Auch Ez 6,8-10 dürfte
deshalb als der Redaktion des "älteren EB" vorliegendes Material anzusehen sein, das erst durch seine kompositorische Einbindung - im Verbund
mit der Ergänzung in 11,14-20 - deren Tendenz dienstbar gemacht wurde.
Der Text zeigt zudem, daß diese die babylonische Gola für die Neukonstituierung Israels favorisierende Tendenz des "älteren EB" als Weiterentwicklung von Aussagen über der Katastrophe "Entronnene" im in diesem
Buch verarbeiteten älteren Material verstanden werden kann.

---

199 Liwak, Probleme, 109.
200 Das literarhistorische Verhältnis dieses Abschnitts zum Kontext in
   Kap. 6 ist kaum noch sicher zu bestimmen; vgl. z.B. Zimmerli, 142ff;
   Liwak, Probleme, 89ff.
201 Auf den "traditionsgeschichtliche(n) Zusammenhang" dieser Abschnitte
   weist Herrmann, Heilserwartungen, 248 mit Recht hin, beurteilt sie
   aber zugleich pauschal als "Heilsworte".
202 Fuhs, 40. Ob das לא אל חנם in diesem Sinne zu deuten ist, erscheint
   mir fraglich.

b) Die Restitution Jerusalems: 16,44-63

Die oben (III.) durchgeführte exegetische Untersuchung von
Ez 16,1-43 hat gezeigt, daß dieser Abschnitt als in sich
relativ abgeschlossene Gerichtsprophezeiung sinnvoll und
verständlich ist. Damit hat die Annahme an Wahrscheinlichkeit gewonnen, daß 16,44-63 mit seinen Prognosen einer Restitution Jerusalems als späterer Zuwachs zu 16,1-43 anzusprechen ist. Innerhalb dieses Zuwachses stellen nach weithin
übereinstimmendem Urteil der neueren Forschung 44-58 und 59-
63 zwei ihrerseits voneinander zu unterscheidende Einheiten
dar[203], so daß mit einem "Prozeß der sukzessiven Anreicherung"[204] von 16,1-43 in (mindestens) zwei Stufen zu rechnen
ist.

(1) Der Konsonantentext von **16,44-58**[205] wirft ein Problem auf, das von
den Kommentatoren durchgängig textkritisch gelöst wird[206]: In 45. 51 und
52 steht viermal אחות im Singular, wo vom Kontext her, in dem Samaria
und Sodom als "Schwestern" Jerusalems im Blick sind, ein Plural zu erwarten wäre. Könnte dies Indiz für ein literarisches Wachstum des Textes
sein?

In diese Richtung deutet auch das höchst ungleiche Gewicht, das Samaria und Sodom im vorliegenden Text haben: Während die Schuld "Sodoms und
ihrer Töchter" und Jahwes Gericht an diesen in 49f relativ breit ausgeführt werden, wird von Samaria in 51f nur gesagt, es habe "nicht einmal
die Hälfte der Sünden" Jerusalems begangen; das Gericht an Samaria wird
nicht erwähnt. Eine Entsprechung zum Rückblick auf das frühere Verhalten
Jerusalems gegenüber Sodom in 56f fehlt für Samaria[207].

Diese Beobachtungen legen m.E. den Schluß nahe, daß im Grundbestand
des Textes Jerusalem nur **eine** "Schwester", Sodom, an die Seite gestellt
war, und die Einführung Samarias als zweiter "Schwester" auf eine spätere Bearbeitung zurückzuführen ist, die Kap. 23(*) vor Augen hatte und

---

203 Vgl. z.B. Zimmerli, 341.
204 A.a.O., 342.
205 Zum literarischen Zusammenhang von 44-52 und 53-58 vgl. Zimmerli,
    368.
206 Vgl. nur BHS und Zimmerli, 340.
207 Dieses Ungleichgewicht scheint z.B. auch Fohrer, 91 wahrgenommen zu
    haben, der 49f als "erläuternde" und 56f als "variierende" Glosse
    streicht.

eine Erwähnung Samarias in 16,44-58* vermißte. Der folgende Übersetzungs-
versuch zeigt, wie leicht unter dieser Voraussetzung "Grundschicht" und
"Bearbeitungsschicht" (nach rechts eingerückt) des Textes voneinander zu
trennen sind. Unsicher bleibt m.E. nur die Zuordnung der mit "___" unter-
strichenen Ausdrücke in 53.

44 Sieh! Jeder, der einen Spruch über dich macht, wird sagen: "Wie die
   Mutter, so ihre Tochter!"
45 Die Tochter deiner Mutter bist du, die ihren Mann und ihre Kinder
   verabscheut.
   Und die Schwester DEINER SCHWESTER bist du,
       die ihre Männer und ihre Kinder verabscheut haben.
   Eure Mutter ist eine Hethiterin, und euer Vater ein Amoriter.
46   Deine große Schwester ist Samaria mit ihren Töchtern, die zu dei-
       ner Linken wohnt. Und deine kleinere Schwester, die zu deiner
       Rechten wohnt, ist Sodom mit ihren Töchtern.
47   Bist du nicht[a] auf ihren Wegen gegangen und hast ihre Greuel ge-
       tan? Bald schon[b] hast du es auf deinen Wegen schlimmer getrieben
       als sie!
48 So wahr ich lebe, Spruch des Herrn Jahwe: Deine Schwester Sodom mit
   ihren Töchtern hat nicht so gehandelt wie du mit deinen Töchtern.
49 Sieh! Das war die Schuld Sodoms, deiner Schwester: Hochmut, Überfluß
   an Brot und sorglose Ruhe hatte sie mit ihren Töchtern. Aber die Hand
   des Unterdrückten und Armen hat sie nicht stark gemacht.
50 Da wurden sie[a] hochmütig und taten Greuel vor mir. Da tat ich sie
   weg, wie 'du gesehen hast'[b].
51   Und Samaria hat nichteinmal die Hälfte deiner Sünden getan.
   Du hast mehr Greuel verübt als sie (Pl.) und hast DEINE SCHWESTER
   gerechtfertigt mit all deinen Greueln, die du getan hast.
52 Auch du, trag deine Schande, die du für DEINE SCHWESTER eingetreten
   bist mit deinen Sünden,
       die du abscheulicher gehandelt hast als sie (Pl.), (sodaß) sie
       gerechter sind als du.
   Auch du, schäm dich und trag deine Schande, da du DEINE SCHWESTER
   gerechtfertigt hast.
53 Aber ich werde wenden
   ihr (Pl.) Geschick,

das Geschick Sodoms und ihrer Töchter

    und das Geschick Samarias und ihrer Töchter

und 'werde wenden'[a] dein Geschick

    in ihrer (Pl.) Mitte,

54 damit du deine Schande trägst und beschämt wirst wegen allem, was du

getan hast, wobei du ihnen zum Trost wurdest.

55   Und deine Schwestern,

Sodom und ihre Töchter werden zu ihrem früheren Zustand zurückkehren,

    und Samaria und ihre Töchter werden zu ihrem früheren Zustand

    zurückkehren,

und du und deine Töchter, ihr werdet zu eurem früheren Zustand zu-

rückkehren.

56 Wurde nicht deine Schwester Sodom zum abschreckenden Beispiel[a] in

deinem Mund am Tag 'deines Hochmuts'[b],

57 bevor deine Bosheit aufgedeckt wurde, so wie nun das Schmähen der

Töchter 'Edoms'[a] und all ihrer Nachbarn, der Töchter der Philister,

die dich verachten, von ringsherum (laut wird)[b]?

58 Deine Schandtat und deine Greuel trägst du jetzt[a], Spruch Jahwes.[208]

Trifft diese literarkritische Analyse des Textes zu, setzt 16,44-58*
Kap. 23(*) nicht voraus, sondern entfaltet selbständig das in 16,3 anklingende Motiv einer genealogischen Nähe Jerusalems zum "primordial
evil" (s.o. z.St.) im Hinblick auf seine gegenwärtigen "Verwandtschaftsbeziehungen". Dagegen ist die Bearbeitung des Textes offensichtlich von
Kap. 23(*) motiviert.

    Ez 16,44-58 setzt die Gerichtsprophezeiung 16,1-43(*) vor-
aus[209]. Der Text hält daran fest, daß Jerusalem Greuel getan
und gesündigt hat (47.51f) und, wie 52.54.58 "in Anlehnung
an die sakralrechtliche Schulddeklarationsformel נשא עון"[210]

---

208 Textkritische Anmerkungen: 47a: Zur Übs. vgl. Zimmerli, 340 - 47b:
    Zur Übs. vgl. ebd. - 50a: Gemeint sind "Sodom und ihre Töchter" -
    50b: Cj. mit Zimmerli, 340; Greenberg, 289 möchte in כאשר ראיתי eine
    Anspielung auf Gen 18,21 erkennen - 53a: Cj. mit Zimmerli, 340 (ושבתי
    statt ושבית) - 56a: Zur Übs. von שמועה vgl. Zimmerli, 341 - 56b: L.
    sg. mit einigen Mss - 57a: L. אדם statt ארם (vgl. BHS) - 57b: Zur
    Übs. vgl. Zimmerli, 341 - 58a: Die qatal-Form dürfte hier den Beginn
    eines noch andauernden Sachverhalts anzeigen.
209 Vgl. Zimmerli, 342.
210 A.a.O., 367.

formulieren, "seine Schuld tragen" muß. Gleichwohl entwickelt
er eine Prognose, die über das in 16,35-43 angekündigte Gericht hinausführt. In seiner diese Prognose begründenden
Argumentation ist er "einzig in seiner Art"[211]. Das "theolo-
gische(.) Paradox"[212] des Textes liegt in der Vorstellung,
Jerusalem sei mit seinen Sünden für seine "Schwester(n)"
eingetreten (52; vgl. 51.54). Die Verben פלל pi., נחם pi.
und צדק pi., mit denen dieses "Eintreten" umschrieben wird,
verweisen auf die Situation einer Gerichtsverhandlung als
Vorstellungshintergrund des Textes[213]: Als Angeklagte ent-
lastet Jerusalem mit seiner ungleich größeren Schuld offenbar Sodom, das deshalb "freigesprochen und damit wieder in
sein Ansehen und seine gedeihlichen Lebensmöglichkeiten eingesetzt wird"[214] (צדק pi.). Ist schon diese Aufrechnung von
Schuld gegen Schuld schwer verständlich (vgl. allerdings Gen
38,24ff!), wird die Logik der Gerichtsverhandlung vollends
durchbrochen, wenn hier nicht "zugleich die gegnerische Par-
tei", d.h. also in diesem Fall: Jerusalem, "als Frevler verurteilt" wird[215]. Diese Inkonsistenz der Argumentation zeigt
m.E. deutlich, daß sie auf ein vorgegebenes Ziel, die Restitution Jerusalems, hin konzipiert ist.

Überdies ist sie für das EB völlig untypisch. Die Verben
פלל und צדק finden sich nur hier im EB. Einzig נחם pi. steht
noch in 14,22f; 31,16 und 32,31 - in Kontexten, die ebenfalls die Folgen des göttlichen Gerichtshandelns an einer
Instanz für Dritte zum Thema haben. Allerdings bewirkt das
"Trösten" beim Adressaten hier immer ein Akzeptieren des
göttlichen Gerichts, begründet jedoch niemals seine Rehabili-
tierung oder Restitution.

---

211 Vischer, Versöhnung, 35; vgl. auch Neher, Ezéchiel.
212 Vischer, ebd.
213 Vgl. Stähli, Art. פלל, 427; Stoebe, Art. נחם, 61f; Koch, Art. צדק,
    514.
214 Koch, a.a.O., 514.
215 Ebd.

Eigentümlich ist auch die Wendung שוב שבות [216], mit der in
53 die Restitution Jerusalems bezeichnet wird. Sie findet
sich im EB nur noch in 29,14 - bezogen auf die Restitution
Ägyptens - und 39,25, ist also jedenfalls ein für die Restitutionsprophezeiungen des Buches atypischer Ausdruck. Entsprechendes gilt für das Motiv der "Rückkehr zum früheren
Zustand" (שוב לקדמה) in 55. Es klingt zwar in 36,11 an, wird
aber dort sogleich durch das angekündigte Handeln Jahwes
überboten. Hier dagegen bleibt das restituierte Jerusalem
als (Samaria und) Sodom unter-, allenfalls gleichgeordne-
te(r) Stadt(staat) weit hinter seiner früheren Größe zurück
(vgl. 29,14). "Jerusalem's pride is thoroughly deflated"[217].

(2) An diesem Punkt knüpft der zweite Nachtrag **16,59-63**,
der 44-58 schon in seiner um "Samaria" erweiterten Gestalt
voraussetzt, an: In einem weiteren Schritt wird Jahwe Jerusalem seine "Schwestern" zu "Töchtern" geben (61), ihm also
eine politische Vormachtstellung verleihen[218]. Ist hier die
Prognose von 53f vorausgesetzt, bietet 59-63 doch eine im
Ganzen neue und eigenständige Begründung der Restitution
Jerusalems: Gericht (59) wie Restitution (60ff) werden - in
Anknüpfung an 16,8 - ganz im Rahmen des Bundeskonzeptes begriffen. Jerusalem hat "den Eid (אלה) verachtet (בזה)", indem es "den Bund (ברית) gebrochen (פרר hi.)" hat, wie 59 in
deutlichem Anklang an 17,16.18f formuliert. Doch Jahwe wird
sich seines Bundes erinnern (זכר: 60), den er mit Jerusalem
"in den Tagen seiner Jugend" geschlossen hat, und seinen

---

216 Als Bedeutung dürfte "das Geschick wenden", "die Wendung herbeifüh-
    ren" anzunehmen sein; vgl. Soggin, Art. שוב, 886f. Im Hintergrund
    steht "a model of restoration whose primary characteristic is God's
    reversal of his judgment" (Bracke, šûb šebût, 233 u.pass.).
217 Greenberg, 290.
218 "Konkret dürfte daran gedacht sein, daß Jerusalem seine Wiederher-
    stellung im Rahmen eines Großisrael erfährt, in dem auch Samaria,
    die Kapitale des Nordreichs, und Sodom, die verwunschene Tiefe des
    Jordantals, nicht fehlen" (Zimmerli, 370; vgl. Ez 48,8ff.13ff).

Bund (62) als eine ברית עולם (60) "aufrichten" (קום hi.:
60.62)[219].

Bestimmend für die Argumentation des Textes ist die Opposition von "Bund Jahwes" (ברית׳: 60.62) und "Bund Jerusalems"
(בריתך: 61)[220]. Hier scheint v.a. der - von Kutsch[221] (über)-
betonte - in ברית enthaltene Aspekt der "Verpflichtung" im
Blick zu sein: Obwohl Jerusalem seine Bundesverpflichtungen
nicht eingehalten hat, wird Jahwe seiner verpflichtenden
Zusage treu bleiben[222]. Vorausgesetzt ist hier eine die Verschuldung Jerusalems und das göttliche Gericht überdauernde
Bedeutung der ברית - eine allen übrigen Texten des EB ganz
fremde Annahme. Wo sonst in den Restitutionsprophezeiungen
des Buches von einem "Bund" die Rede ist[223], bezeichnet er
ein neues Verhältnis zwischen Jahwe und seinem Volk, das
nicht als Wiederherstellung eines entsprechenden alten Ver-

---

219 Dieser Ausdruck scheint einer relativ jungen Phase der Entwicklung
des Bundeskonzepts anzugehören (vgl. Kutsch, Art.ברית , 345) und
v.a. für die "priesterliche Theologie in P" charakteristisch zu sein
(Amsler, Art. קום, 640).
220 Das ולא מבריתך am Schluß von 61 ist allerdings "(s)chwer zu deuten":
"Heißt es, daß die beiden Schwestern zwar angenommen, aber nicht des
gleichen Bundes teilhaftig gemacht werden, wobei an die bleibende
Stellung Jerusalems als der Tempelstadt gedacht wäre (40ff.)? Oder
ist es rückschauend zu verstehen: Jahwe handelt an Sodom und Samaria
über alles im Bunde Vorgesehene hinaus?" (Zimmerli, 370). Aufgrund
der Opposition von ברית׳ und בריתך erscheint mir die schon von T,
Raschi und Ehrlich vorgetragene Lösung, der sich Greenberg, 292 anschließt, plausibel: "not because you have kept the covenant, but
through my constancy" (Raschi, zit. bei Greenberg, ebd.).
221 Vgl. Kutsch, Art. ברית u. oben II. Exkurs zum Bundeskonzept.
222 Zur Beschreibung dieses unterschiedlichen Sich-Verhaltens zur gemeinsamen Vergangenheit verwendet der Text den Terminus זכר: "Dem
'Nicht-Gedenken' Jerusalems wird 60 das gnadenvolle 'Gedenken' Jahwes entgegengehalten, durch welches Jerusalem beschämt zum rechten
'Gedenken' (61.63) gebracht werden soll" (Zimmerli, 369). Der Abschnitt knüpft damit an 16,22.43 einerseits und 20,43; 36,31 (vgl.
6,9) andererseits an. Allerdings ist 16,60 die einzige Stelle im EB,
an der Jahwe Subjekt von זכר ist!
223 Vgl. 20,37: מסרת הברית; 34,25; 37,26: ברית שלום (mit כרת); 37,26:
ברית עולם; sowie die "Bundesformel" in 11,20; 14,11; (34,24;) 36,28;
37,23.27.

hältnisses und in Kontinuität zu einem solchen begriffen
ist[224].

Auffällig ist schließlich auch das Verständnis der Restitution Jerusalems als "sühnendes" (כפר pi.) Handeln Jahwes in
63. Der Ausdruck כפר pi. findet sich neben dieser Stelle im
EB nur noch innerhalb des "Verfassungsentwurfs"[225].

Zusammenfassend kann festgehalten werden: die Abschnitte
Ez 16,44-58 und 59-63 zeigen charakteristische terminologische und konzeptionelle Eigentümlichkeiten im Rahmen der
Restitutionsprophezeiungen des EB. Hinzu kommt, daß nur hier
im EB explizit eine Restitution Jerusalems im Blick ist.
Zwar identifiziert man gemeinhin den "hohen Berg Israels"
von 17,22f.; 20,40 und 40,2 mit Jerusalem und dem Zion, doch
sollte das starke Moment der Diskontinuität zwischen altem
und neuem Zentrum Israels nicht übersehen werden: Dieses
"ist ein auch geographisch verwandelter Ort der Gottes-(Tem-
pel-)-Stadt"[226]! Diese Beobachtungen zu 16,44-63 erhärten
die Vermutung, die sich bereits angesichts der Stellung dieses Abschnitts im "älteren EB" nahelegte, daß hier ein Produkt redaktioneller Arbeit vorliegt[227]. Daß diese Arbeit
ihrerseits mindestens drei unterscheidbare Stadien aufweist,
dürfte als Indiz dafür zu werten sein, daß in den Kreisen,
in denen das "ältere EB" produziert und tradiert wurde, ein
besonderes Interesse an der Zukunft Jerusalems bestand[228].

---

224 Überhaupt gehört ברית "nicht zu den spezifischen Worten der theologi-
    schen Sprache" des EB (Zimmerli, 369). "References to 'covenant' and
    to institutions like the line of David all come forth as benefits
    and gifts **resulting** from the saving action, and not as causes of
    that action" (Raitt, Theology, 144). Zur Diskussion über die Begrün-
    dung der Restitutionsprognosen im EB vgl. Lang, Ezechiel, 113ff u.
    unten 3.3.2.
225 Vgl. 43,20.26; 45,15.17.20; an keiner dieser Stellen ist Jahwe Sub-
    jekt!
226 Zimmerli, Jerusalem, 422.
227 Eine genaue Abgrenzung des Anteils "der" Redaktion des "älteren EB"
    an diesem Text ist schwierig. Wahrscheinlich ist m.E., daß minde-
    stens 44-58 dieser Redaktion zu verdanken sind. 59-63 könnte als
    Fortschreibung des Programms des "älteren EB" unter gewandelten hi-
    storischen Bedingungen verstanden werden (vgl. u. Anm. 229).
228 Allein die Einfügung Samarias in 16,44-58* zeugt von einem eher "li-
    terarischen" Interesse, die Darstellungen von Kap. 16 und 23 stärker
    zu harmonisieren.

Wie 11,14-20 (und 44,4-46,18) zeugt 16,44-63 von dem Bestreben, die stärker am Grundsätzlichen interessierten und Spiel-
räume der Konkretisierung offenlassenden Restitutionsprognosen des EB zu konkretisieren und in ein politisches Programm
umzusetzen[229].

c) Die Restitution der Königsherrschaft: 17,22-24

"Der kleine Text Ez 17,22-24 zeichnet sich durch eine fast
unbegrenzte Interpretierbarkeit aus, so offen und wenig
festgelegt ist er"[230]. In hohem Maße umstritten ist sowohl
seine Intention als auch seine redaktionsgeschichtliche Zuordnung[231].

---

229 In diesem Zusammenhang mußte auch die Frage von Bedeutung sein, wie
der "Landverteilungsplan" von 47,13ff politisch umzusetzen sei, umgreift er doch - entsprechend der (spätbabylonischen und) persischen
Provinzgliederung (vgl. Herrmann, Geschichte, Karte 8) - mindestens
Teile der Provinzen Samaria (vgl. auch 37,15ff), Idumäa und Asdod.
Von daher konnte das in 16,44-58* vermutlich einfach als "Typus der
sündigen Stadt" (Zimmerli, 365; vgl. Gen 18f; Am 4,11; Jes 1,9f;
3,9; 13,19; Zeph 2,9; Jer 23,14; 49,18; 40,40; Dtn 29,22; 32,32;
Klgl 4,6) fungierende "Sodom" als Chiffre für Idumäa/Edom verstanden
werden. 16,44-58 hätte dann ein mit Samaria und Idumäa/ Edom assozi-
iertes Judäa/Jerusalem im Blick, ohne eine Vormachtstellung Jerusalems zu behaupten, was den politischen Realitäten der Zeit nach Ge-
dalja entsprechen könnte, in der "Jerusalem (...) nicht nur die Funktion der Hauptstadt eines selbständigen israelitischen Staates Juda
verloren (hatte), sondern (...) nicht einmal Sitz der Verwaltung
einer Provinz Juda (war). Diese saß in Samaria" (Otto, Jerusalem, 95
- allerdings ist "(d)ie genaue verwaltungsmäßige und rechtliche Stellung der 'Provinz' (m[e]dina) Juda ... umstritten": Rendtorff, Einführung, 64; vgl. die dort und bei Schottroff, Sozialgeschichte, 48;
Japhet, Sheshbazzar, 80 genannte Literatur). 16,59-63 würde dann
einen Wandel dieser Realitäten im Auge haben, als dessen erster
Schritt die "politische(.) Loslösung Judas aus der Provinz Samaria"
unter Nehemia (Otto, a.a.O., 108) verstanden werden konnte. Beide
Abschnitte greifen aber mit der Einbeziehung "Sodoms" über die zeitgeschichtlichen Realitäten und die in ihnen erkennbaren Entwicklungstendenzen hinaus. - Aus demselben Bestreben, den Landverteilungsplan
47,13ff politisch umzusetzen, könnten auch die Fremdvölkerworte in
Kap. 25 und 35 zu verstehen sein. In Kap. 25 fällt auf, daß Ammon
und Moab - also ostjordanisches Gebiet, auf das 47,13ff verzichtet -
"denen im Osten" zum "Eigentum" gegeben wird (25,4.10), während Edom
mit einem israelitischen Angriff bedroht wird (25,14; vgl. Kap. 35)
und die Philister schlicht "ausgerottet" werden (25,16); vgl.o. Anm.
92.
230 Lang, Aufstand, 65.
231 Vgl. den Forschungsüberblick a.a.O., 63ff.

Angesichts seiner Stellung im "älteren EB" legt sich die Annahme nahe,
daß die Zusammenstellung dieses Abschnitts mit 17,1-21 zu einem dem
"zweigliedrigen Schema" entsprechenden Textkomplex Werk der Redaktion
dieses Buches ist. Dafür spricht auch eine weitere Beobachtung am engeren redaktionellen Kontext von Kap. 17: Das nicht mit einer Wortereignisformel eingeleitete Kap. 19 erweckt den Eindruck, "in einer bestimmten
Vorstufe des Redaktionsvorganges, ohne neu als Wortereignis eingeleitet
zu werden, unmittelbar an Kap. 17 angeschlossen ... und erst hinterher
durch das mit seiner eigenen Einleitungsformel eingeführte Kap. 18 von
diesem Zusammenhang abgesprengt" worden zu sein[232]. Da aber 19,10ff "den
völligen Untergang des Königshauses beklagt"[233], dürfte Kap. 19 in diesem Stadium der Redaktionsgeschichte - d.h. im Zusammenhang eines der
Redaktion des "älteren EB" vorliegenden kleineren Textkomplexes - eher
an 17,21 als an 17,24 angeknüpft haben. Schließlich ist die Restitutionsprognose 17,22-24 ebenso wie 16,53-59 "ganz in den vorhergehenden Zusammenhang hinein verzahnt", enthält "aber zugleich eine ganz eigenständige
Aussage"[234]. Andererseits fügt sich 17,22-24 sprachlich[235] und konzeptionell weit besser zu den übrigen Restitutionsprophezeiungen des EB als
11,14-20 und 16,44-63. Hier "ist ... nichts ausgesprochen, was Hesekiels
sonstiger Verkündigung fremd wäre"[236].

Mit einiger Sicherheit kann davon ausgegangen werden, daß
17,22-24 zu keinem Zeitpunkt eine in sich abgeschlossene,
literarisch selbständige Einheit gebildet hat. Dagegen
spricht schon der Einsatz mit der Verbform w·qatal (ולקחתי)
im Anschluß an die Botenformel in 22. Damit wird aber auch
Herrmanns - von Ebach[237] aufgenommene - Deutung von 22-24
"(a)us sich selbst heraus"[238] auf eine "Erhöhung Israels und
... des Tempelberges in seiner Mitte" und nicht - oder doch
zumindest nicht in erster Linie - auf eine Restitution des

---

232 Zimmerli, 420; vgl. 429.
233 A.a.O., 429.
234 A.a.O., 388; zu den Gemeinsamkeiten und Differenzen zwischen den
    beiden Bildworten in 17,1-10 und 22-24 vgl. Herrmann, Heilserwartun-
    gen, 256.
235 Vgl. Lang, Aufstand, 65 (mit weiteren Literaturhinweisen).
236 Eichrodt, 142.
237 Ebach, Kritik, 275f.
238 Herrmann, Heilserwartungen, 258.

Königtums[239] unwahrscheinlich. Die "herkömmliche" Interpretation der "Zeder" als "Bild für die Institution des Königtums" ist nämlich nicht nur durch einen "Schluß aus dem
Hauptinhalt der Verse 11-21" begründet[240], sondern legt sich
schon von 1-10 (vgl. Kap. 31!) her nahe.

Auch wenn man dieser "herkömmlichen" Deutung des Textes
folgt, ist aber noch offen, ob er als Ausdruck einer unspezi-
fisch-allgemeinen "Messiashoffnung"[241] zu verstehen ist,
oder ob er einen konkreten neuen Herrscher im Blick hat,
wobei v.a. an Jojachin bzw. einen seiner Nachkommen zu denken wäre[242]. Letzteres erscheint aufgrund der inneren Logik
des Bildzusammenhangs wahrscheinlich[243], zumal terminologische Unterschiede zu den einschlägigen "messianischen" Aussagen des AT (vgl. Jes 11,1: חתר; Jer 23,5; 33,15; Sach 3,8;
6,12: צמח) bestehen[244]. Hat der Text aber einen Nachfolger
Jojachins[245] als neuen Herrscher Israels im Auge, so liegt
auch hier eine Konkretisierung und Spezifizierung der Aussagen anderer Restitutionsprophezeiungen des EB vor, die in
größerer Allgemeinheit von einem davidischen Herrscher sprechen (34,23f; 37,24f). Diese Tendenz, die 17,22-24 mit
11,14-20 und 16,44-63 gemeinsam hat, spricht m.E. für die
Annahme, daß auch hier eine Neubildung der Redaktion des
"älteren EB" vorliegt. Die besondere sprachliche und konzep-

---

239 A.a.O., 259; vgl. dgg. schon Baltzer, Ezechiel, 137.
240 So Herrmann, a.a.O., 258.
241 Gressmann, Messias, 255; vgl. z.B. Eichrodt, 142f.
242 Vgl. Zimmerli, 390; Baltzer, Ezechiel, 137; Caquot, Messianisme,
    17f; Seybold, Königtum, 142ff.
243 Vgl. den auf Jojachin bezogenen V.3f: ויקח את צמרת הארץ: את ראש ...
    ... ינקותיו קטף mit V.22: -ינק מראש ... ולקחתי אני מצמרת הארץ ...
    קותיו אקטף! (Zur Textkritik von V.22 s. Zimmerli, 376).
244 So mit Recht Herrmann, Heilserwartungen, 258 Anm. 44; die von Herr-
    mann postulierte Analogie zu Jes 2,2-4 ist freilich ebenso fragwür-
    dig (s. Lang, Aufstand, 79f).
245 Von hier aus müßte m.E. erneut nach der Bedeutung der Datierung nach
    der Ära Jojachin im EB gefragt werden. Ist sie wirklich nur "die
    unter den babylonischen Exulanten übliche gewesen" (Lang, Ezechiel,
    33), oder weist sie doch darauf hin, daß "Jojachin ..., obwohl exi-
    liert, als der rechtmäßige König des Landes ... angesehen worden"
    ist (Zimmerli, 43f)? Geht sie vielleicht doch erst auf die Redaktion
    des "älteren EB" zurück?

tionelle Nähe[246] dieses Abschnitts zu anderen Texten des EB
könnte sich daraus erklären, daß die Anliegen der Redaktion
hier weit stärker als in 11,14ff und 16,44ff auf der Linie
des ihr vorgegebenen Materials liegen[247].

Die Abschnitte Ez 11,14-20; 16,44-63; 17,22-24 und 20,32-44 wirken -
in der Reihenfolge, in der sie im EB vorliegen, gelesen -
wie die Prioritätenliste eines Programms der Restitution
Israels. Die von der Redaktion des "älteren EB" z.T. bereits
vorgefundenen Restitutionsprophezeiungen von Kap. 20; 33ff[248]
werden von ihr konkretisiert und um neue Aspekte bereichert:
Die babylonische Gola ist Boden, Jerusalem Zentrum und ein
Nachkomme Jojachins Herrscher des neuen Israel. Kann man im
Hinblick auf diese Konkretisierung von einem stärker "programmatischen" Charakter der von der Redaktion des "älteren
EB" neu geschaffenen Restitutionsprognosen sprechen, bleibt
doch zu beachten, daß auch die in diesen Prognosen erwarteten Ereignisse fast ausschließlich auf die Initiative Jahwes
zurückgeführt werden. Darin bleibt die Redaktion des "älte-
ren EB" einem Grundzug des ihr vorgegebenen Materials treu:
"Ezechiel nimmt nicht das Ziel des politischen Wünschbaren in den
Blick und überlegt dann, wie dorthin zu kommen sei. Jahwe wird unsere
Zukunft gestalten, meint der Prophet. Über die politische Vermittlung,

---

246 Auffällig sind insbesondere die Berührungen mit der Restitutionsan-
    kündigung in Kap. 20: Hier wie dort spielt das Geschehen בהר מרום
    ישראל (17,23; 20,40); hier wie dort handelt Jahwe als König - in
    20,33 expressis verbis, in 17,22ff im "Bild eines Königs ..., der
    einen großen Park anlegen läßt" (Lang, Aufstand, 62).
247 Eine Interpretation von Ez 17,22-24 als mit 17,1-21 ursprünglich
    zusammengehörige Restitutionsprognose (die dann bei der Kombination
    von Kap. 17 und 19 wohl weggefallen sein müßte), die das Gerichts-
    wort gegen Zedekia "in bewußter Opposition gegen den regierenden
    König" unterstreicht (Gressmann, Messias, 255) bzw. ihm ein Trost-
    wort an die Exulanten zur Seite stellt (Gronkowski, Messianisme,
    33ff), ist prinzipiell möglich, solange man Kap. 17 als isolierten
    Text für sich betrachtet. Nachdem sich 11,14ff und 16,44ff mit hoher
    Wahrscheinlichkeit als redaktionell erwiesen haben und Kap. 20, wie
    sich zeigte, von vornherein als Restitutionsprophezeiung konzipiert
    ist, wäre dies aber der einzige Text im EB, in dem einer Gerichtsan-
    kündigung ursprünglich eine "Heilsankündigung" zugeordnet wäre -
    21,32 bietet hier ebensowenig eine echte Analogie (vgl. Lang, Auf-
    stand, 119) wie die im Rahmen der Restitutionsverkündigung entwickel-
    ten "differenzierenden Prophezeiungen" (vgl.u. 3.3.2.).
248 Vgl.u. 3.3.2.

über das 'Wie' reflektiert er nicht. Er läßt sich, trotz seines klaren Wissens um militärische Kräfteverhältnisse, nicht auf die für alle Politik zentrale Machtfrage fixieren, glaubt nicht an die Macht und räumt der Souveränität Jahwes vor den politischen Realitäten den Vorrang ein"[249].

Die einzige im engeren Sinn für menschliches Handeln programmatische Aussage findet sich in 11,18: Die ins Land zurückgekehrten Exulanten werden dieses von seinen "Scheusalen" und "Greueln" reinigen. Kaum zufällig steht diese Aussage im Rahmen derjenigen redaktionellen Restitutionsprophezeiung in Ez 1-24, die in ihrer Tendenz wohl am stärksten von dem der Redaktion des "älteren EB" vorliegenden Material abweicht.

Welche Rückschlüsse auf die historische Einordnung des "älteren EB" erlauben die bisher zutage getretenen Interessen und Tendenzen seiner Redaktion? Ihre Gola-freundliche Tendenz, wie sie aus Ez 11,14ff und dem kompositorischen Ort von 33,23ff zu Beginn der Restitutionsprophezeiungen im zweiten Teil des Buches erkennbar ist, hat eine weitgehende Entsprechung in Texten des Jeremiabuchs, die mit hoher Wahrscheinlichkeit auf Prozesse redaktioneller Überarbeitung zurückgehen (vgl. bes. Jer 24,1-10!)[250]. In der neueren Jeremiaforschung scheint sich dahingehend ein Konsens abzuzeichnen, daß im Jeremiabuch "an 'original' core" rekonstruiert werden kann, "which seems to defend a pro-land position, but which has been obscured by an attempt to redirect the final form of the text in support of another theologically motivated position: that Yahweh's will and purpose lay with those exiled (both in 597 und 587) in Babylon"[251]. Während

---

249 Lang, Ezechiel, 91f; mit Verweis auf die von Dietrich, Jesaja, 246ff herausgearbeitete analoge Haltung Jesajas.

250 Zur Redaktionsgeschichte des Jeremiabuchs, auf die hier nicht im Einzelnen eingegangen werden kann, vgl. v.a. Thiel, Redaktion (I.II); Pohlmann, Studien; Carroll, Chaos; sowie die knappen Skizzen der Forschungsgeschichte bei Kaiser, Einleitung, 246ff und Perdue/Kovacs, Prophet, 1ff.

251 Seitz, Crisis, 79. "By 'pro-land' is meant: presenting a picture of continuing life in the land which is, at least initially, not doomed to judgment" (a.a.O., 92 Anm. 18).

eine vergleichbare "pro-land position" im "'original' core"
des EB fehlt, scheinen sich die Tendenzen und Interessen der
für die Redaktion der Jeremiabuchs - in einem näher zu bestimmenden Stadium seiner Entstehungsgeschichte - und die
des "älteren EB" verantwortlichen Kreise hinsichtlich ihrer
Einschätzung der Rolle der babylonischen Gola im Zusammenhang der Neukonstituierung Israels weitgehend zu decken.
Ihre Konzeption, "that Yahweh's will and purpose lay with
those exiled ... in Babylon" und **nicht** bei den im Lande Zurückgebliebenen, fehlt in dieser Schärfe etwa bei Deuterojesaja völlig[252]. Neh 1,2f spricht ganz unbefangen von den
"Geretteten" (הפליטה) bzw. "Übriggebliebenen" (הנשארים),
"die nach der Wegführung übriggeblieben waren"(אשר נשארו מן
השבי), und denen das volle Mitgefühl des deportierten Nehemia gilt. Daraus wird man kaum darauf schließen können, daß
die "Gola-freundliche" und "Land(esbewohner)-feindliche"
Redaktion des Jeremiabuchs - und entsprechend dann wohl auch
die des "älteren EB" - zeitlich erheblich **nach** der Abfassung
von Neh 1,2f anzusetzen sei[253]. Dagegen spricht schon, daß
in einer so späten Zeit "eine derartige Gruppenkonfrontati-
on", in deren Rahmen der "Ausschließlichkeitsanspruch der
Golajuden" verständlich würde, nicht nachzuweisen ist[254].
V.a. aber erweckt die Behandlung von Exilierten und im Lande
Verbliebenen bei Deuterojesaja und in Neh 1,2f viel eher den
Eindruck, daß hier vorhandene Konflikte heruntergespielt

---

252 Vgl. Jes 40,9ff; 49,14ff; 51,11.17ff. Besonders in der Komposition
    Jes 51,9-52,12 (daß zumindest "in 51,9-52,2(6) eine geschlossene,
    beabsichtigte Komposition vorliegt, wird von vielen Auslegern ange-
    nommen (Volz, Budde, Elliger, Muilenburg u.a.)": Westermann, Jesaja
    40-66, 194) wird das Bestreben deutlich, die Rückkehr der Exilierten
    als ein Geschehen zu erfassen, an dem diese (52,3-6. 11-12) und Zion/-
    Jerusalem (51,17-52,2.7-9) gleichermaßen aktiv beteiligt sind. Inter-
    essenkonflikte zwischen beiden Gruppen kommen an keiner Stelle zur
    Sprache. Die Parole der im Land Verbliebenen: "Abraham war ein Ein-
    zelner ..." (Ez 33,24) wird bei Deuterojesaja (51,2) im Munde Jahwes
    zu einer Heilszusage an **ganz** Israel.
253 So Pohlmann, Studien, 190.
254 Thiel, Redaktion (II), 121f. Dies wiegt um so schwerer, als "Pohl-
    mann does stress the polemical tone of the Golah redaction throughout
    his study" - ein Phänomen, das ohne aktuellen Konflikt kaum zu erklä-
    ren sein dürfte (Seitz, Crisis, 96).

bzw. als bereinigt dargestellt werden sollen[255]. So erscheint es wahrscheinlicher, "that the Golah-redaction of
the book of Jeremiah is a significant, early statement of
this pro-Golah view, made at a time when the conflict over
the interpretation of the events of the Exile was still li-
vely, i.e., during the period of the Exile itself (c. 597-
55[sic!])"[256].

Dementsprechend dürfte als zeitlicher Rahmen der Redaktion
des "älteren EB" die Zeit zwischen 587 und 539 anzunehmen
sein. Dabei dürfte sie an die beiden Eckpunkte dieses Inter-
valls jedoch nicht zu nahe heranzurücken sein, da sie einerseits mindestens bis in das Jahr 571 hinunter datierte Worte
aufnimmt (bzw. sie selber entsprechend datiert)[257], sich
aber andererseits "im Buche Ez kein Wort gegen die Großmacht
der **Babylonier**, den eigentlichen Bedränger Israels in den
Tagen Ezechiels", findet[258], was angesichts der "Verkündi-

---

255 Daß es gerade auch im Deuterojesajabuch um innerisraelitische Konflikte geht - nämlich um das Problem der Schuldknechtschaft - hat
jüngst Baltzer, Liberation gezeigt. - Zu einer Umkehrung der Rollen
im Konflikt um die Frage des Landbesitzes zwischen Gola und Landesbe-
wohnern könnte die zunehmende Verschlechterung der ökonomischen Lage
in Juda (vgl. dazu Schottroff, Sozialgeschichte, 59ff) beigetragen
haben (vgl. Jer 40,12 mit Hag 1,5ff!). Sehen die hinter dem "älteren
EB" stehenden Exilierten ihre Besitzansprüche durch die Landesbewohner ernsthaft gefährdet, scheint in späterer Zeit umgekehrt von den
zurückkehrenden Deportierten, die z.T. über nicht unbeträchtliche
Geldvermögen verfügt haben dürften, für die zur Entrichtung von Steu-
ern in Silbergeld verpflichtete Landbevölkerung eine ökonomische
Bedrohung ausgegangen zu sein (vgl. auch u. 3.2.4.b.). Das Archiv
des Bankhauses Muraschu aus der zweiten Hälfte des 5.Jh.v.Chr. (s.
AOT, 434ff) zeigt, daß in dieser Zeit exilierte Israeliten "offenbar
intensiv am Handels- und Gewerbeleben ihrer Umwelt teilnahmen und in
einigen Fällen auch führende wirtschaftliche oder öffentliche Positionen innehatten" (Rendtorff, Einführung, 67 mit Hinweis auf Coogan,
Life; vgl. auch Eph^cal, Minorities). Auch Nehemia ist immerhin in
der Lage, in Schuldknechtschaft geratene Judäer freizukaufen (vgl.
Neh 5,8)!
256 Seitz, Crisis, 95; vgl. Thiel, Redaktion (I.II), der die "dtr." Redaktion des Jeremiabuchs nach dem Tode Jojachins und vor dem Ende
des Exils ansetzt (dgg. Kaiser, Einleitung, 250f - Kaisers Hinweis,
"daß Israels Exilsgeschick mit dem Jahre 538 kein Ende nahm (a.a.O.,
259), ist natürlich berechtigt; der Konflikt zwischen Gola und Lan-
desbewohnern scheint aber schon früh (vor 587!) aufgebrochen zu sein,
wie Ez 33,23-29 zeigt (s.o.).).
257 Vgl. Lang, Ezechiel, 42ff; Kutsch, Daten, 71.
258 Zimmerli, 94*.

gung des spätexilischen Deuterojesaja, aber auch ... der
Bücher Jes (mit Kap. 13) und Jer (mit 50f.) ... doch recht
auffällig" ist und "dafür (spricht), daß man mit der Endredaktion des ('älteren', T.K.) Buches Ez nicht zu tief hinun-
tergehen darf"[259]. Die für das "ältere EB" verantwortlichen
Kreise rekrutieren sich aus der 597 und 587 nach Babylonien
deportierten Jerusalemer Oberschicht. Sie machen ihre Besitztitel am Land geltend, die offenbar durch Landverteilungsmaß-
nahmen Nebukadnezars (vgl. 2. Kön 25,12// Jer 52,16) und
Gedaljas (vgl. Jer 40,10ff) infragegestellt waren[260]. Ihre
bleibenden Ansprüche begründen sie mit einer fortdauernden
Verschuldung der Landesbewohner gegenüber Jahwe, während sie
für sich selbst die von Ezechiel angekündigte Transformation
von Bewußtsein und Handeln in Anspruch nehmen.

Ein weiteres Indiz für die historische Einordnung des "älteren EB" ergibt sich aus seiner Präferenz für die Linie
Jojachin des davidischen Königshauses. Sie hat eine Entsprechung in der Schlußnotiz des Buches 2 Kön (25,27-30)[261], die
wiederum ihre Parallele im Schluß des vorliegenden Jeremiabuchs hat (Jer 52,31-34; vgl. auch 23,5f; 33,15ff), dort
aber in Spannung zur expliziten Verwerfung Jojachins und
seiner Nachkommen (!) in Jer 22,24-30 steht. Während 2 Kön
25,27-30 par. die Möglichkeit einer Restitution davidischer
Herrschaft über die Linie Jojachin sehr verhalten andeutet,
ohne explizit "messianische Hoffnungen daran zu knüpfen"[262],
artikuliert Ez 17,22-24 diese Möglichkeit schon bestimmter
im Modus der Erwartung. Auch dieser Text ist aber noch so
allgemein und unspezifisch gehalten, daß er kaum schon als
Legitimation der Aktivitäten der Jojachin-Nachkommen[263]

---

259 A.a.O., 94*f.
260 Wenn sie den - von ihnen immerhin tradierten - Landverteilungsplan
    Ez 47,13ff ernst nahmen, konnte dies freilich nicht einfach eine
    Rückkehr zum "status quo ante" bedeuten.
261 Vgl. dazu Baltzer, Ende.
262 Wolff, Kerygma, 323.
263 "Hardly anyone questions the fact that Zerubbabel the son of
    Shealtiel was of the House of David, a direct descendant of Jeho-
    jachin king of Judah" (Japhet, Sheshbazzar, 71). Dagegen ist die
    Abkunft Scheschbazzars von Jojachin stärker umstritten, jedoch trotz

Scheschbazzar oder Serubbabel[264] intendiert ist (vgl. dgg.
Hag 2,23 in direkter Revokation von Jer 22,24ff[265]). Eher
könnte er durch die 2 Kön 25,27ff par. berichtete "Rehabili-
tierung" Jojachins (ca. 562) motiviert sein, die in Kenntnis
der babylonischen Praxis, "inhaftierte 'Reservekönige'" zur
Verfügung zu halten, "die in ihrer Heimat eingesetzt werden
können"[266], solchen Erwartungen Vorschub geben konnte.
Mit der konkretisierenden Zuspitzung der Erwartung eines
neuen davidischen Herrschers auf die eines Nachkommen Jojachins wird freilich die in anderen Restitutionsprophezeiungen des EB - und gerade auch in dem vielleicht auf die Redaktion des "älteren EB" zurückgehenden "Amtsträgerkomplex" des
"Verfassungsentwurfs" - erkennbare Einschränkung monarchi-
scher Macht keineswegs korrigiert[267]: Das "ältere EB" hat
zwar eine das Nordreich (vgl. 37,15ff) - nicht aber das Ost-
jordanland (vgl. 47,13ff)! - einschließende Restitution Israels im Auge, verleiht aber dessen Herrscher keinerlei außenpolitische Funktionen[268] und unterwirft ihn zudem einer -
über Dtn 17,14ff noch hinausgehenden - "**Gewaltenteilung** an
der Spitze des Volkes"[269] - im Gegenüber zu einer in sich
nochmals differenzierten Priesterschaft. Mit dieser Herrschaftskonzeption steht es "in der Mitte ... zwischen dem
selbstbewußten Königtum der späten Monarchie und dem königs-
losen jüdischen Gemeinwesen, das Deuterojesaja und die Priesterschrift voraussetzen"[270]. Sein Restitutionsprogramm spiegelt nicht einfach die Interessen der exilierten Glieder des

---

der Einwände Bergers (Namen) wahrscheinlich (vgl. Japhet, a.a.O., 95f).

264 Foster, Restoration, 151 nimmt an, Ez 17,22-24 sei zur Unterstützung Serubbabels interpoliert worden.

265 Zur Beziehung zwischen diesen beiden Prophetenworten s. Japhet, Sheshbazzar, 77f (mit weiteren Literaturhinweisen); vorsichtiger jetzt Wolff, Haggai, 84.

266 Lang, Ezechiel, 119.

267 Zur außenpolitischen Konzeption von Ez 17,22-24 vgl. Lang, Aufstand, 72ff.

268 Mit Koch, Profeten II, 121 kann man fragen, ob dies bedeutet, "daß volle Autonomie ihm vorenthalten bleibt und er weiter einem Großkö- nig unterstellt ist".

269 Koch, a.a.O., 118.

270 Lang, Ezechiel, 121.

Judäischen Königshauses und seiner Anhänger wider, sondern
eher einen Kompromiß zwischen diesen und den Interessen der
exilierten zadokidischen Priesterschaft. Ein derartiger Kompromiß mußte in einem relativ frühen Stadium der "Planungen
für den Wiederaufbau", wie es das "ältere EB" aller Wahrscheinlichkeit nach repräsentiert, und in dem noch kaum konkrete politische Schritte zur Realisierung der Restitution
Israels im Blick sind, leichter möglich sein als in späterer
Zeit[271]. Das "theokratische" und das "eschatologische" Moment des neuen Israel[272] sind im Restitutionsprogramm des
"älteren EB" noch nicht auseinandergetreten[273].

3.2.4. "Wächteramt", "Umkehrruf" und "individuelle Vergel-
tungslehre"

Neben den in Kap. 1-24 eingeschalteten Restitutionsprognosen stellen auch diejenigen Texte eine Klammer zwischen Ge-
richts- und Restitutionsprophezeiungen im "älteren EB" dar,
in denen das "Wächteramt" des Propheten, die Möglichkeit der
"Umkehr" Israels und das, "was man als Ezechiels '**individuelle Vergeltungslehre**' zu bezeichnen pflegt"[274], thematisch
sind. Es sind dies zunächst die Texte bzw. Textkomplexe Ez
3,16-21; 18 und 33,1-20, die, wie die folgende Skizze ihrer

---

271 Sollte die Erweiterung in Ez 4,6 (s.o. II. 5.2.3.) der Redaktion des
   "älteren EB" zuzuschreiben sein und hier mit einer 40-jährigen Dauer
   des Exils Judas (d.h. von 587 bis 547) und einer zum selben Zeitpunkt endenden (vgl. 37,15ff) 390-jährigen Strafe (Nord-)Israels
   (d.h. von 937 - also ca. seit der Reichsteilung - bis 547) gerechnet
   sein, ließe sich für die Abfassung des "älteren EB" vielleicht der
   noch engere Zeitraum zwischen 563/2 und 547 annehmen (vgl. Zimmerli,
   122).
272 Vgl. Plöger, Theokratie, v.a. 129ff.
273 In der Smitten, Gottesherrschaft, 14 beobachtet an Ez 34 und 37 richtig, "daß sich in diesen Texten zwei Traditionen ineinander schieben:
   einmal ... wird hier die Grundstruktur einer Theokratie vorgestellt,
   zum anderen bleiben die an das davidische Königtum geknüpften Erwartungen bestehen ..." Ob diese Ambivalenz freilich (nur) durch "starke redaktionelle Überarbeitungen" (ebd.) zu erklären ist, wird noch
   zu prüfen sein (vgl. u. 3.3.2.c.).
274 Lang, Ezechiel, 101.

Struktur und ihres Inhalts zeigt, eine Reihe von Parallelen
zueinander aufweisen[275]:

		Ez 3	18	33
(I)	Der Prophet als "Wächter" (צפה)			
	(1) Allgemeine Charakterisierung der Funktion			
	eines "Wächters"			1-6
	(2) Einsetzung des Propheten zum "Wächter"			
	für das Haus Israel	17a		7a
	(3) Beschreibung der Funktion des Propheten			
	als "Wächter" für das Haus Israel			
	("Dienstanweisung"[276])	17b-21		7b-9
	(a) Warnung/Aufruf zur Umkehr an den			
	Frevler	18f		8f
	(b) Warnung/Aufruf zur Umkehr an den Ge-			
	rechten, der "sich von seiner Gerech-			
	tigkeit abwendet und Unrecht tut"	20f		
(II)	Die Möglichkeit der Umkehr			
	(1) in der Abfolge der Generationen		1-20	
	- exemplifiziert an der Generationenfolge			
	von			
	(a) Gerechtem,		5-9	
	(b) Frevler und		10-13	
	(c) Gerechtem - und		14-17	
	(2) in der Lebensgeschichte des Einzelnen		21-32	10-20
	- exemplifiziert an			
	(a) der Abkehr des Frevlers von seinem		21f.	12b.
	frevelhaften Handeln und		27f	14-16.
				19
	(b) der Abkehr des Gerechten von seinem		24.	12a.
	gerechten Handeln		26	13.
				18
	In Verbindung mit (2) findet sich jeweils ein			
	(3) Aufruf zur Umkehr		30b-32	11b.

---

275 Vgl. auch Brownlees (Parable, 392ff) Strukturskizzen, die zeigen,
    daß "the three major chapters concerned with Ezekiel's teaching of
    individualism are bound together by a sort of cross reference system
    of identical language" (a.a.O., 394).
276 Vgl. Baltzer, Biographie (s. Register s.v.).

Die Topen "Wächteramt" und "Umkehr" sind nicht nur literarisch miteinander verknüpft (33,1-20), sondern hängen auch sachlich zusammen. Der
für (I) konstitutive **Aufruf** zur Umkehr (I.3) - der zudem in (II) eine
Entsprechung hat (II.3) - setzt die in (II) dargelegte **Möglichkeit** der
Umkehr voraus!

Mit ihrer kompositorischen Einordnung (1) an den Anfang
des Blocks der Gerichtsprophezeiungen im Anschluß an den
Einsetzungsbericht (3,16-21), (2) an den Anfang der Restitutionsprophezeiungen im zweiten Hauptteil des "älteren EB"
(33,1-20) und (3) **in** den Block der Gerichtsprophezeiungen
von Kap. 1-24 (Kap. 18) erwecken die skizzierten Texte den
Eindruck einer Kontinuität der Funktion des Propheten und
der Möglichkeit der Reaktion seiner Adressaten in Gerichts-
und Restitutionsprophezeiungen. Diese Kontinuität zu unterstreichen, mußte im Interesse der Redaktion des "älteren EB"
liegen. Auf ihre Tätigkeit wird deshalb zumindest die Stellung von 3,16-21; 18 und 33,1-20 im Buchganzen zurückzuführen sein[277].

Nun bilden aber diese Texte auch einen konzeptionell relativ eigenständigen Textbereich innerhalb des EB - wobei ihnen freilich einige weitere Abschnitte zuzuordnen sind, die
ihre Eigentümlichkeiten in bestimmten Hinsichten teilen. Als
auffälligste Eigenarten sind zu nennen: (1) Der Gebrauch des
Verbs שוב im "ethischen" Sinne zur Bezeichnung der Abkehr
von einem vormaligen Lebenswandel (3,19; 18,21ff; 33,9ff)[278]
- er findet sich auch in 13,22 und 14,6, im Rahmen von Abschnitten, in denen es ebenfalls um die Funktion eines Propheten geht (13,22f; 14,1-11). (2) Die Betrachtung des Zusammenhangs von Tat und Ergehen auch hinsichtlich der Abfolge
Guttat - Wohlergehen (3,20; 18,20.22; 33,12.16.19)[279] - sie
liegt auch in 14,14.20 im Kontext von 14,12-23 vor.

---

277 Daß die Stellung von 33,1-20 (vgl. Herrmann, Ezechielstudien, 68)
    und/oder 3,16-21 (vgl. Reventlow, Wächter, 130) im Kontext mehr oder
    weniger zufällig sei, erscheint mir höchst unwahrscheinlich.
278 Vgl. dgg. 1,14; 7,13; 8,6.13.15.17; 9,11; 21,10.35; 27,15; 34,4.16;
    35,7.9 u.ö. und die Wendung שוב שבות in 16,53.55; 29,14.
279 Vgl. dgg. 4,17; 7,3f.8f.27; 9,10; 11,21; 16,43; 17,19 u.ö., wo
    jeweils nur der Untat-Unheil-Zusammenhang im Blick ist.

Die relative Eigenständigkeit der Texte Ez 3,16-21; 13,(1-21?)22-23; 14; 18 und 33,1-20 innerhalb des EB in sprachlicher[280] und konzeptioneller Hinsicht fordert zu einer historischen Erklärung geradezu hinaus. Handelt es sich hier um "(e)in Kernstück der Predigt Ezechiels"[281] oder um eine **redaktionsgeschichtlich** spätere Schicht "deutero-ezechielische(r) Tradition"[282]? Will man den redaktionskritischen Erklärungsversuchen nicht folgen, müssen andere Hypothesen zur Deutung der Eigentümlichkeiten dieses Textbereichs entwickelt werden. Gehen die Unterschiede zwischen ihm und den übrigen Texten des EB auf eine unterschiedliche **soziale Einbettung** ("Sitz im Leben") dieser Texte zurück - verdankt er sich also etwa "einer Art 'Lehrhaus-Betrieb'", einer "schulmäßige(n) Unterweisung, die sich phänomenologisch stark von der älteren prophetischen Verkündigung in der Öffentlichkeit unterscheidet"[283]? Oder ist dieser Textbereich **biographisch** als Zeugnis einer "2.Periode der ezechielischen Prophetie"[284] zu werten, deren Beginn durch eine in 33,1-9

---

280 Zu der in diesen Texten erkennbaren eigentümlichen, "priesterlich-sakralrechtlichen" Fachsprache vgl. Zimmerli, Eigenart; Ders., Leben und die Übersicht bei Lang, Ezechiel, 98.

281 So der Titel einer "Studie über Ez 18" von H. Junker.

282 Schulz, Todesrecht, 184; vgl. schon die Beurteilung der Texte bei May (s. auch Ders., Responsibility). Garscha, Studien, 305 rechnet Ez 3,17-21; 13,22-23; 14; 18; 33,1-20 zu der von ihm rekonstruierten "sakralrechtlichen Schicht" (zu der er noch 17,13a.b. 14b. 15b. 16. 18-19; 22,1-16 und möglicherweise 21,28-32; 23,36-49; 16,45-48; 35,6-11 rechnet), während s.E. "(d)ie von H.Schulz einer Schultradition zugeschriebenen Stücke Kp 5,6-9.10?11?; Kp 11,12.17-20.21; 12,15.16?21-28; Kp 13,22f(!); Kp. 16,16-21.26ff.; Kp 20,1-31 (32ff); Kp 21,5-10.29f.; Kp 23,28-30.(31).35(36ff.); Kp 24,13f.(19-24).(25-27); Kp 33(!); Kp 34 ... fast ausnahmslos vom deuteroezechielischen Bearbeiter (stammen)" (ebd.). Vgl. dgg. Zimmerli, Deutero-Ezechiel. - Die Sprachverwirrung ist damit komplett, zumal Schulz und Garscha das Präfix "deutero-" zur Beschreibung ganz andersartiger Phänomene verwenden, als es die herkömmlich mit Ausdrücken wie "Deuterojesaja" oder "Deuterosacharja" bezeichneten sind (vgl. Rendtorff, Einführung, 221).

283 Zimmerli, 109*.

284 Kraetzschmar, VII. Im Gefolge Kraetzschmars ist häufig eine "Periodisierung von Ezechiels Wirken" versucht worden, vgl. Lang, Ezechiel, 44ff und jüngst wieder Rossel, Ezechiel, der eine ("kortstondige": 280) **tweede activiteitsperiode** Ezechiels annimmt, "tijdens dewelke hij **voorwaardelijk heil** verkondigt" (587)" (a.a.O., 281) - und der der hier zur Diskussion stehende Textbereich weitgehend zuzuordnen ist. "Al heel vlug ziet de profeet in, dat deze verkondiging geen zin heeft ... Daroop begint de **derde periode** uit zijn prophetische bedrijvigheid (587-571?)", in der "hij een **onvoorwaardelijk heil** (verkondigt)" (a.a.O., 282).

berichtete zweite Einsetzung des Propheten markiert ist? Ist schließlich
die in diesem Textbereich - stamme er nun (ganz oder teilweise) von Ezechiel oder von einer späteren Hand - entwickelte Konzeption der Korrelation von göttlichem und menschlichem Handeln **"geistesgeschichtlich"** als
"Durchbruch" zu beurteilen? Und wenn ja: ist sie mit ihrem (vermeintlichen) "Individualismus" positiv als "la grande conquête du judaisme" [285]
zu werten, oder negativ als "schwerer religiöser Rückschritt" zum **"opus
operatum** der äußeren Gesetzeserfüllung"[286]?

Der skizzierte Fragehorizont gibt einen Eindruck von der
Vielfalt der Interpretationsmöglichkeiten dieses Textbereichs
und seiner in der Forschung vertretenen Deutungen[287]. Dieser
breite Interpretationsspielraum hängt offenbar mit dem vergleichsweise hohen Abstraktionsniveau der Texte und dem vorwiegend diskursiv-theoretischen Stil ihrer Argumentation
zusammen. Gleichwohl lassen die Texte - zunächst als relativ
eigenständige Kommunikationseinheiten abgelöst von ihrem
jetzigen Kontext im Buch gelesen - Bezüge zu bestimmten historischen Problemlagen erkennen, die sich nicht ohne Spannungen zu den Funktionen fügen, die sie durch ihre Einbettung in den Kontext des "älteren EB" erhalten. Diese Beobachtung ist m.E. als Indiz dafür zu werten, daß die Redaktionsgeschichte des "älteren EB" zugleich als Interpretationsge-
schichte dieser Texte verstanden werden kann. Diese Hypothese soll im Durchgang durch die Texte im Folgenden wenigstens
näher skizziert und plausibel gemacht werden.

a) Der Prophet als "Wächter"

Ez 3,17a und 33,7a berichten gleichlautend von einer Einsetzung
Ezechiels zum "Wächter für das Haus Israel" durch Jahwe: בֶּן אָדָם צֹפֶה
נְתַתִּיךָ לְבֵית יִשְׂרָאֵל . Das hier mit "Wächter" wiedergegebene Partizip Aktiv
Qal der im Qal und im Pi'el belegten Wurzel צפה I, von deren "Grundbedeu-
tung": "aufmerksam betrachten" Spezialbedeutungen wie "(erwartungsvoll)
ausschauen", "auflauern", "bewachen" und "spähen" abgeleitet sind[288],
bezeichnet häufig den Späh- und Wachtposten einer Stadt oder eines Pala-

---

285 Causse, Groupe, 201 (zit. nach Lang, Ezechiel, 142 Anm. 348).
286 Budde, Religion, 195 (zit. nach Koch, Profeten II, 105).
287 Vgl. den Forschungsüberblick bei Lang, Ezechiel, 97ff.115.
288 Vgl. die Lexika von Gesenius und Köhler/Baumgartner s.v.

stes (vgl. 2 Sam 13,34; 18,24-27; 2 Kön 9,17f.20; Jes 52,8; vgl. auch
Klgl 4,17: צפיה) bzw. des Heeres im Krieg (vgl. 1 Sam 14,16; vgl. auch 2
Chr 20,24: מצפה). Neben Ez 3 und 33 spricht auch Jer 6,17f von "Wäch-
tern" - hier ist wohl ebenfalls an Propheten gedacht -, die von Jahwe
eingesetzt sind und die Aufgabe der Warnung haben. Wie an dieser Stelle
stehen auch in Jes 56,10f (Q) die "Wächter" parallel zu den "Hirten" des
Volkes. Es scheint, daß das Bild des "Wächters" - unabhängig vom sprachlichen Ausdruck - als Mittel, die Funktion eines Propheten zu erfassen
und zu beschreiben, vorgeprägt und verbreitet ist. Es ist geeignet, sowohl die prophetische Aufgabe der Warnung vor Gefahr (vgl. Am 3,6; Jer
6,17) als auch die der Ausschau nach einem heilvollen Jahwewort (vgl. Mi
7,7; Hab 2,1[289]; auch Jes 21,8?) zu beschreiben.

Ez 33,1-6 setzt das "Wächteramt" Ezechiels explizit in
Analogie zur Funktion eines Wächters, der im Krieg vor Gefahr zu warnen hat[290]. Die inneren Spannungen von 33,1-6[291]
zeigen, daß das Bild von vornherein auf den Abschnitt 7-9
hin konzipiert ist; es "drängt ... über sich hinaus auf das
Wort 7-9, in dem nun Jahwe in unmittelbarer Anrede an den
Propheten die Wirklichkeit voll aufdeckt, die mit dem Späher-
bild gemeint ist"[292].

33,7-9//3,17-19(.20f) enthält sodann die Dienstanweisung
an den Propheten als Wächter. Seine Aufgabe ist in 33,7b=
3,17b grundsätzlich formuliert: "Wenn du ein Wort aus meinem
(Jahwes) Mund hörst, sollst du sie in meinem Namen warnen"
(ושמעת מפי דבר והזהרת א(ו)תם ממני). Der Prophet fungiert

---

289 Die "Warte" (משמרת) von Hab 2,1 wurde gelegentlich als Indiz für die
    "kultprophetische" Funktion Habakuks angesehen (vgl. Jeremias, Kult-
    prophetie, 105ff; dgg. etwa Rudolph, Habakuk, 214f). "The parallel
    between Ezek. 33:1-6 (cf. also 3:16-21) and Hab. 2:1-5 deserves de-
    tailed examination. The picture of the prophet as a watchman recalls
    the Ezekiel passages, but more especially Hab. 2:4 with its dictum
    that he whose soul (cf.Ezek. 18:4) is not upright shall fail (?),
    but the righteous shall live by his faith (וצדיק באמונתו יחיה) is
    strangely reminiscent of the doctrine of retribution in Ezek. chaps.
    18 and 33" (May, Responsibility, 120).
290 Vgl. 33,2: "Wenn ich (Jahwe) über ein Land das Schwert kommen lasse
    ..." mit 14,12ff und 21,13ff (s. auch Zimmerli, 799f). Der "Wächter"
    hat hier eindeutig die Funktion der Warnung vor einer Bedrohung von
    außen, nicht die der Unterweisung und "theoretische(n) Belehrung"
    (so Simian-Yofre, Wächter, 161).
291 Vgl. Eichrodt, Wächteramt, 34.
292 Zimmerli, 801.

also hier - wie auch die im Folgenden genannten Einzelfälle
zeigen - als Übermittler eines Jahwewortes zum Zwecke der
Warnung (זהר hi.)[293] seines Adressaten. Näherhin impliziert
diese Dienstanweisung für das Verständnis der Funktion des
Propheten mindestens folgendes:

(1) Der Prophet hat die Freiheit, ein Jahwewort weiterzugeben oder
nicht.

(2) Der Prophet ist verantwortlich für die Folgen eventueller Dienst-
pflichtverletzungen - unbeschadet der Verantwortlichkeit seines
Adressaten.

(3) Funktion des Propheten ist es letztendlich, Lebensmöglichkeiten zu
bewahren, "den Frevler vor seinem frevlen Wandel zu warnen, um ihn
am Leben zu erhalten" (3,18).

(4) Der Adressat des Propheten ist frei, auf dessen Warnung - in Gestalt
eines vorweggenommenen Urteilsspruchs Jahwes über ihn - zu reagieren
oder nicht. Durch eine Änderung seines Verhaltens ("Umkehr") kann er
das ihm angedrohte Unheil abwenden.

(5) Adressat des Propheten als Wächter ist ein einzelner Israelit.

Dieses Verständnis der Funktion eines Propheten ist für das AT keineswegs selbstverständlich. In der Forschung ist es bekanntlich stark umstritten, ob die prophetische Gerichtsankündigung auf (Umkehr und)
"Rechttun oder Annahme des drohenden Gerichts" zielt[294]. Eine Durchsicht
der Texte führt zu keinem eindeutigen Befund. Als "Umkehrprediger" ist
der Prophet deutlich etwa in 2 Kön 17,13; Jer 26,18f; 35,15f; 2 Chr
15,2ff und im Jonabuch verstanden[295]. Ein entsprechendes Verständnis
findet sich aber auch in außer-atl. Texten. So ist etwa der Bileam der
Deir-ᶜAlla-Texte eindeutig ein "Umkehr-Prophet"[296]. Und das Lachisch-
Ostrakon 3 erwähnt eine Prophetenschrift, die offenbar mit der Warnung

---

293 Das Verb ist außerhalb von Ez 3 und 33 noch belegt in Ex 18,20; Lev
15,31(?); 2 Kön 6,10; 2 Chr 19,10; im ni. in Ps 19,12; Koh 4,13;
12,12.

294 So der Titel eines Aufsatzes von O.Keel; zum Problem vgl. den Forschungsüberblick bei Lang, Aufstand, 163f und Schmidt, Altes Testament, 40ff.

295 Diese Stellen führt Lang, Aufstand, 163 Anm. 39 als Beleg für seine
Interpretation (s.u.) an. Sie erwecken freilich den Verdacht, daß es
sich hier um eine "dtr." Konzeption handelt (vgl. Jeremias, Reue,
112f).

296 Vgl. dazu Hoftijzer, Prophet, 15 (zit. bei Lang, Aufstand, 163f).

השמר beginnt (... ‏מאת הנבא לאמר השמר‏ ... ‏וספר‏ ...)[297]. Diesen Belegen
stehen jedoch zahlreiche Texte gegenüber, in denen "Umkehr" nur als ver-
tane Möglichkeit der Vergangenheit (vgl. z.B. Am 4,6ff) oder als durch -
inkonditional angekündigtes - göttliches Handeln eröffnete Möglichkeit
der Zukunft (vgl. Jer 3,12.14) - also jedenfalls als etwas nicht selbstverständlich mögliches - zur Sprache kommt, oder in denen die Funktion
des Propheten geradezu in der Verunmöglichung einer "Umkehr" seiner
Adressaten gesehen ist (vgl. z.B. Jes 6,10)[298].

Dieser disparate Befund verbietet m.E. allzu pauschale Urteile über
"die" Intention "der" prophetischen Gerichtsverkündigung im AT. Man kann
wohl weder generell behaupten: "In ihren Unheilsankündigungen rufen die
Propheten von je zur Umkehr auf; von je ist die Umkehr und die nur durch
sie mögliche Abwendung der Katastrophe die Intention ihres Wirkens"[299],
noch scheint eine geradezu mythische Qualifikation "der" (älteren) prophetischen Gerichtsankündigung als "unwiderstehlich wirksames Wort"[300]
dem Selbstverständnis atl. Prophetie durchweg bruchlos zu entsprechen.
Selbst die unbedingte Gerichtsankündigung in Gestalt eines vorweggenommenen Urteilsspruchs Jahwes[301] schließt - nicht nur in der Sicht von Ez 3
und 33 - nicht prinzipiell die Möglichkeit einer Abwendung der Urteils-
folgen aus, denn sie ist auch aus dem Bemühen um eine "Prozeßvermeidung"
verständlich zu machen[302], da im aol. Bereich "(i)n jedem Stadium des
Prozesses (...) der Vergleich der Parteien möglich (war)"[303]. So dürften
die prophetischen Aussagen über die Möglichkeit und Unmöglichkeit einer
Abwendung angekündigten Unheils durch menschliche "Umkehr" eher als empirische (Wahrscheinlichkeits-)Urteile angesichts von Erfahrungen mangelnder Resonanz im Prozeß der Rezeption der prophetischen Botschaft und der
Erkenntnis ihrer Bedingtheit durch objektive Unrechtsstrukturen (vgl.

---

297 S. Pardee u.a., Handbook, 84f (Text u. Übs.). 88f (Komm.).
298 Vgl. zu diesen Texten v.a. Wolff, Thema.
299 Lang, Aufstand, 163.
300 Vgl. z.B. die programmatischen Überschriften der Abschnitte über
    Amos ("Das unwiderstehliche Wort ...": 9ff) und Hosea ("Das wirksame
    Wort ...": 24ff) bei Wolff, Alternativen.
301 Vgl. dazu Baltzer, Biographie, 154ff.
302 Vgl. a.a.O., 133.
303 Boecker, Recht, 18.

Hos 5,14) zu verstehen sein[304]. Es ist demnach in jedem Einzelfall neu
zu prüfen, ob eine prophetische Gerichtsprognose mit der Möglichkeit
einer Abwendung des angekündigten Unheils rechnet oder nicht, und welche
Wahrscheinlichkeit sie ihr gegebenenfalls zubilligt.

Wie verhält sich die in Ez 3,17ff; 33,7ff implizierte Konzeption der Funktion des Propheten zum Verständnis des prophetischen "Amtes", wie es im Hintergrund der Gerichtsprophezeiungen von Ez 1-24 zu erkennen ist? Angesichts seiner Illustration in 33,1-6 (s.o.) scheint zunächst "das Wächteramt
durchaus mit der Unheilsverkündigung Ezechiels zu vereinen"
zu sein - im Grunde sogar besser als mit den Restitutionsprophezeiungen! "Das Bild des Wächters ist ja gerade das eines
Warners in Gefahr und ist als solches durchaus nicht mißver-
ständlich"[305]. Andererseits muß aber in diesem Zusammenhang
auffallen, daß in einem Großteil der Texte von Kap. 1-24
nicht einzelne Israeliten sondern die kollektiven Größen
Jerusalem und Israel als Adressaten der Gerichtsprophezeiung
figurieren (vgl. z.B. Kap. 4-7; 15f; 21; 23f). Daß in diesem
Fall die Dienstanweisung des "Wächters" von Kap. 3 und 33
entsprechend gilt, ist keineswegs so selbstverständlich, wie
Lang voraussetzt, der aus 3,18 schließt, die gesamte "Unheilsansage" des EB sei "**konditional** gemeint"[306]. Zwar
spricht auch 3,17//33,7 "of a mission relative to the entire
house of Israel"[307], doch wird diese "mission" hier in einer
Weise auf den einzelnen Israeliten zugespitzt, wie es in der
Dienstanweisung von 2,3-3,11[308] nicht geschieht, die deshalb
den kollektiven Gerichtsprophezeiungen von Kap. 1-24 eher zu
entsprechen scheint. Auch in 2,3-3,11 wird nun zwar grundsätzlich mit der Freiheit der Adressaten des Prophetenwortes
gerechnet, auf das prophetisch vermittelte Jahwewort "zu

---

304 Gerade Jes 6 wird gemeinhin als Niederschlag eines Prozesses der
    Reflexion über das Scheitern der intendierten Wirkungen propheti-
    scher Gerichtsverkündigung interpretiert; vgl. z.B. Kaiser, Jesaja
    1-12, 121ff.
305 Reventlow, Wächter, 128; vgl. Herrmann, Ezechielstudien, 66ff;
    Rothstein, 870a; Lemke, Life, 168 Anm. 4.
306 Lang, Ezechiel, 86.
307 Cassuto, Arrangement, 229.
308 Vgl. dazu Baltzer, Biographie, 131f.

hören oder es zu lassen" (2,5.7; 3,11), aber doch zugleich
("empirisch") in Anschlag gebracht, daß es sich beim "Haus
Israel" um ein "Haus des Widerspruchs" (בית מרי: 2,5-8; 3,9)
handelt, das "nicht hören **will**" (לא יאבו לשמע: 3,7). Die
beiden Möglichkeiten der Reaktion auf das Prophetenwort stehen einander also - anders als in 3,18ff par. - nicht als
gleichwertig und gleichwahrscheinlich gegenüber. Ist schon
hier die Möglichkeit einer Abwendung der angekündigten Katastrophe durch eine "Umkehr" Israels unwahrscheinlich, muß
sie vollends unmöglich erscheinen, wo wie in Kap. 4 und 24
Jerusalem/Israel eine "unsühnbare Schuld" diagnostiziert
wird[309]. Mithin fügt sich das prophetische "Wächteramt", wie
es in Ez 3 und 33 beschrieben ist, nicht ohne Spannungen zu
den Gerichtsprophezeiungen gegen Jerusalem/Israel in Kap.
1-24.

Am ehesten entspricht es noch den Worten gegen Zedekia in
(12,1-15;) 17,1-21 und Kap. 19. Hier findet sich eine 3,18
(מות תמות) vergleichbare Urteilsformulierung gegen einen
Einzelnen (12,13; 17,16: ימות). Besonders in Kap. 17 zeigt
sich eine starke "individualistische Tendenz"[310]: "die Folgen des Eidbruchs (sc. Zedekias) für das Volk (spielen) nur
eine Nebenrolle"[311]. Eidlich und vertraglich gebunden sind
nur der König und die "Edlen des Landes" (אילי הארץ:
17,13)[312] - die Folgen des Eid- und Vertragsbruchs haben
dementsprechend Zedekia (16-20) und seine "Elite" (כל מבחרו
בכל אגפיו [313]: "alle seine Auserlesenen in allen seinen
Scharen": 21), d.h. doch wohl: die Anhänger und Handlanger
seiner Aufstandspolitik, zu tragen. Schließlich scheint die
Intention der Texte in Kap. (12;) 17 und 19, wie die Analyse
von Lang gezeigt hat[314], in der Tat darin zu liegen, vor den

---

309 Vgl.o. II. 5.2.4.
310 Lang, Aufstand, 59.
311 Ebd.
312 Zur Interpretation von לקח in 13 als "(in die Vertrags-Verpflichtung
    hinein-)nehmen" vgl. Kutsch, Art. ברית, 345; Hossfeld, Untersuchun-
    gen, 78; Lang, Aufstand, 55f.
313 So dürfte statt מברחו: "seine Flüchtlinge" (M) zu lesen sein (s.
    BHS).
314 Vgl. Lang, Aufstand, 17ff.

Folgen der antibabylonischen "Wende"(!) in der Politik
Zedekias[315] zu warnen und ihre katastrophalen Folgen durch
den Aufruf an Zedekia und die einflußreichen Jerusalemer
Kreise zu einer Änderung dieser Politik noch abzuwenden[316].
Von daher kann das prophetische "Wächteramt" Ezechiels als
adäquate Beschreibung und Legitimation seines Auftretens
gegen Zedekia - wohl zu Beginn seiner Wirksamkeit[317] - verstanden werden. Konnte er dieses mit seiner persönlichen
Verantwortung und Haftung als "Wächter" legitimieren, mußte
sich im Zuge der Ausweitung und Radikalisierung seiner Gerichtsverkündigung[318] auch sein Selbstverständnis als Prophet wandeln: Unterliegt ganz Israel der Gerichtsdrohung,
kann sich auch der Prophet davon nicht ausnehmen; er trägt
"die Schuld des Hauses Israel" (4,4ff) - ohne Rücksicht auf
Erfüllung oder Verletzung seiner Dienstpflichten.

Diese Spannung zwischen dem Bild des Propheten als "Wächter" und seinem Auftreten als "Suffering Servant"[319] im Rahmen der Gerichtsprophezeiungen von Ez 1-24 scheint schon die
Redaktion des "älteren EB" wahrgenommen zu haben. Sie kombiniert nämlich die Beschreibung des "Wächteramtes" in 3,16-21
und 33,1-20 mit Aussagen über eine zeitweilige Stummheit
Ezechiels (3,22-27; 24,25-27 - worauf im "älteren EB" unmittelbar Kap. 33 folgte - und 33,21-22). Damit stellt sie der
im "Wächteramt" betonten Kontinuität der Funktion des Propheten in Gerichts- und Restitutionsverkündigung ein Moment der
Diskontinuität zur Seite: Als Gerichtsprophet kann Ezechiel
nur reden, wenn ihm Jahwe "den Mund öffnet" (3,27); die im
"Wächteramt" implizierte Freiheit des Propheten gegenüber
dem Jahwewort ist damit stark eingeschränkt.

---

315 Ist mit dem "Gerechten, der sich von seiner Gerechtigkeit abwendet"
    in 3,20f (ohne Parallele in Kap. 33) auf Zedekia angespielt? Immer-
    hin finden sich in diesen beiden Versen nicht weniger als 5x Ablei-
    tungen der Wz. צדק (3x צדיק, 1x צדק, 1x צדקה)!
316 Vgl. auch Lang, Ezechiel, 84ff.
317 Vgl.u. 3.3.1.a.
318 Vgl.u. 3.3.1.b.
319 Vgl. Brownlee, Parables, 395 Anm. 3; Zimmerli, Vorgeschichte.

Die Texte Ez 3,22-27; 24,25-27 und 33,21-22 sind - zusammen mit 4,4-8 -
häufig zur Diagnose einer Krankheit Ezechiels herangezogen worden[320],
die ihn während seiner Wirksamkeit als Gerichtsprophet geplagt habe.
Hier muß dann, da der Prophet ausweislich der Texte in Kap. 1-24 durchaus auch in der Lage war, zu sprechen, näherhin eine "intermittierende"
Lähmung und Stummheit angenommen werden, die ihm "genügend Raum zur Entfaltung seiner öffentlichen Wirksamkeit" zwischen 593 und ca. 587
ließ[321]. Diese Hypothese hat jedoch ihren einzigen Anhalt am Text in
3,27, wo die Stummheit Ezechiels für den Fall aufgehoben wird, daß er
ein Jahwewort zu übermitteln hat, während 24,27 und 33,22 eine völlige
Stummheit des Propheten vorauszusetzen scheinen. Diese interne Spannung
der auf die Stummheit Ezechiels bezogenen Texte in Kap. 3; 24 und 33
macht es aber wahrscheinlich, daß in 3,27 eine Ergänzung der Redaktion
des "älteren EB" vorliegt, die in Anlehnung an den vorangehenden Einsetzungsbericht formuliert ist (vgl. 2,4f.7; 3,11)[322]. So scheint sich die
schon früher geäußerte Annahme zu bestätigen, daß es sich in 3,22-27*;
24,25-27 und 33,21-22 um **eine**, ursprünglich zusammenhängende Zeichenhandlung handelt[323], die von der Redaktion des "älteren EB" bereits vorgefunden wurde. Mit ihrer Schilderung eines Propheten, der - wie in Kap. 4f -
weit stärker Objekt des göttlichen Handelns ist, als es die Darstellung
des "Wächteramts" in 3,16-21 par. voraussetzt, wo er als relativ eigenständiges Subjekt auftritt, stellte sie für die Redaktion des "älteren
EB" ein geeignetes Gegengewicht zum prophetischen "Wächteramt" dar, das
es erlaubte, Kontinuität und Diskontinuität der Funktion des Propheten
in Gerichts- und Restitutionsverkündigung so zusammenzudenken, daß die
Spannungen zwischen dem "Wächteramt" und dem in den Prophezeiungen von
Kap. 1-24 weithin vorausgesetzten Verständnis des Propheten und seiner
Funktion erträglich blieben. Wenn zudem von der Komposition des "älteren
EB" her gesehen ein spannungsfreies, dem "Wächteramt" voll entsprechen-

---

320 Vgl. Lang, Ezechiel, 57ff.
321 So Kraetzschmar, 40.
322 Vgl. Eichrodt, 22; Vogt, Lähmung, 88f. Vermutlich geht auch die auf
    4,4-8 vorgreifende Erwähnung der Lähmung Ezechiels in 3,25, die kei-
    ne Entsprechung in 24,25-27 und 33,21f hat, auf diesen redaktionel-
    len Eingriff zurück. Mit Zimmerli, 109 muß man mindestens fragen, ob
    es sich nicht bei "Fesselung und Verstummen um zwei verschiedene
    Tatbestände (handelt)".
323 Vgl. Fohrer, Hauptprobleme, 30; Ders., Handlungen, 66ff; Vogt, Läh-
    mung; Ders., Untersuchungen, 92ff.

des prophetisches Selbstverständnis - entgegen dem ursprünglichen Sinn
von 3,1-9 (s.o.)! - erst im Rahmen der Restitutionsprophezeiungen möglich ist, entspricht dies völlig ihrer Tendenz, diese als das eigentliche Ziel der gesamten prophetischen Wirksamkeit Ezechiels darzustellen[324].

Es ist nun weiter zu fragen: Wie verhält sich die in Kap.
3,16-21 par. entwickelte Konzeption der Funktion des Propheten zum Verständnis des prophetischen "Amtes" in 13,22f und
14,1-11?

In 14,1-11 geht es - über Kap. 3 und 33 hinaus - um die Möglichkeit
und Notwendigkeit einer Verweigerung prophetischer Auskunft: Jahwe läßt
sich nicht von "Götzendienern" befragen (14,3ff)[325]! Wie in den Bestim-
mungen des "Wächteramtes" ist der Prophet hier verantwortlich für sein
Handeln, doch ist er nicht frei: Im Falle einer Verletzung seiner Dienstpflichten hat Jahwe ihn "betört" (פתה pi.:9)[326]. Die Bestrafung des Propheten dient hier dem Ziel, daß "das Haus Israel nicht mehr von mir (Jahwe) abirre, und sie sich nicht mehr verunreinigen mit all ihren Misseta-
ten", um so ein (neues) Bundesverhältnis zwischen Gott und Volk zu ermöglichen (11). Diese Perspektive macht es wahrscheinlich, daß 14,1-11 sachlich zu den Restitutionsprophezeiungen des EB gehört[327].

---

324 Mit diesen Hinweisen ist Greenbergs (Dumbness, 102) berechtigte Fra-
    ge: "How account for the fragmentizing of the hypothetical original
    (sc. 3,22-27*; 24,25-27; 33,21-22), and its dispersion throughout
    the book?" m.E. zufriedenstellend beantwortet.
325 Schon diese dem Rahmen von Kap. 20 eng verwandte Thematik macht m.E.
    die Annahme einer Entstehung von 14,1-11 nach 587 wahrscheinlich
    (vgl. u.).
326 Mosis, Ez 14 fühlt sich genötigt, "in **pitteti** die Beschreibung des
    strafenden Handelns Jahwes anzunehmen, das die schuldhafte Gewährung
    eines Prophetenwortes weder verursacht noch mit ihr identisch ist,
    sondern auf diese folgt" (a.a.O., 165), da "das perfektische **pitteti**
    in einer Reihe mit den beiden folgenden, ebenfalls perfektischen
    (sic!) Verben w^{e}naṭiti ... und w^{e}hiš̌madtiw" stehe (a.a.O., 166).
    Doch ist eher anzunehmen, daß das qatal-Verb פתיתי auf Vergangenes
    verweist, während sich die w'qatal-Verben ונטיתי und והשמדתי auf
    Zukünftiges beziehen. Man sollte פתיתי deshalb besser nicht präsen-
    tisch - und auch nicht mit vorangestelltem "dann" - übersetzen (so
    etwa Zimmerli, 300).
327 Vgl. zum Motiv der Beseitigung der Verschuldung Israels 36,25.29.33;
    37,27; zur "Bundesformel" als Beschreibung des zukünftigen Verhält-
    nisses zwischen Gott und Volk 11,20; (34,30;) 36,28; 37,23.27.

Auch 13,22-23 geht darin über die Dienstanweisung des "Wächteramtes" hinaus, daß es nicht nur die Möglichkeit eines Nicht-Warnens des Frevlers in Betracht zieht, sondern auch die eines "Stärkens seiner Hände" und "fälschlichen Verzagt-Machens der Hände des Gerechten" (22). Ziel der Gerichtsankündigungen gegen die Prophetinnen ist, daß das Volk "aus ihren Händen gerettet" wird (23). Hier "klingt alte Heilsterminologie Israels an (Ex 18,9f.; Ri 8,34)"[328] (vgl. auch Ez 34,10!). Schon 13,9 "zeigt, wie u.a. L.Rost, Israel bei den Propheten, ... 79f. kräftig heraushebt, die Zukunftsperspektiven einer Rückkehr ins Land". Da zudem "ein noch bestehendes Jerusalem in Ez 13 nicht mit Sicherheit zu erkennen ist ..., möchte man in der zeitlichen Festlegung gerne unter das Jahr 587 gehen"[329]. Es scheint also, daß auch Kap. 13 in seiner vorliegenden Gestalt - und wahrscheinlich der gesamte Komplex 12,21-14,11[330] (unbeschadet darin möglicherweise verarbeiteten älteren Materials[331]) - von der Restitutionsverkündigung des EB her entworfen und von der Redaktion des "älteren EB" bereits als literarische Komposition vorgefunden wurde[332].

Dies würde darauf hindeuten, daß Ezechiel nach der Katastrophe von 587 zur Artikulation seines - hier aus der Polemik zu erschließenden - prophetischen Selbstverständnisses auf Motive der älteren Beschreibung des "Wächteramtes" zurückgreifen konnte[333], die nun aber um neue Erfahrungen der Möglichkeit der Wirkung des prophetischen Wortes (13,22f) wie auch der begrenzten Freiheit des Propheten gegenüber Jahwe (14,9) angereichert wurden.

So ist schließlich nach dem Verhältnis der Konzeption des prophetischen "Wächteramtes" zu den Restitutionsprophezeiungen im EB zu fragen. Hier wird sie insbesondere als funktional verständlich im Zusammenhang der Erwartung eines "Läute-

---

328 Zimmerli, 298.
329 Ebd.
330 Vgl. Talmon/Fishbane, Structuring, 136ff.
331 Vgl. a.a.O., 131ff.
332 Vgl.u. 3.3.2.c.
333 Daß es sich bei der Einsetzung Ezechiels zum "Wächter", wie häufig angenommen wird (vgl. Lang, Ezechiel, 44ff), um eine neue "Berufung" zum "Heilspropheten" nach 587 handelt, erscheint schon deshalb unwahrscheinlich, weil 33,1-6 deutlich die Situation einer (kollektiven) Gerichtsverkündigung voraussetzt.

rungsgerichts" (vgl. 20,33-38; 34,17-22): Im Wissen um sein
Bevorstehen "wußte sich Hesekiel" - bzw. die Redaktion des
"älteren EB" - "in eine Entscheidungszeit hineingestellt, in
der jeder Einzelne zu bewußter Stellungnahme gefordert war
und darauf angeredet werden mußte"[334]. Dagegen erscheint das
"Wächteramt" im Zusammenhang der Erwartung einer kollektiven
"Transformation des Bewußtseins" Israels (vgl. 20,39-44;
36,26-29; 37,21-28) eher disfunktional. Es scheint also, daß
die Redaktion des "älteren EB" durch die Voranstellung von
33,1-20 vor die Restitutionsprophezeiungen in Kap. 33ff das
Modell einer Neukonstituierung Israels aus "umgekehrten"
Einzelnen besonders favorisieren will, das innerhalb des ihr
vorgegebenen Materials nur eine von mehreren Möglichkeiten
darstellte. Die enge Verknüpfung von "Wächteramt" und Restitutionsverkündigung geht jedenfalls erst auf diese Redaktion
zurück.

b) "Umkehr" als Möglichkeit menschlichen Handelns

Das im "Wächteramt" implizierte Verständnis der Funktion
des Propheten setzt für den Adressaten des Prophetenwortes
die Möglichkeit der "Umkehr" voraus. Diese Voraussetzung
wird in einer stärker "theoretischen" Argumentation entfaltet in Kap. 18 und 33,10-20. Dabei argumentiert Ez 18 insofern umfassender, als hier nicht nur die Möglichkeit entwickelt wird, daß eine Handlungsinstanz durch "Umkehr" die
Folgen ihres eigenen, früheren Handelns begrenzen kann
(18,21-32; 33,10-20), sondern auch das Problem der Nachwirkung der Folgen des Handelns einer Instanz auf eine andere
traktiert wird (18,1-20). Deshalb sollen die folgenden Untersuchungen zunächst bei diesem Text einsetzen.
In der Einleitung seines Kommentars gibt Zimmerli einen
wichtigen Hinweis zum Verständnis der Funktion von Ez 18 im
vorliegenden literarischen Kontext:
"Die Bildrede 17 und die in Bildrede gehaltene קינה von 19 sind offensichtlich schon in einer früheren Phase der 'Redaktion' zusammenge-
stellt worden. Die Einordnung von 18 gerade an dieser Stelle mag damit

---

334 Eichrodt, 310.

zusammenhängen, daß Kap. 17 wie 19 das Gericht an einer Abfolge von
Königen sichtbar machen. Kap. 18 will demgegenüber jedes fatalistische
Mißverständnis der Folge von Gerichten brechen"[335].
Diese Aussage bedarf insofern der Präzisierung, als das Bild
von 17,1-10 den genealogischen Zusammenhang der Könige
Jojachin und Zedekia nicht zum Ausdruck bringt, während
19,1-9 im Bild der Löwenmutter mit ihren beiden Jungen zwar
einen genealogischen Zusammenhang thematisiert, in der Abfolge der beiden Löwenjungen aber keine Generationenfolge im
Blick hat. Dagegen wirft 17,11-20 über das Problem der genealogischen Abfolge hinaus die Frage auf, ob für den treue-
brüchigen Zedekia eine Möglichkeit besteht, das ihm angekündigte Unheil noch abzuwenden. Diese Frage findet ihre Antwort in 18,21-29.

Daß dies der Sicht der für die Einordnung von Kap. 18 verantwortlichen
Redaktion des "älteren EB" entspricht, wird m.E. wahrscheinlich angesichts der eigentümlich zweigliedrigen abschließenden Urteilsbegründung
in 18,24bß: במעלו אשר מעל ובחטאתו אשר חטא בם ימות. Die Parallele in
33,13bß formuliert dagegen eingliedrig (ובמעלו אשר עשה בו ימות) wie auch
die anderen entsprechenden Aussagen in 18,21ff und 33,10ff (18,22b.26b;
33,16b). Das überschießende במעלו אשר מעל von 18,24 entspricht aber genau dem מעלו אשר מעל בי von 17,20bß. Es dürfte deshalb als redaktionelle
Ergänzung anzusprechen sein, die die Funktion von Kap. 18 unterstreichen
soll, zu zeigen, daß das in Ez 17 und 19 Zedekia angekündigte Unheil
abwendbar gewesen wäre: Weder das Handeln seiner Vorgänger noch sein
eigenes schuldhaftes Verhalten verwehrten ihm grundsätzlich die Möglichkeit einer "Umkehr"!

Darüber hinaus begründet 18,1-20 die von der Redaktion in
17,22-24 ins Auge gefaßte Möglichkeit, daß ein Nachkomme
Jojachins - der ja im EB nirgends als "gerecht" dargestellt
wird - Herrscher im neukonstituierten Israel sein kann[336].

---

335 Zimmerli, 110*.
336 Vgl. Hitzig, 121. - In diesem Zusammenhang ist vielleicht auch von
    Interesse, daß der das Handeln des gerechten Vaters wie das seines
    gerechten Enkels zusammenfassende Ausdruck עשה משפט וצדקה (18,5.19;
    vgl. 21.27) "defines the divine and royal standard of conduct"
    (Greenberg, 343, Hervorh. T.K.; vgl. 343f).

Auch in dieser Hinsicht liegt die Einordnung von Kap. 18
zwischen 17 und 19 im Interesse der Redaktion des "älteren
EB".

Diese Interpretation von Ez 18 im literarischen Kontext
schöpft freilich den Sachgehalt des Textes keineswegs voll
aus. Sie stellt nur **eine** Möglichkeit der Anwendung des "theoretischen" Gehalts seiner Argumentation auf die Interpretation konkreter geschichtlicher Prozesse dar. Für sich selbst
gelesen zeigt Kap. 18 einen höheren Abstraktionsgrad:

> "Es ist müßig, hier etwa nach den geschichtlichen Gestalten zu suchen,
> welche in der Folgeordnung: Gerechter - Ungerechter - Gerechter ge-
> meint sein könnten (Hölscher, 103f.: Josia, seine drei gottlosen Söhne
> Joahas, Jojakim, Zedekia, sein frommer Enkel Jojachin; Cooke erwägt
> darüber hinaus die Folge Hiskia - Manasse - Josia). Der ganze Aufriß
> ist nicht von der Geschichte (im Sinne eines bestimmten Geschehens,
> T.K.), sondern von der Rechtskasuistik her gedacht"[337].

Diese relative Unabhängigkeit des Textes von seinem literarischen Kontext erlaubt die Rückfrage nach seiner Funktion
in vorliterarischen Kommunikationszusammenhängen. Da die
Parallele in 33,10-20 zunächst den Anschein einer relativen
Eigenständigkeit der Argumentation von 18,21ff erweckt, soll
diese Rückfrage hier - ohne damit eine Entscheidung über die
literarische Einheitlichkeit von Ez 18 vorwegzunehmen (3) -
erst einmal für die beiden Argumentationsgänge 18,1-20 (1)
und 18,21-32//33,10-20 (2) getrennt unternommen werden.

(1) Ez **18,1-20** ist formal als "Disputationswort" zu charakterisieren, für das die Auseinandersetzung mit Meinungen der
Adressaten, die in direkter Rede zitiert werden (2.19) konstitutiv ist.

Im Vergleich zu anderen Texten dieses Typs fällt hier auf, daß "the
disputation speech is extended"[338]. Den eigentlichen Kern der Argumentation bilden die auf die Einleitung (1-2a) folgende "Quotation" (2b) und
ihre "Programmatic Refutation" (3-4)[339]. Dieser Argumentationskern ist

---

337 Zimmerli, 397.
338 Graffy, Prophet, 58.
339 A.a.O., 60.

erweitert um eine "Refutation (in three parts)" in 5-18[340] und den Abschluß in 19-20 mit "Rejoinder and Reply"[341].

Für das Verständnis der Argumentation des Textes ist die
Rekonstruktion der Gegenposition, mit der er sich auseinandersetzt, entscheidend.

Hier muß es v.a. um den Sinn des Maschal in 18,2 gehen, der "eine
Schlüsselrolle für das Verständnis des Kapitels 18 spielt"[342]. Das
Sprichwort "Väter essen saure Trauben, und/aber die Zähne der Söhne werden stumpf" (אבות יאכלו בסר ושני הבנים תקהינה) wird auch in Jer 31,29
(im Rahmen eines gemeinhin als "dtr." angesehenen Abschnitts[343]) zitiert[344] - ein Indiz dafür, daß es sich wirklich um ein im Land umlaufen-
des "geflügeltes Wort" handelt. Seine Bedeutung geht aus der im Rückblick auf die "Fallstudie" in 5-18 formulierte Frage von 19: "Warum trug
nicht der Sohn mit[345] an der Schuld des Vaters?" (מדע לא נשא הבן בעון
האב) klar hervor: Die Folgen menschlichen Handelns reichen - auch wo
dies nicht offen zutage liegt - in einer "Familie"[346] mit regelhafter
Notwendigkeit über die Grenzen der Generationen hinaus; die Söhne haben
an der Schuld ihrer Väter mitzutragen[347]. Diese (vermeintliche) Erfahrung, "daß die Strafe eines Menschen seine nächste Umgebung, also zunächst seine Familie, in Mitleidenschaft zieht", ist "auch der Weisheit

---

340 A.a.O., 61.
341 A.a.O., 63.
342 Schenker, Trauben, 456.
343 Vgl. Kilpp, Interpretation, 214 mit Anm. 24; vgl. jetzt auch die
    differenzierte Analyse von Jer 31,27-34 bei Levin, Verheißung, 22ff.
344 Trotz unterschiedlicher Tempusstruktur (Jer 31,29: אבות אכלו בסר
    ... : "Väter **haben** saure Trauben **gegessen** ...") haben beide Aussagen
    denselben Sinn: Sie bezeichnen einen generellen Sachverhalt, wie
    schon durch die Indetermination von אבות an beiden Stellen und בנים
    in Jer 31,29 deutlich wird (Ez 18,2 unterstreicht mit dem determi-
    nierten הבנים im Nachsatz, daß es sich um Nachkommen der im Vorder-
    satz genannten "Väter" handelt). Ez 18,2 betont mit dem zweimaligen
    yiqtol stärker die Generalität der Aussage, während Jer 31,29 mit
    der Abfolge von qatal und yiqtol die zeitliche Relation des Handelns
    der Väter und des Ergehens der Söhne hervorhebt.
345 Da außer 18,19f (נשא בעון) im EB immer נשא עון steht, ist mit einem
    Bedeutungsunterschied der beiden Ausdrücke zu rechnen: נשא בעון be-
    zeichnet in einem spezielleren Sinne als נשא עון das **Mit**-Tragen an
    einer Schuld (anders z.B. Greenberg, 332).
346 Im Sinne der hebräischen בית, vgl. z.B. Jenni, Art. בית, 311f;
    Wolff, Anthropologie, 310.
347 Vgl. Schenker, Trauben, 457.

bekannt"[348]. "In diesem Zusammenhang ist auch Ex 20,5; 34,7 zu verstehen"[349] (vgl. auch Dtn 5,9f; Num 14,18)[350].

Welche Stellung beziehen nun die Gegner des Propheten zu dem Sachverhalt, auf den sie mit dem Maschal von 18,2 Bezug nehmen?

"Fast einhellig vermuten die Kommentatoren von Schroeder (1873) bis
Zimmerli hinter der Redensart eine frivole, freche oder zynische Ge-
sinnung und Kritik an der Gerechtigkeit Jahwes ... Allein Hitzig
(1847), dem sich Schenker anschließt, versteht die Redensart aus dem
Kontext von 18 und der parallelen Stelle 33,10-20. Darin äußert sich
keine Kritik, es wird vielmehr eine schlichte Erfahrungstatsache fest-
gestellt ..."[351]

Daß das Sprichwort sich nicht kritisch auf den von ihm bezeichneten Sachverhalt bezieht, legt sich in der Tat nicht nur von der Überlegung her
nahe, daß "Sprichwörter ... meistens keine kritische Funktion haben,
sondern eher neutral und ohne Werturteil der Welt Lauf, wie er eben ist,
in eine Sentenz einfangen"[352], sondern erscheint auch deshalb wahrscheinlich, weil es im Text kein Indiz dafür gibt, daß hinter 2 und 19 verschiedene Positionen stünden. Dies aber müßte andernfalls angenommen
werden, denn die Frage von 19 setzt voraus: "Schwierig und erklärungsbedürftig ist nicht die Bestrafung der Nachfahren mit der Schuld ihrer
Vorväter, sondern umgekehrt: Schwierig und der Erklärung bedürftig ist
die Straflosigkeit der Söhne schuldiger Väter!"[353]

Dagegen muß es fraglich erscheinen, ob das Zitat von 18,2(.19) in seinem Sinn mit dem in 33,10 zitierten Wort übereinstimmt. Die Argumentation von 33,10-20 hat ihre Parallele in 18,21ff und ist gegenüber 18,1-

---

348 Kilpp, Interpretation, 217 (mit einigen Beispielen).
349 Ebd.
350 Möglicherweise ist die Formulierung in Ex 20,5; Dtn 5,9 ihrerseits
    von Ez 18 beeinflußt: "The addition of the phrase 'to those who hate
    me' (l^{e}šon'āy), should ... be construed as an attempt by the Deuter-
    onomic editor of the Decalogue to reconcile this old formula (poqēd
    ^{ca}vōn 'ābot ^{c}al-bānîm ^{c}al-šillešîm v^{ec}al-ribbē^{c}îm) with a more re-
    flective approach to the ethical responsibility of the individual
    found in later prophetic texts (Jer. 31:29; Ezek.18) and embodied in
    the actual administration of justice (Deut.24:16 cf. 2 Kings 14:6)"
    (Blenkinsopp, Abraham, 124 mit Verweis auf Phillips, Deuteronomy,
    164f; Mayes, Deuteronomy, 326).
351 Fuhs, 94f; vgl. den Forschungsüberblick bei Schenker, Trauben, 451ff
    und Kilpp, Interpretation, 210 mit Anm. 2.
352 Schenker, Trauben, 457 (mit Hinweis auf Jolles, Formen, 150ff).
353 Schenker, a.a.O., 457.

20 relativ selbständig. Vordergründig scheint es sogar so zu sein, "that
the affirmation of the expungeability of a wicked past and the assurance
of life to the penitent better answers to the despair expressed in 33:10
(...) than to the proverb that gave occasion to our oracle (sc. Kap.
18)"[354]. Die in 33,10ff bestrittene Ansicht ist mit 18,1-20 durchaus
vereinbar: "The people now acknowledge their sins"[355]!

Von daher scheint sich eine Interpretation des Textes nahezulegen, die
seinen Adressaten den Versuch unterstellt, ein Auseinandertreten von
Handeln und entsprechendem Ergehen zur Deutung ihrer eigenen Situation
(affirmativ) in Anspruch zu nehmen. Dann ergeben sich näherhin zwei Möglichkeiten, die Haltung der Gegner des Propheten zu deuten:
(i) Sie meinen, von den Folgen ihres eigenen, schuldhaften Verhaltens
verschont zu bleiben. Diese Interpretation vertritt Raschi, der den
Maschal von 18,2 paraphrasiert: "So ist Gottes Handlungsweise: wieviele
Jahre haben Judas Könige gesündigt, bevor sie (schließlich) deportiert
wurden! So brauchen auch wir uns keine Sorgen zu machen, daß wir für
unsere Sünden bestraft werden"[356]. Gegen diese Deutung spricht jedoch,
daß in 19 nur von einem Mit-Tragen der Söhne an der Schuld der Väter die
Rede ist, womit ein (mindestens partielles) Einstehen der Väter für ihr
eigenes Handeln nicht ausgeschlossen ist, die den Gegnern des Propheten
von Raschi unterstellte Erwartung also unbegründet wäre.
(ii) So wird der Interpretation Raschis jedenfalls eine Deutung vorzu-
ziehen sein, die die Gegner des Propheten so versteht, daß sie der Meinung sind, die Schuld ihrer Väter tragen zu müssen - eine Vorstellung,
die (vielleicht aus größerer Distanz formuliert[357]) dann auch in Klgl
5,7 zum Ausdruck käme: "Unsere Väter haben gesündigt. Sie sind nicht
mehr. Wir haben ihre Schuld getragen." In diesem Sinne versteht z.B.
Fohrer die argumentative Frontstellung des Textes:

"Die Deportierten ... hielten die ... Katastrophe, die sie betroffen
hatte, für unverdient und führten sie auf das Verhalten der Väter zurück. Denn diese sind es ja, die unreife Trauben gegessen hatten, die
als Delikatesse galten; sie haben besonders unter Manasse in Reichtum

---

354 Greenberg, 338 (s. aber u. (2)!).
355 Lindars, Ezechiel, 465.
356 Zit. bei Schenker, Trauben, 451.
357 Vgl. Kilpp, Interpretation, 218 mit Anm. 41; anders Plöger, Klagelie-
      der, 161.

und Wohlergehen geschwelgt und Jahwe dadurch erzürnt. Sie haben sich gegen ihn vergangen (cf 2 R 23,26; 24,3; Jer 15,14), aber er ... sucht die Sünde erst an den Kindern heim. Die Deportierten halten sich im Vergleich mit der Zeit Manasses für bedeutend besser und jahwetreuer, so daß die Deportation sie unverschuldet getroffen hat ..."[358]
Dem Hinweis dieser Interpretation auf das Bestreben der Gegner des Propheten, Ursachen für die gegenwärtig erfahrbare Situation im Handeln vergangener Generationen zu suchen, ist m.E. voll zuzustimmen. Dieselbe Frontstellung macht nämlich ein charakteristisches Phänomen des Schuldaufweises in den Gerichtsprophezeiungen des EB begreiflich: seine zeitliche "Raffung" und In-Eins-Setzung gegenwärtiger Vergehen Israels mit solchen der Zeit Manasses[359]. Zudem gewinnt in dieser Deutung der konzeptionelle Hintergrund der Position der Gegner an Profil, ist es doch - worauf v.Rad hinweist - "(d)ie dtr. Geschichtstheologie", die "diese die Generationen überschneidende Wirkung des Bösen ... als einen wesentlichen Faktor ihrer ganzen Geschichtsbetrachtung deutlich in Rechnung" stellt[360] (vgl. 2 Kön 21,10ff; 23,26; 24,2). Der Gedanke einer Haftung der Söhne für die Schuld der Väter wird im DtrG eingesetzt zur theologischen Bewältigung der Katastrophe von 587, die damit akzeptabel wird[361].

---

358 Fohrer, 99 (Fohrer unterstellt allerdings den Trägern des Maschal zugleich einen Protest gegen Jahwes "ungerecht(es)" Verfahren). Vgl. z.B. auch Greenberg, 339: "Ezekiel's generation ... were conscious of their religious superiority over their ancestors of the time of Manasseh and Amon", und Kilpp, Interpretation, 219: "Was als zynischer Angriff gegen Jahwes Gerichtshandeln gewertet wird, ist eigentlich ... Kritik an den 'Vätern'".
359 Vgl.u. 3.3.1.b.(2).
360 V.Rad, Theologie I, 405; vgl. Wolff, Kerygma, 314.
361 Allerdings finden sich im DtrG auch Aussagen, die zu diesem Gedanken in Spannung stehen: (1) Ihm steht die durchgängig negative Beurteilung der Nachfolger Josias: Joahas (2 Kön 23,32), Jojakim (23,37), Jojachin (24,9) und Zedekia (24,19) unvermittelt zur Seite, so daß letzlich offen bleibt, in welchem Verhältnis die Eigenverantwortung der von den Katastrophen der Jahre 597 und 587 Betroffenen für ihr Schicksal zu der ihrer Väter steht. (2) Ihm widerspricht der Ez 18,20 nahestehende Rechtssatz Dtn 24,16, nach dem Amazja in 2 Kön 14,6 handelt. - Diese zweite Spannung innerhalb des DtrG könnte sich jedoch aus einer Rezeption der Konzeption von Ez 18 in der "dtr. Schule" erklären (vgl.o. Anm. 350). Andernfalls wäre Ez 18 als Versuch zu verstehen, die "dtr. Theologie" durch Aufweis und Behebung ihrer Inkonsistenzen zu überwinden. (Vgl. etwa die vorsichtigen Überlegungen zu Dtn 24,16 bei Kilpp, Interpretation, 218 Anm. 42.)

Die entscheidende Schwäche der von Fohrer vorgetragenen Interpretation liegt jedoch darin, daß sie die Gegner des Propheten unter den Deportierten suchen muß, während nach 18,2 das Sprichwort "auf dem Boden Israels" (על אדמת ישראל), d.h. in Palästina umläuft[362]. Hinzu kommt, daß diejenigen, die die Frage 18,19 äußern, offenbar "das Mittragen der Strafe wollen oder gar fordern"[363], was man kaum anders denn als "absurden Gedanken" beurteilen kann, wenn man annimmt, daß sie "sich mit den 'Söhnen' identifizieren und doch unter den Fehlern der vorhergehenden Generation zu leiden haben"[364].

Diesen Schwierigkeiten kann m.E. am einfachsten mit der Annahme entgangen werden, daß mit dem Sprichwort von 18,2 im Land Zurückgebliebene nicht ihr eigenes Geschick, sondern das der 597 Deportierten deutend verarbeiten wollen: Viel eher als jene werden diese den Familien angehört haben, die "unter Manasse in Reichtum und Wohlergehen geschwelgt und Jahwe dadurch erzürnt" haben[365]. Nun endlich, an den "Söhnen", sehen die Träger des Maschal das Gericht Jahwes sich

---

362 Fohrer, 97 liest denn auch mit G (εν τοις υιοις Ισραηλ), doch ist dieser Leseart "nicht zu folgen, da G υιοι Ισραηλ auch an anderen Stellen (3,1; 4,3; 12,24; 27,17; 44,28, vgl. auch 44,13; 47,13) gegen den in Ez üblichen Sprachgebrauch (...) einträgt" (Zimmerli, 392). Scharbert, Solidarität, 223 Anm. 369 versteht על אדמת ישראל im Sinne von "**über** das Land Israel" - eine Übersetzung, die sich vom Kontext her kaum nahelegt.

363 Kilpp, Interpretation, 212. Hier liegt m.E. der entscheidende Unterschied in der Funktion des Sprichworts für seine Träger zwischen Ez 18,2 und Jer 31,29. "The author of Jer.31:29-30 agrees that the proverb paints an accurate picture of life, implies support for the complaint it embodies and promises that things will be different in the age to come. Ezek.18, on the other hand, asserts firmly that here and now the proverb is false and must not be used" (Joyce, Responsibility, 189). Die Aufhebung des mit dem Maschal bezeichneten Sachverhalts wird offenbar von den in Jer 31,29f Angesprochenen als "Heilsweissagung" begrüßt, während sich die Adressaten von Ez 18 dagegen wehren (V.19)!

364 Kilpp, Interpretation, 212. Kilpp schließt daraus: "Eine ernsthafte Wirklichkeitsinterpretation hat hier der Autor von Ez 18 seinem eigenen Vorhaben angepaßt" (ebd.).

365 Fohrer, 99. Wenn Kilpp, a.a.O., 219 feststellt: "Da mit dem Begriff 'Väter' ... die Entscheidungsmächtigkeit mitschwingt, wird man an verfehlte Entscheidungen denken müssen und damit an die Gruppen, die in der letzten Königszeit eine anti-babylonische Politik durchzusetzen vermochten", sind diese Gruppen - zumal in der von Kilpp angenommenen Entstehungszeit nach 587 (s. dazu u.) - in der Gola zu suchen, nicht mehr ועל אדמת ישראל

vollenden - und beharren darauf, daß dies so seine Richtig-
keit habe (18,19)! Trifft diese Interpretation des Textes
zu, fügt sich Ez 18,1-20 überraschend gut in die Frontstellung eines Großteils der Gerichtsprophezeiungen im EB gegen
eine in Jerusalem umlaufende Deutung der Ereignisse des Jahres 597 als "Läuterungsgericht" Jahwes[366]. Das Zitat in Ez
11,3: "(Die Stadt) ist der Topf, und wir sind das Fleisch"
(vgl. 24,3ff), illustriert exemplarisch "die rücksichtslose
Behauptung der nach 598/7 in Jerusalem Gebliebenen, daß sie
nun das Volk Jerusalems seien ... Es ist die Definitiv-Erklä-
rung eines Zustandes, den sowohl die auf die Rückkehr der
Verbannten Hoffenden wie auch der um ein noch bevorstehendes
Gericht wissende Prophet als ein Provisorium ansehen müssen"[367]. Gegen diese im Interesse der nach 597 in Jerusalem
Verbliebenen liegende Geschichtsdeutung macht Ezechiel die
Eigenverantwortung der Deportierten für ihr Geschick geltend. Dann können sich aber auch die Zurückgebliebenen nicht
als vermeintlich "geläutertes" Gottesvolk in Sicherheit wie-
gen; auch sie werden bei ihrer Schuld behaftet werden: "Wer
sündigt, muß sterben!" (18,4.20). Einer Ansetzung von Ez
18,1-20(*) zwischen 597 und 587[368] steht bei diesem Verständnis nichts im Wege[369].

---

366 Vgl.u. 3.3.1.b.(1) u.o. II.4.1.1.
367 Zimmerli, 243.
368 So z.B. auch Fohrer, 99; v.Rad, Theologie I, 406f.
369 Die Einwände Kilpps (Interpretation, 214) gegen eine Ansetzung des
    Abschnitts vor 587 werden mit der hier skizzierten Interpretation
    hinfällig. Seine Bemerkung: "Die Ansetzung des Spruches (sc. Ez
    18,2) in die Zeit nach der ersten Deportation 597 gründet auf der
    Chronologie des Ezechielbuches (vgl. 8,1; 20,1), übersieht jedoch,
    daß die ursprünglich zusammengehörenden Kap. 17 und 19 durch Ez 18
    gesprengt werden", kann allenfalls ein Argument für den terminus a
    quo der redaktionellen Einordnung des Textes in den vorliegenden
    literarischen Zusammenhang, nicht aber für den seiner Entstehung
    abgeben. Daß "auch Jer 31,29f", dessen "Kontext (Jer 30,3; 31,23;
    31,38ff.) (...) das Exil voraus(setzt)", "(f)ür einen Ursprung des
    Sprichwortes in Palästina nach der Zerstörung Jerusalems spricht",
    könnte als Argument nur gelten, wenn sicher wäre, daß der Spruch
    nicht den Verfassern dieses Textes schon vorgegeben ist - was Kilpp
    jedoch selbst annimmt. Der im Anschluß an Fohrer, 99 formulierte
    Einwand schließlich, daß der Maschal "in Jerusalem nach 597 nicht
    gut gesagt werden konnte, weil dort zu der Zeit viele mit der Depor-
    tation der Oberschicht profitiert hätten", wird unter Voraussetzung

Die Beobachtungen zur Funktion von Kap. 18 im literarischen Kontext zeigten allerdings, daß dieser Textkomplex
auch für die Redaktion des "älteren EB" von besonderer Bedeutung sein mußte, konnte doch 18,1-20 die Legitimation
eines Nachfolgers Jojachins als Herrscher im neukonstituierten Israel unterstützen. Betrachtet man 18,1-20 im Kontext
der Situation des "älteren EB", wird die Annahme einer **ak-
tualisierenden "re-lecture"** dieses Textes durch seine Redaktion aber auch noch aus anderen Gründen wahrscheinlich.

Als ein charakteristischer Zug der im "älteren EB" vorausgesetzten Situation hat sich der Konflikt zwischen Gola und
Landbewohnern um den Besitz des Landes herausgestellt[370].
Für die Legitimation der Besitztitel Deportierter mußte nun
aber mit zunehmendem Abstand von 597/87 der genealogische
Abstammungsnachweis an Bedeutung gewinnen[371]. "Während in
vorexilischer Zeit das 'Vaterhaus' nur familien- und erb-
rechtlich (!) von Bedeutung ist, wird es nach der Katastrophe von 587, die den Zusammenbruch der Sippenorganisation
mit sich bringt, anstelle der mišpāḥā (...) zur grundlegenden Zelle im Aufbau des Gemeinwesens"[372], zur "grundsätzli-
che(n) strukturelle(n) Einheit der Bürger-Tempel-Gemeinde im
6.-4. Jh.v.u.Z."[373]. Mit dem Verweis auf die Zugehörigkeit
zu einem bestimmten בית אבות begründeten Landbesitzansprü-
chen von Exulanten[374] konnte nun von Seiten der Landesbewohner mit einem Schuldvorwurf gegen die betreffenden אבות (warum waren sie denn von Jahwe ins Exil geführt worden?!) und

---

der oben skizzierten Interpretation eher zu einem Argument **für** eine
Ansetzung zwischen 597 und 587.
370 S.o. 3.2.3.a.
371 Die Bedeutung von Genealogien (vgl. dazu allgemein Wilson, Genealogy)
in nachexilischer Zeit illustrieren Esr 2; 8,1ff; Neh 7,6ff. Aufge-
listet sind hier die ראשי האבות (vgl. z.B. Esr 1,5; 2,68), wie hier
(und z.B. auch 1 Chr 8,28; 24,31) in Abkürzung des in P gebräuchlichen terminus technicus ראש בית אבות (vgl. z.B. Num 7,2; 17,18) formuliert wird (vgl. Jenni, Art. אב, 7f; Müller, Art. ראש, 705f).
372 Jenni, a.a.O., 7.
373 Weinberg, Bēit 'Ābōt, 414; vgl. Ders., Agrarverhältnisse
(s.Schottroff, Sozialgeschichte, 61f).
374 Nach Weinberg, Beit 'Abot, 409 begründet die Zugehörigkeit zu einer
בית אבות mindestens ein "latente(s) Erbrecht".

der Behauptung einer Haftung auch der "Söhne" für die Schuld
ihrer "Väter" begegnet werden.

In dieser Konfliktlage konnte Ez 18,1-20 der Gola Argumen-
tationshilfe leisten: "Ein Sohn trägt nicht mit an der
Schuld des Vaters" - ebensowenig wie "ein Vater an der
Schuld des Sohnes" (18,20) - **wenn** er "all die Sünden, die
sein Vater begangen hat, sieht ... und nicht desgleichen
handelt" (18,14). Eben dies galt es nun aber weiter unter
Beweis zu stellen. Dazu waren Kriterien eines "gerechten"
Handelns erforderlich, das (1) auch unter den Bedingungen
des Exils möglich war und (2) geeignet erscheinen konnte,
Bedenken und Befürchtungen der Landesbewohner gegenüber rück-
kehrwilligen Exilierten zu zerstreuen. Genau diese Anforderungen erfüllen die Kataloge "gerechten" und "ungerechten"
Verhaltens in 18,5-17.

Syntaktisch sind die Tatbestandskataloge in 6-9a. 11b-13a und 15-17a
relativ locker mit dem Kontext verknüpft. So findet der Konditionalsatz
in 5 (... צדיק יהיה כי איש) seine Fortsetzung nicht in 6ff (לא ההרים אל
... אכל)[375], sondern in der Deklaration: ... יחיה חיה הוא צדיק (9b)[376].
Zwischen diese beiden zusammengehörigen Glieder ist 6-9a in explikativer
Asyndese zu 5 eingeschoben. Entsprechendes gilt für 10a (11b-13a) 13b[377]
und 14 (15-17a) 17b. Auffällig sind weiter die relativ großen Unterschiede der drei Reihen in 6-9a. 11b-13a und 15-17a in Umfang und Reihenfolge
der aufgelisteten Tatbestände[378]. "Such variation, Wevers has noted,
argues against taking this list as some case of well-known standard,
like the Decalogue"[379]; sie überrascht aber doch auch angesichts der
sonst so strengen, repetitiven "Kasuistik" des Textes. Schließlich bestehen innerhalb der Reihen selbst z.T. syntaktische Brüche: 6ff formuliert

---

375 Dies würde schon aufgrund der Tempusstruktur unwahrscheinlich sein:
    "Wenn einer gerecht ist (יהיה: genereller Sachverhalt), (dann) **hat**
    er nicht auf den Bergen gegessen (אכל) ..."?! Die Kommentare ver-
    schleiern diesen Sachverhalt i.d.R. durch präsentische Übersetzung
    von 6ff; vgl. z.B. Eichrodt, 144; Fohrer, 99; Zimmerli, 391; Fuhs,
    95; Greenberg, 325.
376 Vgl. Schulz, Todesrecht, 169ff.
377 Zu den textkritisch problematischen Sätzen 10b und 11a vgl. Zimmer-
    li, 393f und Greenberg, 331.
378 Vgl. die Tabelle bei Greenberg, 342.
379 Ebd.

zunächst perfektisch (אכל ... טמא), wechselt dann unvermittelt ins Imperfekt (יהלך ... יקרב), um schließlich perfektisch abzuschließen (שמר). In
11ff wird eine Reihe von Perfekten (גזל ... אכל, לקח ... נשא) durch das
Imperfekt ישיב unterbrochen, während 15ff durchgängig im Perfekt formuliert ist[380].

Diese Beobachtungen sind m.E. als Indizien für eine - lebhafte und
vielleicht mehrschichtige - Überarbeitung dieser Tatbestandskataloge zu
werten, die ihrerseits auf aktuelle Interessen der Bearbeiter hinweist[381].

Inhaltlich weisen die aufgelisteten Tatbestände eine große Spannweite
auf. Abgesehen von den allgemein gehaltenen, abschließenden Formulierungen in 9aα und 17aβ zeigen nur das "Essen auf den Bergen" (6.11.15) und
das "Erheben der Augen zu den Götzen (des Hauses Israel)" (6.12.15) engere Bezüge zu den gängigen Topen im Schuldaufweis der Gerichtsprophezeiungen des EB (mit Ausnahme von Kap. 22 - dazu unten!): "Die geraffte Formulierung אכל על ההרים ... liegt auf der Linie der kultisch-rituellen Ver-
sündigungen von 8,6 (...) und 8,16(17bβ?) (...), vgl. auch die Polemik
gegen die 'Berge' Ez 6. ... Das 'Aufheben der Augen zu den Götzen des
Hauses Israel' ist ganz in ezechielischer Terminologie formuliert.גלולי
בית ישראל außer in 18,6.15 noch in 8,10. נשא עינים אל in 18,6.12.15;
23,27; 33,25"[382]. Ähnliche Vergehen werden auch in 33,25 den Landesbewoh-
nern vorgehalten, wo sich auch der Topos "Verunreinigung der Frau des
Nächsten" findet (33,26; vgl. 18,5.11.15 und 22,11). Dieser bezeichnet
aber schon weit stärker als jene einen Handlungsbereich, in dem sich
gerade auch ein exilierter Israelit bewähren konnte.

---

380 Zu registrieren ist ferner ein Wechsel von Syndese und Asyndese in
    den drei Reihen, der kaum eine Regel erkennen läßt. Auf 6aα folgen
    zunächst vier syndetisch (mit ו) angereihte Sätze, an die in 7aβ.γ
    zwei Aussagen asyndetisch angehängt sind. 7b (vgl. 16b). 8aα (vgl.
    13a) und 9aα (anders 17aβ) sind als Paare syndetisch verbundener
    Sätze zu erkennen. Vielleicht ist 15-16, wo jeweils zwei Aussagen
    syndetisch miteinander verknüpft sind, nach diesem Vorbild gestal-
    tet.
381 Der Wechsel von qatal und yiqtol in 6ff und 11ff könnte sich etwa
    aus der doppelten Funktion (s.o.) dieser Tatbestandskataloge erklä-
    ren, die zugleich (1) auf vergangenes und (2) auf erwartbares zukünf-
    tiges Verhalten zielt. - Den "Verdacht ..., dass sie (sc. "die drei
    langen Kataloge von bösen und guten Taten in V.6-8, V.11b-13a, und
    V.15-17aα") später eingefügt wurden", äußert auch Vogt, Untersuchun-
    gen, 113.
382 Zimmerli, 405.

Auffällig ist, wie umfangreich in den Tatbestandskatalogen von Kap. 18
das Verhalten im ökonomischen (7-8aα. 12a. 13a. 16-17aα) und rechtlichen
(8aß.b, auch 17aß?) Bereich berücksichtigt ist[383]. Ist dies zunächst
Indiz für eine intensive Teilnahme Deportierter "am Handels- und Gewerbeleben ihrer Umwelt"[384], könnte es darüber hinaus weiteres Licht auf den
im "älteren EB" vorausgesetzten Konflikt zwischen Gola und Landesbewoh-
nern[385] werfen. Für diese mußten ja die deportierten Familien der Jerusalemer Oberschicht ihre und ihrer Väter ehemalige Unterdrücker und Ausbeu-
ter repräsentieren[386], von deren Rückkehr nichts Gutes zu erwarten sein
konnte - eine anscheinend nicht ganz unberechtigte Befürchtung, wie das
Akutwerden des Problems der Schuldknechtschaft in persischer Zeit
zeigt[387]. Mit den ökonomischen Verhaltensstandards von Ez 18,5ff konnte
die Redaktion des "älteren EB" solchen Befürchtungen entgegentreten -
nicht ohne zugleich rückkehrwillige Deportierte auf ein entsprechendes
Verhalten zu verpflichten. Hierbei konnte sie offenbar auf neue "Verhaltensregeln" zurückgreifen, die sich in der Exilsituation herausgebildet
hatten, um es zu ermöglichen, daß "Israel als Volk und Bundesgemeinde
seine Identität behalten und ... die Grundsätze bisheriger Ethik erhalten bleiben" konnten, "(n)achdem die 'naturwüchsigen' Gemeinschaftsfor-
men wie Sippe, Stamm, Königsvolk durch die Kriegsfolgen auseinandergebrochen waren", und "es dem spontanen Solidaritätsgefühl an klaren Bezugspunkten für heilwirkendes gemeinschaftsgemäßes Verhalten (mangelte)"[388].
Sollte nun die Einhaltung dieser Verhaltensregeln Kennzei-
chen der Abkehr der "Söhne" vom Verhalten ihrer "Väter" sein,
mußte aber auch rückblickend das Handeln der "Väter" diesem
Maßstab unterworfen werden. In dieser Absicht scheint die
Redaktion des "älteren EB" Kap. 22, mindestens aber den Abschnitt 22,6-12 verfaßt zu haben[389].

---

383 Vgl. dazu im Einzelnen Zimmerli, 405ff; Greenberg, 329ff.
384 Rendtorff, Einführung, 67.
385 Vgl.o. 3.2.3.
386 Zu den Sozialverhältnissen der israelitischen Königszeit und der
    prophetischen Kritik an ihnen vgl. etwa Donner, Botschaft; Koch,
    Entstehung; Lang, Prophetie; Ders., Organization.
387 Vgl. Baltzer, Liberation; Kippenberg, Entlassung, 91ff; ältere Lite-
    ratur ist genannt bei Schottroff, Sozialgeschichte, 59ff.
388 Koch, Profeten II, 105.
389 Eine genaue Abgrenzung des Anteils "der" Redaktion am Text ist
    schwierig. Eichrodt, 204ff sieht 6-16 als Werk von "Schüler(n) Hese-
    kiels" an (a.a.O., 206), während Fohrer, 128 6-13. 15-16 als selb-

Die Parallelen der hier erhobenen Anklagen zu den Tatbestandskatalogen in 18,5ff sind frappierend[390]. Dagegen sucht man "(e)ine geschichtliche Konkretisierung ... in dem großen Korpus der Anklagerede, das in 6-12 auf den Anruf 3aß-5 folgt, vergeblich"[391]. 22,6-12 entspricht aber ebenso wie die "rückschauende Ständerede"[392] 22,23-31 auch insofern den Interessen der Redaktion, als hier das Gericht über das Kollektiv Jerusalem/Israel mit einer Verschuldung aller einzelnen seiner Glieder begründet und so ein Konflikt zwischen den kollektiven Gerichtsprophezeiungen im EB und der Lebenszusage an den Gerechten in Kap. 18 vermieden wird.

(2) Mit V.21 beginnt in Kap. 18 ein neuer Argumentationsgang, der scheinbar "better answers to the despair expressed in 33:10 (...) than to the proverb that gave occasion to" Ez 18[393]. Deshalb soll hier zunächst der - in seiner Argumentationsstruktur **18,21-32** weitgehend parallele - Abschnitt **33,10-20** besprochen werden.

18,2 vergleichbar setzt dieses Disputationswort[394] mit dem Zitat einer Aussage des "Hauses Israels" ein: "Unsere Freveltaten und unsere Sünden liegen auf uns, und in ihnen verkommen wir. Wie sollen wir da leben?" (33,10). "So spricht sich die Verzweiflung Israels in (vom Propheten selber stilisierten) klagenden Worten aus"[395]. Anders als in 18,2 liegt hier kein "Sprichwort" vor, das einen generellen Sachverhalt bezeichnet; vielmehr beschreibt das "Haus Israel" mit dieser Aussage seine eigene, gegenwärtige Situation (Ptz.: נמקים) und ihre zu erwartenden Folgen (Ipf.: נהיה). Diese Deutung

---

ständiges, nicht-ezechielisches "Schelt- und Drohwort gegen die sündigen Israeliten" betrachtet. Fuhs, 117, der sich Fohrers Abgrenzung anschließt, macht auf die Möglichkeit eines Verständnisses dieses Abschnitts als Fortschreibung des vorliegenden Stücks 1-5.14 aufmerksam: "Ein Späterer hat das Gerichtswort des Propheten in ein sakralrechtliches Deklarationswort (vgl. 14.18) umgeformt: Vordersatz (3aß.6) - sakralrechtliche Entfaltung (3b.7-12) - Sanktion (4f.13-16)". Durch diese Überarbeitung kommt 22,1-16 auch formal 18,1-20 nahe. Vgl. auch Garscha, Studien, 48ff, der 22,6-13(.14) der "sakralrechtlichen Schicht" des EB zurechnet.

390 Vgl. die Gegenüberstellung bei Greenberg, 343.
391 Zimmerli, 508.
392 A.a.O., 523.
393 Greenberg, 338.
394 Vgl. Graffy, Prophet, 72ff.
395 Zimmerli, 804.

des eigenen - (doch wohl v.a. im Exil) leidvoll erfahrenen -
Schicksals als Folge früheren Fehlverhaltens entspricht sachlich den Gerichtsprophezeiungen des EB[396] - wie auch einer
Argumentationslinie des DtrG[397]. Nicht sie wird dementsprechend im folgenden Disputationswort bestritten, sondern die
aus ihr abgeleitete Prognose, "daß nur der Tod im unreinen
Lande auf" die Deportierten "warte, nachdem schon vorher
alles, was das Leben lebenswert macht, ... unter den Trüm-
mern Jerusalems begraben lag"[398]: Jedem Einzelnen steht die
Möglichkeit der Umkehr als einer **"Wendung vom Tode zum Leben"**[399] offen; Jahwe hat "keinen Gefallen am Tod des Frevlers, sondern daran, daß der Frevler von seinem Weg umkehrt
und am Leben bleibt" (33,11; 18,23, vgl. 32)!
Auch die so bestrittene Prognose der Unmöglichkeit weiteren und erneuerten "Lebens" für Israel hat freilich ihre
Entsprechungen in Gerichtsprophezeiungen des EB. So hat etwa
5,1-4 ebenso ein totales Vernichtungsgericht Jahwes an Israel im Blick wie 21,33-37*, das wohl schärfste, von der Redaktion des "älteren EB" gegen die Ammoniter gewendete Wort
gegen Israel. Wendet sich also Ez 33,10ff - zumindest implizit - auch gegen die Konzeption eines Teils der Gerichtsprophezeiungen des EB?
Zahlreiche Kommentatoren sehen einen entscheidenden Unterschied zwischen der Interpretation des Geschicks Israels in den Gerichtsprophezeiungen des EB und seiner Deutung durch die in 33,10 zitierten Gegner des
Propheten darin, daß diese gegen das Gerichtshandelns Jahwes aufbegeh-
ren. Dies zeige ihr in 33,17.20 (und 18,25.29) gleichlautend zitierter
Einwurf: לֹא יִתָּכֵן דֶּרֶךְ אֲדֹנָי. Diesen Satz übersetzt z.B. Zimmerli: "Der Weg
'Jahwes' ist nicht richtig"[400], und interpretiert ihn als "frontale(n)

---

396 Vgl. zu נמק בעון: 4,17; 24,23; auch Lev 26,39, hier "bezeichnender-
    weise von dem im Exil unter die Völker gestreuten, dem Vernichtungs-
    tod entgangenen 'Rest'" (Zimmerli, 804); zur Vorstellung des "Aufle-
    gens" und "Tragens" von Schuld: 7,3f.8f; 9,10; 11,21; 16,43.52.54.58;
    17,19; 22,31; 23,35.49.
397 Vgl. Zimmerli, 804 u.o. Anm. 361.
398 Eichrodt, 314f.
399 A.a.O., 315.
400 Zimmerli, 392.

Angriff" gegen "Jahwes Handeln (wörtl. דרך 'Weg, Wandel'...)", das "in seiner Ordnung (תכן) total und ohne jede Eingrenzung auf die Generationenfolge in Frage gestellt" werde[401].

Beachtet man jedoch die Argumentationsstruktur des Textes, ist eher anzunehmen, daß die Einwürfe der Gegner in 33,17.20 (und 18,25.29) nicht als wertender Kommentar zu ihrer in 33,10 zitierten Aussage zu verstehen sind, sondern sich - wie schon 18,19 - auf die unmittelbar vorangehende Gegenargumentation des Propheten beziehen. Mit לא יתכן wird also nicht das alle zukünftigen Lebensmöglichkeiten abschneidende Gerichtshandeln Jahwes qualifiziert und kritisiert, sondern seine "befremdende(.) Entscheidung, die den Gottlosen dem Frommen gleichstellt und das dem Frommen ach so unentbehrliche Überlegenheitsgefühl über den Sünder vernichtet"[402], indem beide nach ihrem aktuellen Verhalten, ohne Rücksicht auf ihre Vergangenheit beurteilt werden.

Welche Bedeutung hat nun aber der Satz לא יתכן דרך אדני ? Die Kommentatoren sind sich hier weitgehend einig: Jahwes Weg ist "nicht richtig" (Zimmerli), "nicht in Ordnung" (Fohrer, Eichrodt), "nicht dem Maß, der Regel entsprechend" (Fuhs), "nicht sachgemäß", "unlogisch" (Schenker[403]). Das ni. der Wurzel תכן , als deren Bedeutung im q. "prüfen" (Spr 16,2; 21,2; 24,12), im pi. "(be-)messen", "bestimmen" (Jes 40,2f; Hi 28,25; Ps 75,4) anzunehmen ist[404], wird hier als "der Prüfung nicht stand(halten)"[405] verstanden. Diese Bedeutung wäre dann allerdings nur in Ez 18 und 33 belegt. In 1 Sam 2,3 (Q), einer textkritisch freilich unsicheren Aussage[406], scheint תכן ni. das Passiv zum q. zu sein und "geprüft werden" zu bedeuten. Von daher könnte der folgende Hinweis Greenbergs in die Richtung einer zwangloseren Interpretation von Ez 18,25.29; 33,17.20 weisen: "More in accord with the attested sense of tkn is the sense 'determinded' or, better (as tolerative nif^cal), 'determinable', i.e., God's way is erratic, arbitrary"[407]. Auch hier bleibt jedoch zu fragen, ob die Aussage im Munde der Gegner des Propheten wirklich einen negativen Beiklang ("arbitrary") hat. Immerhin nimmt Jes 40,12f in Form rheto-

---

401 A.a.O., 413.
402 Eichrodt, 316.
403 Schenker, Trauben, 458.
404 Vgl. Delcor, Art. תכן .
405 Schenker, Trauben, 458; vgl. Delcor, a.a.O., 1044.
406 Vgl. Delcor, ebd.
407 Greenberg, 333.

rischer Fragen einen im Kontext durchaus positiv gewerteten Sachverhalt
in den Blick: "Niemand kann die Schöpfung ermessen, erst recht niemand
Gottes wunderbar wirkende Kraft"[408]. Dem entspricht die Betonung der
Überlegenheit der "Wege" Jahwes über die Israels am Ende des Dtjes-Buchs
(Jes 55,8f). Deuterojesaja nimmt hier offenbar ein - bei seinen Hörern
als bekannt vorausgesetztes - Wissen um die Unverfügbarkeit und Undurchschaubarkeit des göttlichen Handelns auf, das auch Teil atl. Weisheits-
überlieferung ist: "die göttliche Allmacht versteht der Mensch nicht"[409].
Angesichts der Replik in Ez 33,17: והמה דרכם לא יתכן (vgl. 18,25.29:
הלא דרכיכם לא יתכנ(ו)) ist es nun interessant, daß dieser Unverfügbarkeit
und Undurchschaubarkeit des göttlichen Handelns eine Unverfügbarkeit und
Undurchschaubarkeit seines eigenen Handelns für den Menschen korrespondieren kann: Es steht weder "in des Menschen Gewalt, seinen Weg zu bestimmen" (לא לאדם דרכו: Jer 10,23), noch auch nur, "seinen Weg zu verstehen" (Spr 20,24; vgl. z.B. auch Spr 16,2; 19,21).
Die Betonung der Grenze der Erkennbarkeit und Beeinflußbarkeit göttlichen wie menschlichen Handelns für den Menschen kann der Bekräftigung
"dogmatischer" Aussagen angesichts widerstreitender Erfahrungen dienen:
Daß Jahwe "dem Menschen nach seinem Tun vergilt" (Spr 24,12), bleibt
auch dann gültig, wenn der nach außen sichtbare Lebenswandel ("Weg")
eines Menschen seinem Ergehen nicht entspricht; denn Jahwe läßt sich in
seinem Verfahren mit dem Menschen nicht von dessen "Weg" leiten, sondern
von dessen "Herz" und "Geist", die er - und nur er! - "prüft" (תכן q.:
Spr 16,2; 21,2; 24,12). Damit wird natürlich zugleich die Bestätigung
der "dogmatischen" Aussage, daß Jahwe "dem Menschen nach seinem Tun vergilt", an der Erfahrung problematisch.
Die Annahme hat also einige Wahrscheinlichkeit für sich,
daß die in Ez 33,17.20 (und 18,25.29) zu Worte kommenden
Gegner des Propheten gegen dessen Argumentation einwenden
wollen, sie mache göttliches wie menschliches Handeln in
einer Weise durchschaubar und "nachprüfbar", die der Be-

---

408 Delcor, a.a.O., 1044 im Anschluß an Westermann, Jesaja 40-66, 44f;
    Elliger, Deuterojesaja, 50f.
409 Ringgren, Sprüche, 80 (zu Spr 20,24); v.a. Kohelet betont, daß "das
    Werk Gottes ... jedem Menschenauge und jeder Menschenweisheit ent-
    zogen bleibt" (Zimmerli, Prediger, 236 zu Koh 11,5; vgl. auch 3,11;
    7,13; 8,16f).

grenztheit menschlicher Erkenntnisfähigkeit nicht entspricht[410]. In dieser Position liegt in der Sicht von
33,10ff - ebenso wie in dem Bewußtsein, alte Schuld abtragen
zu müssen (33,10) - die Gefahr einer Lähmung der Bereitschaft zum Handeln in der aktuellen Gegenwart, zur Prüfung
des eigenen Verhaltens wie auch der Möglichkeiten veränder-
ter Praxis. Dagegen macht der Text die Möglichkeit der "Umkehr" geltend und ruft direkt dazu auf (33,11).

Dieser Aufruf zur "Umkehr" ist, wie die Untersuchungen zum
"Wächteramt" des Propheten wahrscheinlich gemacht haben,
sowohl in einem frühen Stadium der im EB dokumentierten Gerichtsverkündigung (für Ezechiel) als auch im Rahmen der
Restitutionsprophezeiungen (für die Redaktion des "älteren
EB") verständlich[411]. Das im Zitat von 33,10 zum Ausdruck
kommende Schuldbewußtsein der Adressaten macht jedoch eine
Ansetzung von 33,10-20 nach 587 wahrscheinlich. Die Redaktion des "älteren EB" favorisiert mit diesem, durch seine kompositorische Stellung im Buch hervorgehobenen Text - ebenso
wie mit 33,1-9 - **eine** Perspektive der von ihr vorgefundenen Restitutionsprophezeiungen. Der abschließende V.20b:
"Jeden von euch werde ich (Jahwe) seinen Wegen entsprechend
richten, Haus Israel", setzt den Abschnitt zur Erwartung
eines "Läuterungsgerichts" im Rahmen der Restitutionsprophezeiungen des EB (vgl. 20,33ff; 34,17ff) in Beziehung und
unterstreicht die Verantwortung des Einzelnen, mit seinem
gegenwärtigen Verhalten über seine Zugehörigkeit zum neuen
Israel zu entscheiden[412].

---

410 Da es sich in 18,25.29; 33,17.20 nach diesem Verständnis keineswegs
   um ein "rebellische(s) Wort" (Zimmerli, 395) handelt, dürfte אדני
   (M) kaum, wie Zimmerli, ebd. meint, "als Abmilderung" eines ursprünglichen יהוה "aus dogmatischen Rücksichten zu verstehen sein", sondern eher als bewußte Anspielung auf das Soziomorphem "Herr-Knecht"
   (vgl. Baltzer, Liberation), das den Abstand zwischen Gott und Mensch
   unterstreicht.
411 Vgl. auch Pareira, Call, 49ff.
412 33,17-20 ist vielleicht als sekundärer, redaktioneller Nachtrag zu
   beurteilen (vgl. Zimmerli, 807) - wenn nicht 33,10-20 insgesamt als
   Produkt der Redaktion des "älteren EB" anzusprechen ist. Es fällt
   jedenfalls auf, daß dieser Abschnitt anders als Kap. 18 nicht auf
   einen Umkehrruf zuläuft.

Ein Indiz dafür, daß 33,10-20 in der skizzierten argumentativen Frontstellung auf ein älteres Argumentationsmuster
zurückgreift, ist eine gewisse Inkonsistenz der Position der
Gegner, wie sie in 33,10.17 und 20 zum Ausdruck kommt: Daß
das Bewußtsein einer begrenzten Nachprüfbarkeit und Durch-
schaubarkeit des göttlichen Handelns (17.20) die Möglichkeit
einer Wendung des Geschicks des Schuldigen keineswegs ausschließt (so 10), zeigt Jes 55,6ff, wo die Erhabenheit der
"Gedanken" und "Wege" Jahwes über die Israels (8f) geradezu
als Argument **für** die Möglichkeit einer Umkehr (6f) fungiert.
Zudem steht das in 33,10 erkennbare Schuldbewußtsein der
Adressaten in Spannung zu dem ihnen in V.17 unterstellten
Interesse daran, daß ihre "Wege" nicht "geprüft" werden[413].
(3) Von daher ist zu fragen, ob die Argumentation von 18,21-
32 - entgegen dem ersten Anschein - nicht doch stärker mit
18,1-20 verknüpft ist als mit der in 33,10 zitierten Gegenposition. Diese Annahme würde eine gewisse Wahrscheinlichkeit gewinnen, wenn es gelänge, **Kap. 18(*) als geschlosse-
nes, konsequent fortschreitendes und im Rahmen einer einheitlichen Frontstellung sinnvolles Argumentationsgefüge** verständlich zu machen. Dies soll im Folgenden versucht werden.
Anlaß der in Kap. 18 dokumentierten Auseinandersetzung ist, wie das in
2 zitierte Sprichwort zeigt, die Erfahrung der Ereignisse in Jerusalem
im Jahre 597, die zur Deportation der Oberschicht der Stadt (2 Kön
24,14ff) und infolgedessen - da diese offenbar nicht durch "importierte"
babylonische Beamte ersetzt wurde - zu einem relativen sozialen Aufstieg
der zurückgebliebenen "Geringen" (דלת עם הארץ : 2 Kön 24,14) führten. Die
Gegner der Auseinandersetzung nehmen diese Ereignisse aus unterschiedlichen Perspektiven wahr: Ezechiel betrachtet sie aus der Sicht eines Angehörigen der deportierten Oberschicht, der allerdings zu deren Verhalten
mittlerweile eine kritische Einstellung gewonnen hat, während seine Gegner als vormals am Verhalten der Oberschicht Leidtragende nun von deren
Deportation profitieren - oder sich wenigstens entsprechende Hoffnungen
machen.

---

413 Selbst wenn man לא יתכן hier im Sinne von "nicht richtig sein" ver-
     stünde, müßte doch auffallen, daß dies den Sprechern von 33,10 durch-
     aus bewußt sein sollte.

Hinsichtlich der Interpretation dieser Erfahrungen stimmen Ezechiel
und seine Gegner zumindest darin überein, daß sie als Gerichtshandeln
Jahwes zu deuten sind. Unter Voraussetzung der Konzeption eines "Tat-
Ergehen-Zusammenhangs" bedeutet "Gericht" dabei eine Unterbindung lebensfeindlichen Verhaltens. Zum Konflikt zwischen Ezechiel und seinen Gegnern kommt es dann in der Frage, welchen Sinn und welche Folgen das erfahrene Gerichtshandeln Jahwes habe. Ezechiels Gegner verstehen es, wie
die Sentenz "Väter essen saure Trauben, und die Zähne der Söhne werden
stumpf" (2) zeigt, als Bestrafung der Jerusalemer Oberschicht in ihrer
geschichtlichen, "Väter" wie "Söhne" umfassenden Erstreckung: Im Sinne
eines "Läuterungsgerichts" an Jerusalem hat Jahwe die Schuldigen und/
bzw. ihre Nachkommen aus der Stadt entfernt, um den von ihnen (ehemals)
unterdrückten neue Lebensmöglichkeiten zu verschaffen. In der Sicht des
Propheten dagegen mußte 597 die Jerusalemer Oberschicht mindestens auch
für ihr eigenes, aktuelles Verhalten einstehen. Die Ereignisse dieses
Jahres sind für ihn nur der Beginn eines göttlichen "Totalgerichts" über
Israel, in dem "jeder, der sündigt, sterben wird" (4.20).

In diesem Interpretations-Konflikt spiegelt sich ein Interessen-Kon-
flikt zwischen Ezechiel und seinen Gegnern. Ihre Deutung der Ereignisse
von 597 als Umsturz und Beseitigung ungerechter Verhältnisse ist in der
Lage, einen politischen und ökonomischen Neuanfang in Jerusalem ideolo-
gisch zu unterstützen. Dem steht auf Seiten Ezechiels nun nicht einfach
ein gegenläufiges Interesse an einer Selbstbehauptung der Gola entgegen,
sondern die in seiner Analyse zutage getretene, über den politisch-öko-
nomischen Bereich hinausgehende Verschuldung Israels auf kultischem Gebiet, sein gestörtes Gottesverhältnis. Wenigstens in der Solidarität
dieser Schuld bleiben Deportierte und Zurückgebliebene als Einheit
("Haus Israel") im Gegenüber zu Jahwe verbunden.

Die relative Distanz Ezechiels zu den Interessen seiner Exilsgenossen
erlaubt es ihm nun, in diesem Konflikt nicht einfach in der Weise Stellung zu beziehen, daß Interesse gegen Interesse, Perspektive gegen Perspektive, Position gegen Position ausgespielt wird. Vielmehr kann er den
Versuch einer argumentativen Klärung des Konflikts unternehmen, d.h.
einer Prüfung der Übereinstimmung von deutender "Theorie" und gedeuteter
"Erfahrung" mit dem Ziel, eine konsistente Konzeption der erfahrenen
Wirklichkeit zu entwickeln oder wenigstens dazu beizutragen.

Eine Ezechiel und seinen Gegnern gemeinsame Vorgabe der Interpretation ihrer Erfahrungen ist die "Theorie" des Tat-Ergehen-Zusammenhangs: "Wer sündigt, wird sterben" (4.20). Diese "Theorie" steht in offenkundiger Spannung zur erfahrbaren Wirklichkeit: Keineswegs stirbt jeder, der sündigt - jedenfalls nicht in unmittelbarer Folge seines schuldhaften Verhaltens. Auch diese Spannung zwischen "Theorie" und Empirie" ist sowohl dem Propheten als auch seinen Kontrahenten bewußt: diesen, sofern sie der Meinung sind, 597 hätten erst die "Söhne" für das Verhalten ihrer "Väter" einstehen müssen (2), jenem, sofern er dem Frevler immerhin noch Zeit läßt, Nachkommen in die Welt zu setzen (14) bzw. umzukehren (21.27).

Beide Parteien verstehen demnach den Tat-Ergehen-Zusammenhang als eine "Theorie" zeitlicher Prozesse; sie rechnen mit einem zeitlichen Abstand zwischen Handeln und entsprechendem Ergehen einer Instanz. Ihre Positionen unterscheiden sich in der Bestimmung des zeitlichen Umfangs derartiger Prozesse. Während Ezechiels Gegner damit rechnen, daß sich der Zusammenhang von Tat und Ergehen über die Grenze zwischen Generationen erstrecken kann und faktisch erstreckt, behauptet der Prophet eine prinzipielle Begrenzbarkeit des Tat-Ergehen-Zusammenhangs - zwischen verschiedenen Generationen wie auch in der Biographie des Einzelnen - durch menschliches Verhalten ("Umkehr")[414].

Die unterschiedliche Bestimmung des zeitlichen Umfangs des Tat-Ergehen-Zusammenhangs hängt zusammen mit einem unterschiedlichen Verständnis seiner Zeit-Struktur, des erfahrbaren Auseinandertretens von Handeln und Ergehen. Die Gegner des Propheten "erklären" die (vermeintliche) Erfahrung, daß 597 erst die "Söhne" für das Verhalten ihrer "Väter" (wie auch für ihr eigenes Handeln) einstehen mußten (2), daß mithin "Gottes Mühlen langsam mahlen", mit der "Nicht-Nachprüfbarkeit" der "Wege" Jahwes (25. 29), dem "Geheimnis" des göttlichen Handelns - und verzichten damit im Grunde auf eine Erklärung. Ezechiel dagegen versucht, die zeitliche Erstreckung des Tat-Ergehen-Zusammenhangs **und** die von ihm angenommene Mög-

---

414 Gegen verbreitete Interpretations-Klischees betont Schenker, Trauben, 463 mit Recht: "Es wäre unzutreffend, Ezechiel unter die Gegner des Tun-Ergehen-Zusammenhangs einzuordnen. Er unterscheidet sich von der Gegenseite der Disputation nur in diesem einen Punkt: dort wo eine Wendung geschieht, und **nur dort** wird dem Fortwirken der Vergangenheit, sei es als weiterfressende Schuld oder als Leben zuführendes Verdienst, die Spitze abgebrochen und Einhalt geboten".

lichkeit ihrer Begrenzung durch menschliches Handeln aus einer grundsätzlichen "Parteilichkeit" Jahwes "für das **Leben** des Menschen"[415] zu
erklären.

Die Klärung der "theoretischen" Vorgaben der Konfliktpartner stellt
den ersten Schritt der Argumentation von Kap. 18 dar. Der Argumentationsgang 4-20 macht - neben anderem - deutlich: Die dem Konzept des Tat-Ergehen-Zusammenhangs entsprechende Unterbindung lebensfeindlichen Verhaltens dient der Bewahrung von Lebensmöglichkeiten. Die Tatsache - und Forderung -, daß "wer sündigt, sterben wird/soll" (4.20), hat ihren Sinn
nicht in sich selbst. "Wer sündigt", ist ja genau der "Gewalttäter", der
"Blut vergießt" (10) und damit anderen ihre Lebensmöglichkeiten nimmt
oder einschränkt (10-13.18). Der Tod des Frevlers ist also deshalb wün-
schenswert - und unter Voraussetzung des Tat-Ergehen-Zusammenhangs zu
erwarten -, weil er dem Leben seiner Opfer dient. Der in 23 und 32 arti-
kulierte Gedanke einer "Parteilichkeit Jahwes für das Leben" ist mithin
auch dem ersten Teil von Kap. 18 nicht fremd.

Der Bearbeitung und Klärung des Konflikts dient weiterhin eine Erweiterung und Differenzierung des für die Diskussion relevanten Erfahrungs-
materials: Neben einer Bewahrung und Steigerung von Lebensmöglichkeiten
durch die Beseitigung lebensfeindlichen Verhaltens, einem Schutz der
Opfer des Frevlers durch dessen Tod (4-20), ist auch eine Bewahrung -
und möglicherweise Steigerung - von Lebensmöglichkeiten trotz einer
Nicht-Beseitigung lebensfeindlichen Verhaltens denkbar und erfahrbar: Es
gibt Frevler, die gerechte Nachkommen erzeugen (14), und es gibt Frevler, die ihren Lebenswandel ändern und zu Gerechten werden (21f.27)[416].

Zwischen dem so erweiterten und differenzierten Erfahrungsmaterial und
den durch ein Verständnis des Tat-Ergehen-Zusammenhangs im Rückgang auf
seinen Sinn geklärten "theoretischen" Vorgaben besteht nun ein höheres
Maß an Übereinstimmung, als es zunächst den Anschein haben mochte: Es
widerspricht nicht dem Sinn des Tat-Ergehen-Zusammenhangs, wenn Jahwe

---

415 Zimmerli, 413.
416 Mit dieser Erweiterung des Erfahrungshorizonts wird zugleich das
    Wahrnehmungsraster "Täter-Opfer" durchbrochen. Dazu trägt das hohe
    Abstraktionsniveau des Textes ("Leben-Tod") bei, auf dem das Leben
    des Täters und das Leben des Opfers gleichermaßen "Leben" sind. Vor-
    aussetzung der Argumentation des Textes ist, daß frevelhaftes oder
    gerechtes Handeln das "Leben" der handelnden Instanz nicht in seiner
    ganzen Fülle bestimmt.

den Frevler noch eine Weile am Leben läßt; und daß er dies tut, hat eben
den Sinn, den Frevler - auch gegen seinen Willen - durch biologische
Fortpflanzung zur Möglichkeit neuen Lebens (und gerechten Verhaltens)
beitragen zu lassen, bzw. ihm selbst die Möglichkeit einer Änderung
seines Verhaltens einzuräumen. Damit erweist sich **sowohl** die Tatsache
einer zeitlichen Erstreckung des Tat-Ergehen-Zusammenhangs **als auch** die
von Ezechiel vertretene Möglichkeit ihrer Begrenzung durch menschliches
Handeln als dem Sinn des Tat-Ergehen-Zusammenhangs **und** der erfahrbaren
Wirklichkeit entsprechend.

Bemerkenswert ist, daß auch in der Konzeption von Ez 18 eine gewisse
Ambivalenz der erfahrenen Wirklichkeit erhalten bleibt. Sie wird zurückgeführt auf eine Ambivalenz des göttlichen Handelns: Jahwe bewirkt den
Tod des Sünders (4), hat aber "keinen Gefallen" daran (23.32)[417]. In
dieser Ambivalenz bleibt auch für Ezechiel das Handeln Jahwes im Letzten
"unberechenbar"[418]. Das "Geheimnis" des göttlichen Handelns ist jedoch
in seiner Sicht kein "numinoses" wie bei seinen Kontrahenten, sondern
ein "rational geklärtes": Es ist begründet in einem präzise angebbaren
Zielkonflikt des Handelns Jahwes: Soll er Lebensmöglichkeiten bewahren

---

417 Diese Spannung zwischen Handeln und Wollen Jahwes geht letztlich auf
    die Spannung zwischen Freiheit und Ordnungsbindung des göttlichen
    Handelns zurück. Diese Spannung deutet sich bereits an im Nebeneinan-
    der von "mechanischem" Tat-Ergehen-Zusammenhang und "personaler"
    Korrelation von göttlichem und menschlichem Handeln ("Bund") im Be-
    reich der "Regeln" im konzeptionellen Rahmen der Geschichtsdarstel-
    lung in Ez 5 (vgl. o. II.4.2. u.u. 3.3.1.c.). Sie kann auch im Rah-
    men des Bundeskonzepts als Spannung zwischen einem den im Bund vor-
    gesehenen Sanktionen entsprechenden Handeln und einem Handeln, das
    sich in personaler Freiheit über diese "Regeln" hinwegsetzt, begrif-
    fen werden (in diesem Sinne versucht Geyer, Ezekiel 18 Kap. 18 zu
    deuten).
418 Deshalb trifft der Vorwurf eines "Schicksalsschematismus", in dem
    die "Schicksalsmaximen Jahwäs ... durchsichtig, bekannt, kontrollier-
    bar, berechenbar" werden (Maag, Hiob, 71), in dieser Pauschalität
    die Argumentation von Ez 18 nicht, die durchaus noch "Raum" hat "für
    die Undurchschaubarkeit des Schicksals und für die Vorstellung vom
    'verborgenen Gott'" (gegen Maag, ebd.) - nur eben einen in anderer
    Weise begründeten und geklärten "Raum", als ihn das לא יתכן דרך אדנ׳
    der Gegner Ezechiels annimmt!

und schützen durch den Tod des Frevlers, der sie bedroht, oder dadurch, daß er ihn am Leben läßt?[419]

Für die Frage nach der Entstehungsgeschichte des EB und des in ihm verarbeiteten Materials ist von besonderem Interesse das Verhältnis der in Kap. 18 entwickelten Konzeption zu den Gerichtsprophezeiungen im EB. Eine grundsätzliche

---

419 Wenigstens anmerkungsweise sei hier auch der Versuch einer Wertung
    der in Ez 18 entwickelten Konzeption skizziert. Sie ist in ihrer
    kommunikativen Frontstellung der Argumentation ihrer Gegner m.E.
    mindestens insofern überlegen, als sie (1) sich auf einen breiteren
    und stärker differenzierten Bereich möglicher Erfahrungen stützt,
    (2) eine größere Erklärungsreichweite besitzt - auch sie stößt zwar
    letztendlich auf ein undurchschaubares "Geheimnis" des göttlichen
    Handelns, doch erst in einem späteren Stadium des Erklärungsprozes-
    ses - und (3) einen höheren Grad an Übereinstimmung von "Theorie"
    und "Erfahrung" für sich beanspruchen kann. - Aus größerer histori-
    scher Distanz zu ihrer kommunikativen Frontstellung betrachtet,
    zeigt gleichwohl auch die Argumentation von Ez 18 Grenzen ihrer Plau-
    sibilität: (1) Sie beruht auf einer dem - zwischen Ezechiel und sei-
    nen Gegnern nicht grundsätzlich strittigen - Konzept des Tat-Erge-
    hen-Zusammenhangs entsprechenden, jedoch keineswegs selbstverständli-
    chen "Interpunktion" (vgl. Watzlawick u.a., Kommunikation, 57ff)
    erfahrbarer Prozesse: Der Frevler bleibt nur deswegen am Leben, um
    möglicherweise einen - möglicherweise - gerechten Nachkommen zu er-
    zeugen, oder möglicherweise selbst ein Gerechter zu werden. Prinzi-
    piell könnte man auch gegenläufig "interpunktieren": Gerechte leben
    nur dazu, um Frevlern potentielle Opfer zu verschaffen - eine Mög-
    lichkeit, die in Ez 18 gerade nicht durch ein übergeordnetes "Fort-
    schritts"-Konzept, dem entsprechend das Verhältnis von Gerechten zu
    Frevlern in einem Prozeß "geschichtlicher" Dimension kontinuierlich
    zunähme, ausgeschlossen ist. (2) Auch sie verfügt insofern nur über
    eine begrenzte Erklärungskraft, als in ihr das Handeln Jahwes nicht
    allein von seiner Freiheit (und "Parteilichkeit für das Leben") oder
    allein von seiner Ordnungsbindung (an den "Tat-Ergehen-Zusammenhang")
    bestimmt ist. Das göttliche Handeln ist nicht als Korrelat menschli-
    chen Handelns "berechenbar", stößt aber an ihm an die Grenze seiner
    Freiheit: Jahwe gibt dem Frevler die Möglichkeit zur Umkehr, zwingt
    ihn aber nicht dazu. (3) Hinsichtlich der Frage nach der Übereinstim-
    mung von "Theorie" und "Erfahrung" stellt zwar nicht mehr das Leben
    des Frevlers, wohl aber der Tod des Gerechten ein Element der Erfah-
    rungswirklichkeit dar, das zur Konezption von Ez 18 in Spannung
    steht - allerdings etwas abgemildert durch die als selbstverständ-
    lich und unproblematisch vorausgesetzte Erfahrung des universalen
    Todesschicksals aller Menschen. Gerade diese Erfahrung ist jedoch in
    der Lage, die Behauptung einer "Parteilichkeit Jahwes für das Leben"
    in Frage zu stellen: Hat nicht am Ende doch der Tod das letzte Wort?
    - Trotz der weitgehenden Abstraktion von der aktuellen Konfliktlage
    bleibt also auch die Konzeption und Argumentation von Ez 18 durch
    die Vorgaben und Voraussetzungen ihrer Entstehungssituation in ihrer
    Plausibilität begrenzt.

Übereinstimmung mit diesen ist sicherlich in der Annahme zu
erkennen, daß das Gericht Jahwes die davon Betroffenen bei
ihrer eigenen Schuld behaftet - was eine "geschichtliche"
Dimension des Schuldaufweises keineswegs ausschließt[420].
Dagegen ist eine gewisse Spannung darin wahrzunehmen, daß
Ez 18 mit seiner Betonung der "Parteilichkeit Jahwes für das
Leben" tendenziell Anlaß zu der Erwartung geben würde, daß
Jahwe eher auf ein Gericht an Frevlern zugunsten des Lebens
Gerechter (und der Möglichkeit einer Umkehr der Frevler)
verzichten würde - was allerdings schon in Kap. 18 durch die
Aussagen von 4 und 20 relativiert wird -, während weite Tei-
le der Gerichtsprophezeiungen im EB den Eindruck erwecken,
Jahwe würde um des Gerichts an den Frevlern willen eher den
Tod Gerechter in Kauf nehmen (vgl. nur 21,8f!).

   Der Aufruf zur Umkehr in 18,30-32 (vgl. 33,11) kann als
Versuch verstanden werden, diese Spannung auszugleichen: Im
Rückgriff auf ein Element des prophetischen Selbstverständnisses Ezechiels in einer frühen Phase seiner Gerichtsverkündigung, wie es in den Texten über das "Wächteramt" artikuliert ist, läßt der - nun nicht mehr an Einzelne in Israel,
sondern an das Kollektiv Israel selbst gerichtete! - Aufruf
zur Umkehr die prophetische Gerichtsverkündigung selbst **als**
Ausdruck der "Parteilichkeit Jahwes für das Leben" verstehen, eröffnet sie doch Israel eine letzte Chance der Wendung
zum Leben. Daß der Prophet mit einer solchen Wendung nicht
(mehr) rechnet, kann man vielleicht aus der den Umkehrruf
beschließenden Frage: "Warum wollt ihr sterben?"(31), heraus-
hören.

   In diesem Zusammenhang ist erneut nach der Bedeutung von "Leben" und
"Tod" in Ez 18 zu fragen. W.Zimmerli, der das Kapitel "eher in die Situation **nach** dem großen Zusammenbruch 587"[421] ansetzen möchte, sieht den
Hintergrund der Aussagen über "Leben" und "Tod" in Ez 3; 18 und 33 in
einer "in der Liturgie des Tempelgottesdienstes geformten Sprache"[422].

---

420 Vgl.u. 3.3.1.
421 Zimmerli, 401.
422 Zimmerli, 400; vgl. 399f; Ders., Leben; vgl. auch v.Rad, Gerechtig-
    keit; Rinaldi, Termini; Lang, Ezechiel, 98f.

Deshalb bedeutet "Leben" in Ez 18 s.E. nicht "physisches Leben ..., sondern ... die Lebenskraft, die ein unter Jahwes Segen stehender Mensch erhält und die ihm verlorengeht sobald Jahwe seinen Segen entzieht"[423]. Ist aber dieser Text **vor** die Katastrophe von 587 zu datieren, wie es seine argumentative Frontstellung wahrscheinlich gemacht hat, dürften seinen Aussagen über ein durch "Umkehr" mögliches "Leben" doch eher Stellen wie Jer 21,9; 38,2.17 zur Seite zu stellen sein, an denen "ganz physisch vom einfachen Überleben in der akuten Bedrohung der Belagerung" die Rede ist[424] (vgl. auch Jer 27,12.17). Daß sie dabei auf den von Zimmerli namhaft gemachten Sprachbereich zurückgreifen und nach 587 stärker in dem von ihm rekonstruierten Sinn verstanden wurden, soll damit keineswegs bestritten werden; für letzteres spricht im Gegenteil die Intention von 33,10-20.

Setzt also der Umkehrruf in Ez 18 - wie der in diesem Text bearbeitete Konflikt überhaupt - die (kollektive) Gerichtsverkündigung gegen Israel im EB ihrem Sachgehalt nach voraus, scheinen die in der Argumentation dieses Kapitels gewonnenen Einsichten doch auch umgekehrt auf die Formulierung der Gerichtsprophezeiungen im EB zurückgewirkt zu haben. Hier sind v.a. diejenigen Texte von Interesse, in denen zwischen dem Geschick Einzelner und dem des Kollektivs unterschieden wird. Da sie für die in der Auslegungsgeschichte immer wieder angenommene "individuelle Vergeltungslehre" des EB von besonderer Bedeutung sind, sollen sie im folgenden Abschnitt gesondert besprochen werden.

Zu fragen ist schließlich nach dem Verhältnis des Aufrufs zur Umkehr in Ez 18 und 33 zu den Restitutionsprophezeiungen im EB. Treffen die hier entwickelten Hypothesen, daß Ez 18 als Ganzes aus der Auseinandersetzung um die Gerichtsverkündigung Ezechiels vor 587 erwachsen ist, und daß Ez 33,10-20 die (nicht-konditionalen und kollektiven) Restitutionsprophezeiungen von Kap. 20; 34ff (in ihrem Grundbestand) voraussetzt, zu, so ist "(d)ie Annahme einer Zwischenperiode (sc. zwischen "Unheils"- und "Heilsverkündigung"), in welcher der

---

423 Lang, Ezechiel, 98f.
424 Zimmerli, 400.

Prophet nur eine bedingte", die Umkehr Israels voraussetzen-
de "Heilszusage gibt", in der Tat "äußerst fragwürdig"[425].
Ebenso unwahrscheinlich ist freilich auch die These, die im
Umkehrruf enthaltene "bedingte Heilszusage" habe Ezechiels
"gesamte Tätigkeit begleitet"[426]. Vielmehr ließen sich Gründe für die Annahme geltend machen, daß das Selbstverständnis
des Propheten als eines (zur Umkehr rufenden) "Wächters" in
eine frühe Phase seiner Gerichtsverkündigung gehört, und der
Rückgriff auf die Möglichkeit der Umkehr in Kap. 18 nicht
als Indiz für die seine Gerichtsverkündigung durchgängig
bestimmende Intention zu werten, sondern eher als ein erster
Versuch zu verstehen ist, deren konzeptionelle Probleme, wie
sie in der Auseinandersetzung zutage treten, zu bearbeiten.
Zwischen den nicht-konditional formulierten Restitutionsprognosen von Kap. 20; 34ff*[427] und dem Umkehrruf in Kap. 18;
33 ist schließlich "eine gewisse logische Spannung"[428] nicht
zu übersehen, wenn hier Israel aufgefordert wird, sich
selbst "ein neues Herz und einen neuen Geist" zu "schaffen"
(18,31), dort aber eben dies als - voraussetzungsloses -
Handeln Jahwes angekündigt wird (36,26). "(D)aß beide Formen
der Verkündigung nebeneinander herlaufen und sich keineswegs
ausschließen, sondern sinnvoll ergänzen" - sofern sich nämlich "(d)er neue Geist, den man sich selber schafft, ... als
Geschenk begreifen (läßt), mit dem Gott dem Menschen zuvor-
kommt"[429] -, ist ein Gedanke, der - abgesehen von seinen
logischen Problemen[430] - mit der argumentativen Frontstel-

---

425 Lang, Ezechiel, 54; diese Annahme vertreten z.B. Fohrer, XXIf;
Delorme, Conversion; Rossel, Ezechiel, 281f (s.o. Anm. 284).
426 Lang, Ezechiel, 55.
427 20,39ff unterstreicht ausdrücklich die Unabhängigkeit der Neukonstituierung Israels vom gegenwärtigen Verhalten des Volkes. Die Aussage: "Einen jeden von euch werde ich nach seinem Wandel richten"
(18,30) widerspricht 20,44; 36,22.
428 Lang, Ezechiel, 115.
429 Ebd.
430 Es sind dies - worauf wenigstens anmerkungsweise hingewiesen sei -
i.W. dieselben Probleme, wie sie die scholastische Gnadenlehre (vgl.
etwa Hamm, Rechtfertigungslehre, 6ff) aufweist, und die letztlich
auf eine Konfusion von göttlichem und menschlichem Handeln hinaus-
laufen bzw. zurückgehen.

lung der Restitutionsprophezeiungen von Kap. 20; 34ff*[431]
kaum vereinbar sein dürfte. In der Gesamtkonzeption der Redaktion des "älteren EB" ist diese Spannung freilich insofern aufgehoben, als hier "Leben des Hauses Israel ... nur
durch den freien ... Lebenserlaß seines Gottes ... möglich"
ist, für den Einzelnen aber dieses "Leben immer wieder nur
das in Umkehr und Gehorsam vor Gottes Recht Greifbare"
ist[432]. Damit werden aber die der Redaktion vorgegebenen
Restitutionsprophezeiungen im Rückgriff auf ein Element, das
zunächst in den Bereich der ihr vorliegenden Gerichtsankündigungen gehörte, neu interpretiert und weitergeführt.

c) Individuum und Kollektiv

Die Texte Ez 3,16-21; 18 und 33,1-20 werden häufig - zusammen mit 14,12ff - als Beleg für eine "individuelle Vergeltungslehre"[433] im EB angesehen: "A very widespread understanding of the chapter (sc. Ez 18) is that its essential
purpose is to assert individual responsibility for sin over
against ideas of collective guilt"[434].
Selbst wenn diese Interpretation zuträfe, würde der Text(bereich) damit doch nichts grundsätzlich Neues in die atl. "Gedankenwelt" einfüh-
ren. Zwar lebt "(d)er Einzelne ... im alten Israel durchweg fest einge-
gliedert in den Verband seiner Familie und damit seines Volkes. Wo er
abgesondert wird oder vereinsamt, geschieht etwas Ungewöhnliches, wenn
nicht Bedrohliches"[435] - aber eben doch nichts Unmögliches!
So hat es im Bereich des israelitischen Rechts "immer eine 'individuelle' Haftung gegeben"[436]. Ihr steht hier freilich die Praxis der "Blutrache" zur Seite, die "einem Rechtsdenken (entstammt), das völlig an der
Gruppe orientiert ist. Wird durch die Tötung eines Gruppenmitglieds die
eine Gruppe geschwächt, so soll durch den Vollzug der Blutrache eine
entsprechende Schädigung der anderen Gruppe erreicht werden, um damit
das zwischen den Gruppen bestehende Gleichgewicht wiederherzustellen"[437].

---

431 S.u. 3.3.2.
432 Zimmerli, Leben, 191.
433 Vgl. Lang, Ezechiel, 101ff.
434 Joyce, Responsibility, 185.
435 Wolff, Anthropologie, 309.
436 Schmidt, De Deo, 145.
437 Boecker, Recht, 28.

Diese Praxis, an der "(t)heoretisch ... bis in die nachexilische Zeit
... fesgehalten worden" ist, und die "praktisch ... auf jeden Fall bis
in die Königszeit hinein in Geltung" blieb[438], ergänzt das Prinzip einer
individuellen Haftung insofern, als sie eine In-Kraft-Setzung der rechtlich geforderten Folgen schuldhaften Handelns für die handelnde Instanz
auch dann ermöglicht, wenn der Täter nicht zur Rechenschaft gezogen werden kann[439] - wobei das "Talionsprinzip" eine "Eskalation der Vergeltung
... verhindert"[440].

Die Praxis der Blutrache hat zur Folge, "daß ein ungesühntes Verbrechen eines Angehörigen einer Gemeinschaft diese selbst mit einer Schuld-
realität belastet"[441]. Dieser erfahrbare Sachverhalt kann abstrahiert
und generalisiert werden zu einem "Prinzip der kollektiven Haftung",
dementsprechend "das Vergehen des Einzelnen der Gesamtheit zur Last
(fällt), wenn sie ihn nicht aus der Gemeinschaft ausschließt"[442] (vgl.
etwa Jos 7). So kommt es zu einem "Nebeneinander von kollektiver und
individueller Verantwortlichkeit und Haftung"[443], das sich außer im Bereich des Rechts auch im Rahmen des Kultes und der Weisheit findet:

"Individuelle und kollektive Haftung sind im Bereich des Rechts insofern miteinander verbunden, als die Gemeinschaft sich selbst schuldig
macht, wenn sie den Frevler als Gerechten behandelt und die Folgen
dieses Tuns zu tragen hat. Im Rahmen des Kultes und der Weisheit findet sich jedoch keine Brücke, durch die die verschiedenen Anschauungen
miteinander verbunden sind"[444].

---

438 Ebd.
439 Der "Deliktsahndung in den Fällen, bei denen der Täter unbekannt
ist und deshalb nicht direkt zur Verantwortung gezogen werden kann",
dient auch "das Aussprechen" einer "Fluchformel" (a.a.O., 174; vgl.
Schottroff, Fluchspruch, 231ff).
440 Boecker, Recht, 153.
441 A.a.O., 174. Diese Vorstellung belegt Dtn 21,1-9. Der Text zeugt
insofern bereits von einer weiterentwickelten Rechtskonzeption, als
hier (1) anstelle einer Verwandtschaftsgruppe (Sippe) die Gruppe der
"Angehörigen des Ortes, auf deren Gemarkung der Tote gefunden worden
ist, mit Blutschuld belastet" wird, und (2) die Blutrache durch "ein
kompliziertes Zeremoniell" ersetzt ist, "durch das diese Blutschuld
beseitigt werden kann" (ebd.).
442 Schmidt, De Deo, 146.
443 A.a.O., 148.
444 A.a.O., 146f.

In diesem Nebeneinander wird zugleich "der Mensch unter einem je verschiedenen Aspekt gesehen"[445]: Er ist einerseits Einzelner, der ein seinem Verhalten als Gerechter oder Frevler entsprechendes Ergehen zu erwarten hat, andererseits Glied seiner Gemeinschaft, das an deren Heil oder
Unheil partizipiert. Diese "beide(n) Aspekte stehen unverbunden ... nebeneinander, sie werden offenbar als in gleicher Weise gültig anerkannt",
wozu beitragen mag, "daß eine äußere Bedrohung der Gemeinschaft nicht
die Regel sondern die Ausnahme ist, Kriege und Naturkatastrophen ereignen sich nicht täglich"[446].

Mit seinen Gerichtsprophezeiungen gegen Jerusalem und Israel kündigt nun aber das EB "eine äußere Bedrohung der Gemeinschaft", ja deren Untergang an. Damit wird die Frage nach
dem Verhältnis von individueller und kollektiver Haftung
virulent.

Das Problem deutet sich schon an in den Zeichenhandlungen
von Kap. 4f[447]: Der Prophet hat hier als Unschuldiger (4,14)
nicht nur im Rahmen der Zeichenhandlung Schuld (4,4-8) und
Unreinheit (4,9-17) Israels (mit) zu tragen; er wird auch
aus dem angekündigten "Totalgericht" über Jerusalem und Israel nicht ausgenommen (5,1-4). Hier wie auch in den anderen
Texten des EB besteht offenbar - anders als etwa in Gen
18,22-33[448] - kein Bedürfnis nach einer "Rechtfertigung des
Gerichts Jahwes über eine ganze Stadt"[449] bzw. ein ganzes
Volk. "Daß Israel als ganzes Jahwe gegenüber schuldig werden

---

445 A.a.O., 147.
446 A.a.O., 148. Die Behauptung: "Kollektive und individuelle Vergeltung
    im Alten Testament verhalten sich zueinander wie die beziehungsvolle
    Unterschiedenheit von Gottesgerechtigkeit und Strafrecht" (Levin,
    Verheißung, 46; vgl. Joyce, Responsibility, 186; Lindars, Ezekiel,
    456), wird der Komplexität des Textbefunds m.E. nicht gerecht. Sie
    ist auch durch Levins (a.a.O., 40ff) rechtsgeschichtliche Rekonstruk-
    tion - die zudem die Bedeutung von Blutrache und Fluchspruch wohl zu
    gering veranschlagt - m.E. nicht gedeckt. Diese kann allein Levins
    (a.a.O., 46) Schlußfolgerung begründen: "Ein entwicklungsgeschichtli-
    ches Nacheinander von Kollektivstrafe und individueller Strafverfol-
    gung besteht nicht". Genau das zeigen aber auch die hier skizzierten
    Überlegungen.
447 S.o. II.5.
448 Vgl. dazu Schmidt, De Deo, 131ff; Blenkinsopp, Abraham.
449 Schmidt, De Deo, 143.

und deswegen als ganzes verworfen werden" kann[450], ist als
eine Grundannahme gerichtsprophetischer Tradition für das EB
nicht problematisch. Die Frage nach dem Verhältnis von individueller und kollektiver Haftung spitzt sich unter dieser
Voraussetzung zu auf die Frage nach der Rolle individuellen
Handelns und Ergehens im Rahmen der angekündigten Katastrophe des Kollektivs.
Welchen Beitrag leistet die in Ez 18 entwickelte Konzeption zur Bearbeitung dieser Frage? Hier ist zunächst festzuhalten, daß das Problem des Verhältnisses von individuellem und
kollektivem Handeln und Ergehen in diesem Text nicht eigentlich thematisch ist. Weder wird hier "jegliches Denken, das
von einer Gemeinschaft ausgeht, für unsachgemäß erklärt",
noch "(spielt) die Gemeinschaft, das Volk (...) überhaupt
keine Rolle-mehr", wie etwa L.Schmidt[451] meint. Für unsachgemäß erklärt wird vielmehr genau die "Brücke, durch die" -
nach Schmidt[452] - "die verschiedenen Anschauungen (sc. individuelle und kollektive Haftung) miteinander verbunden sind":
die Annahme, daß "das Vergehen des Einzelnen der Gesamtheit"
- und vermittelt über sie anderen Einzelnen - "zur Last
(fällt)"[453]. Und die Gemeinschaft, das Volk, spielt in Ez 18
insofern eine zentrale Rolle, als der Text - wie Schmidt
selbst unterstreicht[454] - auf den "Aufruf an das 'Haus Israel' (!) umzukehren" hin zuläuft. Die Rekonstruktion der argumentativen Frontstellung des Kapitels zeigte schließlich,
daß es das Interesse verfolgt, die kollektiven Gerichtsprophezeiungen des EB gegen konkurrierende Interpretationen der
Ereignisse des Jahres 597 zu verteidigen. Von daher ist die
Argumentation mit Tun und Ergehen einzelner Menschen in Ez
18 kaum als Indiz für einen ethischen "Individualismus" zu
werten, sondern eher als ein weiterer Beleg für das auch in
anderen Gerichtsprophezeiungen des EB erkennbare Phänomen,

---

450 Jeremias, Kultprophetie, 133.
451 Schmidt, a.a.O., 148.149.
452 A.a.O., 147.
453 A.a.O., 146.
454 A.a.O., 149.

daß die Geschichte Jerusalems und Israels in den Kategorien
individueller Biographie erfaßt und interpretiert, d.h.
"(d)ie Praxis" der "dem Einzelnen erteilten priesterlichen
Thorabelehrung und -beurteilung" in "Ezechiels radikaler
Verkündigung ... fern vom Kultraum des Tempels prophetisch
ans ganze Volk gerichtet wird"[455].

Daß das Problem des Verhältnisses von individueller und
kollektiver Haftung in Ez 18 nicht im Vordergrund des Interesses steht, geschweige denn zugunsten ersterer entschieden
ist, bedeutet nun aber nicht, daß die Konzeption dieses Textes für diese Frage völlig irrelevant wäre. Sie ist vielmehr
zunächst insofern von Bedeutung für ihre Bearbeitung, als
sie eine Vermittlung von individueller und kollektiver Haftung durch die Annahme einer notwendigen Wirkung der Schuld
Einzelner auf die Gemeinschaft ausschließt. Damit wird die
Möglichkeit eröffnet, "Individuum" und "Kollektiv" als verschiedene Perspektiven der Organisation und Interpretation
wahrnehmbarer Prozesse - also als in der Erfahrung konstituierte, ihr nicht selbstverständlich vorgegebene Größen - zu
begreifen: "Israel" ist dann nicht einfach identisch mit der
Summe aller Israeliten; ein Untergang Israels wird denkbar,
der nicht notwendig zugleich das Ende aller zu Israel gehö-
renden Einzelnen bedeutet.

Diese Möglichkeit ist keineswegs in allen Gerichtsprophezeiungen des EB realisiert und in einige Texte vielleicht
erst durch nachträgliche Überarbeitung eingetragen. In Verbindung mit dem durch die Argumentation von Kap. 18 eröffneten Spielraum eines dem "Tat-Ergehen-Zusammenhang" entsprechenden göttlichen Handelns ergeben sich daraus verschiedene
Möglichkeiten konkreter Gerichtserwartung:

(1) Vom Untergang des Kollektivs sind "Gerechte" und "Frevler" gleicher-
    maßen betroffen.

Diese Erwartung spricht am deutlichsten 21,8 aus: "Sieh, ich (gehe)
gegen dich (vor). Ich werde mein Schwert aus der Scheide ziehen und aus

---

455 Zimmerli, Eigenart, 172f; vgl. Joyce, Responsibility, 192.

dir ausrotten (כרת) Gerecht(e) (צדיק) und Frevler (רשע)!"[456] Diese Ankündigung Jahwes scheint auf den ersten Blick in schärfstem Widerspruch zu
den Aussagen von Ez 18 zu stehen. Setzt sich nicht hier gegen alles "Un-
wirkliche(.) und Postulatorische(.)" der dort entwickelten Konzeption
"einmal die grausame Unmoral der Wirklichkeit" durch[457]?!

Zu einer ersten Korrektur dieses Eindrucks nötigt die Einsicht, daß
der "Doppelausdruck" צדיק ורשע "den Gerechten und den Gottlosen nicht
kasuistisch vereinzeln will, sondern ... in der Zusammenfassung von zwei
Gegensätzen ein ungeschiedenes Ganzes aussagt"[458]. D.h. das Kollektiv
(Jerusalem/Israel) dominiert die Perspektive der Prognose so sehr, daß
"Gerechter" und "Frevler" gar nicht **als** Einzelne in den Blick kommen.
Für das Kollektiv trifft aber genau zu, was Kap. 18 feststellt bzw. fordert: "Wer sündigt, wird/muß sterben!" Wenn vom Untergang des Kollektivs
einzelne Gerechte und Frevler gleichermaßen betroffen sind, widerspricht
das der Lebenszusage an den Gerechten von Kap. 18 grundsätzlich nicht
mehr oder weniger als das auch dort nicht in Frage gestellte universale
Todesschicksal aller Menschen: Auch in Ez 18 wird dem Gerechten kein
unbegrenztes Leben zugesprochen; in der prinzipiellen Begrenztheit seines Lebens durch den Tod unterscheidet er sich auch dort nicht vom Frevler!

Auf eben diesen Sachverhalt will m.E. die - vielleicht nachgetragene[459] - Fortsetzung von 21,8 in V.9 hinweisen: "**Weil** (יען אשר) ich aus
dir ausgerottet habe Gerecht(e) und Frevler, **deshalb** (לכן) wird mein
Schwert ausgehen aus seiner Scheide gegen ALLES FLEISCH (כל בשר) von
Süd 'nach'[460] Nord". Zimmerli[461] meint, daß "die Logik des יען-לכן-Sat-
zes nicht recht zu fassen" sei. Könnte seine "Logik" nicht gerade darin

---

456 Die nicht determinierten, singularischen Ausdrücke צדיק und רשע bezeichnen "etwas, das zu der Klasse des צדיק- bzw. רשע-Seienden gehört". Die Aussage besagt also **nicht**, daß Jahwe **alle** Gerechten und
Frevler ausrotten wird, wohl aber, daß er bei seinem Gericht an Je-
rusalem/Israel keinen Unterschied zwischen (einzelnen) Gerechten und
Frevlern machen wird.
457 Lang, Aufstand, 130.131. Die Aussage ist schon früh als anstößig
empfunden worden; vgl. die Konjekturen in G und T (s. BHS) und die
Diskussion im Talmud (b.Aboda zara 4a; b.Baba qamma 60a; s. Fohrer,
119 Anm. 1).
458 Zimmerli, 467 mit Hinweis auf Honeyman, Merismus.
459 Vgl. z.B. Fohrer, 119; Zimmerli, 467; Fuhs, 110.
460 Mit einigen Mss dürfte צפונה statt צפון zu lesen sein; vgl. BHS.
461 Zimmerli, 467.

liegen, angesichts des gleichen Schicksals von Gerechten und Frevlern im
Untergang des Kollektivs darauf hinzuweisen, daß auch der Gerechte **immer**
schon über nur begrenzte Lebensmöglichkeiten verfügt, weil er - wie der
Frevler - "Fleisch" ist? Der Oberbegriff כל בשר, der in 21,9 צדיק und
רשע unter sich begreift, unterscheidet "das Fleisch, d.h. die Menschheit, wegen seiner Vergänglichkeit und Ohnmacht qualitativ vom göttlichen Wesen"[462]. Wird so der Tod Einzelner in der kollektiven Katastrophe
als Aktualisierung des alle Menschen erwartenden Todesschicksals bewußt
gemacht, wird "(a)n der umfassenden Vernichtung" weiterhin erkennbar,
"daß nicht automatisch nach den Taten und Untaten vergolten wird, sondern daß wirklich das Richtschwert des heiligen und furchtbaren Gottes
Israels am Werk ist. Gerade weil auch die Gerechten umkommen, ist es
Jahwe, der um seiner vernichtenden Heiligkeit willen handelt"[463]. Damit
wird die in Ez 18 entwickelte Wahlfreiheit des göttlichen Handelns im
Rahmen (!) des mit dem Tat-Ergehen-Zusammenhang gegebenen Ordnungskonzepts um einen neuen Aspekt bereichert: Jahwe hat nicht nur die Wahl,
durch Tod oder Leben des Frevlers den Schutz und die Bewahrung von Lebensmöglichkeiten zu realisieren, wie es der "Tat-Ergehen-Zusammenhang"
fordert; er kann sein Handeln auch am Verhalten des Kollektivs oder an
dem des Individuums orientieren. Kann er durch Extermination des Kollektivs Jerusalem/Israel lebensfeindliches Verhalten unterbinden, so **kann**
er zu diesem Zweck den Tod einzelner Gerechter in Kauf nehmen[464]. Dieser
Gedanke mag anstößig sein - der Konzeption von Ez 18 widerspricht er
nicht[465]!

---

462 Gerleman, Art. בשר , 379.
463 Fohrer, 119.
464 Auch wenn Jahwe bei seiner Reaktion auf das Handeln des Kollektivs
    den Tod einzelner Gerechter in Kauf nimmt, widerspricht das nicht
    der Konzeption von Ez 18. Dort ist ja unter dem רשע genau ein שפך דם
    verstanden. Läßt Jahwe ihn gewähren, nimmt er auch dort in Kauf, daß
    er unterdessen weiter das Blut Gerechter vergießt.
465 Daß 21,6-10 "(d)ie ... Perspektive der Wende als Möglichkeit zur
    Umkehr ... fremd zu sein (scheint)", ist kein Argument dafür, daß
    "(d)as Wort ... nicht von Ez. (stammt)" (so Fuhs, 110; vgl. Bertho-
    let, 77). Fast alle an das Kollektiv Jerusalem/Israel gerichteten
    Gerichtsprophezeiungen des EB rechnen nicht mit einer "Umkehr" des
    Volkes. Damit ist aber die **Möglichkeit** einer Umkehr nicht (kategori-
    al) ausgeschlossen - sie ist nur (empirisch) als extrem unwahrschein-
    lich betrachtet.

(2) Dem Untergang des Kollektivs können einzelne "Gerechte" entgehen.

Diese Möglichkeit zieht der Abschnitt 14,12-20 in Betracht. Hier wird zwischen individuellem und kollektivem Tun und Ergehen differenziert. Die Gerichtsankündigung gegen das Kollektiv ("Land") steht dabei nicht zur Diskussion (vgl. 13.15.17.19). Sie wird jedoch ergänzt um "die alte Vorstellung von der Bewahrung des Frommen", die "freilich dadurch modifiziert (ist), daß jetzt auch die Familie des Gerechten nicht mehr an seiner Rettung teilhat"[466]. Zeigt schon diese Modifikation, daß es dem Text nicht um eine Einschränkung, sondern gerade um eine Bekräftigung der kollektiven Gerichtsprognose geht, wird dies vollends deutlich angesichts der Tatsache, daß er - anders als Jer 15,1-4[467] - drei Nicht-Israeliten als exemplarische Gerechte anführt, was darauf hindeutet, daß er nicht damit rechnet, "daß es solche Beispiele von Gerechtigkeit und Frömmigkeit in Israels überschaubarer Geschichte und aktueller Gegenwart ... gibt"[468]. So ist es wahrscheinlich, daß die Argumentation von 14,12-20 von vorneherein auf die Fortsetzung in 21-23 hin konzipiert ist und erst hier zu ihrem eigentlichen Anliegen kommt[469], mit dem zugleich eine neue Möglichkeit der Gerichtserwartung eröffnet wird:

(3) Dem Untergang des Kollektivs können einzelne Schuldige entgehen.

Damit tritt 14,21-23 zunächst einem möglichen Mißverständnis der vorangegangenen Argumentation entgegen: "Aus der Tatsache, daß sonst nur die Gerechten gerettet werden, darf man nicht schließen, daß die der Katastrophe Jerusalems Entronnenen gerecht sind"[470]! Ein Rückschluß vom Ergehen auf das Tun eines Menschen ist - infolge der "Parteilichkeit Jahwes für das Leben", die auch dem Frevler Zeit zur Umkehr läßt (18,21ff) - nicht möglich. So kommt auch hier die "göttlich souveräne Freiheit"[471] Jahwes zum Zuge, in der er zur Ermöglichung und Bewahrung von Leben auch lebensfeindliches Verhalten dulden kann. Der Sinnhorizont dieser Duldung wird hier über die in Kap. 18 genannten Aspekte der Zeugung eines (mögli-

---

466 Schmidt, De Deo, 156.
467 Zimmerli, 318 vermutet eine literarische "Abhängigkeit" des Abschnitts Ez 14,12ff von diesem Text, der allerdings nach Thiel, Redaktion (I) nicht zum Grundbestand des Jeremiabuchs gehören würde (s.Kaiser, Einleitung, 256).
468 Fuhs, 77.
469 Vgl. z.B. Zimmerli, 317f; Fohrer, 78; Eichrodt, 111.
470 Schmidt, De Deo, 157.
471 Eichrodt, 111.

cherweise gerechten) Nachkommens und der möglichen eigenen Umkehr hinaus
um eine weitere Möglichkeit bereichert: Die aus Jerusalem entkommenen
"Frevler" werden **als** Frevler zu einem "leibhafte(n) Beweiszeichen (Zimmerli, Erkenntnis Gottes 49-57) für die in der Geschichte mächtige Gültigkeit der gerechten Ordnung Jahwes. Das Auftauchen der Reste der bösen
Bevölkerung Jerusalems unter den Deportierten ist ein lauterer Erweis
der Gerechtigkeit Jahwes, als es das bloße Erlöschen des zerstörten Jerusalem ... sein könnte"[472]. Eine gewisse Spannung zur Konzeption von Ez
18 entsteht dabei dadurch, daß das Verhalten der dem Untergang Jerusalems Entgangenen (דרכם, עלילותם: 22.23) Jahwes Gericht über die Stadt
rechtfertigt, daß m.a.W. das Handeln Einzelner (mindestens) Indikator
für den Zustand des Kollektivs ist. Da damit keine Übertragung der Schuld
einzelner auf die Gemeinschaft behauptet wird, kommt es jedoch nicht zu
einem echten Widerspruch zu Kap. 18. Es deutet sich aber hier an, daß
die Möglichkeiten der Beziehung zwischen individueller Lebensgeschichte
und Geschichte des Kollektivs vielfältiger sind, als es dort zum Ausdruck
und in der Argumentation zum Tragen kommt. Diese Spannung zwischen konkreter Erfahrung (bzw. Erwartung) und "theoretischer" Konzeption zeigt
die Vorläufigkeit und Revisionsbedürftigkeit der letzteren an.

W.Zimmerli wird darin zuzustimmen sein, daß in 14,12-23 - ebenso wie
in 6,8-20 und 12,16 - "(d)ie Aussage über den um seiner Frömmigkeit mit
dem Leben davongekommenen Rest (sc. in 9,4.6) ... transformiert, in neuer Gestalt 'fortgeschrieben'" und so "der radikalen Anklage Jahwes gegen
sein Volk, die auch sonst die Verkündigung Ezechiels kennzeichnet" funktional eingeordnet und angepaßt ist[473]. Auch hier dominiert also völlig
die Perspektive einer kollektiven Gerichtsankündigung.

(4) Dem Untergang des Kollektivs entgehen diejenigen, die unter seinem
schuldhaften Verhalten leiden,
die "Männer, die seufzen und stöhnen wegen all der Greuel, die in ihrer
(sc. der Stadt Jerusalem) Mitte begangen werden" (9,4). Der dem kollektiven Gericht entgehende (9,6) "Rest"[474] ist dabei weder als Gruppe der
"Gerechten" - ausschlaggebend ist nicht das "aktive", sonder das "passi-
ve" Sozialverhalten! - noch als Gruppe der "Unschuldigen" - dann wäre zu
erwarten, daß Kinder dem Gericht entkommen, was nicht der Fall ist

---

472 Zimmerli, 323.
473 Zimmerli, Phänomen, 186.
474 Vgl. dazu Wildberger, Art. שאר, 848ff.

(9,6) - definiert. Zimmerli erwägt, "ob es Kreise der zadokidischen Priesterschaft sind, die dann seltsam einflußlos den Greueln hätten zusehen
müssen. Oder denkt Ez an prophetische Kreise, etwa die Kreise um Jeremia?
Oder ist wie bei Elia an ein dem Propheten selber unbekanntes, ihm aber
von Jahwe genanntes, nun von ihm zu glaubendes, verborgenes Häuflein zu
denken, in dem Jahwe eine Zukunft seines erwählten Volkes in Jerusalem
ahnen läßt?"[475]

Wahrscheinlich handelt es sich einfach um die Leidtragenden der Zustände in Jerusalem. "Seufzen" (אנח ni.)[476] und "Stöhnen" (אנק ni.)[477] sind
Reaktionen auf von außen kommendes Unglück - wie den Tod der Ehefrau
(vgl. 24,17) oder den eigenen Tod im Krieg (vgl. 26,15). Spr 29,2 zeigt,
daß "Seufzen" (אנח) durch politische Mißstände verursacht sein kann:
"Wenn Gerechte mächtig sind, freut sich das Volk, doch wenn ein Frevler
herrscht, seufzt das Volk". Der Übergang vom "Seufzen" zum "Zeterge-
schrei"[478] ist offenbar fließend (vgl. Ex 2,23: אנח neben צעק); beides
ruft zu tätiger Hilfe auf (vgl. Klgl 1,21). Das Gerichtshandeln Jahwes
scheint demnach hier als Befreiung Leidender von den ihr Leid verursa-
chenden Zuständen verstanden zu sein. Es werden demnach nicht nur "einzelne aus dem der Gesamtheit drohenden Gericht ausgenommen"[479] - das
Gericht an der Gesamtheit scheint geradezu um dieser Einzelnen willen
stattzufinden! Gleichwohl dominiert auch hier die Perspektive eines kollektiven Gerichts. Die in 9,8 folgende Frage des Propheten: "Ach, Herr
Jahwe, willst du denn den ganzen Rest Israels verderben", macht m.E.
deutlich, daß mit dem Verfahren von 9,4.6 die Katastrophe des Kollektivs
keineswegs "auf ein Maß" begrenzt wird, "das einen Neuanfang offen-
hält"[480] - "wo (soll) denn ein Rest des Gottesvolkes überhaupt noch eine
Möglichkeit der Bergung bei Gott finden (...), wenn die Mitte des Lebens, der Ort der göttlichen Gegenwart, zerstört ist"[481]?

Diesen vier Möglichkeiten einer Konkretisierung der kollektiven Gerichtserwartung im EB sei der Vollständigkeit halber noch eine fünfte

---

475 Zimmerli, 228.
476 Vgl. noch Ez 21,11(2x).12; Ex 2,23; Jes 24,7; Joel 1,18; Spr 29,2;
    Klgl 1,4.8.11.21.
477 Vgl. noch Ez 24,17; q.: 26,15; Jer 51,52.
478 Vgl. dazu Boecker, Recht, 40ff.
479 Schmidt, Einführung, 254.
480 So Fuhs, 55.
481 Zimmerli, 229.

hinzugefügt, die jedoch erst in dem wohl redaktionellen, jedenfalls aber im Rückblick auf die Ereignisse von 587 formulierten Kap. 22 vorliegt:

(5) Der Untergang des Kollektivs trifft alle seine Angehörigen, da alle Frevler sind.

Mit diesem Gedanken einer "Kollektivschuld"[482] setzt sich das Ordnungs-denken des "Tat-Ergehen-Zusammenhangs" gegen mögliche widerstreitende Erfahrungen durch. Der in Ez 18 entwickelte Spielraum des Handelns Jahwes kommt dabei ebensowenig zum Zuge wie die damit begründete Möglich-keit, widersprüchliche und ambivalente Erfahrungen konzeptionell zu ver-arbeiten. Die in 22,30 formulierte Möglichkeit, daß ein Einzelner durch sein Handeln das Kollektiv hätte retten können, ist - gerade auch in Bezug auf das Verständnis der Funktion des Propheten - bedenkenswert, widerspricht aber 14,12ff.

Neben Gerichtsankündigungen gegen das Kollektiv Jerusalem/Israel fin-den sich im EB freilich auch Prophezeiungen gegen einzelne Israeliten bzw. Repräsentanten von Institutionen Israels. Auf die "individualisie-rende" Tendenz des Orakels gegen Zedekia in Kap. 17 wurde oben bereits hingewiesen[483]. Während hier das Geschick des Volkes nicht in den Blick kommt, dient das in Kap. 13 angekündigte Gericht über die Prophet(inn)en Israels ebenso wie das in Kap. 34 prognostizierte über Israels "Hirten" ausdrücklich der Rettung des Volkes (vgl. 13,23; 34,10):

(6) Das Gericht Jahwes an Einzelnen erhöht die Lebensmöglichkeiten des Kollektivs

(vgl. auch 20,38). Die Texte die diese Perspektive belegen, gehören je-doch mit hoher Wahrscheinlichkeit bereits in den Bereich der Restituti-onsprophezeiungen des EB[484].

Zusammenfassend kann festgehalten werden: Eine "individuel-le Vergeltungslehre" in dem Sinn, daß das Geschick des Ein-zelnen "nur von ihm selbst und in keinem Punkt mehr von der Gemeinschaft, in der er lebt, abhängig" wäre[485], liegt im EB

---

482 "Kollektivschuld" und "Schuld des Kollektivs" sind nach dem bisher Ausgeführten zu unterscheiden. Kap. 16 und 23 sind dann gerade kein Beleg für die Vorstellung einer "Kollektivschuld" (so Lang, Ezechi-el, 103), der sich erst Ez 20 annähert (s.o. IV.4.1.).
483 Vgl. auch u. 3.3.1.a.
484 Vgl.u. 3.3.2.c.
485 Schmidt, De Deo, 149.

nicht vor. Das göttliche Gericht am Kollektiv Jerusalem/Isra-
el steht an keiner Stelle des Buches zur Diskussion. Wo es
in den Gerichtsprophezeiungen nicht thematisch ist, ist es
entweder noch nicht im Blick - wie in Kap. 17 - oder als
bereits geschehen vorausgesetzt - wie in Kap. 34. Wohl aber
enthält Kap. 18 das Potential einer Kritik jeglicher - "individueller" **wie** "kollektiver" - "Vergeltungslehre" und setzt
so eine Reihe höchst differenzierter Erfahrungen möglicher
Aspekte des Verhältnisses von Kollektiv und Individuum im EB
frei. Damit wird dann freilich auch dem Einzelnen ein erwei-
terter und differenzierter Möglichkeitsraum eröffnet, seine
eigene Lebensgeschichte im Kontext der Geschichte des Kollektivs, dem er angehört, zu verstehen. Kommt so das Individuum
im EB in stärkerem Maße zur Geltung als in der ihm vorausgehenden gerichtsprophetischen Tradition, ist dies doch noch
lange nicht einer "proclamation de l'individualisme inté-
gral"[486] gleichzusetzen. Zudem sollte nicht übersehen werden,
daß die Erfahrung der Individualisierung auch im EB eine für
den Einzelnen leidvolle und schmerzliche bleibt: Der Prophet
muß angesichts der Tatsache, daß "(s)ein eigenes Leben (...)
hereingerissen (ist) in den עון (Schuld-Strafe) des Volkes"[487] (4,4ff), die Hinfälligkeit seines individuellen Le-
bensplanes erkennen (4,14); die dem kollektiven Gericht entgangenen Einzelnen sind von all dem abgeschnitten, was nach
geläufigem Verständnis Leben ermöglichen könnte (9,4ff);
wenn nach der Katastrophe neue Perspektiven einer stärker
"individualisierten" Existenz als "Gerechter" entwickelt
werden (18,5ff), geschieht dies vor dem Hintergrund der leid-
vollen Erfahrung, daß "die 'naturwüchsigen' Gemeinschafts-
formen wie Sippe, Stamm, Königsvolk durch die Kriegsfolgen
auseinandergebrochen" sind[488]; und wenn schließlich die Redaktion des "älteren EB" mit dem betonten Aufruf zur Umkehr
an den Einzelnen diesem die Entscheidung über seine Zugehörigkeit zum neuen Israel selbst anheimstellt (33,10-20),

---

486 Causse, Groupe, 200 (zit. nach Lang, Ezechiel, 142 Anm. 348).
487 Zimmerli, 117.
488 Koch, Profeten II, 105.

mutet sie ihm damit zugleich die Bereitschaft zu, sich auch
noch von den letzten verbliebenen Gemeinschaftsbindungen,
denen des בית אב(ות), gegebenenfalls zu lösen (Kap. 18).
Die konzeptionelle Bearbeitung der Frage nach dem Verhältnis von Individuum und Kollektiv im EB bleibt hinter der
Vielfalt möglicher Erfahrungen dieses Verhältnisses, wie sie
in einzelnen Texten des Buches dokumentiert ist, zurück. Die
Stärke des EB liegt hier eher in einer Problemanzeige als in
einer Problemlösung. **Ein** innovativer Beitrag der Argumentation in Kap. 18 liegt sicherlich darin, daß sie die Wirkungen von Schuld in einer Weise begrenzt, die die Annahme einer Schuldübertragung vom Einzelnen auf die Gemeinschaft
fragwürdig macht. Mit der darin implizierten grundsätzlichen
Unterscheidung von Individuum und Kollektiv wird das Problem
ebenso verschärft wie mit der **Beziehung** beider Größen auf
Jahwe und seinen einheitlichen Rechtswillen - was angesichts
der um 587 wohl (noch) verbreiteten Bereitschaft, zwischen
"persönlicher Frömmigkeit" und "offizieller Religion" zu
trennen[489], keineswegs selbstverständlich ist.

3.3. Das im "älteren EB" verarbeitete Material als Dokument
     des Wirkens Ezechiels

Die Erwägungen zu Struktur, historischem Ort und redaktioneller Tendenz des "älteren EB" machen es wahrscheinlich,
daß ein relativ großer Teil des in diesem Werk überlieferten
Textmaterials seiner Redaktion bereits vorlag. Dies ist näherhin anzunehmen für
(1) einen Grundbestand der Gerichtsprophezeiungen an Jerusalem/Israel in
    Kap. 1-24 (einschließlich 3,16-21 und Kap. 18*, jedoch ohne die ein-
    geschalteten Restitutionsprognosen 11,14-21; 16,44-63; 17,22-24 und
    höchstwahrscheinlich ohne das "ex eventu" formulierte Kap. 22),
(2) einen Grundbestand der Fremdvölkerorakel in Kap. 25-32,
(3) einen Grundbestand der Restitutionsprophezeiungen an Israel in Kap.

---

489 Vgl. Albertz, Frömmigkeit; Rose, Ausschließlichkeitsanspruch.

33-37 (dessen Umfang noch näher zu bestimmen sein wird[490]) und
(4) den Grundbestand des "Verfassungsentwurfs" von Kap. 40-48 (ohne den
vielleicht auf die Redaktion des "älteren EB" zurückgehenden "Amtsträgerkomplex" 44,4-46,18 und ohne die wahrscheinlich späteren Ergänzungen 46,19-24 und 48,30-35).

Daß dieses Material der Redaktion des "älteren EB" bereits
in Gestalt eines zusammenhängenden, komplexen Textganzen
vorlag, ist möglich, aber unwahrscheinlich. Zwar bestehen
auch hier Spannungen zwischen einzelnen Text(komplex)en,
doch ist (bzw. sind) keine übergreifende(n) Gesamtkonzep-
tion(en) (mehr?) zu erkennen, die redaktionsgeschichtliche
Rückschlüsse zuließen[491]. Möglich, wenn nicht wahrscheinlich
ist allerdings, daß das von der Redaktion verarbeitete Material bereits in mehr oder weniger umfangreichen[492] "älte-
re(n) Sammlungen"[493] organisiert war. Hier wäre - abgesehen
vom Komplex der Fremdvölkerworte (Kap. 25-32*), der wohl
selbst bereits auf relativ selbständige Sammlungen zurückzuführen ist[494] - etwa an Sammlungen von Bildworten (15-17;
19; 23), Zeichenhandlungen (4-5; 12; 24) oder Visionen (1-3;
8-11; 37,1-14; 40-48 - jeweils im Grundbestand der Texte),
oder auch an "thematische Einheit(en)" (z.B. 21+23-24) zu
denken[495].

Mit der Rekonstruktion des Materials, das der Redaktion des "älteren
EB" bereits vorlag, sind nun freilich keineswegs schon "ipsissima verba"
Ezechiels bzw. seine eigenen literarischen Produkte gewonnen; es sollte
nicht vorschnell als "Hinterlassenschaft des Propheten"[496] identifiziert
werden. Es ist allerdings damit zu rechnen, daß Ezechiel - obgleich ihm

---

490 S.u. 3.3.2.
491 Die Redaktion scheint- abgesehen von der oben behandelten Grobstruk-
    turierung des Buches - die von ihr vorgefundenen Einzeltexte v.a.
    nach dem Gesichtspunkt einer thematischen bzw. Stichwort-Assoziation
    angeordnet zu haben; vgl. Cassuto, Arrangement.
492 Daß der Grundbestand von Kap. 1-24; 33ff auf einen "prophetischen
    Selbstbericht(.)" Ezechiels in Gestalt einer "Denkschrift" zurück-
    geht (Eichrodt, 15*; vgl. 14*ff; Eissfeldt, Einleitung, 509.513f;
    Auvray, Ezéchiel I-III, 500f) erscheint mir unwahrscheinlich (vgl.
    Fohrer, Hauptprobleme, 42ff).
493 Fuhs, 9.
494 Vgl. Zimmerli, Art. Ezechiel, 768 u.o. 3.1./3.2.1.
495 Fuhs, 9.
496 Lang, Ezechiel, 30.

eine "Niederschrift des gesprochenen Wortes ... anders als Jesaja (30,8,
auch 8,16?) und Jeremia (36) nie geboten" wird[497] - "neben der mündli-
chen Verkündigung rhythmisch geformter Worte, welche die Verkündigungs-
weise der älteren Prophetie aufnimmt"[498], auch schriftliche Texte produziert hat. Dafür dürfte jedoch weder sein besonderer Charakter als
"Schriftsteller" und zurückgezogen wirkender "Schreibtischprophet"[499],
noch primär sein Interesse an einer "autobiographischen" Dokumentation
seiner Wirksamkeit verantwortlich sein, sondern vielmehr die besondere
historische Situation seines Wirkens:

Als Angehöriger der Gola konnte er seinem eigenen, "gesamt-israeliti-
schen" Anspruch[500] - vorausgesetzt, die Annahme seiner zeitweiligen Wirksamkeit in Jerusalem ist als "Irrweg der Forschung" abzulehnen[501] - nur
gerecht werden, wenn er mindestens einen Teil seiner Äußerungen auch
nach Palästina übermittelte, wofür sich die schriftliche Form anbieten
mußte (vgl. Jer 29). Der Rekonstruktion Josephus' wird demnach i.W. zuzustimmen sein: "In Babylonien prophezeite Ezechiel das künftige Geschick
seines Volkes; er schrieb es auf und schickte es nach Jerusalem"[502].
Diese aus der Spannung zwischen Anspruch und Situation Ezechiels erwach-
sende Notwendigkeit einer schriftlichen Übermittlung seiner Äußerungen
über relativ große Entfernungen hat weitere Konsequenzen:
(1) Es ist mit einer Mehrfach-Ausfertigung und relativ breiten Streuung
des Materials zu rechnen. Der Anteil der Dokumentation und Selektion an

---

497 Zimmerli, 104*.
498 A.a.O., 109*.
499 Vgl. zu dieser (älteren) Sicht Zimmerli, 4*ff; Lang, Aufstand,
    152ff.
500 Vgl. Zimmerli, 1258ff; Ders., Israel.
501 Lang, Ezechiel, 30. Bettenzolis (Geist, 14ff) an Ez 11,1-13 entwik-
    kelte These, der Prophet habe vor 597 in Jerusalem gewirkt, vermag
    ebensowenig zu überzeugen wie ältere und neuere Hypothesen (s. Lang,
    Ezechiel, 11f) einer ausschließlichen Wirksamkeit des "historischen"
    Ezechiel in Palästina (Brownlee; vgl. Ders., Parable, 397; Ders.,
    Son), einer Abfolge seines Wirkens in Jerusalem (vor 587) und der
    Gola (Herntrich, Ezechielprobleme; Bertholet; Auvray; Steinmann;
    vgl. Irwin, Problem; Ders., Problem ... Today) bzw. eines zwischen-
    zeitlichen Wirkens (vor 587) in Palästina nach seiner Berufung im
    Exil (May, 51f; vgl. Pfeiffer, Introduction, 531.535ff) oder gar die
    Annahme, die Texte des EB gingen auf zwei verschiedene Propheten
    zurück, deren einer in Jerusalem aufgetreten sei, während der ande-
    re (später) im Exil gewirkt habe (Harford, Studies). Vgl. dgg. Howie,
    Date, 5ff; Orlinsky, Call; Fohrer, Hauptprobleme, 203ff; Rowley,
    Book, 173ff; Greenberg, 15ff.
502 Ant. X, 106 (zit. nach Lang, Aufstand, 162).

der redaktionellen Arbeit wird deshalb vergleichsweise hoch zu veran-
schlagen sein. Sichere Indizien für seine Rekonstruktion fehlen jedoch.
(2) Der Prophet ist für die Kommunikation mit Jerusalem auf Dritte ange-
wiesen - nicht nur für den rein "materiellen" Transport seiner Texte im
Karawanenverkehr, sondern auch für Informationen über Ereignisse und
Zustände in der Stadt und für das "feed back" seiner Verkündigung. -
Hat er auch seine Zeichenhandlungen durch Abgesandte in Jerusalem dramatisch aufführen lassen?
(3) Ein nicht zu unterschätzendes Moment der Situation des Auftretens
Ezechiels dürfte der Faktor der "Zeitverschiebung" zwischen Produktion
(im Exil) und Rezeption (im Exil **und** in Jerusalem) seiner Texte darstellen. Die "Reisezeit einer Eilkarawane von Nippur nach Jerusalem" betrug
nach der Schätzung von B.Lang zwischen 26 und 45 Tagen[503]. In dieser
Zeit konnte in den ereignisreichen Jahren vor 587 ein Prophetenwort bei
seiner Ankunft in Jerusalem bereits aktualisierungsbedürftig werden. -
Hat Ezechiel eine solche Aktualisierung gegebenenfalls seinen "Verbin-
dungsleuten" anheimgestellt?
    V.a. der zuletzt genannte Apsekt könnte in Beziehung gesetzt werden zu
dem v.a. von Zimmerli herausgearbeiteten "Phänomen der 'Fortschreibung'
im Buche Ezechiel"[504]. Er könnte erklären, warum es "im Einzelfall oft
nicht möglich (ist), die Grenzlinie festzustellen, an der des Propheten
eigene Arbeit in die der Schule übergeht"[505] - wobei man statt von einer
"Schule"[506] vielleicht besser von einem "Büro" Ezechiels sprechen sollte. Ist aber die Arbeit des Propheten mit hoher Wahrscheinlichkeit von

---

503 Lang, Aufstand, 162f.
504 S.o. 1.
505 Zimmerli, 109*. Während Zimmerli (ebd.) m.E. zurecht feststellt:
    "Die Möglichkeit, daß im Hause Ezechiels von diesem selber noch ein
    ganzer Teil der 'schulmäßigen' Weiterüberlieferung und des 'Fort-
    schreibens' mancher Worte erfolgte, ist keineswegs ganz von der Hand
    zu weisen", sieht Hossfeld, Untersuchungen, 523 aufgrund seiner "Ana-
    lysen ... kein Anzeichen dafür ..., daß Ezechiel seine eigene Verkün-
    digung literarisch bearbeitet hat", schränkt aber dieses Ergebnis
    sogleich durch die Bemerkung ein, daß "diese Frage erst nach einer
    ausreichenden Zahl von gleichartigen Analysen an benachbarten Texten
    sicher entschieden werden" kann (ebd.).
506 Zimmerli, 109* u. passim, mit Berufung auf Mowinckel, Prophecy. Die
    im Gefolge Zimmerlis immer wieder als Beleg für eine "Art 'Lehrhaus-
    Betrieb'" (Zimmerli, ebd.) im Umkreis Ezechiels angeführten Texte Ez
    18 und 33,10-20 (inwiefern 33,30-33 ein Beleg für den "Typus schul-
    mäßiger Unterweisung" sein soll, wie Fuhs, 10 meint, ist mir nicht
    deutlich) zeugen, wie die Rekonstruktion ihres kommunikativen Kon-

vorneherein so stark sozial eingebunden, wird die Frage nach seinen "ipsissima verba" problematisch. Zudem ist dann mit einer "Fortschreibung" seiner Äußerungen nicht nur in diachroner, sondern auch in synchroner Staffelung zu rechnen[507]. Diese Vorbehalte sollten in Erinnerung bleiben, wenn im Folgenden von "dem Propheten Ezechiel" die Rede ist. Daß sie eine Rekonstruktion des Wirkens Ezechiels in seiner geschichtlichen Entwicklung nicht gänzlich verunmöglichen, soll der folgende Versuch zeigen.

Für die Frage nach der Entstehung der Geschichtskonzepte im EB in der Wirksamkeit des Propheten Ezechiel können Fremdvölkerworte, Einsetzungsbericht und "Verfassungsentwurf" in den folgenden Untersuchungen weitgehend ausgeklammert bleiben. Da die unterschiedliche Geschichtskonzepte repräsentierenden Textgruppen Ez 5,5-17; 16,1-43 und 23,1-30 auf der einen, Kap. 20 (sowie 36,16ff) auf der anderen Seite zugleich als Gerichts- und Restitutionsprophezeiungen einander gegenüberstehen, kann von einer Analyse dieser beiden Textbereiche ausgegangen werden, die in dem der Redaktion des "älteren EB" vorgegebenen Material allem Anschein nach noch weniger eng miteinander verknüpft waren als im "älteren EB"[508].

3.3.1. Die Gerichtsprophezeiungen

Eine Durchsicht der Gerichtsprophezeiungen in Ez 4-24 erweckt den Eindruck einer gewissen Ambivalenz: Neben Orakeln gegen Zedekia - der allerdings nicht namentlich genannt wird - und das Jerusalemer Königshaus (in Kap. 12; 17; 19), in denen vorwiegend "politische" Vorgänge thematisch sind, steht eine Reihe von Worten gegen Jerusalem und Israel, die v.a.

---

texts gezeigt hat, eher von einer "schulmäßigen" Vorbildung des Propheten (vgl. Lang, Ezechiel, 77ff.99) als von einer von ihm ausgehenden "Schultradition".

507 Selbst Hossfeld, Untersuchungen, 522, der immerhin sechs verschiedene, durch das gesamte EB laufende Schichten der "Fortschreibung" erkennen zu können meint, nimmt an, daß diese "sich in ziemlicher Dichte hintereinander staffeln".

508 Eine wichtige Ausnahme würde allerdings eine der Redaktion bereits vorliegende "Visionssammlung" (Kap. 1-3; 8-11; 37,1-14; 40-48*) darstellen, zumal hier auch sachliche Beziehungen zwischen Restitutions- und Gerichtsprophezeiung bestehen (vgl.u. 3.3.2.a.).

"kultische" Mißstände anprangern. Dieser Befund legt - trotz
aller (besonders von H.Reventlow[509] vorgebrachten) Einwände[510] - die Annahme einer Entwicklung in der Gerichtsverkündigung des Propheten nahe. Eine derartige Entwicklung ist
dann grundsätzlich in zwei Richtungen denkbar[511]. Dafür,
"daß Ezechiels Berufung nicht zufällig in Monate erregter
politischer Atmosphäre fällt, nämlich in die Zeit der Auf-
standsbewegung im vierten Jahr Zidkijas (Jer 27ff.), und von
vornherein politisch motiviert ist"[512], daß also die Orakel
gegen Zedekia und das Jerusalemer Königshaus an den Anfang
der Wirksamkeit des Propheten gehören, spricht, daß insbesondere Kap. 17 und 19 einen weit weniger profilierten konzeptionellen Rahmen aufweisen als z.B. die oben untersuchten
Texte aus Kap. 4f; 16 und 23. Die Annahme einer sukzessiven
Ausarbeitung des konzeptionellen Rahmens der Gerichtsprophezeiungen dürfte nämlich plausibler sein als die gegenläufige, der Prophet habe mit seiner Wendung zu konkreten politischen Problemen plötzlich das charakteristische Profil seiner Argumentation aufgegeben. Diese "Entwicklungs-Hypothese"
liegt der folgenden Durchsicht der Texte zugrunde, die damit
als ihre erste Bewährungsprobe angesehen werden kann.

a) Die Kritik an der Bündnispolitik Zedekias

    Ez 17 wurde schon in rabbinischer Zeit als früheste Äuße-
rung des Propheten Ezechiel angesehen[513], und selbst J.Gar-
scha rechnet "(d)ie Grundlage in Kp 17,1-10" zu dem (wenigen) "vom Verfasser des Prophetenbuches verarbeitete(n) Material"[514] und meint, sie könne wie die von Kap. 23 "auf

---

509 Reventlow, Wächter, v.a. 167.
510 Vgl. Lang, Ezechiel, 44ff.
511 Vgl. Lang, Aufstand, 164ff (Lang nennt drei Möglichkeiten, von denen
    sich die beiden letzten jedoch weitgehend decken).
512 A.a.O., 164f.
513 Spiegel, Ezekiel, 159 Anm. 76 nennt als Belegstellen: "Mekhilta,
    Shirah 7, 40b; cf. also Tos.Sota 6,11" und weist darauf hin, daß
    "the rabbis hold that the arrangement of the chapters in Ezekiel is
    not chronological" (a.a.O., 159). Zur rabbinischen Sicht der Redak-
    tionsgeschichte des EB vgl. auch b.Baba Bathra 15a.
514 Garscha, Studien, 284; vgl. 26ff.

genuine prophetische Tradition zurückgehen"[515].

B.Lang hat gezeigt, daß Ez 17 als prophetische Kritik an
der - nach der anfänglichen Unterdrückung antibabylonischer
Unruhen in Jerusalem, in die offenbar auch die Nachbarn Israels (Edom, Moab, Ammon, Tyrus und Sidon, vgl. Jer 27, 3)
verwickelt waren, durch Zedekia (vgl. Jer 51,59) doch wohl
überraschenden[516] - antibabylonischen, mit einer "Allianz
mit Ägypten"[517] verbundenen Wendung der Politik Zedekias,
deren Ursachen "nicht mehr befriedigend aufzuhellen" sind[518],
verstanden werden kann[519].

Im Bild vom Weinstock zwischen den zwei Adlern (1-10) und seiner wei-
terführenden Entfaltung in 11-21[520] führt der Text die zu erwartenden
Konsequenzen dieser "Wendepolitik" Zedekias vor Augen: Als Eid (אלה)-
und Vertrags (ברית)bruch gegenüber Nebukadnezar **und** Jahwe ist sie zum
Scheitern verurteilt. Die Fragen von 10 ("Wird er gedeihen?") und 15
("Wird es ihm glücken?") sind mit einem klaren "Nein!" zu beantworten.

Die zu erwartenden Konsequenzen der Aufstandspolitik Zedekias macht
der Text mit Hilfe der "natürliche(n) Logik der Bilder"[521] von 1-10 deutlich, hinter der sich eine "politische Logik"[522] verbirgt. Das Argumenta-
tionsgefälle von 11-21 läßt aber erkennen, daß in der Sicht des Textes
wichtiger noch als dieser, "natürlicher" und "politischer" Logik entsprechende Zusammenhang von Tat und Ergehen Zedekias die Beurteilung seines
Verhaltens in "sakralrechtlicher" Perspektive ist: Es wird als "Treue-

---

515 A.a.O., 286.
516 Vgl. Lang, Aufstand, 139.
517 Ebd.
518 Herrmann, Geschichte, 344.
519 Vgl. Lang, Aufstand, 28ff; zum zeitgeschichtlichen Hintergrund v.a.
　　　a.a.O., 135ff; Ders., Ezechiel, 84ff; Smelik, Dokumente, 118ff.
520 Lang, Aufstand, 51ff hat gezeigt, daß 17,11-21 weder als "post
　　　eventum" angehängte noch als durch starke Überarbeitung entstellte
　　　ursprüngliche "Deutung" des - in sich durchaus klaren - Bildes von
　　　1-10 verstanden werden muß: "Ezechiel benützt das zunächst für sich
　　　stehende und für sich bedeutsame Bild sozusagen in einem zweiten
　　　rhetorischen Anlauf als ausführliche Exposition für seine kasuisti-
　　　sche Züge tragende Analyse: in zwei sprachlich und inhaltlich ähn-
　　　lichen Fügungen wird nun Zidkijas Verbrechen untersucht, zuerst als
　　　Verbrechen gegenüber Nebukadnezzar, seinem politischen Oberherrn und
　　　menschlichen Vertragspartner (V.16-18), dann als Verbrechen gegen-
　　　über Jahwe (V.19-21)" (a.a.O., 52).
521 Lang, a.a.O., 28(ff).
522 A.a.O., 46(ff).

bruch" (מעל: 20)[523] gegenüber Jahwe qualifiziert, der ein göttliches
"Gericht" (שפט ni.: 20) an Zedekia provoziert. Den Urteilsspruch Jahwes
nimmt der Text in 16 vorweg[524]: "Bei meinem Leben ... in Babel wird er
sterben (ימות)!" Mit der Vollstreckung dieses Urteils wird der Tat-Ergehen-Zusammenhang in Kraft gesetzt: "Bei meinem Leben: Ich werde seinen
bei mir geschworenen Eid, den er mißachtet, und den vor mir geschlossenen Vertrag, den er gebrochen hat, auf seinen Kopf tun (ונתתיו בראשו:
19)!"

Ez 17,1-21 argumentiert also mit einer Extrapolation vom
vergangenen und gegenwärtigen Verhalten einer Instanz (König
Zedekia) auf deren zukünftiges Ergehen, die ermöglicht ist
durch die "meta-geschichtliche" Geltung eines "Tat-Ergehen-
Zusammenhangs", der im Text auf zwei unterscheidbaren Ebenen
als Gesetzmäßigkeit des Geschichtsprozesses fungiert:
(1) auf der "politischen" Ebene - "Nebukadnezzars Friedensdiktat von
    597"[525] sieht aller Wahrscheinlichkeit nach bestimmte Sanktionen für
    den Fall des Vertragsbruchs seitens seines Vasallen Zedekia vor - und
(2) auf der "sakralrechtlichen" ("religiösen") Ebene - "im Eidbruch
    vergeht sich Zidkija gegen Jahwe"[526] und setzt sich damit dessen
    Gericht aus.
Die Verbindung zwischen beiden Ebenen besteht darin, daß der
Vertrag zwischen Zedekia und Nebukadnezar "vor" Jahwe geschlossen wurde (19). Auf beiden Ebenen ist die Korrelation
von Handeln und Ergehen vermittelt über eine Korrelation des
Handelns zweier verschiedener Instanzen: Auf der "politischen" Ebene provoziert Zedekia durch sein Verhalten bestimmte Reaktionen Nebukadnezars, auf der "sakralrechtlichen"
Ebene bestimmte Reaktionen Jahwes. Weil das Argumentationsge-
fälle des Textes stark auf die zweite Ebene zuläuft, kann
er auf eine Diskussion des "rein politischen" Faktors Ägypten im Rahmen der Prognose weitgehend verzichten (vgl. jedoch 17!). Er verliert damit an "politischer", gewinnt aber
an "theologischer" Stringenz. "Ezechiel (unternimmt es), die

---

523 Vgl. Milgrom, Concept; Knierim, Art. מעל.
524 "V.16 (ist) nach den Konventionen Israels eine richterliche Urteils-
    formulierung" (Lang, Aufstand, 59; vgl. Liedke, Gestalt, 128f).
525 Lang, a.a.O., 54(ff).
526 A.a.O., 60.

Geschichte und Politik unter fast ausschließlich religiösen
Gesichtspunkten zu sehen, ja Politik auf Religion und zu-
vörderst sakralrechtliche Fragen zurückzuführen". "Wenn der
Prophet den Eidbruch Zidkijas als Religionsfrevel (sc. מעל)
brandmarkt, dann offenbart die Sprache seine priesterliche
Herkunft"[527]. Dasselbe gilt für die "individualistische Tendenz"[528] des Textes. Schon hier zeigt sich also sowohl die
für das EB typische Interpretation "politischen" Geschehens
in "priesterlich-sakralrechtlichen" Kategorien als auch die
charakteristische Zweischichtigkeit des Regelzusammenhangs
im konzeptionellen Rahmen der "Geschichtsentwürfe" im Rahmen
der Gerichtsprophezeiung[529].

Hinsichtlich der Konzentration auf den König sind Kap. 17
die Texte Ez 19 und 12,1-15 zur Seite zu stellen[530]. Kap.
19, das mit hoher Wahrscheinlichkeit einmal in literarischem
Zusammenhang mit 17,1-21 gestanden hat[531], kann ebenfalls
als Warnung vor der Aufstandspolitik Zedekias gelesen werden[532]. Die Interpretation dieses Textes ist allerdings in
hohem Maße umstritten. Einigermaßen deutlich ist seine (vor-
sichtig) königskritische Tendenz; daß der Verfasser von
19,1-9 "schlicht um seine Könige (trauert), deren er mit
unverhohlenem Stolz ... gedenkt"[533], mag als erster Eindruck
intendiert sein - im Bild des menschenfressenden Löwen (3b.
6bf; vgl. 11,6; 22,25)[534] meldet sich jedoch mindestens hin-
tergründig Kritik am politischen Größenwahn des Jerusalemer
Königshauses an, dem die Niederlage im Kampf gegen den Feind
(4.8f) ein Ende bereiten wird.

Auf welche konkreten Herrschergestalten spielt aber der Text in den
Chiffren der Löwin, ihrer beiden Jungen und des Weinstocks an? Von den

---

527 Lang, Aufstand, 60.
528 A.a.O., 59; vgl.o. 3.2.4.a.
529 Vgl.o. II.5.2.5./4.2.
530 Zu Kap.34 vgl.u. 3.3.2.
531 Vgl.o. 3.2.4.b.
532 So Lang, Aufstand, 89ff.
533 Garscha, Studien, 285; vgl. 41.
534 Vgl. Lang, Aufstand, 104ff.

zahlreichen in der Forschung vertretenen Möglichkeiten[535] können v.a.
zwei eine gewisse Wahrscheinlichkeit für sich beanspruchen:
(1) Die Löwin steht für Juda bzw. das davidische Königshaus, ihre beiden
Jungen für Joahas und Jojachin, die nach Ägypten bzw. Babylonien deportiert wurden, und im - vielleicht später angefügten - Bild des Weinstocks ist (wie in Kap.17) auf Zedekia angespielt[536].
(2) In Gestalt der Löwin und ihrer beiden Jungen spielt der Text auf
Hamutal und ihre beiden Söhne Joahas und Zedekia an (vgl. 2 Kön 23,30f;
24,17f; anders 1 Chr 3,16; 2 Chr 36,10[M]). Im Bild des Weinstocks wird
dann Zedekia angesichts seines - noch bevorstehenden? - Schicksals die
Totenklage gesungen[537].
Möglicherweise haben beide Deutungen ihr relatives Recht: "während der
Zuhörer (oder Leser) zunächst meint, der Prophet rede über Vergangenes,
über die bereits deportierten Könige Joahas und Jojachin, wird er durch
die Löwin als Mutter beider Könige auf Hamutal aufmerksam und entdeckt
den eminent gegenwärtigen Sinn des Löwenliedes: das Schicksal des
Jojachin wird auch seinen Nachfolger Zidkija ereilen - die Deportation
in ein fremdes Land"[538].
Konzeptionell spiegelt der Text - v.a. in 10ff - die Kritik an einer hybriden Außenpolitik wider, wie sie auch im
Rahmen der Fremdvölkerworte des EB laut wird (vgl. 27,3;
28,2.9; 29,3.9)[539]. Er ordnet sich damit in das "außenpolitische" Konzept zahlreicher Texte des EB ein, das der "imperia-
le(n) Vorherrschaft der großen Mächte" ebenso kritisch gegenübersteht wie der "Freiheitspolitik der kleinen Staaten"[540]
- auf Kosten der noch Kleineren. Die Anerkennung der Herrschaft Jahwes über die ganze Welt impliziert - zumindest für
Israel - einen "Verzicht auf große politische Ansprüche"[541].
Wie in Kap. 17 ist auch in dem in Ez 19 dargestellten Geschehen ein Zusammenhang zwischen Handeln und Ergehen erkennbar. Er ist vermittelt durch eine vorgegebene Ordnung, deren

---

535 Vgl. das Referat bei Lang, a.a.O. ,102.
536 So z.B. Zimmerli, 423f.
537 So z.B. Fohrer, 106; Eichrodt, 161ff.
538 Lang, Aufstand, 103.
539 Vgl. dgg. a.a.O., 105f; s.o. 3.1.
540 Lang, Ezechiel, 91.
541 Ebd.

Störung ihre eigene Beseitigung herausfordert. Diese Ordnung
ist in 19,1-9 eindeutig die der Völkerwelt (גוים: 4.8). Während hier das Ordnungskonzept des Textes durch den Bildzusammenhang hindurchscheint und ihn durchbricht, wird in 10-14
die Ordnungswidrigkeit des Verhaltens Zedekias ganz im Bild
des "für die klimatischen Verhältnisse Palästinas ungünsti-
ge(n) Wuchs(es)"[542] des Weinstocks erfaßt. Im Vergleich mit
Kap. 17 fällt auf, daß Ez 19 ganz auf der "politischen" Argu-
mentationsebene bleibt. Eine explizite Relationierung des
dargestellten Geschehens zu Jahwe fehlt.

Über Ez 17 geht Kap. 19 darin hinaus, daß es die Extrapolation vom vergangenen und gegenwärtigen Verhalten einer Instanz auf ihr zukünftiges Ergehen dadurch untermauert, daß
es auf einen analogen, abgeschlossenen und vergangenen Prozeß als "Präzedenzfall" verweist: Wie es dem ersten Löwenjungen erging, wird es dem zweiten, das sich ebenso verhält,
auch ergehen. Dabei wird der Analogieschluß noch dadurch
gestützt, daß es sich um Nachkommen derselben Mutter handelt. Hier liegt bereits in nuce die Argumentationsfigur von
23,1-30 vor.

Ez 12,1-15 steht Kap. 17 und 19 nahe (vgl. z.B. 12,13 mit
17,16.20; 19,8 und 12,14 mit 17,21). Auch dieser - vielleicht überarbeitete[543] - Text ist auf den Jerusalemer "Fürsten" (נשׂיא: 12) und seine Umgebung (14) konzentriert. Sein
bevorstehendes Schicksal wird in einer Zeichenhandlung vor
Augen geführt. Daß diese der Gola warnend demonstrieren
soll, wohin die von ihr zumindest z.T. unterstützte Aufstandspolitik Zedekias führen wird[544], ist angesichts der
Nähe zu Kap. 17 möglich, aus dem Text selbst jedoch nicht zu
belegen.

Im Vergleich zu Kap. 17 und 19 fällt in Ez 12,1-15 - in
seiner vorliegenden Gestalt - die doppelte Frontstellung
auf: Einerseits wird die Zeichenhandlung in ihrer Interpretation durch 10-15 - und hier gerade auch durch den schwer

---

542 Fuhs, 101.
543 Vgl. die Kommentare und Lang, Aufstand, 17ff.
544 So Lang, a.a.O., 24.

verständlichen, möglicherweise auf redaktionelle Einarbei-
tung zweier Marginalglossen zurückzuführenden[545] V.10 - auf
den "Fürst" Zedekia und seine Truppen bezogen. Andererseits
findet sich in den rahmenden Sätzen 2 und 9 eine Polemik
gegen das Publikum des Propheten, das "Haus des Widerspruchs" (בית מרי: 2.9), dessen Angehörige "Augen haben, um
zu sehen, aber nicht sehen, Ohren haben, um zu hören, aber
nicht hören" (2).

Auffällig ist weiterhin das Fehlen einer Begründung des
Zedekia und seinen Truppen angekündigten Geschicks. Sie
scheint als - aus Kap. 17 und 19? - bekannt vorausgesetzt zu
sein. Ihr Fehlen könnte sich aber auch daraus erklären, daß
der Text in einer gegenüber 17 und 19 neuen Wendung und Poin-
tierung Erfahrungen mangelnder Resonanz der Gerichtsprophezeiungen gegen das Jerusalemer Königshaus bei der Gola wie
bei den Zurückgebliebenen verarbeitet[546]. Darauf könnte jedenfalls deuten, daß im Auftrag wie im Ausführungsbericht
der Zeichenhandlung (3-7) mehrfach auf die paradoxe Charakterisierung der Adressaten von 2 angespielt wird: Die Handlung
wird "vor ihren Augen" (לעיניהם: 7x in 3-7) ausgeführt -
ohne daß damit sichergestellt wäre, daß sie auch "sehen"
(אולי יראו: 3), zumal die Handlung "am (hellichten) Tag"
(יומם: 4.7) beginnt, aber bis über den "Abend" (בערב: 4.7)
hinaus in die "Dunkelheit" (בעלטה: 6.7) der Nacht hinein-
reicht, in der man um so weniger sehen kann, wenn man wie
der Prophet - der ja als "Zeichen für das Haus Israel" steht
(מופת: 6, vgl. 11) - sein Gesicht verhüllt (6). Möglicherweise ist es also garnicht das primäre Interesse der Zeichenhandlung und ihrer Interpretation, ein zukünftiges Geschehen
anzukündigen; vielmehr könnte es darin liegen, die Unwillig-
keit der Adressaten der prophetischen Kritik an der Politik
Zedekias, wie sie in Kap. 17 und 19 greifbar wird, die hier
aufgedeckten Tatbestände zu "sehen", in karikierender Zuspitzung drastisch darzustellen: Das Publikum des Propheten ist

---

545 So Lang, a.a.O., 18ff.
546 Diese Pointe des Textes hätte der für seine Zusammenstellung mit
    12,21-25. 26-28 Verantwortliche dann durchaus richtig erkannt!

so "blind", daß es nichteinmal seine eigene Deportation richtig wahrnehmen würde (bzw. wahrgenommen hat)!

Diese Interpretation des Textes als Reaktion auf den "Miß-
erfolg" der prophetischen Kritik, das Ausbleiben der von ihr
intendierten Wirkungen, und als erster Versuch, diese Erfahrung zu verarbeiten, wird m.E. gestützt durch den deutlichen
Anklang von Ez 12,2 an Jes 6,9f (vgl. auch Jer 5,21; Jes
43,8; Dtn 29,3; Mk 8,18)[547], einen Text, der - bei allen
Schwierigkeiten seiner Interpretation und historischen Einordnung[548] - doch wohl eben derartige Erfahrungen widerspie-
gelt.

Das Ausbleiben der Wirkungen der gegen die Aufstandspolitik
Zedekias gerichteten Gerichtsprophezeiungen Ezechiels macht
nun aber das Eintreffen des in ihnen angekündigten Geschehens in hohem Grade wahrscheinlich: "Die bewohnten Städte
werden veröden, und das Land wird zur Wüste werden," wie es
im unmittelbar folgenden Abschnitt 12,17-20 (mit erneutem
Anklang an Jes 6,11!) heißt. Zugleich werden nun die unwilli-
gen Hörer neben Zedekia und seinen Handlangern für das Geschehen in Jerusalem mitverantwortlich und von seinen Folgen
mitbetroffen: Die Gerichtsankündigung gilt jetzt allen "Bewohnern Jerusalems auf dem Boden Israels" (19); Unheil trifft
sie "wegen der Gewalttat (חמס) aller, die darin (sc. in Jerusalem) wohnen" (19).

Kap. 12 markiert also - zumindest in seiner vorliegenden
Gestalt - einen Wendepunkt in der Entwicklung der Gerichtsverkündigung Ezechiels. Seine Gerichtsprophezeiungen wenden
sich mit ihrer Kritik nun in einer Ausweitung des Blickwin-
kels Jerusalem und Israel als Ganzem zu und verdichten sich
in ihrer Prognose bis zur Gewißheit des Eintreffens des angekündigten Gerichts.

---

547 Vgl. z.B. Zimmerli, 260.
548 Vgl. z.B. Kaiser, Jesaja 1-12, 121ff.

b) Die Generalisierung und Radikalisierung der Gerichtsprophezeiung

Im Vergleich zu Kap. 17 und 19 ist der Großteil der Gerichtsprophezeiungen in Ez 4-24 genereller und radikaler
gehalten: (1) Der Prophet wendet sich nicht nur gegen die
Institution des Königs(hauses), sondern gegen Jerusalem und
Israel im Ganzen. (2) Die Schuld, deren Aufweis die Gerichtsprophezeiung dient, ist nicht nur im "außenpolitischen" Bereich gesehen; auch "innenpolitische" und v.a. "kultische"
Vergehen werden angeprangert. Dabei kann auch der zeitliche
Horizont des Schuldaufweises erweitert werden: die Gerichtsprophezeiung kann die Gestalt eines "Geschichtsentwurfs"
annehmen. (3) Die Extrapolation vom Schuldaufweis auf die
Gerichtsankündigung wird durch einen stärker profilierten
konzeptionellen Rahmen der Gerichtsprophezeiung gestützt und
verschärft. - Dies soll hier kurz im Einzelnen belegt werden.

(1) Die Ausweitung der Gerichtsprophezeiung auf Jerusalem/Is-
    rael

Schon bei einem flüchtigen Überblick über Ez 4-24 fällt
auf, wie viele Texteinheiten sich ganz oder vorwiegend auf
die Stadt Jerusalem und ihre Bewohner beziehen. Diese Konzentration auf Jerusalem spiegelt die politische Situation
in Palästina nach 597 zutreffend wider. Viel mehr als ein
Stadtstaat dürfte Zedekia als Herrschaftsbereich nicht ver-
blieben sein. Das judäische "Staatsgebiet wurde von Nebukadnezar wahrscheinlich erheblich verkleinert. Der Negeb wurde
abgetrennt, sodaß von nun an wie noch in persischer Zeit,
die Südgrenze nördlich von Hebron verlief (so nach Jer
13,18f.)"[549].

Ein Text, der wie 12,17-20 von den "Bewohnern Jerusalems"
(ישבי ירושלם: 6) spricht, ist Kap. 15. Mit seinem Bildzusammenhang ("Holz des Weinstocks": 2) steht er 17,1-15 und
19,10-14 nahe. Kap. 12; 17 und 19 ist er auch darin vergleichbar, daß er sich in seiner Argumentation der für die

---

549 Gunneweg, Geschichte, 124.

meisten anderen Gerichtsprophezeiungen des EB charakteristischen konzeptionellen Elemente[550] nicht bedient. Nichteinmal
wird hier wie in Kap. 17 ein Zusammenhang von Tat und Ergehen explizit formuliert (vgl. 17,19) oder das angekündigte
Geschehen als "Gerichts"handeln Jahwes kenntlich gemacht
(vgl. 17,20). Einzig das aus 17,20 bekannte Stichwort מעל
kehrt in dem knappen Schuldaufweis 15,8 wieder.

Aus 15,7 geht klar hervor, daß der Text "die in der Er-
kenntnisformel (7bα) in direkter Rede Angesprochenen von den
Bewohnern Jerusalems, die in 3.plur. genannt werden (, unterscheidet). Der Prophet spricht seine Exilsumgebung als die
von Jahwes Gericht an Jerusalem zur Erkenntnis Gerufenen
an"[551]. Steht hinter dieser Gegenüberstellung von Gola und
Bewohnern Jerusalems ein Konflikt zwischen diesen beiden
Gruppen, der möglicherweise auch die mangelnde Resonanz der
prophetischen Gerichtsbotschaft in der Stadt erklären kann?
Die Ankündigung von 15,7: "Aus dem Feuer sind sie herausge-
kommen (יצאו), aber das Feuer wird sie fressen (אכל)", legt
jedenfalls die Annahme nahe, daß breite Kreise der 597 in
der Stadt Zurückgebliebenen sich als - im Gegensatz zu den
Deportierten - der Katastrophe Entkommene verstanden. Die
Ereignisse des Jahres 597 interpretierten sie als eine Art
"Läuterungsgericht" Jahwes: Mit der Exilierung großer Teile
der Jerusalemer Oberschicht ist die Stadt von schuldigen
Elementen "gereinigt" worden; nun kann ein neuer Anfang gemacht werden, zumal mit Zedekia die davidische Herrschaft in
Jerusalem kontinuierlich fortgesetzt wird, die Stadt weiter-
hin "Holz vom Weinstock" ist[552].

Eine entsprechende Interpretation war bereits aus der argumentativen
Frontstellung von Ez 18 und 4-5 zu erschließen. Sie wird auch in 11,3

---

550 S.u. (3).
551 Zimmerli, 327f.
552 Ein Zusammenhang zwischen dieser Interpretation der Ereignisse von
597 als "Läuterungsgericht" und der Aufstandpolitik Zedekias würde
auf der Hand liegen: Hat Babylonien die Funktion als "Geißel" Jerusalems 597 erfüllt, hat das "geläuterte" Jerusalem von dieser Seite
nichts mehr zu befürchten. Zu vergleichen wäre etwa Jes 10,12, dessen Alter jedoch stark umstritten ist (vgl. z.B. Kaiser, Jesaja 1-
12, 220, Wildberger, Jesaja, 402f).

laut, der "rücksichtslose(n) Behauptung der nach 598/7 in Jerusalem Gebliebenen, daß sie nun das Volk Jerusalems seien", die der "Definitiv-
Erklärung eines Zustandes" gleichkommt, "den sowohl die auf die Rückkehr
der Verbannten Hoffenden wie auch der um ein noch bevorstehendes Gericht
wissende Prophet als ein Provisorium ansehen müssen"[553].

Gegen ein solches "falsche(s) Selbstbewußtsein"[554] der
Jerusalemer, ihren garnicht so "heimlichen Anspruch"[555],
wendet sich Kap. 15: Weil "die" Bewohner Jerusalems sich
dieses Selbstverständnis zu eigen machen und sich infolgedessen der prophetischen Kritik an der Außenpolitik Zedekias
verschließen, werden Schuldaufweis und Gerichtsankündigung
auf Jerusalem als Ganzes ausgedehnt.

Mit dieser Ausweitung bereitet sich nun schon hier das Problem vor,
das angesichts der in Kap. 18 entwickelten Konzeption deutlich wurde[556]:
Ist "Jerusalem als Ganzes" mit der Summe seiner Bewohner gleichzusetzen,
oder ist es als Instanz im Gegenüber zu Jahwe auf andere Weise definiert? - Ez 15 zeigt in dieser Hinsicht eine gewisse Ambivalenz: "Jerusalem" ist einerseits die Menge der "Bewohner" (ירשבי) der Stadt, andererseits aber in der Chiffre des "Weinstocks" funktional bestimmt als
politische Zentralinstanz Israels[557]. In dieser Ambivalenz sind die beiden Möglichkeiten einer "additiven" Beschreibung Jerusalems (s. v.a.
Kap. 22) und einer "synthetischen" Erfassung Jerusalems als einheitlicher Handlungsinstanz (wie sie v.a. in Kap. 16 und 23 ausgeführt ist)
angelegt. Im Zuge der Ausdehnung der Gerichtsprophezeiung mußte sich
zunächst v.a. die zweite Möglichkeit nahelegen. Sie erlaubt zum einen
eine konzise Bestimmung der Schuld Jerusalems, z.B. in der Konfrontation
der beiden Modelle seiner Funktion als "politische" (Königsstadt) oder
"kultische" (Tempelstadt) Zentralinstanz Israels, wie sie in Kap. 16 zu
erkennen ist; zum anderen macht sie ein Übergreifen des angekündigten
Gerichts von Jerusalem auf ganz Israel plausibel.

---

553 Zimmerli, 243.
554 Fuhs, 79.
555 Zimmerli, 330.
556 S.o. 3.2.4.c.
557 Beide Sichtweisen "Jerusalems" hängen insofern zusammen, als sich
    die Bewohner der Stadt offenbar selbst als "Holz des Weinstocks"
    verstehen.

Daß "ganz Israel" von der Katastrophe Jerusalems mitbetroffen ist, ist kaum erst Interpretation der Redaktion des "älteren EB", in dem mehrfach auf Worte gegen "Jerusalem" solche gegen "Israel" folgen (so z.B. in Kap. 4-5/6-7; vgl.
22,1-16/17-22.23-31; 24,1-14/15-27 - es könnte sich hier
auch um ein Strukturmerkmal der Redaktion bereits vorgegebe-
ner kleinerer "Sammlungen" handeln!). Dieselbe Konzeption
liegt schon in mehreren Einzeltexten vor: Wenn Jahwe seinen
Zorn über Jerusalem ausgießt, bedeutet dies die Vernichtung
des "ganzen Rests Israels" (כל שארית ישראל: 9,8). Der "Stadt"
(עיר) Jerusalem korrespondiert das "freie Feld" (שדה: 7,15)
bzw. das "Land" (ארץ: 7,23; 9,9; 21,7; vgl. 12,20). Der Untergang der "Bewohner Jerusalems" wirkt sich auf das "Land"
aus (15,6.8). Die Katastrophe der Stadt greift wie Feuer auf
das ganze "Haus Israel" über (5,1-4), oder - wie in einem
genau komplementären Bild formuliert werden kann - das gesamte "Haus Israel" wird in Jerusalem zum Gericht "versammelt"
(קבץ: 22,17-22).

In diesen Aussagen wird ein "konzentrisches Ordnungskonzept" erkennbar, das auch für die Restitutionsprophezeiungen
des EB (v.a. Kap. 40-48) bestimmend ist, ein "in konzentrischen Kreisen um Jerusalem organisierte(s) Weltbild abgestufter Segensnähe mit der Mitte im Tempel auf dem Gottesberg in
Jerusalem"[558]: Jerusalem, dessen Zentrum das Heiligtum ist
(9,6f; 21,7(?); vgl. 37,26-28; 48,8.10), ist Mittelpunkt
Judas (21,25[G]) bzw. Israels und - in weiterem Horizont -
der Völkerwelt (5,5; vgl. 26,2[559]). Im Rahmen dieses "konzentrischen Ordnungskonzepts" bleibt die Gola - sowohl als Teil
des "Hauses Israel" als auch als Gruppe im Bereich der Völkerwelt - auf Jerusalem bezogen. Sie ist von dem Stadt, Land

---

558 Otto, Jerusalem, 58f; ob dieses Konzept schon für das Selbstverständ-
    nis des "davidische(n) und salomonische(n) Jerusalem" (a.a.O., 42ff)
    bestimmend ist, ist in der Forschung bekanntlich strittig; s.o. II.
    4.1.
559 Mit Zimmerli, 607; vgl. 613f dürfte hier דלתות העמים , "Tor der Völ-
    ker" zu lesen sein. - Auch im Bereich der Fremdvölker ist vorausge-
    setzt, daß Städte als "Zierde des Landes" (צבי ארץ: 25,9) eine her-
    ausgehobene Stellung einnehmen (vgl. 29,12; 30,7).

und Volk angekündigten Gericht mitbetroffen. Eine grundsätzliche Differenzierung zwischen Tun und Ergehen der Gola
einerseits und der im Lande Verbliebenen andererseits liegt
demnach in der Gerichtsverkündigung Ezechiels nicht vor. Den
Ansprüchen der Zurückgebliebenen gegenüber der Gola, die als
einer der Gründe für die mangelnde Resonanz der Botschaft
Ezechiels im Jerusalem Zedekias zu vermuten waren - die dann
ihrerseits mit zur Ausweitung und Vertiefung der Gerichtsprophezeiung Anlaß gab -, setzt der Prophet nicht einfach gegenläufige Ansprüche der Exulanten entgegen, denen er ja ebenfalls nur "Blindheit" gegenüber ihrem eigenen Geschick be-
scheinigen kann (12,1-15). Vielmehr holt er den Konflikt
selbst in der Erwartung eines Gola **und** Landesbewohner tref-
fenden Gerichts ein.

(2) Die Erweiterung und Vertiefung des Schuldaufweises

In der Anklage gegen das Jerusalemer Königshaus nennt Kap.
17 "außenpolitische" Vergehen (Vertragsbruch), während das
Bild des menschenfressenden Löwen von 19,3.6 sowohl auf die
"Innen-" als auch auf die "Außenpolitik" der Könige bezogen
werden kann. Ez 17 zeigte darüber hinaus die Tendenz, die
angegriffene Schuld in ihrer "sakralrechtlichen" Dimension,
ihrer Bedeutung für das Gottesverhältnis aufzuzeigen. Damit
sind drei Hauptrichtungen der Erweiterung des Schuldaufweises in den Gerichtsprophezeiungen Ezechiels angezeigt. Auffällig ist, wie stark diese drei Bereiche miteinander ver-
netzt sind, wobei sich die Dimension des Gottesverhältnisses
letztlich als die dominierende herausstellt.

Die ausführlichste Auflistung von Vergehen nach innen findet sich freilich erst in dem redaktionellen Abschnitt 22,6-12, der im Rahmen der
Kritik der "Blutstadt" (Kap. 22-24) "Vergehen sozialer Art" nennt, "die
in der Tat auch im ganz gegenständlichen Sinne zum Blutvergießen führen
können"[560]. Die Reihe gipfelt in dem Vorwurf, Jerusalem habe Jahwe "vergessen" (22,12). "Darin wird ... ganz offen sichtbar, daß es in der ganzen, reichen Aufzählung verletzten Gebotes nicht um ein vielerlei, sondern letzten Endes um ein einziges, die Abkehr von dem das vielerlei an

---

560 Zimmerli, 509.

Lebensordnung setzenden Herrn, geht"[561]. Entsprechendes gilt für den Abschnitt 22,23-31. In 25 und 27 werden hier die נשיאים und שרים mit Menschen bedrohenden Raubtieren verglichen. Wenn 25 von den "Fürsten" sagt:
"Seine (sc. des Landes) Witwen haben sie in seiner Mitte zahlreich gemacht", wird wohl nicht nur "an Königsverbrechen wie 2 S 11 und 1 K 21,
auch Jer 22,17" zu denken sein[562], sondern auch an die innenpolitischen
Folgen der Kriegspolitik.

Auch außerhalb des vermutlich weitgehend redaktionellen Kap. 22 kehren
aber die Anklagepunkte: Gewalttätigkeit gegenüber sozial Schwachen, v.a.
Frauen und Armen (חמס: 7,11.23; 8,17; 12,19; vgl. 28,16; 45,9)[563]; Blutschuld und Blutvergießen (דמ: 7,23; 9,9; 16,36.38; 22,2-4.6.9.12f.27;
23,37.45; 24,6-9; 33,25; 36,18; vgl. 18,10; 35,6)[564] und Rechtsbeugung
(מטה: 9,9[hap.]; vgl. 22,29: בלא משפט) häufig wieder. Im engeren Sinne
ökonomische Vergehen hat 7,11ff im Auge (vgl. auch die Kritik an Zinsge-
schäften in 22,12; 18,8.13.17). Die vielleicht sekundäre "Kommentie-
rung"[565] 7,19 stellt eine Verbindung zwischen Wohlstand und "Götzenkult"
her: Reichtum ist ein "Anstoß zur Verschuldung" (מכשול עון: vgl. 14,3.
4.7; 18,30; 44,12; auch 3,20; 21,20)[566].

Kritik am Verhalten Jerusalems nach außen wird am deutlichsten in Kap.
16 und 23 laut. Sie ist hier eng mit der Anklage des Fremdgötterkults
verbunden. Anders als in Kap. 17 wird hier jedoch nicht Bündnisuntreue,
sondern Bündnispolitik überhaupt kritisiert. Diese Radikalisierung des
Schuldaufweises hängt offenbar zusammen mit seiner zunehmenden Konzentration auf das Gottesverhältnis: Der Bund Jerusalems mit Jahwe (16,8)
schließt Bündnisse mit anderen Völkern aus!

"Ein wesentliches Merkmal von Ezechiels theologischer Heimat ist die
konsequente Alleinverehrung Jahwes. Diese äußert sich in einer das ganze
Buch durchziehenden Kritik an 'Götzendienst' und trug Ezechiel das Urteil ein, er sei 'mehr ein Ketzerrichter als ein Prophet'"[567]. Der in

---

561 A.a.O., 511.
562 A.a.O., 542.
563 Vgl. Stoebe, Art. חמס .
564 Vgl. Gerleman, Art. דמ .
565 So Zimmerli, 182.
566 "... ein charakteristischer Ausdruck des Kreises Ez's und seiner
    Schule, der sich sonst im AT nicht mehr findet" (Zimmerli, 182). Die
    Hälfte der atl. Belege des Nomens מכשול findet sich im EB.
567 Lang, Ezechiel, 81; das zitierte Urteil stammt von Wellhausen (Ge-
    schichte, 419).

Jahwes alleiniger Herrschaft über die ganze Welt begründete Anspruch auf
alleinige Verehrung ist am stärksten gefährdet, wo an seiner Stelle
שקוצים (etwa: "Scheusale": 5,11; 7,20; 11,18.21; 20,7.8.30; 37,23) und
גלולים (etwa: "Mistdinger": 6,4-6.9.13; 8,10; 14,4-7; 16,36; 18,6.12.15;
20,7f.16.18.24.31.39; 22,3f; 23,7.30.37.39.49; 30,13; 33,25; 36,18.25;
37,23; 44,10.12), wie Fremdgötter und Kultbilder im EB abschätzig bezeichnet werden, kultische Verehrung zuteil wird, wobei v.a. das für
Ezechiel "so bezeichnende Wort" גלולים "in einer umfassenden Weise das
zusammenfaßt, was der Prophet als Verletzung von Jahwes Alleinrecht und
seiner heiligen Reinheit angreifen muß"[568]. Demgegenüber tritt die für
den dtr. Traditionsbereich charakteristische Kritik an den "Höhen" (במות:
6,3.6; 16,16; 20,29; 36,2; 43,7) zurück. Kap. 16 und 23 machen exemplarisch den Zusammenhang zwischen "Götzendienst" und machtorientierter
Außenpolitik, 16,16ff darüber hinaus auch die ökonomische Dimension des
"Götzendienstes" (Verschwendung von Ressourcen) deutlich.

Die Schuld Jerusalems ist nun - v.a. in Kap. 5; 16 und 23
- wie schon die des Königshauses in Kap. 19 nicht nur in
seinem aktuellen Verhalten gesehen; sie erstreckt sich weit
in die Vergangenheit. "Bei keinem anderen Propheten ... findet sich ein gleichartig totales Verdikt über Israels gesamte Geschichte von ihren ersten Anfängen her, wie es bei
Ezechiel in nicht mehr zu überbietender Härte formuliert
ist"[569]. Dieses Urteil Zimmerlis bedarf freilich nach den
hier vorgelegten Untersuchungen im Blick auf die "Geschichtsentwürfe" im Rahmen der Gerichtsprophezeiung (in Kap. 5; 16
und 23) der Modifikation und Präzisierung. So hat die Ausweitung und Vertiefung der Gerichtsprophezeiung zum "Geschichtsentwurf" im EB nicht primär "Israel", sondern "Jerusalem" im
Blick - was insofern von Bedeutung ist, als diese Größe in
geschichtlicher Kontinuität erfaßt werden kann, ohne daß mit
dem Generationenwechsel, wie ihn dann Kap. 20 thematisiert,
das Problem ihrer Identität im geschichtlichen Wandel in den
Blick kommen müßte. Wenn zudem in diesen Geschichtsabrissen
der Kontrast zwischen "eine(r) lichte(n) Anfangsgeschichte"

---

568 Zimmerli, 91*.
569 A.a.O., 88*.

und "der dann folgenden Verderbnis"[570] weit weniger stark
hervortritt als in vergleichbaren Texten anderer Prophetenbücher (vgl. z.B. Hos 2,17; Jes 1,21.26; Jer 2,2), bleibt
doch auch hier der "Ursprung" Jerusalems - bei aller Ambivalenz - insofern ein ausgezeichneter Abschnitt seiner Geschichte, als er diejenige Ordnung begründet bzw. wenigstens
als Möglichkeit andeutet, in deren Störung bzw. Nicht-Reali-
sierung dann die Schuld der Stadt gesehen wird[571].

Daneben dient, wie sich zeigte, der Rekurs auf Jerusalems
Vergangenheit in der Gerichtsverkündigung Ezechiels auch
dazu, einen Prozeß der "Akkumulation von Schuld" in der Geschichte zu erfassen und darzustellen, der die Extrapolation
vom Schuldaufweis auf die Gerichtsankündigung argumentativ
stützt. Dazu muß aber das gegenwärtige Verhalten der Stadt
und des Volkes in Kontinuität zu ihrem vergangenen Handeln
begriffen werden: Weil "die Israeliten gegen mich (Jahwe)
rebelliert haben (מרד), sie und ihre Väter sich aufgelehnt
haben (פשע) gegen mich bis zum heutigen Tag", wie Ez 2,3 in
einer gewissen Nähe zu "dtr." Formulierungen[572] sagt, kann
das Volk auch in seiner geschichtlichen Erstreckung als
"Haus des Widerspruchs" (בית מרי: 2,5-8; 3,9.26.27; 12,9.
12f.25; 17,12; 24,3; vgl. 44,6) angesprochen werden.

Dann wirft freilich nicht erst die Diskussion von Kap. 18, sondern
schon die "überhöhende(.) Konzentration von Vorgängen aus verschiedenen
Zeiten"[573], wie sie im Schuldaufweis zahlreicher Gerichtsprophezeiungen
Ezechiels zu beobachten ist - etwa wenn in Kap. 8 "mit dem Zeitraffer
Vergehungen aus verschiedenen Phasen der Tempelgeschichte zusammengeholt"
werden[574] -, die Frage auf, ob nicht in dem angekündigten Gericht die

---

570 Ebd.
571 Hier kommt m.E. Kochs (Profeten II, 109) Beschreibung der Sache nä-
    her, der feststellt, daß im EB "unverkennbar das Geschichtsbild der
    kritischen Profetie mit der doppelt-gebrochenen Linie aufgenommen
    (wird): anfängliche Heilsgeschichte, dann Verfallsgeschichte, zu-
    letzt eschatologisch bessere Heilsgeschichte", um sogleich darauf
    hinzuweisen: "Nichtsdestoweniger verläuft die gesamte Geschichte bei
    Ezechiel einliniger, zeigt nicht mehr die charakteristischen Knicke.
    Heil und Unheil laufen von Anfang an nebeneinander her".
572 Vgl. Liwak, Probleme, 58ff.
573 Zimmerli, Ezechiel, 41.
574 Zimmerli, 90*.

"Söhne" für die Schuld ihrer "Väter" behaftet werden. Sind es nicht "die
Sünden der Zeit Manasses, die schon mehrere Generationen zurückliegt",
die "der Prophet visionär schaut und verurteilt"?[575]

Die Beurteilung dieses Phänomens in der Forschung reicht von einer
zeitlichen Neuansetzung des "historischen" Ezechiel in die Zeit Manasses[576] über den Vorwurf des Anachronismus an den (babylonisch-exili-
schen) Propheten[577] bis zur Verteidigung der "Veracity of Ezekiel"[578].
Auch wenn m.E. die von den Vertretern der zuletzt genannten Deutung vorgetragenen Argumente für die zeitgeschichtliche Zuverlässigkeit des
Schuldaufweises Ezechiels - beziehe sich seine Kritik auf die "offizielle Religion" (Smith) oder die, vielleicht aufgrund ökonomischer Interessen der Priesterschaft im Tempel tolerierte (Carroll), "Volksfrömmigkeit" (Rose) im vor- und frühexilischen Jerusalem - i.W. überzeugen können, bleibt doch seine Transparenz für "die Sünden der Zeit Manasses"
auffällig.

Sie läßt sich in ihrer Intention zwanglos erklären, wenn sie in ähnlicher Weise wie die Argumentation von Kap. 18 im Horizont einer argumentativen Frontstellung gegen die Inanspruchnahme einer "ethischen Superiori-
tät" gegenüber der herrschenden Schicht früherer Zeiten durch die "neuen
Herren" in Jerusalem nach 597 verstanden wird[579]: Wenn Ezechiel im
Schuldaufweis seiner Gerichtsprophezeiungen wie "mit dem Zeitraffer Vergehungen aus verschiedenen Phasen" der Geschichte zusammenholt (Zimmerli) und so zugleich "die Summe aus anderthalb Jahrhunderten kritischer
Profetie" zieht[580], betont er damit nachdrücklich die Schuld und Eigenverantwortung seiner gegenwärtigen Adressaten: Sie handeln im Blick auf
das Gottesverhältnis i.W. genauso wie das Israel zur Zeit Manasses; aufgrund seines eigenen Verhaltens kann sich das gegenwärtige Israel nicht
von der Schuld seiner Vorfahren distanzieren. "Was Hosea an Sexualriten, Jesaja als politisch-religiöse Anbiederung an die Großmächte, Jeremia als verhängnisvolle Astralkulte gerügt hatte - aus dem Blickwinkel

---

575 Lang, Ezechiel, 82.
576 Vgl. v.a. Smith, Book.
577 Vgl. Kaufmann, Religion, 430; Greenberg, Prolegomenon, XVIIIff.
578 Smith, Veracity; Rose, Ausschließlichkeitsanspruch, 196ff; Carroll,
    Prophecy, 50ff.
579 Vgl.o. 3.2.4.b.
580 Koch, Profeten II, 107.

des Exils liegt es auf einer Linie, ist es dasselbe Fehlverhalten"[581].
Die Eigenart des Schuldaufweises Ezechiels kann so aus demselben Bestreben erklärt werden, Analogien zwischen verschiedenen geschichtlichen
Prozessen und Epochen aufzuweisen, wie es - mit etwas anderer Zielrich-
tung - auch in Kap. 19 und 23 erkennbar ist.

(3) Die Profilierung des konzeptionellen Rahmens der Ge-
    richtsprophezeiung

Ez 17,1-10 und 19 enthalten in ihrem Bildzusammenhang mit
seiner inneren Logik eine implizite Begründung der Extrapolation vom gegenwärtigen Verhalten Zedekias auf sein zukünftiges Ergehen. 17,19 expliziert diese Logik in der Terminologie des Konzepts des "Tat-Ergehen-Zusammenhangs": Jahwe wird
Zedekia den von ihm gebrochenen Eid und Vertrag "auf seinen
Kopf legen" (ונתתיו בראשו). Menschliches Handeln ist so mit
einem entsprechenden Ergehen in doppelter Hinsicht verknüpft:
(1) Das zukünftige Ergehen ist im gegenwärtigen Handeln bereits angelegt; im Sinne einer "schicksalwirkenden Tatsphäre"[582] sammelt sich die
Verschuldung eines Menschen "auf seinem Kopf"; Handeln und Ergehen sind
als **ein** "in einem kontinuierlichen ... Prozeß sich vollendendes, Ursache
und Wirkung umfassendes, einheitliches, zielgerichtetes Geschehen"[583]
miteinander verknüpft.
(2) Dieser Zusammenhang von Tat und Ergehen wird durch das Handeln Jahwes in Kraft gesetzt und verwirklicht; die Korrelation von Handeln und
entsprechendem Geschick eines Menschen ist vermittelt durch eine Korrelation von göttlichem und menschlichem Handeln; im Wirksamwerden der
"Tatsphäre" vollzieht sich zugleich das göttliche Gericht (שפט; vgl.
17,20) über einen Menschen.

Aussagen, die wie 17,19 - mehr oder weniger deutlich -
auf das Konzept des "Tat-Ergehen-Zusammenhangs" verweisen,
finden sich in den Gerichtsprophezeiungen des EB relativ
häufig[584]. An einigen Stellen ist die In-Kraft-Setzung die-

---

581 A.a.O., 107f.
582 Vgl. Koch, Vergeltungsdogma.
583 Knierim, Hauptbegriffe, 75.
584 Vgl. 4,4-6.17; 5,9; 7,3f.8f.13.16.27; 9,10; 11,21; 12,19; 16,43.52.
    54.58f; 21,28f; 22,4.31; 23,29f.35.49; 24,14.23 sowie 33,29; 35,6.
    11.15; 36,7.19; 39,23f; 44,10-13; zu Kap. 3; 18; 33 s.o. 3.2.4.

ses Zusammenhangs ausdrücklich als "Gericht" Jahwes bezeichnet, so z.B. in 7,3f:

"Ich will meinen Zorn (אף) gegen dich loslassen
und dich richten (שפט) entsprechend (כ) deinem Wandel (דרך)
und dir all deine Greuel auflegen.
Mein Auge soll nicht gütig auf dich blicken,
und ich will mich nicht erbarmen,
sondern deinen Wandel auf dich legen,
und deine Greuel werden in deiner Mitte sein (sich auswirken)"[585].

Die für die Gerichtsprophezeiungen Ezechiels bestimmende
Korrelation von Handeln und Ergehen wird so entfaltet, präzi-
siert und in einen konzeptionellen Rahmen eingeordnet, aus
dem die Grundstuktur der "Geschichtsentwürfe" in Kap. 5; 16
und 23 erwächst, und der erst in der Geschichtsdarstellung
von Kap. 20 überwunden wird: Eine handelnde Instanz verstößt
gegen eine von Jahwe gesetzte Ordnung; damit provoziert sie
den Zorn Jahwes, was zum göttlichen Gericht über diese Instanz führt.

Der für Ezechiel charakteristische Ausdruck zur Bezeichnung von Schuld
als Verstoß gegen vorgegebene Ordnungen ist תועבה, "Greuel"[586]. Demgegenüber tritt die Charakterisierung der Schuld Israels als Verstoß gegen
Jahwes "Satzungen und Rechte" (חקות ומשפטים) im EB eher in den Hintergrund[587]. Während hier die Konnotation einer gewissen "Positivität" der
Normen, an denen menschliches Verhalten gemessen wird, mitschwingt[588],
verweist תועבה stärker auf implizite, "selbstverständliche" Normen und
"Wertsysteme" - "(d)as, was durch die eigene Wesensbestimmung ausgeschlossen, was also gefährlich oder unheimlich erscheinen muß", "was
aufgrund von Gruppennormen als gefährlich und darum angst- und ekelerre-
gend gelten muß", im kultischen, rechtlichen und sozialen Bereich[589].
Die als תועבה qualifizierte Schuld Israels betrifft - auch vermittelt
über soziale Vergehen - sein Gottesverhältnis. Die Gerichtsprophezeiungen des EB greifen durchgängig solche תועבות an, deren Beseitigung durch

---

585 Vgl. 7,27; 24,14; 35,11; 36,19.
586 Vgl.o. II.4.1.2.
587 Vgl. 5,6.7; 11,12; 20,11.13.16.19.21.25; zu Kap. 18 s.o. 3.2.4.b.
588 Vgl. z.B. Liedke, Art. חקק, 629: "ḥōq ist die Grenzlinie, die der
     Herrscher seinem Untergebenen vorzeichnet ..."
589 Gerstenberger, Art. תעב, 1053f.

soziale Mechanismen versagt. Deshalb provozieren diese Vergehen den Zorn Jahwes (v.a. אף, חמה)[590], der sich im göttlichen Gericht (Wz. שפט)[591] entlädt. Da Jahwes Zorn als eine "in ihren Motiven zwar durch ähnliche menschliche Verhaltensweisen erklärbare, aus ihnen aber nicht ableitbare Reaktion ... auf die das Wesen und die Gebote dieses Gottes verletzenden Taten der Menschen"[592] mit einer gewissen Kontingenz behaftet ist, muß zur Begründung der Gerichtsprognose die Möglichkeit seines "Erbarmens" ausdrücklich ausgeschlossen werden[593]. Die Notwendigkeit und innere Folgerichtigkeit des Ablaufs von Schuld, Zorn und Gericht wird so unterstrichen und damit die Extrapolation vom Schuldaufweis auf die Gerichtsankündigung unterstrichen.

Einer Verschärfung der Korrelation von Handeln und Ergehen scheint auch die Qualifikation der Schuld Jerusalems/Israels als "Verunreinigung" (Wz. טמא, חלל) zu dienen: Jahwes Heiligtum[594], seine Sabbate[595], ja er selbst[596] bzw. sein Name[597] sind entweiht und verunreinigt. Mit seinem Verhalten im sozialen[598] und kultischen[599] Bereich hat Jerusalem/Israel sich selbst verunreinigt[600]. Da diese Verunreinigung nach 24,1-14 ebensowenig durch Reinigungshandlungen zu beseitigen ist wie nach 4,1-5,4 die Schuld Israels durch Sühneriten, wird der Untergang unausweichlich. Jahwe selbst wird sein Heiligtum entweihen (lassen)[601] - Tat und Ergehen entsprechen einander.

Die Profilierung des konzeptionellen Rahmens der Gerichtsprophezeiung geht sonach einher mit einer Verschärfung der Gerichtserwartung: Die Katastrophe wird nun praktisch **unaus-**

---

590 Vgl. 5.13.15; 6,12; 7,3.8; 8,18; 9,8; 13,13.15; 14,9; 16,38.42; 20,8.13.21.33.34; 21,22; 22,20-22.31; 23,25; 36,18; 43,8 sowie 19,12; 24,8.13; 25,14.17; 30,15; 35,11; 36,5f; 38,18f; 39,25.
591 Vgl. 5,8.10.15; 7,3.8.27; 11,9-11; 14,21; 16,38; 17,20; 20,35f; 21,35; 24,14; 33,20; 34,17.20.22; 36,19 sowie 16,41; 18,30; 20,4; 22,2; 23,10.24.36.45; 25,11; 28,22.26; 30,14.19; 35,11; 38,22; 39,21.
592 Sauer, Art. אף , 223.
593 Vgl. 5,11; 7,4.9; 8,18; 9,(5.)10; 24,14; anders nur 20,17.
594 Vgl. 5,11; 22,26; 23,38f; 44,7.
595 Vgl. 20,13.16.21.24; 22,8; 23,38.
596 Vgl. 13,19; 22,26.
597 Vgl. 20,39; 36,20ff; 39,7; 43,7f.
598 Vgl. 18,6.11.15; 22,10f; 33,26.
599 Vgl. 20,7.18.26.31; 22,3f; 23,7.30; 36,18.25; 37,23.
600 Vgl. 14,11; 20,30.43; 22,5.15; 23,13.17; 24,11.13; 36,17.29; 39,24.
601 Vgl. 7,21f.24; 9,7; 24,21 sowie 25,3.

weichlich. Die Erfahrung, daß die prophetische Kritik Ezechiels bei ihren Adressaten nicht auf die intendierte Resonanz stößt und eine Abwendung des Untergangs deshalb **unwahrscheinlich** ist, wird so in ihrer konzeptionellen Verarbeitung zugleich überboten und modifiziert: Als "Haus des Widerspruchs", gefangen in den Folgen seiner Schuld, **kann** Israel gar nicht anders als sich der prophetischen Warnung und Kritik zu verschließen. Mit den Worten des Hoseabuchs gesprochen: "Ihre Taten gestatten ihnen nicht, umzukehren zu ihrem Gott" (Hos 5,4)[602].

c) Spannungen in der Gerichtsprophezeiung Ezechiels

Der Versuch einer Zusammenschau der ins "ältere EB" aufgenommenen Gerichtsprophezeiungen ergibt ein komplexes und spannungsreiches Bild. Nicht alle Differenzen zwischen einzelnen Text(komplex)en mit ihren Rahmenkonzepten lassen sich redaktionsgeschichtlich bzw. durch eine Entwicklung in der Gerichtsverkündigung Ezechiels erklären, wie sie die vorangegangenen Abschnitte hypothetisch zu rekonstruieren und zu skizzieren versuchten. Die verbleibenden Spannungen lassen kaum redaktionsgeschichtliche Rückschlüsse zu, da sie zum einen nicht in Beziehung zu einer (oder mehreren) übergreifenden Gesamtkonzeption(en) gesetzt werden können - solche sind nicht (mehr?) erkennbar -, und zum anderen auch innerhalb einzelner Text(komplex)e konzeptionelle Spannungen erkennbar sind, die nicht literargeschichtlich erklärbar zu sein scheinen. So liegt die Annahme näher, daß charakteristische Spannungen in den Gerichtsprophezeiungen des EB "synchron" auf die spannungsvolle Situation und argumentative Frontstellung der Gerichtsverkündigung Ezechiels zurückzuführen sind, die in dieser "Verkündigung" nicht in ihrer ganzen Komplexität konzeptionell eingeholt und verarbeitet ist. In

---

602 Auch im Hoseabuch scheint sich diese Behauptung einem Prozeß der Radikalisierung der Gerichtsprophezeiung angesichts mangelnder Resonanz zu verdanken; vgl. Jeremias, Hosea, 76: "Was 2,9 und 3,5 als Ziel des göttlichen Strafhandelns erwarten, was 7,10.16 und 11,5 als Verweigerung Israels beschreiben ("sie verweigern die Umkehr", 11,5), das wird hier viel härter noch als Unmöglichkeit Israels dargestellt" (vgl. auch Jer 13,23).

solchen Spannungen deuten sich zugleich Grenzen des konzeptionellen Rahmens der Gerichtsprophezeiungen und der in ihrem Rahmen entwickelten "Geschichtsentwürfe" des EB an.
(1) Als spannungsgeladen erweist sich zunächst das Nebeneinander und Gegenüber der Argumentation von Ez 18, die in einen
"Umkehrruf" mündet, und derjenigen Gerichtsprophezeiungen,
die die Schuld Jerusalems/Israels als "unsühnbar" und damit
die angekündigte Katastrophe als unausweichlich erscheinen
lassen[603]. Das Problem liegt dabei, wie sich zeigte[604], nicht
in der (vermeintlichen) Spannung von "Individualismus" und
"Kollektivismus", sondern im Gegenüber der Argumentation mit
einer prinzipiellen "Möglichkeit der Umkehr" und der Tendenz,
die "Unausweichlichkeit der Katastrophe" in den Gerichtsprophezeiungen herauszuarbeiten.

Trifft die oben[605] skizzierte Analyse von Ez 18(*) zu, ist diese Spannung weder redaktionsgeschichtlich noch durch eine Entwicklung der "Verkündigung" Ezechiels zu erklären. Vielmehr erscheinen beide Pole im Rahmen einer in ihren Grundzügen einheitlichen, von der mangelnden Resonanz
der prophetischen Gerichtsankündigung bei ihren Adressaten geprägten
argumentativen Frontstellung funktional: Israel "will nicht hören"
(3,7), es "will sterben" (18,31). Aber auch die harmonisierende Annahme,
die im Umkehrruf enthaltene "bedingte Heilszusage" habe Ezechiels "gesamte Tätigkeit begleitet"[606], erwies sich als unwahrscheinlich. Vielmehr scheint der Umkehrruf in Kap. 18(*) einen ersten Versuch darzustellen, in der konkreten Auseinandersetzung zutage getretene grundsätzliche
Probleme des konzeptionellen Rahmens der Gerichtsprophezeiung zu bearbeiten[607].

Die Spannung zwischen "Möglichkeit der Umkehr" und "Unausweichlichkeit der Katastrophe" erwächst aus der konzeptionellen Spannung zwischen der - zunehmend radikalisierten -
Tendenz Ezechiels, seine Gerichtsprognosen durch die Extrapolation vom Schuldaufweis auf die Gerichtsankündigung unter

603 S.o. b.
604 S.o. 3.2.4.c.
605 3.2.4.b.
606 Lang, Ezechiel, 55.
607 S.o. 3.2.4.b.(3).

Voraussetzung des "Tat-Ergehen-Zusammenhangs" als Gesetzmäßigkeit des Geschichtsprozesses argumentativ zu stützen,
und seiner Betonung der Freiheit und Personalität Jahwes.
Sie ist im Grunde bereits angelegt in der "Zweischichtigkeit" des die Geschichtsdarstellung von 5,5-17 bestimmenden
(impliziten) Regelzusammenhangs[608]: Wie verhält sich das
göttliche Handeln in seiner Freiheit zur im Konzept des
"Tat-Ergehen-Zusammenhangs" erfaßten bzw. postulierten Ordnung? Geht Jahwes Handeln darin auf, die "Tausch-Mecha-
nik"[609] des Tat-Ergehen-Zusammenhangs in Kraft zu setzen und
in Gang zu halten, muß er letztlich zum "Gerechtigkeits-Auto-
maten"[610] ohne jede personale Freiheit werden. Setzt sich
dagegen Jahwe in seiner Souveränität über die Ordnung des
Tat-Ergehen-Zusammenhangs hinweg, ist die Extrapolation vom
Schuldaufweis auf die Gerichtsankündigung in ihrer argumentativen Stringenz gefährdet.

Beide Extrem-Möglichkeiten laufen offenbar der "Grund-
Einstellung" Ezechiels zuwider. Deshalb tritt, wo er stärker
vom Tat-Ergehen-Zusammenhang her argumentiert, an die Seite
der regelhaft-"mechanischen" Extrapolation vom Schuldaufweis
auf die Gerichtsankündigung der Hinweis auf Jahwes "personale" Entscheidung, sich nicht zu "erbarmen"[611]. Und umgekehrt
wird in Kap. 18(*), das in seiner Argumentation stärker von
der Freiheit Jahwes (und seines menschlichen Gegenübers)
ausgeht, der Tat-Ergehen-Zusammenhang nicht prinzipiell für
ungültig erklärt, sondern nur in seiner Reichweite eingeschränkt[612]. So werden zwei konfligierende Argumentations-
Tendenzen in der Gerichtsprophezeiung mit ihrer argumentativen Frontstellung in einer spannungsvollen Einheit zusammen-

---

608 S.o. II.4.2.
609 Bloch, Atheismus, 135.
610 A.a.O., 132.
611 S.o. b.(3).
612 S.o. 3.2.4.b.(3) u. Schenker, Trauben, 463. - Daß auch hier die Spannung zwischen göttlicher Freiheit und Bindung des Handelns Jahwes an
   die Ordnung des Tat-Ergehen-Zusammenhangs nicht aufgelöst ist, zeigt
   sich daran, daß Jahwe "kein Gefallen hat am Tode dessen, der" -
   entsprechend oder entgegen dem Tat-Ergehen-Zusammenhang - "stirbt"
   (18,32).

gehalten. In ihrer Spannung liegt aber zugleich das Potential einer konzeptionellen Weiterentwicklung unter gewandelten situativen Rahmenbedingungen.

(2) Auf den Konflikt zwischen Freiheit und Regelhaftigkeit
des göttlichen Handelns geht letztlich auch die Ambivalenz
der Bezugnahme auf Geschichte im Rahmen der Gerichtsprophezeiungen Ezechiels zurück, auf die bereits mehrfach hingewiesen wurde[613]: Der Aufweis einer "Akkumulation von Schuld" in
der Geschichte Jerusalems/Israels, der unter Voraussetzung
des Konzepts des "Tat-Ergehen-Zusammenhangs" in der Lage
ist, die Extrapolation vom Schuldaufweis auf die Gerichtsankündigung argumentativ zu stützen, ist nur möglich, wenn im
konzeptionellen Rahmen der Geschichtsdarstellung die in der
regelhaften Korrelation von göttlichem und menschlichem Handeln gründende Gesetzmäßigkeit der Abfolge von Schuld, Zorn
und Gericht gelockert wird - die aber ihrerseits der Stützung der Extrapolation vom Schuldaufweis auf die Gerichtsankündigung diente[614].

Auch hier erweist sich die Gerichtsprophezeiung als ange-
wiesen auf Rahmenbedingungen - wie: die Berufung auf ihre
"Offenbarung" durch Jahwe; eine Situation, in der die exi-
stenzielle Bedrohung Jerusalems/Israels abzusehen ist; die
Konfrontation mit konkurrierenden Interpretationen dieser
Situation -, die ihre argumentative Stringenz zusätzlich zur
Profilierung ihres konzeptionellen Rahmens stützen, ohne
selbst in diesen eingeholt zu sein.

(3) Eine weitere schwerwiegende Spannung in der Gerichtsprophezeiung Ezechiels liegt schließlich vor in dem ungeklärten
Verhältnis von "metahistorischen" und "innergeschichtlichen"
Ordnungshorizonten der Erfahrung und Interpretation des in
ihr - explizit oder implizit - thematischen Geschichtsprozesses: Wird Jerusalem/Israel nach Maßgabe der "metahistorischen" Regeln des Geschichtsablaufs, wie sie in der konzeptionellen Analyse der "Geschichtsentwürfe" von Kap. 5; 16

---

613 Vgl.o. II.5.3./III.4.3.
614 Vgl.o. III.4.2.2.

und 23[615], aber auch anderer Gerichtsprophezeiungen des
EB[616] zutage traten, eine totale und umfassende Katastrophe
angekündigt, so wird damit ja im Grunde nicht nur eine Beseitigung des Widerspruchs Jerusalems/Israels gegen in seinem
Gottesverhältnis mitgesetzte ("innergeschichtliche") Ordnungen, wie er im Schuldaufweis der Gerichtsprophezeiungen namhaft gemacht wird[617], erwartet, sondern damit zugleich auch
eine Beseitigung dieser Ordnungen selbst. Bedeutet also die
Extermination Jerusalems/Israels im Gericht aufgrund seines
Widerspruchs gegen Jahwes Ordnungswillen zugleich das Scheitern eben dieses Ordnungswillens Jahwes in der Geschichte?
Dieses Problem scheint in den Texten - wenn auch eher "untergründig"
und am Rande - durchaus wahrgenommen zu sein. So bleibt in 5,5-17 Jerusalem auch nach der Katastrophe, wenn auch nur als Trümmerstätte, Zentrum
der Völkerwelt; die im "Ursprungs"handeln Jahwes an Jerusalem gesetzte
Ordnung wird also nicht völlig zerstört[618]. Wird hier die Schlußfolge-
rung, in der Katastrophe Jerusalems/Israels müsse letztlich auch Jahwe
mit seinem ("innergeschichtlichen") Ordnungswillen scheitern, dadurch
vermieden, daß wenigstens Rudimente dieser Ordnung sich auch in der Darstellung des Gerichts und seiner Folgen noch durchhalten, deutet sich
v.a. in den Fremdvölkerworten Ezechiels noch eine andere Möglichkeit
an, eine totale Katastrophe Jerusalems/Israels denkbar zu machen, ohne
in ihr zugleich den Zusammenbruch der von Jahwe "ursprünglich" intendierten Weltordnung sehen zu müssen.
Diese bestand ja, wie v.a. in 5,5-17 deutlich wurde[619], in ihrem Kern
in einer Ordnung der Völkerwelt, in der nach Art konzentrischer Kreise
Jahwes Herrschafts- und Rechtswille vermittelt über den Tempel, Jerusalem und Israel in den Bereich der Völker ausstrahlt. Wenn nun in zahlreichen Fremdvölkerworten des EB ein so "unmittelbare(s) Gegenüber Jahwes und des fremden Volkes oder Fürsten" erkennbar wird, daß letztlich
"kaum mehr ein grundsätzlicher Unterschied zwischen dem fremden Volk und
Israel vorhanden" ist[620], könnte dahinter der Versuch Ezechiels erkenn-

---

615 S.o. II.4.2./III.4.2.
616 S.o. b.(3).
617 S.o. II.4.1./III.4.1./b.(2).
618 S.o. II.4.1.1.
619 S.o. II.4.1.1.
620 Reventlow, Wächter, 156.

bar sein, die Herrschaft Jahwes über die ganze Welt nach dem "Ausfall"
Israels neu zu denken. In diesem Zusammenhang könnte auch der starke
Rückgriff auf myth(olog)ische Ressourcen in den Fremdvölkerworten zu
verstehen sein, auf den jüngst mit Recht wieder L.Boadt[621] hingewiesen
hat: Vielleicht geht es Ezechiel hier "by establishing a renewed mythical
expression of Israel's faith"[622] weniger darum, einen neuen, "proper
myth **for Israel**"[623] zu entwickeln, als vielmehr darum, die Tatsache,
"that Yahweh alone creates and rules all things"[624] **für die Völker** unter
Voraussetzung ihrer eigenen, mythischen Vorgaben verständlich zu machen,
nachdem Israels Abschied aus der Völkerwelt in den Augen des Propheten
abzusehen ist. Daß dieser Ansatz im EB nicht weiterentwickelt worden ist
- freilich läßt immerhin Kap. 20 noch Einiges von einem "unmittelbaren
Gegenüber Jahwes und des fremden Volkes" erkennen! -, dürfte darauf zurückzuführen sein, daß das Jahr 587 nicht die vom Propheten erwartete
völlige Extermination Israels herbeigeführt hat.

Die skizzierten Spannungen im konzeptionellen Rahmen der
Gerichtsprophezeiungen Ezechiels zeigen dessen Unabgeschlos-
senheit und Unvollständigkeit gegenüber den konkreten Erfahrungen und Erwartungen, zu deren Verarbeitung und Interpretation er entwickelt ist. Bedeuten sie für die Gerichtsprophezeiung Ezechiels unerledigte Probleme, die ihre argumentative Stringenz gefährden können, enthalten sie doch zugleich
auch ein Potential für konzeptionelle Weiterentwicklungen
und Innovationen, das zur Verarbeitung neuer Erfahrungen und
Entwicklung neuer Erwartungen fruchtbar gemacht werden kann.

3.3.2. Die Restitutionsprophezeiungen

D. Baltzer hat sich jüngst[625] gegen den Versuch einer
"Systematisierung" der "Heilsprophetie im Ezechielbuch" aus-
gesprochen, wie ihn S.Herrmann in seiner Untersuchung der
"Heilserwartungen im Buche des Propheten Ezechiel" unternom-

---

621 Boadt, Stategies.
622 A.a.O., 7.
623 A.a.O., 16 (Hervorh. T.K.).
624 Ebd.
625 Baltzer, Anmerkungen.

men hat[626]. Nun steht freilich bei Herrmann die Frage nach
der "Systematik" der Restitutionsprophezeiungen des EB erst
am Ende einer Reihe von exegetischen Einzeluntersuchungen
der "Texte ..., die Heilserwartungen enthalten, und zwar
ohne systematische Ordnung, lediglich in der Reihenfolge, in
der sie im Buche Ezechiel auf uns gekommen sind"[627]. Gerade
wenn man aber mit Baltzer die literarhistorische Eigenständigkeit der einzelnen Restitutionsprophezeiungen im EB betonen will[628], sind doch die weitgehenden thematischen Gemeinsamkeiten zwischen den verschiedenen Texten erstaunlich und
erklärungsbedürftig. Dies gilt um so mehr, wenn man berücksichtigt, daß die Texte nicht nur in literar- und traditionsgeschichtlicher Hinsicht ihre je spezifischen Eigentümlichkeiten aufweisen, sondern auch gerade in ihrer argumentativen und konzeptionellen Einbettung der Erwartung einer Restitution Israels: Ist sie in einigen Texten im Sinne einer
"Neuschöpfung" Israels durch Jahwe verstanden (v.a. 37,1-
14), wird die Restitution Israels in anderen Texten aus der
seine gesamte Geschichte bestimmenden Sorge Jahwes um seinen
"Namen" begründet (Kap. 20; 36,16ff), während wieder andere
Texte angesichts erfahrbarer Mißstände "Heil" **und** "Gericht"
als Aspekte einer Neuordnung der Wirklichkeit durch Jahwe
ankündigen (v.a. Kap. 34). Trotz dieser Unterschiede zwischen den drei Haupt-"Typen" der Restitutionsprophezeiung im
EB scheint hinter ihnen doch wiederum das gemeinsame Bestreben zu stehen, den Prozeß der Restitution Israels so zu erfassen, daß die Kontinuität zwischen Vergangenheit/Gegenwart
und Zukunft allein auf Seiten Jahwes liegt, während auf Seiten Israels eine starke Diskontinuität bestimmend ist, was

---

626 Vgl. Herrmann, Heilserwartungen, 241ff; hier bes. die "Übersicht"
    über die "Themen der Heilserwartungen im Ezechiel-Buche und eine
    Reihe in ihr verwendeter bemerkenswerter Einzelelemente" (a.a.O.,
    286f). Die Stichworte "System", "Systematik" u. dgl. finden sich
    gehäuft a.a.O., 289. S. jetzt auch Westermann, Heilsworte 129ff.
627 A.a.O., 243.
628 - gegen den Versuch, durchgängige Bearbeitungsschichten in den Re-
    stitutionsprophezeiungen des EB nachzuweisen, wie ihn Garscha, Studi-
    en und Hossfeld, Untersuchungen (vgl. auch Simian, Nachgeschichte)
    je auf ihre Weise unternehmen.

die Annahme einer relativ einheitlichen argumentativen Frontstellung und situativen Einbettung der Restitutionsprophezeiungen des EB mindestens möglich macht. Ihre Wahrscheinlichkeit soll in der folgenden exemplarischen Durchsicht der
drei Haupt-"Typen" von Restitutionsprophezeiungen im EB geprüft werden.

a) Die Restitution als "Neuschöpfung" Israels durch Jahwe

Ez 37,1-14 gehört sicher zu den eindrucksvollsten und auch
wirkungsträchtigsten[629] Texten des EB. Im Vergleich mit den
übrigen Restitutionsprophezeiungen des Buches erweckt der
Abschnitt den Eindruck einer starken "Ursprünglichkeit":

"Das Zitat in 11, von dem her die ganze Einheit bestimmt ist, führt
ganz so wie das Zitat von 33,10 in einen Zeitpunkt resignierter Zer-
schlagenheit der Menschen in der Umgebung des Propheten. ... Man gewinnt aus diesem Wort nicht den Eindruck, daß die prophetische Heilsverkündigung schon breiten Boden gewonnen hätte. Die polemische Formulierung der Ankündigung einer neuen Wiederherstellung läßt zudem vermuten, daß es sich auch beim Propheten selber nicht um eine schon lange verkündigte, ausgeschliffene Botschaft handelt"[630].

Die in diesen Bemerkungen W.Zimmerlis vorausgesetzte Annahme, daß die
beiden Teile von 37,1-14, Vision (1-10) und Disputationswort (11-14),
von Anfang an zusammengehörig und aufeinander bezogen sind, ist freilich
in der neueren Forschung durchaus umstritten. Gegen die ihr widersprechenden Thesen von Baltzer, Hossfeld und Höffken[631] hat jedoch Bartelmus
überzeugend nachweisen können, daß "(v)on der literarischen Struktur und
von der Textüberlieferung her (...) kein Anlaß (besteht), an der inneren
Einheit von Ez 37,11, und damit an der inneren Einheit von Ez 37,1-14 zu
zweifeln"[632]. Entsprechendes gilt aber auch für die formgeschichtlichen
und inhaltlichen Argumente, die neuerlich Graffy gegen die Einheitlichkeit von 37,1-14 geltend macht[633]. Die formale Beobachtung, daß die Vision in 11a mit einer "explanation" abgeschlossen ist, "and a separate

---

629 Vgl. etwa die Wandmalereien in der Synagoge von Dura-Europos (Lit.
    bei Zimmerli, 130*).
630 Zimmerli, 891.
631 Vgl. Baltzer, Ezechiel, 100ff; Hossfeld, Untersuchungen, 341ff;
    Höffken, Beobachtungen, 305ff.
632 Bartelmus, Textkritik, 64.
633 Vgl. Graffy, Prophet, 83ff.

unit begins in v.11b where the disputation speech structure becomes apparent"[634], erlaubt nicht auch schon den literarkritischen Schluß, daß es sich in 1-11a und 11b-14 um zwei ursprünglich selbständige Texte handelt, ist doch auch in anderen Texten des EB eine Kombination verschiedener formal vorgeprägter Elemente zu beobachten, die nicht literargeschichtlich, sondern von der Intention des Textes her zu erklären ist (vgl. o. zu Kap. 20). So bleibt als letztes - nun inhaltliches - Argument gegen die Einheitlichkeit des Textes "the change in the metaphor which becomes apparent in v.12, where people are to be raised up from tombs, not from dry bones lying on a plain"[635]. Daß dieser "change in the metaphor" sich erst **nach** 11b vollzieht, der selbst noch voll dem Bild- und Wortzusammenhang von 1-11a entspricht, spricht aber angesichts der formalen Zusammengehörigkeit von 11b und 12ff im "Disputationswort" eher für als gegen die Einheitlichkeit von 37,1-14[636].

Unbeschadet der ursprünglichen Zusammengehörigkeit von Vision und Disputationswort weist aber der Text Indizien literarischer Uneinheitlichkeit auf, die von Bartelmus präzise herausgearbeitet worden sind. Seine Analyse, auf die hier nur verwiesen werden kann, führt zu dem Ergebnis, daß der Grundbestand des Textes in 1-6.7b.8a (ohne וראיתי).10b-14 (ohne den Artikel bei הרוח), eine Bearbeitungsschicht in 7a.8b-10a und den in Klammern genannten Elementen vorliegt[637].

Strukturell[638] wie inhaltlich nimmt die in 11b zitierte Aussage der Israeliten: "Vertrocknet sind unsere Gebeine, (und)[639] zunichte ist unsere Hoffnung; wir sind abgehauen" (יבשו עצמותינו ואבדה תקותנו נגזרנו לנו) , eine zentrale Stellung in 37,1-14* ein. Sie beschreibt und deutet im Rückgriff

---

634 A.a.O., 83.
635 A.a.O., 84.
636 Graffys (ebd.) Ausführungen: "The phrase in the quotation, 'our bones are dried up', which on grounds of vocabulary might seem to be closely tied to vv. 1-11a, is rather to be considered part of the lament of the people who consider themselves condemned to waste away until death and the tomb. ... It seems probable that the reference to dry bones in the quotation of the disputation speech led to its being placed here immediately after the conclusion of Ezekiel's famous vision", geben sich als ad hoc - Hypothese zur Stützung seiner literarkritischen Vor-Entscheidung zu erkennen.
637 Vgl. Bartelmus, Ez 37, zusammenfassend: 384.
638 Vgl. a.a.O., 379f.
639 Vgl. BHS.

auf das "Wort- und Bildgut der Psalm- (und Prov-) Sprache"[640]
die Selbsterfahrung der Zeit- (und Exils-) Genossen Ezechiels nach der Katastrophe von 587: "Israel, das in den Gescheh-
nissen der Jahre 733/32, 722 und 597 immer tiefer in Unheil
und Zusammenbruch gestoßen worden war, sieht sich im Geschehen von 587 endgültig zum Tode verurteilt"[641]. Ebenso wie
das in seiner poetischen Gestalt vergleichbare Wort 33,10[642]
(vgl. 24,23) zeigt auch das Zitat in 37,11 Anklänge an Formulierungen der Gerichtsprophezeiungen des EB. So beschreibt
יבש (als Verbum im Qal bzw. Hif'il sowie als Adjektiv) in
17,9f(.24); 19,12; 21,3 Folgen des angekündigten Gerichtshandelns Jahwes. עצם steht im Rahmen der Gerichtsprophezeiung in
6,5; 23,(4.5.)10[643]. Insbesondere das והעצמות יחרו von 24,10
kommt dem יבשו עצמותינו von 37,11 in Bild und Sprache nahe.
Schon die ersten beiden Worte der in 11b zitierten Aussage
signalisieren also: Nicht irgendein Verhängnis ist es, das
Israel getroffen hat, sondern präzise dasjenige Gerichtshandeln Jahwes, das Ezechiel angekündigt hatte. Sofern die Gerichtsprognosen Ezechiels im Zuge ihrer zunehmenden Radikalisierung und Verschärfung das angekündigte Gericht immer stärker als völligen Abbruch und Ende der Geschichte Israels
verstanden, hat die im Rückgriff auf sie in 37,11 formulierte Selbsterfahrung der Israeliten in der Tat den Charakter
des "Endgültigen" (Zimmerli).

Ob aber aus 11b wirklich **nur** die "verzweifelte(.) Absage
ans Leben"[644] spricht, wird fraglich, wenn man die weiteren
Aussagen des Zitats auf ihren Konnotations-Horizont hin betrachtet. Zwar findet sich auch das Verb אבד (in q., pi. und
hi.) im Rahmen der Gerichtsprophezeiungen des EB[645], doch
zeigt der einzige weitere Beleg von תקוה im EB, an dem die-

---

640 Zimmerli, 897 (mit zahlreichen Belegen).
641 Ebd.
642 Vgl. Zimmerli, 897.804.
643 Vgl. Rendtorff, Einführung, 222.
644 Eichrodt, 357.
645 - und zwar sowohl im Rahmen des Schuldaufweises (vgl. 22,27[;34,4.
    16]) als auch im Zusammenhang der Beschreibung des Gerichtshandelns
    Jahwes (vgl. 6,3; 7,26; 25,7.16; 26,17; 28,16; 30,13; 32,13); vgl.
    auch 12,22.

ses Nomen ebenfalls in Verbindung mit dem Verb אבד (q.) steht
(19,5), daß "zunichte" gewordene "Hoffnung" keineswegs jede
weitere Handlungsperspektive ausschließt. Und das "Abgehau-
en-Sein" (גזר ni. - das Verb ist im EB nur hier belegt) kann
zwar, wie Jes 53,8 zeigt, den Tod zur Folge haben, aber auch
eine Situation beschreiben, aus der eine Rettung durch Jahwe
durchaus noch möglich ist (vgl. Klgl 3,54ff)[646]. Man kann
deshalb fragen, ob nicht in dem Ez 37,11 zitierten Wort neben "aller verzweifelten Absage ans Leben" (Eichrodt) auch
schon erste Versuche einer Bewältigung der nationalen Katastrophe durch Rückgriff auf Elemente der "persönlichen Frömmigkeit" ihren Niederschlag gefunden haben[647]. Dann wäre
aber die Tatsache, daß die Vision in 1-10 nur den ersten
Teil des Zitats von 11b (יבשו עצמותינו) aufgreift und ausgestaltet, bereits bemerkenswert: Ezechiel spitzt die Selbsterfahrung seiner Zeitgenossen auf denjenigen Aspekt zu, der
ihre gegenwärtige Situation als Eintreffen des von ihm angekündigten totalen Gerichtshandelns Jahwes deutet[648].

Es scheint also nicht zufällig zu sein, daß gerade **das**
Bild aus der in 11b zitierten Klage "den Propheten jäh an-
springt und sich ihm zu erlebter visionärer Wirklichkeit
wandelt"[649], dessen Horizont die stärksten Berührungen zur
Gerichtsprophezeiung Ezechiels aufweist[650]. Im Rahmen der

---

646 Klgl 3,55 verwendet zur Beschreibung der Notlage mit בור eine Ez
   37,12f (קבר) verwandte Metapher!
647 Vgl. Albertz, Frömmigkeit, 178ff; zu Ez 37,1-14: 187f. Die Anknüpfung an den "Erfahrungshintergrund der persönlichen Frömmigkeit"
   (a.a.O., 187) ist aber für das Zitat in Ez 37,11 weit stärker bestimmend als für das Orakel Ezechiels 37,1-14* insgesamt. Kaum zufällig knüpft die Vision 1-10 nur sehr selektiv an das Zitat 11b an
   (s.u.).
648 Fox, Rhetoric, 5 weist zurecht auf die "two main objective factors"
   der "rhetorical situation" des Textes hin: "The nation was in exile;
   and the situation in exile was not so bad for the individual Jew as
   might have been expected". Dann erschöpft sich der Text aber kaum in
   einer "exhortation", d.h. dem Bestreben "to create ... expectations
   in his audience" (a.a.O., 7). Vielmehr widerspricht er zugleich bestimmten "expectations"!
649 Zimmerli, Gotteswort, 145.
650 Von daher ist die Annahme einer Einwirkung von Jer 8,1-3 (Miller,
   Verhältnis, 92) auf Ezechiels Vision nicht sehr wahrscheinlich.
   Ebensowenig kann m.E. die Hypothese überzeugen, Ezechiel habe das

visionär, in einem "dem normalen Alltagsbereich entris-
sen(en)" "Zustand"[651] überhöhten Erfahrung des "große(n)
Sterben(s)"[652], das die Gerichtsprognosen angekündigt hatten, wird nun in der Frage Jahwes: "Werden diese Gebeine
(wieder) leben?" (התחייינה העצמות האלה: 3aγ), die implizite
Ambivalenz der Klage von 11b ausdrücklich artikuliert: Hat
die als Todeserfahrung gedeutete Interpretation der Situation Israels nach 587 den Charakter des "Endgültigen", oder
ist eine Änderung dieser Situation möglich? Wenn Ezechiel
auf diese Frage antwortet: "Mein Herr Jahwe, du weißt es"
(3b), ist darin "beides enthalten: das Bekenntnis der Ohnmacht des Menschen ...; zugleich aber das Wissen, daß er dem
Gott antwortet, dessen Möglichkeiten nicht durch der Menschen Unmöglichkeiten beschnitten werden". "So ist denn mit
des Propheten Antwort alles aus des Menschen Ohnmacht in
Gottes machtvolle Entscheidung zurückgewiesen"[653].
Wenn nun Jahwe seine Entscheidung für die Möglichkeit des
Lebens in 4-6 ausspricht und ihre Umsetzung in die Realität
den Visionär in 7b-8a.10b schauen läßt, ist diese Entscheidung zwar kontingent, steht aber gleichwohl in Kontinuität
zu dem Bild Jahwes, das die Gerichtsprophezeiungen von Kap.
1-24 bieten. Schon in der Frage nach der Möglichkeit des
"Lebens" (חיה) angesichts der erfahrenen Gegenwart (3; vgl.
33,10) klingen die Aussagen über die "Parteilichkeit Jahwes
für das Leben" (Zimmerli) von Kap. 3; 18 und 33 (vgl. auch
16,6[654]) an. Die gegenwärtig erfahrbare Situation Israels
offenbart so eine innere Spannung: Wie verträgt sie sich als
Folge des Gerichtshandelns Jahwes mit dessen "Parteilichkeit
für das Leben"? Die Auflösung dieser Spannung, wie sie 4-6.

Bild der herumliegenden Gebeine aus eigener Anschauung zarathustri-
scher "funeral grounds" ("Dakhmas", vgl. die knappe Beschreibung bei
Glasenapp, Religionen, 298f) zur "illustration" seiner Restitutionsprophezeiung "invented" (so Lang, Street Theater).
651 Zimmerli, 892.
652 A.a.O., 893.
653 Ebd.
654 Das Stichwort חיה findet sich im EB ferner in 13,19.21; 20,11.13.21.
25 sowie im Zusammenhang der Restitutionsprophezeiungen neben 37,3.
5.6.9.10.14 in 47,9(2x).

7b-8a.10b ankündigt und darstellt, wird nun in einer Weise
formuliert, die sie neben Anklängen an die Gerichtsprophezeiungen in Kap. 1-24 v.a. in den Horizont der prophetischen
Gottes- und Selbsterfahrung in den Visionen von Kap. 1-3 und
8-11 stellt. Dies wird insbesondere deutlich angesichts der
zentralen Funktion der רוח Jahwes in 37,1-14 (vgl. 1.5.6.8.
9.10.14).

Die Verwendung von רוח im EB[655] ist - im Rahmen der Bedeutungsgeschich-
te dieses Ausdrucks[656] betrachtet - in mehrfacher Hinsicht innovato-
risch. Dies gilt selbst für den so wenig spektakulären Sachverhalt, daß
רוח im Rahmen der Gerichtsprophezeiungen des Buches nicht nur den Wind
als "Mittel eines konkreten göttlichen Handelns in der Geschichte"[657]
(vgl. 13,11.13; 27,26) bezeichnet, sondern auch die Richtung angibt, in
die Jahwe die Israeliten zerstreut(לכל רוח: 5,2.10.12; 12,14; 17,21) -
"die Richtungsangabe" hat sich nämlich "erst relativ spät (von Ez an)
von der konkreten Bewegung des Windes" verselbständigt[658]. Wenn nun in
17,10; 19,12 der "Wind" (רוח) einen Weinstock "vertrocknen" (יבש q.)
läßt, legt sich - in Anbetracht der Tatsache, daß "der spezifisch theologische Gebrauch von rū͐aḥ als Geist Jahwes oder Geist Gottes weder terminologisch noch sachlich scharf von dem 'profanen' Gebrauch abgegrenzt"
ist[659] - die Assoziation nahe, daß auch das "Vertrocknet-Sein" der Gebeine in 37,1ff auf die Wirkung einer רוח zurückzuführen ist.

Aber auch seine visionäre Schau selbst wird von Ezechiel als Wirkung
einer רוח (1) - zweifelsohne der רוח יהוה, von der innerhalb der Schriftprophetie nur das EB spricht[660] - erfahren und damit den Visionen von
Kap. 1-3; 8-11 und 40ff zugeordnet, in denen ebenfalls - in erstmaliger
Aufnahme "vor-schriftprophetischer" Traditionen (vgl. 1 Kön 18,2; 2 Kön
12,16) innerhalb der Schriftprophetie - von der רוח im Zusammenhang mit
der "Entrückung oder Entführung eines Propheten"[661] die Rede ist[662]. Die

---

655 Vgl. zusammenfassend Zimmerli, 1262ff.
656 Vgl. dazu v.a. Albertz/Westermann, Art. רוח.
657 S.a.a.O., 732.
658 A.a.O., 729.
659 A.a.O., 742.
660 S. a.a.O., 748.
661 A.a.O., 733(f).
662 Die רוח spielt in der Thronvision von Kap. 1 auch insofern eine be-
    sondere Rolle, als sie es ist, die nach 1,12 "das hybride Gebilde
    zusammen(hält)", das der Prophet sieht (Keel, Jahwe-Visionen, 167).

Nähe von 37,1-14* zu diesen Visionen wird noch deutlicher angesichts
weiterer Stichwortassoziationen: Das "rauschende Geräusch" (קול רעש),
mit dem die Gebeine aneinanderrücken (37,7b), erinnert an das Geräusch
der Bewegung des כבוד יהוה (קול רעש: 3,12f[663]). Und wenn sich nach dem
Eingreifen Jahwes die Gebeine, nachdem רוח in sie gekommen ist, "auf
ihre Füße stellen" (37,10b: ותבוא בהם (ה)רוח ויחיו ויעמדו על רגליהם),
entspricht dies der Selbsterfahrung des Propheten in seinen früheren
Visionen (vgl. 2,2; 3,24: ותעמדני על רגלי (...) ותבא בי רוח).

Angesichts dieser Stichwortverknüpfungen[664] ist es aber
wahrscheinlich, daß das in 37,1-14* berichtete Handeln Jahwes bewußt als ein Handeln **des** Jahwe geschildert ist, den
die Visionen von Kap. 1-3 und 8-11 (hier v.a. Kap. 1 und 10)
zu erfassen versuchten. Diese kombinieren ja verschiedenartige, traditional vorgeprägte Elemente, "um die allem Bekannten überlegene, unfaßbare Majestät und Gewalt Jahwes zur
Anschauung zu bringen" und so ein "Bewußtsein der unbedingten Überlegenheit Jahwes" zu vermitteln[665]. Mit dem Hinweis
auf diesen die Thronvisionen bestimmenden Aspekt Jahwes kann
nun aber 37,1-14* plausibel machen, daß, obwohl "die Gebeine
schon ganz vertrocknet sind, ... also eine Hoffnung auf Wie-
derbelebung völlig illusorisch scheint, ... Jahwe sie trotz
der scheinbar hoffnungslosen Situation wieder zum Leben bringen kann"[666].

Hinzu kommt aber noch ein Weiteres: Im Bild der "vertrockneten Knochen" wird die Situation Israels als Zustand der Unreinheit qualifiziert[667]. Dies gibt aber nicht nur Anlaß zu der Frage, warum "beim Propheten keine Reaktion gegenüber der Unreinheit dieses Geländes und der
Gefahr der Verunreinigung, in die er sich durch seine Wanderschaft über

---

663 Dies ist die einzige Stelle im EB, an der die Constructus-Verbindung
קול רעש noch belegt ist. Zu קול im Kontext der Thronvisionen vgl.
1,24.25.28; 10,5; 43,2.
664 Die Verbindungen zu den Thronvisionen hat offenbar auch der Bearbeiter von 37,1-14 wahrgenommen, in dessen Beitrag sich "eine engere
Beziehung zu Kap. xi" erkennen läßt (Höffken, Beobachtungen, 316;
vgl. 307 Anm. 8; 310; 312); vgl. 37,7a mit 11,13; 37,9 mit 11,4.
665 Keel, Jahwe-Visionen, 249.
666 Bartelmus, Ez 37, 383.
667 Vgl. Zimmerli, 893.

dieses Feld begibt, angedeutet wird"[668]; viel mehr noch wirft es das
Problem auf, ob und wie Jahwe, "der seine anwesende Heiligkeit schon
durch das Wohnen Schwelle an Schwelle mit den Königen Judas, 'so daß
zwischen mir und ihnen nur eine Wand war' (Ez 43,8), befleckt sah"[669]
(vgl. auch 39,12ff), sich einem derartig verunreinigten Israel überhaupt
zuwenden kann. Angesichts der Bedeutung des Themas "Unreinheit" in den
Gerichtsprophezeiungen ist kaum anzunehmen, daß dieser Gesichtpunkt in
Ez 37 einfach ausgeblendet ist, "weil der ganze Zusammenhang entschlossen
auf den einen Gedanken 'Tod-Leben' ausgerichtet sein und durch keine
Nebenerwägung über 'Rein-Unrein' davon abgelenkt werden will"[670]. Vielmehr scheint auch in dieser Hinsicht der Verweis auf das Gottesbild der
Thronvisionen funktional zu sein, dient doch deren komplexe Abstufung
des "Aussehens der Gestalt des כבוד יהוה" (1,28) gerade auch, wenn nicht
in erster Linie, dazu, eine Erscheinung Jahwes im unreinen Land vorstellbar zu machen, die seine Reinheit nicht antastet, seiner Transzendenz
die Möglichkeit abgestufter "Omnipräsenz" zur Seite zu stellen[671].

Mit ihren Verbindungen zu den Thronvisionen gelingt es
also der Vision von 37,1-11a*, "to break down old frameworks
of perception and to create new ones"[672]. Entscheidend für
das Verständnis des Textes ist nun aber, daß die "old frameworks of perception" (1) für Ezechiel und seine Adressaten
keineswegs völlig deckungsgleich sind, was die selektive
Aufnahme des Zitats von 11b in 1-11a* zeigt, und (2) auf
Seiten der Adressaten keineswegs notwendig **jede** Zukunftsperspektive ausschließen. **Daß** überhaupt eine neue Zuwendung
Jahwes zu Israel möglich ist, ist für den Propheten, der von
den Voraussetzungen seiner Gerichtsprophezeiungen her denkt,
weit stärker verwunderlich als für sein Publikum. Dessen
Erwartungshorizont wird demgegenüber weit stärker darin
durchkreuzt, **wie** diese neue Zuwendung Jahwes unter den Vorgaben des Propheten Gestalt annimmt. In dieser Hinsicht ist
die "Deutung" der Vision in 11b-14 aufschlußreich, die das

---

668 Ebd.
669 Keel, Jahwe-Visionen, 233.
670 So Zimmerli, 893.
671 Vgl. Keel, a.a.O., 233; 254 Anm. 322.
672 Fox, Rhetoric, 9.

Moment der Diskontinuität im Prozeß der Restitution Israels
stark betont[673].

Ziel des Restitutionsprozesses ist eine neue Existenz Israels im Land. Dieses Ziel wird nach der Darstellung von 12aß-
13a(.b) und (13b-)14 in zwei scheinbar voneinander unabhängigen Prozessen erreicht und in 12b und 14aß auch selbst unterschiedlich formuliert[674]. Die Aussage über die neue Landnahme in 12b (mit בוא hi., vgl. 37,21; 36,24) klingt durch ihre
Verbindung mit der vorausgehenden "Heraufführung aus den
Gräbern" (12a: עלה hi.) an die "Exodusterminologie" an[675],
näherhin an die "Heraufführungsformel"[676]. Ein wichtiger
Unterschied zwischen alter und neuer Landnahme besteht aber
in der - durch den Bildzusammenhang angezeigten - weit stärkeren Diskontinuität des in Ez 37,12 beschriebenen Prozesses.
"Hier ist es nicht mehr das Bild der unbegraben auf dem Fel-
de liegenden Knochen, sondern dasjenige des korrekten Begräb-
nisses, bei dem die Leiche in einer Höhle oder auch in einer
Grube in der Erde verschlossen und sicher vor dem Zugriff
der Lebenden abgeriegelt (...), aber damit auch selber endgültig vom Bereich der Lebenden ausgeschlossen wird"[677].
Wenn Jahwe die Israeliten "aus ihren Gräbern heraufführt",
greift er also nicht nur - wie beim "alten" Exodus - in den
Bereich einer fremden Großmacht ein, sondern in den weit
unzugänglicheren Bereich des Todes. Hinzu kommt aber, daß
Jahwe aus den von ihm geöffneten Gräbern doch wohl zunächst
nichts anderes "heraufführen" wird als - vertrocknete Knochen. Hier erst liegt m.E. das entscheidende "tertium com-
parationis" zwischen "Vision" und "Deutung": Eine Rückfüh-

---

673 Von daher ist m.E. Zimmerli, 896 im Recht, wenn er die Vision als
   "eine Art zeichenhafter Vergewisserung für den Propheten selber" und
   12-14 als "das ... dem Volk zu Verkündende" bezeichnet.
674 Daß es sich hier nur vordergründig um eine Dublette handelt, wird
   sogleich klar werden. Damit erübrigt sich eine literarkritische Ausscheidung von 12aß-13 (so z.B. Fohrer, 210) oder 14 (so z.B. Garscha,
   Studien, 219ff).
675 Zimmerli, 897.
676 Vgl. Wehmeier, Art. עלה, 287ff. Num 16,13f; 20,5; Ri 2,1; Jer 2,6f
   "wird die Hineinführung Israels ins Land (mit bō' hi. 'æl) neben
   der Heraufführung aus Ägypten erwähnt" (a.a.O., 289).
677 Zimmerli, 897.

rung Israels ins Land ist - weil das Volk "tot" ist - für
Ezechiel schlechterdings sinnlos und undenkbar ohne eine -
Israel "wiederbelebende" - diese Rückführung begleitende,
grundlegende "Transformation" des Volkes. Diese wird nun
aber in 14 - ganz der Vision von 1-11a* (vgl. 5!) entsprechend - als Wirkung der רוח Jahwes beschrieben.

Hier liegt zugleich eine weitere und letzte "transformation in the use
of rûaḥ"[678] im Text vor, die zugleich eine begriffsgeschichtliche Innovation darstellt, denn "die Verheißung einer ... Verleihung des Geistes an
das ganze Gottesvolk" ist nicht nur "(a)m reichsten ... bei Ezechiel
entwickelt"[679] (vgl. neben 37,14 mit נתן: 36,26f; mit שפך: 39,29 sowie
die Aussagen über die רוח חדשה in 11,19; 18,31; 36,26[680]); sie ist auch
im EB allem Anschein nach erstmalig belegt (vgl. dann Jes 32,15; 44,3;
59,21; Hag 2,5; Joel 3,1f)[681]. Die Auswirkungen dieser Geistverleihung
werden in 37,14 nicht entfaltet; wichtig ist hier allein, daß die Restitution Israels seine Ausstattung mit der רוח Jahwes als einem "neue(n)
Willenszentrum" und "Vermögen"[682] voraussetzt.

Liest man Ez 37,1-14* als Zeugnis "des unerwarteten (')Um-
bruchs' innerhalb der Verkündigung Ezechiels, wie er nach
allgemeinem Urteil nach der Katastrophe des Jahres 587 einge-

---

678 Fox, Rhetoric, 14.
679 Albertz/Westermann, Art. רוח, 751.
680 "Auch hier scheint Ezechiel die ausweitende Entwicklung des rûaḥ-
    Begriffes entscheidend mit gefördert zu haben" (a.a.O., 741)!
681 Vgl. a.a.O., 751.
682 Vgl. a.a.O., 741. - Wenn in 14aß dann "die Rede von der neuen Land-
    nahme ... mit Abwandlung des והבאתי von 12 in והנחתי rekapituliert"
    wird (Zimmerli, 898), kann in der im Kontext der Landnahme einmali-
    gen Verwendung von נוח hi. im EB (vgl. zu "dem (meist deuteronomi-
    stisch geprägten) Reden über die Landnahme in Palästina" mit נוח
    hi.: Stolz, Art. נוח, 45f) sowohl ein Hinweis darauf mitzuhören
    sein, daß eine dauerhafte neue Landnahme eine Transformation Israels
    voraussetzt, als auch eine Anspielung auf die prophetische Selbster-
    fahrung, in der נוח hi. Wirkung der רוח Jahwes ist (vgl. neben 37,1:
    40,2). Jedenfalls wird mit נוח hi. ein gegenüber den Gerichtsprophe-
    zeiungen, die in der Katastrophe Jerusalems Jahwes Zorn (חמה) zur
    Ruhe kommen sahen (נוח hi.: vgl. 5,13; 16,42; 21,22; 24,13), neuer,
    stabiler Zustand bezeichnet, der durch das göttliche Handeln er-
    reicht wird.

treten ist"[683], ergeben sich Hinweise auf die Bedingungen
und Motive dieses "Umbruchs", die zu Modifikationen der v.a.
von Zimmerli vorgelegten Analyse dieses Phänomens[684] Anlaß
geben: Bedingung der Möglichkeit dieses "Umbruchs" ist in
der Tat die von Zimmerli herausgestellte "unableitbare(.)
Freiheit" Jahwes[685], auf die 37,1-14* mit seinen Anklängen
an die Thronvisionen, die diese Freiheit veranschaulichen,
hinweist. Die Bedingung seiner Wirklichkeit ist dagegen von
Zimmerli mit seiner Charakterisierung der Restitutionsprophezeiung Ezechiels "als antithetische Verkündigung gegen tief
resignierte Aussagen des Volkes"[686] nur unzureichend bestimmt. Von den von ihm angeführten Belegen[687] für diese
Interpretation kann nur 33,10 (red.?) wirklich als "Israels
Bekenntnis seiner Verlorenheit"[688] gelten. Dagegen sind hinter den zitierten Äußerungen des Volkes in 20,32 und 37,11b,
wie sich zeigte, durchaus - wenn auch mehr oder weniger unbe-
stimmte - Zukunftsperspektiven zu erkennen - wobei vielleicht 37,11b stärker auf Ressourcen "persönlicher Frömmigkeit" zurückgreift, während 20,32 schon einen "dtr." geprägten Entwurf einer möglichen Zukunft Israels als Volk voraus-

---

683 Barth, Ezechiel 37, 41; vgl. Lang, Ezechiel, 44ff, der zwar "die
     bisher übliche Trennung zweier durch die Ereignisse von 586 geschie-
     dener Wirkungsperioden" Ezechiels - nach dem hier Erarbeiteten: zu
     Unrecht - ablehnt (a.a.O., 52), gleichwohl aber - zurecht - daran
     festhält, daß "der Prophet nach 586 weniger Grund zur Unheilsansage
     gehabt und seine Aufgabe mehr in der Heilspredigt gefunden haben
     (dürfte) (vgl. Ez 37; 40ff)" (a.a.O., 54). - Freilich sind die Re-
     stitutionsprophezeiungen Ezechiels stärker als Lang herausstellt,
     zugleich kritische Auseinandersetzung mit "Heils"erwartungen und
     enthalten - v.a. in Kap. 20 und den "differenzierenden Prophezeiun-
     gen" (s.u. c.) - durchaus auch "Unheilsansage".
684 Vgl. Barth, Ezechiel 37, 40f. "Aufgrund seiner eingehenden, literar-
     kritischen und traditionsgeschichtlichen Analyse vermag Zimmerli
     kaum mehr als Ez 37,1-14 mit Sicherheit vom Propheten herzuleiten"
     (a.a.O., 40); daneben kommen für ihn aus dem Bereich der Restituti-
     onsprophezeiungen des EB allenfalls noch 20,32ff und 43,1ff als mög-
     licherweise "ezechielisch" in Frage (s. a.a.O., 40f Anm. 8).
685 Zimmerli, Leben, 189; vgl. Zimmerli, 95*f.
686 Zimmerli, 96*; vgl. Barth, Ezechiel 37, 41.
687 Zimmerli, 96*: 20,32; 33,10; 37,11. Barth, Ezechiel 37, 41 Anm. 10
     fügt noch 11,15; 25,3; 36,20 hinzu, wobei es sich jedoch nicht um
     Charakterisierungen der Situation der Adressaten des Propheten durch
     diese selbst handelt.
688 Zimmerli, 97*

setzt. Dann befindet sich Ezechiel aber mit seinen Restitutionsprophezeiungen in einer doppelten argumentativen Frontstellung: Er muß **einerseits** angesichts der Erfahrung, daß
die Katastrophe von 587 nicht, wie er zuletzt erwartet hatte, zu einer vollständigen Ausrottung Israels geführt hat[689],
das konzeptionelle Potential seiner Gerichtsprophezeiungen
für die Verarbeitung neuer Erfahrungen fruchtbar machen. Und
er muß sich **andererseits** mit "Heils"erwartungen seiner Zeit-
und Exilsgenossen auseinandersetzen, denen er sich nicht
unkritisch anschließen kann, **weil** er an der grundsätzlichen
Berechtigung des Sachgehalts seiner Gerichtsprophezeiung
festhält.

Trifft dieser Versuch einer historischen Rekonstruktion der Bedingungen des Zustandekommens der Restitutionsprophezeiung Ezechiels zu, ergeben sich aber weitreichende Konsequenzen für die traditionsgeschichtliche Analyse und Beurteilung der entsprechenden Texte des EB: Anklänge an
vorgeprägte Traditionen, wie sie in Ez 33ff v.a. für die "dtn./dtr."
Traditionsströmung und für eine "priesterliche" Theologie, die ihren
Niederschlag in H und P gefunden hat, namhaft gemacht werden können[690],
sind nicht eo ipso als Indizien für eine traditionale Abhängigkeit des
(bzw. der) Produzenten dieser Texte zu werten, sondern können auch als
Hinweise auf seine (bzw. ihre) Auseinandersetzung mit traditional bestimmten Erwartungen der Rezipienten zu verstehen sein. Dann hat aber
die traditionsgeschichtliche Analyse nicht nur Übereinstimmungen mit

---

689 Vgl. Fox' (Rhetoric, 6) berechtigte Hinweise: "Life in exile did not
    consist of incessant disease, starvation, slaughter, terror, and
    persecution. ... the silence of our sources is eloquent here, for
    the exilic prophets certainly would have described intense suffering,
    had it existed, in order to interpret it as foreseen punishment". Ez
    33,30ff zeigt, daß Ezechiel ebensowenig wie Jeremia (vgl. Jer 43!)
    "nach dem Fall Jerusalems" (Zimmerli, 822) automatisch schon bei
    seinen Zeitgenossen aufgrund des "Eintreffens" seiner Gerichtsankün-
    digungen als legitimer Prophet gilt: Es ist eben keineswegs so ein-
    deutig, daß 587 die Gerichtsbotschaft der Propheten sich "erfüllt"
    hat!
690 Vgl. zusammenfassend Herrmann, Heilserwartungen, 289f; Zimmerli,
    70*ff; Lang, Ezechiel, 77ff (wobei die beiden letzteren den Einfluß
    - bzw. die Auseinandersetzung mit - "dtn./dtr." Traditionen m.E.
    unterbewerten) und Baltzer, Anmerkungen, der die Restitutionsprophe-
    zeiungen des EB im Rahmen des "Wachsens einer Exilstheologie" be-
    trachtet, zu der "dtr." wie "priesterliche" Traditionen beigetragen
    haben, und die s.E. auch im Dtjes-Buch zu beobachten ist.

vorgeprägten Traditionen zu registrieren, sondern auch und in erster
Linie Abweichungen und Fehlstellen[691]. Dieses Verfahren hat sich bereits
in der oben (IV.) durchgeführten Analyse bewährt; es soll in den folgenden Untersuchungen weiter erprobt werden.

In der skizzierten doppelten argumentativen Frontstellung
argumenteiert nun Ez 37,1-14* so, daß (1) die Restitution
Israels als kontingente Realisierung der Möglichkeiten Jahwes begriffen wird, und (2) für Israel im Prozeß seiner Restitution nicht einfach der status quo ante wiederhergestellt wird. Kontinuität und Diskontinuität des Restitutionsprozesses sind in dieser Konzeption in der Weise miteinander verbunden, daß die Kontinuität allein in den Handlungs-
möglichkeiten (nicht in der Entscheidung zur Realisierung
bestimmter Möglichkeiten!) Jahwes liegt, die Diskontinuität
sich in der (inneren und äußeren) "Verfassung" Israels niederschlägt. Diese Konzeption repräsentieren neben 37,1-14*
i.W. auch die Restitutionsprophezeiungen in 37,15-28 und
43,1-11 (im Rahmen von 40-48*), auf die hier nicht ausführlich eingegangen werden kann.

In der neueren Forschung ist - nicht ohne Erfolg - "in unterschiedlicher Weise immer wieder versucht worden, einen inhaltlichen Zusammenhang
zwischen den beiden Teilen von Ez 37 zu finden, also das Kapitel als
thematische Einheit zu verstehen"[692]. Dabei besteht ein weitgehender
Konsens, daß es sich hier um eine gewachsene Einheit handelt. 37,15-28
läßt sich aufgrund textimmanenter Kriterien in die relativ selbständigen
Abschnitte 15-19. 20-23. 24a.24b. 25-28 untergliedern[693]. Während 15-19
vielleicht ursprünglich eigenständig konzipiert und erst später als

691 Unter dieser Voraussetzung erhält das etwa auch von Herrmann, a.a.
    O., 280 registrierte Phänomen des "so stark Individuelle(n)" der
    Texte des EB neben aller traditionsgeschichtlichen "Abhängigkeit"
    ein weit stärkeres Gewicht für die Interpretation dieser Texte, als
    es Herrmann zugesteht.
692 Barth, Ezechiel 37, 45.
693 Vgl. Barth, a.a.O., 46f; Baltzer, Anmerkungen. Zimmerli, 907 zieht
    24b ohne nähere Begründung zu 25-28. Levin, Verheißung, 214ff sieht
    die zentrale Zäsur aufgrund des textexternen Kriteriums der "Abhän-
    gigkeit von der Parallele 36,16-28*" (a.a.O., 216 Anm. 73) erst nach
    25a, ist dann aber genötigt, 22aβ und 24a, die thematisch über
    36,16ff hinausgehen, neben "allerlei kürzere(n) Zusätze(n)" (a.a.O.,
    214) zu streichen (vgl. a.a.O., 214f).

"Deutung der Vision 37,1ff"[694] eingesetzt ist, scheinen die folgenden Abschnitte das jeweils Vorhergehende vorauszusetzen.

15-19 ist mit 1-14* über das Stichwort קרב (17; vgl. 7) verbunden. "Das ganze Haus Israel" von 11a wird hier - ganz im Sinne der "Landverteilung 47,13-48,29" - "in seiner ursprünglichen Größe" als "das alle 12 Stämme umfassende Gesamtvolk" näherbestimmt[695]. Damit wird - vielleicht im Rückgriff auf programmatische Perspektiven der Josia-Zeit[696] - die Diskontinuität der Restitution Israels unterstrichen: Sie stellt nicht den Zustand unmittelbar vor der Katastrophe von 587, sondern den des davidisch-salomonischen Großreichs wieder her.

Dieser Zustand wird in 20-23 im Hinblick auf die äußere (22: "**ein** Volk", "**ein** König") und innere (23: "Reinigung") Verfassung des Volkes entfaltet und abschließend mit der "Bundesformel" charakterisiert. Dabei klingen Themen und Motive aus anderen Restitutionsprophezeiungen des EB, v.a. aus Kap. 34 und 36, an[697].

24a bestimmt den "**einen** König" von 22 näher als Jahwes "Knecht David" (vgl. 34,23f). Zu diesem "äußeren" Aspekt der Verfassung Israels trägt 24b wiederum den "inneren" Aspekt der Erfüllung der "Rechte und Satzungen" Jahwes nach (vgl. 11,20).

25-28 ergänzt die "äußere" Verfassung des neukonstituierten Israel um den kultischen Aspekt des neuen Heiligtums Jahwes. Dabei wird zugleich die im Vorhergehenden entfaltete Gestalt politischer Herrschaft relativiert: David ist nun nicht mehr מלך, sondern נשיא (25). Bestimmendes Stichwort des Abschnitts ist עולם: "Es geht um die Zusage der unverbrüchlichen Dauer des von Gott neu Verheißenen"[698].

Auch dieser letzte Abschnitt des Textes zeigt Entsprechungen zu anderen Restitutionsprophezeiungen des EB (vgl. zu 25a: 28,25; zu 25b: 34, 23f; zu 26a: 16,60; 34,25; zu 26b-28: 40-48; 20,40ff). Da diese sich aber z.T. auf redaktionelle und/oder nach-redaktionelle Texte beziehen (16,60; 28,25), und der Abschnitt darüber hinaus terminologische Eigentümlichkeiten zeigt (משכן: 27 findet sich als Bezeichnung des Jahwehei-

---

694 Barth, Ezechiel 37, 45.
695 Zimmerli, 911.
696 Vgl. a.a.O., 908.
697 S. z.B. Herrmann, Heilserwartungen, 273. Vgl. zu 21: 36,24 sowie 11,17; 20,34-38.41f; 28,25; 34,13; 39,27f; zu 22: 34,23; zu 23: 36,25; zur "Bundesformel": 11,20; 14,11; 34,(24.)30.
698 Zimmerli, 913.

ligtums nur hier im EB; vgl. noch 25,4), die auf den Hintergrund der
"priesterlichen" Theologie von H deuten - "27 berührt sich auffallend
nahe mit Lv 26,11f."[699] -, dürfte dieser Abschnitt als relativ später
Nachtrag zu beurteilen sein[700]. Dagegen ist 20-23.24a weit stärker im
thematischen Inventar der Restitutionsprophezeiungen des EB verwurzelt
(vgl.u.), sodaß die Entstehung dieser Ergänzungen von der des Abschnitts
15-19 m.E. nicht allzuweit abzurücken ist[701].

Dafür spricht m.E. auch eine Übereinstimmung dieses Abschnitts in seiner Argumentationsstruktur mit dem zweiten Text, auf den hier hinzuweisen ist, 43,1-11: Hier wie dort wird die Diskontinuität zwischen dem
neukonstituierten und dem (spät-)vorexilischen Israel durch Aussagen
unterstrichen, die besagen, daß jenes nicht mehr auf eine bestimmte Weise handeln werde (לא + Imperf. + עוד: 37,22f; 43,7; vgl. auch 20,39;
45,8). In 43,1-11 ist diese Perspektive eines veränderten Verhaltens des
neukonstituierten Israel insofern vom Kontext stärker argumentativ gestützt, als das vormalige Verhalten des Volkes rückblickend als Ursache
der Katastrophe namhaft gemacht wird (43,8f)[702]. Auch hier ist aber die
Verhaltensänderung "nicht Vorbedingung für die Rückkehr Jahwes zu seinem Volke. Diese ist ganz unkonditional angesagt. Wohl aber spricht 9
die ganz unausweichliche Konsequenz dieses Geschehens an"[703].

Mit der Aufnahme eines geschichtlichen Rückblicks auf Verhalten und Ergehen Israels in die Darstellung der Konsequenzen seiner Restitution bereitet 43,1-11 die Konzeption von
36,16ff und Kap. 20 vor. Anders als dort motiviert jedoch
dieser Rückblick hier (noch?) nicht die Restitution Israels
durch Jahwe; vielmehr "wird in dieser rückblickenden Formu-

---

699 A.a.O., 915.
700 Seine Funktion könnte darin bestehen, nach der Einfügung von 38,1-
    39,22 das Thema "Kult" (vgl. Kap. 40ff) als Gegengewicht zum Thema
    "politische Herrschaft" schon hier zur Geltung zu bringen.
701 Dies scheint z.B. auch Zimmerli, 912 anzunehmen, der meint, daß 20-
    24a "vermutlich etwas später, vom Propheten selber oder von der sein
    Wort tradierenden 'Schule'" zugefügt wurde. - Eine Zwischenstellung
    nimmt 24b ein (vgl. 11,20; Lev 26,3 einerseits, Ez 36,27b anderer-
    seits).
702 Inhaltlich geht es dabei um eine klare Trennung von menschlicher
    (Palast) und göttlicher (Tempel) Herrschaft in Israel. 7b und 9
    kritisieren nach Zimmerli, 1082f vermutlich die "Errichtung von
    Memorialstelen durch die Könige" im Tempel (a.a.O., 1083).
703 Zimmerli, 1084.

lierung mitten in der in die Zukunft gewendeten Zusage an
den Propheten in aller Härte festgehalten, daß das, was geschehen ist, ein Ende (Kap. 7), einen Tod (dazu 37,1ff.) be-
deute"[704]. So unterstreicht sie das Moment der Diskontinuität im Prozeß der Restitution Israels: "Die Zukunft, in die
Israel gehen darf, ist das Wunder einer Neuerweckung"[705].

b) Die Restitution Israels als Resultat der Sorge Jahwes um
   seinen "Namen"

Ez 36,16ff bringt - wie schon 43,1-11 - im Rahmen der Restitutionsprophezeiung Erfahrungen der Vergangenheit und
Gegenwart Israels zur Sprache. Diese begründen aber hier
anders als dort nicht nur die veränderte Praxis des neukonstituierten Israel, sondern auch die Restitution Israels
durch Jahwe selbst. Dies wird möglich durch eine Ausweitung
des Erfahrungs- und Interpretationshorizonts, der jetzt auch
die "Völker" - als eigenständig erfahrende und ihre Erfahrungen interpretierende Instanzen - einschließt. So wird deutlich, daß nicht nur durch das vergangene Verhalten Israels,
sondern auch durch seine gegenwärtige Situation des Exils
Jahwes "Name", sein "Ruf" in der Völkerwelt gefährdet ist.
Der Beseitigung dieses Zustands dient die Restitution Israels. In dieser Grundstruktur der Argumentation stimmt Ez
36,16ff mit Kap. 20 überein (s.o.IV.).

Da 36,22ff inhaltlich reichhaltigere und differenziertere
Ankündigungen enthält als 20,32ff, kann der Eindruck entstehen, daß "36,16-38 ... die **Fortsetzung des Geschichtsrück-
blicks**" von Kap. 20 "bilden"[706]. Während dieser Eindruck auf
der Ebene "der Komposition des Buches Ezechiel" wohl berechtigt ist, gilt doch kaum auch, daß der Abschnitt 36,16ff
nicht nur Themen und Formulierungen von Kap. 20 aufgreift,
sondern "als bewußte Fortsetzung und Weiterführung von Kap.
20" formuliert worden ist und deshalb "nur" als solche "ver-

---

704 Ebd.
705 Ebd.
706 So Rendtorff, Einführung, 222; vgl. z.B. Greenberg, 384 (s.o. IV.
    Anm. 258) und neuerlich Rendtorff, Ez 20.

standen werden" kann[707]. Vielmehr scheint Ez 36,16ff in seinem Grundbestand ein früheres Stadium der konzeptionellen
Entwicklung der Restitutionsprophezeiung Ezechiels zu repräsentieren als Kap. 20. Hier wird nämlich wie in 43,8b Israels Vergangenheit - ganz im Sinne der Gerichtsprophezeiungen
von Kap. 1-24 - im konzeptionellen Rahmen der regelhaften
Abfolge von Verschuldung Israels[708], Zorn Jahwes[709] und Gericht[710] begriffen. Erst die gegenwärtig erfahrbaren Folgen
dieses Prozesses nötigen nach 36,16ff Jahwe zu einer Restitution Israels im Lande. Dies hat zur Folge, daß Jahwes Handeln hier auf das Israels in Vergangenheit und Zukunft in
unterschiedlicher Weise bezogen ist: Während Jahwe in der
Vergangenheit die Israeliten "nach ihrem Verhalten und nach
ihren Taten gerichtet" hat (36,19), wird er in Zukunft "nicht
euretwegen handeln" (36,22.32). Diese antithetische Beziehung von Vergangenheit (Gericht) und Zukunft (Restitution)
wird erst in Kap. 20 durch einen einheitlichen konzeptionellen Rahmen des gesamten Geschichtsprozesses abgelöst: Die
Sorge Jahwes um seinen "Namen" vor den Völkern überwiegt
hier schon in der Darstellung der Vergangenheit Israels sein
Handeln nach Maßgabe der Korrelation von Schuld und Gericht.
Es scheint also, daß das Motiv der Sorge Jahwes um seinen
Namen **zunächst** (36,20ff) der Begründung einer das Gericht
transzendierenden Restitutionsprognose angesichts gegenwärtig erfahrbarer Folgen dieses Gerichts dient und **erst dann**
(20,5ff) auch für die Interpretation der vergangenen Geschichte Israels fruchtbar gemacht wird. In dieser konzeptionellen Entwicklung gewinnt die argumentative Begründung
der Restitutionsprophezeiung zunehmend an Geschlossenheit
und Stringenz.

---

707 So Rendtorff, Ez 20, 262.
708 "Verunreinigung" (טמא pi.) des Namens Jahwes (43,8b) bzw. des Landes
    (36,17f); vgl. Dtn 21,23; Lev 18,27f; Jer 2,7 (s. Frymer-Kensky,
    Pollution, 407ff).
709 אף: 43,8b; חמה: 36,18.
710 "Vertilgung" (כלה: 43,8b) bzw. "Zerstreuung" (פוץ hi., זרה ni.:
    36,19).

Gleichwohl ist der Eindruck einer "Weiterführung" der Prognosen von 20,32ff in 36,22ff nicht ganz unberechtigt. Angesichts der Tatsache, daß in 36,16ff die Einzelzüge der Darstellung von Vergangenheit und Zukunft Israels weit weniger
stark miteinander verklammert sind als in Kap. 20, dürfte er
als Indiz für ein literarisches Wachstum von 36,16ff zu werten sein.

Die Restitution Israels ist nach 36,16ff durch dessen gegenwärtige Situation motiviert, die **einerseits** notwendige
Folge der Verunreinigung des Landes durch das Volk ist (17-
19), **andererseits** aber den "Namen" Jahwes bei den "Völkern"
der "Entweihung" preisgibt, da diese die Zerstreuung Israels
- in Unkenntnis ihrer Vorgeschichte (wie auch der Dimensionen des Wirkungsbereichs Jahwes[711]) - nur als Zeichen der
Schwäche Jahwes deuten können: "Das Volk Jahwes sind sie,
und doch mußten sie sein Land verlassen!" (20)[712]. Will Jahwe dieser für seinen "Namen" fatalen Situation entgehen, muß
er **zum einen** seine über den Bereich des Landes Israel hin-
ausreichende Macht dadurch unter Beweis stellen, daß er Israel aus den Völkern sammelt und ins Land zurückführt, **zum
anderen** das Volk so restituieren, daß eine Wiederholung der
Abfolge von Verschuldung und Gericht mindestens unwahrscheinlich wird.

Als argumentativ notwendig erweisen sich damit die folgenden drei Elemente der Restitutionsankündigungen in 36,22ff:
(1) Die Ankündigung des Eintretens Jahwes für die Ehre seines Namens in der Völkerwelt (22-23).

Sie zeigt enge Berührungen zu den entsprechenden Aussagen in Kap. 20
und ist ansonsten in traditionsgeschichtlich singulärer Weise formu-

---

711 Ein Affront gegen Jahwe ist es im Grunde schon, wenn das Land Israel
   als "**sein** Land" bezeichnet wird - als sei damit sein Herrschaftsbereich umschrieben. Natürlich führt Jahwe Israel zurück "in **euer**
   Land"!
712 Da hier eindeutig diejenigen angesprochen sind, die das Land verlassen haben, ist es m.E. nicht ganz so "schwer", wie Herrmann, Heilserwartungen, 272 meint, zu entscheiden, "ob sich dahinter die Erfahrungen der Exilierten oder der von ihren Nachbarn bedrohten, sicher
   ihnen weit unterlegenen Judäer in Palästina zur Zeit des Exils (oder
   vielleicht noch danach) spiegeln".

liert. Als konzeptionelles Element ist sie bei Deuterojesaja aufgenommen, wie die "auffallend enge sachliche Parallele in Jes 43,22-28"[713] (vgl. auch 48,11!) zeigt; doch ist sie dort bereits durch den gewandelten konzeptionellen Kontext modifiziert: Anders als bei Deuterojesaja kommt bei Ezechiel weder "die lebendige Liebeszuwendung Jahwes" als Motiv, noch "die Tilgung der Schuld" als Ziel der Restitution Israels zur Sprache[714].

(2) Die Ankündigung der Rückführung Israels ins Land.

Sie ist in 36,24 dreigliedrig formuliert:

"Ich werde euch aus den Völkern nehmen (לקח)

und aus allen Ländern sammeln (קבץ pi.)

und euch in euer Land bringen (בוא hi.)".

Eine entsprechende, dreigliedrige Ankündigung der Rückführung (mit לקח q., קבץ pi. und בוא hi.) findet sich im EB nur noch in 37,21. Der einzige weitere atl. Beleg dieser Lexem-Kombination liegt in Dtn 30,3-5 vor. Der konzeptionelle Kontext weicht dort von dem im EB in charakteristischer Weise ab. So wird der Prozeß der Rückführung in Dtn 30,3 zusammenfassend als "Wendung des Geschicks" (שוב שבות) Israels beschrieben. Der Ausdruck שוב שבות findet sich im EB nur noch in 16,53 im Rahmen einer redaktionellen Restitutionsprognose sowie - im Zusammenhang mit der Ankündigung einer Rückführung ins Land - in 29,14 (mit קבץ pi. und שוב hi., bezogen auf Ägypten) und im redaktionellen Abschluß 39,25-29 (25; mit שוב hi., קבץ pi. und כנס pi. in 27f), ist also jedenfalls für den Grundbestand der Restitutionsprophezeiungen des EB untypisch[715]. V.a.

---

713 Zimmerli, 876.
714 A.a.O., 876f. Als weitere traditionsgeschichtliche Nachwirkung von
    Ez 36,22f nennt Zimmerli, 878 Ps 115,1f, wo "ein Glaube zu Worte
    (kommt), der diese Verkündigung verstanden hat".
715 Vgl. Widengren, Gathering, 234. Signifikant ist m.E., daß sich die
    Kombination von קבץ pi. und שוב hi. in der Ankündigung der Rückfüh-
    rung, die auch in Jer 23,3; 29,14; 32,37 vorliegt, im EB nur in den
    vermutlich späten Stücken 29,13f und 39,27f findet. Von daher ist
    Herrmanns (Heilserwartungen, 272 mit Anm. 74) Behauptung einer "Ver-
    wendung traditioneller Begriffe und vorwiegend deuteronomistischer
    theologischer Gedanken" in Ez 36,24; 11,17 und Jer 23,1ff in ihrer
    Pauschalität ebenso fragwürdig wie Levins (Verheißung, 188 Anm. 136)
    Urteil: "Der Übergang aus der jeremianischen in die ezechielische
    Tradition ist in Ez 11,17 <- Jer 32,37 und in Ez 34,13 <- Jer 23,3
    zu verfolgen". - Ez 11,17 spricht zwar in "dtr." (und "priesterli-
    cher") Terminologie von einer zukünftigen Land"gabe" (נתן; vgl.
    Labuschagne, Art. נתן, 139), hat aber in der Kombination von קבץ pi.
    und אסף auch Entsprechungen zu Jes 11,12; Mi 2,12; 4,6.

aber setzt die Rückführung Israels in Dtn 30,1f die Umkehr des Volkes
voraus, während sie im EB durchweg inkonditional angekündigt wird.
Schließlich wird sie in Dtn 30,3 in einer für das EB ganz unmöglichen
Weise als Akt des "Erbarmens" (רחם pi.) Jahwes qualifiziert. Diese konzeptionellen Differenzen sind - je nach zeitlicher Ansetzung von Dtn 30
- **entweder** so zu deuten, daß hier in Ez 36 "Heils"erwartungen des Publikums vom Propheten aufgegriffen und kritisch modifiziert werden, **oder**
sie sind als Indiz für eine relative zeitliche Nachordnung von Dtn 30,1-
11 hinter den Grundbestand der Restitutionsprophezeiungen des EB anzusehen. Jedenfalls ist die Ankündigung der Rückführung in Ez 36,24; 37,21
in eigenständiger Weise formuliert[716].

Dies gilt noch stärker für Ez 34,13 (vgl. 20,34+38.41f), wo der "Sammlung" (קבץ pi.) und "Heimführung" (בוא hi.) Israels seine "Herausführung" (יצא hi.) aus den Völkern und Ländern vorausgeht. In diesem Sinne
wird יצא nur im EB gebraucht[717]; zu vergleichen sind dann die Aussagen
über den "neuen Exodus" bei Deuterojesaja (Jes 48,20; 52,11f; 55,12).
"Die entschlossene Aufnahme des Exodusthemas in der Vekündigung der
beiden Exilspropheten Ezechiel und Deuterojesaja schließt beide gegenüber der ihnen vorausgehenden Prophetie zusammen"[718]. (Trotz ihrer relativ eigenständigen Formulierung im EB ist freilich die Vorstellung der
Sammlung und Rückführung eines zerstreuten Volkes durch seine Gottheit
als solche traditional vorgeprägt und etwa auch in "assyrisch-babyloni-
scher Verheißungssprache"[719] zu belegen.)

(3) Die Ankündigung einer "Transformation" Israels in Gestalt (a) seiner Reinigung und (b) einer Änderung seines
Verhaltens.

(a) Von einer "Reinigung" (Wz. טהר) Israels sprechen 36,25.29a.33a (vgl.
37,23). Hinter der Formulierung von 36,25 dürfte "das Vorbild eines rituellen Aktes der Besprengung mit Wasser zum Zwecke der kultischen Reinigung zu erkennen sein"[720], ohne daß dabei "(d)ie Naivität des Glaubens
an eine Wirkung des Ritus allein durch seinen formalen Vollzug ... zu

---

716 Zu vergleichen wären noch die Rückkehrankündigungen Jer 50,19 (שוב);
    Jes 56,8 (קבץ); Zeph 3,19f (קבץ pi., בוא hi.); vgl. zum Ganzen
    Widengren, a.a.O., Lust, Gathering.
717 Vgl. Jenni, Art. יצא, 760.
718 Baltzer, Ezechiel, 24 (vgl. allerdings Hos 2,14).
719 Lang, Ezechiel, 113; vgl. Widengren, Gathering, 234ff.
720 Zimmerli, 878f; vgl. Ex 24,6; Lev 1,5.11 u.ö.; Num 19,9ff.

unterstellen" wäre[721]. Die Ankündigung einer Reinigung des Volkes[722] im Zusammenhang seiner Restitution findet sich noch in Jer 33,8 (vgl. Mal 3,3), wiederum in einem vom EB charakteristisch abweichenden konzeptionellen Kontext: Die Restitution ist in Jer 33,7 als "Wendung des Geschicks" (שוב שבות hi.) Judas und Israels begriffen; die Reinigung Israels entspricht nach Jer 33,8 einer "Vergebung" (סלח) seiner Schuld - ein Ausdruck, der im EB offenbar bewußt vermieden ist, weil er einem "Nicht-mehr-Gedenken" an die Schuld gleichgesetzt werden kann[723] (vgl. Jer 31,34), während im EB die Erinnerung Israels an seine schuldhafte Vergangenheit konstitutives Element der Restitutionsprognose ist (vgl. 36,31f; 20,43). So gilt hier - mutatis mutandis - das oben zum Verhältnis zwischen Ez 36,24(;37,21) und Dtn 30,3-5 Gesagte entsprechend[724].

Die Ankündigung der "Reinigung" von 36,25 wird in 29a und 33a wieder aufgenommen. Diese Wiederaufnahme dürfte ein Indiz für ein literarisches Wachstum des Textes sein (s.u.).

(b) Eine Transformation des Verhaltens Israels nimmt der Text in 26-27 und 31-32 in je unterschiedlicher Weise in den Blick. Dies wirft die Frage auf, ob diese (sachliche) "Doppelung" ursprünglich ist[725], oder ob

---

721 Maass, Art. טהר, 651.
722 Im Gegensatz etwa zur Konzeption von Lev 26,32ff (vgl. 2 Chr 36,21; Frymer-Kensky, Pollution, 411f) ist es nicht das **Land**, das gereinigt werden muß, sondern das **Volk**. Die Konzeption des EB ist hier vergleichsweise radikaler: Nicht schon das Exil selbst in seiner zeitlichen Dauer führt eine "Reinigung" herbei; "a fundamental change in the nature of man" (a.a.O., 412) ist Vorbedingung der Restitution! (Diese konzeptionellen Differenzen werden m.E. bei Frymer-Kensky, ebd. zu stark verwischt.)
723 Vgl. Stamm, Art. סלח, 152.
724 Nach Thiel, Redaktion (II; s. Kaiser, Einleitung, 250f) gehört Jer 33 zu den nach-dtr. Bearbeitungen des Jeremiabuchs. Vgl. dgg. jetzt Levin, Verheißung, 174 Anm. 80: "Der Abschnitt 33,1-9 ist älter als die Sammlungs- und Bundesverheißung 32,36-41, die später seine Funktion als Gegengewicht zu 32,28-35 übernommen hat" (vgl. auch a.a.O., 202ff).
725 So z.B. Hossfeld, Untersuchungen, 287ff; vgl. 324ff, der 23b-28 und 31-32 zur selben "4. Bearbeitungsschicht" des EB rechnet, die 16-22 (= "3. Bearbeitungsschicht") ergänzt habe. Vgl. auch Garscha, Studien, 122f; 216f, der 36,16-32 als einheitlichen Text der "deuteroezechielischen Bearbeitung" zuschreibt. Zum griechischen Papyrus 967, in dem 36,23bß-38 fehlen, vgl. Lang, Ezechiel, 31. Hier dürfte doch wohl eher ein "Kopistenfehler(.) (Parablepsis durch Homoioteleuton)" (Lang, ebd.) oder "eine dogmatische Korrektur" (Garscha, Studien, 122 Anm. 349) vorliegen als ein Beleg für ein älteres Überlieferungsstadium des EB (so Lust, Samenhang).

sie literargeschichtlich zu erklären ist[726]. 31-32 entspricht mit seiner
Darstellung einer "Transformation des Bewußtseins" Israels durch Erinnerung an seine früheren Verschuldungen 20,43f. Ansätze dieser Konzeption
der Restitution Israels als Anlaß einer erneuerten "Erinnerung" - "in
wirklichem Abscheu vor Schuld und Greuel der vergangenen Zeit"[727] - finden sich schon in 43,11 (vgl. 6,9). In ihrer Radikalität ist diese Konzeption der Restitution einzigartig im AT[728]. Darin, daß sie "nicht zu
Jubel und Frohlocken angesichts der Tat Gottes aufruft, sondern zu scham-
voller Reue", ist sie nicht nur "tief von Dtjes verschieden"[729], sondern
auch von Teilen der "Heilsprophetie" im Jeremiabuch (vgl. allerdings
auch Jer 3,13!), die etwa in Kap. 30ff sehr wohl "Jubel und Frohlocken
angesichts der Tat Gottes" darstellen (vgl. Jer 30,19; 31,4.7.12f u.ö.).
Die Voraussetzung dafür kommt in Jer 31,34 zum Ausdruck: "unter alles
Bisherige ist ein Strich gemacht, ein neues Leben mit Gott hebt an"[730].
  Daß auch diese Sicht der Restitution der Konzeption von Ez 36,16ff
eklatant widerspricht, ist deshalb von besonderem Interesse, weil für Ez
36,26-27 bisweilen eine traditionsgeschichtliche[731] oder sogar literarische[732] Abhängigkeit von Jer 31,31-34 (und 32,36-41) angenommen wird. Da
Ez 36,26f im Kontext jedoch keineswegs als Korrektur, sondern eindeutig
als Variation und Ausgestaltung von 31f (mit Anklang an 37,14.24b) fungiert, würde es als bewußte Aufnahme von Jer 31,31-34 zugleich seine
Vorlage korrigieren[733]. Zu erwägen wäre freilich auch die umgekehrte

---

726 Vgl. z.B. Simian, Nachgeschichte, 92f.160, der 26-30 als Nachtrag zu
    16-25.31-32a betrachtet, und Levin, Verheißung, 209ff, der umgekehrt
    den Grundbestand des Textes in 16-28 erkennt und in 29-32 einen er-
    sten Nachtrag sieht.
727 Zimmerli, 880.
728 Während sie in dem Zuwachs 16,61.63 noch bewahrt bleibt, wird sie in
    39,26 in einem späteren Überlieferungsstadium auch im EB selbst ab-
    geschwächt.
729 Zimmerli, 880.
730 Rudolph, Jeremia, 185.
731 Vgl. z.B. Zimmerli, 879f.
732 Vgl. zuletzt Levin, Verheißung, 209ff.
733 Dies würde dann auch von der Fortsetzung in 28 gelten, wo "die Bun-
    desformel ... in der Fassung von Jer 11,4 angeführt ist" (womit
    "sich das im Ezechielbuch einmalige אֲנֹכִי (erklärt)") (Levin, Ver-
    heißung, 214 mit Anm. 61): "Man soll nämlich" im Kontext von Ez
    36,16ff gerade **nicht** mehr "die dortige Fortsetzung hinzudenken: '...
    auf daß ich aufrichte den Schwur, den ich euren Vätern geschworen
    habe, ihnen ein Land zu geben, da Milch und Honig fließt'" (gegen
    Levin, a.a.O., 214).

Möglichkeit, daß Jer 31,31-34 in seiner vorliegenden Gestalt als bewußte Korrektur von Ez 36,16ff konzipiert ist. Eine Klärung des literarischen Verhältnisses der beiden Texte ist nur nach einer neuerlichen, eingehenden Analyse, die auch ihre konzeptionellen Differenzen berücksichtigt, möglich. Doch hat m.E. auch die dritte Möglichkeit einige Wahrscheinlichkeit für sich, daß Jer 31,31ff und Ez 36,16ff je auf ihre Weise in der Exilszeit virulente Erwartungen aufnehmen und verarbeiten[734].

Neben diesen drei Elementen der Restitutionsprognose in 36,22ff, die von der Rekonstruktion der Vergangenheit und Gegenwart Israels in 17-21 her motiviert sind, stehen nun noch weitere Ankündigungen, die im argumentativen Zusammenhang nicht nur überschießend wirken, sondern zu ihm auch in Spannung stehen. Sie sind in 29a und 33a jeweils durch Wiederaufnahme des Topos "Reinigung" aus 25 eingeführt.

(1) 29b-30 beschreibt die Fruchtbarkeit des Landes nach der Heimführung (vgl. 34,26-27a; 36,8; 47,1ff). Die Ankündigung ist motiviert durch die "Schmach der Hungersnot", die Israel "unter den Völkern" zu tragen hat. Diese Motivation steht aber nicht nur in Spannung zu dem betonten "nicht um euretwillen" von 22.32; sie setzt auch im Gegensatz zu 20 nicht eine Erfahrung des exilierten Volkes, sondern die Lage der im Lande Zurückgebliebenen voraus.

(2) 33b-36 kündigt den Wiederaufbau der Städte und die Rekultivierung des Landes an (vgl. 36,9f; 28,26). Dabei "liegt es diesem Nachtrag daran, auch das לעיניהם von 23bß noch voller zur Geltung zu bringen", indem die "nichtisraelitischen Beobachter ... im Zitat ihrer Feststellungen" zu Worte kommen[735]. Anders als von 23bß her zu erwarten, stellen jedoch die Völker in 35 nicht Jahwes Ehre, sondern die des Landes wieder her. Daß auch dessen "Ruf" auf dem Spiel steht, ist aber ein Gedanke, den erst der Nachtrag 29b-30 in den Text eingebracht hatte. Die dadurch

---

734 Dies dürfte jedenfalls hinsichtlich der Vorstellung gelten, daß das Verhalten zu Jahwes Geboten über Segen und Fluch entscheidet (vgl. Lev 26; Dtn 28). Ihr widerspricht Ez 36,27b (vgl. 37,24b): Ein neues, den Weisungen Jahwes entsprechendes Leben ist erst nach einer von Jahwe bewirkten Transformation Israels möglich. - Damit ist auch die vor der Katastrophe bestehende Möglichkeit von 18,31 hinfällig geworden. Sie wird allem Anschein nach erst von der Redaktion des "älteren EB" auch für die Restitutionsverkündigung fruchtbar gemacht.
735 Zimmerli, 881.

entstandene Spannung in der Motivation der Restitution Israels wird in
36 dadurch ausgeglichen, daß die Völker schließlich hinter der "Fest-
stellung einer bestimmten Zuständlichkeit im Lande"[736] Jahwe selbst am
Werk erkennen. Dabei greift der Text "die bei Ez nur in der jüngeren
Ergänzung 28,26 belegbare, der Sprache Jeremias angehörige Antithese
'Bauen-Pflanzen'" auf[737].

(3) 37-38 schließlich trägt die Ankündigung einer Vermehrung der Bevölkerung in den Städten nach (vgl. 36,10f; 37,26). Wenn dies hier ausdrücklich damit begründet wird, "daß Jahwe sich für das Haus Israel zur Tat
erbitten (erhören) lassen wolle"[738], liegt darin wiederum ein Widerspruch zum "nicht um euretwillen" von 22.32 vor.

Trotz ihrer Spannungen zum Grundtext 36,16-28.31f sind die
Nachträge in 29f.33-36 und 37f in ihrer Thematik nicht will-
kürlich angehängt. Vielmehr dienen sie allem Anschein nach
dazu, die Ankündigung 36,22-32* an das Vorhergehende kompositorisch anzubinden: 36,37f greift mit ‏צאן‎ das bestimmende
Stichwort von Kap. 34 auf, und 36,33-36 verweist auf das
zentrale Thema des Orakels 36,1-15 zurück. So scheint der
vorliegende Text von 36,16-38 in der Tat aus dem Bestreben
hervorgegangen zu sein, "eine möglichst umfassende Schilderung des verheißenen Volksschicksales zu geben"[739]. Gerade
dann fällt es freilich auf, daß das die Prognose von Kap. 20
bestimmende Thema des neuen Kultes in 36,16ff - von Anspielungen auf kultische Praktiken in 25 abgesehen - fehlt. Das
könnte ein Indiz dafür sein, daß die Nachträge in 36,16-38
in einem Zuge mit der Komposition von Kap. 33-37; 40-48 im
"älteren EB", in der das Thema Kult ja am Ende ohnehin breit
ausgeführt ist, ergänzt wurden, d.h. vielleicht auf die Redaktion des "älteren EB" zurückgehen.

c) "Differenzierende Prophezeiungen"

In seiner eingehenden Analyse von Ez 34 hat B.Willmes die
Gattung dieses Textes - bzw. der Teiltexte, aus denen er

736 A.a.O., 882.
737 A.a.O., 873; vgl. Bach, Bauen.
738 Zimmerli, 882.
739 Herrmann, Heilserwartungen, 273.

nach seiner Analyse zusammengesetzt ist[740] - als "differenzierende Prophezeiung" bestimmt[741]. Als die "drei kennzeich-
nende(n) Elemente" dieser Gattung nennt er: (1) "Anklage
(mit Entfaltung)", (2) "Gerichtsansage für eine Gruppe (Hirten) - ohne eigentliche Unheilsverkündigung" und (3) "Heilswort für eine andere Gruppe (Schafe)"[742]. "Diese Gattung
läßt sich auch in den Einheiten Jes 1,21-26; Am 9,8-10; Zef
3,11-13 sowie in den wahrscheinlich zusammengesetzten Einheiten Zef 2,8-10; Obd 1-18.19-21; Jes 45,14-17 und 2 Kön
22,14-20 nachweisen"[743]. Als weitere Belege für eine Kombination von "Unheilsweissagungen für eine Gruppe und Heilsankündigungen für eine andere Gruppe" im EB führt Willmes[744]
Ez 28,20-26 und 35,1-36,15 an (hinzuzufügen wäre Kap. 13 im
Rahmen des Komplexes 12,21-14,11, s.u.). Einen Ansatz, diese
"differenzierenden Prophezeiungen" in die konzeptionelle
Entwicklung Ezechiels (bzw. der Texte des EB) einzuordnen,
bietet schließlich die Überlegung: "Vielleicht zeigt sich am
Gebrauch dieser Gattung ein Wandel im Schuldverständnis von
der Annahme einer Kollektivschuld zur differenzierten Beurteilung der jeweils Verantwortlichen (vgl. Ez 18; 33,10-
20)"[745].

Willmes' Analyse von Form und Funktion des Textes Ez 34 kann m.E. eher
überzeugen als sein Versuch einer "Quellenscheidung"[746]. Der Schluß von

---

740 Vgl. Willmes, Hirtenallegorie, 181ff; zusammenfassend Ders., Prophezeiungen. Willmes nimmt an, daß Ez 34 aus drei selbständigen Texten
und mehreren Nachträgen zusammengesetzt ist. Als Nachträge erkennt
er 23f. 25-30 (zu unterteilen in 25-27. 28-30?). 31. 1-16 ist s.E.
aus zwei Texten zusammengesetzt: "Text I": 1. 2a.ba (bis לרעים).ß.γ.
3. 6. 8b. 9. 10aα. 11bß. 12b. 13. 14a. 15; "Text II": 2bα (ab Botenformel). 4. 5. 7. 8a. 11a.bα. 10aß.b. 12a. 16. Dagegen stellt 17-22
einen dritten, selbständigen Text dar. - Zu den Problemen dieser
literarkritischen Analyse s.u. Anm. 746.
741 Vgl. Willmes, Hirtenallegorie, 234ff; Ders., Prophezeiungen, 250ff.
742 Willmes, Prophezeiungen, 250.
743 Ebd., vgl. Ders., Hirtenallegorie, 261ff.
744 Willmes, Prophezeiungen, 252.
745 A.a.O., 250.
746 Vgl. schon Bertholet, 119 und dazu Willmes, Hirtenallegorie, 197ff.
So wäre etwa Willmes' "Text I" das einzige Orakel im EB, das nach
der Einleitung durch einen Prophezeiungs-Auftrag an den Propheten
nicht mit der Botenformel eröffnet wird (vgl. dgg 6,2; 11,4; 13,2.
17; 21,2.7.14.33; 25,2; 28,21; 29,2; 30,2; 35,2; 36,1.3.; 37,4.9.12;

der Beobachtung, "daß in diesen Versen das Leitwort צאן (Kleinvieh/Scha-
fe) manchmal maskulin und manchmal feminin gebraucht wird", "auf verschiedene Verfasser"[747] ist keineswegs zwingend. In 37,1-14 variiert in
analoger Weise das Genus von עצמות[748], ohne daß hieraus literarkritische
Konsequenzen zu ziehen wären. Und das gehäufte "Vorkommen gliedernder
Formeln"[749] erweist sich im Blick auf Struktur und Funktion des Textes
als durchaus sinnvoll.

Im Abschnitt 1-16 wird durch Wortereignisformel (1), Redeauftrag und
Botenformel (2) das Orakel eröffnet, das nach einem einleitenden Weheruf
über die "Hirten Israels" mit einem Lagehinweis beginnt (2-6). Dieser
entfaltet den in 2b angerissenen Kontrast zwischen tatsächlichem ("Hirten, die sich selber weiden") und gefordertem ("Sollen nicht die Hirten
ihre Schafe weiden?") Verhalten der Hirten. Die Darstellung ihres Handelns in generellen Sachverhalten (3: yiqtol) mündet in die Feststellung: "Die Schafe weiden sie nicht!" 4 geht dann zur Auflistung des vergangenen Verhaltens (qatal) der Hirten über. 5-6 beschreiben die Situation der Schafe als Konsequenz des Verhaltens der Hirten (Progreßform
wayyiqtol in 5!). In 6 wird dabei wieder die Gegenwart erreicht, die
durch die Abfolge von yiqtol, qatal und partizipialen Nominalsätzen abschließend als Folge der Vergangenheit (6: נפצו nimmt das zweimalige
ותפוצינה von 5 auf!) charakterisiert ist.

Dasselbe Nebeneinander von Verhalten der Hirten (8aβ.b) und Situation
der Schafe (8aα) - nun in umgekehrter Reihenfolge - zeigt der zusammenfassend wiederholende, mit יען (nach לכן, Aufmerksamkeitsruf, Schwurformel und Gottesspruchformel) eingeleitete Lagehinweis 7-8. Dabei nimmt

38,14; 39,1 - in 4,7; 21,19 wird mit dem Prophezeiungs-Auftrag kein
Orakel eingeleitet). Das wayyiqtol von 8bα (וירעו) schließt an das
im vorliegenden Text vorangehende qatal (ולא דרשו) nahtlos an, während es in Willmes' "Text II" auf die zwei partizipialen Nominalsät-
ze von 6bβ folgt, die zwar grammatikalisch Vergangenes bezeichnen
können (und von Willmes so übersetzt werden), im Kontext von 6 jedoch eher einen (generellen) Sachverhalt der Gegenwart bezeichnen
dürften. Problematisch ist m.E. auch der Anschluß mit כי und Botenformel (11) an den mit יען eingeleiteten Lagehinweis (8) in Willmes'
"Text II". Wäre hier nicht entweder eine Fortsetzung ohne Botenformel (vgl. 34,21f) oder aber eine Überleitung mit לכן (so im vorliegenden Text: 8f) zu erwarten?
747 Willmes, Prophezeiungen, 248.
748 Vgl. z.B. Zimmerli, 886.
749 Willmes, Prophezeiungen, 248.

8aα neben לאכלה לכל חית השדה (צאני) ותהיינה mit רעה מאין auch מבלי רעה
aus 5 - leicht modifiziert - auf. In dieser Komprimierung erhält der
Lagehinweis eine Zuspitzung, die die Paradoxie der Situation aufdeckt:
Weil die Hirten sich selbst weideten und nicht die Schafe (8b), sind im
Grunde gar keine (wirklichen) Hirten da (8aα)!

Diese Situation wird durch das in 9-16 prognostizierte Eingreifen Jahwes beseitigt. Die in 9 mit לכן und Aufmerksamkeitsruf eingeleitete Prognose ist durch die zweimalige Botenformel in 10 und - mit vorangestell-
tem כי - 11 in zwei Teile strukturiert. 10 enthält eine Gerichtsankündigung gegen die Hirten. Das Eingreifen Jahwes bekräftigt im Grunde nur
die Situation, die die Hirten durch ihr Verhalten selbst geschaffen haben: Sie werden von Jahwe ihrer Funktion enthoben und die Herde nicht
mehr weiden (10aα$_2$.ß). Für die Schafe bedeutet dies jedoch die "Rettung"
(הצל pi.) aus dem Maul ihrer Hirten[750]. Die Aufnahme des Stichwortes דרש
(10aα; vgl. 6.8) signalisiert: Jahwe übernimmt nun selbst die Funktion
der Hirten. Dies führt die "Heilsankündigung" an die Schafe in 11-16
weiter aus. In ihrem Zentrum steht in 13a die Ankündigung der Rückführung ins Land (mit יצא hi., קבץ pi. und בוא hi.). Jahwes Handeln als
Hirte seines Volkes entspricht antitypisch dem seiner vormaligen Hirten
(vgl. Stichwort דרש in 11b sowie 16a mit 4). Waren die Schafe zuvor בכל
הרים ועל כל גבעה רמה...ובהרי אל הרי ישראל zerstreut (6a), werden sie nun
מרום ישראל geführt und versammelt (13b.14). Mit der Ankündigung, daß
Jahwe die fetten Schafe "ausrotten" (שמד hi.[751]) und במשפט weiden wird,
leitet 16b zum Folgenden über[752].

Der Abschnitt 17-22 ist bestimmt von der Ankündigung des "Richtens"
(שפט) Jahwes zwischen den Schafen (שה) der Herde (vgl. 17bα.20b.22b),
die ihn - zusammen mit der Botenformel in 17 und 20 - zugleich strukturiert. Der Lagehinweis in 18f stellt - entsprechend dem von 2-6.8 - das

---

750 Unversehens werden hier die Hirten selbst zur direkten (und nicht
   nur indirekten) Bedrohung der Schafe; vgl. die modifizierte Aufnahme
   von ולא תהיין להם לאכלה (5.8) in ותהיינה (צאני) לאכלה לכל חית השדה
   (10bß).
751 Die Stelle ist allerdings textkritisch unsicher; vgl. BHS und Zimmerli, 830.
752 Vgl. Zimmerli, 833.840. Angesichts der häufigen, bewußten "Wiederaufnahmen" in 1-16 kann die literarkritische Ausscheidung von 16 als
   "Bindeglied(.), das die in 17ff. folgende Erörterung mit 1-15 verbindet" (a.a.O., 833) nur durch das (Vor-)Urteil einer ursprünglichen literarischen Unabhängigkeit von 1-15 und 17-22(.23f?) gerechtfertigt werden.

"asoziale" Verhalten eines Teils der Schafe auf der "guten Weide" (18: מרעה הטוב nimmt מרעה טוב von 14 auf) der dadurch bedingten schlechten Situation der übrigen Schafe (19) gegenüber. 21 nimmt - eingeleitet mit יען - die Anklage von 18 auf und fügt mit dem Stichwort פוץ hi. einen Rückverweis auf 1-16 hinzu (vgl. 5.6.12). Indem Jahwe zwischen "den fetten und den mageren Schafen" das Rechtsverhältnis wiederherstellt (שפט: 20b) , rettet (ישע hi.) er "seine Schafe" (צאני: 22aα; vgl. 19a. 17a), die, wie jetzt deutlich wird, offenbar mit den "mageren Schafen" (שה רזה:20) identisch sind (vgl. 22aß mit 8a).

"Gedanklich rückt dieses Wort (sc. 17-22) trotz seiner im übrigen selbständigen Ausgestaltung nahe an das Wort 20,32ff., zumal an 20,35-38 heran"[753]. Beide Abschnitte konkretisieren die Ankündigung einer unmittelbaren Herrschaft Jahwes über sein Volk (34,13ff: רעה; 20,33: מלך) durch die eines "Scheidungsgerichtes" (Wz. שפט: 34,17ff; 20,35ff) - in Kap. 20 **vor**, in Kap. 34 **nach** dem Einzug ins Land. In beiden Texten realisiert das so beschriebene Eingreifen Jahwes eine "Transformation" Israels, wie sie auch in Kap. 37; 43,1-11 und 36,16ff als notwendiges Element des Restitutionsprozesses erkennbar war. Kap. 34 konkretisiert diesen Topos der "Transformation" im Hinblick auf das Problem der Herrschaft in Israel.

Dieses Problem ist im Fortgang des Textes auch in 23-24 und 31 thematisch: Jahwe wird über sein Volk "**einen** Hirten" (רעה אחד) einsetzen (קום hi.)[754]. Damit wird der in 1-8 beschriebene Mißstand beseitigt (vgl. 23: ורעה אתהן mit 5: מבלי רעה und 8: מאין רעה sowie 23: והוא יהיה להן לרעה וירעו ... mit 2: היו רעים אותם, 3: הצאן לא תרעו und 8b: הוא ירעה אתם והרעים אותם ואת צאני לא רעו).Dieser "eine Hirte" wird sodann näher als Jahwes "Knecht David" (עבדי דו(י)ד) bestimmt; er wird Israels "Nasi in ihrer Mitte" (נשיא בתוכם), Jahwe selbst aber Israels Gott sein (24; vgl. 31).

Der Abschnitt 23-24 zeigt innerhalb von Kap. 34 wohl die stärksten Berührungen zu - speziell "messianischen" - "Heilserwartungen" außerhalb des EB[755]. Die Ankündigung והקימתי עליהם רעה אחד ורעה אתהן (23α) hat ihre Parallele in

---

753 Zimmerli, 840.
754 Vgl. zu הקים a.a.O., 843.
755 Vgl. Zimmerli, 841ff; Kellermann, Messias, v.a. 69ff (zu Ez 34: 84ff); Cazelles, Christologie (zum "Messianismus Ezechiels": 113ff).

Jer 23,4a: והקמתי עליהם רעים ורעום[756]. Die entscheidende
Differenz zwischen beiden Aussagen besteht darin, daß Ez
34,23 einen einzigen, Jer 23,4 dagegen offenbar mehrere Hirten erwartet. Zimmerli meint dazu: "Das betonte אחד (sc. in
Ez 34,23) ist von 37,15ff. her zu verstehen"[757]. Es ist jedoch zu fragen, ob es nicht schon textimmanent durch das
singularische רעה in 5 (מבלי רעה)und 8 (מאין רעה) motiviert
ist. Vom unmittelbaren Kontext dieser Aussagen her ist der
Singular keineswegs gefordert; vielmehr wäre sogar eher ein
Plural (רעים) zu erwarten. So scheint schon hier das Konzept
des "einen Hirten" als kritisches Gegenbild der im Schuldaufweis benannten Erfahrungen vorausgesetzt zu sein.

Der Näherbestimmung des "einen Hirten" als "David" kommt
Jer 30,9[758] nahe: "Hier ist ... ganz ausdrücklich ausgesprochen, daß Jahwe in Zukunft einen David aufstehen lassen werde"[759]. Darüber hinaus findet sich hier wie in Hos 3,5[760]
"die formelhafte Doppelaussage ... 'Jahwe ihr Gott und David
ihr König'"[761] von Ez 34,24 (vgl. 37,23f). Während aber in
Hos 3,5 und Jer 30,9 die Relation des Volkes mit der zu "David" identisch ist - es wird "umkehren" (שוב; בקש pi.: Hos
3,5) zu "Jahwe ihrem Gott und David ihrem König" bzw. ihnen
"dienen" (עבד: Jer 30,9) -, wird in Ez 34,23f die Differenz
zwischen David und Jahwe unterstrichen: David ist nicht מלך
sondern נשיא[762]; er ist dem Volk eingeordnet (בתוכם) im Ge-

---

756 Die Ankündigung gehört vielleicht zur "dtr." Interpretation des
     "jeremianischen" Kerns Jer 23,5f; vgl. Thiel, Redaktion (I; s.
     Kaiser, Einleitung, 256); Kellermann, Messias, 33ff mit Anm. 25;
     78f; anders Levin, Verheißung, 188ff.
757 Zimmerli, 841.
758 "Auch das Heilswort Jer.30,8f. steht in einer deuteronomistischen
     Sammlung Jer.30 und 31" (Kellermann, Messias, 79); zur literar- und
     redaktionsgeschichtlichen Analyse von Jer 30f vgl. Kaiser, Einlei-
     tung, 253f.
759 Zimmerli, 843.
760 ואת דויד מלכם wird gemeinhin als Zusatz der judäischen Redaktion
     (vgl. z.B. Wolff, Hosea, 71) zu dem - vielleicht selbst schon sekun-
     dären (vgl. Jeremias, Hosea, 57f) - V.5 angesehen.
761 Zimmerli, 843.
762 Die literarkritische Ausscheidung von 24aß als "Dublette zu V.23bß,
     die den Titel נשיא einträgt" (Levin, Verheißung, 219 Anm. 86 im An-
     schluß an Hossfeld, Untersuchungen, 252) ist m.E. unbegründet.

genüber zu Jahwe und Jahwe als sein Knecht (עבדי) untergeordnet. Hierin ist kaum eine "Aufnahme" und "Fortbildung" "messianischer" Erwartungen zu sehen, sondern eine ganz massive, kritische Korrektur!

In diesem Sinne kann aber Ez 34,1-24 insgesamt verstanden werden: Zur Beseitigung der erfahrenen und erinnerten Mißstände genügt es nicht, daß Jahwe die "Hirten" des Volkes auswechselt. Diese Mißstände greifen so tief, daß sie nicht einfach durch "neue Hirten" - auch nicht durch den "einen Hirten" "David"! - beseitigt werden können. Nicht David (oder einer seiner Nachkommen) wird "Recht und Gerechtigkeit im Lande verwirklichen" (ועשה משפט וצדקה בארץ), wie es Jer 23,5 erwartet, sondern Jahwe selbst (Ez 34,17-22)[763]. Erst **nach** diesem unmittelbaren Eingreifen Jahwes in die Geschichte Israels ist (neue) menschliche Herrschaft (wieder) möglich und sinnvoll - wie es entsprechend auch für kultische Institutionen gilt (vgl. 20,40ff und Kap. 40ff). Und diese menschliche Herrschaft "inmitten" des Volkes bleibt von der Herrschaft Jahwes über sein Volk scharf getrennt (vgl. 43,7ff).

Mit dieser Konzeption der Restitution Israels steht die "differenzierende Prophezeiung" Ez 34,1-24 den bisher besprochenen Restitutionsprophezeiungen des EB erstaunlich nahe: Auch sie betont stark das Moment der Diskontinuität des Restitutionsprozesses auf Seiten Israels und setzt sich unter diesem Gesichtspunkt kritisch mit "Heilserwartungen" auseinander, die allem Anschein nach unter den Zeit- und Exilsgenossen Ezechiels virulent waren. Von den bisher betrachteten Restitutionsprophezeiungen - v.a. von Kap. 20 und 36,16ff* - unterscheidet sie sich darin, daß sie die Restitution als Eingreifen Jahwes zur "Rettung" Israels beschreibt

---

763 יהוה צדקנו (Jer 23,6) ist dann nicht mehr nur wohlklingender Thronname des (neuen) David, sondern präziser Ausdruck geschichtlich-politischer Realitäten. - Die Annahme, daß Ez 34,17-22 "mit der ursprünglichen Verheißung nicht zusammenstimmt" (Levin, Verheißung, 219 Anm. 84), verkennt diese Pointe des Textes völlig!

456 Versuch einer redaktionsgeschichtlichen Einordnung

und sich stärker Aspekten der konkreten Organisation des
neuen Israel zuwendet.

In dieser letzten Hinsicht bereitet sie die Umgestaltung der Restitutionsprophezeiungen Ezechiels zu einem Restitutionsprogramm vor, wie sie
tendenziell die Redaktion des "älteren EB" vornimmt. Ihre Weiterentwicklung der Konzeption der Herrschaft im neukonstituierten Israel ist möglicherweise im "Amtsträgerkomplex" des "Verfassungsentwurfs", der auf
sie zurückgehen könnte, weiter zu verfolgen[764]. Der Herrscher des neuen
Israel wird hier wie in 34,24 als נשיא bezeichnet. Damit wird der Sprachgebrauch des in den Restitutionsprophezeiungen Ezechiels vorliegenden
Materials, wo - wie schon in den Gerichtsprophezeiungen - der Herrscher
Israels als מלך **oder** נשיא - allerdings mit einer tendenziellen Bevorzu-
gung des zweiten Terminus - bezeichnet werden kann[765], vereinheitlicht.
"Dem Begriff נשיא haftet" dabei "ein unverkennbar programmatischer Charakter an. Die Selbstverständlichkeit, mit der der künftige Herrscher
נשיא genannt wird, gibt zu erkennen, daß eine entsprechende soziale Position als bekannt vorausgesetzt" ist[766].

Hinter der Aufnahme dieses Titels durch Ezechiel und die Redaktion des
"älteren EB" steht wohl mehr als nur "der Wille zu archaisch-feierlicher
Benennung des Würdenträgers mit einem genuin altisraelitischen Titel"[767];
vielmehr geht es um eine Neu-Definition von Funktion und Position des
Herrschers in Israel: "Der נשיא hat ein Amt in Israel, ist aber nicht
der Herr Israels"[768] - im Gegensatz etwa zu dem in Jer 30,9 erwarteten
David! Die biblischen Belege des Ausdrucks נשיא außerhalb des EB zeigen:
"Der Titel נשיא bezeichnet nicht ein Amt, sondern eine soziale Position,
deren Inhaber keine Sanktionsgewalt hat. Die Behauptung dieser Position
ist davon abhängig, wieweit die repräsentierte Gruppe ihre Interessen
durch den נשיא gewahrt sieht. Der נשיא übt Führerschaft ohne Kontrolle
aus"[769]. Innerhalb dieses Sinnhorizonts nimmt "(d)er prononcierte Gebrauch des Titels für den Herrscher des nachexilischen Israel"[770] im
"Amtsträgerkomplex" von Ez 40-48 eine Sonderstellung ein: Es gibt nur

---

764 Vgl.o. 3.2.2./3.2.3.
765 Vgl. Zimmerli, 915f.
766 Schäfer-Lichtenberger, Stadt, 360; vgl. zu נשיא: 355ff.
767 Zimmerli, 842.
768 a.a.O., 844.
769 Schäfer-Lichtenberger, Stadt, 367.
770 A.a.O., 360.

einen נשיא[771], "der in seiner politischen Macht gegenüber dem vorexilischen König deutlich eingeschränkt" ist[772], dessen Position und Funktion
aber durchaus durch explizite Normen institutionalisiert ist[773]. Diese
eigentümliche Umprägung des נשיא-Titels im "Amtsträgerkomplex" von Ez
40-48 ist vorbereitet in der "ezechielischen"[774] Ankündigung 34,23f, die
den Herrscher des neuen Israel zugleich als "David" und als נשיא bezeichnet und so "messianische Heilserwartungen" ihrer Zeit durch Unterstreichung der Diskontinuität des Restitutionsprozesses relativiert und modifiziert[775].

Trifft die skizzierte Interpretation von Ez 34,1-24 zu,
erklärt sich auch das spannungsreiche In- und Nebeneinander
von "Theokratie" und ("messianischer") "Eschatologie" in
diesem Text[776] aus seiner Traditions- und Situationsbezogen-
heit: Wenn hier einerseits "die Grundstruktur einer Theokratie vorgestellt" wird, andererseits aber "die an das davidische Königtum geknüpften Erwartungen bestehen" bleiben[777],
rührt dies nicht daher, daß durch 23-24 als "Nachtrag" "(d)ie
Erwartung des Hirten Jahwe ... zur Erwartung seines Unterhir-
ten, des neuen Davididen", "umgebogen" ist[778], sondern dürfte eher umgekehrt Resultat einer kritischen Korrektur der
"messianischen" Erwartung eines neuen David sein.

Der Zusammenhang von Ez 34,25-30[779] mit dem Vorhergehenden ist problematisch. Einerseits könnte der "Anschluß des kosmologisch bestimmten

771 Dagegen "(belegt) (d)er nachexilische Gebrauch des Titels נשיא
    (...), daß mit einer unbestimmten Anzahl von נשיאים pro Stamm zu
    rechnen ist" (a.a.O., 365 mit Hinweis auf 1 Chr 4,38; 7,40; 2 Chr
    1,2; 5,2).
772 A.a.O., 360.
773 Dieser Aspekt des נשיא in Ez 40-48 kommt m.E. bei Schäfer-Lichten-
    berger, Stadt, 360f zu wenig zum Tragen.
774 So z.B. auch Zimmerli, 844.
775 Ez 34,24 scheidet damit als Beleg für die von Ebach, Kritik, 278
    geäußerte Vermutung, "daß von 40-48 her die Aussagen über den kommen-
    den David in 34; 37 (um)formuliert sind" (vgl. schon Herrmann, Heils-
    weissagungen, 277), mit hoher Wahrscheinlichkeit aus. Für 37,24b-28
    scheint sie allerdings zuzutreffen (vgl. Zimmerli, 916).
776 Vgl.o. 3.2.3.
777 In der Smitten, Gottesherrschaft, 14.
778 So Kellermann, Messias, 85; ähnlich z.B. Garscha, Studien, 203.206.
779 V.31 gibt sich nach der abschließenden Gottesspruchformel in 30 und
    mit der Wiederaufnahme des Bildzusammenhangs von 1-24 als Nachtrag
    zu erkennen (vgl. Zimmerli, 834,846f).

Friedensbundes an die Bildrede von der Herde" auf "eine traditionelle
Gedankenverbindung" zurückgehen, wobei neben der Assoziation des
"Bild(es) der Herde ... mit der fürsorgenden Schöpfermacht Gottes"[780]
auch an die stereotype Verbindung von (königlichem) Herrscher und
Fruchtbarkeit zu denken wäre[781]. Andererseits "tritt" aber in 25-30 "die
Hirtenthematik ganz zurück" hinter "allgemeinere Aussagen über den verheißenen Heilsstand im Lande"[782]; zudem wirkt der Abschnitt im Vergleich
zum Vorhergehenden "stärker kompiliert. Es ist darin in ungewöhnlich
starken Anleihen an Lv 26 allgemeinere Heilsverkündigung aufgenommen"[783].
Das Motiv der Schmähung durch die Völker aufgrund der Hungersnot im Lande (29) ist hier weit weniger gut argumentativ eingebunden als in 36,1-
15[784]. So dürfte 25-30 hier als einheitlicher[785] Block ergänzt[786] sein,
der thematisch 36,1-15 nahesteht (vgl. z.B. 34,29 mit 36,6f.15; 34,26f
mit 36,8.11) und in seinen Formulierungen Anklänge an wahrscheinlich
sekundäre Abschnitte der Restitutionsprophezeiungen des EB zeigt (vgl.
v.a. 34,25.27f mit 28,26; 38,8.11.14; 39,26). Wie in 37,25ff und 36,29f.
33ff scheint dahinter das Interesse an einer vervollständigenden Ausgestaltung der vorliegenden Ankündigungen zu stehen.

"Differenzierende Prophezeiungen" liegen der Sache nach
auch in Kap. 13 vor, das "is part of a more comprehensive
cluster which extends from 12:21 to 14:11"[787]. Dieser Textkomplex, der in seiner vorliegenden Gestalt in fünf Abschnitte gegliedert ist (12,21-25. 26-28; 13,1-16. 17-23; 14,1-11)
und vielleicht aus älteren, selbständigen Orakeln zusammengesetzt wurde[788], hat mit "Prophetie" ein Kap. 34 ("Herrschaft") verwandtes Thema (vgl. etwa Jer 23!). Es scheint,
daß er durch eine - vielleicht mit seiner Komposition gleich-
zeitige und der Redaktion des "älteren EB" schon vorauslie-

---

780 Herrmann, Heilserwartungen, 270 mit Hinweis auf Ps 100,3 und den die
     Lehre für König Merikare abschließenden Hymnus auf Re (vgl. RTAT,
     72; dazu Assmann, Ägypten, 202ff); vgl. z.B. auch das Gebet an "Amun
     als Hirte" (RTAT, 66).
781 Vgl. Keel, Welt, 259ff.
782 Zimmerli, 844.
783 A.a.O., 847.
784 Vgl. Levin, Verheißung, 221.
785 Vgl. Zimmerli, 834; anders z.B. Levin, Verheißung, 220f.
786 Anders z.B. Garscha, Studien, 203.
787 Talmon/Fishbane, Structuring, 136.
788 Vgl. z.B. a.a.O., 131ff.

gende - Überarbeitung zu einer "differenzierenden Prophezeiung" umgestaltet wurde, die wie Kap. 34 institutionelle und
organisatorische Aspekte der Neukonstituierung Israels ins
Auge faßt.

Im Abschnitt 12,21-25 scheint 24(.25a?) nachgetragen zu sein[789]. Der
Ankündigung des Eintreffens der prophetischen Visionen wird die der Beseitigung "lügnerischer Vision und nichtigen Orakelbescheids inmitten
des Hauses Israel" als Kehrseite zugeordnet. Im Rahmen des Gesamtkomple-
xes 12,21-14,11, der die Prognose einer Restitution Israels voraussetzt
(s.u.), ist damit angezeigt, was "in 13 voll zur Sprache kommt"[790]: Die
"falschen" Prophet(inn)en sind nicht nur von der Restitution Israels
ausgeschlossen; ihre Beseitigung ist - wie die der "Hirten" in Kap. 34 -
Voraussetzung der Restitution.

In 13,9, das vermutlich den Abschluß des ehemals selbständigen Orakels
2-9* markiert[791], stellt der Versteil aα_2.b wahrscheinlich einen Nachtrag dar[792]. Der dritte Satz (ואל אדמת ישראל לא יבאו), der mit 20,38aγ
(txt.em.) wörtlich identisch ist, setzt nicht nur die Prognose einer
Rückführung ins Land voraus, sondern ordnet das Gericht über die "falschen" Propheten dem 20,33ff; 34,17ff angekündigten "Scheidungsgericht"
im Zusammenhang der Restitution Israels zu. Die beiden ersten, im EB
singulären Aussagen (בסוד עמי לא יהיו ובכתב בית ישראל לא יכתבו) sind
angesichts zahlreicher weiterer Verbindungen des Textes zu Jer 23,9ff[793]
vielleicht als Anspielungen auf Jer 23,18.22 (סוד) und 22,30 (Wz. כתב)
zu verstehen.

"22-23 geht über das Gesagte kaum hinaus. Man hat fast den Eindruck,
als sei das Wort um der Symmetrie der Sprucheinheit 13,1-23 willen gebildet worden. In enger Anlehnung an Jer 23,14 formuliert, bereitet es
das Thema von 18 vor und leitet unmittelbar über zu 14"[794]. In der abschließenden Ankündigung והצלתי את עמי מידכן "klingt" nicht nur "alte
Heilsterminologie Israels an (Ex 18,9f.; Ri 8,34)"[795], sondern auch die

---

789 Vgl. z.B. Fohrer, 67; Fuhs, 69; Talmon/Fishbane, Structuring, 137;
    anders z.B. Zimmerli, 277.
790 Fuhs, 69.
791 Vgl. Talmon/Fishbane, a.a.O., 135.
792 Vgl. Herntrich, Ezechielprobleme, 99; anders Zimmerli, 298.
793 S. z.B. Zimmerli, 288ff.
794 Fuhs, 73.
795 Zimmerli, 298.

mit der Prognose des Gerichts über die "Hirten" verbundene "Rettungs"-
Verheißung Ez 34,10b (וְהִצַּלְתִּי צֹאנִי מִפִּיכֶם; vgl. auch 34,12.27).

Der Schluß des wohl als Ganzes von der Restitutionsprophezeiung her
formulierten Abschnitts 14,1-11[796] nimmt mit der Ankündigung, Israel
werde "sich nicht mehr unrein machen mit all ihren Freveltaten" die Formulierung von 37,23 auf (vgl. 36,25) und erinnert mit dem Vorsatz "damit
das Haus Israel nicht mehr in die Irre gehe von hinter mir weg (מֵאַחֲרַי)"
an "(d)ie Rede vom 'Irren Israels' (תָּעוּת (בְּנֵי) יִשְׂרָאֵל)" als "schlagwort-
artige Prägung für die vorexilische Sündenzeit des Volkes"[797] in den
Restitutionsprophezeiungen (vgl. 44,10.15; 48,11), macht damit aber zugleich auch abschließend nocheinmal deutlich, daß die Rettung Israels
und die Beseitigung "falscher" Propheten zusammengehören - denn diese
waren es ja, die das "Volk in die Irre geführt" hatten (13,10).

Im Vergleich mit 34,1-24 fällt auf, daß der Komplex 12,21-
14,11 keine Einsetzung "neuer Propheten" nach dem Gerichtshandeln Jahwes erwartet. Dies mag sich u.a. daraus erklären,
daß er anders als 34,1-24 erst nachträglich zu einer "differenzierenden Prophezeiung" ausgestaltet wurde. Nicht zu
übersehen sind aber auch die Anklänge von 13,22 an die Aussagen über das prophetische "Wächteramt" in Kap. 3 und 33.
Mindestens in der Gestalt Ezechiels existiert die Institu-
ion der Prophetie über das Gericht hinaus weiter. Ihre Funktion beschränkt sich aber, soweit die Restitutionsprophezeiungen des EB es erkennen lassen, auf den Prozeß der Neukonstituierung Israels, in dem der Prophet als Übermittler der
Pläne Jahwes für die Neuorganisation des Volkes (34ff; v.a.
40-48) - und in der Sicht des "älteren EB" v.a. auch als
Rufer zur Umkehr (33,10-20) - auftritt. Daß für das neukonstituierte Israel auch nach Vollendung dieses Prozesses ein
Prophet erforderlich sein könnte, kommt erst wieder in 38,1-
39,24 angesichts einer möglichen neuen, äußeren Bedrohung
des Volkes in den Blick.

---

796 Zur Einheitlichkeit des Textes vgl. Zimmerli, 307f; a.a.O., 308 läßt
    Zimmerli die Frage der Datierung offen, tendiert aber zur "Zeit nach
    587".
797 Zimmerli, 312.

Eine letzte, auch von Willmes (s.o.) angeführte "differenzierende Prophezeiung" im EB liegt in 35,1-36,15 vor. Dieses
Orakel unterscheidet sich von den bisher besprochenen darin,
daß es nicht innerhalb der Größe Israel, sondern zwischen
Israel und Edom bzw. "den Völkern" in seiner Prognose "differenziert".

In der neueren Forschung besteht ein weitgehender Konsens, daß dem
"klar zu erkennenden Gesamtaufbau des Abschnittes 35 bis 36,15 (...)
eine komplizierte und wohl erst sekundär gewucherte Feinstruktur gegen-
über(steht)"[798]. Dennoch legt sich "ein Heruntergehen mit der Datierung
unter die Zeit der Rückkehr von Exulanten unter Serubbabel" nicht nahe[799] (vgl. 36,8!). Dies können die folgenden Überlegungen zur Funktion
des Textes bestätigen, die hier nur von seiner vorliegenden Gestalt ausgehen können, weshalb die Frage seiner genaueren redaktionsgeschichtlichen Zuordnung offen bleiben muß.

In der Argumentation der Restitutionsprophezeiungen von Kap. 20[800] und
36,16ff bildeten die Völker ein konstitutives Element: Ihr Mißverständnis des Ergehens Israels bringt Jahwes "Namen" in der Völkerwelt in Gefahr; die Restitution Israels dient der Wiederherstellung seines "guten
Rufs". Ein entsprechendes Mißverständnis der gegenwärtigen Situation
machen auch die Zitate in 35,1-36,15 namhaft: Die Katastrophe des Jahres
587 wird von Israels Nachbarn als Gelegenheit zur eigenen Gebietserweite-
rung wahrgenommen (35,10.12; 36,2). Während hier Israels "Nachbarvölker
in Palästina" zu Wort kommen, sind es in 36,13 (vgl. 20) die "Gastvölker
der Exulanten"[801]. Diese freilich wollen nicht selbst das Land "fressen"
(35,12), sondern verspotten es als "Menschenfresserin" (36,13; vgl. Num
13,32). Diese Spannung mag sich z.T. daraus erklären, daß 36,13-15 als
relativ eigenständiger Abschnitt erst nachträglich an das Vorhergehende
angefügt wurde[802]; im vorliegenden Textzusammenhang offenbart sie die
innere Widersprüchlichkeit der Haltung der Völker gegenüber Israel, wie
sie bei einer Zusammenschau der Erfahrungen der im Lande Zurückgebliebe-

798 Garscha, Studien, 206f; vgl. 206ff u. z.B. Zimmerli, 856ff; Simian,
    Nachgeschichte, 67ff.104ff.
799 Zimmerli, 860; anders Garscha und Simian, a.a.O.
800 Eine terminologische Verbindung zwischen Kap. 20 und 35,1-36,15 be-
    steht in dem Ausdruck ‏נשׂאתי את ידי‏: 36,7; vgl. 20,5.6.15.23.28.42.
801 Zimmerli, 866.
802 Vgl. a.a.O., 858; Garscha, Studien, 211.

nen (35,10.12; 36,2) und der Exilierten (36,13) zutage tritt. Diese Widersprüchlichkeit nötigt zu einer gewissen Abstraktion im Text: Die konkrete "historische Situation" des Verhaltens Edoms im Zusammenhang der
Katastrophe Israels[803] wird zum Auslöser einer "theologischen Reflexion"
des Verhältnisses Israels zu den Völkern überhaupt, Edom zur Chiffre für
"alle Völker"[804]. Entscheidend ist, daß die Völker das Geschick Israels
nur im Rahmen des Verhältnisses von Land und Volk interpretieren, die
Funktion Jahwes aber nicht erkennen und so (indirekt) Jahwe selbst be-
leidigen (35,13). Im Gegenzug dazu sind die "Drohungen gegen Edom" in
Kap. 35 "alle mit Nachdruck als Ankündigung des göttlichen Selbsterweises bezeichnet"[805].

Der angekündigte "göttliche Selbsterweis" ist nun aber im Kontext deutlich als Erweis des Willens und der Macht Jahwes gekennzeichnet, in der
Völkerwelt eine Rechtsordnung durchzusetzen. Die im Schuldaufweis aufgedeckten Vergehen Edoms bzw. der Völker entsprechen nämlich genau solchen, die an anderen Stellen des EB Israel bzw. einer Gruppe im Volk
vorgehalten werden[806]. Mit der Ankündigung der Herstellung einer Rechtsordnung durch Jahwe entspricht aber 35,1-36,15 einem Grundzug der anderen "differenzierenden Prophezeiungen" im EB, v.a. von 34,1-24, und
zieht wie diese organisatorische Konsequenzen aus der Konzeption von
Kap. 20 und 36,16ff. Weil diese hier nicht auf den Bereich Israels beschränkt, sondern auf den der Völkerwelt ausgeweitet sind[807], Israel

---

803 S.o. 3.1. mit Anm. 87.
804 Zur traditionsgeschichtlichen Vorprägung dieser "Chiffre"-Funktion
    Edoms vgl. Simian, Nachgeschichte, 290ff. "Historische Situation"
    und "theologische Reflexion" lassen sich kaum so ausschließlich ge-
    geneinander ausspielen, wie es Simian versucht, der meint: "Ez 35,1-
    4 ist kein echtes Unheilswort, das gegen ein bestimmtes Volk gerich-
    tet ist, auch wenn es den Anschein eines solchen bietet" (a.a.O.,
    188f). "Ez 35,1-4 muß nicht als ein Wort gegen Edom angesehen werden,
    das aus einer bedeutsamen historischen Situation entstanden ist.
    Sein formelhafter, farbloser Charakter läßt sich am besten erklären
    durch die Annahme einer theologischen, nicht einer konkret histori-
    schen Begründung" (a.a.O., 324f).
805 Zimmerli, 863.
806 Vgl. etwa zum Stichwort "Blut(schuld)" (דם: 35,6 - zum Text s. Zim-
    merli, 852) die oben bei Anm. 564 genannten Stellen; zum Stichwort
    "Besitz" (Wz. ירש: 35,10; 36,2): 33,24-26; 11,15; zum Stichwort
    "Fraß" (אכלה: 35,12): 34,3.8.10; 22,25; 19,3.6; vgl. Zimmerli, 861f.
807 Ein Zusammenhang mit der Neuorganisation Israels besteht freilich
    insofern, als der Landverteilungsplan 47,13ff edomitisch/idumäisches
    Gebiet einschließt (vgl.o. Anm. 229), und Edom nach 35,10 Anspruch

dementsprechend als einheitliche Größe im Gegenüber zum "Rest der Völker" im Blick ist, können "Heils"erwartungen für Israel hier weitaus ungebrochener aufgenommen werden als in den anderen Restitutionsprophezeiungen des EB[808].

Eine nicht zu unterschätzende Relativierung derartiger "Heils"erwartungen dürfte freilich - neben der Einbindung in den Kontext von Kap. 34-37, die durch die in Anlehnung an 36,1-15 formulierten Nachträge in 34,25ff; 36,29f.33ff; 37,25ff unterstrichen wird, und der Betonung des "Selbsterweises Jahwes" im Text - schon darin zu sehen sein, daß "Heil" in 35,1-36,15 nicht eigentlich dem **Volk** Israel angekündigt wird, sondern den הרי ישראל[809]. Um **deren** (und damit implizit: Jahwes) "Schmähung" durch die Völker zu beseitigen, sind Rückführung und Vermehrung des Volkes erforderlich (36,8bff), die also ebensowenig wie in Kap. 20 und 36,16ff Selbstzweck oder gar aus einer besonderen Zuneigung Jahwes zu seinem Volk heraus motiviert sind.

Die Durchsicht der "differenzierenden Prophezeiungen" im EB hat gezeigt, daß sie als Weiterentwicklung der in den übrigen Restitutionsprophezeiungen des Buches, v.a. in Kap. 20 und 36,16ff entwickelten Konzeption der Neukonstituierung Israels im Hinblick auf ihre organisatorischen Konsequenzen und in Auseinandersetzung mit zeitgenössischen "Heilserwartungen" verstanden werden können. Obwohl in ihnen Gerichtsprophezeiungen aus der Zeit vor 587 verarbeitet sein können - was m.E. v.a. im Komplex 12,21-14,11 möglich ist - erwachsen die "differenzierenden Prophezeiungen" im EB mit der von ihnen repräsentierten Konzeption der Restitution Israels demnach nicht aus der Gerichtsverkündigung Ezechiels, sondern aus seiner (bzw. seiner Tradenten) Restitutionsprophezeiung. Damit erweist sich aber Willmes' eingangs ziterte Vermutung, daß "sich am Gebrauch dieser Gattung ein" durch die Konzeption von Ez 18 und 33,10-20 bedingter "Wandel im

---

auf die "zwei Völker" und "zwei Länder" erhebt, die nach 37,15ff **Jahwe** zusammenfügen wird.
808 Deutlich ist v.a. die "Berührung mit den Segensformeln von Lv 26" (Zimmerli, 866; vgl. Simian, Nachgeschichte, 136ff; 241ff, der eine größere Breite der Belege des Erwartungshorizonts und eine stärkere Eigenständigkeit der Formulierungen von Ez 36,1-15 herausarbeitet).
809 Dieser Ausdruck ist nur im EB belegt!

Schuldverständnis von der Annahme einer Kollektivschuld zur
differenzierten Beurteilung der jeweils Verantwortlichen
(zeigt)"[810], als problematisch.

Allerdings tritt das in der Argumentation von Kap. 18 zutage getretene Problem des Verhältnisses von Freiheit und
Ordnungsgebundenheit des göttlichen (Gerichts-)Handelns und
- damit zusammenhängend - der Beziehung zwischen "metahistorischen" und "geschichtlichen" Ordnungshorizonten der Erfahrung[811] hier insofern nicht mehr auf, als das in den "differenzierenden Prophezeiungen" angekündigte (Gerichts-)Handeln
Jahwes gemäß dem "Tat-Ergehen-Zusammenhang" nicht mehr ihren
gesamten Ablauf bestimmender Rahmen, sondern Teil der (zukünftigen) Geschichte Israels ist. Im Zuge der schon in Kap.
20 erkennbaren Tendenz zu einer stärkeren "Vergeschichtli-
chung" der Ordnungshorizonte wird das Handeln Jahwes zugleich von jeder es leitenden und bestimmenden Ordnung ent-
bunden ("um meines Namens willen - nicht um euretwillen":
36,22; vgl. 20,44) und doch auf eine "innergeschichtliche"
Ordnung (Israels: 34,1-24, der Völkerwelt: 35,1-36,15) als
sein Ziel bezogen. Dabei bleibt für die konkrete Prognose
ein relativ breiter Spielraum möglicher Wege des göttlichen
Handelns, die von der gegenwärtig erfahrbaren Situation zu
dem erwarteten Ziel führen, wobei individuelles und kollekti-
ves Handeln und Ergehen, "Innerlichkeit" (neues Herz, neuer
Geist) und "äußere" Organisation je verschiedenes Gewicht
erhalten können.

3.4. Zusammenfassung

Hier soll abschließend der Versuch unternommen werden, die
Ergebnisse der verzweigten Untersuchungen dieses Kapitels in
einem hypothetisch rekonstruierten Abriß der Entstehungsgeschichte des EB zusammenzufassen. Neben allen Einzelargumen-

810 Willmes, Prophezeiungen, 250.
811 S.o. 3.3.1.c.

ten muß sich nicht zuletzt an der Akzeptabilität dieser
"Story" die Plausibilität der hier entwickelten redaktionsgeschichtlichen Hypothesen entscheiden.
(1) Ezechiel, ein 597 deportierter, vermutlich zadokidischer
Priester aus Jerusalem, beginnt seine Wirksamkeit als Prophet etwa im Jahre 593 im babylonischen Exil. Er tritt zunächst - sich als von Jahwe berufener "Wächter" legitimie-
rend - gegen Zedekia und seine antibabylonische "Wende"-Poli-
tik auf. Seine Gerichtsdrohung gegen den Jerusalemer König
begründet er im Rückgriff auf das Konzept eines "Tat-Ergehen-Zusammenhangs" auf der "politischen" Ebene, der von einer
Korrelation von göttlichem und menschlichem Handeln auf der
"sakralrechtlichen" Ebene umgriffen und überlagert ist. Dieser konzeptionelle Rahmen bestimmt dann auch die auf ganz
Jerusalem/Israel ausgeweiteten und in ihrem Schuldaufweis
vertieften und generalisierten Gerichtsprophezeiungen Ezechiels, zu denen er sich angesichts der mangelnden Resonanz
seiner Warnungen gegen die Jerusalemer Aufstandspolitik in
Juda wie in der Gola genötigt sieht. In Auseinandersetzung
mit einer wohl v.a. in Jerusalem und Juda umlaufenden, in
aktualisierender Aufnahme konzeptioneller Elemente einer
mythischen "Zion-Theologie" entwickelten Interpretation der
Ereignisse des Jahres 597 als "Läuterungsgericht" wie auch
ihrer Deutung als "vorübergehende Störung" mythisch garan-
tierter Ordnung in der Gola - und der damit verbundenen Hoffnung auf baldige Rückkehr - erfährt der konzeptionelle Rahmen der Gerichtsprophezeiungen Ezechiels eine starke Profilierung. Mit der zunehmend schärfer heraustretenden Erwartung eines unausweichlichen "Totalgerichts" über ganz Israel
wandelt sich auch das Selbstverständnis des Propheten: vom
relativ distanzierten "Wächter" zum in die kommende Katastrophe hereingerissenen "Suffering Servant".
   Die Bezugnahme auf Geschichte dient im Rahmen der Gerichtsprophezeiung v.a. einerseits der Demonstration der Auflösbarkeit - weil Nicht-Selbstverständlichkeit und -Überzeitlich-
keit - der Beziehung zwischen Jahwe und Jerusalem/Israel,
andererseits dem Aufweis einer "Akkumulation von Schuld" in

der Vergangenheit Jerusalems/Israels und damit dem Nachweis
der Unausweichlichkeit des angekündigten Gerichts. Darüber
hinaus macht sie den Hinweis auf "Präzedenzfälle" möglich
(vgl. Kap. 19; 23) - was die Extrapolation vom Schuldaufweis
auf die Gerichtsankündigung argumentativ stützt -, erlaubt
eine Gleichsetzung gegenwärtiger Verschuldungen des Volkes
mit den berüchtigten "Sünden der Zeit Manasses" - wodurch
der Schuldaufweis verschärft wird - und ist in der Lage, mit
dem Hinweis auf frühere, begrenzte Sanktionen Jahwes dessen
nun fälliges "Totalgericht" zu rechtfertigen.

Konzeptionelle Probleme der Gerichtsprophezeiung Ezechiels
zeigen sich v.a. an ihren "Rändern": In der spezifischen
argumentativen Fronstellung von Kap. 18 bricht die Spannung
zwischen Freiheit Jahwes (und seiner "Parteilichkeit für
das Leben") und der Einbindung seines Handelns in einen die
regelhafte Abfolge von Schuld, Zorn und Gericht begründenden
Ordnungsrahmen sowie die Spannung zwischen menschlicher Freiheit zur "Umkehr" und Unausweichlichkeit des Gerichts aufgrund "unsühnbarer Schuld" auf. In ähnlicher Weise können
einige Fremdvölkerworte als Versuch einer Bearbeitung des
Widerspruchs zwischen "innergeschichtlichem" und "metahisto-
rischem" Ordnungswillen Jahwes verstanden werden. Die hier
sich andeutenden Probleme des konzeptionellen Rahmens der
Gerichtsprophezeiung drängen ebenso auf eine Weiterentwicklung wie die Erfahrung der Ereignisse des Jahres 587, das
trotz aller einschneidenden Folgen für Jerusalem und Israel
doch nicht einfach die "Erfüllung" der prophetischen Gerichtsprognosen (mindestens in ihrer radikalsten Form) mit
sich bringt.

In der gewandelten Situation nach 587 zeigt Ezechiel das
Bestreben, in Auseinandersetzung mit - allem Anschein nach
weitgehend "dtr." geprägten - "Heils"hoffnungen seiner Zeit-
und Exilsgenossen an Grundeinsichten seiner Gerichtsprophezeiungen trotz allem festzuhalten. In Weiterentwicklung ihres konzeptionellen Rahmens entwirft er eine Perspektive der
Restitution Israels, in der "Heilserwartungen" seiner Adressaten zugleich aufgenommen und kritisch relativiert und modi-

fiziert werden. In diesen Grundzügen der Restitutionsprophezeiung Ezechiels liegt in nuce ein Konzept der Restitution
Israels als Geschichtsprozeß, in dem Kontinuität von vergangener Schuld/gegenwärtig erfahrbaren Folgen des Gerichts und
zukünftiger Restitution Israels allein auf Seiten Jahwes
liegt, während auf Seiten Israels eine starke Diskontinuität
bestimmend ist.

Diese Grundgedanken seiner Restitutionsverkündigung führt
Ezechiel in drei Typen von Restitutionsprophezeiungen aus,
in denen sich vielleicht auch eine Entwicklung spiegelt: Die
Ankündigung einer "Neuschöpfung" Israels, wie sie beispielhaft in 37,1-14* vorliegt, entwickelt aus dem Potential des
hochkomplexen Gottesbildes der Thronvisionen die Möglichkeit
einer Restitution Israels durch Jahwe. Die Diskontinuität
des Restitutionsprozesses auf Seiten Israels kommt hier darin zum Ausdruck, daß das Volk neu geschaffen und von der
göttlichen רוח belebt werden muß; auf der "politischen" Ebene zeigt sie sich dann in der Erwartung der Wiedervereinigung
der getrennten Reiche unter der Herrschaft "Davids", wie sie
die Fortsetzung in Kap. 37 ins Auge faßt. 36,16ff und Kap.
20 sehen die Kontinuität im Restitutionsprozeß in Jahwes
Sorge um seinen "Namen" in der Völkerwelt, durch die sein
Handeln im Fortgang der Geschichte an seine ursprüngliche
Initiative zugunsten Israels zurückgebunden ist. Die Diskontinuität auf Seiten Israels im Prozeß seiner Neukonstituierung kommt in der Erwartung einer "Transformation des Bewußtseins" des Volkes sowie eines vor der Rückkehr ins Land
stattfindenden "Läuterungsgerichts" zum Ausdruck. Letzteres
wird ausgestaltet in Kap. 34, das beispielhaft für den dritten Typ der Restitutionsprophezeiungen Ezechiels ist, die
"differenzierenden Prophezeiungen", in denen der Ordnungswil-
le Jahwes die Kontinuität zwischen Gericht und Restitution
herstellt.

Explizit ist Israels vergangene Geschichte v.a. im zweiten
Typ der Restitutionsprophezeiungen thematisch. Ihre Rekon-
struktion begründet hier die Erwartung einer Restitution
Israels und prägt deren konkrete Ausgestaltung, sofern sie

sowohl Aufnahme als auch Kritik und Modifikation unter den
Zeitgenossen Ezechiels umlaufender "Heils"erwartungen veran-
laßt. Entscheidende Innovation der "Geschichtsentwürfe" im
Rahmen der Restitutionsverkündigung Ezechiels gegenüber den
in seinem Auftreten als Gerichtsprophet entwickelten ist die
Ablösung des Tat-Ergehen-Zusammenhangs sowie einer in der
regelhaften Abfolge von Schuld, Zorn und Gericht sich äußern-
den Korrelation von göttlichem und menschlichem Handeln durch
einen vergleichsweise komplexeren Rahmen der Erfahrung und
Interpretation geschichtlicher Prozesse, in dem die "Selbst-
bezüglichkeit" Jahwes (למען שמי) dominiert, daneben aber auch
seine Beziehung zu den "Völkern" gegenüber seiner Bindung an
Israel hervortritt. Dieses gewandelte Geschichtskonzept
schließt nicht aus, daß gleichwohl begrenzte Abschnitte des
Geschichtsprozesses nach den Mechanismen von Schuld und Gericht ablaufen - 20,33ff und Kap. 34 fassen ja durchaus auch
für die Zukunft ein Gerichtshandeln Jahwes ins Auge. Schließlich zeigt sich ein impliziter Geschichtsbezug der Restitutionsprophezeiungen darin, daß Elemente der vergangenen Geschichte Israels Modellfunktion für die Erwartung seiner
Neukonstituierung erhalten (Exodus, Wüste, David!).
(2) Wandten sich die "differenzierenden Prophezeiungen" des
Propheten bereits konkreten Aspekten der Neukonstituierung
Israels zu, wird das Bestreben der Konkretisierung und Vereinheitlichung der - aufgrund ihres komplexen konzeptionellen Rahmens einen relativ breiten Spielraum für konkrete
Erwartungen offenlassenden - Restitutionsprognosen sowie
ihre wenigstens ansatzweise Umsetzung in ein Restitutionsprogramm bestimmend für die - wohl bald nach Ezechiel(s Tod?)
wirkende - Redaktion des "älteren EB". Sie organisiert das
ihr vermutlich schon in kleineren Sammlungen ("Dossiers" aus
dem "Büro" Ezechiels?) vorliegende Material entsprechend dem
"zweigliedrigen Schema" der Abfolge von Gerichts- und Restitutionsankündigungen an Israel. Dabei werden die ihr vorliegenden Gerichtsprophezeiungen insofern vereinheitlicht, als
der ihnen vorgeschaltete Komplex der Einsetzung Ezechiels
(Kap. 1-3) diesen sowohl als "Wächter" als auch als "Suffer-

ing Servant" zeigt. Sie werden hinsichtlich ihrer Prognose
entschärft (Überarbeitung in Kap. 21), in ihrem Schuldaufweis dagegen in gewisser Weise verschärft (Kap. 22: "Kollektivschuld" - zugleich Harmonisierung mit Kap. 18). In sie
eingeschaltet werden in Kap. 1-24 - neben dem als Ganzes
schon vorgefundenen Kap. 20 - die neu produzierten Prognosen
11,14-20(.21?); 16,44-63(*?) und 17,22-24. In der Abfolge
dieser Texte wird das Restitutionsprogramm des "älteren EB"
erkennbar: Die Neukonstitutierung Israels geht aus von der
babylonischen Gola (11) und schließt eine Restitution Jerusalems (16) als Sitz eines Herrschers der Jojachin-Linie
(17) wie als Kultort (20) ein. Dieses Programm dokumentiert
den Versuch der Selbstbehauptung der Gola gegenüber Ausgren-
zungsversuchen der Landesbewohner - mit seiner Betonung des
Umkehrrufs in den kompositorisch exponierten "Wächter"-Ab-
schnitten von Kap. 3 und 33 und der Eintragung sozialer Ver-
haltensnormen für Exilierte in Kap. 18 zugleich aber auch
eine "Konversion der Oberschicht" (in ähnlicher Weise wie
etwa Lev 25[812]). Es nimmt kritische Impulse Ezechiels auf,
enthält aber - v.a. mit seiner starken Favorisierung der
Gola - auch Elemente, die in einer gewandelten sozio-ökonomi-
schen Lage (Verarmung in Palästina - zunehmender Wohlstand
in der Gola) die Gefahr eines Umschlags von der "defensiven"
Selbstbehauptung gegenüber zur "offensiven" Selbstdurchset-
zung gegen die Landesbewohner in sich bergen, wie dann die
Konflikte der Perserzeit zeigen (Problem der Schuldknechtschaft!). Stammt auch der "Amtsträgerkomplex" des "Verfassungsentwurfs" von der Redaktion des "älteren EB", wäre dieses schließlich als ein "Kompromißdokument" (distanziert-)kö-
nigstreuer und zadokidischer Kreise der exilierten Oberschicht Jerusalems zu begreifen.
Hinsichtlich der Funktion der Bezugnahme auf Geschichte
kommt wohl der "Amtsträgerkomplex" dem in den Restitutionsprophezeiungen Ezechiels entwickelten Geschichtskonzept am
nächsten, wenn er zur Neubegründung der Institutionen Isra-

---

812 Vgl. Ebach, Wiederherstellung, 375ff.

els jeweils hinter deren erste - verfehlte - geschichtliche
Realisierung zurückgreift. Dagegen stimmt das in der Gesamtstruktur des "älteren EB" implizierte Konzept einer jederzeit möglichen "Umkehr" Israels zu Jahwe ebensowenig mit
Ezechiels Sicht der Geschichte - sowohl in seiner Gerichts-
als auch in seiner Restitutionsprophezeiung! - überein wie
seine (auch in den dem "zweigliedrigen Schema" entsprechend
aufgebauten Textkomplexen (8-)11; 16 und 17 erkennbare) Interpretation des Gerichts als "Wende" zum "Heil", in der von
der eigentümlichen Funktion der Bezugnahme auf die vergangene Geschichte Israels zur Begründung der Restitutionsankündigung in Kap. 20; 36,16ff nichts mehr zu erkennen ist.
(3) Mit der Überarbeitung des "älteren EB" zum vorliegenden
EB (in der Makkabäerzeit?) erhält dieses den Stempel eines
"der" Apokalyptik nahestehenden Geschichtsbildes. Ansätze
dazu sind in Kap. 20 angelegt; gleichwohl erfährt das dort
entwickelte Geschichtskonzept in der Gesamtstruktur des vorliegenden EB eine radikale und tiefgreifende Umprägung, die
sich v.a. in der gewandelten Rolle der Völker im Prozeß der
Restitution Israels zeigt. Die Erwartung eines göttlichen
Gerichts über sie als Vorbedingung der Wiederherstellung
Israels zeugt vermutlich von einer relativen politischen
Ohnmacht und Opposition des Volkes gegenüber als bedrückend
empfundener Fremdherrschaft[813]. Sie käme - sollte die Erweiterung in 37,1-14 von der Redaktion des vorliegenden EB stammen - in ähnlicher Weise auch in dem dort im Hintergrund
stehenden Problem des Geschicks der Märtyrer des Freiheits-
kampfs zum Ausdruck, in dessen Bearbeitung durch die Entwicklung einer individuellen "Auferstehungshoffnung" schließlich
ein "Jenseits der Geschichte" in den Blick käme.
Die Redaktionen des EB setzen den schon bei Ezechiel erkennbaren Prozeß einer ständigen Revision der erfahrungslei-
tenden und -organisierenden Konzepte angesichts neuer Situationen und Konfliktlagen fort. Auch wo sie sich in ihren
eigenen Produkten weit von den konzeptionellen Leitlinien

---

813 Vgl. z.B. Noth, Geschichtsverständis, 259f.

ihrer Vorlagen entfernen, bewahren sie diese doch auch weitgehend in "sedimentierter" Gestalt, repräsentiert durch relativ unverändert übernommene Text(komplex)e. Damit entwickeln
sie ein ständig wachsendes konzeptionelles Potential, das
mit seinen internen Spannungen zur Weiterentwicklung herausfordert.

ERTRÄGE UND PERSPEKTIVEN

Die Frage nach "Geschichtskonzepten im EB" wurde einlei-
tend in den weiteren Horizont des Problems der Bedeutung des
Themas "Geschichte" für die atl. Religionsgeschichte wie
auch für eine gegenwärtig zu verantwortende theologische Rezeption des AT eingeordnet. Die - hypothetischen - Erträge
der exegetischen Einzeluntersuchungen zum EB sollen nun abschließend wieder in diesen Horizont eingestellt werden; sie
können so zum einen zusätzlich an Profil gewinnen, zum anderen Perspektiven für weitere Fragestellungen eröffnen.
Hier ist freilich sogleich auf die begrenzte Tragweite der folgenden
Bemerkungen hinzuweisen: So ist hier keine ausführliche Auseinandersetzung mit den relevanten Forschungsbeiträgen mehr möglich; doch können
vielleicht die "Ungeschütztheit" und der thetische Charakter dieser
Überlegungen ihre Kritisierbarkeit erhöhen. Des weiteren muß darauf hingewiesen werden, daß die Einzeluntersuchungen zum EB vielfach bereits
Entscheidungen traditions- und konzeptionsgeschichtlicher Fragen voraussetzen mußten - so etwa, um nur Einiges zu nennen, zur "Zion-Theologie",
zum "Bundeskonzept" und zur "dtn./dtr. Traditionsströmung" -, auf die
hin nun wiederum die Ergebnisse dieser Untersuchungen zu beziehen sind;
doch wird ein - mehr oder weniger wahrscheinliches - Gesamtbild atl.
Traditions- und Konzeptionsgeschichte kaum je allein **aus** der Analyse
einzelner Texte zu entwickeln sein, sondern sich allenfalls **in** dieser -
mehr oder weniger gut - bewähren können.
In sukzessiver Ausweitung der Problemhorizonte sollen die
Erträge und Perspektiven der Untersuchung der Geschichtskonzepte im EB hier zunächst (1) in den Umkreis der Frage nach
der Bedeutung von "Geschichte" für die atl. Prophetie sowie
die Religionsgeschichte Israels eingeordnet werden. Sodann
soll (2) ihre mögliche theologische Relevanz im Horizont des
"Christusgeschehens" bedacht werden. Schließlich ist (3) ihr

möglicher Beitrag zur gegenwärtigen theologischen Theorie-
bildung in den Blick zu nehmen.
(1) Die Ergebnisse der Untersuchungen zu den Geschichtskonzepten im EB sind nur begrenzt auf "das" Geschichtsverständnis "der" atl. Prophetie[1] hin zu verallgemeinern. Ez 4-5
zeigte deutlich, daß traditional vorgeprägte prophetische
Konzeptionen Ezechiel keineswegs selbstverständlich als
Denkmöglichkeiten zuhanden sind; sie müssen erst neu "erarbeitet" werden und erhalten dabei ihre eigentümliche Prägung[2]. Aber auch die für die weitere Überlieferung, Bearbeitung und Redaktion der Äußerungen Ezechiels verantworlichen
Kreise scheinen gegenüber den Tradentenkreisen anderer Pro-
phetenbücher markante Eigentümlichkeiten aufzuweisen[3].
Trotz aller Vorbehalte wird man jedoch sagen können, daß
Ezechiel in seiner Wirksamkeit vor der Katastrophe von 587
und die ihm vorausliegende gerichtsprophetische Traditionsströmung in ihrer Konzeption von Geschichte eine starke
"Funktionalität der Rückbezüge auf Vergangenheit" für die
Gerichtsprophezeiung und eine dadurch bestimmte "strenge
Reduktion" des "Geschichtsbild(es)" "auf die wesentlichen
Grundzüge"[4] gemeinsam haben. Zum "Geschichtsentwurf" wird
die Gerichtsprophezeiung v.a. durch eine "geschichtliche"
Ausweitung des Schuldaufweises. Wie dieser dient der Hinweis
auf die (vergangene) "Geschichte Israels" hier "zur Begründung" ihres (bevorstehenden) "Endes"[5]. Gleichwohl dürfte die
dann zunächst naheliegende These, "(d)en Geschichtsbetrach-

---

1 Vgl. dazu v.a. Fohrer, Prophetie und Geschichte (hier 265f Anm. 1
   Hinweis auf ältere Literatur); Wolff, Geschichtsverständnis; Vollmer, Rückblicke (zusammenfassend: 199ff); Koch, Art. Geschichte,
   577ff.
2 Die Problematik einer zu einlinigen Sicht "der" prophetischen Traditionsströmung im AT zeigt sich exemplarisch daran, daß die Zeit-
   und "Berufs-" (und weitgehend wohl auch "Gesinnungs-") Genossen Ezechiel und Jeremia einander mit Schweigen übergehen. Begg, Non-Mention
   weist auf mögliche "rivalisms" und "conflicts" als Ursachen dieses
   Phänomens hin.
3 Vgl. etwa Clements, Ezekiel Tradition; aber auch Kaiser, Einleitung,
   307ff.
4 Vollmer, Rückblicke, 205.
5 Ebd.

tungen der Propheten" sei es "gemeinsam, daß sie von der
Zukunft her konzipiert sind"[6], den Sachverhalt zu stark ver-
einfachen. Gerade die weitere Funktion der Bezugnahme auf
Geschichte im Rahmen der Gerichtsprophezeiungen, den "Widerspruch ... zwischen der heilvollen Setzung Jahwes am Anfang
und dem Ungehorsam Israels" aufzuzeigen[7], zeigt m.E., daß in
der Frage nach der "prophetische(n) 'Grundgewißheit'"[8] nicht
zwischen "Zukunftsgewißheit und Gegenwartskritik"[9] - zugunsten ersterer - zu trennen ist; vielmehr sind beide Aspekte
der prophetischen Gerichtsverkündigung und der daraus erwach-
senen "Geschichtsentwürfe" im Sinne von "Brennpunkte(n)"
"einer Ellipse" konstitutiv aufeinander bezogen[10] und durch
ein umgreifendes Ordnungskonzept, in dem der "Tat-Ergehen-
Zusammenhang" eine herausragende Rolle spielt, miteinander
verbunden.- Mit der prophetischen "Ahnung einer unmittelbar
bevorstehenden Kehre der israelitischen Geschichte", die in
der Einsicht gründet, daß "die gegenwärtige Lage des Volkes
... unhaltbar" ist, "weil die führenden Kreise die Errungen-
schaften der durch Gott gelenkten Anfangsgeschichte ...
nicht zu bewahren bereit waren", liegt in nuce das "metahistorische Grundmodell" gerichtsprophetischer Geschichtsdarstellung vor[11].

Ist gegenüber dieser "Ahnung", die nach prophetischem
Selbstverständnis ja primär "nicht Resultat empirischer Analysen, sondern gottgeschenkter Visionen und Auditionen" ist,
die Bezugnahme auf Geschichte im Rahmen der Gerichtsprophezeiung ein Element "nachlaufender Einsicht", die "verifizie-
ren" soll, was zunächst "gleichsam durch einen göttlichen
Vorlauf eröffnet erschien"[12], erweist sich doch gerade in
dieser "nachlaufenden Einsicht" die "Geschichte" Israels
und seines Gottesverhältnisses als Bedingung der Möglichkeit

6 A.a.O., 199.
7 A.a.O., 205.
8 Schmidt, Grundgewißheit; vgl. etwa auch Wolff, Botschaft.
9 Schmidt, Zukunftsgewißheit; vgl. Hermisson, Zukunftserwartung.
10 Koch, Entstehung, 565.
11 Koch, Art. Geschichte, 578.
12 Koch, Profeten I, 15f.

ihres zunächst erst "erahnten" Endes: Weil das Gottesverhältnis Israels eine Geschichte - und deshalb auch einen Anfang
in der Zeit - hat, kann es auch ein Ende haben! Daß diese
Denkmöglichkeit in Israel - bis mindestens 587 - keine
Selbstverständlichkeit ist, zeigt die prophetische Auseinandersetzung mit Konzepten "ungeschichtlicher", "mythischer"
Einheit von Gott und Volk. Insofern gehört ein "Geschichts-
bewußtsein" konstitutiv zur prophetischen "Grundgewißheit",
ist die Ausweitung der Gerichtsprophezeiung zum "Geschichtsentwurf" deren sachgemäße - wenn auch "nachlaufende" - Entfaltung. Auch wenn anscheinend "(d)ie Propheten (...) das,
was sie zu sagen haben, ohne jede Anspielung auf die Vergangenheit sagen (könnten)", ohne daß "dem Inhalt ihrer Verkündigung (...) dadurch ... Abbruch getan (würde)"[13], ist ihre
"Verkündigung" doch ohne ein im Ansatz "geschichtliches" -
in Abgrenzung von einem "mythisch-ungeschichtlichen" - Denken nicht vorstellbar.

Der Konflikt zwischen diesem im Ansatz "geschichtlichen"
Denken der Gerichtspropheten und einem weitgehend "mythisch"
geprägten Selbstverständnis ihrer Zeitgenossen ist nun aber
ein Indiz dafür, daß für Israel insgesamt - mindestens bis
zum babylonischen Exil - "die Geschichtsbezogenheit" seines
"Weltverständnis(ses)"[14] ebensowenig selbstverständlich ist
wie für seine aol. Umwelt, die ja durchaus auch Ansätze
zeigt, "sich geschichtlich zu verstehen"[15]. Insofern bestätigt sich eine Tendenz der neueren atl. Forschung, die im
Gefolge E.Meyers lange Zeit behauptete "Sonderstellung" Israels "unter den Kulturvölkern des Orients" aufgrund der hier
"in erstaunlich früher Zeit entstanden(en) ... hochbedeuten-
den Schöpfungen" "eine(r) wahre(n) historische(n) Litera-

---

13 Vollmer, Rückblicke, 207.
14 V. Rad, Aspekte, 311.
15 Koch, Art. Geschichte, 570; vgl. die dort, 584 genannte Literatur,
   v.a. die Sammlungen verschiedener Beiträge bei Dentan (ed.), Idea
   und in der Serie von Beiträgen über "Histories and Historians in the
   Ancient Near East" in Or 46ff, sowie jetzt auch van Seters, Search,
   8ff und Tadmor/Weinfeld (ed.), History.

tur"[16] in Frage zu stellen: So ist etwa die Datierung der
zur Stützung dieses Urteils v.a. herangezogenen "Geschichtswerke" des "Jahwisten"[17] und der "Thronfolgegeschichte"[18],
ja schon ihre Existenz selbst[19] in hohem Maße problematisch
geworden. Aber auch die Annahme, daß schon in "der frühen
Königszeit Israels" "die Vergegenwärtigung der Früh**geschichte** im Festgottesdienst ... Jerusalems den ... Ort einnimmt
wie im Festkult von Babylon die Vergegenwärtigung des Ursprungs**mythos**"[20], kann keineswegs mehr als unstrittig gelten[21].
Selbst wenn diese (und andere) kritische Einwände der neueren Forschung gegen die Behauptung einer in seinem "Ge-
schichtsbewußtsein" gründenden "Sonderstellung" Israels alle-
samt zuträfen, wäre damit nun aber nicht schon umgekehrt
erwiesen, "dass das geschichtstheologische Denken des Alten
Testamentes überhaupt als relativer Spätling in der Religi-
ons- und Theologiegeschichte Israels anzusehen ist"[22]. Die
mit dieser These verbundene Annahme, erst die Katastrophe
des Jahres 587 habe Israel "Anlaß" gegeben, "Geschichte ...
in ihrer theologischen Relevanz zu erkennen", weil "sich
Jahwes Heilswille an der gegenwärtigen Geschichte nicht
(mehr) ausweisen liess"[23], wird in dieser Pauschalität der
Konfliktlage, wie sie aus den Restitutionsprophezeiungen
Ezechiels zu erschließen war, kaum gerecht. Für die Bewälti-

---

16 Meyer, Geschichte, 227 (zit. nach Kraus, Geschichte, 522).
17 Vgl. Schmid, Jahwist; Rose, Deuteronomist.
18 Vgl. van Seters, Search, 277ff.
19 Vgl. zum "Jahwisten" Rendtorff, Problem; Köckert, Suche; zur "Thronfolgegeschichte" Ackroyd, Succession-Narrative.
20 Jeremias, Gott, 382.383 (Hervorh. T.K.); vgl. etwa v.Rads (Theologie
   I, 40) Betonung der "Historisierung ehedem rein agrarischer Feste"
   in Israel und der "Legitimation des ganzen gottesdienstlichen Geschehens aus geschichtlichen Setzungen Jahwes" (vgl. auch a.a.O.,
   II, 113ff).
21 Vgl. etwa Mettinger, Dethronement, 67ff.
22 So Schmid, Jahwist, 175. - Diese Spätansetzung "geschichtstheologi-
   schen **Denken(s)**" geht über van Seters' (Search) Spätansetzung isra-
   elitischer Geschichts**schreibung** ("Historiography") noch hinaus, die
   von einer sehr (zu?) engen Definition von "Geschichtsschreibung"
   ausgeht (s. Halpern, Review, 507f).
23 Schmid, Jahwist, 182.

gung dieser "Krise der Geschichte"[24] scheint vielmehr der
Rückgriff auf "die prophetische Geschichtsdeutung"[25] eine
bedeutende Rolle gespielt zu haben: Hier war nicht nur die
Möglichkeit, "Geschichte ... in ihrer theologischen Relevanz
zu erkennen", sondern auch die eines "an der ... Geschichte
nicht" mehr auszuweisenden "Heilswille(ns)" Jahwes, eines
Endes der Geschichte Jahwes mit Israel, bereits antizipato-
risch angelegt und konzeptionell verarbeitet.

Nicht **der** "Glaube", **das** "Weltverständnis", **die** "Religion"
Israels in vorexilischer Zeit scheinen demnach "grundsätzlich geschichtstheologisch fundiert" zu sein[26], sondern **eine**
"Religionsströmung" in Israel[27] - repräsentiert v.a. durch
die gerichtsprophetische Traditionsströmung und gleichermaßen in Opposition zu einer weitgehend "mythisch" bestimmten, "offiziellen" Staatsreligion[28] wie zu einer tendenziell
ebenfalls "ungeschichtlichen" "persönlichen Frömmigkeit"[29].
Daß diese "grundsätzlich geschichtstheologisch fundiert(e)"
Religionsströmung ihrerseits auf eine in bestimmten zeitlich[30] und räumlich[31] abgegrenzten Bereichen gesamtgesell-

---

24 Ebd.
25 Jeremias, Gott, 394.
26 V.Rad, Theologie I, 118 (s.o. Einleitung).
27 Lohfink, Jahwe, 52 Anm. 116 macht m.E. zurecht gegen eine "zu einfache Zweischichtung 'offizielle Religion - persönliche Frömmigkeit'" (Albertz, Frömmigkeit) auf die größere Vielfalt der in der
   "Religionsgeschichte Israels" "je anders ans Licht kommenden religiösen Welten" aufmerksam.
28 Zur Analyse ihrer sozialen Funktionen vgl. - trotz aller offenen
   Fragen im Einzelnen - etwa Ahlström, Administration.
29 Vgl. Albertz, Frömmigkeit (s.o. I. bei Anm. 225).
30 So z.B. Lohfink, Jahwe, 52 Anm. 116, der annnimmt: "Die bei den
   Schriftpropheten wie in der deuteronomischen Bewegung je anders ans
   Licht kommenden religiösen Welten haben alte Wurzeln im vorstaatlichen Gesellschafts- und Glaubensentwurf Israels". Allerdings besteht
   die Gefahr, aus dem funktional bestimmten besonderen Interesse gerichtsprophetischer Geschichtsrekonstruktion an der "Ursprungsgeschichte" Israels vorschnell auf ein entsprechendes "Ursprungsgesche-
   hen" zu schließen - so erlaubt etwa Ez 23,3 kaum direkte "historische" Rückschlüsse auf die Frühgeschichte(n) Samarias und Jerusalems.
31 So z.B. Jeremias, Gott, 386, der im gerichtsprophetischen "Glaubens-
   und Geschichtsverständnis" spezifische "Nordreichstraditionen" wirksam sieht. Doch könnte das traditionsgeschichtliche Bild hier insofern in seiner Perspektive verzerrt sein, als in der nach dem Fall
   des Nordreichs einsetzenden "Mischung von Nordreich- und Südreich-

schaftlich wirksame "Religion" zurückgreift, ist nicht völlig auszuschließen; daß sie mit bestimmten Optionen in aktuellen sozialen Konfliktlagen zusammenhängt, ist dagegen wahrscheinlich[32]. Allem Anschein nach ist in dieser Religionsströmung die **"Geschichtsbezogenheit"** des Welt- und Selbstverständnisses Israels in seiner Gottesbeziehung, die ihren
Ausdruck im **"Bundeskonzept"** findet, eng verbunden mit einer
tendenziell "egalitären", jedenfalls monarchie-kritischen
Konzeption gesellschaftlicher Organisation, die sich aus der
Betonung der alleinigen **Herrschaft Jahwes** über die ganze
Welt ergibt, aus der wiederum die **Forderung einer alleinigen
Verehrung Jahwes** erwächst.

Auch wenn diese "grundsätzlich geschichtstheologisch fun-
diert(e)" Religionsströmung in Opposition zu einer stärker
"mythisch" bestimmten, "staatstragenden" Religion steht,
fehlen doch auch in ihr "mythisch-ungeschichtliche" konzeptionelle Elemente nicht völlig. Vielmehr sind solche der
Sache und Funktion nach gerade in den "metahistorischen"
Rahmenkonzepten gerichtsprophetischer Geschichtsdarstellung
zu erkennen. So wird eine strenge Scheidung und Gegenüberstellung von "Mythos" und "Geschichte" den Texten wie den
Vorgängen, deren Niederschlag sie darstellen, kaum gerecht.
Eher könnte das unterschiedliche Wirklichkeitsverständnis
gerichtsprophetischer und "offizieller" Religion in den Kategorien "Ereignis-" und "Strukturgeschichte" erfaßt und
beschrieben werden[33]: Jene rechnet in weit höherem Maße mit
Prozessen des Strukturwandels als die "offizielle" Religion
(und auch die "persönliche Frömmigkeit"), ohne doch völlig
auf die Annahme "metahistorisch" gültiger Strukturen - wie
des "Tat-Ergehen-Zusammenhangs" - zu verzichten.

---

traditionen" (a.a.O., 393) im Bereich der ersteren v.a. die 722
"verifizierten" gerichtsprophetischen Traditionen wirksam geworden
sein könnten.
32 Vgl. etwa den Versuch von Lang, Prophet; das soziale Konfliktpotential im Kontext der Institution Prophetie und ihrer Funktionen wird
deutlich bei Baltzer, Biographie, 153ff.
33 Vgl.o. I.3.3.

Damit gewinnt aber das Gottesverständnis im Rahmen der
"grundsätzlich geschichtstheologisch fundiert(en)" Religionsströmung, wie sie in der gerichtsprophetischen Tradition
greifbar wird, eine fundamentale Ambivalenz: Das Wirken der
Gottheit wird nicht nur in Strukturen **und** Ereignissen der
Erfahrungswirklichkeit erfahren[34], sondern auch in Strukturen **und** Prozessen des Strukturwandels. Die daraus erwachsenden Schwierigkeiten der Gerichtsprophezeiung wie der in ihrem Rahmen entwickelten Geschichtsdarstellung treten im EB
zutage[35]. Ez 20 läßt das Bestreben erkennen, "metahistorische" Strukturen des Handelns Jahwes zugunsten "geschichtlicher" Faktoren zurückzudrängen. Dabei entsteht jedoch die
neue Gefahr, daß **entweder** das Wirken der Gottheit angesichts
widersprüchlicher Motive völlig kontingent - und damit für
die Interpretation der Erfahrungswirklichkeit letztlich
irrelevant - wird, **oder** seine spannungsvolle Motivation in
ein periodisch-zyklisches Nacheinander (von "Strafe" und
"Verschonung") auseinandergelegt wird - und es damit letztlich doch wieder in einer "metahistorischen" Struktur auf-
geht.

(2) In dem hier angerissenen Problemhorizont betrachtet,
steht nun "das grundsätzlich Neue, als welches das Kommen
Jesu im Christusbekenntnis der Gemeinde ausgelegt wurde"[36],
wie es sich in den Texten des NT niedergeschlagen hat, durchaus auch in problemgeschichtlicher Kontinuität zur atl. Tra-
ditions- und Konzeptionsgeschichte: Stellt in dieser das
Problem der Geschichte und "Geschichtstheologie" **ein** bestimmendes Thema dar, kann das im NT bezeugte und interpretierte
Christusgeschehen als **eine** mögliche Weiterführung der unab-
geschlossenen[37] Diskussion dieses Themas im AT verstanden
werden. Mit dem Bekenntnis, "daß in der Person Jesu die jen-

---

34 Vgl.o. I.4.1.1./2.
35 Vgl.o. V.3.3.1.c.
36 Honecker, Verständnis, 155 (in Auseinandersetzung mit der Konzeption
   v.Rads; s. Oeming, Theologien, 74f).
37 Andere problemgeschichtliche Aspekte, die auf eine Unabgeschlossen-
   heit und "Offenheit der Verkündigung des Alten Testamentes" deuten,
   nennt etwa Zimmerli, Grundriß, 212ff.

seitige göttliche Wirklichkeit im Raume der irdischen Welt
hörbar, sichtbar, greifbar geworden ist" - "**als ein bestimmter historischer Mensch**, als Jesus von Nazareth"[38] - nehmen
ntl. Texte auf eine Erfahrung Bezug, die im oben[39] skizzierten Sinne als "Transzendenzerfahrung" anzusprechen ist: Im
Geschick Jesu, in seiner grenzenlosen "**Selbst**hingabe" (vgl.
Gal 1,4) und seinem "Dahingegeben-**Werden**" (vgl. Röm 8,23),
mit der seine personale Existenz auf ihre universalen Horizonte hin transzendiert wird, ohne sich dabei in gnostischem
Sinne in einen transpersonalen, "kosmische(n) Vorgang" aufzu-
lösen[40], im Zerbrechen ("Kreuz") und in der Reintegration
("Auferstehung") dieser Horizonte tritt nicht nur das Wirken
Gottes, sondern auch "die jenseitige göttliche Wirklichkeit"
selbst in Erscheinung.

Mit diesen Andeutungen ist freilich nur **eine** mögliche Rekonstruktion und Interpretation des Christusgeschehens skizziert, die die Vielfalt ntl. "Theologien" und "Christologi-
en"[41] unter systematisch-erkenntnistheoretischen Gesichtspunkten reduziert. Ihre Implikationen für das Problem einer
"Geschichtstheologie" zeigen sich aber in unterschiedlicher
Weise auch in den verschiedenen Einzelkonzeptionen des NT.
Dabei dienen atl. Texte mit den von ihnen repräsentierten
Konzepten als **eine** mögliche "Sprache", die die Kommunikation
und Interpretation der Erfahrung des In-Erscheinung-Tretens
der "jenseitigen göttlichen Wirklichkeit" **in** der Erfahrungswirklichkeit des Menschen ermöglicht[42]. Dies kann hier nur
kurz im Blick auf die Geschichtskonzepte im EB angedeutet
werden.

---

38 Bultmann, Theologie, 386.393 (zur johanneischen Theologie).
39 I.4.2.
40 Bultmann, a.a.O., 392 (im Orig. hervorgeh.).
41 Vgl. Käsemann, Kanon.
42 Vgl. Gunneweg, Verstehen, 187ff; s. auch Oeming, Theologien, 163ff
   zur "Weiterentwicklung des sprachgeschichtlichen Modells" gesamtbi-
   blischer Theologie. Gunneweg, a.a.O., 196 macht selbst darauf aufmerksam, daß "auch schon urchristliche Verkündigung auf die alttte-
   stamentliche Sprache verzichten (kann), wie selbst Paulus zeigt, der
   nur in vier Briefen (Röm., 1 u. 2 Kor. und Gal.) auf das Alte Testament zurückgreift, und auch der erste Johannesbrief kommt ja ohne
   das Alte Testament aus".

(a) Die "eschatologische Verkündigung" Jesu[43], wie sie in
der synoptischen Tradition greifbar wird, setzt ein "apoka-
lyptisches" Geschichtsverständnis voraus, zu dem Ansätze
bereits in der Konzeption von Ez 20 zu erkennen waren. Mit
der Behauptung, daß im "Auftreten und Wirken" Jesu die "Gottesherrschaft" als transpersonale Größe "im Anbruch ist"[44]
und zugleich jedem Einzelnen in der "Person" Jesu "die Forderung der Entscheidung" begegnet[45], wird die gegenwärtige
Situation in ähnlicher Weise in einen geschichtlichen Horizont eingeordnet, wie es in Ez 20 geschieht, wo neben der
Ankündigung eines "Scheidungsgerichts" an Einzelnen (33ff)
die einer - von der "Entscheidung" Einzelner unabhängigen
(39)! - Neukonstituierung des "Hauses Israel" als einer kollektiven Größe steht (40ff). Die Konzeption von Ez 20 ist
hier jedoch insofern weiterentwickelt und gesprengt, als zum
einen das Nacheinander von "altem" und "neuem Äon" - zwar
nicht völlig aufgehoben, aber doch - im Sinne einer Überschneidung beider "Epochen" relativiert wird, und zum anderen - damit zusammenhängend - in der Nachfolge- und Jünger-
gemeinschaft Jesu die Neukonstituierung des Gottesvolkes
bereits begonnen hat.

(b) Die paulinische "Rechtfertigungslehre"[46] kann verstanden
werden als "seine Interpretation der Christologie"[47] im "Horizont" einer bestimmten - ebenfalls "apokalyptisch" geprägten - Rekonstruktion der Geschichte[48]: Paulus interpretiert
seine (vgl. Gal 3,4ff) und der Christen (vgl. Röm 6,3ff)
Lebensgeschichte im Sinne einer Partizipation an der Lebensgeschichte Christi, die ihrerseits ihre Bedeutung im Rahmen
der - nun "universalen" - "Menschheitsgeschichte" (vgl. Röm

---

43 Vgl. Bultmann, Theologie, 2ff.
44 A.a.O., 6 (im Orig. hervorgeh.).
45 A.a.O., 8 (im Orig. hervorgeh.).
46 Ihre Bedeutung für die paulinische "Theologie" insgesamt ist bekanntlich umstritten. Ich folge hier Härle/Herms, Rechtfertigung, 16ff,
   die "Paulus' Rechtfertigungslehre als die Explikation seines Verständnisses der christlichen Lehre" verstehen (a.a.O., 17).
47 Käsemann, Rechtfertigung, 130.
48 Käsemann, a.a.O., 135 bezeichnet "die Heilsgeschichte" als "Horizont" der "Rechtfertigung".

1,18ff) als deren Wendepunkt (Röm 3,21ff) erhält, in deren
Horizont wiederum die - nun "partikulare" - Geschichte Israels rekonstruiert werden kann (vgl. Röm 9ff). Zur Verarbeitung dieser komplexen Erfahrungen entwickelt Paulus - angesichts der spezifischen, seine Wirksamkeit prägenden Situation der Konfrontation von Juden- und Heidenchristentum - das
Konzept der "Rechtfertigung des Gottlosen"[49], das auch den
Rahmen seiner Rekonstruktion geschichtlicher Prozesse darstellt: "Gott handelt seit der Schöpfung bis zum Jüngsten
Tage nie anders mit Juden und Heiden ... Denn er handelt im
Zeichen des gekreuzigten Christus"[50]. Ähnlich wie in Ez 20
besteht aber trotz aller Kontinuität der Leitlinien des Handelns Gottes in der Geschichte eine Diskontinuität zwischen
Vergangenheit und Zukunft: Vom "Jetzt" des Christusereignis-
ses an (Röm 3,21) gilt das rechtfertigende Handeln Gottes
dem, "der aus Glauben an Jesus lebt" (Röm 3,26).
In diesem paulinischen "Geschichtsentwurf" sind nun unter
dem Oberbegriff der "Gerechtigkeit Gottes", die in Christus
"offenbart" worden ist (Röm 3,21), "Zorn" (Röm 1,18) und
"Geduld" (Röm 3,25) als konfligierende Momente des göttlichen Handelns zusammengefaßt. Darin geht sein Geschichtskonzept über das von Ez 20 hinaus, setzt sich doch hier mit der
"Gerechtigkeit" Gottes anders als mit dem למען שמי in Ez 20
eine relationale Bestimmtheit Gottes als Motiv seines Handelns durch. Daß damit gleichwohl jeder "Ruhm" ausgeschlossen (Röm 3,27) - und damit ein zentrales Anliegen von Ez 20
gewahrt - bleiben kann, ist ermöglicht durch die universale,
"Juden" und "Heiden" ohne "Unterschied" umfassende (Röm 3,23)
Perspektive des Geschichtsentwurfs.
(c) Eigenständiges Thema wird "Geschichte" dann v.a. im lukanischen Doppelwerk angesichts des zunehmenden Abstands zum
Christusgeschehen (vgl. Luk 1,1-4) einerseits, des "Schwin-
den(s) der Parusieerwartung"[51] andererseits. Sein Versuch,
"die eine Geschichte Jesu Christi" im Bericht von "der irdi-

---

49 A.a.O., 134.
50 Ebd.
51 Strecker, Neues Testament, 114.

schen Existenz Jesu und seinem Wirken als erhöhtem Herrn"
darzustellen, kann als Weiterentwicklung der "Zweistufigkeit
alter christologischer Bekenntnisse und Hymnen ... (Röm 1,3f;
Phil 2,6-11; 1.Tim 3,16)" verstanden werden[52], für die vielleicht die Darstellung des Auszugs des כבוד יהוה aus Tempel
und Stadt in Ez 8-11 Modellcharakter hatte[53]. Zu der im paulinischen Geschichtskonzept aufbrechenden Frage, ob und in
welcher Weise das im Christusgeschehen offenbar werdende
Handeln Gottes schon für die ihm vorausliegende, vergangene
Geschichte bestimmend war, tritt nun die entsprechende Frage
für die Zeit nach dem abgeschlossenen, zunehmend geschichtlich abständigen "irdischen" Leben Jesu. Das im lukanischen
Doppelwerk erkennbare Bestreben, "sich an der ... autoritati-
ven Urzeit des Glaubens (zu) orientieren"[54], zeigt **eine** mögliche Antwort auf diese Frage an. Im Sinne der Geschichtskonzepte des EB wäre es mindestens möglich, **in** der Rekonstruktion dieser "Urzeit" stärker zwischen göttlichem und menschlichem Handeln zu differenzieren und so auch Fehlentwicklun-
gen kritisch aufzuzeigen.

(3) In ihren Grundzügen entspricht der Problemstellung des
lukanischen Doppelwerks weitgehend auch die heutiger christlicher Theologie: Als Reflexion christlichen Glaubens angesichts gegenwärtiger Wirklichkeitserfahrung im Lichte der
Offenbarung Gottes in Jesus Christus[55] nimmt sie nicht nur
auf das - mindestens in bestimmter Hinsicht - abgeschlossen
in geschichtlicher Distanz zurückliegende Christusgeschehen
als Grund des Glaubens, sondern - wenigstens in ihrer prote-
stantischen Gestalt - auch auf seine - mehr oder weniger
unmittelbare - Bezeugung in den kanonischen Schriften von AT
und NT als Kriterium kirchlicher Kommunikation des Glaubens
Bezug. Erweist sich schon hierin "Geschichte" als unumgäng-
liches Thema theologischer Reflexion, gilt dies um so mehr

---

52 So Hengel, Geschichtsschreibung, 54f (in Auseinandersetzung mit
   Conzelmann, Mitte).
53 Vgl. Baltzer, Meaning.
54 Hengel, A.a.O., 57.
55 Vgl. z.B. Joest, Fundamentaltheologie, 14ff.

in Anbetracht ihrer eigenen geschichtlichen Situation der
"Neuzeit", die "die Kritik und Ablehnung des christlichen
Gottes und jeglichen philosophischen Gottesbegriffs, ja auch
aller Religion kennt und sich weitgehend zu eigen gemacht
hat"[56].

Damit wird es zu **einer** Aufgabe gegenwärtiger theologischer
Forschung, ihre eigene Situation so in einen "universalen
Geschichtsentwurf" einzuordnen, daß der Zusammenhang des
Christusgeschehens mit seiner biblischen Bezeugung und seine
Relevanz für die Verarbeitung und die Erschließung gegenwärtiger Erfahrungen im Rahmen eines konsistenten "metahistorischen" Konzepts darstellbar wird, das in Auseinandersetzung mit "dem" neuzeitlichen Wirklichkeitsverständnis
entwickelt ist. - Mit diesen Andeutungen ist nicht mehr als
ein mögliches Forschungsprogramm skizziert. Hier können nur
einige weitere Aspekte dieses Programms kurz angedeutet werden.

(a) Zwischen den einzelnen Themen dieses Programms bestehen
komplexe Wechselwirkungen. So ist etwa die Einsicht in die
Differenz zwischen dem Christusgeschehen und seiner biblischen Bezeugung, dem "sogenannte(n) historische(n) Jesus"
und dem "geschichtliche(n), biblische(n) Christus" (M.Käh-
ler), mindestens entscheidend verschärft durch "das" neuzeitliche, historisch-kritische Wirklichkeitsbewußtsein.
Umgekehrt würde aber eine Christologie, der es gelänge, in
der "Selbst-Hingabe" und dem "Dahingegeben-Werden" Jesu an
die Deutung (und möglicherweise auch Mißdeutung) seines Geschicks durch Andere - Zeitgenossen wie auch geschichtlich
abständige, erwartende oder erinnernde "Zeugen" -, in der
sich gleichwohl seine Identität als Christus nicht verflüch-
tigt, sondern allererst konstituiert und durchhält, den konstitutiven Zusammenhang zwischen Christusgeschehen und biblischer Bezeugung plausibel zu machen, zugleich das Potential einer kritischen Infragestellung des "Geist(es) neu-

---

56 Mühlenberg, Epochen, 268.

zeitlicher Subjektivität"[57] - in Gestalt der Behauptung
einer "Selbständigkeit der Vernunft" in dem Sinne, "daß der
vernünftig Denkende seine Aussagen eigenverantwortlich formuliert, weil und insofern er sie selbständig produziert,
begründet und prüft"[58] - enthalten - nicht als Rückfall hinter das Programm "der Selbständigkeit durch das Selbstdenken"[59], sondern als Fortschritt zu einem "Selbstdenken", das
sich der Grenzen seiner "Selbständigkeit" - der Exzentrizi-
tät von Subjekt, Bewußtsein und Präsenz[60] - bewußt wird.
(b) Das skizzierte Forschungsprogramm kann nur als Komplex
einer Reihe von "Einzelprogrammen" durchgeführt werden und
ist im Zuge ihrer Erarbeitung selbst ständig zu modifizieren
und zu revidieren. Die theologische Rekonstruktion einer
"Universalgeschichte", in deren Rahmen "die Geschichtsoffenbarung" Gottes "jedem, der Augen hat zu sehen, offen" ist[61],
kann allenfalls das Ziel eines solchen Forschungsprogramms
darstellen. Als solches bildet sie dann zwar immer schon
seinen (und seiner "Einzelprogramme") "antizipierten" Horizont. Doch kann sich diese "Antizipation"[62] einer "Universalgeschichte" nur bewähren, wenn es gelingt, die Vielzahl
von begrenzten, individuellen und kollektiven Geschichten,
wie sie in historischer und empirischer ("praktisch-") theologischer Forschung rekonstruiert werden, in sie zu integrie-
ren, ohne sie ihrer relativen Eigenständigkeit zu berauben
und zwischen ihnen bestehende Konflikte zu nivellieren[63].

---

57 Wagner, Geist.
58 A.a.O., 72.73.
59 A.a.O., 72.
60 - wie sie etwa J.Derrida in seiner "Ontosemiologie" betont (s.
   Hörisch, Sein, 28ff).
61 Pannenberg, Thesen, 98 (im Orig. hervorgeh.).
62 Wenigstens beiläufig sei darauf hingewiesen, daß "Antizipation" hier
   nicht im Sinne einer Vorwegnahme des "Endes der Geschichte", sondern
   in dem eines Vorgriffs auf das Resultat endlicher Erkenntnis- und
   Verständigungsprozesse (in der Geschichte) verwendet wird.
63 Diese Gefahr birgt m.E. tendenziell die universalgeschichtliche Konzeption Pannenbergs in sich; vgl. etwa seine Feststellung, "daß Positionen, welche in der Vergangenheit im Horizont einer Alternative
   von Wahrheit und Lüge einander gegenübergetreten sind, wie etwa in
   der Reformationszeit das römische System und Luther, von einem späteren Standpunkt aus nicht notwendig die Exklusivität behalten müs-

Dies kann wohl nur vermieden werden, wenn die theologische
Rekonstruktion einer "Universalgeschichte" in konkreten Prozessen der Vermittlung und Verständigung zwischen "partiku-
laren" Geschichten je neu als deren Horizont "antizipiert"
und auch modifiziert wird. Umgekehrt wird aber für die dem
Programm der Rekonstruktion einer theologischen "Universalgeschichte" ein- und untergeordneten "Einzelprogramme" eine
Öffnung der in ihnen rekonstruierten Geschichten auf Prozesse möglicher Vermittlung und Integration hin erforderlich.
Dazu kann etwa zum einen ein verstärktes Herausarbeiten von
Ambivalenzen, Mehrdeutigkeiten und Möglichkeitshorizonten in
den hier thematischen Prozessen dienen[64], zum anderen auch
eine intensivierte Analyse gemeinsamer konzeptioneller Probleme in der Erfahrung und Interpretation verschiedener geschichtlicher Prozesse (wie etwa der Frage nach dem Verhältnis von "individueller", "kollektiver" und "universaler"
Geschichte).
(c) Auch eine theologisch rekonstruierte "Universalgeschichte" kann geschichtliche Prozesse nur unter Vorgabe eines
konzeptionellen Rahmens mit bestimmten "metahistorischen"
Annahmen darstellen und interpretieren. So wird auch in ihrem Rahmen "die Geschichtsoffenbarung" Gottes nur "offen"
sein für den, "der Augen hat zu sehen" **und** bereit ist, sich
in seiner Wirklichkeitserfahrung auf einen konzeptionellen
Rahmen einzulassen, der ihm bestimmte Perspektiven und Gesetzmäßigkeiten für die Interpretation bereits gemachter und
die Entdeckung neuer Erfahrungen eröffnet. Freilich kann ein
solcher konzeptioneller Rahmen sich dann angesichts der erfahrbaren Wirklichkeit mehr oder weniger gut bewähren. Sofern christlicher Glaube sich der Erfahrung verdankt, daß
"(d)er Schöpfer (...) sein Handeln gegen dessen Verleugnung

---

sen ..." (Pannenberg u.a., Grundlagen, 100 - entscheidend wäre hier,
welches Gewicht Pannenberg faktisch dem Modifikator "nicht notwendig" beilegt).
64 Von daher ist m.E. etwa die Vielfalt der "Ergebnisse" und Hypothesen
historisch-kritischer Exegese keineswegs so besorgniserregend, wie
z.B. P.Stuhlmacher meint (s. Oeming, Theologien, 119f).

durch das Geschöpf durch(hält)"[65], bewährt er sich in seinem
"geschichtstheoretische(n) Gehalt" so lange, wie er auf Erfahrungen "des korrigierenden Widerspruchs Gottes gegen den
pervertierenden Widerspruch des Menschen gegen die Schöpfung"[66] Bezug nehmen kann - wie es die Gerichtsprophezeiungen und die Restitutionsprophezeiungen des EB je auf ihre
Weise tun. Solange freilich andererseits Gott in seiner "Parteilichkeit für das Leben" (Ez 18) "den pervertierenden Widerspruch des Menschen gegen die Schöpfung" zu ertragen bereit ist, wird theologische Reflexion in ihrem Bemühen, geschichtliche Erfahrungen im Lichte des Christusgeschehens
und seiner biblischen Bezeugung - und diese im Lichte jener
- zu interpretieren, nicht ans Ende kommen. Ohne ein Bewußtsein ihrer eigenen Offenheit, Revidierbarkeit und "Transfor-
mierbarkeit" durch das Handeln Gottes wird eine theologische
"Universalgeschichte" zum "Mythos", das Vertrauen in **bestimmte** geschichtliche Konkretisierungen "der Kontinuität des
weltsetzenden, -erhaltenden und -vollendenden Schöpfungshan-
delns Gottes"[67] zur Ideologie, deren falsche Sicherheiten zu
zerschlagen sich einst schon ein Ezechiel aufmachte.

---

65 Härle/Herms, Rechtfertitung, 194.
66 A.a.O., 186.
67 A.a.O., 195.

LITERATURVERZEICHNIS

In den Anmerkungen ist die hier verzeichnete Literatur mit Verfasser-
nachname und Kurztitel - im Falle von Kommentaren zum EB nur mit Verfas-
ser-Nachname - abgekürzt zitiert. Wo Mißverständnisse entstehen könnten,
ist im Literaturverzeichnis der Kurztitel in Klammern angegeben.

Abgekürzt zitierte Textausgaben und Lexika:

ANEP   The Ancient Near East in Pictures Relating to the Old Testa-
            ment, ed. by J.B.Pritchard, Princeton 1969 (2. Aufl.)

ANET   Ancient Near Eastern Texts Relating to the Old Testament, ed.
            by J.B.Pritchard, Princeton 1969 (3. Aufl.)

AOB   Altorientalische Bilder zum Alten Testament, hg. von H.Greß-
            mann, Berlin/Leipzig 1927 (2. Aufl.)

AOT   Altorientalische Texte zum Alten Testament, hg. von H.Greß-
            mann, Berlin/Leipzig 1926 (2. Aufl.)

BHK   Biblia Hebraica, ed. R.Kittel, Stuttgart 1966 (14. Aufl.)

BHS   Biblia Hebraica Stuttgartensia, ed. K.Elliger/W.Rudolph,
            Stuttgart 1967/77

BRL   Biblisches Reallexikon, hg. von K.Galling, HAT 1, Tübingen
            1977 (2. Aufl.)

IDBSup.   The Interpreters Dictionary of the Bible, Supplementary
            Volume, Nashville 1976

RLA   Reallexikon der Assyriologie, hg. von E.Ebeling/B.Meißner/
            E.Weidner, Berlin/Leipzig 1932 ff

RTAT   Religionsgeschichtliches Textbuch zum Alten Testament, hg.
            von W.Beyerlin, ATD Ergänzungsreihe 1, Göttingen 1975

RGG   Die Religion in Geschichte und Gegenwart; Handwörterbuch für
            Theologie und Religionswissenschaft, 6 Bde., Tübingen 1957
            - 1965 (3. Aufl.)

SAHG   Sumerische und akkadische Hymnen und Gebete, hg. von A.Fal-
            kenstein/W.v.Soden, Zürich/Stuttgart 1953

TGI   Textbuch zur Geschichte Israels, hg. von K.Galling, Tübingen
            1979 (3. Aufl.)

THAT   Theologisches Handwörterbuch zum Alten Testament, hg. von
            E.Jenni/C.Westermann, München/Zürich I 1978 (3. Aufl.) /
            II 1979 (2. Aufl.)

ThWAT   Theologisches Wörterbuch zum Alten Testament, hg. von G.J.
            Botterweck/H.Ringgren/H.-J.Fabry, Stuttgart/Berlin/Köln/
            Mainz 1973 ff

TRE   Theologische Realenzyklopädie, hg. von G.Krause/G.Müller,
            Berlin/New York 1977 ff

TUAT   Texte aus der Umwelt des Alten Testaments, hg. von O.Kaiser,
            Gütersloh 1982 ff

Die weiteren Abkürzungen im folgenden Literaturverzeichnis sind zu ent-
schlüsseln mit Hilfe des Abkürzungsverzeichnisses der TRE, zusammenge-
stellt von S.Schwertner, Berlin/New York 1976.

Aalders, G.C.,   Ezechiel, COT 16, Kampen I 1955 / II 1957

Ackroyd, P.R.,   "Isaiah I-XII: Presentation of a Prophet," VT.S 29 (1978)
                   16-48

                 - "The Succession Narrative (so-called)," Interp. 35 (1981)
                   383-396

Adamiak, R.,   Justice and History in the Old Testament; The Evolution
                   of Divine Retribution in the Historiographies of the Wil-
                   derness Generation, Cleveland 1982

Aguirre, A.F.,   Die Phänomenologie Husserls im Licht ihrer gegenwärtigen
                   Interpretation und Kritik, EdF 175, Darmstadt 1982

Ahlström, G.W.,   Royal Administration and National Religion in Ancient
                   Palestine, Studies in the History of the Ancient Near
                   East 1, Leiden 1982

Ahuis, F.,   Autorität im Umbruch; Ein formgeschichtlicher Beitrag
                   zur Klärung der literarischen Schichtung und der zeit-
                   geschichtlichen Bezüge von Num 16 und 17, CThM A 13,
                   Stuttgart 1983

Aichele, G.,   The Limits of Story, Semeia Studies, Philadelphia/Chico
                   1985

Albertz, R.,   Persönliche Frömmigkeit und offizielle Religion; Reli-
                   gionsinterner Pluralismus in Israel und Babylon, CThM
                   A 9, Stuttgart 1978

- / Westermann,C., Art. "רוח rūaḥ Geist," THAT II, 726-753

Albrektson, B.,   History and the Gods; An Essay on the Idea of Historical
                   Events as Divine Manifestations in the Ancient Near East
                   and in Israel, CB.OT 1, Lund 1967

Alt, A.,   Kleine Schriften zur Geschichte des Volkes Israel, Mün-
                   chen I.II 1953 / III 1959

                 - "Jerusalems Aufstieg," Ders., Kleine Schriften III,
                   243-257

                 - "Das Königtum in den Reichen Israel und Juda," Ders.,
                   Kleine Schriften II, 116-134

                 - "Hic murus aheneus esto," ZDMG 86 (1933) 33-48

                 - "Der Stadtstaat Samaria," Ders., Kleine Schriften III,
                   258-302

                 - "Die Ursprünge des israelitischen rechts," Ders., Klei-
                   ne Schriften I, 278-332

Amsler, S.,   Art. "קום qūm aufstehen," THAT II 635-641

Assmann, J.,   Ägypten; Theologie und Frömmigkeit einer frühen Hochkul-
                   tur, Stuttgart/Berlin/Köln/Mainz 1984

Auvray, P.,   Ezéchiel, TeDi 10, Paris 1947

                 - "Ezéchiel I-III; Essai d'analyse littéraire," RB 67 (1960)
                   481-502

Bach, R.,   "Bauen und Pflanzen," Rendtorff/Koch (Hg.), Studien,7-32

                     - Die Erwählung Israels in der Wüste, Diss. Bonn 1951

Bächli, O.,   Amphiktyonie im Alten Testament; Forschungsgeschichtli-
                     che Studie zur Hypothese von Martin Noth, Basel 1977

Balentine, S.E.,   "The Prophet as Intercessor: A Reassessment," JBL 103
                     (1984) 161-173

Baltzer, D.,   "Literarkritische und literarhistorische Anmerkungen zur
                     Heilsprophetie im Ezechiel-Buch," Lust (ed.), Ezekiel,
                     166-181

                     - Ezechiel und Deuterojesaja; Berührungen in der Heilser-
                     wartung der beiden großen Exilspropheten, BZAW 121,
                     Berlin 1971

Baltzer, K.,   Die Biographie der Propheten, Neukirchen 1975

                     - Das Bundesformular, WMANT 4, Neukirchen 1964 (2.Aufl.)

                     - "Liberation from Debt-Slavery After the Exile in Deu-
                     tero-Isaiah and Nehemiah," P.D.Hanson/P.D.Miller/S.D.
                     Mc Bride (ed.), Ancient Israelite Religion; Essays in
                     Honor of F.M.Cross, Philadelphia 1987, 477-484

                     - "Das Ende des Staates Juda und die Messias-Frage,"
                     Rendtorff/Koch (Hg.), Studien, 33-43

                     - "The Meaning of the Temple in the Lukan Writings," HThR
                     58 (1965) 263-277

Barnett, R.D.,   "Ezekiel and Tyre," ErIs 9 (1969) 6-13

Barr, J.,   "Some Semantic Notes on the Covenant," Donner/Hanhart/
                     Smend (Hg.), Beiträge, 23-38

                     - "Revelation Through History in the Old Testament and in
                     Modern Theology," Interp. 17 (1963) 193-205

                     - "Story and History in Biblical Theology," JR 56 (1976)
                     1-17

Bartelmus, R.,   HYH; Bedeutung und Funktion eines hebräischen "Aller-
                     weltswortes" - Zugleich ein Beitrag zur Frage des hebrä-
                     ischen Tempussystems, ATS 17, St.Ottilien 1982

                     - "Ez 37,1-14, die Verbform w^{e}qatal und die Anfänge der
                     Auferstehungshoffnung," ZAW 97 (1985) 366-389

                     - "Jes 7,1-17 und das Stilprinzip des Kontrastes; Syntak.
                     tisch-stilistische und traditionsgeschichtliche Anmer-
                     kungen zur 'Immanuel-Perikope'," ZAW 96 (1984) 50-66

                     - "Textkritik, Literarkritik und Syntax; Anmerkungen zur
                     neueren Diskussion um Ez 37,11," BN 25 (1984) 55-64

Barth, C.,   "Ezechiel 37 als Einheit," Donner/Hanhart/Smend (Hg.),
                     Beiträge, 39-52

Barth,H./Steck,O.H., Exegese des Alten testaments; Leitfaden der
                     Methodik, Neukirchen 1978 (8. Aufl.)

Bartlett, J.R.,   "From Edomites to Nabataeans," PEQ 111 (1979) 53-66

Barton, J.,   "Natural Law and Poetic Justice in the Old Testament,"
                     JThS 30 (1979) 1-14

Baumann, A.,   Art. "המה hāmāh," ThWAT II, 444-449

Baumgartner, H.M.,   "Thesen zur Grundlegung einer transzendentalen Histo-
                     rik," Ders./Rüsen (Hg.), Geschichte, 274-302

- / Rüsen, J.,   Seminar: Geschichte und Theorie; Umrisse einer Historik,
                     Frankfurt (M) 1982 (2. Aufl.)

Beaugrande,R.-A.de / Dressler, W.U.,   Einführung in die Textlinguistik,
                     Konzepte der Sprach- und Literaturwissenschaft 28, Tü-
                     bingen 1981

Becker, J.,   Der priesterliche Prophet; Das Buch Ezechiel, Stuttgar-
                     ter Kleiner Kommentar AT 12, Stuttgart 1971

                     - (Besprechung von Lang, Aufstand) ThRv 76 (1980) 106-108

                     - "Erwägungen zur ezechielischen Frage," Ruppert/Weimar/
                       Zenger (Hg.), Künder, 137-149

                     - "Ez 8-11 als einheitliche Komposition in einem pseudepi-
                       graphischen Ezechielbuch," Lust (ed.), Ezekiel, 136-150

Begg, C.T.,   "The Non-mention of Ezekiel in the Deuteronomistic Histo-
                     ry, the Book of Jeremiah and the Chronistic History,"
                     Lust (ed.), Ezekiel, 340-343

Benjamin, W.,   "Über den Begriff der Geschichte," Ders., Illuminatio-
                     nen; Ausgewählte Schriften, Frankfurt (M) 1977, 251-261

Berger, K.,   Exegese des Neuen Testaments; Neue Wege vom Text zur
                     Auslegung, Heidelberg 1977

Berger, P.L. / Luckmann, T., Die gesellschaftliche Konstruktion der Wirk-
                     lichkeit; Eine Theorie der Wissenssoziologie, Frankfurt
                     (M) 1980

Berger, P.R.,   "Zu den Namen שנאצר und ששבצר," ZAW 83 (1971) 98-100

Bertholet, A.,   Hesekiel, HAT I,13, Tübingen 1936 (2. Aufl.)

Bettenzoli, G.,   Geist der Heiligkeit; Traditionsgeschichtliche Untersu-
                     chung des QDŠ-Begriffes im Buch Ezechiel, QuSem 8, Flo-
                     renz 1979

Beuken, W.A.M.,   "Ez. 20: Thematiek en literaire vormgeving in onderling
                     verband," Bijdr. 33 (1972) 39-64

Bewer, J.A.,   "Beiträge zur Exegese des Buches Ezechiel," ZAW 63 (1951)
                     195-197

                     - "Textual and Exegetical Notes on the Book of Ezekiel,"
                       JBL 72 (1953) 158-168

Blaikie, R.J.,   Secular Christianity and God Who Acts, London 1970

Blenkinsopp, J.,   "Abraham and the Righteous of Sodom," JJS 33 (1982)
                     119-132

Bloch, E.,   Atheismus im Christentum; Zur Religion des Exodus und
                     des Reichs, Frankfurt (M) 1968

Boadt, L.,   "Textual Problems in Ezekiel and Poetic Analysis of Pai-
                     red Words," JBL 97 (1978) 489-499

                     - "Rhetorical Strategies in Ezekiel's Oracles of Judgment,"
                       Lust (ed.), Ezekiel, 182-200

Boecker, H.J., Recht und Gesetz im Alten Testament und im Alten Orient, Neukirchen 1984 (2. Aufl.)

- Redeformen des Rechtslebens im Alten Testament, WMANT 14, Neukirchen 1970

Borger, R., Die Inschriften Asarhaddons Königs von Assyrien, AfO.B 9, Graz 1956

Born, A. van den, Ezechiel, BOT 11,1, Roermond 1954

- "Ezechiel - pseudo-epigraaf?" StC 28 (1953) 94-104

- Art. "Ezechiel," H.Haag (Hg.), Bibel-Lexikon, Einsiedeln 1968 (2. Aufl.), 465-468

Bracke, J.M., "šûb šᵉbût: A Reappraisal," ZAW 97 (1985) 233-244

Braudel, F., "Geschichte und Sozialwissenschaften; Die longue durée," C.Honegger (Hg.), Schrift und Materie der Geschichte, Frankfurt (M) 1977, 47-85

Brauner, R.A., "'To Grasp the Hem' and 1 Samuel 15:27," JANES 6 (1974) 35-38

Brongers, H.A., "Die Partikel למען in der biblisch-hebräischen Sprache," OTS 18 (1973) 84-96

Browne, L.E., Ezekiel and Alexander, London 1952

Brownlee, W.H., Ezekiel, The Interpreter's One-Volume Commentary on the Bible, Nashville 1971, 411-435

- The Meaning of the Qumrân Scrolls for the Bible, New York 1964

- "Ezekiel's Parable of the Watchman and the Editing of Ezekiel," VT 28 (1978) 392-408

- "'Son Of Man Set Your Face,' Ezekiel the Refugee Prophet," HUCA 54 (1983) 83-110

Brueggemann,W., In Man We Trust; The Neglected Side of Biblical Faith, Atlanta 1972

- "A Shape for Old Testament Theology, I: Structure Legitimation," CBQ 47 (1985) 28-46

- "A Shape for Old Testament Theology, II: Embrace of Pain," CBQ 47 (1985) 395-415

Buccellati, G., Cities and Nations of Ancient Syria; An Essay on Political Institutions with Special Reference to the Israelite Kingdoms, SS 26, Rom 1967

Budde, K., Die Religion des Volkes Israel bis zur Verbannung, Gießen 1900

Bultmann, R., Theologie des Neuen Testaments, hg. von O.Merk, Tübingen 1977 (7. Aufl.)

Caquot, A., "Le messianisme d'Ezéchiel," Sem. 14 (1964) 5-23

Carley, K.W., The Book of the Prophet Ezekiel, The Cambridge Bible Commentary, New English Bible, London 1974

Carroll, R.P., From Chaos to Covenant; Uses of Prophecy in the Book of Jeremiah, London 1981

- When Prophecy Failed; Reactions and Responses to Failure in the Old Testament Prophetic Traditions, London 1979

Cassuto, U.,   "The Arrangement of the Book of Ezekiel," Ders., Biblical and Oriental Studies I, Jerusalem 1973, 227-240

Castañeda, H.N., "Indicators and Quasi-Indicators," APQ 4 (1967) 85-100

Causse, A.,   Du groupe ethnique à la communauté religieuse, Paris 1937

Cazelles, H.,   Alttestamentliche Christologie; Zur Geschichte der Messiasidee, Einsiedeln 1983

Clements, R.E.,   "The Chronology of Redaction in Ezekiel 1-24," Lust (ed.), Ezekiel, 283-294

- "The Ezekiel Tradition: Prophecy in a Time of Crisis," Coggins/Phillips/Knibb (ed.), Tradition, 119-136

- Prophecy and Tradition, Oxford 1975

Cogan, M.,   "A Technical Term for Exposure," JNES 27 (1968) 133-135

- Imperialism and Religion; Assyria, Judah and Israel in the Eighth and Seventh Centuries B.C.E., SBLMS 19, Missoula 1974

Coggins, R.J.,   "History and Story in Old testament Study," JSOT 11 (1979) 166-173

- / Phillips, A./ Knibb, M. (ed.),   Israel's Prophetic Tradition; Essays in Honour of P.R.Ackroyd, Cambridge 1982

Conrad-Martius, H., Die Zeit, München 1954

Conzelmann, H.,   Die Mitte der Zeit; Studien zur Theologie des Lukas, BHTh 17, Tübingen 1964 (5. Aufl.)

Coogan, M.D.,   "Life in the Diaspora; Jews at Nippur in the Fifth Century B.C.," BA 37 (1974) 6-12

Cooke, G.A.,   A Critical and Exegetical Commentary on the Book of Ezekiel, ICC 12, Edinburgh 1936

Cornill, C.H.,   Das Buch des Propheten Ezechiel, Leipzig 1886

- Einleitung in das Alte Testament, Freiburg i.B. 1891

Cross, F.M.,   Canaanite Myth and Hebrew Epic, Cambridge 1973

Crüsemann, F.,   "Jahwes Gerechtigkeit (s^edaqa/$\text{s}$ädäq) im Alten Testament," EvTh 36 (1976) 427-450

- Der Widerstand gegen das Königtum; Die antiköniglichen Texte des Alten testaments und der Kampf um den frühen israelitischen Staat, WMANT 49, Neukirchen 1978

Danto, A.C.,   Analytische Philosophie der Geschichte, Frankfurt (M) 1980

Delcor, M.,   Art. " תכן tkn bemessen," THAT II 1043-1045

Delorme, J.,   "Conversion et pardon selon le prophète Ezéchiel," Mémorial J.Chaine, Lyon 1950, 115-144

Dentan, R.C. (ed.),   The Idea of History in the Ancient Near East, New Haven/London 1955

Denz, A.,   Die Verbalsyntax des neuarabischen Dialektes von Kwayriš
                     (Irak), AKM XL/1, Wiesbaden 1971

Detweiler, R.,   Story, Sign, and Self; Phenomenology and Structuralism
                     as Literary-Critical Methods, Semeia Sup., Philadelphia
                     1978

Diebner, B.J.,   "Kultus, Sakralrecht und die Anfänge des Geschichtsden-
                     kens in 'Israel' - Denkansatz zu einer Hypothese," DBAT
                     17 (1983) 1-20

                   - "Wider die 'Offenbarungs-Archäologie' in der Wissenschaft
                     vom Alten Testamente; Grundsätzliches zum Sinn alttesta-
                     mentlicher Forschung im Rahmen der Theologie," DBAT 18
                     (1984) 30-53

Dietrich, W.,   Israel und Kanaan; Vom Ringen zweier Gesellschaftssyste-
                     me, SBS 94, Stuttgart 1979

                   - Jesaja und die Politik, BEvTh 74, München 1976

Dijk, H.J.van,   Ezekiel's Prophecy on Tyre (Ez 26,1-28,19); A New Ap-
                     proach, BibOr 20, Rom 1968

Donagan, A.,_   "Neue Überlegungen zur Popper-Hempel-Theorie," Baumgart-
                     ner/Rüsen (Hg.), Geschichte, 173-208

Donner, H.,   "Die soziale Botschaft der Propheten im Lichte der Ge-
                     sellschaftsordnung in Israel," Neumann (Hg.), Propheten-
                     verständnis, 493-514

- / Hanhart, R./ Smend, R. (Hg.), Beiträge zur Alttestamentlichen Theolo-
                     gie; FS W.Zimmerli, Göttingen 1977

Droysen, J.G.,   Historik, hg. von P.Leyh, Stuttgart-Bad Canstatt 1977

Duhm, B.,   Das Buch Jeremia, KHC 11, Tübingen 1901

Ebach, J.,   Kritik und Utopie; Untersuchungen zum Verhältnis von Volk
                     und Herrscher im Verfassungsentwurf des Ezechiel (Kap.
                     40-48), Diss. Hamburg 1972

                   - "Über die Wiederherstellung gerechter Verhältnisse," JK
                     46 (1985) 370-379

Ebeling, E.,   Art. "Aussetzung," RLA I, 322

Ehrlich, A.B.,   Randglossen zur hebräischen Bibel 5: Ezechiel und die
                     kleinen Propheten, Hildesheim 1968 (=1912)

Eichrodt, W.,   Der Prophet Hesekiel, ATD 22, Göttingen 1968 (3. Aufl.)

                   - Religionsgeschichte Israels, Bern/München 1969

                   - "Der Sabbat bei Hesekiel," Lex tua veritas; FS H.Junker,
                     Trier 1961, 65-74

                   - "Das prophetische Wächteramt; Zur Exegese von Ez 33,"
                     Tradition und Situation; FS A.Weiser, Göttingen 1963,
                     31-41

Eising, H.,   Art. "זכר zākar," ThWAT II, 571-593

Eißfeldt, O.,   Einleitung in das Alte Testament, Tübingen 1964 (3.Aufl.)

                   - "Ezechiel als Zeuge für Sanheribs Eingriff in Palästina,"
                     Ders., Kleine Schriften I, Tübingen 1962, 239-246

- "Hesekiel Kap. 16 als Geschichtsquelle," JPOS 16 (1936)
  286-292

Ellermeier, E.,   Prophetie in Mari und Israel, Herzberg 1968

Elliger, K.,   Deuterojesaja (40,1-45,7), BK XI/1, Neukirchen 1978

Emerton, J.A.,   "New Light on Israelite Religion: The Implications of
                    the Inscriptions from Kuntillet ᶜAjrud," ZAW 94 (1982)
                    2-20

Ephᶜal, I.,   "The Western Minorities in Babylonia in the 6th-5th Cen-
                    turies B.C.: Maintenance and Cohesion," Or. 47 (1978)
                    74-90

Faber, K.-G.,   Theorie der Geschichtswissenschaft, München 1971

Fahlgren, K.H.,   Sedaqa, nahestehende und entgegengesetzte Begriffe im
                    Alten testament, Diss. Uppsala 1932; z.T. abgedruckt in
                    Koch (Hg.), Prinzip, 87-129

Fales, F.M.,   "A Literary Code in Assyrian Royal Inscriptions: The Ca-
                    se of Ashurbanipal's Egyptian Campaigns," Ders. (ed.),
                    Assyrian Royal Inscriptions; New Horizons, OrAnt Collec-
                    tio 17, Rom 1981, 169-202

Farber, W.,   Beschwörungsrituale an Ishtar und Dumuzi, Wiesbaden 1977

Fichtner, J.,   "Jahwes Plan in der Botschaft des Jesaja," ZAW 63 (1951)
                    16-33

Findlay, J.N.,   "Time: A Treatment of Some Puzzles," A.Flew (ed.), Logic
                    and Language I, Oxford 1952, 37-54

Fischer, A.,   "Zur Siloahinschrift," ZDMG 56 (1902) 800-809

Fishbane, M.,   "Accusations of Adultery: A Study of Law and Scribal
                    Practice in Numbers 5:11-31," HUCA 45 (1974) 25-45

- "Sin and Judgment in the Prophecies of Ezekiel," Interp.
  38 (1984) 131-150

Fitzgerald, A.,   "The Mythological Background for the Presentation of Je-
                    rusalem as a Queen and False Worship as Adultery in the
                    OT," CBQ 34 (1972) 403-416

Fohrer, G. (/Galling, K.), Ezechiel, HAT I,13, Tübingen 1955

- "AT - 'Amphiktyonie' und 'Bund'," Ders., Studien zur atl.
  Theologie, 84-119

- Einleitung in das Alte Testament, Heidelberg 1969
  (11. Aufl.)

- "Die Gattung der Berichte über symbolische handlungen
  der Propheten," Ders., Studien zur atl. Prophetie,92-112

- Geschichte der israelitischen Religion, Berlin 1969

- Die symbolischen Handlungen der Propheten, AThANT 54,
  Zürich 1968 (2. Aufl.)

- Die Hauptprobleme des Buches Ezechiel, BZAW 72, Berlin
  1952

- Studien zur alttestamentlichen Prophetie (1949-1965),
  BZAW 99, Berlin 1967

- Studien zur alttestamentlichen Theologie und Geschichte (1949-1966), Bzaw 115, Berlin 1969

- "Prophetie und Magie," Ders., Studien zur atl. Prophetie, 242-264 (zit.: "Prophetie")

- "Prophetie und Geschichte," Ders., Studien zur atl. Prophetie, 265-293 (zit.: "Prophetie und Geschichte")

Fox, M.V.,   "The Rhetoric of Ezekiel's Vision of the Valley of the Bones," HUCA 51 (1980) 1-15

Frank, M.,   Das Sagbare und das Unsagbare; Studien zur neueren französischen Hermeneutik und Texttheorie, Frankfurt (M) 1980

Freedy, K.S.,   "The Glosses in Ezekiel I-XXIV," VT 20 (1970) 129-152

Friedman, M.,   הציון הוא ביאור לנבאות יחזקאל סימן כ׳ , Wien 1880

Fromm, S.,   Wittgensteins Erkenntnisspiele contra Kants Erkenntnislehre, Symposion 61, Freiburg/München 1979

Frymer-Kensky,T.,"Pollution, Purification and Purgation in Biblical Israel," Meyers/O'Connor (ed.), Word, 399-414

Fuhs, H.F.,   Ezechiel 1-24, Die neue Echter Bibel Lfg. 7, Würzburg 1984

- "Ez 24; Überlegungen zu tradition und Redaktion des Ez-Buches," Lust (ed.), Ezechiel, 266-282

Gadamer, H.-G.,   Wahrheit und Methode; Grundzüge einer philosophischen Hermeneutik, Tübingen 1975 (4. Aufl.)

Galling, K.,   "Ein Beichtspiegel; Eine gattungsgeschichtliche Studie," ZAW 47 (1929) 125-130

- Art. "Ziegel," BRL, 364

Garmus, F.L.,   O juízo divino na história; A história de Israel em Ez 20,1-44, Petrópolis 1975

Garscha, J.,   Studien zum Ezechielbuch; Eine redaktionsgeschichtliche Untersuchung von Ez 1-39, EHS 23/23, Bern/Frankfurt (M) 1974

Gerleman, G.,   "Die lärmende Menge; Der Sinn deshebräischen Wortes hamon," H.Gese/H.P.Rüger (Hg.), Wort und Geschichte; FS K.Elliger, AOAT 18, Kevelaer/Neukirchen 1973, 71-75

- Art. "בשר bāśār Fleisch," THAT I, 376-379

- Art. "דם dām Blut," THAT I, 448-451

- Art. "רצה rsh Gefallen haben," THAT II, 810-813

- / Ruprecht,E., Art. "דרש drš fragen nach," THAT I, 460-467

Gerstenberger, E.S., Der bittende Mensch; Bittritual und Klagelied des Einzelnen im Alten testament, WMANT 51, Neukirchen 1980

- Art. "תעב tᶜb pi. verabscheuen," THAT II, 1051-1055

Gese, H.,   "Ezechiel 20,25f. und die Erstgeburtsopfer," Donner/Hanhart/Smend (Hg.), Beiträge, 140-151

- Lehre und Wirklichkeit in der alten Weisheit; Studien zu den Sprüchen Salomos und zu dem Buche Hiob,Tübingen 1958

498   Literaturverzeichnis

- "Tradition und biblische Theologie," Steck (Hg.), Tradition, 87-111

- Der Verfassungsentwurf des Ezechiel (Kap. 40-48) traditionsgeschichtlich untersucht, BHTh 25, Tübingen 1957

Gesenius, W. / Buhl, F., Hebräisches und aramäisches Wörterbuch über das
          AT, Berlin 1962 (= 17. Aufl. 1915)

- / Kautzsch, E., Wilhelm Gesenius' Hebräische Grammatik völlig umgear-
          beitet von E.Kautzsch, Darmstadt 1985 (= 28.Aufl. 1909)

Geyer, J.B.,   "Ezekiel 18 and a Hittite Treaty of Muršiliš II," JSOT
          12 (1979) 31-46

Gilkey, L.B.,   "Cosmology, Ontology, and the Travail of Biblical Lan-
          guage," JR 41 (1961) 194-205

Glasenapp, H.von, Die nichtchristlichen Religionen, Fischer-Lexikon 1,
          Frankfurt (M) 1957

Goldammer, K.,   Art. "Gott I. Religionsgeschichtlich," RGG³ II, 1701-1705

Gollwitzer, H.,   Befreiung zur Solidarität; Einführung in die Evangeli-
          sche Theologie, München 1978

Goodman, N.,   "Der Status des Stils," Ders., Weisen der Welterzeugung,
          Frankfurt (M) 1984, 38-58

Gordon, C.H.,   "Hos 2:4-5 in the Light of New Semitic Inscriptions,"
          ZAW 54 (1936) 277-280

          - Ugaritic Literature; A Comprehensive Translation of the
            Poetic and Prose Texts, Rom 1949

          - Ugaritic Textbook; Grammar, texts in translation, Cunei-
            form Selections, Glossary, Indices, AnOr 38, Rom 1965

Gottwald, N.K.,   The Tribes of Yahweh; A Sociology of the Religion of Li-
          berated Israel 1250-1050 B.C.E., London 1980

Graffy, A.,   A Prophet Confronts His People; The Disputation Speech
          in the Prophets, AnBib 104, Rom 1984

Green, A.R.W.,   The Role of Human Sacrifice in the Ancient Near East,
          Missoula 1975

Greenberg, M.,   Ezekiel 1-20, AncB 22, Garden City/New York 1983

          - "The Design and Themes of Ezekiel's Program of Restora-
            tion," Interp. 38 (1984) 181-208

          - "On Ezekiel's Dumbness," JBL 77 (1958) 101-105

          - "MSRT HBRYT, 'The Obligation of the Covenant,' in Ezeki-
            el 20:37," Meyers/O'Connor (ed.), Word, 37-46

          - "Prolegomenon," Torrey, Pseudo-Ezekiel, XI-XXXV

Greenstein, E.L., "'To Grasp the Hem' in Ugaritic Literature," VT 32
          (1982) 217-218

Greßmann, H.,   Der Messias, FRLANT 43, Göttingen 1929

Gronkowski, W.,   Le messianisme d'Ezechiel, Paris 1930

Gunkel, H.,   Das Märchen im Alten Testament, RV II.23/26, Tübingen
          1917

- Art. "Gott: I. Gottesbegriff im AT," RGG^2 II,1530-1545

Gunneweg, A.H.J.,Geschichte Israels bis Bar Kochba, Stuttgart/Berlin/Köln/
Mainz 1982 (4. Aufl.)

- Vom Verstehen des Alten Testaments; Eine Hermeneutik,
ATD Ergänzungsreihe 5, Göttingen 1977

Haase, R.,   "Körperliche Strafen in den altorientalischen Rechtssamm-
lungen; Ein Beitrag zum altorientalischen Strafrecht,"
RIDA III/10 (1963) 55-75

Habermas, J.,   Theorie des kommunikativen Handelns, Frankfurt (M) 1981

Härle, W./ Herms, E.,   Rechtfertigung; Das Wirklichkeitsverständnis des
christlichen Glaubens, Göttingen 1979

Haeussermann, F.,   Wortempfang und Symbol in der alttestamentlichen Prophetie; Eine Untersuchung zur Psychologie des prophetischen Erlebnisses, BZAW 58, Gießen 1932

Halbe, J.,   "'Altorientalisches Weltordnungsdenken' und alttestamentliche Theologie; Zur Kritik eines Ideologems am Beispiel
des israelitischen Rechts," ZThK 76 (1979) 381-418

Halbwachs, M.,   Das kollektive Gedächtnis, Frankfurt (M) 1985

Halpern, B.,   (Review of van Seters, Search) JBL 104 (1985) 506-509

Hamerton-Kelly, R.G.,   "The Temple and the Origins of Jewish Apocalyptic,"
VT 20 (1970) 1-15

Hamm, B.,   "Was ist reformatorische Rechtfertigungslehre?" ZThK 83
(1986) 1-38

Haran, M.,   "The Law-Code of Ezekiel 40-48 and its relation to the
Priestly School," HUCA 50 (1979) 45-71

Harford, J.B.,   Studies in the Book of Ezekiel, Cambridge 1935

Hartlich, C.,   "Historisch-kritische Methode in ihrer Anwendung auf Ge-
schehnisaussagen der Hl. Schrift," ZThK 75 (1978)467-484

Harvey, J.,   Le plaidoyer prophétique contre Israel après la rupture
de l'alliance; Etude d'und formule littéraire de l'Ancien
Testament, Studia 22, Paris/Montréal 1967

- "Le RIB-Pattern, requisitoire prophétique sur la rupture
de l'alliance," Bib. 43 (1962) 172-196

Hasel, G.F.,   "Major Recent Issues in Old testament Theology 1978-1983,"
JSOT 31 (1985) 31-53

Hayes, J.H./ Prussner, F.C.,   Old Testament Theology; Its History and De-
velopment, London 1985

Heidegger, M.,   Sein und Zeit, Tübingen 1957 (8. Aufl.)

Heinisch, P.,   Das Buch Ezechiel, HSAT 8,1, Bonn 1923

Hempel, J.,   Die althebräische Literatur und ihr hellenistisch-jüdi-
sches Nachleben, Wildpark-Potsdam 1930

Hengel, M.,   Zur urchristlichen Geschichtsschreibung, Stuttgart 1979

Hermisson, H.J.,   "Zukunftserwartung und Gegenwartskritik in der Verkündigung Jesajas," EvTh 33 (1973) 54-77

Herntrich, V.,   Ezechielprobleme, BZAW 61, Gießen 1933

Herrmann, J.,   Ezechiel, KAT 11, Leipzig 1924

                  - Ezechielstudien, BWAT 2, Leipzig 1908

Herrmann, S.,   "'Bund' eine Fehlübersetzung von 'b^{e}rīt'? Zur Auseinan-
                  dersetzung mit Ernst Kutsch," Ders., Studien, 210-220

                  - Geschichte Israels in alttestamentlicher zeit, Berlin
                  1983 (2.Aufl.)

                  - Die prophetischen heilserwartungen im Alten Testament;
                  Ursprung und Gestaltwandel, BWANT 85, Stuttgart 1965

                  - Gesammelte Studien zur Geschichte und Theologie des Al-
                  ten testaments, TB 75, München 1986

                  - Zeit und Geschichte, Stuttgart/Berlin/Köln/Mainz 1977

Hesse, F.,   Abschied von der Heilsgeschichte, ThSt(B) 108, Zürich
                  1971

                  - "Die Erforschung der Geschichte als theologische Aufga-
                  be," KuD 4 (1958) 1-19

                  - "Kerygma oder geschichtliche Wirklichkeit?" ZThK 57
                  (1960) 17-26

Hillers, D.R.,   "History and Poetry in Lamentations," CThMi 10 (1983)
                  155-161

                  - Treaty-Curses and the Old Testament Prophets, BibOr 16,
                  Rom 1964

"Histories and Historians of the Ancient Near East," Or. 49 (1980) 140-
                  195 (A.K.Grayson: "Mesopotamia"). 283-332 (H.Hoffner:
                  "Hatti"); 50 (1981) 137-185 (J.van Seters: "Israel")

Hitzig, F.,   Der Prophet Ezechiel, KEH 8, Leipzig 1847

Höffken, P.,   "Beobachtungen zu Ezechiel XXXVII 1-10," VT 31 (1981)
                  305-317

Hölscher, G.,   Hesekiel; Der Dichter und das Buch, BZAW 39, Gießen 1924
                  (zit.: "Hölscher")

                  - Die Propheten; Untersuchung zur Religionsgeschichte Is-
                  raels, Leipzig 1914

Hörisch, J.,   "Das Sein der Zeichen und die Zeichen des Seins; Margi-
                  nalien zu Derridas Ontosemiologie" = Vorwort zu J.Derrida,
                  Die Stimme und das Phänomen; Ein Essay über das Problem
                  des Zeichens in der Philosophie Husserls, frankfurt (M)
                  1979, 7-50

Hoffman, Y.,   "Ezekiel 20 - Its Structure and Meaning," BetM 20 (1974/
                  75) 473-489 (hebr.). 587 (engl. summary)

Hoftijzer, J.,   "The Prophet Balaam in a 6th Century Aramaic Inscription,"
                  BA 39 (1976) 11-17

Honecker, M.,   "Zum verständnis der Geschichte in Gerhard von Rads Theo-
                  logie des Alten testaments," EvTh 23 (1963) 143-168

Honeyman, A.M.,   "Merismus in Biblical Hebrew," JBL 71 (1952) 11-18

Hooke, S.H.,   "The Theory and Practice of Substitution," VT 2 (1952)
                  3-17

Horst, F.,   "Recht und Religion im Bereich des Alten testaments,"
                    Koch (Hg.), Prinzip, 181-212

                  - Gottes Recht; Studien zum Recht im Alten testament, TB
                    12, München 1961

Hossfeld, F.,   Untersuchungen zu Komposition und Theologie des Ezechiel-
                    buchs, fzb 20, Würzburg 1977

Howie, C.G.,   The Date and Composition of Ezekiel, JBL.MS 4, Philadel-
                    phia 1950

Hubbeling, H.G., Einführung in die Religionsphilosophie, Göttingen 1981

Hübner, K.,   Die Wahrheit des Mythos, München 1985

                  - "Über verschiedene Zeitbegriffe in Alltag, Physik und
                    Mythos," F.W.Korff (Hg.), Redliches Denken, FS G.-G.Grau,
                    Stuttgart 1981, 20-30

Huffmon, H.B.,   "The Covenant lawsuit in the Prophets," JBL 78 (1959)
                    285-295

Huizinga, J.,   "A Definition of the Concept of History," R.Klibansky/
                    H.J.Paton (ed.), Philosophy and History; FS E.Cassirer,
                    New York 1963, 1-10

Hulst, A.R.,   Art. "עם / גוי ᶜam/gōj Volk," THAT II, 290-325

Humbert, P.,   "Le substantif toᶜēbā et le verbe tᶜb dans l'A.T.,"
                    ZAW 72 (1960) 217-237

Hurvitz, A.,   A Linguistic Study of the Relationship Between the Priest-
                    ly Source and the Book of Ezekiel, CRB 20, Paris 1982

Husserl, E.,   Erfahrung und Urteil (red. u. hg. von L.Landgrebe), PhB
                    280, Hamburg 1972 (4. Aufl.)

                  - Die Krisis der europäischen Wissenschaften und die trans-
                    zendentale Philosophie (hg. von W.Biemel), Husserliana
                    VI, Den Haag 1954

                  - Die Krisis der europäischen Wissenschaften und die trans-
                    zendentale Philosophie (hg. von E.Ströker), PhB 292, Ham-
                    burg 1977

                  - Vorlesungen zur Phänomenologie des inneren Zeitbewußt-
                    seins (hg. von M.Heidegger), Tübingen 1980 (2.Aufl.)
                    (zit. nach der hier am äußeren Seitenrand gebotenen Pagi-
                    nierung der Ersterscheinung in JPPF 9, 1928)

Irwin, W.A.,   The Problem of Ezekiel; An Inductive Study, Chicago 1943

                  - "The Problem of Ezekiel today," Doron; FS A.I.Katsh, New
                    York 1965, 139-174

Jahn, G.,   Das Buch Ezechiel, Leipzig 1905

Janowski, B.,   Sühne als Heilsgeschehen; Studien zur Sühnetheologie der
                    Priesterschrift und zur Wurzel KPR im Alten Orient und
                    im Alten Testament, WMANT 55, Neukirchen 1982

Janssen, P.,   Edmund Husserl; Einführung in seine Phänomenologie, Frei-
                    burg/München 1976

Japhet, S.,   "Sheshbazzar and Zerubbabel - Against the Background of
                    the Historical and Religious Tendencies of Ezra-Nehemiah,"

ZAW 94 (1982) 66-98

Jenni, E.,   Art. "אב 'āb Vater," THAT I,1-17

- Art. "יצא jṣ' hinausgehen," THAT I, 755-761

Jensen, P.,   Art. "Aussetzungsgeschichten," RLA I, 322-324

Jeremias, J.,   "Gott und Geschichte im AT," EvTh 40 (1980) 381-396

- Der Prophet Hosea, ATD 24/1, Göttingen 1983

- Kultprophetie und Gerichtsverkündigung in der späten Königszeit Israels, WMANT 35, Neukirchen 1970

- Die Reue Gottes, BSt 65, Neukirchen 1975

- /Perlitt, L. (Hg.), Die Botschaft und die Boten; FS H.W.Wolff, Neukirchen 1981

Jirku, A.,   Kanaanäische Mythen und Epen aus Ras Schamra - Ugarit,
                   Gütersloh 1962

Joest, W.,   Fundamentaltheologie; Theologische Grundlagen- und Metho-
                   denprobleme, Stuttgart/Berlin/Köln/Mainz 1981 (2. Aufl.)

Jolles, A.,   Einfache Formen, Tübingen 1962 (=1930)

Jones, H.O.,   "Das Story-Konzept und die Theologie," Ritschl/Jones,
                   Story, 42-68

Joyce, P.M.,   "Individual Responsibility in Ezekiel 18?" E.A.Living-
                   stone (ed.), Studia Biblica 1978,I, JSOT Sup. 11, Shef-
                   field 1979, 185-196

Junker, H.,   "Ein Kernstück der Predigt Ezechiels; Studie über Ez 18,"
                   BZ 7 (1963) 173-185

Kähler, M.,   Der sogenannte historische Jesus und der geschichtliche,
                   biblische Christus, TB 2, München 1969 (4. Aufl.)

Käsemann, E.,   "Begründet der neutestamentliche Kanon die Einheit der
                   Kirche?" EvTh 11 (1951/52) 13-21

- "Das Problem des historischen Jesus," ZThK 52 (1954)
  125-153

- "Rechtfertigung und Heilsgeschichte im Römerbrief,"
  Ders., Paulinische Perspektiven, Tübingen 1972 (2.Aufl.),
  108-139

Kaiser, O.,   Einleitung in das Alte Testament; Eine Einführung in ih-
                   re Ergebnisse und Probleme, Gütersloh 1984 (5. Aufl.)

- "Geschichtliche Erfahrung und eschatologische Erwartung;
  Ein Beitrag zur Geschichte der alttestamentlichen Escha-
  tologie im Jesajabuch," H.D.Preuß (Hg.), Eschatologie im
  Alten Testament, WdF 480, Darmstadt 1978, 444-461

- "Die Erstgeborenen deiner Söhne sollst du mir geben,"
  Denkender Glaube; FS C.H.Ratschow, Berlin 1976, 24-48

- Ideologie und Glaube; Eine gefährdung christlichen Glaubens am alttestamentlichen Beispiel aufgezeigt, Stuttgart
  1984

- Das Buch des Propheten Jesaja Kapitel 1-12, ATD 17, Göttingen 1981 (5. Aufl.)

Kaufmann, Y., The Religion of Israel (transl. and abr. by M.Greenberg), Chicago 1960

Keel, O., Jahwe-Visionen und Siegelkunst; Eine neue Deutung der Majestätsschilderungen in Jes 6, Ez 1 und 10 und Sach 4, SBS 84/85, Stuttgart 1977

- (Hg.), Monotheismus im Alten Israel und seiner Umwelt, BiBe 14, Fribourg 1980

- "Rechttun oder Annahme des drohenden Gerichts? (Erwägungen zu Amos, dem frühen Jesaja und Micha)," BZ 21 (1977) 200-218

- Die Welt der altorientalischen Bildsymbolik und das Alte Testament; Am Beispiel der Psalmen, Zürich/Einsiedeln/Köln/Neukirchen 1977 (2. Aufl.)

Kegler, J., Politisches Geschehen und theologisches Verstehen; Zum Geschichtsverständnis in der frühen israelitischen Königszeit, CThM A 8, Stuttgart 1977

Kehrer, G. (Hg.),'Vor Gott sind alle gleich'; Soziale Gleichheit, soziale Ungleichheit und die Religionen, Düsseldorf 1983

Keil, G., Grundriß der Ontologie, Marburg 1984 (2. Aufl.)

Keller, B., "La terre dans le livre d'Ezekiel," RHPhR 55 (1975) 481-490

Keller, C.A., Art. "שבע šbᶜ ni. schwören," THAT II, 855-863

Kellermann, M., Art. "Backen," BRL, 29-30

Kellermann, U., Messias und Gesetz; Grundlinien einer alttestamentlichen Heilserwartung; Eine traditionsgeschichtliche Einführung, BSt 61, Neukirchen 1971

Kilpp, N., "Eine frühe Interpretation der Katastrophe von 587," ZAW 97 (1985) 210-220

Kinet, D., Baᶜal und Jahwe; Ein Beitrag zur Theologie des Hoseabuches, EHS 23/87, Frankfurt (M)/ Bern 1977

King, W.L., "Some Ambiguities in Biblical Theology," RelLife 27 (1957/58) 95-104

Kippenberg, H.G.,"Die Entlassung aus der Schuldknechtschaft im antiken Judäa: Eine Legitimitätsvorstellung von Verwandtschaftsgruppen," Kehrer (Hg.), Gott, 74-104

Knierim, R., Die Hauptbegriffe für Sünde im Alten Testament, Gütersloh 1967 (2. Aufl.)

- "Offenbarung im Alten Testament," Probleme biblischer Theologie; FS G.v.Rad, München 1971, 206-235

- Art. "מעל mᶜl treulos sein," THAT I, 920-922

- Art. "מרה mrh widerspenstig sein," THAT I, 928-930

- Art. "עוה ᶜāwon Verkehrtheit," THAT II, 243-249

Koch, K., "Einleitung," Ders./Schmidt (Hg.), Apokalyptik, 1-29

- "Die Entstehung der sozialen Kritik bei den Profeten," Neumann (Hg.), Prophetenverständnis, 565-593

- Was ist Formgeschichte? Methoden der Bibelexegese, Neukirchen 1974 (3. Aufl.)

- "Zur Geschichte der Erwählungsvorstellung in Israel," ZAW 67 (1955) 205-226

- (Hg.), Um das Prinzip der Vergeltung in Religion und Recht des Alten Testaments, WdF 125, Darmstadt 1972

- Die Profeten I: Assyrische Zeit, Stuttgart/Berlin/Köln/ Mainz 1978

- Die Profeten II: Babylonisch-persische Zeit, Stuttgart/ Berlin/Köln/Mainz 1980

- Ratlos vor der Apokalyptik; Eine Streitschrift über ein vernachlässigtes Gebiet der Bibelwissenschaft und die schädlichen Auswirkungen auf Theologie und Philosophie, Gütersloh 1970

- "Gibt es ein Vergeltungsdogma im Alten Testament?" Ders. (Hg.), Prinzip, 130-180

- Art. "Geschichte/Geschichtsschreibung/Geschichtsphiloso- phie II. Altes Testament," TRE 12, 569-586

- Art. "צדק ṣdq gemeinschaftstreu/heilvoll sein," THAT II, 507-530

- / Roloff,J.,   Art. "Tat-Ergehen-Zusammenhang," Dies./E.Otto/H.Schmoldt (Hg.), Reclams Bibellexikon, Stuttgart 1978, 485-488

- / Schmidt,J.M. (Hg.), Apokalyptik, WdF 365, Darmstadt 1982

Köckert, M.,   "Auf der Suche nach dem Jahwisten; Aporien in der Be- gründung einer Grundthese alttestamentlicher Exegese," Rogge/Schille (Hg.), Versuche, 39-64

Köhler, L.,   "Loch- und Ringbrot," ThZ 4 (1948) 154-155

- / Baumgartner, W., Lexicon in Veteris Testamenti Libros, Leiden 1958

Köster, H.,   Einführung in das Neue Testament im Rahmen der Religions- geschichte und Kulturgeschichte der hellenistischen und römischen Zeit, Berlin/New York 1980

Koselleck, R.,   "Darstellung, Ereignis und Struktur," Ders., Zukunft, 144-157

- "Wozu noch Historie?" Baumgartner/Rüsen (Hg.), Geschich- te, 17-35

- "Über die Verfügbarkeit der Geschichte," Oelmüller/Dölle/ Piepmeier (Hg.), Geschichte, 318-330

- Vergangene Zukunft; Zur Semantik geschichtlicher Zeiten, Frankfurt (M) 1979

- Art. "Geschichte," O.Brunner/W.Conze/R.Koselleck (Hg.), Geschichtliche Grundbegriffe II, Stuttgart 1975, 647-715

Kraeling, E.G., Commentary on the Prophets I, Camden 1966 (zum EB:401ff)

Kraetzschmar, R., Das Buch Ezechiel, HK III,3/1, Göttingen 1900

Kraus, H.-J.,   Geschichte der historisch-kritischen Erforschung des Alten Testaments, Neukirchen 1982 (3. Aufl.)

	- Psalmen, BK XV, Neukirchen 1978 (5. Aufl.)
	- Theologie der Psalmen, BK XV/3, Neukirchen 1979
Kühlewein, J.,	Art. "זנה znh huren," THAT I, 518-520
Kuhl, C.,	"Zum Stand der Hesekiel-Forschung," ThR 24 (1957/58) 1-53
	- "Die 'Wiederaufnahme' - ein literarkritisches Prinzip?" ZAW 64 (1952) 1-11
Kuitert, H.M.,	De realiteit van het geloof; Over de anti-metafysische tendens in de huidige theologische ontwikkeling, Kampen 1971
Kutsch, E.,	"Der Begriff ברית in vordeuteronomischer Zeit," Das ferne und nahe Wort; FS L.Rost, BZAW 105, Berlin 1967, 133-143
	- Die chronologischen Daten des Ezechielbuches, OBO 62, Freiburg/Göttingen 1985
	- "Gesetz und Gnade; Probleme des atl. Bundesbegriffs," ZAW 79 (1967) 18-35
	- "Sehen und Bestimmen; Die Etymologie von ברית," Archäologie und Altes Testament; FS K.Galling, Tübingen 1970, 165-178
	- Verheißung und Gesetz, BZAW 131, Berlin 1972
	- Art. "Bund I. Altes Testament," TRE 7, 397-403
	- Art. "ברית berît Verpflichtung," THAT I, 339-352
Labuschagne, C.J.,	Art. "נתן ntn geben," THAT II, 117-141
Lanczkowski, G.,	Einführung in die Religionsgeschichte, Darmstadt 1983
	- Einführung in die Religionsphänomenologie, Darmstadt 1978
	- Art. "Geschichte/Geschichtsschreibung/Geschichtsphilosophie I. Religionsgeschichtlich," TRE 12, 565-569
Landgrebe, L.,	"Das Problem der Geschichtlichkeit des Lebens und die Phänomenologie Husserls," Ders., Phänomenologie und Geschichte, Gütersloh 1967, 11-33
	- "Die Zeitanalyse in der Phänomenologie und in der klassischen Tradition," H.Gehrig (Hg.), Phänomenologie - lebendig oder tot? VKAEF 18, Karlsruhe 1969, 19-30
Landmann, M.,	Art. "Geschichte/Geschichtsschreibung/Geschichtsphilosophie X. Geschichtsphilosophie," TRE 12, 681-698
Lang, B.,	Kein Aufstand in Jerusalem; Die Politik des Propheten Ezechiel, SBB, Stuttgart 1981 (2. Aufl.)
	- Ezechiel; Der Prophet und das Buch, EdF 153, Darmstadt 1981
	- Frau Weisheit; Deutung einer biblischen Gestalt, Düsseldorf 1975
	- (Hg.), Der einzige Gott; Die Geburt des biblischen Monotheismus, München 1981

- "Die Jahwe-allein-Bewegung," Ders. (Hg.), Gott, 47-83

- "A Neglected Method in Ezekiel Research: Editorial Criticism," VT 29 (1979) 39-44

- "The Social Organization of Peasant Poverty in Biblical Israel," Ders., Monotheism and the Prophetic Minority; An Essay in Biblical History and Sociology, The Social World of Biblical Antiquity Series 1, Sheffield 1983, 114-127 (=leicht modifizierte Fassung von Ders., Prophetie)

- "Was ist ein Prophet?" Ders., Wie wird man Prophet in Israel? Aufsätze zum Alten testament, Düsseldorf 1980, 11-30

- "Prophetie und Ökonomie im alten Israel," Kehrer (Hg.), Gott, 53-73

- "Street Theater, Raising the Dead, and the Zoroastrian Connection in Ezekiel's Prophecy," Lust (ed.), Ezekiel, 297-316

Lange, D.,   Erfahrung und die Glaubwürdigkeit des Glaubens, HUTh 18, Tübingen 1984

Lemke, W.E.,   "Life in the Present and Hope for the Future," Interp. 38 (1984) 165-180

- "Revelation Through History in Recent Biblical Theology," Interp. 36 (1982) 34-46

Levenson, J.D.,   Theology of the Program of Restoration of Ezekiel 40-48, HSM 10, Missoula 1976

Levin, C.,   Die Verheißung des neuen Bundes in ihrem theologiegeschichtlichen Zusammenhang ausgelegt, FRLANT 137, Göttingen 1985

Lewy, J.,   "The Old West Semitic Sun-God Ḥammu," HUCA 18 (1944) 429-481

L'Hour, J.,   "Les interdits tô^cēbā dans le Deutéronome," RB 71 (1964) 481-503

Lichtenstein, M.,   "The Poetry of Poetic Justice; A Comparative Study in Biblical Imagery," JANES 5 (1973) 255-265

Liedke, G.,   Gestalt und Bezeichnung alttestamentlicher Rechtssätze; Eine formgeschichtlich-terminologische Studie, WMANT 39, Neukirchen 1971

- Art. "חקק ḥqq einritzen, festsetzen," THAT I, 626-633

- Art. "שפט špṭ richten," THAT II, 999-1009

Lindars, B.,   "Ezekiel and Individual Responsibility," VT 15 (1965) 452-467

Lindsay, J.,   "The Babylonian Kings and Edom, 605-550 B.C.," PEQ 108 (1976) 23-39

Lisowsky, G.,   Konkordanz zum hebräischen Alten Testament, Stuttgart 1981 (2. Aufl.)

Liwak, R.,   Überlieferungsgeschichtliche Probleme des Ezechielbuches; Eine Studie zu postezechielischen Interpretationen und

Kompositionen, Diss. Bochum 1976

Loewe, R.,   "Jerome's Treatment of an Anthropopathism," VT 2 (1952) 261-272

Lohfink, N.,   "'Ich bin Jahwe, dein Arzt' (Ex 15,26); Gott, Gesellschaft und menschliche Gesundheit in einer nachexilischen Pentateuchbearbeitung (Ex 15, 25b.26)," H.Merklein/E.Zenger (Hg.), 'Ich will euer Gott werden'; Beispiele biblischen Redens von Gott, SBS 100, Stuttgart 1981, 11-73

- "Kerygmata des Deuteronomistischen Geschichtswerks," Jeremias/Perlitt (Hg.), Botschaft, 87-100

- "Verkündigung des Hauptgebots in der jüngsten Schicht des Deuteronomiums (Dt 4,1-40)," BiLe 5 (1964) 247-256

- Art. "Deuteronomy," IDBSup., 229-232

Luc, A.,   "A Theology of Ezekiel: God's Name and Israel's History," JETS 26 (1983) 137-143

Luhmann, N.,   Rechtssoziologie, 2 Bde., Reinbek 1972

- "Weltzeit und Systemgeschichte; Über Beziehungen zwischen Zeithorizonten und sozialen Strukturen gesellschaftlicher Systeme," Baumgartner/Rüsen (Hg.), Geschichte, 337-387

Lust, J.,   (ed.), Ezekiel and His Book; Textual and Literary Criticism and their Interrelation, BEThL 74, Leuven 1986

- "Ez., XX, 4-26 une parodie de l'histoire religieuse d'Israel," H.Cazelles (ed.), De Mari à Qumrân; Hommage à J.Coppens, BEThL 24, Gembloux/Paris 1969, 127-166

- "'Gathering and Return' in Jeremiah and Ezekiel," P.-M. Bogaert (ed.), Le livre de Jérémie, BEThL 54, Leuven 1981, 119-142

- "De samenhang van Ez. 36-40; Theologische relevantie van het ontbreken van Ez. 36, 23c-38 in enkele handschriften," TTh 20 (1980) 26-39

- Traditie, Redactie en Kerygma bij Ezechiel; Een analyse van Ez. XX, 1-26, VVAW.L XXXI/65, Brussell 1969

Lutz, H.-M.,   Jahwe, Jerusalem und die Völker, WMANT 27, Neukirchen 1968

Lyons, J.,   Semantik I, München 1980

Maag, V.,   Hiob; Wandlung und Verarbeitung des Problems in Novelle, Dialogdichtung und Spätfassungen, FRLANT 128, Göttingen 1982

- Kultur, Kulturkontakt und Religion; Gesammelte Studien zur allgemeinen und alttestamentlichen Religionsgeschichte, Göttingen/Zürich 1980

- "Unsühnbare Schuld," Ders., Kultur, 234-255

Maass, F.,   Art. "טהר ṭhr rein sein," THAT I, 646-652

McCarthy, D.J.,   Old Testament Covenant; A Survey of Current Opinions, Oxford 1972

                        - Treaty and Covenant, AnBib 21a, Rom 1978 (2. Aufl.)

Macholz, G.C.,   "Noch einmal: Planungen für den Wiederaufbau nach der
                        Katastrophe von 587," VT 19 (1969) 322-352

McKay, J.W.,   Religion in Judah under the Assyrians 732-609 B.C.,
                        SBT 2,26, London 1973

Malamat, A.,   "The Twilight of Judah; In the Egyptian-Babylonian Mael-
                        strom," VT.S 28 (1975) 123-145

Markis, D.,   Protophilosophie; Zur Rekonstruktion der philosophi-
                        schen Sprache, Frankfurt (M) 1980

Marquard, O.,   "Lob des Polytheismus; Über Monomythie und Polymythie,"
                        Ders., Abschied vom Prinzipiellen; Philosophische Stu-
                        dien, Stuttgart 1981, 91-116

May, H.G.,   The Book of Ezekiel, IntB VI, New York 1956, 39-338

                        - "Individual Responsibility and Retribution," HUCA 32
                        (1961) 107-120

Mayes, A.D.H.,   "Deuteronomy 4 and the Literary Criticism of Deuterono-
                        my," JBL 100 (1981) 23-51

Meier, C.,   "Der Alltag des Historikers und die historische Theorie,"
                        Baumgartner/Rüsen (Hg.), Geschichte, 36-58

Meier, G.,   Die assyrische Beschwörungssammlung Maqlû, AfO.B 2,
                        Osnabrück 1967 (= 1937)

Meißner, B.,   Babylonien und Assyrien, Heidelberg I 1920 / II 1925

Mendenhall, G.E.,   Recht und Bund in Israel und im Alten Vorderen Orient,
                        ThSt(B) 64, Zürich 1960

Menes, A.,   "Tempel und Synagoge," ZAW 50 (1932) 268-276

Merleau-Ponty,M.,   Phänomenologie der Wahrnehmung, Berlin 1966

Messel, N.,   Ezechielfragen, SNAVO.HF 1945:1, Oslo 1945

Mettinger,T.N.D.,   The Dethronement of Sabaoth; Studies in the Shem and
                        Kabod Theologies, CB.OT 18, Lund 1982

Metzger, M.,   "Probleme der Frühgeschichte Israels," VF 22 (1977)30-43

Meyer, E.,   Geschichte des Altertums, (Neudruck:) Darmstadt 1965-69

Meyers, C.L./O'Connor, M. (ed.), The Word of the Lord Shall Go Forth; Es-
                        says in Honor of D.N.Freedman, Winona Lake 1983

Milgrom, J.,   "The Concept of Ma^{c}al in the Bible and in the Ancient
                        Near East," JAOS 96 (1976) 236-247

Miller, J.W.,   Das Verhältnis Jeremias und Hesekiels sprachlich und
                        theologisch untersucht, Assen 1955

Miller, P.D.,   Sin and Judgment in the Prophets; A Stylistic and Theo-
                        logical Analysis, SBLMS 27, Chico 1982

                        - "Ugarit and the History of religions," JNSL 9 (1981)
                        119-128

Moltmann, J.,   "Verschränkte Zeiten der Geschichte; Notwendige Diffe-
                        renzierungen und Begrenzungen des Geschichtsbegriffs,"
                        EvTh 44 (1984) 213-227

Morris, C.W.,   Grundlagen der Zeichentheorie - Ästhetik und Zeichen-
                   theorie, Frankfurt (M)/Berlin/Wien 1979

Mosis, R.,   "Ez 14,1-11 - ein Ruf zur Umkehr," BZ 19 (1975) 161-194

Mühlenberg, E.,   Epochen der Kirchengeschichte, Heidelberg 1980

Müller, H.-P.,   "Gott und die Götter in den Anfängen der biblischen Re-
                   ligion; Zur Vorgeschichte des Monotheismus," Keel (Hg.),
                   Monotheismus, 99-142

                 - Ursprünge und Strukturen alttestamentlicher Eschatolo-
                   gie, BZAW 109, Berlin 1969

                 - Art. "קדש qdš heilig," THAT II, 589-609

                 - Art. "קהל qāhāl Versammlung," THAT II, 609-619

                 - Art. "ראש rōš Kopf," THAT II, 701-715

Mulder, M.J.,   "Ezekiel XX 39 and the Pešiṭta Version," VT 25 (1975)
                   233-237

Mumford, L.,   The Story of Utopias, New York 1962

Neher, A.,   "Ezéchiel, rédempteur de Sodome," RHPhR 59 (1979)
                   483-490

Nelson, R.D.,   The Double Redaction of the Deuteronomistic History,
                   JSOT Sup. 18, Sheffield 1981

Neumann, P.H.A. (Hg.), Das Prophetenverständnis in der deutschsprachigen
                   Forschung seit Heinrich Ewald, WdF 307, Darmstadt 1979

Newsom, C.A.,   "A Maker of Metaphors - Ezekiel's Oracles Against Tyre,"
                   Interp. 38 (1984) 151-164

Nötscher, F.,   "Bundesformular und 'Amtsschimmel'; Ein kritischer Über-
                   blick," BZ 9 (1965) 181-214

Noth, M.,   "Das Geschichtsverständnis der alttestamentlichen Apo-
                   kalyptik," Ders., Studien (I), 248-273

                 - "Die Katastrophe von Jerusalem im Jahre 587 v.Chr. und
                   ihre Bedeutung für Israel," Ders., Studien (I), 346-371

                 - Gesammelte Studien zum Alten Testament (I), TB 6, Mün-
                   chen 1966 (3. Aufl.)

                 - Das System der zwölf Stämme Israels, (Neudruck:) Darm-
                   stadt 1966

Nygren, A.,   Sinn und Methode; Prolegomena zu einer wissenschaftli-
                   chen Religionsphilosophie und einer wissenschaftlichen
                   Theologie, Göttingen 1979

Oelmüller, W./ Dölle, R./ Piepmeier, R. (Hg.), Diskurs: Geschichte, Phi-
                   losophische Arbeitsbücher 4, Paderborn/München/Wien/Zü-
                   rich 1980

Oelmüller, W.,   "Vorwort," Ders./Dölle/Piepmeier, Geschichte, 5-6

Oeming, M.,   "Bedeutung und Funktion von 'Fiktionen' in der alttesta-
                   mentlichen Geschichtsschreibung," EvTh 44 (1984)254-266

                 - Gesamtbiblische Theologien der Gegenwart, Stuttgart/Ber-
                   lin/Köln/Mainz 1985

Orlinsky, H.M.,   "Where did Ezekiel Receive the Call to Prophesy?"

BASOR 122 (1951) 34-36

Otto, E.,   Jerusalem; Die Geschichte der heiligen Stadt, Stuttgart/
                   Berlin/Köln/Mainz 1980

Otto, R.,   Das Heilige; Über das Irrationale in der Idee des Gött-
                   lichen und sein Verhältnis zum Rationalen, München 1971

Overholt, T.W.,   "Seeing is Believing; The Social Setting of Prophetic
                   Acts of Power," JSOT 23 (1982) 3-31

Pannenberg, W.,   "Heilsgeschehen und Geschichte," Ders., Grundfragen sy-
                   stematischer Theologie; Gesammelte Aufsätze, Göttingen
                   1979 (3. Aufl.), 22-78

                 - "Dogmatische Thesen zur Lehre von der Offenbarung,"
                   Ders. (Hg.), Offenbarung als Geschichte, Göttingen 1982
                   (5. Aufl.), 91-114

                 - Wissenschaftstheorie und Theologie, Frankfurt (M) 1977

                 - Art. "Geschichte/Geschichtsschreibung/Geschichtsphilo-
                   sophie VIII. Systematisch-theologisch," TRE 12, 658-674

- / Sauter, G. / Daecke, S.M. / Janowski, H.N., Grundlagen der Theologie;
                   Ein Diskurs, Stuttgart/Berlin/Köln/Mainz 1974

Pardee, D. (u.a.), Handbook of Ancient Hebrew Letters, SBL Sources for
                   Biblical Study 15, Chico 1982

Pareira, B.A.,   The Call to Conversion in Ezekiel; Exegesis and Biblical
                   Theology, Rom 1975

Parker, C.H.,   The Tyrian Oracles in Ezekiel; A Study of Ezekiel 26:1-
                   28:19, Diss. Columbia University, New York 1970

Perdue, L.G. / Kovacs, B.W. (ed.), A Prophet to the Nations; Essays in
                   Jeremiah Studies, Winona Lake 1984

Perlitt, L.,   Bundestheologie im Alten Testament, WMANT 36, Neukirchen
                   1969

Pfeiffer, R.H.,   Introduction to the Old Testament, New York 1941

Pfüller, W.,   "Disziplinierte Theologie; Zum theologisch-wissenschafts-
                   theoretischen Konzept Gerhard sauters," Rogge/Schille
                   (Hg.), Versuche, 75-92

Piepmeier, R.,   "Geschichte und Geschichten; Systematisch-historische
                   Hinweise zu einem Diskurs: Geschichte," Oelmüller/Dölle/
                   Piepmeier (Hg.), Geschichte, 9-50

Plataroti, D.,   "Zum Gebrauch des Wortes מלך im Alten Testament," VT 28
                   (1978) 286-300

Plöger, O.,   Die Klagelieder, Ders./E.Würthwein/K.Galling, Die fünf
                   Megilloth, HAT 18, Tübingen 1969 (2.Aufl.), 127-164

                 - Theokratie und Eschatologie, WMANT 2, Neukirchen 1959

Pohlmann, K.,   Studien zum Jeremiabuch, FRLANT 118, Göttingen 1978

Pons, J.,   "Le vocabulaire d'Ez 20; Le prophète s'oppose à la vi-
                   sion deutéronomiste de l'histoire," Lust (ed.), Ezekiel,
                   214-233

Pope, M.,   El in the Ugaritic Texts, VT.S 2, Leiden 1952

Preuß, H.D.,   Deuteronomium, EdF 164, Darmstadt 1982

- "Erwägungen zum theologischen Ort alttestamentlicher
  Weisheitsliteratur," EvTh 30 (1970) 393-417

Priest, J.F.,   "Where Is Wisdom To Be Placed?" JBR 31 (1963) 275-282

Rabenau, K.v.,   "Die Entstehung des Buches Ezechiel in formgeschichtli-
                   cher Sicht," WZ(H).GS 5 (1955/56) 659-694

Rad, G.v.,   "Die Anrechnung des Glaubens zur Gerechtigkeit," Ders.,
                   Studien (I), 130-135

- "Aspekte alttestamentlichen Weltverständnisses," Ders.,
  Studien (I), 311-331

- "Typologische Auslegung des Alten Testaments," Ders.,
  Studien II, 272-288

- "'Gerechtigkeit' und 'Leben' in der Kultsprache der
  Psalmen," Ders., Studien (I), 225-247

- Gesammelte Studien zum Alten Testament (I)/II, TB 8/48,
  München 1971 (4. Aufl.) / 1973

- Theologie des Alten Testaments, München I 1978 (7.Aufl.)
  / II 1975 (6. Aufl.)

- Weisheit in Israel, Neukirchen 1982 (2. Aufl.)

Raitt, T.H.,   A Theology of Exile; Judgment/Deliverance in Jeremiah
                   and Ezekiel, Philadelphia 1977

Rendtorff, R.,   Das Alte Testament; Eine Einführung, Neukirchen 1983

- "Ez 20 und 36,16ff im Rahmen der Komposition des Buches
  Ezechiel," Lust (ed.), Ezekiel, 260-265

- Das Überlieferungsgeschichtliche Problem des Pentateuch,
  BZAW 147, Berlin/New York 1976

- / Koch,K. (Hg.), Studien zur Theologie der alttestamentlichen Überlie-
                   ferungen; FS G.v. Rad, Neukirchen 1961

Reventlow, H.Graf, "Sein Blut komme über sein Haupt," Koch (Hg.), Prin-
                   zip, 412-431

- Hauptprobleme der alttestamentlichen Theologie im 20.
  Jahrhundert, EdF 173, Darmstadt 1982

- "Die Völker als Jahwes Zeugen bei Ezechiel," ZAW 71
  (1959) 22-43

- Wächter über Israel; Ezechiel und seine tradition,
  BZAW 82, Berlin 1962

Reiner, E.,   Šurpu; A Collection of Sumerian and Akkadian Incanta-
                   tions, AfO.B 11, Osnabrück 1970 (=1958)

Richter, W.,   Exegese als Literaturwissenschaft; Entwurf einer alt-
                   testamentlichen Literaturtheologie und Methodologie,
                   Göttingen 1971

Rinaldi, G.,   "Termini di 'colpevolezza' e 'non colpevolezza'," BeO
                   1 (1959) 50-51

Ringgren, H.,   Sprüche, Ders./W.Zimmerli, Sprüche/Prediger, ATD 16/1,
                   Göttingen 1980 (3. Aufl.), 1-120

                        - Art. "חקק ḥāqaq," ThWAT III, 149-157

Ritschl, D.,   Zur Logik der Theologie; Kurze Darstellung der Zusammen-
                        hänge theologischer Grundgedanken, München 1984

                        - "'Story' als Rohmaterial der Theologie," Ders./Jones,
                        Story, 7-41

- / Jones, H.O.,   'Story' als Rohmaterial der Theologie, TEH 192, München
                        1976

Robinson, H.W.,   "The Hebrew Conception of Corporate Personality,"
                        P.Volz/F.Stummer/J.Hempel (Hg.), Werden und Wesen des
                        Alten Testaments, BZAW 66, Berlin 1936, 49-62

                        - "Prophetic Symbolism," Old Testament Essays, London 1927,
                        1-17

Rofé, A.,   "The Monotheistic Argumentation in Deuteronomy IV 32-40;
                        Contents, Composition and Text," VT 35 (1985) 434-445

Rogge, J./Schille, G. (Hg.), Theologische Versuche XIV, Berlin 1985

Rose, M.,   Der Ausschließlichkeitsanspruch Jahwes; Deuteronomische
                        Schultheologie und die Volksfrömmigkeit in der späten
                        Königszeit, BWANT 106, Stuttgart/Berlin/Köln/Mainz 1975

                        - Deuteronomist und Jahwist, AThANT 67, Zürich 1981

Rossel, W.,   "Ezechiel in Ballingschap," CBG 29 (1983) 259-289

Rost, L.,   Israel bei den Propheten, BWANT 71, Leipzig 1937

Roth, W.,   Art. "Deuteronomistisches Geschichtswerk/Deuteronomisti-
                        sche Schule," TRE 8, 543-552

Rothstein, J.W.,   Das Buch Ezechiel (Hesekiel), E.Kautzsch/A.Bertholet
                        (Hg.), Die Heilige Schrift des Alten testaments I, Tü-
                        bingen 1922 (4. Aufl.), 868-1000

Rowley, H.H.,   "The Book of Ezekiel in Modern Study," Ders., Men of
                        God, London 1963, 169-210

Rudolph, W.,   Jeremia, HAT 12, Tübingen 1958 (2. Aufl.)

                        - Micha - Nahum - Habakuk - Zephanja, KAT XIII/3, Güters-
                        loh 1975

Ruppert, L./ Weimar, P./ Zenger, E. (Hg.), Künder des Wortes; FS J.Schrei-
                        ner, Würzburg 1982

Saggs, H.W.F.,   The Encounter with the Divine in Mesopotamia and Israel,
                        JLCR XII, London 1978

Sauer, G.,   Art. "אף 'af Zorn," THAT I, 220-224

                        - Art. "דרך daéraek Weg," THAT I, 456-460

                        . Art. "קנאה qin'ā Eifer," THAT II, 647-650

Saussure, F.de,   Grundfragen der allgemeinen Sprachwissenschaft (hg. von
                        A.Sechehaye), Berlin 1967 (2. Aufl.)

Sauter, G.,   "Grundzüge einer Wissenschaftstheorie der Theologie,"
                        Ders. u.a., Kritik, 213ff

- u.a.,   Wissenschaftstheoretische Kritik der Theologie; Die Theo-
                        logie und die neuere wissenschaftstheoretische Diskussion,
                        München 1973

Savoca, G.,   Un profeta interroga la storia; Ezechiele e la teologia
                   della storia, Aloi. 11, Rom 1976

Schäfer-Lichtenberger, C., Stadt und Eidgenossenschaft im Alten Testa-
                   ment; Eine Auseinandersetzung mit Max Webers Studie
                   "Das antike Judentum", BZAW 156, Berlin/New York 1983

Schaeffler, R.,   Einführung in die Geschichtsphilosophie, Darmstadt 1980

Scharbert, J.,   Solidarität in Segen und Fluch im Alten Testament und
                   in seiner Umwelt I, BBB 14, Bonn 1958

Schenker, A.,   "Saure trauben ohne stumpfe Zähne; Bedeutung und Trag-
                   weite von Ez 18 und 33,10-20 oder ein Kapitel alttesta-
                   mentliche Moraltheologie," Mélanges D.Barthelemy, OBO
                   38, Fribourg/Göttingen 1981, 449-470

Schmid, H.H.,   Gerechtigkeit als Weltordnung; Hintergrund und Geschich-
                   te des alttestamentlichen Gerechtigkeitsbegriffes, BHTh
                   40, Tübingen 1968

                 - Der sogenannte Jahwist; Beobachtungen und Fragen zur
                   Pentateuchforschung, Zürich 1976

                 - "Schöpfung, Gerechtigkeit und Heil; 'Schöpfungstheolo-
                   gie' als Gesamthorizont biblischer Theologie," Ders.,
                   Welt, 9-30

                 - "Das alttestamentliche Verständnis von Geschichte in
                   seinem Verhältnis zum gemeinorientalischen Denken,"
                   WuD 13 (1975) 9-21

                 - Altorientalische Welt in der alttestamentlichen Theolo-
                   gie, Zürich 1974

Schmidt, L.   'De Deo'; Studien zur Literarkritik und Theologie des
                   Buches Jona, des Gesprächs zwischen Abraham und Jahwe
                   in Gen. 18,22ff. und von Hi 1, BZAW 143, Berlin 1976

Schmidt, S.J.,   Texttheorie; Probleme einer Linguistik der sprachlichen
                   Kommunikation, München 1976 (2. Aufl.)

Schmidt, W.H.,   "Altes Testament (AT)," Strecker (Hg.), Theologie, 1-60

                 - Einführung in das Alte Testament, Berlin/New York 1979

                 - Exodus, Sinai und Mose; Erwägungen zu Ex 1-19 und 24,
                   EdF 191, Darmstadt 1983

                 - Alttestamentlicher Glaube und seine Umwelt; Zur Geschich-
                   te des alttestamentlichen Gottesverständnisses, Neukir-
                   chen 1968

                 - "Die prophetische 'Grundgewißheit'; Erwägungen zur Ein-
                   heit prophetischer Verkündigung," Neumann (Hg.), Pro-
                   phetenverständnis, 537-564

                 - Zukunftsgewißheit und Gegenwartskritik; Grundzüge pro-
                   phetischer Verkündigung, BSt 64, Neukirchen 1973

Schmithals, W.,   "Ein Brief Rudolf Bultmanns an Erich Foerster," B.Jas-
                   pert (Hg.), Rudolf Bultmanns Werk und Wirkung, Darmstadt
                   1984, 70-80

Schmitt, H.C.,   "'Priesterliches' und 'prophetisches' Geschichtsverständ-
                   nis in der Meerwundererzählung Ex 13,17-14,31; Beobach-

tungen zur Endredaktion des Pentateuch," Textgemäß; FS
E.Würthwein, Göttingen 1979, 139-155

Schmitt, R.,   Abschied von der Heilsgeschichte? Untersuchungen zum
                    Verständnis von Geschichte im Alten Testament, EHS
                    23/195, Frankfurt (M)/Bern 1982

Schottroff, W.,   Der altisraelitische Fluchspruch, WMANT 30, Neukirchen
                    1969

                    - Gedenken im Alten Orient und im Alten Testament, WMANT
                      15, Neukirchen 1967 (2. Aufl.)

                    - "Zur Sozialgeschichte Israels in der Perserzeit," VF
                      27.1 (1982) 46-68

                    - "Soziologie und Altes Testament," VF 19 (1974) 46-66

                    - Art. "זכר zkr gedenken," THAT I, 507-518

                    - Art. "ידע jd^c erkennen," THAT I, 682-701

                    - Art. "פקד pqd heimsuchen," THAT II, 466-486

Schütz, A.,   Das Problem der Relevanz (hg. von R.M.Zaner), Frankfurt
                    (M) 1982

Schult, H.,   "Marginalie zum 'Stab des Brotes'," ZDPV 87 (1971)
                    206-208

Schulz, H.,   Das Todesrecht im Alten Testament, BZAW 114, Berlin 1969

Schunck, K.-D.,   Art. "במה," ThWAT I, 662-667

Seebaß, H.,   "Noch einmal bḥr im alttestamentlichen Schrifttum,"
                    ZAW 90 (1978) 105-106

                    - Art. "Erwählung I. Altes Testament," TRE 10, 182-189

                    - Art. "בחר" (II ff), ThWAT I, 593-608

Seidl, E.,   Einführung in die ägyptische Rechtsgeschichte bis zum
                    Ende des neuen Reiches, ÄF 10, Glückstadt 1957 (3.Aufl.)

Seitz, C.R.,   "The Crisis of Interpretation over the Meaning and Pur-
                    pose of the Exile; A Redactional Study of Jeremiah xxi-
                    xliii," VT 35 (1985) 78-97

Seters, J.van,   In Search of History; Historiography in the Ancient
                    World and the Origins of Biblical History, New Haven/
                    London 1983

                    - "The Terms 'Amorite' and 'Hittite' in the Old Testament,"
                      VT 22 (1972) 64-81

Sethe, K.,   Die Ächtung feindlicher Fürsten, Völker und Dinge auf
                    altägyptischen Tongefäßscherben des mittleren Reiches,
                    APAW.PH 5, Berlin 1926

Seybold, K.,   Das davidische Königtum im Zeugnis der Propheten, FRLANT
                    107, Göttingen 1972

                    - Art. "Gericht Gottes I. Altes Testament," TRE 12,460-466

Shafer, B.E.,   "The Root bḥr and Pre-Exilic Concepts of Chosenness in
                    the Hebrew Bible," ZAW 89 (1977) 20-42

Sigrist, C.,   Regulierte Anarchie; Untersuchungen zum Fehlen und zur
                    Entstehung politischer Herrschaft in segmentären Gesell-

schaften Afrikas, Olten/Freiburg 1967

Simian, H.,   Die theologische Nachgeschichte der Prophetie Ezechiels;
                     Form- und traditionskritische Untersuchung zu Ez 6; 35;
                     36, fzb 14, Würzburg 1974

Simian-Yofre, H.,   "Wächter, Lehrer oder Interpret? Zum theologischen Hin-
                     tergrund von Ez 33,7-9," Ruppert/Weimar/Zenger (Hg.),
                     Künder, 151-162

Smelik, K.A.D.,   Historische Dokumente aus dem alten Israel, Göttingen
                     1987

Smend, R.,   Der Prophet Ezechiel, KEH, Leipzig 1880

Smend, R.,   Die Entstehung des Alten Testaments, Stuttgart/Berlin/
                     Köln/Mainz 1984 (3. Aufl.)

Smith, M.,   "A Note on Burning Babies," JAOS 95 (1975) 477ff

                   - "Religiöse Parteien bei den Israeliten vor 587," Lang
                     (Hg.), Gott, 9-46 (= Auszug aus M.Smith, Palestinian
                     Parties and Politics that Shaped the Old Testament,
                     New York 1971)

                   - "The Common Theology of the Ancient Near East," JBL 71
                     (1952) 135-147

                   - "The Veracity of Ezekiel, the Sins of Manasseh, and
                     Jeremiah 44,18," ZAW 87 (1975) 11-16

Smitten, W.T. in der, Gottesherrschaft und Gemeinde, EHS 23/42, Frank-
                     furt (M) 1974

Soggin, J.A.,   Art. "מלך maêlaek König," THAT I, 908-920

                   - Art."עץ ‛ēṣ Baum," THAT II, 356-359

                   - Art. "רעה r‛h weiden," THAT II, 791-794

                   - Art. "שוב šûb zurückkehren," THAT II, 884-891

Spieckermann, H.,   Juda und Assur in der Sargonidenzeit, FRLANT 129, Göt-
                     tingen 1982

Spiegel, S.,   "Ezekiel or Pseudo-Ezekiel?" Torrey, Pseudo-Ezekiel,
                     123-199

Stähli, H.-P.,   Art. "פלל pll hitp. Beten," THAT II, 427-432

Stamm, J.J.,   Art. "סלח slḥ vergeben," THAT II, 150-160

Steck, O.H.,   Israel und das gewaltsame Geschick der Propheten,
                     WMANT 23, Neukirchen 1967

                   - "Strömungen theologischer Tradition im Alten Israel,"
                     Ders. (Hg.), Tradition, 27-56

                   - (Hg.), Zu Tradition und Theologie im Alten Testament,
                     BThSt 2, Neukirchen 1978

                   - "Überlegungen zur Eigenart der spätisraelitischen Apo-
                     kalyptik," Jeremias/Perlitt (Hg.), Botschaft, 301-315

Stegmüller, W.,   "Historisch-genetische Erklärungen," Baumgartner/Rüsen
                     (Hg.), Geschichte, 165-172

Steinmann, J.,   Le prophète Ezéchiel et les débuts de l'exil, LeDiv 13,
                     Paris 1953

Stoebe, H.J.,   Art. "חמס ḥāmās Gewalttat," THAT I, 583-587

                  - Art. "נחם nḥm pi. trösten," THAT II, 59-66

Stolz, F.,   "Aspekte religiöser und sozialer Ordnung im alten Isra-
                  el," ZEE 17 (1973) 145-159

                  - "Monotheismus in Israel," Keel (Hg.), Monotheismus,
                  143-189

                  - Strukturen und Figuren im Kult von Jerusalem; Studien
                  zur altorientalischen, vor- und frühisraelitischen Re-
                  ligion, BZAW 118, Berlin 1970

                  - Art. "אות 'ōt Zeichen," THAT I, 91-95

                  - Art. "כעס kᶜs sich ärgern," THAT I, 838-842

                  - Art. "נשא nś' aufheben, tragen," THAT II, 109-117

                  - Art. "צום ṣōm fasten," THAT II, 536-538

                  - Art. "שבת šbt aufhören, ruhen," THAT II, 863-869

Strecker, G.,   "Neues Testament (NT)," Ders. (Hg.), Theologie, 61-145

                  - (Hg.), Theologie im 20.Jahrhundert; Stand und Aufgaben,
                  Tübingen 1983

Stuhlmueller, C., Creative Redemption in Deutero-Isaiah, AnBib 43, Rom
                  1970

Tadmor, H./ Weinfeld, M. (ed.), History, Historiography and Interpreta-
                  tion; Studies in Biblical and Cuneiform Literatures,
                  Jerusalem 1983

Talmon, S.,   "The 'Comparative Method' in Biblical Interpretation;
                  Principles and Problems," VT.S 29 (1978) 320-356

- / Fishbane,M., "The Structuring of Biblical Books; Studies in the Book
                  of Ezekiel," ASTI 10 (1975/76) 129-153

Tengström, S.,   Die Toledotformel und die literarische Struktur der
                  priesterlichen Erweiterungsschicht im Pentateuch,
                  CB.OT 17, Lund 1981

Theißen, G.,   Argumente für einen kritischen Glauben, TEH 202, Mün-
                  chen 1978

                  - Biblischer Glaube in evolutionärer Sicht, München 1984

Thiel, W.,   Die soziale Entwicklung Israels in vorstaatlicher Zeit,
                  Neukirchen 1980

                  - "Erwägungen zum Alter des Heiligkeitsgesetzes," ZAW 81
                  (1969) 40-73

                  - Die deuteronomistische Redaktion von Jeremia 1-25,
                  WMANT 41, Neukirchen 1973 (zit.: "Redaktion I")

                  - Die deuteronomistische Redaktion von Jeremia 26-45,
                  WMANT 52, Neukirchen 1981 (zit.: "Redaktion II")

Thompson, R.C.,   The Devils and Evil Spirits of Babylonia, London
                  I 1903 / II 1904 (Reprint 1976)

Thompson, T.L.,   The Historicity of the Patriarchal Narratives, BZAW 133,
                  Berlin 1974

Thum, B.,   "Wahrheit und Geschichte in elementarphilosophischer
                     Betrachtung," Weisen der Zeitlichkeit, NWT 12, Frei-
                     burg/München 1970, 150-166

Torrey, C.C.,   Pseudo-Ezekiel and the Original Prophecy (Yale Oriental
                     Researches 18, New Haven 1930), zus. mit "Critical Ar-
                     ticles" neu hg. von M.Greenberg, New York 1970

Toy, C.H.,   The Book of the Prophet Ezekiel, SBONT 12, Stuttgart
                     1899

Troeltsch, E.,   "Über historische und dogmatische Methode in der Theo-
                     logie," Ders., Gesammelte Schriften II, Tübingen 1913,
                     729-753

Tugendhat, E.,   "Existence in Space and Time," NHP 8 (1975) 14-33

                   - Selbstbewußtsein und Selbstbestimmung; Sprachanalyti-
                     sche Interpretationen, Frankfurt (M) 1981 (2. Aufl.)

                   - Vorlesungen zur Einführung in die sprachanalytische
                     Philosophie, Frankfurt (M) 1976

- / Wolf, U.,   Logisch-semantische Propädeutik, Stuttgart 1983

Turk, H.,   -   "Wahrheit oder Methode? H.-G.Gadamers 'Grundzüge einer
                     philosophischen Hermeneutik'," H.Birus (Hg.), Hermeneu-
                     tische Positionen, Göttingen 1982, 120-150

Ungnad, A.,   Die Religion der Babylonier und Assyrer, Jena 1921

Utzschneider, H.,   Hosea - Prophet vor dem Ende; Zum Verhältnis von Ge-
                     schichte und Institution in der alttestamentlichen Pro-
                     phetie, OBO 31, Freiburg/Göttingen 1980

Vaux, R.de,   Das Alte Testament und seine Lebensordnungen, Freiburg/
                     Basel/Wien I 1964 (2. Aufl.) / II 1962

                   - Les sacrifices de l'Ancien Testament, Paris 1964

Vermeylen, J.,   Du prophète Isaie à l'apocalyptique, Etudes Bibliques,
                     Paris 1977

Vielhauer, P.,   "Apokalypsen und Verwandtes," Koch/Schmidt (Hg.), Apo-
                     kalyptik, 403-439

Vischer, W.,   Versöhnung zwischen Ost und West; Zwei Bibelstudien,
                     TEH 56, München 1957

Vogels, W.,   "Restauration de l'Egypte et universalisme en Ez 29,
                     13-16," Bib. 53 (1972) 473-494

Vogt, E.,   "Die Lähmung und Stummheit des Propheten Ezechiel,"
                     Wort - Gebot - Glaube; FS W.Eichrodt, AThANT 59, Zürich
                     1970, 87-100

                   - Untersuchungen zum Buch Ezechiel, AnBib 95, Rom 1981

Vollmer, J.,   Geschichtliche Rückblicke und Motive in der Prophetie
                     des Amos, Hosea und Jesaja, BZAW 119, Berlin 1971

                   - Art. "עשה ʿśh machen," THAT II, 359-370

Vries, S.J.de,   "Remembrance in Ezekiel; A Study of an Old Testament
                     Theme," Interp. 16 (1962) 58-64

Vriezen, T.C.,   Die Erwählung Israels nach dem Alten Testament, AThANT
                     24, Zürich 1953

Wagner, F.,   "Der Geist neuzeitlicher Subjektivität - Realisator
                    oder Konkurrent der christlichen Freiheit?" ZThK 82
                    (1985) 71-87

Wagner, S.,   Art. "מאס mā'as," ThWAT IV, 618-633

Waldenfels, B.,   "Die Abgründigkeit des Sinnes; Kritik an Husserls Idee
                    der Grundlegung," Ders., Lebenswelt, 15-33

                -   "Das Geregelte und das Ungebärdige; Funktionen und Gren-
                    zen institutioneller Regelungen," Ders., Lebenswelt,
                    79-93

                -   In den Netzen der Lebenswelt, Frankfurt (M) 1985

                -   "Rationalisierung der Lebenswelt - ein Projekt; Kriti-
                    sche Überlegungen zu Habermas' Theorie des kommunikati-
                    ven Handelns," Ders., Lebenswelt, 94-119

                -   "Vernunftordnung und positive Ordnungen; Anmerkungen
                    zu dem nicht ausgetragenen Streit zwischen Habermas
                    und Foucault," Ders., Lebenswelt, 120-128

                -   Das Zwischenreich des Dialogs, Den Haag 1971

Wallis, G.,   "Die geschichtliche Erfahrung und das Bekenntnis zu
                    Jahwe im Alten Testament," ThLZ 101 (1976) 802-816

                -   "Jerusalem und Samaria als Königsstädte; Auseinander-
                    setzung mit einer These Albrecht Alts," VT 26 (1976)
                    480-496

Walter, N.,   "'Hellenistische Eschatologie' im Frühjudentum - ein
                    Beitrag zur 'Biblischen Theologie'," ThLZ 110 (1985)
                    331-348

Wanke, G.,   Die Zionstheologie der Korachiten, BZAW 97, Berlin 1966

Watson, W.G.E.,   "Splitting Hairs in Israel and Babylon," IBS 4 (1982)
                    193-197

Watzlawick, P./ Beavin, J.H./ Jackson, D.D., Menschliche Kommunikation;
                    Formen, Störungen, Paradoxien, Bern/Stuttgart/Wien
                    1974 (4. Aufl.)

Wehmeier, G.,   Art. "סתר str hi. verbergen," THAT II, 173-181

                -   Art. "עלה ʿlh hinaufgehen," THAT II, 272-290

Weinberg, J.P.,   "Die Agrarverhältnisse in der Bürger-Tempel-Gemeinde
                    der Achämenidenzeit," J.Harmatta/G.Komrocza (Hg.),
                    Wirtschaft und Gesellschaft im alten Vorderasien, Buda-
                    pest 1976, 473-486

                -   "Das bēit 'ābōt im 6.-4. Jh. v.u.Z.," VT 23 (1973)
                    400-414

Weinfeld, M.,   "Burning Babies in Ancient Israel," UF 10 (1978) 411-413

                -   Deuteronomy and the Deuteronomic School, Oxford 1972

                -   "The Worship of Molech and of the Queen of Heaven and
                    its Background," UF 4 (1972) 133-154

                -   Art. "ברית," ThWAT I, 781-808

Weippert, H.,   "Das deuteronomistische Geschichtswerk; Sein Ziel und
                    Ende in der neueren Forschung," ThR 50 (1985) 213-249

- Art. "Belagerung," BRL, 37-42

Weippert, M.,   "Fragen des israelitischen Geschichtsbewußtseins,"
                     VT 23 (1973) 415-442

Wellhausen, J.,   Geschichte Israels, Berlin 1878

Westermann, C.,   "Die Begriffe für Fragen und Suchen im Alten Testament,"
                     Ders., Forschung, 162-190

- "Boten des Zorns; Der Begriff des Zornes Gottes in der
  Prophetie," Ders., Erträge, 96-106

- Erträge der Forschung am Alten Testament; Gesammelte
  Studien III, TB 73, München 1984

- Forschung am Alten Testament; Gesammelte Studien II,
  TB 55, München 1974

- Grundformen prophetischer Rede, BEvTh 31, München 1971
  (4. Aufl.)

- Prophetische Heilsworte im Alten Testament, FRLANT 145,
  Göttingen 1987

- Das Buch Jesaja Kapitel 40-66, ATD 19, Göttingen 1976
  (3. Aufl.)

- Art. "שרת šrt pi. dienen," THAT II, 1019-1022

Wevers, J.W.,   Ezekiel, NCeB, London 1969

Wharton, J.,   "The Occasion of the Word of God; An Unguarded Essay
                     on the Character of the Old Testament as the Memory of
                     God's Story with Israel," Austin Seminary Bulletin
                     (Faculty ed.) 84 (IX, 1968) 5-54

Whitney, J.T.,   "'Bamoth' in the Old Testament," TynB 30 (1979) 125-147

Widengren, G.,   "Yahweh's Gathering of the Dispersed," W.B.Barrick/J.R.
                     Spencer (ed.), In the Shelter of Elyon; Essays in Honor
                     of G.W.Ahlström, JSOT Sup. 31, Sheffield 1984, 227-245

Wildberger, H.,   Jahwes Eigentumsvolk; Eine Studie zur Traditionsgeschich-
                     te und Theologie des Erwählungsgedankens, AThANT 37, Zü-
                     rich/Stuttgart 1960

- Jesaja, BK X, Neukirchen 1972-82

- Art. "בחר bḥr erwählen," THAT I, 275-300

- Art. "מאס m's verwerfen," THAT I, 879-892

- Art. "שאר š'r übrig sein," THAT II, 844-855

Willis, J.T.,   "Redaction Criticism and Historical Reconstruction,"
                     M.J.Buss (ed.), Encounter with the Text; Form and Histo-
                     ry in the Hebrew Bible, Semeia Sup. 8, Philadelphia
                     1979, 83-89

Willmes, B.,   Die sogenannte Hirtenallegorie Ez 34; Studien zum Bild
                     des Hirten im Alten Testament, BET 19, Frankfurt (M)/
                     Bern/New York/Nancy 1984

- "Differenzierende Prophezeiungen in Ez 34," Lust (ed.),
  Ezekiel, 248-254

Wilson, R.R.,   Genealogy and History in the Biblical World, YNER 7,

New Haven/London 1977

Winter, U.,   Frau und Göttin; Exegetische und ikonographische Stu-
                     dien zum weiblichen Gottesbild im Alten Israel und in
                     dessen Umwelt, OBO 53, Freiburg/Göttingen 1983

Wolff, H.W.,   Prophetische Alternativen; Entdeckungen des Neuen im
                     Alten Testament, Kaiser Traktate 70, München 1982

                   - Joel und Amos; Dodekapropheton 2, BK XIV/2, Neukirchen
                     1975 (2. Aufl.)

                   - Amos' geistige Heimat, WMANT 18, Neukirchen 1964

                   - Anthropologie des Alten Testaments, München 1974
                     (2. Aufl.)

                   - "Die eigentliche Botschaft der klassischen Propheten,"
                     Donner/Hanhart/Smend (Hg.), Beiträge, 547-557

                   - "Das Geschichtsverständnis der alttestamentlichen Pro-
                     phetie," Ders., Studien, 289-307

                   - Haggai; Dodekapropheton 6, BK XIV/6, Neukirchen 1986

                   - Hosea; Dodekapropheton 1, BK XIV/1, Neukirchen 1976
                     (3. Aufl.)

                   - "Das Kerygma des deuteronomistischen Geschichtswerks,"
                     Ders., Studien, 308-324

                   - Micha; Dodekapropheton 4, BK XIV/4, Neukirchen 1982

                   - Gesammelte Studien zum Alten Testament, TB 22, München
                     1973 (2. Aufl.)

                   - "Das Thema 'Umkehr' in der alttestamentlichen Prophetie,"
                     Ders., Studien, 130-150

                   - "'Wissen um Gott' bei Hosea als Urform von Theologie,"
                     Ders., Studien, 182-205

                   - "Das Zitat im Prophetenspruch," Ders., Studien, 36-129

Woude, A.S.van der, Art. "כנף kānāf Flügel," THAT I, 833-836

                   - Art. "פנים pānîm Angesicht," THAT II, 432-460

                   - Art. "שם šēm Name," THAT II, 935-963

Wright, G.E.,   "The Lawsuit of God; A Form-Critical Study of Deutero-
                     nomy 32," B.W.Anderson/W.Harrelson (ed.), Israel's Pro-
                     phetic Heritage; FS J.Muilenburg, London 1962, 26-67

Zimmerli, W.,   Ezechiel, BK XIII, Neukirchen 1979 (2. Aufl.)

                   - "Deutero-Ezechiel?" ZAW 84 (1975) 501-516

                   - "Die Eigenart der prophetischen Rede des Ezechiel,"
                     Ders., Offenbarung, 148-177

                   - "Der 'neue Exodus' in der Verkündigung der beiden gros-
                     sen Exilspropheten," Ders., Offenbarung, 192-204

                   - Ezechiel; Gestalt und Botschaft, BSt 62, Neukirchen 1972

                   - "Das Gottesrecht bei den Propheten Amos, Hosea und Je-
                     saja," R.Albertz u.a. (Hg.), Werden und Wirken des Al-
                     ten Testaments; FS C.Westermann, Göttingen/Neukirchen

1980, 216-235

- "Das Gotteswort des Ezechiel," Ders., Offenbarung,
  133-147

- Grundriß der alttestamentlichen Theologie, Stuttgart/
  Berlin/Köln/Mainz 1978 (3. Aufl.)

- "Die kritische Infragestellung der Tradition durch die
  Prophetie," Steck (Hg.), Tradition, 57-86

- "Israel im Buche Ezechiel," VT 8 (1958) 75-90

- "Jerusalem in der Sicht des Ezechielbuches," Meyers/
  O'Connor (ed.), Word, 415-426

- "The 'Land' in the Pre-Exilic and Early Post-Exilic
  Prophets," J.T.Butler/E.W.Conrad/B.C.Ollenburger (ed.),
  Understanding the Word; Essays in Honor of B.W.Anderson,
  JSOT Sup. 37, Sheffield 1985, 247-262

- "'Leben' und 'Tod' im Buche des Propheten Ezechiel,"
  Ders., Offenbarung, 178-191

- Gottes Offenbarung; Gesammelte Aufsätze (I), TB 19,
  München 1969 (2. Aufl.)

- "Das Phänomen der 'Fortschreibung' im Buche Ezechiel,"
  Prophecy; Essays Presented to G.Fohrer, BZAW 150, Berlin 1980, 174-191

- "Planungen für den Wiederaufbau nach der Katastrophe
  von 587," Ders., Studien, 165-191

- Das Buch des Predigers Salomo, Ders./H.Ringgren, Sprü-
  che/Prediger, ATD 16/1, Göttingen 1980 (3. Aufl.), 121ff

- Studien zur alttestamentlichen Theologie und Prophetie;
  Gesammelte Aufsätze II, TB 51, München 1974

- "Zur Vorgeschichte von Jes 53," Ders., Studien, 213-221

- "Der Wahrheitserweis Jahwes nach der Botschaft der beiden Exilspropheten," Ders., Studien, 192-212

- Art. "Ezechiel/Ezechielbuch," TRE 10, 766-781

Zobel, H.-J.,   "Zusammenschlüsse von Stämmen in der vorstaatlichen
                 Zeit Israels," Rogge/Schille (Hg.), Versuche, 29-37

ANHANG: Übersicht über die behandelten Texte des EB und ihre redaktionsgeschichtliche Zuordnung

Die folgende Übersicht verweist auf eingehendere Ausführungen zu Texten des EB. Zu einer ersten Orientierung über die in dieser Arbeit entwickelten redaktionsgeschichtlichen Hypothesen dienen die in Klammern nach der Textstelle gegebenen Hinweise:

(*)M = der Redaktion des "älteren EB" (im Grundbestand) vorgegebenes Material

R_1 = Redaktion des "älteren EB"

R_2 = Redaktion des vorliegenden EB

PR = Produkt der Redaktion

ÜR = Überarbeitung durch Redaktion

KR = Neuinterpretation vermittels kompositorischer Einordnung durch Redaktion

Ü = Überarbeitung/Nachtrag - Zuordnung unsicher

1,1-3,11 (*M)	432f		17,22-24 (PR_1)	332ff
3,16-21 (M-KR_1)	341ff.345ff		18 (M-Ü/KR_1)	341ff.355ff
3,22-26 (M-KR_1)	351ff		18,1-20	357ff
3,27 (PR_1)	352		18,21-32	373ff
4-24 (*M)	398ff.407ff		19,1-14 (M)	402ff
4,1-5,4 (M-$ÜR_1$)	113ff		20 (M-KR_1)	199ff.335ff.441ff
5,5-17 (M-$ÜR_1$?)	63ff		20,1-3.30f	214ff
6,8-10 (M-KR_1)	324		20,4-29	220ff
8-11 (*M)	432f		20,32-44	270ff
9,4-8 (M)	390ff		20,32-38	266ff
11,14-20 (PR_1)	318ff		20,39-44	260ff
11,21 (Ü)	320f		21,8f (M)	386ff
12,1-15 (M)	404		21,33-37 (M-$ÜR_1$)	318(A.161)
12,17-20 (M)	406		22 (PR_1?)	367f.392.411ff
12,21-14,11 (*M)	343ff.354ff.458ff		23,1-30 (M)	139ff
13,22-23 (M)	354		23,31-35 (M?)	143.196(A.309)
14,1-11 (M)	353		23,36-49 (PR_1?)	143 (A.7)
14,12-20 (M)	389		24,25-27 (M-KR_1)	351ff
14,21-23 (M)	389f		25-32 (*M-KR_2)	298f.302ff.332 (A.229).423f
15,1-8 (M)	407ff		28,24-26 (PR_2?)	301
16,1-43 (M)	139ff		29,21 (PR_2?)	303
16,44-63 (PR_1-Ü)	140.325ff			
17,1-21 (M)	399ff